HEYNE BÜCHER

DAN VAN DER VAT

SCHLACHTFELD ATLANTIK

Der deutsch-britische Seekrieg 1939—1945

Unter Mitarbeit von
CHRISTINE VAN DER VAT

Deutsche Erstausgabe

WILHELM HEYNE VERLAG
MÜNCHEN

HEYNE ALLGEMEINE REIHE
Band-Nr. 01/8112

Für unsere Kinder Karen und Sara

Titel der Originalausgabe
THE ATLANTIC CAMPAIGN
Aus dem Englischen übersetzt von Dr. Klaus Kamberger

Printed in Germany 1990
Innenfotos: s. Anhang
Umschlaggestaltung: Atelier Ingrid Schütz, München
Gesamtherstellung: Presse-Druck Augsburg

ISBN: 3-453-04230-1

INHALT

ZWEITER TEIL

ANHANG

Vorwort

Der allgemein an Geschichte interessierte Leser — und für den habe ich dieses Buch verfaßt — wird als erstes wissen wollen, warum es überhaupt geschrieben wurde. Gibt es denn nicht schon unzählige Bücher über die ›Schlacht im Atlantik‹, wie man sie gewöhnlich bezeichnet? In Wirklichkeit sind es gar nicht so viele Titel, die den Seekrieg im Atlantik in seiner Gesamtheit behandeln. Seit 1974 enthüllt worden ist, daß die Briten den geheimen Funkverkehr der Deutschen nach Eindringen in den Schlüssel der ›Enigma‹-Maschine hatten mitlesen können, sind erst zwei Werke über die Atlantikschlacht erschienen, die das berücksichtigen und sich dabei sowohl auf Primär- als auf Sekundärquellen stützen: Das sind die Arbeiten von Terry Hughes und John Costello aus dem Jahr 1977 (deutsch 1978) und von Günter Böddeker aus dem Jahr 1981. Die offiziellen britischen und amerikanischen Werke über den Zweiten Weltkrieg zur See von Kapitän S. W. Roskill von der *Royal Navy* und von Konteradmiral Samuel Eliot Morison von der *US Navy* nehmen keinen Bezug auf die ›Enigma‹-Maschine, bieten dafür aber einen weltweiten Überblick über die Operationen der Marine beider Länder, und zwar in großer Ausführlichkeit. Ansonsten quellen die Bücherborde über von Büchern, die zum Stichwort ›Atlantik‹ einen bestimmten Aspekt aus dem wohl am ausführlichsten dokumentierten Feldzug der Geschichte herausgreifen. Daneben gibt es Bücher, die sich mit Randthemen befassen, etwa den Aktivitäten der Geheimdienste oder dem Luftkrieg, der sich sehr wohl auf den zentralen Kriegsschauplatz der Jahre 1939—1945 auswirkte. Allen Autoren, die sich vor mir diesem Thema gewidmet haben, gilt mein Dank. Es war ein langer Weg, bis auch ich meine Arbeit vollenden konnte, aber er war gut markiert, und ohne die Wegmarken, die andere gesteckt haben, hätte ich sein Ende kaum gefunden.

Als das Geheimnis um die Funkschlüssel-Maschine ›Enigma‹-gelüftet war, glaubten viele als durchaus verständliche Reaktion, nun müsse die Geschichte der ›Schlacht im Atlantik‹ und die Geschichte des Krieges überhaupt neu geschrieben werden. Das stimmt sicher in dem Sinne, daß auf eine Reihe von Ereignissen und Entscheidungen ein neues Licht fällt. Auch wurden durch diesen Einbruch des britischen Geheimdienstes in den deutschen Funkverkehr viele Leben gerettet (und viele Schiffe mit ihren wertvollen Ladungen); der Krieg gegen Nazi-Deutschland wurde so verkürzt. Nach dem Studium aller Aspekte der Schlacht im Atlantik bin ich aber zu dem Schluß gekommen, daß die Dramatik dieser Enthüllung vor allem in England ungebührlich aufgebläht wurde. In Großbritannien, wo amtlicherseits sehr vieles geheimgehalten wird, treibt die Spionagebesessenheit ihre Blüten bekanntlich bis an den Rand der Krankhaftigkeit. Daß in der offiziellen Flottengeschichte die ›Ultra‹-Geheimdienstarbeit mit keinem Wort erwähnt wurde, ist seitdem aber mehr als kompensiert worden durch das Erscheinen von Professor Hinsleys offizieller Geschichte des Britischen Geheimdienstes im Krieg. Doch auch der aufmerksame Leser des Werks von Roskill wird auf Seite 208 des zweiten Bandes an der Stelle, wo das nicht weniger bemerkenswerte Eindringen der Deutschen in die britischen Codes beschrieben wird, folgenden Satz finden: »Natürlich sollte der Leser nun nicht annehmen, daß wir Briten währenddessen die Hände in den Schoß gelegt und nicht das gleiche auf der Gegenseite getan hätten.« Roskill neigte nicht gerade zu Übertreibungen, und in diesem Fall könnte man sogar sagen, daß ihm eine der größten Untertreibungen der Zeitgeschichtsschreibung gelungen ist. Was gemeint ist, wird jedenfalls mehr als deutlich: Auch die Engländer knackten wie die Deutschen den Code des Gegners. Daß sie das nicht nur versucht, sondern es ›geschafft‹ haben, schrieb Kapitän Roskill bereits 1956!

Die skeptische Einschätzung dessen, was ›Ultra‹ schließlich zum endgültigen Sieg beigetragen hat, wächst noch, wenn man weiß, daß die Engländer auch im gesamten Ersten

Weltkrieg den Code der Deutschen dechiffrieren konnten. Angesichts der enormen Anstrengungen, die dazu im Zweiten Weltkrieg unternommen wurden, hätte mancher ein entsprechend bedeutungsvolles Ergebnis erwartet. Bedeutungsvoll war es natürlich auch, doch wiederum nicht so sehr, daß beispielsweise der Ausfall der ›Ultra‹-Erkenntnisse für den größten Teil des Jahres 1942 sowie mehrere Unterbrechungen und Verzögerungen in besonders brenzligen Momenten die Kriegsanstrengungen der Alliierten lahmgelegt hätte. In der Phase der größten Schiffsverluste, also in der ersten Hälfte des Jahres 1942, war ›Ultra‹ ohnehin praktisch bedeutungslos. Der Grund für diese Verluste war nämlich die Weigerung der Amerikaner, vor ihren Küsten Schiffe genauso im Konvoi fahren zu lassen wie beim Überqueren des Atlantiks. Der beste Nachrichtendienst hat nur geringen Wert, wenn der Wille oder die Mittel fehlen, ihn zu nutzen. Der Leser wird im Verlauf der Darstellung noch tiefer in diese Dinge eindringen, aber es kann schon hier — ein gutes Jahrzehnt nach Enthüllung des ›Ultra‹-Geheimnisses — hervorgehoben werden: Der Geheimdienst war nur ein Faktor (und nicht einmal der wichtigste) unter vielen, die für den schwer erkämpften Sieg der Alliierten über die deutschen U-Boote entscheidend waren. Es gab kein ›Wunder‹, das diesen wichtigsten Triumph über den Gegner bewirkt hätte. Selbst der Einsatz der Luftwaffe, der eigentliche Schlüssel zum Erfolg, hätte kaum allein den Sieg herbeiführen können.

Wenn die Bedeutung des Geheimdienstes bei den Alliierten (nicht bei den Deutschen) übertrieben wurde, so wird die Rolle des kanadischen Beitrags zum Seekrieg allgemein um vieles zu gering eingeschätzt. Das betrifft nicht nur die älteren amerikanischen und englischen Arbeiten, sondern auch die kanadischen selbst, und zwar bis zu dem Zeitpunkt, an dem Dr. Marc Milner sein ausschlaggebendes Buch veröffentlichte. Das war 1985. Wenn das hier vorgelegte Werk noch einmal etwas zur Korrektur dieses Ungleichgewichts beitragen könnte, würde das den Autor sehr freuen.

Noch in einem dritten Punkt unterscheidet sich dieses

Buch von seinen Vorgängern. Es betont den großenteils in Vergessenheit geratenen Umstand, daß die Alliierten im Ersten Weltkrieg aus genau dem gleichen Grund zumindest nahe an den Rand einer Niederlage gerieten wie im zweiten, nämlich durch die massiven Schiffsverluste, die ihnen die deutsche U-Bootwaffe beibrachte. Der einzige wichtigere Faktor, der in der ersten Runde noch fehlte und erst in der zweiten zum Sieg beitrug, war das Radar. Zwar war im Krieg 1914—18 ein Flugzeug nicht imstande, ein U-Boot ›abzuschießen‹, doch am Ende spielte die Luftwaffe ebenso eine entscheidende Rolle wie der Geheimdienst. Wenn wir also die vernachlässigte erste Runde mit einiger Ausführlichkeit Revue passieren lassen, dann geschieht das, damit so ein Licht auf viele Erfolge — und Mißerfolge — der zweiten fallen kann.

Schließlich wird hier auch den Ereignissen zwischen den Kriegen breiterer Raum gewidmet, als das sonst üblich ist. Das trägt zur Klärung der Frage bei, warum und wie sich der Krieg im Atlantik von 1939—1945 so und nicht anders entwickelte. Bis heute wird ein besonderer historischer Faden nicht intensiv genug verfolgt, und das ist die faszinierende Geschichte, wie die Deutschen ihre U-Boot-Flotte für den Zweiten Weltkrieg auf den Booten aufbauten, die sie für den Ersten konstruiert hatten: Dönitz' ›graue Wölfe‹ waren deren unmittelbare Nachfahren, entworfen und sogar heimlich gefertigt von Männern, die Deutschland mehr als dreißig Jahre lang die Führung in der U-Boot-Technik sicherten. Diese Geschichte hier aufzublättern, bringt doppelten Gewinn. Sie weist den Intrigen, den Scheingesellschaften, den Schwindeleien und Winkelzügen, die in das geheime Aufrüstungsprogramm der Deutschen Einzug hielten, ihren verdienten Platz zu, und sie hilft uns bei der Erklärung, warum die Deutschen bei Kriegsbeginn so gefährlich gute U-Boot-Fahrer waren, als sie mit ihren wenigen verfügbaren Booten zum Kampf antraten.

Viele Menschen und Institutionen haben mir wertvolle Hilfe geleistet, als ich mich in dieses Abenteuer stürzte, das die Geschichte der Seefahrt im zwanzigsten Jahrhundert für mich darstellt. Ich möchte alle meiner größten Dankbarkeit versichern. Manche gingen zwar nur ihrem Beruf nach, wenn sie meine Anfragen an Archive beantworteten und mir bei der Suche nach seltenen Büchern halfen, aber sie taten dabei mehr als nur ihre Pflicht. Andere wiederum — Freunde, Kollegen, Experten auf wichtigen Gebieten — gaben mir Ratschläge, boten mir ein Forum für Ideen und anregende Gespräche, liehen mir vertrauensvoll unersetzbare Bücher und Papiere, versahen mich mit Empfehlungen und boten Lenkung, Führung und Erleichterung auf einem sehr langen Weg.

An erster Stelle gilt mein Dank meiner Frau, deren Name zu Recht neben meinem auf der Titelseite erscheint. Mit ihrem wissenschaftlichen Rüstzeug und ihren deutschen Sprachkenntnissen begab sie sich für ein ganzes Jahr auf ein thematisches Neuland und forschte für mich weiter, als ich mit anderen Dingen beschäftigt war.

Die Archivare, die mir ihre unschätzbaren Dienste zur Verfügung gestellt haben, werden namentlich im Quellenverweis aufgeführt. Außerdem bedanke ich mich beim Stab des Twikkenham Branch der Borough Library von Richmond upon Thames und bei folgenden Personen:

In Großbritannien: Felicity Bryan von der Fa. Curtis Brown, meiner literarischen Agentin; John Dekker; Peter Hennessy; Richard Hough; Korvettenkapitän (a. D.) Peter Kemp, RN; Richard Norton-Taylor; Peter Padfield; Peter Preston vom *Guardian* und seinem Stellvertreter, Peter Cole; Ion Trewin, Redaktionsleiter bei Hodder and Stoughton, und seiner Assistentin, Christine Medcalf.

In Kanada: Professor Bev Carson (Fregattenkapitän, RCNVR); Ann Greer-Wootten; Professor Wilfred Innerd und Dr. Jane Innerd.

In der Bundesrepublik Deutschland: Yorck von Reuter und seiner Familie; Prof. Dr. Jürgen Rohwer von der Bibliothek für Zeitgeschichte in Stuttgart.

In den Vereinigten Staaten: Edward L. Burlingame, Vizepräsident bei Harper & Row; Brian und Virginia Cowe; Jim Morrell; Jon Snow; Michael White; Sir Oliver Wright, dem ehemaligen britischen Botschafter in Washington.

Sollte ich jemanden versehentlich vergessen haben, bitte ich um Entschuldigung. Alle Fehler, die sich in diesem Buch finden, gehen allein auf mein Konto.

Zu Dank verpflichtet bin ich folgenden Personen und Institutionen für die Überlassung von Zitaten: The Bodley Head für *U 333* von Peter Cremer; Curtis Brown für *The Secret Capture* von Stephen Roskill; Hamish Hamilton Ltd für *Very Special Intelligence* von Patrick Beesley; Peter Hennessy für das Dokument, das unter seinem Namen im Quellennachweis aufgeführt ist; dem Kontrollbeamten von HM Stationary Office für *The War at Sea* von Stephen Roskill und für *British Intelligence in the Second World War* von F. H. Hinsley; Dr. Marc Milner für *North Atlantic Run* und die zwei aufgelisteten Dokumente; Permissions für *Alan Turing: the Enigma* von Andrew Hodges; Michael Joseph Ltd für *Convoy* von John Winton; William Kimber & Co Ltd. für *U-boat 977* von Heinz Schaeffer; Oxford University Press für *History of the US Naval Operations in World War II* von Samuel Eliot Morison; Bernhard & Graefe Verlag für *Zehn Jahre und zwanzig Tage* von Karl Dönitz. Im Quellennachweis am Ende dieses Buches finden sich die genauen Angaben zu den genannten Werken.

Ich habe auch um die Erlaubnis gebeten, aus Churchills *History of the Second World War* vierzig Wörter zitieren zu dürfen. Cassell PLC forderte dafür — was einzigartig ist — als Gegenleistung £ 25. Nach diesem Tarif hätte mich das gesamte zitierte Material von 2000 Wörtern unter Copyright-Schutz £ 1250 gekostet. Da aber ein Zitat eher eine Ausschmückung als eine Offenbarung darstellt, wurde in diesem Fall darauf verzichtet.

Einleitung
3. September 1939

Churchill kehrt in die Admiralität zurück — Deutschland ist unvorbereitet — Der erste Schuß versenkt die ›Athenia‹ *— Noch einmal der* ›Lusitania-*Faktor*‹ *— England übernimmt Konvoiprinzip*

WINSTON IST WIEDER DA! An die ganze Welt und an jedes Schiff Seiner Majestät gab die Royal Navy diesen ebenso frechen wie elektrisierenden Funkspruch ab. Es war der Abend des 3. September 1939, eines Sonntags. Die Nachricht, daß Winston Leonard Spencer Churchill wieder das Amt des Ersten Lords der Admiralität und damit die politische Führung der Marine übernahm, wurde von der Flotte freudig begrüßt. Sie half, die Spannung zu lockern, die die furchtbare Meldung von 11 Uhr desselben Tages ausgelöst hatte — KRIEG GEGEN DEUTSCHLAND. In diesem Augenblick lief nämlich das zweistündige Ultimatum der britischen Regierung an Deutschland ab, seine Truppen aus Polen zurückzuziehen; Premierminister Neville Chamberlain verkündete über den BBC Home Service, daß das britische Empire sich zum zweitenmal binnen eines Vierteljahrhunderts mit Deutschland im Kriegszustand befinde. Eine der ersten Handlungen Chamberlains nach dieser bedrückenden Botschaft war es, Churchill einen Sitz im Kriegskabinett anzubieten.

Dem 64 Jahre alten *enfant terrible* der Konservativen Partei ermöglichte dieses Angebot eine doppelte Rückkehr. Die letzten Jahre hatte er in der politischen Wüste verbracht, von wo er finstere Warnungen über das Wiederaufleben des deutschen Militarismus unter Adolf Hitler ausgestoßen hatte; nachdem sich diese Warnungen nun als berechtigt erwiesen hatten, konnte man Churchill nicht mehr von einem Regierungsamt fernhalten. Im Parlament gab es noch geteilte Meinungen über eine Berufung dieses ebenso umstrittenen wie streitbaren Mannes, aber die öffentliche Meinung verlangte seinen Wiederaufstieg. Viele in Westminster und auch draußen vor den Toren des Parlaments meinten, er solle — und werde auch bald — den in Mißkredit geratenen Chamberlain in Downing Street 10 ersetzen.

Aber es waren durchaus gemischte Gefühle, mit denen Churchill die Admiralität betrat und Lord Stanhope, eine politische Null, als Ersten Lord ablöste. Daß ihm gerade dieser Posten angeboten wurde, war besonders pikant und entbehrte nicht der Ironie; mit ihrem offen geäußerten Entzücken tat die Navy noch das ihre dazu. Dort liefen die Drähte heiß. Zum zweitenmal stand er nun an der Spitze der Admiralität. Am Ende seiner ersten Amtsperiode, die vom Oktober 1911 bis zum Mai 1915 gedauert hatte, meinte sein berühmtester Protégé, Admiral David Beatty: »Die Navy atmet nun freier, seit sie den Alptraum Winston los ist.« Und ein anderer Admiral schrieb an König George V.: »Er war, das denken wir alle, eine Gefahr für das Empire.«

Er hatte wegen der matten Vorstellung gehen müssen, welche die Navy in den ersten Monaten des Ersten Weltkrieges geboten hatte und die ihren Tiefpunkt erlangte, als es ihr nicht gelang, die Dardanellen zu nehmen. Dies und die darauf folgende Tragödie bei der Invasion von Gallipoli, die Churchill sein Leben lang verfolgen sollte, wären nicht nötig gewesen, wenn die Navy die Gelegenheit genutzt und verhindert hätte, daß die Deutschen ihre aus gerade zwei Schiffen bestehende Mittelmeerdivision nach Konstantinopel geschickt hätten. So aber konnte Deutschland die Türkei auf seiner Seite in den Krieg hineinziehen und Rußlands lebenswichtige Verbindung zwischen dem Mittelmeer und dem Schwarzen Meer kappen. Die für diese und viele andere Mißerfolge verantwortlichen englischen Admirale waren alle — aus einer auffallend mittelmäßigen Gruppe von Marineoffizieren — von Churchill selbst berufen worden. Deshalb wurde er mit gewissem Recht zu einem frühen Opfer des wachsenden Befremdens und zunehmenden Ärgers über die

›Stümperei in den höheren Etagen‹ — ein Thema, das bis zum Ende des Ersten Weltkrieges in England auf der Tagesordnung blieb.

Doch jetzt saß er wieder in seinem alten Büro und wollte auch die alte Ausstattung und das alte Mobiliar aus seiner ersten Amtszeit um sich sehen. Die Navy wie die Nation waren es zufrieden. Weit wichtiger als die nur mehr schwach erinnerte, dubiose Vergangenheit des Ersten Lords im letzten Krieg war jetzt das, was die Stunde politisch erforderte. Die ›Appeasement‹-Politik gegenüber Hitler, die immer mit dem Namen Chamberlains verbunden bleiben wird, hatte versagt. Im Land war die Stimmung umgeschlagen. Jahrelang hatte man die Hoffnung gehegt, einen neuen Krieg vermeiden zu können, und war bereit gewesen, fast jeden Preis dafür zu bezahlen — Demütigungen eingeschlossen —, doch jetzt wollte man Hitler die Stirn bieten. Der Mann, der sich gegen die Politik der Anpassung gestellt hatte, als sie noch im Schwange war, sollte nun eine direkte Rolle in der Führung des Krieges spielen, nachdem Chamberlains ›Appeasement‹ endgültig diskreditiert war. So wurden dem neuen Mann die mächtigsten und wichtigsten Streitkräfte des Landes unterstellt, die einzige Waffe, die stark genug war, dem Feind mit Aussicht auf Erfolg entgegenzutreten und ein Land zu beschützen, das nur über ein kleines Heer und eine nur teilweise modernisierte, schlecht ausgerüstete Luftwaffe verfügte. Nur die Flotte, auf die sich die Macht der Briten seit Jahrhunderten gestützt hatte, stand bereit, um bei Beginn der Feindseligkeiten dem Gegner mit den besseren Mitteln entgegenzutreten, einem Gegner, den Churchill mit Vergnügen herabsetzte und dessen Namen er mit voller Absicht falsch aussprach — ›Nahzies‹ hießen sie bei ihm. Das erste, was die Flotte unternahm, war der ubliche Schritt, wenn es im Krieg gegen eine europäische Macht ging: Man richtete eine Blockade ein.

BEGINN DER FEINDSELIGKEITEN MIT ENGLAND SOFORT hieß der Funkspruch, der an alle Einheiten der deutschen Kriegsmarine zur Mittagszeit des 3. September ausgegeben wurde. Hitlers Flotte war eigentlich noch nicht bereit — was nichts mit der Qualität ihrer Ausrüstung zu tun hatte (die größtenteils hervorragend war) oder mit der Verfassung, in der sich die Mannschaften befanden (die war ebenfalls gut), sondern aus einer fundamentalen Fehleinschätzung des Führers selbst resultierte. Er hatte Großadmiral Erich Raeder, dem Oberbefehlshaber der Kriegsmarine, die Anweisung gegeben, frühestens 1944 zu einem Krieg mit England gerüstet zu sein. Nachdem er ungestraft das Rheinland wieder besetzt, den ›Anschluß‹ Österreichs an das Reich vollzogen und die Tschechoslowakei zerstückelt und schließlich besetzt hatte, glaubte Hitler, auch sein Einmarsch in Polen am 1. September würde England und Frankreich nicht mehr herausfordern als seine vorausgegangenen Aktionen — und das trotz der Garantien, welche die beiden Länder Polen gegeben hatten. Als man dem Diktator das Telegramm mit dem britischen Ultimatum in die Reichskanzlei in Berlin brachte, war er wie gelähmt. Seine Strategie, eine stets erfolgreiche Mischung aus instinktgeleitetem Opportunismus, Täuschungsmanövern und aggressiver Rhetorik, war zum erstenmal seit seiner Machtergreifung im Januar 1933 fehlgeschlagen.

Aus diesem Grunde war nach Ansicht ihrer Befehlshaber die deutsche Flotte für einen Krieg mit Großbritannien strategisch hoffnungslos schlecht gerüstet. Taktisch dagegen hatten sie in den letzten Friedenstagen getan, was sie konnten, um ihre Streitkräfte auf diesen Eventualfall vorzubreiten. Kapitän z. S. Karl Dönitz, der ›Führer der Unterseeboote‹, kehrte am 16. August aus einem langen Urlaub zur Flottenbasis in Kiel zurück. Ihm standen insgesamt 57 Unterseeboote zur Verfügung. Von ihnen beorderte er 18 an vorbestimmte Standorte im östlichen Atlantik, und zwar in einer Linie westlich von Schottland bis hinunter nach Gibraltar. Die restlichen U-Boote blieben im Bereich der Nord- und der Ostsee. Neun von ihnen wurden gerade überholt, waren auf Probefahrt oder dienten Ausbildungszwecken — und keines stand mehr in Reserve. Auch befanden sich gerade zwei von acht größeren Schiffen der deutschen Kriegsmarine, die Panzerschiffe

Deutschland und *Admiral Graf Spee,* mit ihren Versorgungsschiffen im Atlantik. Alle Einheiten hatten Befehl, kein französisches Schiff anzugreifen (als Vorsorge für den Fall, daß man das Bündnis zwischen Frankreich und England wieder spalten könnte) und sich gegenüber Handelsschiffen an die Prisenordnung zu halten. Diese verlangte von den U-Booten, ihre wichtigsten Vorteile — heimliches Anschleichen und überraschender Angriff — nicht voll auszunutzen und sich an die Regeln der Haager Seekriegskonvention zu halten. Sie mußten das gleiche tun wie die Kreuzer, wenn sie Jagd auf Handelsschiffe machten, nämlich an der Wasseroberfläche operieren und die Schiffe stoppen und durchsuchen; stellte sich heraus, daß sie versenkt werden durften, weil sie unter englischer Flagge liefen oder Waren — Konterbande — für England an Bord hatten, dann mußte den Passagieren und der Mannschaft genug Zeit gegeben werden, in die Rettungsboote zu steigen und alles Denkbare zu unternehmen, um sicher an Land zu kommen. Nur Truppentransporter, als Hilfskreuzer ausgerüstete Handelsschiffe, von Flottenverbänden oder Flugzeugen eskortierte Schiffe sowie solche Schiffe, die Widerstand zeigten oder das U-Boot in Gefahr brachten (z.B. indem sie per Funk einen Warnruf absetzten), durften ohne Vorwarnung versenkt werden. Diese Bestimmungen wurden in die deutsche Prisenordnung aufgenommen, nachdem das Reich sie nach den deutsch-englischen Flottengesprächen von 1935 akzeptiert hatte, obwohl sie die U-Boote im Endeffekt neutralisierten. Raeder war dafür, daß die Gewässer rund um die Britischen Inseln nach dem Muster des Ersten Weltkrieges als Blockadezone deklariert und für einen unbeschränkten U-Boot-Krieg freigegeben würden. Aber Hitler hoffte auf eine baldige Verständigung mit England und Frankreich. Sein Entschluß, kein neutrales Land gegen sich aufzubringen — in erster Linie die Vereinigten Staaten —, blockierte damit für den Augenblick Raeders Pläne. Auf alle Fälle nahmen die Deutschen — zu Recht — an, daß die Briten dazu übergehen würden, Handelsschiffe mit Geschützen auszurüsten (es war bekannt, daß viele zu diesem Zweck verstärkte Decks hatten); das würde sie ohne Warnung versenkbar machen. Als daher die deutschen U-Boot-Kommandanten auf Dönitz' Funkspruch vom 3. September hin auf See ihre versiegelten Operationsbefehle öffneten, fanden sie darin die eindeutige Instruktion, sich an die Prisenordnung zu halten.

Zu der Zeit stand *U 30*, das von Kapitänleutnant Fritz-Julius Lemp kommandierte U-Boot, an seinem vorgesehenen Einsatzort ungefähr 250 Meilen nordwestlich von Irland. Es patrouillierte mit langsamer Fahrt über Wasser. Kurz nach 19.30 Uhr sichtete bei gerade abnehmendem Licht der Ausguck auf dem Kommandoturm ein großes Handelsschiff, das im Zick-Zack-Kurs nach Westen dampfte. Lemp, ein 26 Jahre alter Karriereoffizier, machte keine weiteren Umstände und untersuchte das Schiff auch nicht (bei dem es sich ohne Zweifel um einen Passagierdampfer handelte), sondern tauchte, um es anzugreifen. *U 30* ging auf Seerohrhöhe, und Lemp bezog Position. Sein Bug zeigte auf die Stelle, die das Schiff in fünf Minuten erreichen würde. Das Torpedorohr zielte auf die Backbordseite.

An Bord der SS *Athenia* wurde gerade eine Schar aufgeregter Kinder zu Bett gebracht. Es war ihre zweite Nacht auf See. Das Schiff hatte am 2. September Glasgow verlassen und in Liverpool und Belfast weitere Passagiere an Bord genommen. Mittags hatte Kapitän Cook von der Donaldson Line den Passagieren die schreckliche, aber zu dieser Zeit schon voraussehbare Nachricht bekanntgegeben, daß Großbritannien sich wieder im Kriegszustand befand. Die zu besonderer Wachsamkeit angehaltenen Funker der *Athenia* hatten die Meldung von der britischen Kriegserklärung aufgefangen. Die meisten Passagiere, unter ihnen 300 Amerikaner, waren eben wegen dieses drohenden Krieges an Bord gegangen. Das 13 581 BRT große Schiff strahlte keineswegs den Glanz der modernen Transatlantik-Liner aus, sondern war in seiner 16jährigen Karriere so etwas wie ein Packpferd geworden. Doch die 1103 Passagiere waren erleichtert, daß sie sich jetzt zusammen mit der 305köpfigen Besatzung auf Kurs nach Montreal befanden. Kapitän Cook hatte überdies versucht, die von der Kriegserklärung ausgelösten Befürchtungen zu dämpfen. Er zeigte sich zuversichtlich: Das internationale Recht schütze auch sein Schiff vor U-Boot-Attacken.

Ein Torpedo aus dem fast genau aus Kernschußweite abgefeuerten Fächer traf das Schiff direkt an Backbord, ein Stück achteraus von mittschiffs. Eine gewaltige Wasserfontäne schoß in die Höhe. Das Schott zwischen dem Kesselraum und dem Maschinenraum wurde weggerissen, ein Öltank zertrümmert, ohne wunderbarerweise zu explodieren. Auch die Niedergänge von den Speisesälen der dritten und der Touristenklasse zum Oberdeck waren zerstört, so daß die Passagiere dort eingeschlossen waren. Das Schiff bekam sehr schnell 30 Grad Schlagseite nach Backbord, wodurch es schwierig wurde, die Rettungsboote an Steuerbord zu Wasser zu lassen. Aber die *Athenia* trieb, bevor sie sank, noch mehrere Stunden auf dem Wasser, so daß schließlich alle Boote ausgesetzt werden konnten. Erstaunlicherweise gab es an Bord des Dampfers während seines langen Todeskampfs keine Panik. Passagiere und Besatzung verließen die *Athenia* in Ruhe und Ordnung. 118 Menschen, unter ihnen 28 Amerikaner, fanden den Tod.

Um 20.59 Uhr fing die Funkstation Malin Head an der Nordwestecke von Irland den Notruf auf: »SSS [das Zeichen für einen U-Boot-Angriff] *Athenia* GFDM [ihr Funkrufzeichen] torpediert, Position 56° 44' [Nord] 14° 05' [West].« Schon nach kurzer Zeit war eine kleine Armada aus Schiffen der Kriegs- und der Handelsflotte auf dem Weg, ihr zu Hilfe zu kommen.

Lange bevor aber die ersten Helfer auf dem Plan sein konnten, ließ Kapitänleutnant Lemp sein Boot in einer halben Meile Entfernung von dem lahmgelegten Dampfer auftauchen, um sein Werk zu begutachten. Das U-Boot gab mit seiner Kanone, die sich vor dem Kommandoturm befand, zwei Schüsse ab, offenbar in der Absicht, die Funkantennen des Schiffs außer Funktion zu setzen. Nach Auskunft von Malin

Head hatten die Deutschen versucht, die wiederholten Notrufe der *Athenia* zu stören, allerdings mit wenig Erfolg. Der unbewaffnete Liner ließ achtmal kurz und einmal lang sein Nebelhorn tönen, und das U-Boot verschwand, ohne den Versuch zu machen, noch mehr Zerstörungen anzurichten — aber auch, ohne Hilfe anzubieten.

Als erster Retter erschien der norwegische Frachter *Knut Nelson* auf der Szene. Tragischerweise gingen die letzten Toten unabsichtlich auf das Konto der *Nelson.* Während sie manövrierte, wurde nämlich eines der Rettungsboote in ihr Kielwasser gezogen. Es geriet unter das Heck des Schiffs und wurde von der Schraube leckgeschlagen. Bald darauf stießen der schwedische Dampfer *Southern Cross,* der amerikanische Tanker *City of Flint* und die englischen Zerstörer *Escort, Electra* und *Fame* hinzu. HMS *Fame* schlug einen Bogen um die Szene, um einem erneuten Angriff vorzubeugen, falls das U-Boot noch in der Nähe war. Die beiden anderen Zerstörer nahmen ungefähr 500 Überlebende auf, die *Knut Nelson* 430, unter ihnen zehn Verletzte, und die schwedische Dampfyacht ungefähr fünfzig.

Was dieser Angriff propagandistisch bedeutete, war allen, die davon hörten, sofort klar. Commander P. N. Walter von der *Fame* bekannte später, er sei nicht nur aus offensichtlich humanitären Zwecken für die Rettungsaktion von der 8. Flottille abkommandiert worden, sondern auch »mit Rücksicht auf die mögliche poilitische Bedeutung der Versenkung«; während die *Knut Nelson* ihre Überlebenden nach Galway an der irischen Westküste brachte, waren der amerikanische Marineattaché, Captain Kirk, und sein Stellvertreter, Commander Hitchcock, bereits eingeflogen, um für die amerikanische Regierung eine Untersuchung durchzuführen. In London befand sich Churchill noch im Gebäude der Admiralität — er richtete gerade sein Büro ein und schickte die Leute nach Dokumenten und Möbeln hierhin und dorthin —, als ihn am 3. September kurz nach 22.30 Uhr die Nachricht von der Versenkung aus Malin Head erreichte. Die *Athenia* hielt sich noch immer über Wasser (sie sank dann am

4. September bei Tagesanbruch), als auch schon die ersten Schritte unternommen wurden, um aus ihrer Vernichtung Kapital zu schlagen.

Die Admiralität verlor keine Zeit, die Agenturen von der Torpedierung des Liners zu unterrichten. Die Zeitdifferenz erlaubte es der amerikanischen Presse, von dem Angriff im selben Atemzug mit der englischen und französischen Kriegserklärung zu berichten. Die Deutschen befanden sich in einer ungünstigen Lage. Nach Dönitz' Kriegstagebuch ging die erste Meldung von der Versenkung, die der Funkabhördienst der deutschen Marine abgefangen hatte, erst am 4. September um 10.35 Uhr in seinem Hauptquartier ein. Von Lemp gab es noch keine Meldung, weil er den Befehl hatte, keinen Funkverkehr aufzunehmen. Als Hitler von der Neuigkeit erfuhr, alarmierte sie ihn so, daß er sofort an alle Kriegsschiffe den dringlichen Funkbefehl durchgeben ließ: »Auf Anordnung des Führers zunächst keinerlei Feindhandlungen gegen Passagierdampfer, auch wenn im Geleit.« Der Hinweis auf den Führer unterstrich die Bedeutung des Befehls, der am 4. September kurz vor Mitternacht hinausging. Die erste deutsche Meldung über die Versenkung kam am Nachmittag des 4. September über Rundfunk, nachdem man in Goebbels' Propagandaministerium einen Text entworfen hatte, wonach die *Athenia* irrtümlich von einem britischen Kriegsschiff oder von einer britischen Mine versenkt worden sein müsse.

Diese hinterhältige Unterstellung bekam sogar noch ein wenig Nahrung durch das, was in den folgenden Tagen und Wochen passierte. Vor allem sollte die Anwesenheit mehrerer britischer Zerstörer in dem Seegebiet die Behauptung stützen, Churchill selbst habe die Versenkung inszeniert, um die Meinungsbildung der Neutralen zu beeinflussen. Die deutsche Propaganda-Offensive hatte eine solche Wirkung, daß die amerikanische Regierung ein Jahr brauchte, ehe sie die englische Version des Vorfalls akzeptierte. Als *U 30* am 27. September im Heimathafen einlief, bestätigte Lemp, die *Athenia* versenkt zu haben. Auf Raeders Befehl wurden er und seine Mannschaft zu Stillschweigen verpflichtet; das

Logbuch wurde so frisiert, daß kein Hinweis mehr auf die Versenkung darin zu finden war. Im Kriegstagebuch der U-Boot-Führung schien *U 30* nur mit zwei versenkten englischen Frachtern von insgesamt 9699 BRT auf. Den wahren Grund für den Aufwand, den die Deutschen mit ihren Verdrehungen, Lügen und Verdunkelungsaktionen trieben, enthüllte dann Goebbels am 22. September, als er im Rundfunk Churchill persönlich vorwarf, das Schiff in die Luft gejagt und die drei Zerstörer das Werk vollenden gelassen zu haben. Das sei alles ein Teil des ›teuflischen Spiels‹, das Churchill spiele, um ›eine neue *Lusitania*‹ an den Anfang des Krieges zu setzen.

Die Torpedierung der *Athenia* ohne Vorwarnung hatte viele Menschen auf beiden Seiten des Atlantiks mit einem Schlag wieder an einen der berüchtigsten Zwischenfälle des Ersten Weltkriegs erinnert. Die SS *Lusitania* war mit ihren 30 000 BRT damals die Königin auf der Transatlantik-Route zwischen Liverpool und New York gewesen. Der Stolz der Cunard Line fiel am 7. Mai 1915 um 14.15 Uhr einem einzigen Torpedo zum Opfer, das von *U 20* unter Kapitänleutnant Schwieger abgeschossen worden war. Unter den 1198 Opfern dieser Katastrophe, die zu den größten in der Geschichte der Seefahrt gehörte, waren 128 amerikanische Bürger gewesen; der Zorn sowohl der amerikanischen Regierung als auch der Bevölkerung kannte keine Grenzen. Die Tatsache, daß man in New York törichterweise 173 t Munition in ihren Laderäumen verstaut hatte (was Kapitänleutnant Schwieger nicht wissen konnte, als er feuern ließ), machte keinen Unterschied für die feindselige Haltung der Amerikaner und anderer neutraler Staaten und ließ die Sache der Deutschen im schlechtesten Licht erscheinen. Die Versenkung des berühmtesten Passagierliners vor Queenstown (jetzt Cobh) an der irischen Küste, sozusagen auf dem letzten Sprung in Richtung Heimat, betrachtete man allgemein als einen barbarischen Akt, der unvereinbar war mit dem Anspruch Deutschlands, zu den zivilisierten Nationen gezählt zu werden. Kaiser Wilhelm II. hatte ziemlich genauso reagiert, wie Hitler das 24 Jahre später tun sollte: Er verbot Angriffe auf Linienschiffe, die sich keiner feindseligen Haltung schuldig machten, nahm aber den sogenannten ›verschärften‹ U-Boot-Krieg erst nach einem guten halben Jahr im Oktober 1916 zurück. Und erst am 6. April 1917, also gut elf Monate nach dessen Ankündigung, erklärten auch die USA Deutschland den Krieg. Aber es waren dann der uneingeschränkte U-Boot-Krieg (seit dem Februar 1917) im allgemeinen und die Versenkung der *Lusitania* im besonderen gewesen, die den zögernden Präsidenten Wilson und den ebenso zögernden Kongreß zu einer Kriegserklärung zwangen. Damit war das Schicksal Deutschlands besiegelt gewesen.

Diese geschichtliche Lektion allein reichte schon aus, die Versenkung der völlig unschuldigen *Athenia* als ein entscheidendes Ereignis zu Beginn eines neuerlichen Konflikts zwischen den USA und Deutschland anzusehen: Hitler war ängstlich bemüht, ganz wie vor ihm der Kaiser, die vereinigten Staaten nicht zu provozieren; diese zögerten auch 1939 wie zuvor schon 1914, sich in einen europäischen Konflikt hineinziehen zu lassen. Aber der erste Schuß im neuerlichen Krieg zur See zeitigte sogar eine noch bedeutendere, direkte Auswirkung auf die Operationstätigkeit der britischen Flottenverbände vom ersten Tag der Feindseligkeiten an. Die Admiralität kam nämlich zu dem Schluß, Deutschland habe sich von Beginn an für den uneingeschränkten U-Boot-Krieg entschieden, und damit gab es keinen Zweifel mehr, wie wichtig die Einführung eines umfassenden Geleitschutzsystems für die Handelsschiffahrt war. Wenn auch die Einschätzung der deutschen Absichten sich als verfrüht herausstellte (die wenigen letzten Einschränkungen für die U-Boot-Waffe wurden erst im August 1940 aufgehoben), so war doch dieser Anstoß zu einer Geleitschutzstrategie von einschneidender Bedeutung.

Trotz der langen und erfolgreichen Anwendung der Konvoi-Methode durch die britische und andere Flotten seit undenklichen Zeiten und trotz der noch ganz frischen Lektionen aus dem Ersten Weltkrieg gab es immer noch Marineoffiziere, die ihre Zweifel am Nutzen dieses Systems hatten. Diese Minderheit hat zu keiner Zeit mit ihrer Meinung hinter dem Berg gehalten, und ihre Ansichten konnte man auch wieder auf dem Höhepunkt des aufkommenden Streits über die anglo-amerikanische Transatlantikroute für Handelsschiffe hören. Diese Route war die wichtigste Lebensader, durch die praktisch alles floß, was den Kriegsanstrengungen der Alliierten diente. Für die Gegner des Konvoisystems galt als unbestreitbar, daß Geleitzüge viel langsamer waren; aber im Grunde meinten sie damit, daß dieses System nichts für den Kriegsruhm hergab und von zu defensiver Natur war (ein Gefühl, das Churchill durchaus teilte). Sie übersahen dabei, daß ein Schiff, das auf die Bildung eines Konvois warten mußte und solange langsam von einem überfüllten Hafen zum anderen unterwegs war, eine viel größere Überlebenschance hatte als das stete Lieblingsziel aller U-Boot-Fahrer — das allein fahrende Schiff. Nur die schnellsten Schiffe hatten da noch eine Chance, Angriffen zu entkommen. Außerdem übersahen sie, daß ein Geleitzug die feindlichen U-Boote zwang, den Kampf mit den Geleitverbänden zu riskieren. Nur dadurch kamen sie nämlich an die Handelsschiffe heran. Den Verteidigern boten sie wiederum die Möglichkeit, die Kräfte des Gegners zu binden. Die Skeptiker blieben aber nicht nur bei ihrer Haltung, sondern sie eröffneten noch eine zweite Front, indem sie die lebenswichtigen Geleitschutzkräfte dadurch verzettelten, daß sie ›Jagdgruppen‹ zusammenstellten — und das schon lange, bevor die Navy sie tatsächlich entbehren konnte. Diese Gruppen jagten auf den Ozeanen Phantomen nach, ohne dabei viel zu bewirken, statt sich in der Nähe der Handelsschiffe aufzuhalten, die schließlich Hauptangriffsziel der U-Boote waren. Die Folge war, daß England sich einer Niederlage in der Atlantikschlacht näherte, ehe sie noch richtig begonnen hatte. Und diese Schlacht war schließlich die wichtigste des Ersten wie des Zweiten Weltkrieges und damit des 20. Jahrhunderts überhaupt. Von welch entscheidender Bedeutung die Verwässerung des Geleitzugprinzips war, werden wir an gegebener

Stelle noch ausführen. Aber eins wird bereits hier klar: Die Versenkung der *Athenia* rief die Erinnerung an die *Lusitania* wach, und das macht, auch im Hinblick auf die sofortige Reaktion der Admiralität, eine Untersuchung des U-Boot-Krieges, wie er im Ersten Weltkrieg geführt wurde, nötig, um zum rechten Verständnis der Entwicklungen im Zweiten Weltkrieg zu kommen.

ERSTER TEIL

Erster Durchgang und Zwischenspiel

1. Die erste Runde (1914—1918)

Der schwärzeste Monat — Deutschland baut auf die U-Boot-Waffe — Panik in England — Das U-Boot: Antwort auf die britische Blockade — Englands Nachrichtendienst — Zunehmende Verluste — Deutschland schwankt — Unbeschränkter U-Boot-Krieg — Das größte ›As‹ — Die Krise — Geleitzug — Flugzeuge — Die Lehren

Für die Handelsschiffahrt war es der schlimmste Monat aller Zeiten: 881000 BRT Schiffsraum wurden samt ihrer Ladung auf den Grund des Meeres geschickt. Den bei weitem größten Anteil an dieser unvergleichlichen Vernichtungsaktion hatten die U-Boote; zwei Drittel der Verluste gingen zu Lasten des britischen Kontos. Dieser schwärzeste Monat in der langen Geschichte britischen Seehandels und einer Flotte, die den notwendigen Schutz garantierte, ereignete sich nicht etwa Anfang des Jahres 1943 auf dem Höhepunkt der Krise in jener von Churchill so getauften »Schlacht im Atlantik«, sondern im April 1917. Die Verluste ließen Englands Reserven an lebenswichtigen Versorgungsgütern auf gerade noch sechs Wochen schrumpfen; im Zweiten Weltkrieg gab es zu keiner Zeit eine ähnlich gefährliche Krise. Damals drohte die Niederlage, bevor noch die Amerikaner zu Hilfe eilen konnten; sie waren gerade erst in den Krieg eingetreten.

Es war der erste Krieg, in dem U-Boote eingesetzt wurden; die ersten deutschen Boote waren anfällig für Störungen und unzuverlässig. Großadmiral Alfred von Tirpitz, der Architekt der Kaiserlichen Kriegsmarine, hatte sich erst spät von der Wirksamkeit der U-Boot-Waffe überzeugen lassen. Als Frankreich, England und andere Seemächte sich bereits ernsthaft für sie zu interessieren begannen, vertrat er die Ansicht: »Deutschland braucht keine Unterseeboote.« Das war

1901. Erst Ende 1906 lief das erste U-Boot, *U 1,* vom Stapel. Es brauchte noch einmal zwei Jahre, bis die Deutschen sich der Leistungsfähigkeit des winzigen, mit einem einzigen Torpedorohr im Bug ausgerüsteten Bootes bewußt wurden. Inzwischen hatte es eine erfolgreiche 600-Meilen-Kreuzfahrt in heimischen Gewässern hinter sich gebracht.

Ein Jahr später waren zwei weitere Boote fertiggestellt. Jedes hatte nun bereits vier Torpedorohre und ein Geschütz. Sie liefen aufgetaucht zwölf Knoten. 1913 brachte *U 19* es auf eine Reichweite von 5000 Meilen bei acht Knoten Geschwindigkeit, ohne nachtanken zu müssen. Die Dieselmotoren waren sichtbar verbessert worden; außerdem verfügten die Deutschen über die besten Periskope (sie waren damals führend in der Herstellung optischer Geräte) und ein starkes Funkgerät. Die Überlegenheit der deutschen U-Boote war von Boot zu Boot gewachsen, genauso wie Deutschlands konventionelle Kriegsflotte Schiff um Schiff an Überlegenheit gewonnen hatte — nur ging es bei den U-Booten noch schneller. Auch England hatte U-Boote entwickelt, aber man sah dort eher hochmütig auf sie herab. Sie galten als eine unehrenhafte, hinterhältige Waffe, den Minen vergleichbar. Als Churchill zum erstenmal Erster Lord der Admiralität wurde, wies er die Möglichkeit eines U-Boot-Krieges gegen Handelsschiffe noch weit von sich: »Ich kann mir nicht vorstellen, daß eine zivilisierte Macht jemals zu so etwas fähig wäre.« Die gegenteilige Meinung vertrat damals Admiral Lord ›Jakky‹ Fisher, Erster Seelord — Operationschef der Royal Navy — und bis zu seiner Demission im Jahr 1910 Schöpfer der großen Schlachtschiffgeschwader, welche die britische Vorherrschaft zur See noch einmal rechtzeitig vor dem Ersten Weltkrieg bestätigten. Fisher war ein Mann von bemerkenswert weiter Voraussicht, der schon bald nach Kriegsausbruch wieder in sein Amt eingesetzt wurde. Aber als er seine schöpferischen Fähigkeiten gegen die neue Waffe hätte wenden können, war er gerade nicht im Amt gewesen.

Die Admiralität vertrat den Standpunkt, daß das U-Boot, das im getauchten Zustand nur wenige Knoten fahren konnte, dem gleichen Prisenrecht unterstand wie der Handelsstörer. Diese Regeln gingen bis ins 16. Jahrhundert zurück, doch hatte man sie revidiert und in das Völkerrecht einbezogen. Danach konnte ein Schiff angehalten und durchsucht werden, wenn es dem Feind gehörte oder Güter für den Feind transportierte. Wenn kein Prisenkommando gestellt werden konnte, durfte das Schiff versenkt werden — vorausgesetzt, daß Passagiere und Mannschaften keinen Schaden nahmen. Nachdem dies zu jener Zeit über die Möglichkeiten der winzigen Unterseeboote weit hinauszugehen und man sie auch kaum mit Rücksicht auf das Prisenrecht konstruiert zu haben schien, sahen die Engländer die Selbstbeschränkung der Deutschen als gegeben an und in den Unterseebooten keine Gefahr für die Handelsschiffahrt. Sie selbst betrachteten sie als eine Art Zubehör der Überseeflotte mit Aufklärungsaufgaben, von denen sie bei Ausbruch des Krieges über 74 Stück verfügten. Von den 28 Booten, die die Deutschen bis dahin in Dienst gestellt hatten, waren 20 einsatzfähig.

Die meisten von ihnen standen am 1. August, als Deutschland Rußland den Krieg erklärte, aufgetaucht und in Defensivstellung in der Helgoländer-Bucht. Die mit Rußland verbündeten Briten erklärten ihrerseits am 4. August Deutschland den Krieg, nachdem der Kaiser sich geweigert hatte, die belgische Neutralität zu respektieren. Zwei Tage später verließen zehn deutsche U-Boote Helgoland zur ersten Offensive dieser Art in der Geschichte (die Griechen hatten 1912 im Balkankrieg gegen die Türkei zwei U-Boote vor den Dardanellen patrouillieren lassen, ohne etwas auszurichten). Auf einen Streifen von ungefähr 40 Meilen auseinandergezogen, hatten die Deutschen kein geringeres Ziel vor sich als die britische Grand Fleet, die nördlich von Schottland in Scapa Flow lag, dem Kriegshafen im Bereich der Orkney-Inseln. Der Plan an sich war schon eine Kühnheit; und seine Ausführung ging dementsprechend schief. Als die U-Boote sich den Orkneys am 8. August näherten, lief eines auf eine Mine. *U 15* gelang es, fünf Torpedos auf drei britische Großkampfschiffe abzuschießen, aber keiner traf ins Ziel. Wegen eines

Maschinenschadens mußte das Boot am 9. August auftauchen, wurde gesichtet und vom Leichten Kreuzer *Birmingham* (Captain Arthur Duff, RN) gerammt und versenkt. Von der Mannschaft konnte keiner gerettet werden. Die restlichen acht Boote kamen unbeschädigt, aber mit leeren Händen, in die Heimat zurück. Die U-Boot-Waffe hatte ihre Feuertaufe erlebt — und selbst dabei Federn gelassen. Die beiden deutschen Boote waren die ersten gewesen, die einen Angriff auf den Feind ausgeführt und dabei Verluste erlitten hatten. Aber wenn die Episode auch ruhmlos endete — in den folgenden Wochen wurden weiter Boote, einzeln und zu zweit, in die Nordsee geschickt, um nach feindlichen Kriegsschiffen Ausschau zu halten. Es dauerte mehr als einen Monat, ehe die U-Boote ihr erstes Opfer melden konnten. In der ersten Septemberwoche griff *U 21* (Kapitänleutnant Otto Hersing), eines der ersten mit Dieselmaschinen ausgerüsteten Schiffe, HMS *Pathfinder,* einen Leichten Kreuzer, an, der eine Zerstörerflottille der Grand Fleet anführte. Das unglückliche Schiff (2940 BRT) erhielt einen Treffer direkt in eine seiner Munitionskammern, die in die Luft flog. Es brach auseinander und sank innerhalb von vier Minuten. 259 Männer fanden den Tod. Ihm wurde damit die traurige Ehre zuteil, das erste von einem U-Boot versenkte Schiff gewesen zu sein.

Nun mochte es zwar einen Monat gedauert haben, ehe die neue Waffe zur See ihr erstes Feindesblut vergossen hatte, aber eine psychologische Wirkung zeitigte sie schon mit ihrer ersten, wenn auch fehlgeschlagenen Mission, die sie nach Scapa Flow geführt hatte. Seitdem sichtete die britische Flotte überall U-Boote — fast alle nur in der Einbildung vorhanden —, und die ganze Royal Navy erfaßte eine neue Krankheit namens ›Periskopitis‹. Die Angst und die Verwirrung, die aus ihr entstanden, ließen die Engländer bald einsehen, daß sie die Kampfkraft der U-Boote erheblich unterschätzt hatten. Wieviel man aber noch lernen mußte, wurde ihnen am 22. September vor der holländischen Küste klar. Drei alte Panzerkreuzer, die *Aboukir,* die *Cressy* und die *Hogue,* größtenteils mit Reservisten bemannt, patrouillierten dort für den

Fall, daß leichte deutsche Einheiten in den Kanal einzudringen versuchten. Viele führende Köpfe der Royal Navy, angefangen bei Churchill, hatten sich bereits besorgt über die Verwundbarkeit des Trios geäußert. Ein plötzlicher Angriff durch moderne feindliche Überseeschiffe konnte es in Gefahr bringen. Aber am Morgen des 22. September kam es dann ganz anders. Die *Aboukir* war mit gemächlichen zehn Knoten unterwegs und fuhr auch keinen Zickzackkurs, als sie von einer Explosion erschüttert wurde und nach 25 Minuten kurz vor 7.00 Uhr morgens sank. Die *Hogue* eilte ihr sogleich zu Hilfe und feuerte nach allen Seiten auf Periskope. Auch sie wurde zweimal getroffen und brauchte nur zehn Minuten, ehe sie sank. Die *Cressy,* der dritte 10000-BRT-Kreuzer, stoppte und ließ die Rettungsboote zu Wasser, um die Überlebenden der beiden anderen Schiffe aufzunehmen. Um 7.17 Uhr gab der Ausguck Warnung: Er sichtete ein Periskop und eine Torpedospur. Auch die *Cressy* mußte zwei Treffer hinnehmen, kenterte und sank. Für die eigene Mannschaft gab es keine Rettungsboote mehr. Im ganzen verloren 1460 Männer bei einer völlig unnötigen Katastrophe ihr Leben.

Herbeigeführt hatte sie Kapitänleutnant Otto Weddigen, Kommandant von *U 9,* einem technisch schon völlig überholten, noch mit Petroleum getriebenem Boot. In Deutschland gab es großen Jubel ob dieses spektakulären Sieges über einen Verband der mächtigsten Flotte der Welt — und dabei blieb unberücksichtigt, daß es sich bei den Opfern um alte Schiffe gehandelt hatte, die man besser als Blockschiffe eingesetzt oder gleich verschrottet hätte. In der Admiralität war man konsterniert; auch Admiral Sir John Jellicoe, der Oberkommandierende der Grand Fleet, war bestürzt. Diese wenigen Minuten des Schreckens in der Nordsee waren der Beweis, daß der Verlust der *Pathfinder* kein Zufall gewesen war. Das U-Boot mochte keine Waffe für den Gentleman sein, aber es mußte um einiges ernster genommen werden, als das bisher jemand auf der britischen, nunmehr gedemütigten Seite getan hatte.

Die nächste Lektion folgte am 20. Oktober südlich von

Norwegen, als *U 17,* ebenfalls noch petroleumgetrieben, die SS *Glitra,* einen britischen Frachter von gerade 866 BRT, auf den Grund des Meeres schickte — das erste Handelsschiff, das von einem U-Boot versenkt wurde. Die Prisenordnung wurde peinlich genau eingehalten. *U 17* (Kapitänleutnant Feldkircher) stoppte das Schiff, indem es ihm einen Schuß vor den Bug setzte, schickte ein Kommando an Bord, um sich zu vergewissern, daß man ein britisches Schiff vor sich hatte, führte die Mannschaft höflich zu den eigenen Rettungsbooten und sparte auch klugerweise noch die Munition, indem man die Bodenventile öffnete. Dieser erste Einsatz eines U-Bootes gegen ein Handelsschiff bestärkte in Deutschland den Gedanken an mögliche Gegenmaßnahmen gegen die engmaschige Blockade, die die Engländer über Wasser gebildet hatten. Sie wurde von der Royal Navy unbarmherzig durchgeführt, was eine starke Beeinträchtigung des neutralen Schiffsverkehrs bedeutete. Was die Deutschen nicht wußten: Ihre U-Boote hatten den Engländern bereits eine spürbare psychologische Niederlage bereitet, indem sie die Grand Fleet gezwungen hatten, sich aus der Nordsee zurückzuziehen. Admiral Jellicoe hatte die Bedrohung, die von den U-Booten ausging, verständlicherweise so nervös gemacht, daß er glaubte, ein Ankern der Flotte in Scapa Flow nicht riskieren zu können. Denn dort fehlte es an Verteidigungsanlagen. Als erste Maßnahme ließ er sie die Nacht auf See verbringen, von einem Schutzwall aus Zerstörern umgeben. Als nächstes verließ er mit der Flotte die Nordsee und begab sich auf Höhe der schottischen Küste in den Atlantik. Dann ging es weiter in den Lough Swilly an der Nordküste von Irland, wo die Grand Fleet eine Zuflucht fand, während Scapa Flow befestigt wurde. Das trug allerdings keineswegs dazu bei, den Hunger der britischen Öffentlichkeit nach guten Nachrichten aus der Navy zu befriedigen. Schließlich stellte die Marine das nationale Bollwerk der Engländer dar; sie war der Ausdruck britischer Macht. Man erwartete von Jellicoe ein neues Trafalgar, möglichst noch vor Weihnachten, denn jedermann wußte natürlich, daß bis dahin der Krieg zu Ende sein würde.

Jellicoe, ein übermäßig besorgter Mensch, der überdies keine Aufgaben delegieren konnte, machte den Schutz und die Erhaltung seiner Schiffe zum obersten Gesetz seines Handelns; seine Befürchtungen hinsichtlich der bislang unterschätzten Bedrohungen durch Mine, Torpedo und deutsches U-Boot nahmen zu.

In diesem frühen Stadium wurden die deutschen U-Boote in der Mehrheit noch von lauten, petroleumgefütterten Zweitaktmotoren angetrieben, die dazu neigten, sich tagsüber durch dichten weißen Rauch bemerkbar zu machen und durch einen Funkenregen und sogar Flammenstöße bei Nacht. Die Boote *U 5* bis *U 18* waren alle von diesem Typ. Sie verdrängten über Wasser 500 BRT und waren mit vier Torpedorohren bestückt; sie führten sechs Torpedos und sechs Minen mit sich und waren zudem mit einem leichten Geschütz bewaffnet. Ab *U 19* waren sie mit Dieselmotoren ausgerüstet, die leiser liefen und viel zuverlässiger waren. Außerdem verrieten sie sich nicht so sichtbar, weil sie weniger Qualm ausstießen. Es bedurfte erst der Erfindung des atomaren Reaktors, um das dieselgetriebene U-Boot abzulösen, das dennoch bis heute immer noch in Betrieb ist. Die ersten U-Boote konnten über Wasser bis zu zwölf Knoten Geschwindigkeit machen; getaucht und im Batteriebetrieb kamen sie auf neun Knoten. Das Bauprogramm der Kaiserlichen Marine hatte vor dem Krieg 72 U-Boote vorgesehen, aber als der Krieg ausbrach, waren aufgrund von Entwicklungsproblemen und Verzögerungen bei der Ausführung nur 54 im Dienst oder im Bau. Weitere 17 wurden in Auftrag gegeben, als der Mobilmachungsbefehl erging; fünf Boote, die man für das verbündete Österreich auf Stapel gelegt hatte, wurden nach einem im November 1914 geschlossenen Abkommen von der deutschen Marine übernommen. Im Oktober wurden 14 Küsten-U-Boote des *UB*-Typs, die nur 125 BRT verdrängten, geordert, um den Vorteil zu nutzen, den die frühe Besetzung der belgischen Häfen mit sich brachte. Das erste Boot dieses Typs wurde in der erstaunlichen Zeit von 57 Tagen fertiggestellt und in drei Abteilungen per Bahn und Kanal nach Brügge transportiert. Weitere fünfzehn Boote der *UC*-Klasse, die auf dem *UB*-Typ aufbauten, aber zum Minenlegen bestimmt war, wurden im November in Auftrag gegeben. Die Deutschen mögen also etwas langsam und vorsichtig gewesen sein, ehe sie die Idee der U-Boot-Waffe aufnahmen; aber ihre Entscheidungen, die ganz zu Anfang des Krieges fielen, zeigten die Ernsthaftigkeit, mit der sie die gegebenen Möglichkeiten auszuschöpfen gewillt waren.

In Deutschland wurden die Folgen der britischen Blockade nur zu gut verstanden; man hatte mit einigem Recht das Gefühl, die Royal Navy übertrete internationales Recht, indem sie es auch auf neutrale Schiffe anwendete. Beide Seiten hatten Handelsschiffe, die sich bei Kriegsausbruch in den falschen Häfen aufhielten, illegal konfisziert, und beide hatten Vorbereitungen getroffen, Handelsschiffe zu bewaffnen. Vor dem Krieg war es zu keiner Einigung über die Verwendung von Minen gekommen, einer billigen Waffe, die sich offensiv wie defensiv anwenden ließ und bei der die Deutschen eine eindeutige Überlegenheit besaßen. Dieser Abbau idealistischer Vorstellungen aus dem späten 19. Jahrhundert über humanitäre Selbstbeschränkung im Krieg und die unerwartete Wirksamkeit der ersten U-Boote führten in Deutschland zu der Forderung, mit Hilfe der U-Boote eine Gegenblockade in England zu errichten. Dabei sollten diese ihren größten Aktivposten als Vorteil nutzen, und das war das Überraschungsmoment. Untergeordnete deutsche Stabsoffiziere hatten vor dem Krieg ausgerechnet, daß Deutschland mit etwa 200 U-Booten in der Lage sein würde, eine neue, noch tödlichere Variante des Kreuzerkriegs zu führen, eine *querre de course* gegen den Handel. Die Strategie, ein feindliches, unzulänglich geschütztes Handelsschiff zu überrumpeln, hatte ihre Tradition; der Unterschied lag in dem taktischen Vorteil, sich dabei unter Wasser anschleichen zu können und so dem Opfer deutlich überlegen zu sein, hatte man es erst einmal aufgetrieben. Nachdem das U-Boot langsamer war als alle sonstigen modernen Kriegsschiffe, konnte es seinen Vorteil nur ausspielen, wenn es ohne Warnung angriff. Das aber bedeutete einen fundamentalen Bruch völkerrechtlicher Abmachungen. Der Verlust der eigenen Überseekreuzer, die geringen Verluste, die man dem Feind bisher nur mit den schnellen bewaffneten Handelsschiffen beibringen konnte, und die Unfähigkeit der Hochseeflotte, auf die Ereignisse einen Einfluß zu nehmen, bewogen das deutsche Oberkommando, sich für einen unbegrenzten U-Boot-Krieg einzusetzen. Reichskanzler Theobald von Bethmann-Hollweg widersetzte sich dem Druck, der bereits gegen Ende 1914 sehr stark war, aus politischen Gründen: Die öffentliche Meinung bei den Neutralen, vor allem den Amerikanern, würde sich gegen Deutschland wenden. Aber am 4. Februar 1915 erklärte das deutsche Oberkommando die Gewässer rings um Großbritannien zum Kriegsgebiet, in dem Schiffe der Alliierten ohne vorherige Warnung versenkt werden durften. Die neutralen Staaten wurden nachdrücklich daran erinnert, welch hohes Risiko sie eingingen, wenn sie ihre Schiffe in dieses Gebiet einfahren ließen. Am 24. Januar hatte England das Seegefecht zwischen deutschen und englischen Schlachtkreuzern (Großkampfschiffen mit höherer Geschwindigkeit und geringerer Armierung als die Schlachtschiffe) auf der Doggerbank gewonnen, was zwar ein nützlicher, taktisch aber in die Irre führender Sieg war. Deutschen U-Booten gelang es nämlich am 30. Januar, sechs Handelsschiffe zu versenken. Also schien es aus deutscher Sicht am besten, die großen Schiffe lieber zu Hause zu lassen und den U-Booten den Vorrang zu geben.

Im Januar 1915 versenkten sie Handelsschiffe mit einer Gesamttonnage von 47 900 BRT. Nachdem sie im Februar die vornehmen Handschuhe abgestreift hatten, kamen sie auf 65 000 BRT. In der ersten Hälfte Mai vernichteten sie 120 000 BRT Schiffsraum. Dann trat vorübergehend eine Pause ein, die Churchill zu der hastigen Behauptung verleitete — übrigens direkt vor seiner Entlassung aus der Admiralität —, die von den U-Booten ausgegangene Drohung sei damit Vergangenheit. In dieser Phase verloren die Deutschen drei weitere Boote: Eines davon war *U 12* unter seinem gerade beförderten Kommandanten Weddigen gewesen, der die drei alten Kreuzer vor der holländischen Küste versenkt hatte. HMS *Dreadnought,* das erste aus der modernen Generation der Schlachtschiffe, rammte sein Boot am 18. März nicht weit von Scapa Flow und versenkte es. Nicht ein einziges U-Boot war durch Geschütztreffer versenkt worden. Die Alliierten hatten 39 Handelsschiffe verloren. Im April fand der Kapitän eines amerikanischen Öltankers bei einem Angriff den Tod. Das Schiff ging nicht verloren, dennoch brachte der Fall die öffentliche Meinung in Amerika in Wallung. Dasselbe geschah nach der Versenkung des britischen Dampfers *Harpalyce* auf dem Weg in die Vereinigten Staaten, wo er Nahrungsmittel für die hungernde Bevölkerung in Belgien aufnehmen sollte: Das Schiff hatte eine weiße Flagge gesetzt, und der Zweck seiner Reise stand in großen Lettern auf seinen Seitenwänden geschrieben. Das amerikanische Mißfallen über die britische Blockade gegen Deutschland, die den deutschen Handel mit den USA unterbrochen hatte, wurde aber am 7. Mai von einer Welle des Zorns und der Erregung hinweggespült, als Kapitänleutnant Walter Schwieger und sein *U 20* die *Lusitania* versenkten.

Am Morgen des 1. Mai, an dem sie New York verließ, erschienen von der ›Kaiserlich Deutschen Botschaft‹ gezeichnete Anzeigen in der New Yorker Presse, die davor warnten, daß britische Schiffe in den Gewässern rings um Großbritannien ›der Gefahr der Vernichtung‹ ausgesetzt seien: »Reisende, die sich ins Kriegsgebiet begeben ..., tun dies auf eigene Gefahr.« Die Warnung erschient direkt unter der Anzeige, in der die Cunard-Linie ständig die neuesten Auslauftermine ihrer Liner bekanntgab. Diesmal nannte sie den 29. Mai und als Zielhafen Liverpool. Als das 30000 BRT große Linienschiff abfahrbereit war, herrschte daher zweifellos eine gespannte Stimmung. Journalisten und Kameraleute drängten sich am Kai. Daß einige von ihnen verkündeten, sie seien da, um den Aufbruch der *Lusitania* zu ihrer ›letzten Reise‹ mitzuerleben, diente auch nicht gerade der Beruhigung angespannter Passagiernerven.

Das Schiff, das man, wie die *Titanic,* als unsinkbar bezeichnete, stach mittags um zwölf, zwei Stunden zu spät, in See. An Bord waren 1257 Passagiere, unter ihnen 197 Amerikaner. Der berühmteste US-Bürger unter ihnen war Alfred G. Vanderbilt, der 37 Jahre alte, millionenschwere Sproß der Eisenbahn- und Reederdynastie und bekannte Amateurreiter.

Noch immer sind nicht alle Geheimnisse im Zusammenhang mit der letzten Reise der *Lusitania* aufgeklärt worden. Die heftigsten Kontroversen drehen sich um die Ladung, die der Dampfer mit sich führte. Nach dem Ladungsverzeichnis, das nicht geheim war, gehörten Gewehr- und Schrapnellmunition sowie Zünder für Sprengstoff zur Fracht. Eine ganze Menge überzeugender Beweise ist inzwischen ausgegraben worden, und sie ergeben, daß es wohl die Munition war, die mit dem Treffer hochging und so möglicherweise das Schicksal des Schiffes besiegelte. Selbst die Notlage eines beispiellosen Krieges, an dessen Westfront die Kämpfe sich endlos dahinschleppten, kann die Unbesonnenheit nicht rechtfertigen, daß man ein Passagierschiff zusätzlich mit Munition belud. Der offen verkündete Handelskrieg war immerhin schon drei Monate alt.

Am Morgen des 5. Mai wurde um 9.00 Uhr dem Nachrichtendienst der britischen Kriegsmarine ein deutsches U-Boot gemeldet, das ein paar Meilen nordwestlich des Fastnet Rock an der Südwestspitze von Irland stand. Die Nachricht kam von der Admiralität, genauer: aus deren ›Room 40‹, wo den Briten das Kunststück gelungen war, den deutschen Code auf Dauer zu knacken. Die Russen hatten ihnen das deutsche Marineschlüsselbuch ausgehändigt, das von dem im Oktober 1914 in der Ostsee gesunkenen Kreuzer *Magdeburg* stammte. Die Briten hatten nun einen Funkspruch von *U 20* nach Deutschland abgefangen und ihn zur Entschlüsselung in den ›Room 40‹ weitergegeben. Am 5. und 6. Mai versenkte *U 20* drei Schiffe in dem genannten Gebiet; am Abend des 6. Mai — angesichts der Umstände mit erstaunlicher Verspätung — ließ Admiral Sir Charles Coke von der nahegelegenen Flottenbasis Queenstown endlich die Warnung ausgeben: »U-Boote operieren vor der Südküste von Irland.« Dieser Funkspruch wurde William Turner, dem Kapitän der *Lusitania*, um 19.50 Uhr ausgehändigt, als er sich gerade auf den Weg zum Gala-Dinner mit seinen Gästen machte. Mit diesem Abend sollte der letzte Tag auf See festlich beschlossen werden. Erst als um 20.30 Uhr die zweite Warnung hereinkam und ihn bei Tisch erreichte, nahm er die Sache ernster; er ließ die Rettungsboote in den Davits ausschwingen und so viele wasserdichte Türen schließen wie möglich, gab Befehl zum Verdunkeln des Schiffs und drosselte die Fahrt, um Fastnet erst bei Nacht zu passieren. »Wenn wir morgen in das Kriegsgebiet einfahren, werden wir uns in sicherer Obhut der Royal Navy befinden«, ließ er seine Gäste wissen. Draußen herrschte zeitweilig Nebel.

Am Vormittag des 7. Mai ließ die Admiralität eine neuerliche Warnung an alle Schiffe durchgeben: »U-Boote operieren im Südteil des Irischen Kanals. Letzter bekannter Feindstandort 20 Meilen südlich Coningsbeg-Leuchtfeuer. Sicherstellen, daß *Lusitania* dies erhält.« Kapitän Turners Reaktion war eine Änderung seines östlichen Kurses um 20 Grad nach Norden, wodurch er jetzt näher unter Land steuerte. Der Morgennebel hatte sich inzwischen längst aufgelöst, die Sonne stand hoch an einem klaren Himmel, und die See war ruhig.

Zu dieser Zeit hatte sich Schwieger, sehr zufrieden mit den drei gelungenen Versenkungen, schon auf den Heimweg gemacht. Nur eine Stunde war er auf Tauchstation geblieben, hatte aber nichts mehr durch sein Periskop entdecken können. Bis auf drei Torpedos hatte er alles verschossen, und sein Dieselvorrat reichte kaum mehr für eine größere Jagd. Jetzt saß er um 13.00 Uhr auf der Brücke und entdeckte Steuerbord voraus eine Rauchfahne. Deren Quelle identifizierte er bald als einen großen, viermastigen Liner, der auf die Küste bei Old Head of Kinsale zuhielt, gerade noch 25 Meilen vom Hafen von Queenstown entfernt. *U 20* ging auf Tauchstation und nahm volle Fahrt auf — im getauchten Zustand waren das neun Knoten —, um sich vor sein Ziel zu setzen. Um 13.40 Uhr befahl Kapitän Turner eine scharfe Kursänderung nach Steuerbord, ging also wieder auf seinen östlichen Kurs, so daß er jetzt eine genaue Landpeilung vornehmen konnte mit dem Head als Bezugspunkt. Damit geriet die *Lusitania* aber *U 20* genau vor den Bug. Die Entfernung betrug weniger als eine halbe Meile. Es war jetzt 14.10 Uhr, und die stolze Gebieterin der Meere hatte noch 18 Minuten zu leben.

U 20 feuerte nur einen Torpedo ab, der den Dampfer an Steuerbord mittschiffs in einem Schnittwinkel von 90 Grad zehn Fuß unter der Wasserlinie traf. Zwei Ausgucke hatten den Torpedo kommen gesehen und die Brücke alarmiert. Aber binnen einer Minute hatte er sein Ziel erreicht. Auch Kapitän Turner hatte ihn noch kommen gesehen, doch nichts mehr unternehmen können. Es war ein perfekter Schuß. Schwieger verfolgte die Aktion durch das Sehrohr und diktierte ins Kriegstagebuch seines Bootes:

> »Die Aufbauten über dem Aufschlagpunkt und die Brücke sind auseinandergerissen, Feuer bricht aus, und der Rauch hüllt die obere Brücke ein. Das Schiff stoppt sofort, erhält sehr schnell Schlagseite nach Steuerbord, gleichzeitig sinkt es über den Bug.«

Die Trümmer kamen noch aus der 50 Meter hohen Explosionswolke herabgeflogen, als der Liner seinen Hilferuf morste:

> »SOS. KOMMT SOFORT. Starke Schlagseite. Zehn Meilen südlich Old Head Kinsale. SOS ...«

Der Torpedo hatte direkt hinter der Brücke ein Loch in die Schiffswand gerissen. Die dort befindlichen leeren Kohlenbunker liefen sehr schnell mit Wasser voll und verursachten die Schlagseite, die anfänglich 15 Grad betrug. Aber der Umstand, daß der Bug nach wenigen Augenblicken schon unter Wasser war, läßt sich nur durch eine nachfolgende Explosion erklären, die einige hundert Fuß entfernt von dem Aufschlagpunkt des Torpedos hochgegangen war. Ausgelöst wurde sie möglicherweise durch die Entzündung von Methangas oder von Kohlenstaub in einem der vorderen Bunker. Es könnte aber auch Munition gewesen sein. Taucher haben später das Wrack untersucht und im Vorschiff weit größere und ernsthaftere Schäden festgestellt als mittschiffs. Auch stoppte das große Schiff nicht gleich, und nachdem sein Vordersteven erst einmal unter Wasser war, wurde es über den Bug immer tiefer ins Wasser zogen. Der Maschinenraum war bereits überflutet. Im Untergehen krängte die *Lusitania* weiter nach Steuerbord.

Furchtbare Szenen spielten sich auf dem sterbenden Dampfer ab, als Kapitän Turner Befehl gab, die Rettungsboote auszusetzen und das Schiff zu verlassen. Weil es noch immer Fahrt machte, war es schwierig, die Boote zu Wasser zu lassen. Wegen der Schlagseite war es unmöglich, die Boote an Backbord loszumachen, während die an Steuerbord so weit hinausschwangen, daß viele Passagiere sie nicht erreichen konnten, ohne vorher ins Wasser zu fallen. Schreiend rutschten und kletterten Passagiere in Massen die Backbordwand hinab, einige Rettungsboote kenterten, andere brachen beim Aufschlagen auf dem Wasser auseinander, und Kapitän Turners Bemühungen, sein Schiff wieder unter Kontrolle zu bringen, schlugen fehl. Die *Lusitania* steuerte mit der Wucht ihrer eigenen Restgeschwindigkeit unerbittlich in Richtung Meeresboden. Als der Kapitän für einige Augenblicke das Abfieren der Rettungsboote stoppen ließ, weil zu viele von ihnen zu Bruch gingen, zog ein amerikanischer Passagier seine Pistole und befahl einem Matrosen, für ihn ein Boot zu fieren. Das Boot rutschte die Backbordseite hinab, mitten durch einen Teppich sich krümmender Menschen, und zerquetschte viele von ihnen. Wenigstens 30 Tote gingen auf das Konto dieser Aktion.

Die Überlebenden und die Toten trieben in der Dünung, während die Trümmer auf sie herabregneten und die vier langen roten Schornsteine mit ihren schwarzen Kragen bedrohlich über ihnen aufragten. Mr. Vanderbilt, der nicht schwimmen konnte, nutzte die letzten Minuten seines Lebens, so viele Kinder zu retten, als ihm möglich war. Schließlich senkte sich der Bug steil nach unten, der Rumpf stieg in einem unmöglichen Winkel gen Himmel, ehe das Heck wieder langsam ins Wasser zurücksank und die *Lusitania* mit einem unirdischen, klagenden Seufzer sank, als ihr die letzte Luft aus dem massigen Körper gedrückt wurde. Kapitän Turner stand auf der Brücke, bis das steigende Wasser ihn zwang, zum Signaldeck hinaufzuklettern. Unter seinen Füßen verschwand sein angeschlagenes Schiff in den Fluten. Er konnte sich an ein treibendes Wrackstück klammern und wurde von einem der Boote gerettet, die aus Queenstown zu Hilfe eilten. Von den 1198 ums Leben Gekommenen waren 785 Passagiere und 413 Mannschaften. 49 Kinder waren unter den Toten, 35 noch im Baby- und Kleinkindalter, und 128 waren amerikanische Staatsbürger. An Bord des Unterseebootes *U 20* Seiner Kaiserlich Deutschen Majestät hielt so die Ära des totalen Krieges zur See ihren Einzug — eines Krieges, in dem Zivilisten, Kinder und andere unschuldige Menschen vom Rand des Geschehens sich plötzlich in der Frontlinie wiederfanden. Schwieger verließ die Szene um 14.25 Uhr, drei Minuten, bevor sein Opfer in den Fluten versank. Sein letztes Boot sollte *U 88* werden, mit dem er 1917 auf eine Mine lief.

Als Präsident Wilson von der Versenkung der *Lusitania* erfuhr, brach er zusammen — und schickte dem Kaiser eine Protestnote. Entgegen den britischen Hoffnungen und Erwartungen hielt sich Amerika aus dem Krieg heraus. Ärgerlich brandmarkte man das amerikanische Volk und seine Führung als Feiglinge. Die deutsche Presse bejubelte dagegen die Heldentat, und die Regierung rechtfertigte sie unter Verweis auf die Warnungen, die sie veröffentlicht hatte, und auf die an Bord mitgeführte Munition. Schwieger machte nämlich sie für die zweite Explosion verantwortlich. Man zollte ihm sogar Anerkennung dafür, daß er angesichts der vielen Menschen, die er im Wasser schwimmen sah, darauf verzichtet hatte, noch einen zweiten Torpedo abzuschießen. Für den Rest des Monats gingen aber die Versenkungen dramatisch zurück, was der Admiralität ein falsches Gefühl der Erleichterung vermittelte bei ihrer verzweifelten Suche nach einer wirkungsvollen Antwort auf die U-Boot-Waffe. Hunderte von Trawlern und anderen kleinen Schiffen, von denen viele sogar langsamer waren als die getauchten U-Boote, wurden requiriert und für Küstenpatrouillen eingesetzt. Netze und Dreggtaue mit daran befestigten Sprengkörpern (die bei Berührung mit einem U-Boot explodieren sollten) wurden in großen Mengen verlegt, und man arbeitete auch mit Ködern. Dabei sollte ein englisches U-Boot, das über Funk mit einem Trawler verbunden war, ein deutsches Boot versenken, wenn dieses sich an das scheinbar hilflose Ziel heranschlich. Doch der Trick klappte nur ein einziges Mal. Auf das Q-Schiff — ein als Köder ausgelegtes Schiff mit getarnten Geschützen — fiel ein halbes Dutzend deutscher U-Boote herein; dann hatte sich die Sache bei allen Kommandanten herumgesprochen. Wahrscheinlich ging dieser Trick am Ende sogar als Schuß nach hinten los, weil er der Neigung der Deutschen, im Zweifelsfall ohne Warnung zu versenken, Auftrieb gab. Doch noch war es nicht soweit. Die Royal Navy, in der sich das britische Klassensystem auf seine denkbar schlimmste Art spiegelte, hatte versagt — und schuld daran waren ein ausgeprägter Snobismus und der weitgehende Verzicht auf eine wissenschaftlich-technische Ausbildung des Offizierskorps gewesen. Fisher, der dafür gesorgt hatte, daß die Navy ihre großen Schiffe und auch U-Boote bekam, war einfacher Herkunft und etwas offener für neue Ideen. Als er im Frühjahr 1915 nach einem Zusammenstoß mit Churchill als Erster Seelord zurücktrat, kurz bevor der Erste Lord dann selbst aus dem Amt schied, gründete Churchills Nachfolger, Arthur Balfour, für die Marine das ›Board of Inventions and Research‹ und beauftragte Fisher mit seiner Leitung. Diese Kommission, die Entwicklungen und Neuerungen gezielt vorantreiben sollte, war zwar nur eine kurzlebige Einrichtung, aber sie eröffnete einen Weg, wie man Wissenschaftler in die Kriegsanstrengungen einbinden konnte — ein Faktor, der dann im Zweiten Weltkrieg allergrößte Bedeutung gewann. Im Sommer 1915 rief das BIR einen Ausschuß ins Leben, der sich auf die U-Boot-Abwehr konzentrierte. Sein dynamischstes Mitglied wurde der Neuseeländer Ernest Rutherford, Atomwissenschaftler aus Cambridge. Als seinen Hauptbeitrag brachte er die Entdeckung ein, daß feindliche U-Bote durch Horchgeräte aufgespürt werden konnten. Noch heute ist dies das wichtigste Mittel, um U-Boote auszumachen. Für Rutherford war es der Schlüssel zum Erfolg, und so wandte er sich an den Commander C. P. Ryan, der schon, unbemerkt von seinen Vorgesetzten, an der praktischen Erprobung dieser Idee arbeitete. Er hatte in Granton am Firth of Forth damit begonnen, ein Hydrophon, ein ›Unterwasser-Ohr‹, zu bauen, das auf der Technik des Telefons basierte. Ryan hatte für jeden Versuch genau ein Pfund Sterling zur Verfügung. Rutherford wandte sich nachdrücklich gegen diese außergewöhnliche Knauserigkeit und empfahl, Ryan zu geben, was er brauchte. Auch an einer Aufspürtechnik mittels reflektierter Schallwellen war Rutherford interessiert: Statt nur passiv zu lauschen, konnte der U-Boot-Jäger einen Ultraschall-Strahl aussenden, der in dem Augenblick zurückgeworfen wurde, wenn er unter Wasser auf einen Gegenstand stieß. Als Rutherford Ende 1915 dem BIR Bericht erstattete, eröffnete er damit den Weg, wie man der Unsichtbarkeit der U-Boote begegnen konnte. Hatte man ein U-Boot entdeckt, kam es nun darauf an, es auch wirkungsvoll zu zerstören. Dem diente die Wasserbombe, mit deren vielversprechender Erprobung man in der ersten Hälfte des Jahres 1915 begonnen hatte.

Nach der verführerischen Ruhe, die Ende Mai 1915 herrschte und in der beide Seiten kurz Atem zu holen schienen, setzte der U Boot-Krieg wieder voll ein. Im August kam es zu einer beiderseitigen Krise — zu einer politischen für die Deutschen, zu einer auf Leben und Tod für Großbritannien. Im Laufe des Monats gingen 185 800 BRT Schiffsraum verloren, 165 000 davon durch U-Boot-Angriffe. Zum erstenmal übertrafen die monatlichen Verluste an Handelsschiffen durch Feindeinwirkung die Neubauten. Daß man zunehmend unfähiger wurde, die für die Kriegsführung und für die Versorgung der Bevölkerung notwendigen Materialien, Munition und Rohstoffe, herbeizuschaffen, bedeutete eine Niederlage. So sah also der ›Fehlschlag‹ in Wirklichkeit aus, zu dem der U-Boot-Krieg gegen England werden sollte. Doch das Glück und deutsches Ungeschick kamen England im rechten Augenblick zu Hilfe. *U 42* torpedierte das britische Linienschiff *Arabic* vor der irischen Küste. Obwohl nur drei Amerikaner unter den Toten waren, bewirkte die Versenkung doch wieder den ›*Lusitania*-Faktor‹; die Vereinigten Staaten protestierten so heftig, daß die Deutschen eine Pause einlegten. Ende des Monats wurde an alle U-Boote Order gegeben, Passagierschiffe nur nach den Regeln der Prisenordnung anzugreifen. Nachdem inzwischen viele Schiffe der Alliierten mit Geschützen ausgerüstet waren, bedeutete aber das Aufbringen eines größeren Schiffes, das möglicherweise ein paar Passagiere mit sich führte, für die U-Boot-Kommandanten ein zu großes Risiko.

Was die ängstlichen Briten nicht wußten, war der Umstand, daß der verschärfte U-Boot-Krieg auch die deutsche Führung entzweit hatte. Auf der einen Seite standen der Kanzler und das Außenministerium, die einen Stopp forderten, weil sie den Eintritt der Amerikaner mit ihren grenzenlosen Ressourcen in den Krieg fürchteten, auf der anderen der Kaiser, das Oberkommando (das auch die Flotte befehligte) und die Flottenführung, welche die Sache zu Ende bringen wollten. Admiral Henning von Holtzendorff, der Stabschef der Kriegsmarine, versprach, England binnen sechs Monaten in die Knie zu zwingen, wenn man seinen U-Boot-Fahrern freie Hand gebe. Wahrscheinlich hatte er damit recht. Aber die U-Boote wurden Mitte September aus den britischen Gewässern abgezogen und ins Mittelmeer geschickt, wo reiche Beute (und fast keine Amerikaner) auf sie warteten. Auf diese Weise konnte Großbritannien noch einmal Atem holen und bekam seine zweite Chance, wenn man auch die fortwährenden Verluste von Schiffen im Mittelmeer kaum mit einem Achselzucken abtun konnte. Das Ausbluten war gestoppt, aber die Blutungen gingen weiter. Ein paar U-Boote blieben in den Gewässern um England zurück, um Minen zu legen. Ende 1915 hatten die Deutschen 855 000 BRT alliierten Schiffsraum versenkt, wovon 748 000 auf britische Schiffe fielen. Dagegen stand auf deutscher Seite der Verlust von nur zwanzig U-Booten. Inzwischen waren 61 neue Boote gebaut worden, so daß die Deutschen zur Jahreswende nun über ein Netz von 58 einsatzfähigen U-Booten verfügten. Die erste Runde des totalen Krieges zur See hatten sie gewonnen, wenn auch die britische Blockade dadurch nicht beeinträchtigt wurde. Die deutschen Proteste gegen sie gingen im geschickt von England geschürten Zorn der Neutralen über den ungebremsten U-Boot-Krieg unter. Die ›Hunnen‹ (ein Terminus, dessen Urheber übrigens der deutsche Kaiser war) standen nun in dem Ruf besonderer Grausamkeit. In Belgien sollten sie ihre ersten Greueltaten begangen haben, und nun kam der U-Boot-Krieg dazu. Es war eine der größten Ironien des Ersten Weltkriegs, daß Deutschland, nachdem es solche Schmähungen hatte hinnehmen müssen, sich nicht diesem rüden Ruf gemäß verhielt, indem es auf den groben Klotz noch einen groben Keil gesetzt hätte. Das zeitweilige Schwanken des Kaisers, der für seinen Wankelmut bezeichnend war, hat Deutschland den Krieg gekostet. Trotzdem kehrten die deutschen U-Boote im Februar 1916 wieder in die britischen Gewässer zurück, um erneut Jagd auf Handelsschiffe zu machen. Den Kommandanten wurde befohlen, Passagierschiffe auf jeden Fall zu verschonen, nur bewaffnete Handelsschiffe außerhalb des deklarierten Kriegsgebiets ohne Warnung anzugreifen und unbegrenzte Angriffe auf Schiffe ohne Passagiere auf das Kriegsgebiet zu beschränken. Wie die deutschen Admirale vorausgesagt hatten, war es nur eine Frage der Zeit, bis ein Kommandant den ersten Fehler machte. Der Schnitzer passierte am 24. März, als *UB 29* (Kapitänleutnant Pustkuchen), ein kleines Boot aus der Flandern-Flottille, die Kanalfähre *Sussex* angriff. Das Schiff hatte 1350 BRT. 380 Passagiere waren an Bord. Ein Torpedo traf den gerade mitten im Kanal befindlichen Dampfer am Bug, wo er ein großes Loch riß. Aber das Schiff hielt sich über Wasser, wenn auch achtzig Menschen getötet bzw. verwundet wurden. 25 Tote waren amerikanische Staatsbürger. Pustkuchen behauptete später, er habe Menschen an Deck gesehen und die *Sussex* für einen Truppentransporter gehalten. Das Wetter war zu dem Zeitpunkt hervorragend. Die Überlebenden wurden von einem britischen Zerstörer und einem französischen Trawler aufgenommen und die Fähre wurde auf den Strand gesetzt. Zwei Stunden später wurde im selben Bereich die *Salybia,* ein Frachtschiff, das von den Westindischen Inseln kam und auf die Themsemündung zuhielt, torpediert. Als daher Graf Bernstorff, der deutsche Botschafter in Washington, behauptete, die *Sussex* sei auf eine Mine gelaufen, glaubte man ihm dies nicht. Die amerikanische Regierung ließ sich Zeit, auf sein Dementi zu reagieren, aber als sie es dann am 20. April tat, verband sie es zum erstenmal mit einer Drohung:

> »Sofern die Kaiserliche Regierung nicht jetzt unverzüglich ein Aufgeben ihrer gegenwärtigen Methoden des Unterseebootkrieges gegen Passgier- und Frachtschiffe erklären und bewirken sollte, kann die Regierung der Vereinigten Staaten keine andere Wahl geben als die diplomatischen Beziehungen zur deutschen Regierung zu lösen.«

Die deutsche Antwort lautete:

> »Bei dieser Sachlage kann die Deutsche Regierung nur erneut ihr Bedauern darüber aussprechen, daß die humanitären Gefühle der Amerikanischen Regierung, die sich mit so großer Wärme den bedauernswerten Opfern des Unterseebootkrieges zuwenden, sich nicht mit der gleichen Wärme auch auf die vielen Millionen von Frauen und Kindern erstreckt, die nach der erklärten Absicht der englischen Regierung in den Hunger getrieben werden und durch ihre Hungerqualen die siegreichen Armeen der Mittelmächte zu einer schimpflichen Kapitulation zwingen sollen.«

Unglücklicherweise sind die Auswirkungen einer Blockade nicht so sichtbar zu machen wie das, was ein Torpedo anrichtet. Die propagandistische Niederlage der Deutschen im Streit um ihre U-Boot-Offensive war ein Werk der modernen Massenmedien, der Presse und der Kino-Wochenschauen. Künstlerische Impressionen, Fotos und sogar die zufällige Filmaufnahme eines auf hoher See im Todeskampf liegenden Schiffes übten ihre Wirkung auf die Millionen aus, während Hinweise auf hungernde, aber noch lebendige Deutsche das mitnichten taten (auch für die britische Zivilbevölkerung waren die Lebensmittel streng rationiert). Noch einmal setzte sich Reichskanzler von Bethmann-Hollweg gegen Admiral Holtzendorff durch; am 24. April erhielten die U-Boote die Order, zur Prisenordnung zurückzukehren. Am 4. Mai schickte die deutsche Regierung eine Note an die Vereinigten Staaten, in der sie das Ultimatum vom 20. April akzeptierte. Die diplomatischen Beziehungen blieben bestehen, aber die antideutschen Gefühle in Amerika nahmen zu.

Die Rückkehr der Deutschen zur Prisenordnung auf amerikanischen Druck kam für die 131 Schiffe mit insgesamt 442 000 BRT, die bis zum Mai 1916 U-Booten zum Opfer gefallen waren, zu spät. Bis dahin hatte allein England über eine Million Tonnen Schiffsraum verloren, die Deutschen dagegen nur 32 U-Boote mit jeweils bis zu 35 Mann Besatzung. Verloren waren natürlich auch — was im Labyrinth der Statistiken oft untergeht — wertvolle Ladungen: Lebensmittel und Kriegsmaterial auf der einen Seite und Waren, mit denen Großbritannien diese Dinge bezahlen konnte, auf der anderen. Weit entfernt vom Stellungskrieg im flandrischen Sumpf ging der tödliche Krieg zur See weiter, in dem jede Seite die andere wirtschaftlich zu strangulieren versuchte. Währenddessen hatte die Admiralität in London noch immer keine taktische Antwort auf die U-Boot-Waffe gefunden. Auch die allmähliche Einführung der Wasserbombe in kleinen Portionen — normalerweise zwei Stück pro Schiff — konnte nicht als eine solche gelten. Der Marinestab, den Churchill 1912 eingeführt hatte — eine seiner besten Ideen —, steckte noch in den Kinderschuhen und leistete noch nicht, was man von ihm erwartete; die große Mehrheit der mittelmäßigen Admirale und der hervorragenden Schiffskapitäne der Royal Navy war instinktiv der Meinung, daß dem U-Boot nur mit offensiven Mitteln beizukommen sei. Also verpflichteten sie ihre Schiffe darauf, die Deutschen entlang den Schiffahrtswegen zu jagen — ein Zeitvertreib, welcher der Suche einer Stecknadel im Heuhaufen glich und bei der die Nadel sich auch noch frei bewegen konnte, sobald der Suchende ihr zu nahe kam. Die Schiffe, die diese offensiven Suchaktionen zu unternehmen und auf den Routen zu patrouillieren hatten, verfügten über keine verläßlichen Mittel, mit denen sie die U-Boote hätten aufspüren können — bis auf die Augen der Männer im Ausguck. (Die ersten Hydrophone funktionierten am besten, wenn mehrere Schiffe im Verband operierten und zudem noch ruhiges Wetter herrschte.) Hatten sie aber einmal ein feindliches Boot ausgemacht, dann fehlten ihnen die verläßlichen Mittel, es zu zerstören. Die Navy forderte Zerstörer und noch einmal Zerstörer, um zu jagen und zu patrouillieren. Riesige Minenfelder und Netzbarrieren wurden gelegt.

Dieselben Männer, die sich die Köpfe zerbrachen, um eine Antwort auf die U-Boot-Waffe zu finden, hielten es für eine selbstverständliche Sache, die Truppentransporter nach Frankreich mit einem starken Geleitschutz auszustatten. Für genauso natürlich hielten sie es, Zerstörer zum Schutz der Großkampfschiffe einzusetzen (und Leichte Kreuzer zum Schutz der Zerstörer). In der neuerlichen Flaute des Sommers 1916 wurde die Aufmerksamkeit der Admiralität auf die Bedeutung und die Verwundbarkeit des Handels zwischen England und den neutralen Niederlanden gelenkt. Im Juni überredete die britische Regierung die Holländer, die verzweifelt benötigten Lebensmittelexporte nach England zu erhöhen, was sich zugleich abträglich für die deutschen Nachbarn auswirkte. Im gleichen Monat wurde der britische Dampfer *Brussels* von deutschen Zerstörern aus Flandern aufgebracht. Sein Kapitän, Fryatt, wurde nach einer Farce, die sich Kriegsgerichtsverhandlung nannte, erschossen: Er war in Angriffsabsicht mit seinem unbewaffneten Schiff direkt auf ein U-Boot losgefahren und hatte es damit zum Tauchen gezwungen. Im Juli wurde wieder ein Schiff auf der wichtigen Route Holland–England gekapert. Daraufhin entschloß man sich, neben der Fernunterstützung durch Zerstörer der Harwich Force ein System zu entwickeln, bei dem Schiffe in Gruppen fuhren und eng von Zerstörern oder Sloops gedeckt wurden. All diese Geleitschutzmaßnahmen wurden im Gedanken an einen Gegner ergriffen, der über Wasser angriff (ab April 1917 bekamen die Gruppen sogar Unterstützung aus der Luft). Aber das Prinzip, gemäß dem man Schiffe zu ihrem eigenen Schutz zu einem Verband zusammenstellt und ihnen bewaffnetes Geleit gab, war so alt wie der Unterschied, der zwischen einem Handelsschiff und einem Kriegsschiff herrschte; selbst wenn die Handelsschiffe ihre eigenen Geschütze an Deck hatten, fuhren sie zum Selbstschutz im Verband. Für diesen natürlichen Herdentrieb des Handels zur See fand man den Namen ›Geleitzug‹ oder ›Konvoi‹. Im Jahr 1653 stellten die Holländer im ersten englisch-holländischen Krieg einen Konvoi von 450 Handelsschiffen zusammen, den 88 Kriegsschiffe begleiteten. Während der napoleonischen Kriege versammelten die Engländer 1794 sogar einen Konvoi von nicht weniger als 600 Schiffen für den Westhandel. Als Geleit setzten sie 34 Kriegsschiffe ein. Allein der Gedanke an die immense Anstrengung, die es in der Zeit des Segelschiffs kostete, solch eine Ansammlung von Schiffen zu organisieren, ganz zu schweigen davon, sie unterwegs auch noch zusammenzuhalten, wirkt äußerst einschüchternd; jene aber, die es unternahmen, hielten den Aufwand offenbar für gerechtfertigt. Um so befremdlicher war es, daß Männer, die immerhin auf die ruhmreichen Tage der Royal Navy unter Lord Nelson zurückblickten und die Schlacht von Trafalgar noch einmal, diesmal mit den Deutschen, schlagen wollten, ihre Augen vor einer Tatsache verschlossen: Die einstmals so höchst erfolgreiche Admiralität hatte überhaupt nichts Schlimmes darin gesehen, Geleitzüge zu bilden. Ganz im Gegenteil: sie hatten sich nur einem Gesetz der Natur angepaßt, das in Kriegszeiten seit dem 13. Jahrhundert galt. Konvois erhöhten die Wirksamkeit von Kriegsschiffen durch die Konzentration der Kräfte auf das, was das eigentliche Ziel des Feindes war: die Unterbindung des Handels. Dann mußte man nur noch warten, daß der Feind von sich aus aktiv wurde und den Konvoi angriff, oder man suchte selbst die Auseinandersetzung. Die Führungskunst der Admiralität hatte stets darin bestanden, *Schiffe* anzugreifen oder zu verteidigen, nicht aber Routen und Gewässer. Die härteste Lektion, welche die Marine im Ersten Weltkrieg lernen mußte, war die Tatsache, daß sich bei all den erstaunlichen technischen Veränderungen, von der Entwicklung des U-Bootes über das Flugzeug bis zur Funktechnik, dieser Grundsatz nicht gewandelt hatte.

Zum lange erwarteten Zusammenstoß zwischen den beiden Flotten kam es Ende Mai 1916. Die Ernennung von Admiral Reinhard Scheer zum Oberbefehlshaber der deutschen Hochseeflotte brachte eine aggressive Politik mit sich; in ›Room 40‹ nahm man die Witterung einer höheren Risikobereitschaft auf. Als schließlich die Deutschen mit geballter Kraft und in der Absicht ausliefen, einen Teil der britischen Flotte anzulocken und zu vernichten, da stand auch die ganze Grand Fleet in See; die Schlachtkreuzer stießen noch dazu. In der Seeschlacht vor dem Skagerrak am 31. Mai und 1. Juni erlitten die Deutschen weniger Verluste als die britischen Verbände, die unter der Gesamtleitung von Admiral Jellicoe standen. Aber diese erste Aktion der beiden Schlachtflotten in der Nordsee war auch schon die letzte. Zwar mochten die Deutschen weniger Schiffe verloren haben, aber viele waren so schwer beschädigt, daß sie für Monate außer Gefecht gesetzt waren, während Jellicoe die etwas dezimierte Grand Fleet schon nach wenigen Tagen wieder für einsatzfähig erklären konnte. Die Engländer waren bitter enttäuscht, daß ihnen die Gelegenheit zu einem neuen Trafalgar in den Nebeln eines Krieges entgangen war, welche diese bis heute umstrittene Schlacht umhüllten. Daß die Deutschen nicht noch einmal den Hauptteil ihrer Flotte einem neuen Risiko aussetzten, stellte aber einen strategischen Sieg für die Royal Navy dar, der von überragender Bedeutung für den Ausgang des gesamten Krieges war.

Die Verluste bei den Handelsschiffen sanken im Juni 1916 auf 37 000 BRT. Das war die geringste Zahl seit August 1915. Doch in dem Jahr war bis dahin fast eine halbe Million BRT verloren gegangen, 150 Prozent mehr, als die britischen Schiffsbauer im ersten Halbjahr 1916 an neuem Schiffsraum fertigstellen konnten. Die wachsenden Löcher in der britischen Handelsmarine wurden von Neutralen gestopft, die das Risiko hoher Verluste auf sich nahmen, da auch hohe Gewinne lockten. Während die Admiralität in London sich nur zu gern in dem Gefühl falscher Sicherheit wiegte, die der sommerliche Rückgang der U-Boot-Aktivitäten suggerierte, zeigte sich die deutsche Führung nach der Skagerrak-Erfahrung um so entschlossener, die einzige Seewaffe, die eine Wendung des Kriegsglücks versprach, nun bis zum äußersten auszureizen. Selbst nach der Beschränkung der U-Boot-Aktivitäten auf das Minenlegen in den britischen Gewässern und auf die Versenkungen bewaffneter Handelsschiffe im Mittelmeer waren die Deutschen dabei, den ökonomischen Zermürbungskrieg zur See zu gewinnen.

Im Oktober 1916 erhielt Scheer die Erlaubnis, die U-Boote wieder in die britischen Gewässer zu schicken und feindliche Schiffe nach der Prisenordnung versenken zu lassen, während im Mittelmeerraum weiter unbeschränkt agiert werden durfte. Immer mehr Boote konnten die Deutschen in Dienst stellen (Anfang 1916 waren 58 einsatzfähig, am Ende des Jahres 140), und die Verluste beliefen sich gleichzeitig auf lediglich zwei bis drei im Monat. Dagegen stiegen in den letzten vier Monaten des Jahres 1916 die britischen Verluste auf 484 000 BRT. Für das ganze Jahr ergab das ein Anwachsen auf über eine Million Tonnen. Die französischen Kohletransporte waren arg betroffen. Das galt auch für die neutrale Schiffahrt (102 500 BRT Verlust in diesem Zeitraum), was eine schwere Bedrohung der strategisch lebenswichtigen Versorgung Englands mit Eisenerz aus dem norwegischen Narvik bedeutete. Von ihr hing die gesamte englische Kriegsproduktion ab. Allein im Oktober brachten die deutschen U-Boote den Engländern 176000 BRT Verluste bei. Das war der bis dahin schlimmste Monat in der Geschichte des Krieges. Besonders beunruhigend war dabei die Tatsache, daß es *U 53* gelang, an einem einzigen Tag im Oktober drei britische und zwei neutrale Schiffe zu versenken — direkt am Rand der Hoheitsgewässer der Vereinigten Staaten vor Rhode Island und vor den Augen amerikanischer Flottenverbände, die nicht eingreifen durften.

Die Apotheose des U-Bootes als Waffe gegen den Handel gelang *U 35* im Mittelmeer unter seinem Kommandanten Lothar von Arnauld de la Perière, dem wohl größten ›As‹ beider Kriege. Im Juli und August 1916 versenkte er binnen vier Wochen 54 Schiffe mit einer Gesamttonnage von 91150 BRT. Er brauchte dazu 900 Granaten und nur vier Torpedos. Als Perière gegen Ende des Krieges *U 35* verließ, hatten er und sein Boot zusammen 195 Schiffe versenkt — drei Kriegsschiffe, fünf Truppentransporter und 187 Frachter (ein Drittel davon Segler), insgesamt 500000 BRT. Dabei gelang dem aristokratischen Kapitän diese verblüffende Serie unter Berücksichtigung der Prisenordnung, nach der niemand Schaden nehmen durfte, der sich auf einem unbewaffneten Schiff befand. Ritterlichkeit war also nicht ganz in der Versenkung verschwunden, nicht einmal bei der deutschen U-Boot-Waffe. Sein Boot maß in der Länge 64,70 Meter, verdrängte 685 BRT (im getauchten Zustand 878), brachte es auf eine Höchstgeschwindigkeit von 16,7 Knoten (im getauchten Zustand 9,7), hatte eine 35-köpfige Besatzung, vier Torpedorohre (zwei im Bug, zwei im Heck) mit ingesamt sechs Torpedos, außerdem ein Deckgeschütz. Das Bemerkenswerteste an *U 35* ist wohl, wie sehr es schon dem Boot vom Typ VII ähnelte, welches das Rückgrat der deutschen U-Boot-Flotte im Zweiten Weltkrieg bilden sollte. (Allerdings war *U 35* unter Wasser um zwei Knoten schneller, hatte aber eine kürzere Reichweite.) Die Entwicklung der Deutschen U-Boot-Waffe hatte schnelle Fortschritte gemacht.

Erst nach dem katastrophalen Herbst 1916 wurde der britischen Admiralität und der Regierung in London endgültig klar, daß der U-Boot-Krieg die größte Gefahr war, die ihnen auf See drohte. Neutrale Schiffseigentümer konnten nun nicht mehr durch großzügige, von der Regierung gestützte Versicherungsleistungen bei der Stange gehalten werden. Aus dem Stab hatte man in der Stille des Sommers die Rufe jüngerer Offiziere nach Geleitzügen gehört. Am 29. Oktober schickte Jellicoe nun an den Ersten Lord, Arthur Balfour, ein Memorandum zur ›Bedrohung durch die U-Boote‹. Darin hieß es:

> »Der *Zerstörer* ist zwar sehr wirkungsvoll in begrenzten Gewässern, jedoch wirkungslos bei Angriffen im offenen Meer... [Aber] *natürlich ist er sehr wirkungsvoll als Schutz* für einzelne Schiffe oder auch *für eine große Anzahl von Schiffen.*« [Hervorhebungen vom Autor]

Seltsamerweise wurde dieses nicht zu widerlegende Plädoyer für den Geleitzug gar nicht als solches geltend gemacht, wiewohl es dem Admiral in dessen eigener Handschrift entgegenstarrte. Es war vielmehr Teil eines völligen, wenngleich nur allgemeinen Umdenkungsprozesses in Sachen Anti-U-Boot-Strategie, die Jellicoe als derart unangemessen betrachtete, daß sein Land innerhalb von sechs Monaten gezwungen sein könnte, Frieden zu schließen (da warf von Holtzendorff seinen Schatten); Großbritannien stand also vor der Niederlage. Jeden Zweifel daran, wie ernst er die Krise nahm, zerstreut der Vorschlag, zu dem das Memorandum zum Schluß gelangte: Ein ganzes Schlachtschiffgeschwader der Grand Fleet sollte aufgelöst werden, damit die zugehörige Zerstörerflottille für den Einsatz gegen die U-Boote freigegeben werden konnte. Jellicoe wurde am 2. November von Scapa Flow nach London zu einer Sitzung des Kriegskabinetts gerufen. Den Vorsitz hatte Henry Asquith, der Premierminister. David Lloyd George, Munitionsminister der Regierung, machte sich für das Konvoi-System stark. Unterstützung erfuhr er vom Führer der Konservativen, Andrew Bonar Law.

Alle anderen Anwesenden sprachen sich dagegen aus, auch alle drei Admirale. Am nächsten Tag fand eine Sitzung in der Admiralität statt, an der auch Jellicoe teilnahm. Es fiel kein Wort über Geleitzüge, während man ergebnislos über die Bildung einer Anti-U-Boot-Abteilung debattierte. Der Erste Seelord, Admiral Sir Henry Jackson, hatte den Wunsch, daß Jellicoe die Grand Fleet verließ und eine solche Abteilung leitete. Er brachte die Idee aber nicht vor, weil er Widerspruch fürchtete. Die Admiralität befand sich im Zustand der Auflösung, und ihre depressive Stimmung war jetzt nur mehr durch eine Schocktherapie zu behandeln. Es war allerhöchste Zeit: Mit Dezember 1916 hatte Großbritannien 738 Schiffe mit mehr als 2,3 Millionen BRT verloren — ein Fünftel der größten Handelsflotte der Welt. Die meisten Verluste gingen auf das Konto der U-Boote. In den Rest teilten sich Minen und gegnerische Schiffe.

Jellicoes Memorandum mit seinem unbewußten, nicht explizit formulierten Ruf nach der Einführung von Konvois hatte indessen bei Arthur Balfour einen Eindruck hinterlassen. Jedenfalls entschloß er sich, ihn zum Ersten Seelord zu machen. Beatty wurde sein Nachfolger als Befehlshaber der Grand Fleet. Jellicoe übernahm sein Amt am 5. Dezember von Jackson. Als Leiter der neuen Anti-U-Boot-Abteilung brachte er Konteradmiral Alexander Duff mit. Der Kampf gegen die U-Boote erhielt jetzt oberste Priorität im neuen Marineministerium, in dem nun Offiziere den Sauerteig bildeten, die bereits im gegenwärtigen Krieg Dienst auf See getan hatten. Die neuen Männer hatten aber kaum den Weg in ihre Büros gefunden, als die Regierung stürzte. Asquith mußte der öffentlichen Besorgnis über die mangelnden Fortschritte im Krieg geopfert werden — der Vorwurf der ›Stümperei an höchster Stelle‹ machte auch vor Downing Street 10 selbst nicht Halt. Als geeigneter Mann, die Führung der britischen Regierung zu übernehmen, galt Lloyd George, der offenbar unerschöpfliche Reserven an Energie und zudem lange Erfahrung in Regierungsgeschäften hatte. Zwar war er ein Liberaler, aber er genoß die entschiedene Unterstützung so wichtiger Konservativer wie Bonar Law und Sir Edward Carson. So wurde der kleine Waliser mit dem weißen Haar und dem Schnauzbart, der an ein Walroß erinnerte, ein Mann von leidenschaftlichem Temperament und zudem ein begnadeter Redner, am 11. Dezember Premierminister. Balfour erhielt den Posten des Außenministers, für den er besser geeignet war, und an seine Stelle in der Admiralität trat Carson — für gerade acht Monate; er erwies sich als bemerkenswert minderbemittelter Chef in politischen Fragen. Er war einer der führenden Juristen seiner Zeit und hatte zu Anfang des Krieges fünf Monate lang als Generalstaatsanwalt gedient; er war ein beeindrukkender Mann von scharfem Verstand, aber für die Verwaltung fehlte ihm das Talent. Als er die Admiralität betrat, ließ er seinen Stab wissen, daß er sich ›vorerst einmal einarbeiten‹ müsse und keineswegs vorhabe, sich in die technischen Dinge einzumischen. Den Admiralen erschien das als eine hervorragende Konstellation, aber es war genau das Gegenteil von dem, was nottat. So nahm einer der schärfsten Kritiker der schwachen Asquith-Regierung gleich an seinem ersten Tag in einer Schlüsselstellung der britischen Führung eine reichlich bizarre Position ein. Sie sollte ein entscheidender Faktor bei seinem Sturz werden.

Die neuen Admirale warfen sich mit allem, was ihnen dazu einfiel, auf die Anti-U-Boot-Aktivitäten. Es wurden mehr und umfangreichere Patrouillen gefahren. Hinzu kam eine Luftüberwachung durch Flugzeuge und Luftschiffe über weite Distanzen. Sie wurden mit Bomben ausgerüstet. Man baute mehr und bessere Wasserbomben und Hydrophone, und es gab auch mehr britische U-Boote, welche die deutsche Konkurrenz jagen sollten. Es gab mehr ›sichere‹ Kanäle und Seegebiete, die von Kriegsschiffen bewacht wurden, und es gab mehr Q-Schiffe. Die Schiffe aber, die allein auf den Meeresrouten kreuzten, fuhren auch auf den geschützten Strecken weiterhin ihrem Untergang entgegen. Verzweifelt mußten manche Stabsoffiziere mittleren Ranges und Kommandanten auf See mitansehen, daß noch immer keine Konvois gebildet wurden. Doch einige von ihnen hatten Freunde an einflußreicher Stelle außerhalb der Admiralität, die sich für ihre Sache einsetzten, wo immer sie konnten.

Im Oktober 1916 versenkten deutsche U-Boote in allen Operationsgebieten insgesamt 337000 BRT Schiffsraum aller Flaggen. Von November 1916 bis einschließlich Januar 1917 kamen noch einmal 961000 BRT hinzu. Während dieser Phase übten die Deutschen noch Zurückhaltung in den britischen Gewässern, weil sie fürchteten, daß sonst die Amerikaner in die Kämpfe eingreifen würden. Aber im deutschen Oberkommando kam der Disput um den uneingeschränkten U-Boot-Krieg immer wieder hoch. Kanzler von Bethmann-Hollweg bot in einer Rede vor dem Reichstag am 12. Dezember 1916 Friedensverhandlungen an, aber Lloyd George wies diese vor dem Unterhaus am 19. Dezember zurück; eine Note der Alliierten vom 30. Dezember bestärkte diese Haltung noch einmal. Präsident Wilson war nicht bereit, sich als Fürsprecher einzuschalten. Auf einer Konferenz im kaiserlichen Hauptquartier am 9. Januar 1917 wurde der Kanzler überredet, einer Erklärung über den uneingeschränkten U-Boot-Krieg in einer weit größeren Zone als bisher zuzustimmen. Sie sollte ab dem 1. Februar gelten. Admiral Scheer und sein Unterseebootschef, Fregattenkapitän (bald darauf Kommodore) Hermann Bauer, glaubten, sie könnten so die den Engländern zur Verfügung stehenden Schiffe in sechs Monaten um 40 Prozent reduzieren. Die Hochseeflotte sollte die neue, totale Offensive so weit unterstützen, wie das praktisch machbar war: eine völlige Umkehrung der Rolle, die bisher die kleinen U-Boote im Vergleich zu den Großkampfschiffen spielten. Denn gebaut hatte man sie einst mit dem Auftrag, den großen Schiffen dienstbar zu sein. Ein weites Areal um Großbritannien und vor der französischen Küste, dazu das gesamte Mittelmeer und, etwas später, die Gewässer vor Nordnorwegen (von wo England sein Eisenerz bezog), wurden als offene Gebiete für Angriffe auf jedes Schiff ohne vorherige Warnung deklariert. Mit Bedacht wurde der 1. Februar als Termin gesetzt, so daß die Neutralen Zeit hatten, sich auf den Heimweg zu machen. Ihre Länder bekamen Fahrrinnen zugestanden, die für immun erklärt wurden, so daß sie ihren eigenen Handel über sie abwickeln konnten. Der einzig sichtbare Schritt, den die Deutschen in ihrem verschlungenen System von militärischer, marineeigener und kaiserlicher Befehlsgewalt nicht taten, war der, alle U-Boote unter ein einziges Kommando zu stellen. Bauer leitete die Flottillen der Hochseeflotte, die ihre Basen in Deutschland hatten. Die in Flandern, in der Ostsee, im Mittelmeer und in den türkischen Gewässern stationierten U-Boote standen unter anderem Kommando.

Befreit von allen Beschränkungen — bis auf die selbst auferlegten, wie das Beispiel Perière zeigte —, versenkten die U-Boot-Kommandanten in der ersten Februarwoche 35 Schiffe. (Im ganzen Monat kamen sie auf 520 000 BRT, was um 60 Prozent über dem Januar lag.) Diese erste Woche war für die Admiralität ein Schock. Sie schien wie hypnotisiert. So mußte ein Offizier aus der Army die Initiative ergreifen: Oberstleutnant Sir Maurice Hankey setzte als Kabinettssekretär ein glänzendes Memorandum auf, in dem er auf eine täuschend sanfte Art für die sofortige Einführung des Konvoi-Systems plädierte. Er legte es Lloyd George vor, der Carson, Jellicoe und Duff nach Nummer 10 rief, damit sie es läsen. Die Admirale blieben ungerührt; Carson beugte sich ihnen, wie gewohnt, stimmte aber dem Vorschlag zu, eine Konferenz mit Kapitänen der Handelsmarine abzuhalten und sich deren Meinung anzuhören. Als Jellicoe am 23. Februar dieses Treffen leitete, sprachen sich auch die Kapitäne gegen Konvois aus, vor allem aus Gründen des Zeitverlusts und wegen des zusätzlichen Aufwands. Währenddessen war auf französische Veranlassung am 7. Februar ein begrenztes Konvoisystem eingeführt worden, weil die Kohlendampfer nur mehr in absolut unzulänglichem Umfang ihre Ladung von England nach Frankreich transportieren konnten. Dies lag nicht einmal so sehr an den U-Boot-Attacken als an der bloßen Angst vor ihnen. Sie hielt die Kohlenschiffe über lange Zeiträume in den Häfen fest (was ein interessantes Licht auf das Argument der Konvoi-Gegner warf, Geleitzüge brächten unannehmbare Verzögerungen mit sich). Die Kohlenkonvois erhielten den taktvollen Namen ›kontrollierte Überfahrten‹. Beatty, der sich mit seiner Grand Fleet in Scapa Flow eingesperrt sah, verkündete nun selbst seine Bekehrung zum Konvoi-Prinzip und zeigte sich zunehmend gereizt von der Trägheit der Admiralität, die Zeichen der Zeit zu erkennen. Es dauerte noch ein paar Wochen, bis die Ideen aus der Grand Fleet dann auch ihre Früchte tragen sollten.

Die Deutschen hatten das Jahr 1917 mit 138 Booten begonnen, von denen 105 einsatzfähig waren. Im März versenkten sie erneut 564 000 BRT, was insgesamt über eine Million in weniger als neun Wochen bedeutete.

Wieder in die Admiralität zurückgekehrt, hatte Commander R. G. H. Henderson, der für die Kohlenkonvois verantwortliche Offizier, eine Idee. Natürlich war er an allen Statistiken über Abfahrten und Ankünfte in den englischen Häfen interessiert, aber zu seiner Verwunderung gab es sie nirgends. Daraufhin fragte er sich, wie die Admiralität zu Churchills Zeiten voll Stolz hatte behaupten können, daß man es auf 5000 Schiffsbewegungen pro Woche gebracht habe (Ankünfte und Abfahrten). Henderson wandte sich an das Schifffahrtsministerium, dem es gelang, in wenigen Tagen eine komplizierte Aufstellung vorzulegen, die äußerst erhellend war. Zweieinhalb Jahre nach Ausbruch des umfassendsten Krieges in der Geschichte stellte sich heraus, daß die magische Zahl 5000 völlig irreführend war. Sie war dazu benutzt worden, die Bedeutung des Verlustes von ein paar Dutzend Schiffen herunterzuspielen, und sollte zugleich demonstrieren, daß es schier unmöglich sei, bei einem derartigen Verkehr auch noch Geleitzüge zu organisieren. Aber wenn ein Schleppnetzboot von Yarmouth nach Relixstowe auslief, wurde es einmal gezählt. Kehrte es am nächsten Tag zurück, wurde es wieder gezählt. Machte es sich dann weiter auf den Weg nach Harwich, wurde es ein drittes Mal gezählt. Ging es noch in derselben Woche auf die Rückreise, war es sechsmal gezählt worden. Nachdem man im Schiffahrtsministerium die

Zahlen vorwärts, rückwärts und quer nach allen Seiten durchgerechnet hatte, kam man zu dem Schluß, daß die tatsächlichen Schiffsbewegungen ozeangängiger Schiffe mit mehr als 1600 BRT im Durchschnitt mit zwanzig täglichen Ankünften und Abfahrten zu Buche schlugen. Die bei Beginn des Krieges aus dem Leeren gezauberten 5000 Schiffsbewegungen schrumpften damit auf weniger als 300.

Die Krise des Krieges zur See fiel mit der veränderten Einschätzung dieser Zahlen zusammen — und beide Ereignisse standen zueinander in enger Verbindung. Die Deutschen stellten den absoluten Rekord im April 1917 mit 881000 versenkten BRT auf. Von ihnen waren 564000 — mehr als 300 Schiffe — britischen Ursprungs. Damit hatte England jetzt noch fünf Millionen BRT Schiffsraum bzw. 3200 ozeangängige Schiffe zur Verfügung. Bei einer täglichen Verlustrate von gut zehn Schiffen lief das unerbittlich auf zehn Prozent Verluste pro Monat hinaus, und das war eine Zahl, die durch Neubauten und durch Lieferungen mit neutralen Schiffen einfach nicht auszugleichen war. Von den verfügbaren Schiffen waren zu diesem Zeitpunkt 1900 für die Lieferung von Kriegsmaterial eingesetzt, und so blieben nur 1300 für die Lebensmittelversorgung. Rechnete man von dieser Basis hoch, dann war die auf sechs Monate angesetzte Kalkulation der Deutschen, bis dahin die Engländer in die Knie gezwungen zu haben, eher noch übervorsichtig. Doch am 6. April wandelte sich die verzweifelte Lage der Alliierten. Die Vereinigten Staaten erklärten Deutschland den Krieg, provoziert durch das ›Zimmermann-Telegramm‹ (der Staatssekretär im deutschen Außenministerium hatte an den Botschafter in Washington, Graf Bernstorff, telegrafiert, er solle sich um ein Bündnis mit Mexiko bemühen: das Kabel wurde abgefangen und von ›Room 40‹ entziffert) und durch den unvermindert anhaltenden U-Boot-Krieg.

Nachdem Beatty nachdrücklich darauf bestand, wurden im April auf der lebenswichtigen Skandinavienroute Konvois eingeführt. Auf dieser Route näherte sich die Verlustrate der unglaublichen Größenordnung von 25 Prozent. Ab dem 21.

April gingen die Verluste recht schnell wieder auf ein Viertel Prozent bzw. ein Hundertstel der früheren Gesamtsumme zurück.

Die ›erstaunliche Fehlberechnung‹ der Admiralität hatte Lloyd George so empört, daß er beschloß, aktiv zu werden. »Der Fehler, auf dem die Politik [der Admiralität] basierte, war eine arithmetische Mixtur, wie sie nicht einmal ein kleiner Angestellter in einem Schiffahrtsbüro hätte verbrechen können«, schrieb er später. Jellicoe brachte am 23. April ein neues langes Memorandum im Kabinett ein, in dem es hieß, daß »die Situation sofortiges Handeln« verlange. Aber noch immer wurde das Wort ›Konvoi‹ nicht einmal erwähnt. Dafür nahm Lloyd George es selbst in den Mund und berief sich dabei auf Beatty und auf den amerikanischen Admiral Sims, die beide das Konvoi-System befürworteten. Jellicoe sagte dazu, die Angelegenheit werde ›noch erwogen‹. In einer weiteren Kabinettssitzung am 25. April verkündete Lloyd George, nachdem er sich mit Carston beraten hatte, er beabsichtige, der Admiralität einen Besuch abzustatten und sich dort mit der Frage des Konvoisystems auseinanderzusetzen. Dem Board teilte er mit, er wolle über alle Methoden der Kriegsführung gegen die U-Boote informiert werden, weil deutlich geworden sei, daß die dortigen Anstrengungen nicht genügend koordiniert seien. Er habe vor, jeden Offizier herbeizuzitieren, der ihm dazu etwas zu sagen habe. Aus dem Munde des Premierministers war das soviel wie ein Ultimatum, das Konvoisystem nun zu etablieren oder zurückzutreten. Am 26. April zog Admiral Duff die Schlußfolgerung, es sei jetzt »an der Zeit, sich jeden Augenblick für die Einführung eines umfassenden Konvoisystems bereitzuhalten«; er schickte Jellicoe eine entsprechende Note, die am 27. April seine Zustimmung fand. Als Lloyd George seine Drohung wahrmachte und am 30. April in der Admiralität ankam, stellte sich heraus, daß er gar keine Schlacht mehr zu schlagen brauchte.

Wenn es auch noch schmerzliche Verluste auf See geben sollte, so rettete diese Entscheidung am Ende das Vereinigte

Königreich und brachte die ausschlaggebende Wende in den Kriegsbemühungen der Alliierten. Es bedurfte enormer Anstrengungen, bis man ein umfassendes Konvoisystem entwikkelt und auf allen wichtigeren Handelsrouten eingerichtet hatte. Ein nicht gering zu schätzendes Problem war dabei das Zögern der US-Navy, den Briten auf ihrem neuen Weg der Bekehrung zu folgen. Es war ein großes Glück für die Alliierten, daß man Konteradmiral Sims mit der Führung der US-Seestreitkräfte in Europa betraute, denn er war sowohl einer der besten amerikanischen Admirale als auch ein eindeutiger Befürworter des Geleitzuggedankens. Aber die Schiffskonvois auf der überaus wichtigen Transatlantikroute kamen nur sehr schleppend in Gang. Der erste ›Probe‹-Konvoi ging am 24. Mai von Hampton Roads aus mit Ostkurs in See. Zwei Schiffe konnten nicht mithalten und wurden nach Halifax, Nova Scotia, zurückgeschickt; eines wurde torpediert. Die anderen zehn wurden von einem einzigen Kreuzer bewacht, überquerten den Atlantik aber ohne Zwischenfälle und wurden in den britischen Gewässern von acht Zerstörern aus Devonport in Empfang genommen. Zur Verwunderung der Admiralität perfektionierten Schiffe und Eskorten die Technik des Zickzack-Fahrens bei gleichzeitigem Halten der Position sehr schnell; dabei hatten die meisten Offiziere aus der Kriegsmarine geglaubt, daß dies über die Fähigkeiten eines Kapitäns der Handelsmarine hinausgehen müsse. Tatsächlich mußten die Kapitäne ihr instinktiv weites Abstandhalten von anderen Schiffen aufgeben und lernen, wie man mit unveränderter Geschwindigkeit und mit je einem Schiff im Abstand von 350 Metern auf jeder Seite die Meere befuhr (und über den Bug und nach achtern mit 200 Metern Distanz). Als Ausgleich erhielten sie dafür die Vergünstigung, nicht mehr Tag und Nacht Ausschau nach U-Booten halten zu müssen; die Aufgabe ging nun an die Eskorten über. Die Kapitäne hatten nur noch ein wachsames Auge auf den Konvoi-Kommodore und das Signalfall zu haben, das zu setzen er befahl. Das bedeutete, daß sie und ihre Wachoffiziere und auch die Mannschaften um einiges mehr an Schlaf bekamen, als ihnen seit Jahren gegönnt gewesen war. Auch andere Versuche in der Konvoitechnik auf der Gibraltarroute verliefen gut.

Wie erwartet, gingen die Verluste an Schiffen im Mai zurück, wenn auch im ganzen nur um ein gutes Viertel. Sie beliefen sich damit immerhin noch auf gewaltige 600 000 BRT. Im Juni nahmen sie noch einmal auf 685 000 BRT zu. Als im Juli die Admiralität und ihre Partner in Washington die generelle Einführung eines Konvoisystems noch immer zögerlich diskutierten, ging die Rate wieder auf 550 000 BRT zurück. Die Mehrheit der Schiffe war noch allein unterwegs, und so hatten die U-Boote reichlich Angriffsziele. Zuerst schien die Bildung von Konvois aus nach England laufenden Schiffen weit geeigneter als umgekehrt. Nicht weiter erstaunlich, daß nun der Großteil der Verluste auf die allein fahrenden Schiffe auf Ausreise fiel — sogar die Admiralität bemerkte den Unterschied. Ende Juni wurde in der Handelsabteilung der Admiralität ein Konvoireferat eingerichtet, dessen Leitung Flottenzahlmeister H. W. E. Manisty als ›Organising Manager, Convoys‹ übernahm. Im September wurde das Referat dem Direktor für Handelsschiffahrtsbewegungen, Captain F. A. Whitehead unterstellt. Seit dem 18. Jahrhundert war er der erste, der diesen Titel wieder tragen sollte. Es war ein Signal für die Rückkehr der Admiralität zu ihrer alten und wohlverstandenen Rolle in Kriegszeiten: als Schutzschild für alle Schiffe. Das Konvoireferat arbeitete Hand in Hand mit seinem Namensvetter im Schiffahrtsministerium, das von Norman Leslie geleitet wurde. Man richtete einen Kartenraum ein, der die Positionen sämtlicher Geleitzüge auf See verzeichnete sowie ihre genommenen und künftigen Kurse.

Zu dieser Zeit diente der spätere Großadmiral Karl Dönitz selbst auf einem U-Boot. In seinen Memoiren schildert er mit abscheulichen Worten, welchen Eindruck die Einrichtung der Konvois bei seiner Truppe hinterließ:

> »Durch die Konvoi-Bildung war der Ozean leer geworden; die deutschen U-Boote standen einzeln in See, sahen und fanden lange Zeit nichts und trafen dann plötzlich auf eine große Häufung

von Dampfern, 30 bis 50 und mehr, umgeben von einer starken Sicherung von Kriegsschiffen verschiedenster Art ... Waren auch ein, zwei oder mehr Schiffe von dem einen U-Boot versenkt, es war doch immer nur ein geringer Prozentsatz! Der Geleitzug fuhr weiter ... Er erreichte England und brachte große Mengen Lebensmittel und Rohstoffe ins Land.«

Die plötzlich seltener werdenden Angriffsmöglichkeiten, welche die Geleitzüge boten, ließ die Mannschaften der U-Boote nach der Aussage Dönitz' bis an den Rand der Erschöpfung gehen; sie gingen dabei hohe Risiken ein. Ein Effekt des Konvoisystems war auch der Zwang für die U-Boote, viel häufiger Funksprüche an den Stützpunkt und untereinander abzusetzen, was die Chancen der Engländer zum Abhören deutlich erhöhte. Die häufigen Positionsmeldungen ermöglichten es ›Room 40‹, in enger Zusammenarbeit mit dem Kartenraum Ratschläge für ein Umlenken der Geleitzüge zu geben. Wie viele Schiffe auf diese Art gerettet werden konnten, läßt sich nicht nachrechnen, denn es gibt keine verläßlichen Hilfsmittel, mit denen man die Wirkung präventiver Maßnahmen präzise feststellen könnte. Daß aber solche Umleitungen viele Schiffe vor dem Untergang gerettet haben, steht außer Zweifel. Vorbeugen mag besser sein als Heilen, aber es entspricht eben weniger einem ›offensiven‹ militärischen Denken als vielmehr der ›defensiven‹ Taktik eines Konvois. Nachdem der Chef des Geheimdienstes der Kriegsmarine, Konteradmiral Sir Reginald Hall, ein krankhafter Heimlichtuer, ›Room 40‹ mit in die Anti-U-Boot-Maßnahmen eingreifen ließ, konnten nun im Kartenraum die deutschen U-Boote und die britischen Geleitzüge zusammen auf einer 2,70 mal 1,80 Meter großen Karte fixiert werden.

Die Admirale betrieben weiter ihre Hinhaltetaktik und machten um jedes Schiff, das im Konvoi verlorenging, mehr Wirbel, als sie das jemals vor Einführung der Konvois bei den monatlichen Katastrophenmeldungen für das Land getan hatten. Ein Desaster gab im Oktober 1917 vielen die Gelegenheit, ihr »Ich habe es ja gesagt« auszurufen. Bis dahin hatte man es geschafft, die Verluste auf der Skandinavienroute auf eine unbedeutende Rate zu reduzieren. Beatty in Scapa Flow zeigte sich zu Recht zufrieden. In der zweiten Oktoberhälfte bekam man in ›Room 40‹ Wind von einem aufgeregten Hin und Her in den deutschen Nordseehäfen. Wie gewohnt ließ man Beatty wissen, was er wissen sollte; allerdings war das weniger, als er tatsächlich gebraucht hätte (genauso war man schon mit Jellicoe während der Skagerrakschlacht umgegangen). Aber Beatty schickte 42 Schiffe — 30 Kreuzer und zwölf Zerstörer — zum Schutz der südlichen Konvoirouten in See für den Fall, daß die deutsche Hochseeflotte etwas unternahm. Die Deutschen schickten zwei Leichte Kreuzer hinaus, die *Bremse* und die *Brummer.* ›Room 40‹ erfuhr davon. Aber weil man dort annahm, die beiden seien zum Minenlegen ausgelaufen, informierten sie Beatty nicht, dessen Schiffe weiter ihre Patrouillen fuhren, ohne zu wissen, nach wem sie eigentlich suchten.

Währenddesen befand sich am Morgen des 17. Oktober ein Geleitzug aus zwölf Schiffen aus dem norwegischen Bergen, von den Zerstörern *Mary Rose* und *Strongbow* eskortiert, kurz vor Lerwick auf den Shetland-Inseln. Als sie gerade noch 65 Meilen vom sicheren Port entfernt waren, erschienen die beiden deutschen Kreuzer unter Volldampf auf der Szene. Zuerst hielt man sie für britische Schiffe, bis sie bei Erreichen der besten Reichweite das Feuer auf die *Strongbow* (Lieutenant-Commander Edward Brooke) eröffneten. Bevor der Zerstörer noch zurückschießen konnte, hatten die Deutschen seine schweren Geschütze bereits zerstört. Sie unterbrachen das Feuer nur, um zwei Torpedos abzuschießen, die ihr Ziel verfehlten. Die 54 Überlebenden des Feuerhagels retteten sich in die Boote, die auch beschossen wurden. Mit dem schwer verwundeten Brooke in ihrer Mitte wurden sie später von einem Fischdampfer aufgenommen. Die *Mary Rose* (Lieutenant-Commander Charles Fox) verließ darauf ihre Position sieben Meilen voraus und eilte herbei, weil sie annahm, die *Strongbow* habe auf eines der deutschen U-Boote, die gewöhnlich in diesem Bereich unterwegs waren, das Feuer eröffnet. Die deutschen Kreuzer beschossen gerade den Geleitzug, als der Zerstörer aus 3000 Meter Entfernung seinerseits zu schießen begann. Fox versuchte, die Deutschen von den Handelsschiffen wegzulocken, aber das einzige, was er auf sich lockte, war ein fünf Minuten währendes konzentriertes Feuer der beiden Kreuzer, bis sie die vordere Munitionskammer trafen und die *Mary Rose* in die Luft flog. Der Kapitän und die Besatzung fanden bis auf zehn Mann den Tod. Nach weiteren 45 Minuten hatten die Deutschen neun der zwölf nun völlig ungeschützten Schiffe im Geleitzug versenkt. Um 8.20 Uhr drehten sie ab und traten den Rückmarsch an. Sie hatten insgesamt 10 248 BRT versenkt, was einem Drittel der täglichen Verluste im April 1917 entsprach.

Was in England als der ›*Mary Rose* Convoy‹ in die Geschichte einging (Fox war der dienstältere Offizier gewesen), entpuppte sich für Admiral Scheer als ein nützliches Unternehmen, denn er hatte schon eine Weile an einen Angriff auf die Skandinavienroute gedacht, die leicht von den deutschen Nordseehäfen aus zu ereichen war. Die neutrale Presse attakkierte die britische Sorglosigkeit mit ebenso scharfen Worten wie die deutsche Brutalität, und die Admiralität ordnete eine Untersuchung an. Aber das einzige, was dabei herauskam, war die Erkenntnis, daß der Geleitzug kein Allheilmittel war, vor allem nicht gegen stärkere, über Wasser angreifende Kräfte.

Die Deutschen schickten weiterhin von Zeit zu Zeit Kriegsschiffe gegen die Skandinavienkonvois. Mitte Dezember vernichteten sie einen von ihnen samt ihren Eskorten völlig. Die Grand Fleet schickte schwere Kriegsschiffe zur Verstärkung, bis Scheer eine Chance sah, sich den alten deutschen Wunsch zu erfüllen und einen spürbaren Teil der englischen Flotte dadurch zu vernichten, daß man eine überlegene Streitmacht auf sie konzentrierte. Das letzte große Unternehmen der deutschen Hochseeflotte, an der alle Schlachtkreuzer und drei Schlachtschiffgeschwader in Begleitung leichter Kräfte teilnahmen, begann am 23. April 1918 mit einem Angriff auf einen großen Geleitzug. Dabei hoffte man, zugleich ein britisches Geschwader oder vielleicht auch die Schlachtkreuzer abzufangen. Scheer verbot jeden Funkverkehr, um seine Vorbereitungen geheimzuhalten, aber sein Zeitplan war falsch. Als die Grand Fleet ihre neue Basis im Firth of Forth am Nachmittag verließ, hatten der Ausfall eines Schlachtkreuzers und das Ausbleiben eines Konvois, den man hätte angreifen können, die Deutschen bereits zum Umkehren bewogen.

Eines der Vermächtnisse aus Lloyd Georges Abstieg in die Admiralität ein Jahr zuvor war die Einrichtung einer dringend benötigten Statistischen Abteilung im Mai 1917 gewesen. Dieselben Offiziere, die mit elitärem Hochmut die Konvois als ›unter ihrer Würde‹ betrachtet hatten, grinsten nun höhnisch über diese neuerliche plebejische Erfindung — vor allem, als sich herausstellte, daß der erste Direktor der Statistischen Abteilung ein Vertreter der Eisenbahnverwaltung der Army war, Lieutenant-Colonel George Beharrell. Trotz des ungeheuerlichen ›5000-Schiffe-Fiaskos‹ blieb es bis über den September 1917 hinaus bei dieser verächtlichen Haltung. Dann hatten Beharrell und seine Leute endlich genug Zahlenmaterial beisammen, um den Wert des Geleitzugsystems für alle Leute mit Verstand zweifelsfrei zu belegen. Obwohl das komplette Konvoisystem erst im November stand, betrug schon jetzt die Verlustrate aller in Geleitzügen geführten Schiffe nur mehr 1,2 Prozent — verglichen mit den 25 Prozent der schlimmsten Tage im April. Bei den nicht eskortierten Schiffen kam man auf 15 Prozent Verluste in diesem Jahr. Beharrells ›Allgemeiner Überblick über den Januar 1917‹ zeigte, daß Geleitzüge in den heimatlichen Gewässern die Verluste um 90 Prozent herabgedrückt hatten und daß die U-Boot-Angriffe um monatlich 35 Prozent zwischen dem 1. Februar, dem Beginn des unbeschränkten U-Boot-Krieges, und dem Ende des Jahres zurückgegangen waren.

Man war zudem bei einem wichtigen Meilenstein angekommen: Die Verlustrate bei den deutschen U-Booten zog im letzten Quartal des Jahres mit den Neubauten gleich — vor allem dank der gegen sie ausgelegten Minen und der ›Abschüsse‹ durch Eskorten und Vorpostenschiffe. Allerdings dauerte es noch bis zum Juni 1918, ehe die Zahl der neugebauten Schiffe die Zahl der auf See verlorenen Frachter seit Beginn des unbeschränkten U-Boot-Krieges wieder übertraf. Man kann dies als den wirklichen Moment des Sieges ansehen, aber die Bedrohung durch die U-Boot-Waffe war nie gebannt: In den letzten sechs Monaten des Krieges lagen die Verluste der Alliierten bei durchschnittlich mehr als 140 000 BRT monatlich, obwohl zu dieser Zeit schon zusätzliche Lufteskorten der Normalfall waren. Auch konnten nie mehr U-Boote vernichtet werden, als neue gebaut wurden. Es mag knappere strategische Siege gegeben haben, doch gewiß nicht viele. Das Gleichgewicht des Krieges zur See im Ersten Weltkrieg bestand darin, daß die britische Blockade gegen Deutschland die Wirkungen der Gegenangriffe durch die deutsche U-Boot-Waffe um eine kleine, aber entscheidende Spanne übertraf.

Eine Reihe von Fragen bleibt noch zu klären. Wenn zum Beispiel der Geleitzug die Lösung des U-Boot-Problems war, wieso hielten sich die Schiffsverluste auf einer so hohen Ebene bis zum Ende des Krieges? Die Antwort lautet: Das System wurde schrittweise eingeführt, erst bei den einlaufenden Schiffen auf bestimmten Routen, dann bei den auslaufenden, dann auf immer mehr Routen, bis in den letzten Monaten endlich 90 Prozent aller Schiffe in Geleitzügen fuhren (und die Hauptlast der Verluste von ungeschützt fahrenden Schiffen getragen werden mußte). Erst in den letzten fünf Kriegsmonaten ergänzte dann ein komplettes Küstengeleitzugsystem das Konvoinetz auf den Ozeanen. Diese offene Lücke im Abwehrsystem wurde dann geschlossen, als die Deutschen ihre Angriffe von den geschützten Schiffen auf offener See auf den noch immer weitgehend ungeschützten (und um vieles dichteren) Schiffsverkehr an den Küsten verlagerten.

Warum die ganzen Admirale die Vorteile der Geleitzüge nicht sahen und unter Gewaltanwendung dorthin geschubst werden mußten (nicht etwa hinein ins zwanzigste Jahrhundert, sondern zurück ins achtzehnte), das ist ein weit komplizierteres Rätsel. Zweifellos hatte die Erfindung des Schiffes, das nicht mehr von den Launen des Windes als treibender Kraft abhängig war, damit einiges zu tun. Route und Dauer einer Fahrt von A nach B waren eine genau voraussagbare Größe geworden und damit auch ›sicherer‹, weil viel planmäßiger. Auch war die offene See so groß, daß ein einzelnes Schiff, das unabhängig seinen Weg suchte, und eine kleine Anzahl von U-Booten oder Kriegsschiffen sich nach den Grundsätzen der Mathematik kaum einmal begegnen würden, es sei denn, sie befanden sich in sehr dicht befahrenen Seegebieten. Die aber könnten, so lautete die Rechnung, von den 5000 verfügbaren großen und kleinen Schiffen, die man zum Patrouillieren einteilen konnte, ausreichend beschützt werden. Die Tatsache, daß die am schwersten und dichtesten unter Geleitschutz stehenden Schiffe überhaupt — und das waren die hochgeschätzten Großkampfschiffe der Grand Fleet mit ihren Schutzschilden aus Zerstörern, die wiederum von den Kreuzern geschützt wurden — niemals ohne Eskorte ausfuhren, und die weitere Tatsache, daß Truppentransporter ebenfalls schwer bewacht wurden, entging der Aufmerksamkeit der Lordschaften im Board der Admiralität. Ihr Festhalten an dem, was man den Geist Nelsons nennen könnte, war sehr selektiv. Die Würze, die in den Angriffen des größten englischen Admirals und seiner Zeitgenossen lag, schmeckten sie zwar auf ihren Zungen nach, nicht aber seine Bereitschaft, die überkommenen Regeln der Seekriegsführung beiseite zu schieben, wenn er darin einen Vorteil erblickte. Sie übersahen auch die Tatsache, daß viele Seeschlachten in der Vergangenheit aus Geleitzügen entstanden waren und daß es Handelsschiffen am Ende der Napoleonischen Kriege ausdrücklich verboten war, in Kriegszeiten ohne Eskorte zu fahren. Außerdem hatte zwischen den nur noch selektiv erinnerten größten Tagen des Ruhms der Marine und dem Ersten Weltkrieg die Industrielle Revolution stattgefunden. Sie trug Großbritannien auf den Gipfel seiner Machtentfaltung in der Welt, aber sie heilte niemals die Abneigung der oberen Klasse gegen den ›Handel‹, gegen die, die damit zu tun hatten, und gegen die Handelsschiffe, die ihn de facto möglich machten. Vielleicht dehnte sie sich auch auf die Kriegsflotte aus, in der nur Offiziere aus guten Familien auch die entsprechende Anerkennung fanden. Wer dann in der Industrie sein Glück machte, wurde Landedelmann und schickte seine Söhne nach Eton. Dort wie auch an den anderen exklusiven Schulen lernten sie das ›Fairplay‹. Dieses Konzept versuchte Großbritannien dann auch in die internationalen Konventionen über Kriegsführung einzubringen — Clausewitz, neu gefaßt durch den Marquis von Queensberry. Man verstand nicht, daß dem ›Underdog‹ (und das war Deutschland zur See) die Sichtweise eines ›fairen‹ Kampfes, wie sie ein überlegener Gegner festsetzte, kaum anders als Selbstmord erschien. Jeder Schuljunge wußte das, der einmal der Tyrannei seiner Klassenkameraden ausgesetzt war.

Die Verachtung des Handelskonvois, den die Kriegsschiffe Seiner Majestät zu verteidigen hatten, erscheint so als ein pubertäres Relikt. War es danach nicht Aufgabe der Royal Navy, den Feind zu stellen und zu vernichten, statt sich wie ein Schäfer mit seinen Hunden um die meckernde Herde auf dem Ozean herumzudrücken? Die Admirale von 1914 standen als Vertreter ihrer Zeit und ihrer Gesellschaft unter dem unzumutbaren Druck aus zwei Richtungen. Sie glaubten, die beste Form der Verteidigung sei der Angriff, doch stand in ihren Lehrbüchern, der Verlust eines Kriegsschiffes sei die schlimmste Sünde — was soviel hieß wie: keine Risiken eingehen, sondern gewaltige Eskorten für die Großkampfschiffe in Linie und keine gefährlichen Einzelaktionen.

Für einen Lehnsesseladmiral mit etwas Zeit und ein paar klugen Büchern ist eine solche Eroberungsaktion um einiges leichter als in der Wirklichkeit. Nachträgliche Einsichten in den Verlauf der Dinge machen einen Gutteil der Abwechslung aus, die man dann im Lehnstuhl erleben kann. Aber sie können auch die Quelle von Selbsttäuschungen sein. Einer der hauptsächlichen Kritikpunkte gegenüber vielen Admiralen in beiden Weltkriegen war, daß sie eins nicht einsahen: Konvois waren gar nicht defensiver Natur, ganz im Gegenteil. Sie standen für die goldene Regel, daß die beste Form des Angriffs die Verteidigung ist. Wenn der Überseehandel das Ziel der feindlichen Kriegsflotte war — in der Geschichte Großbritanniens der Normalfall —, dann schlug man den Feind am besten damit, daß man die eigenen Kriegsschiffe zwischen ihm und dem anvisierten Ziel postierte. Konvois mit Eskorten erfüllen das wichtige militärische Prinzip der Konzentration und des ökonomischen Umgangs mit den eigenen Kräften. Wenn man das U-Boot überall auf dem Ozean sucht, ohne es zu fangen, dann muß man es zwingen, herzukommen und nach den Regeln zu kämpfen, die man selber aufstellt. Der Konvoi ist seinem Wesen nach eine Methode, den Handel zu verteidigen, womit sich gleichzeitig die Chance eröffnet, zur Gegenattacke anzutreten und die gegnerischen Kräfte zu zerrütten. Erster Zweck des Konvois ist es, eine sichere und pünktliche Ankunft der Schiffe zu ermöglichen; das Vernichten derer, die sich dazwischenwerfen, ist sekundär und nur ein Luxus für all jene, die zu viele Kriegsschiffe besitzen.

Bevor wir uns wieder von der weithin in Vergessenheit geratenen Bedrohung entfernen, die Deutschlands erster U-Boot-Krieg für England bedeutet hatte, muß noch ein Wort über den Beitrag der anderen neuen Waffe dieses Zeitalters, des Flugzeugs, fallen. Von den in Geleitzügen fahrenden Schiffen, die zusätzlich noch Luftunterstützung hatten — was zunehmend im letzten Kriegsjahr der Fall war —, sind nur fünf durch U-Boot-Angriffe verloren gegangen. Die frühen Flugzeuge und Luftschiffe hatten keine Waffen, mit deren Hilfe sie ein U-Boot versenken oder auch nur ernsthaft beschädigen konnten. Mit seiner Gabe zur Voraussicht sah Fisher nicht nur die Bedrohung, die von den U-Booten ausging, sondern auch den Wert des Flugzeugs als Antwort darauf. Im Ersten Weltkrieg lag ihr Nutzen ausschließlich darin, daß sie die U-Boote ausmachen konnten. Nichtsdestoweniger wirkte das sehr schnell als eine ernsthafte Abschreckung für die Deutschen. Je größer die Zahl der Flugzeuge und Luftschiffe wurde, desto mehr wuchs die Zahl der versenkten deutschen U-Boote, bis die Deutschen sich genötigt sahen, ihre Jagd in jene Gebiete zu verlegen, die außerhalb der Reichweite der damaligen Maschinen lag. Leider wurden diese entscheidenden Fakten damals nicht so gesehen, vor allem nach der Bildung der Royal Air Force im April 1918 mit ihrem Fliegermonopol.

Das Ausmaß der Flugzeugeinsätze gegen die deutsche U-Boot-Waffe war aber enorm. Ursprünglich trug das unstarre Luftschiff dabei die Hauptlast, nachdem die ersten militärisch genutzten Flugzeuge Mängel in Leistung und Ausdauer zeigten. Von den ›U-Boot-Kundschafter‹ genannten Luftschiffen, die für ihre Arbeit gute Wetterbedingungen brauchten, waren Ende 1915 29 im Dienst. Ein Jahr später waren es 60; weitere 27 waren in Auftrag gegeben. Ende 1916 wurde mit der Bildung der Anti-U-Boot-Abteilung in der Admiralität die Luftaufklärung reorganisiert und zum Teil in die Anti-U-Boot-Kriegsführung integriert. Zugleich wurde eine rapide Ausweitung des Flugzeugbaus angeordnet. Brennpunkte des eskalierenden Kampfes wurden nun der südliche Teil der ›Western Approaches‹ (Englands westliche Zufahrtswege im Atlantik), die Irische See und der Kanal, wo sich die Schiffe aus aller Welt massierten. In Süd-Wales, Cornwall und auf den Scilly-Inseln wurden Basen für die Seeflugzeuge eingerichtet. Im schwarzen April 1917 wurden erstmalig auch landgestützte Flugzeuge eingesetzt, nachdem für die zunehmend notwendigen Aufklärungsflüge nicht mehr genug Seeflugzeuge zur Verfügung standen. Der nächste Schritt war die Einrichtung einer Luftunterstützung für spezielle Konvois auf den holländischen und französischen Schiffahrtsrouten. Flugboote suchten die Hollandroute ab, bevor die Schiffe in See stachen, und dann begleiteten sie auch den Konvoi. Nicht ein einziges Schiff ging auf dieser Route nach Einführung des Geleitzugsystems mehr verloren, obwohl die holländische Küste zwischen den deutschen Heimathäfen und ihren U-Boot-Nestern in Flandern lag. Bis Ende 1917 hatten die deutschen U-Boote trotz aller Anstrengungen kein einziges Schiff aus einem von Flugzeugen begleiteten Geleitzug versenkt. Als der Krieg im November 1918 zu Ende ging, verfügte England über 285 Seeflugzeuge, 272 andere Flugzeuge und 100 Luftschiffe. Das war eine Luftarmada von insgesamt 657 Maschinen.

Die Deutschen reagierten auf die zunehmenden Einsätze von Flugzeugen mit der Einrichtung von ›Altiskopen‹ — nach oben gerichteten Periskopen, mit denen sie den Himmel absuchten, ehe sie auftauchten — und änderten ihre Taktik. Eine Zeitlang zogen sie sich aus den gewinnträchtigen (weil am stärksten befahrenen) Küstengewässern in die Äußeren Western Approaches zurück, weil nur wenige Flugzeuge die entsprechende Reichweite hatten. Auch stellten sie die Überwasserangriffe am Tag ein, vor allem auf Geleitzüge. Als die U-Boote in den Atlantik zur Jagd auf die schmalere (aber sicherere) Beute auswichen, verlangte die Royal Navy den Einsatz von zu Bombern umgerüsteten Flugzeugen mit möglichst großer Reichweite. Aber die brandneue Royal Air Force behielt die alleinige Verfügung über alle Flugzeuge, die für weite Bombenflüge geeignet waren. Sie wurden zunehmend und mit wachsender Angriffsstärke gegen die U-Boot-Basen in Flandern eingesetzt. Die Operationen der Deutschen im Atlantik blieben ungestört, und es wurde kein U-Boot versenkt oder auch nur spürbar beschädigt. Doch der Flottenstab zog aus dem Ganzen die Schlußfolgerung, die Aufklärungsflüge über der offenen See seien zwar ein Fehlschlag gewesen, ihr Einsatz als Eskorten für Geleitzüge sei aber im Ersten Weltkrieg ein ›sehr erfolgreiches Hilfsmittel im Kampf gegen die U-Boote‹ gewesen.

Die erste Schlacht im Atlantik hatte nur knapp ihr Ziel verfehlt, Großbritannien in die Knie zu zwingen: 4837 Schiffe mit insgesamt 11135000 BRT waren auf den Grund des Meeres geschickt worden — eine überwältigende Zahl, die man sich besser gemerkt haben sollte, bevor man in die zweite Schlacht zog. Die Handelsmarine verlor 15313 Männer bzw. etwa 5½ Prozent ihrer Besatzungen, hauptsächlich durch U-Boot-Attacken. Die Royal Navy verlor 22811 Männer bzw. 4 Prozent. Ein Drittel von ihnen fand den Tod bei der Verteidigung der Handelsschiffe gegen angreifende U-Boote. In seiner offiziellen Geschichte des Zweiten Weltkriegs bemerkt der britische Flottenstab, »nach dem Ersten Weltkrieg [sei] keine umfassende britische Geschichte der U-Boot- und Anti-U-Boot-Operationen der Jahre 1914—1918 geschrieben worden«. Allerdings wurden ein paar spezielle Memoranden aufgesetzt, und die Offiziere erhielten ein paar Unterrichtsstunden. Außerdem hat als einziger der Commander Rollo Appleyard, RNVR, der als Bauingenieur dem Admiralstab angehörte, im Jahr 1917 mit einer ersten Analyse begonnen; sie ging der Frage nach, wie wirksam das Geleitzugsystem sei und wie man einen Konvoi durch Überwasserschiffe verteidigen könne. Seine Arbeit unter dem Titel *The Elements of Convoy Defence in Submarine Warfare* wies — neben anderen Lektionen, die nach 1939 noch einmal schmerzlich neu gelernt werden mußten — nach, daß größere Konvois sicherer waren als kleinere. Leider blieben sogar den besonders rechenkundigen und hartnäckigen Flottenoffizieren diese Ausführungen ein Buch mit sieben Siegeln. John Winton, der führende Historiker und Advokat des Konvoisystems, beschreibt das Werk als eine ›Geschichte des Trojanischen Krieges, verfaßt von Euklid‹. Außerdem war es ein als ›streng vertraulich‹ behandeltes Buch, das nicht frei in der Kriegsmarine zirkulieren durfte. Appleyards sorgfältig recherchierte Ergebnisse hätten Einzug in ein Handbuch der Flottentaktik halten und Pflichtlektüre für jeden Offizier werden müssen, der in der Navy an wichtiger Stelle stand. Doch genau im Jahr 1939, als sein Buch zu seinem Recht hätte kommen können, wurde es ausrangiert.

Ohne die nachträglich gefundenen Einsichten besonders hervorzukehren, seien hier nur einige Punkte aufgelistet, die den Erfahrungen des U-Boot-Krieges entspringen und von direkter Bedeutung für unser Hauptthema, den zweiten U-Boot-Krieg, sind. Es sind Lektionen, für die im Ersten Weltkrieg auf See mit viel Blut und einer Zerstörung bezahlt wurde, wie man sie bis dahin nicht gekannt hatte.

Die Fähigkeiten der U-Boot-Waffe wurden vor dem Krieg auf beiden Seiten deutlich unterschätzt. Die Deutschen hatten daher viel weniger Boote zur Verfügung, als deren Befürworter für nötig hielten. Aber die Engländer erwischte es fast völlig unvorbereitet. Nicht nur, daß sie sich bis zum letzten Moment dem überkommenen Konvoisystem bewußt verweigerten; auch die Amerikaner lehnten es zunächst ab, bei ihrem Eintritt in den Krieg die Lektion zu lernen, die man in England inzwischen so schmerzlich und mit Verspätung gelernt hatte. Die schwächliche Verfassung, in der sich der erst 1912 ins Leben gerufene Flottenstab befand, brachte es mit sich, daß man so nützliche und zugleich unattraktive Dinge wie Zahlen und Statistiken mißachtete oder einfach übersah. Das führte zum Beispiel auch dazu, daß die Engländer es versäumten, so wichtige Dinge zur Kenntnis zu nehmen wie die Frage, wo ein Schiff sich denn befand, wenn ihm die Versenkung eines U-Bootes gelang (als Eskorte eines Geleitzugs oder, viel weniger wahrscheinlich, auf Patrouillenfahrt). Niemand nahm zur Kenntnis, daß die Zahl der verlorenen Schiffe einen direkten Zusammenhang mit der Zahl der in See stehenden U-Boote hatte. Dieser Faktor hatte in der Krise von 1917 eine weit größere Bedeutung als die Aufnahme des unbeschränkten U-Boot-Krieges im Februar desselben Jahres. Gegen Konvois sprach man sich aus, weil sie angeblich für enorme Verzögerungen verantwortlich waren. Dabei war die Abfertigung allein fahrender Schiffe um vieles aufwendiger und die Verzögerungen schlugen insgesamt viel stärker zu Buche. Nach der Einführung der Geleitzüge nahm man nicht zur Kenntnis, daß bei steigender Zahl der teilnehmenden Schiffe die Versenkungsrate zurückging. Nicht genügend Aufmerksamkeit wurde auch dem Grundprinzip geschenkt, daß ein U-Boot-Kommandant stets nach dem leichtesten Ziel suchte, das sich ihm bot.

Auf deutscher Seite war der Wankelmut ein wichtiger Faktor, wenn man das letzte, wenn auch sehr geringe Versäumnis betrachtet, das den Vorteil des unbeschränkten U-Boot-Krieges zunichte machte. Der Kaiser war nicht der Mann, der eine Gelegenheit ausließ, seine Meinung zu ändern, wenn er konnte; die Parteien, die sich für oder gegen einen totalen Krieg zur See aussprachen, hatten abwechselnd die Oberhand. Dieser Umstand und dazu der Abzug der U-Boote aus den britischen Gewässern ins Mittelmeer im September 1915 ließen die Alliierten von Zeit zu Zeit zu Atem kommen, und zwar immer dann, wenn sie es nötig brauchten. Am Ende waren die Deutschen all den Schmähungen ausgesetzt, die mit der unbeschränkten Kriegsführung zusammenhingen, ohne den letzten Rest an Entschlossenheit zu demonstrieren und bei ihrer unbarmherzigen Strategie zu bleiben. Das war teilweise ein Sieg der britischen Propaganda. Auch drehte der U-Boot-Krieg sich in seinem Verlauf einmal um sich selbst: Er begann in den britischen Küstengewässern, und er endete dort auch. Denn dort waren die meisten Schiffe anzutreffen. Dazwischen wurde ein Seegebiet nach dem andern als Angriffsfeld auf die Handelsschiffahrt herausgesucht, je nachdem, wie schwach bzw. wie stark dort die Verteidigungsmaßnahmen gerade waren.

Im Verlauf des Ersten Weltkrieges wurden auch schon alle wichtigen Prinzipien sichtbar, die den Krieg gegen die U-Boote bestimmten, nämlich: Entdecken der getauchten U-Boote durch Horchgeräte; Wasserbomben; Ortung des Feindes anhand seiner eigenen Funksignale (die aktive Ermittlung per Radar folgte dann in den 30er Jahren) und natürlich der Einsatz von Flugzeugen. Dazu muß noch der Nachrichtendienst gezählt werden, dessen Wert im Krieg nicht überschätzt werden kann. Im ›Room 40‹ der Admiralität wurde eine unbezahlbare Arbeit geleistet: Man brachte die vorhandenen Daten über Schiffe und U-Boote miteinander in Verbindung und löste gegen Ende des Krieges Konvois auch wieder auf, wenn die abgefangenen Funksprüche dies sinnvoll erscheinen ließen. Wenn auch das Funkschlüsselbuch, das man auf der *Magdeburg* gefunden hatte, ein unschätzbarer Glückstreffer war, so war es doch nicht einmal nötig, den Funkverkehr zu entschlüsseln. Es konnte schon genügen, den Funkspruch selbst zur Bestimmung des Standorts zu benutzen, den das U-Boot gerade hatte.

Die Deutschen hatten bei Kriegsbeginn 28 U-Boote. 344 kamen im Verlauf hinzu. Am Ende waren weitere 226 im Bau, und noch eimmal 212 standen auf dem Plan. 1914 stellten sie nach Kriegsbeginn noch zehn neue Boote in Dienst, 1915 waren es 52, 1916 dann 108, 1917 kamen 94 hinzu, und in den letzten zehn Monaten des Jahres 1918 waren es 80. Erst in den letzten sechs Monaten sank die Zahl der Neubauten unter die der versenkten Boote. Diese Entwicklung fiel mehr oder weniger mit dem Zeitpunkt zusammen, an dem die Alliierten ihre Verluste ausgleichen konnten. Zwar variieren die Zahlen von Quelle zu Quelle, aber es waren ungefähr 178 U-Boote und 6000 Mann Besatzung, die verlorengingen. Die gleiche Zahl von Booten ergab sich am Ende des Krieges. Eine Handvoll versenkte sich selbst. Vergleicht man den Einsatz von Menschen und die erzielten Ergebnisse, so waren die Verluste der deutschen U-Boot-Waffe in diesem ›Krieg, zu enden alle Kriege‹, der zum bis dahin größten Konflikt in der Geschichte der Menschheit werden sollte, äußerst gering; mit Blick auf das aufgewendete Geld und Material war die U-Boot-Flotte eine erstklassige Investition, vor allem in Vergleich zu den unkalkulierbaren Kosten, die den Engländern durch die Verluste an Schiffen, Gütern und Kriegsmaterial entstanden. Sie machten das britische Empire zum Bettler und ließ es nahe an den Bankrott geraten. Die unvermeidliche Folge war die Machtverschiebung nach der anderen Seite des Atlantiks in die Vereinigten Staaten. Das betraf auch die Machtstellung zur See, die solange die Grundlage der Position Großbritanniens in der Welt gewesen war. Das ist die verblüffende Leistung einer Waffe, die noch wenige Jahre vor Ausbruch des Krieges höchstens bei einer Handvoll Erfindern die Augen leuchten ließ. Kein Wunder, daß die Briten und ihre Verbündeten vom besiegten Deutschland verlangten, in seiner drastisch reduzierten Nachkriegsflotte weder U-Boote einzusetzen noch neue zu bauen.

Oben: Die torpedierte *Lusitania*

Unten: Begegnung eines Küsten-U-Boots und eines atlantikfähigen U-Boots (1917)

Links: Erbeutetes deutsches U-Boot in britischen Händen (1917)

Unten: Hitler inspiziert bei einem seiner seltenen Flottenbesuche das Panzerschiff *Deutschland*

Rechts oben: Überlebende der *Athenia* gehen in Galway an Land

Rechts unten: Die sinkende *Graf Spee*

Prien an Bord von *U 47* (am Kommandoturm die Zahl der versenkten Tonnen)

U-Boot-Kommandant (als einziger Offizier zum Tragen des weißen Mützenüberzugs berechtigt) am Sehrohr

2.
Die Abrüstungspolitik schlägt fehl (1919—1933)

Versailles — Revolution in Deutschland — Sowjetische Ambivalenz — Zweideutiger Westen — Die deutsche Flotte gleicht sich an — Der große U-Boot-Schwindel — Die deutsche Flotte lebt auf — Die britische Flotte verfällt — Die amerikanische Flotte erwacht zum Leben — Rüstungsbegrenzung — Asdic — Marineflieger — Wendepunkt 1933

Der Vertrag von Versailles, der Ende Juni 1919 den Waffenstillstand vom 11. November 1918 formal ersetzte, sah strenge Begrenzungen für die Größe und die Zusammensetzung der deutschen Streitkräfte vor. Dazu gehörte ein völliger Ausschluß der U-Boote und der Luftwaffe. Der Hauptteil der Hochseeflotte, die während des Waffenstillstands in Scapa Flow interniert war, sollte ausgeliefert werden. Sie entging diesem Schicksal aber dadurch, daß sie sich im größten Akt der Selbstzerstörung in der Geschichte der Seefahrt selbst versenkte. Von den 74 internierten Schiffen sanken am 21. Juni genau 52 auf den Grund des Meeres — übrigens zur unausgesprochenen Erleichterung der Briten. Insgeheim sahen sie die unbeschäftigt in den Häfen liegenden Kriegsschiffe nämlich als eine Bedrohung ihrer britischen Vorherrschaft an, die sie jetzt gegen die in den Wettbewerb eingetretenen Amerikaner zu bewahren hatten, gleichgültig, nach welchem Schlüssel die deutsche Flotte unter den Siegermächten aufgeteilt worden wäre. Nach außen hin dokumentierten die Alliierten Zorn über die Selbstversenkung und forderten Reparationen für den Verlust der unerwünschten Flotte, die ihnen ihre Eigentümer auf so bequeme Weise direkt vor Unterzeichnung des Vertrages vom Halse geschafft hatten. Sie durchkämmten das am Boden liegende Reich nach Schwimmdocks und sonstigen Hafenausrüstungen und schafften sie fort. Versailles begrenzte das Heer der vor kurzem noch stärksten Militärmacht der Welt auf 100 000 Mann. Die Kriegsmarine, die hinter der englischen den zweiten Platz eingenommen hatte, wurde auf 15 000 Matrosen und 1500 Offiziere beschränkt. Sie durfte über nicht mehr als sechs gepanzerte Schiffe von einer maximalen Verdrängung von 10 000 BRT verfügen; dazu kamen sechs Kreuzer mit 6000, zwölf Zerstörer mit 800 und zwölf Torpedoboote mit nicht mehr als 200 BRT. Gerade diese Restriktionen wurden zu einer Herausforderung für den beträchtlichen Einfallsreichtum der deutschen Konstrukteure, Schiffsbauer und Zulieferer, gar nicht zu reden von den Marineoffizieren, die schon bald nach Wegen zu suchen begannen, wie man Versailles umgehen und untergraben könnte, und zwar lange bevor Hitlers Name damit in Verbindung gebracht werden konnte.

Politisch wurde das Deutsche Reich von einer linken Revolutionswelle erschüttert, die in den letzten Kriegsmonaten entstanden war und die Deutschen bewogen hatte, um Frieden zu bitten. In der Kaiserlichen Kriegsmarine kam es zur Meuterei. Im Heer gab es Rebellionen bis hinauf zur Divisonsebene, und so gaben General Erich Ludendorff und seine Mitarbeiter der letzten Kaiserlichen Regierung unter Prinz Max von Baden den Rat, um einen Waffenstillstand zu ersuchen. Die sozialen Unruhen in Deutschland selber, deren Ursache im spürbaren Mangel an Nahrungsmitteln und in der allgemeinen Demoralisierung der Zivilbevölkerung nach vier Jahren Krieg zu suchen war (großenteils eine Folge der britischen Blockade), ließen erzkonservative Leute wie Ludendorff die ebenso trügerische wie höchst gefährliche Behauptung vom »Dolchstoß« aufstellen, den man der Armee in den Rücken versetzt habe. Der Kaiser floh zwei Tage vor dem Waffenstillstand in die Niederlande, während sich in Deutschland eine Entwicklung anzubahnen schien, dem Beispiel des Rätesystems der Bolschewiken vor knapp zwei Jahren zu folgen. Nachdem es dann schließlich die Sozialdemokraten waren, die nach dem Krieg die Regierung übernahmen, war es dem Offizierskorps ein leichtes, die »Sozis« für

Deutschlands Niederlage verantwortlich zu machen. Dabei verdunkelten sie bequemerweise den Tatbestand, daß es das Heer selbst gewesen war, das an der Westfront zusammengebrochen war und die Fortsetzung des Krieges unmöglich gemacht hatte. Der schlimme Mythos vom Dolchstoß, dem in weiten Kreisen Glauben geschenkt wurde und dessen sich Hitler gleich meisterhaft zu bedienen wußte, schuf in Verbindung mit den harten Auflagen von Versailles ein politisches Säurebad, das die Fundamente der ersten deutschen Republik von Anfang an untergrub. Bald schon gesellten sich weitere Ingredienzien zu dem ätzenden Gebräu.

Die aus dem linken Flügel der SPD entstandene Kommunistische Partei wurde zu einer fünften Kolonne der Russen. Doch diese ließen sie so ungeschickt agieren, daß sie praktisch den Nazis in die Hände spielten — eine Weile vereinte die beiden ihre Gegnerschaft zur SPD, in der sie beide den Hauptkontrahenten sahen. Eine vereinigte deutsche Linke wäre neben dem Heer die einzige Kraft in Deutschland gewesen, die stark genug gewesen wäre, den Nazismus zu besiegen. Sowjetischer Dogmatismus, die Verachtung der ›burgeoisen‹ SPD und Stalins Einmischungen in die deutsche Politik halfen Hitler bei seinem Griff nach der Macht, mit allen Folgen, die das für die Sowjetunion dann haben sollte.

Zur gleichen Zeit unterstützte Stalin den wiedererwachenden deutschen Militarismus, indem er deutsche Soldaten in der Sowjetunion heimlich an Panzern und Flugzeugen ausbilden ließ, was einen schweren Bruch des Versailler Vertrages bedeutete. Diese Tatsache wurde 1926 einer weitgehend indifferenten Weltöffentlichkeit vom *Manchester Guardian* mitgeteilt. Dort war auch die Rede von einer Zusammenarbeit bei der Entwicklung von Waffen. Diese außergewöhnliche, um nicht zu sagen irrwitzige Doppelpolitik der Sowjetunion gegenüber Deutschland kulminierte im August 1939 im deutsch-sowjetischen Nichtangriffspakt, der es Hitler und Stalin ermöglichte, sich ihre jeweiligen Stücke von Polen und vom Baltikum abzuschneiden. Gleichzeitig konnten die Deutschen nun ihre Kräfte im Westen konzentrieren, als der

Krieg mit England und Frankreich ausbrach. Die Russen empfanden gegen die Deutschen Haß wegen des Friedensvertrags von Brest-Litowsk, den diese Lenin 1917 aufgezwungen hatten, und wegen der Intervention im Bürgerkrieg nach der Revolution. Manche sehen in Stalins Politik gegenüber Deutschland eine langfristig angelegte, großartige Strategie zum Zweck der Zerschlagung des einzigen Staates in Europa, welcher der Sowjetmacht Paroli hätte bieten können, vor allem dann, wenn er Verbündete im Westen fand. Zwar stimmt es, daß die Invasion Rußlands im Sommer 1941 Hitlers Schicksal besiegelte, aber der Tod von 20 Millionen Russen im daraus entstehenden Krieg scheint doch ein Preis jenseits aller Proportionen zu sein, selbst für denjenigen, der Stalins notorische Gleichgültigkeit gegenüber Massenmorden teilen sollte. Wir sollten aber zur Kenntnis nehmen, daß Brest-Litowsk ebenso hart war wie Versailles — und somit das beste moralische Argument gegenüber jenen zahlreichen Deutschen ist, die sich laut und lange über letzteres zu beklagen pflegten.

Wir sollten außerdem zur Kenntnis nehmen, daß der bizarre Widerspruch in der sowjetischen Politik zwischen politischer Subversion hier und militärischer Hilfe dort ihr Gegenstück in der zwar weniger spektakulären, jedoch nicht weniger sprunghaften Haltung der siegreichen Alliierten gegenüber Deutschland fand. Französisches Revanchedenken war eines der Hauptmotive für die Auferlegung gewaltiger Kriegsreparationen, die Deutschlands Wirtschaft ruinierten und zu der einzigartigen Inflation von 1923 führten. Bald darauf setzten sich die Amerikaner an die Spitze derer, welche die Reparationslasten erleichtern wollten. Der weltweite Konjunkturrückgang, der dann dem Börsenkrach an der Wall Street von 1929 folgte, zeigte jedoch, daß die dem Krieg folgenden ökonomischen Krisen Deutschland mehr als jedes andere Land in der kapitalistischen Welt trafen. Das war natürlich Wasser auf die Mühlen der Nazis. Ebenso wie der Kaiser für Deutschland einen ›Platz an der Sonne‹ reklamiert hatte, rief Hitler nach mehr ›Lebensraum‹. Ab 1933 wurde

Deutschland unter den Nazis wieder der Kuckuck im europäischen Nest, der dauernd nach etwas rief. Doch die Alliierten des letzten Krieges wichen, diesmal angeführt von den Briten, vor den Gebietsforderungen Hitlers zurück (die man schon dadurch im Keime hätte ersticken können, daß man seinem fragwürdigen Abenteuer einer Rückeroberung des Rheinlands die passende Antwort gegeben hätte). Statt dessen entschieden sie sich für ein ›Appeasement‹, heutzutage ein anrüchiges Wort, doch zur damaligen Zeit eine zweifellos sehr populäre Politik in England. Die Franzosen schienen, wenn überhaupt, eher bereit zum Frieden um fast jeden Preis, während die Amerikaner strenge Isolationisten wurden. Die einzige Antwort auf die ›deutsche Frage‹ dieser Zeit mit dem Ziel, die nach dem Krieg entstandenen Spannungen abzubauen, wäre für die Alliierten gewesen, den Deutschen 1918 auf ihrem Rückzug über ihre Grenzen zu folgen und das ganze Land zu besetzen, wie das 1945 schließlich auch geschah. Wir beschließen diesen kurzen Überblick über die deutsche Geschichte zwischen den Kriegen mit dem Hinweis darauf, daß fast jeder deutsche Politiker und jede deutsche Partei, ob rechts oder links, gegen Versailles eingestellt war. Die Revision des Versailler Vertrages war es am Ende dann auch, die zum Zweiten Weltkrieg führte. Es gab viel internen Streit um die Politik im Deutschland dieser Jahre, auch draußen auf den Straßen; geführt wurde er mit Privatarmeen der Rechten und der Linken; aber wenn es etwas gab, das einen Konsens zwischen den Parteien herstellte, dann war es der Haß auf Versailles. Wenn wir uns jetzt wieder dem heimlichen Wachstum der zweiten deutschen Flotte zuwenden, dann sollten wir diese unterschwellige Strömung nie aus den Augen verlieren.

Im November 1918 verschwand die deutsche Flotte effektiv von den Meeren. Von denen, die ihre Posten behalten durften, traten viele den beiden Marinebrigaden bei. Oft waren sie vorher bei den Freikorps gewesen. Das waren Freiwilligeneinheiten, die aus ehemaligen Soldaten gebildet wurden und gegen revolutionäre Gruppen kämpften. Sie waren bald überall bekannt für ihre Brutalität. An der Spitze der Brigaden standen als Marineoffiziere die ehemaligen Freikorpsanführer Wilfried von Loewenfeld und Hermann Erhardt. Die Brigaden taten als Infanterie Dienst und standen der Republik feindlich gegenüber. Das Militär konnte seine Position in einem Staat wieder stärken, der weiterhin von ernsten Unruhen heimgesucht wurde, vor allem an der Ruhr und in Bayern. In der Reichswehr, deren führender Kopf der Chef der Heeresleitung, General Hans von Seeckt, war, gab ein Offizierskoprs den Ton an, das voll antidemokratischer Ressentiments war. Das galt zumindest genauso für die unterbesetzte Flotte wie für das Heer.

In der Kriegsmarine herrschte eine sehr hohe Fluktuation auf allen Ebenen, weil es an guten Positionen in den drastisch reduzierten und unterbeschäftigten Seestreitkräften fehlte. Trotzdem lenkte man dort nach 1920 die Aufmerksamkeit von der Politik zurück auf die eigentliche Aufgabe, die es zu bewältigen galt, und das war das Bemannen der Schiffe. Ein paar ältere, zumeist aus der Vorkriegszeit stammende Schiffe, die noch in deutschen Händen waren, wurden wieder in Dienst gestellt; im Jahr 1921 wurde das erste neue Schiff seit Ende des Krieges in Auftrag gegeben, ein 6000-BRT-Kreuzer. Als *Emden* wurde er im Januar 1925 in Dienst gestellt. Der Name rief Erinnerungen nicht nur an den Zenith, sondern auch an den Tiefpunkt der Rolle wach, welche die Überwasserschiffe der Kaiserlichen Kriegsmarine im Ersten Weltkrieg gespielt hatten. Die *Emden* hatte im Indischen Ozean mit großem Erfolg Schläge gegen die Handelsschiffahrt ausgeteilt, bevor sie nach Scapa Flow dampfen mußte und sich dort selbst versenkte. Als sie vom Stapel lief, hatte sich die gestutzte Kriegsmarine mehr oder weniger an ihre kleiner gewordene Rolle gewöhnt. Sie hatte sich von ihren Fehlschlägen der Kriegszeit und den danach aufgekommenen Meutereien erholt. Diese hatten für einige Zeit zu einem weitverbreiteten Mißtrauen gegenüber der Marine geführt. Doch jetzt wartete man hoffnungsvoll auf einen bescheidenen, aber stetigen Zuwachs an neuen Schiffen.

Die Hochseeflotte, die so viel gekostet und so wenig bewirkt hatte — sie war des Kaisers Augapfel gewesen, und ihre Meuterei hatte mit zu seinem Sturz beigetragen —, war einer der Hauptgründe, warum man gleich nach der deutschen Niederlage im Lande keine hohe Meinung von der Kriegsmarine hatte. Dem Heer war es gelungen, diesem schlechten Ruf zu entgehen. Selbst der Kapp-Putsch wurde eher der Marine als dem Heer zugeschlagen, dank der herausragenden Rolle, die Erhardt darin gespielt hatte. Aber es gab einen wichtigen Bereich, in dem die Kriegsmarine mehr getan hatte, als sich bloß zu rechtfertigen — das waren ihre Erfolge gegen den feindlichen Handelsverkehr. Die Ironie will es, daß dies von Kräften erreicht wurde, die man eher als Anhängsel der ruhmreichen, schließlich jedoch nutzlosen Schlachtflotte angesehen hatte. Admiral Spees im Pazifik operierendes Kreuzergeschwader hatte der Royal Navy in der Schlacht von Coronel 1914 die erste Niederlage seit über einem Jahrhundert beigebracht (auch wenn die Revanche schon bald danach vor den Falkland-Inseln folgte, wo eine überlegene Streitmacht sein Geschwader vernichtete). Auch die verehrte *Emden* war unter seiner Flagge gefahren. Handelsschiffen, die man zu Hilfskreuzern umgebaut hatte, waren kurze, aber spektakuläre Erfolge im Atlantik gelungen. Aber es waren dann die deutschen U-Boote gewesen, die sich als die furchterregendste und erfolgreichste Waffe entpuppten, die der Kaiser in den Krieg schicken konnte. Am Ende war sie um so nachhaltiger enttäuscht; aber Deutschland beendete den Krieg zugleich mit den größten Erfahrungen und der gründlichsten Sachkenntnis auf diesem neuen, furchterregenden Gebiet moderner Kriegsführung. Das U-Boot mag seine Karriere als wenig beachteter Appendix der Schlachtflotte begonnen haben; doch die Rolle, die es dann im Krieg spielte, markierte eine Rückkehr zu den wichtigsten Prinzipien des Krieges zur See — daß nämlich der Hauptzweck einer Flotte auf den Seehandel ausgerichtet ist; ihn muß sie verteidigen oder attackieren. Die deutsche Kriegsmarine hatte nicht vor, ihre führende Stellung auf dem Gebiet der U-Boot-Kriegsführung aufzugeben, Versailles hin oder her. Das Ergebnis war eine regelrechte Verschwörung zwischen Marineoffizieren und Schiffsbauern mit dem Zweck, die Nase auch weiterhin vorne zu haben. Sie begann schon, als die Tinte unter dem Vertrag noch nicht trocken war, und dauerte sechzehn Jahre an, bis Hitler Versailles annullierte. Da überraschte Deutschland die Welt mit einer Flottille von zwölf Booten, die man ausgerechnet vier Monate vor dem Termin in Dienst stellte, an dem das Flottenabkommen mit England den Deutschen wieder den Besitz von U-Booten erlaubte.

1918 hatte Deutschland insgesamt 176 U-Boote an England ausgeliefert, die dann unter den Engländern, Amerikanern, Franzosen, Italienern und Japanern verteilt wurden. Deren Bauprogramme wurden durch diese Beute in der Nachkriegszeit nachhaltig beeinflußt. Der geringe Rest an Booten, die nicht die letzte Fahrt zur Übergabe antreten konnten oder noch im Bau waren, wurde in Deutschland unter den Augen einer Alliierten Kontrollkommission demontiert. Gleich darauf wurden die U-Boot-Inspektion und das U-Boot-Amt aufgelöst. Aber bereits 1920 wurde innerhalb der Inspektion des Torpedo- und Minenwesens in Kiel eine neue U-Boot-Abteilung eingerichtet, angeblich um Dokumente für ein Archiv und für eine offizielle Geschichte zu sammeln und überdies die Technik des U-Boot-Abwehrkampfes zu studieren. 1922 machte man auch diese Abteilung wieder zu. Aber die neue Kriegsmarine hielt Verbindung zu den alten U-Boot-Fahrern — und die Schiffsbauer zu ihren erfahrenen Arbeitern. Zudem hatte man bei der Kapitulation von den Schiffsbauern nicht verlangt, ihre Pläne und Blaupausen herauszugeben. So begannen sie, ihre Entwürfe und ihren Rat diskret fremden Ländern anzubieten. Das Flottendirektorium arbeitete gern mit. Erster Kunde war Japan, das die Pläne für zwei große U-Boot-Typen kaufte und sie unter Aufsicht deutscher Experten baute. Als es an die Erprobung ging, wurde ein Kommandant ›a. D.‹ aus dem letzten Krieg pünktlich hinübergeschickt. 1921 war es Argentinien, das sich deutsche Ratgeber ins Land holte, um beim Aufbau einer neuen U-Boot-Flotte von zehn Booten zu helfen. Anfang 1922 holten sich die Italiener und die Schweden deutschen Rat bei der Konstruktion ihrer neuesten U-Boote. Die Geschäfte begannen, gut und rasch anzulaufen, und die Marine wandte sich an drei der wichtigsten deutschen U-Boot-Werften der Kriegszeit (zwei von ihnen gehörten zum Essener Krupp-Konzern) mit dem Vorschlag, ein Konsortium für das argentinische und ähnliche Projekte zu bilden. Dahinter stand die Idee, auf diese Weise einen kompletten Service zu bilden, vom Entwurf bis zur Erprobung. Außerdem hatte es den doppelten Vorteil, daß es einmal Einnahmen ins Land brachte, zum anderen aber Deutschland stets auf der Höhe der Entwicklung und ständig beschäftigt blieb. Die Bildung solch einer speziell auf den Bau von U-Booten ausgerichteten Gesellschaft mußte, auch wenn sie nur für das Ausland tätig wurde, mit den Klauseln des Versailler Vertrages in Konflikt geraten, die Deutschland ein entsprechendes Verbot auferlegt hatten. Die Werften durften viele Arten von Schiffen bauen, aber die Bildung eines nur für die Konstruktion von U-Booten gebildeten Konsortiums in Deutschland schien kaum durchsetzbar.

Also gingen die deutschen Experten in die Niederlande und gründeten dort eine Gesellschaft mit dem Namen ›NV Ingenieurskantoor vor Scheepsbau‹, kurz IvS. Unter diesem unverfänglichen Namen etablierten sich als Technischer Direktor Dr. Hans Teichel, ein führender Mann unter den deutschen U-Boot-Konstrukteuren, und als Kaufmännischer Direktor Ulrich Blum, vormals Kommandant bei der Kaiserlichen U-Boot-Waffe, an der Spitze des Unternehmens. Den Verwaltungsrat bildeten Direktoren der drei Werften, die jeweils bescheidene 4000 Gulden als Startkapital einbrachten. Die neutralen Holländer zögerten, die Gesellschaft formell registrieren zu lassen. Aus diesem Grunde arbeitete sie zunächst heimlich von einem Büro in Kiel aus, bis man im Sommer 1925 nach Den Haag umziehen konnte — und bis zur deutschen Kapitulation im Mai 1945 blieb. Die leuchtenden Hoffnungen, die die Gründung des IvS begleitet hatten, schwanden schon bald. Nachdem man die Zeichnungen, Pläne und sonstigen aus dem Krieg übriggebliebenen Papiere sorgfältig durchgearbeitet hatte, legte die Gesellschaft ihre ersten Angebote vor. Sie basierten auf geprüften und erprobten Entwürfen. Aber die Argentinier überlegten es sich anders, und das italienische Projekt fiel durch.

Aber alles war damit noch nicht verloren. Ein gewisser Kapitänleutnant Wilhelm Canaris, ein Veteran aus dem Spee-Geschwader, Geheimdienstler in Spanien, U-Boot-Kommandant im Mittelmeer und schließlich Teilnehmer am Kapp-Putsch, wurde aus seiner Tätigkeit im Stab der Ostseeflotte abberufen und nach Spanien geschickt, wo er sich um Vertragsabschlüsse bemühen sollte. Das IvS suchte eine Beteiligung am spanischen U-Boot-Bauprogramm, das auf 40 Boote ausgelegt war. Dem späteren Chef der Abwehrabteilung im Reichskriegsministerium unter Hitler gelang mancher Fortschritt, aber der scharfe Wettbewerb mit dem Ausland, spanische Vorsicht angesichts der Krupp-Verbindungen und politische Probleme ließen auch Spanien den ganzen Plan annullieren.

Alle diese Enttäuschungen überzeugten das IvS davon, ohne eine finanzielle Rückendeckung nicht mithalten zu können; eine solche garantierten in vernünftigen Größenordnungen zu derart harten Zeiten nur Regierungen. Die mühsam um ihre Existenz kämpfenden Werften konnten da nicht einspringen, und der Kriegsmarine waren von Versailles die Hände gebunden (sie stand auch offiziell in keinerlei Verbindung mit dem IvS). Als Lösung fand man zu einem geheimen Arrangement, das einem besonders komplizierten geschäftlichen Betrugsmanöver gefährlich nahe kam. Aus dem geheimen Etat der Seetransportabteilung der Kriegsmarine unter Kapitän Walter Lohmann wurde ein Schmiergeldfonds abgezweigt. Dann wurde eine Scheingesellschaft mit Namen ›Mentor Bilanz‹ gegründet. Sie diente als Verbindungsglied zwischen der Kriegsmarine und dem IvS zur Abwicklung der Finanzen. Als zweite Gesellschaft trat die ›Tebeg‹ auf den Plan, die für die technische Seite zuständig war. Beide wurden von Marineoffizieren ›außer Dienst‹ geleitet. Neben ihrem Auftrag, beim Wettbewerb mit fremden Konkurrenten Hilfestellung zu geben, sollten sie noch insgeheim Entwürfe auswählen und Pläne für die Schaffung einer neuen deutschen U-Boot-Waffe ausarbeiten. Die beiden Schwindelfirmen erhielten ihren Sitz bequemerweise in demselben Gebäude, in dem auch die Seetransportabteilung residierte — was man nur als unverfroren oder ziemlich sorglos bezeichnen kann. Zur gleichen Zeit schlug Canaris mit Erfolg die Bildung einer neuen, geheimen U-Boot-Abteilung in der Marineleitung vor. Sie wurde als Abteilung für die U-Boot-Abwehr getarnt und stand unter der Leitung von Kapitän z. S. Arno Spindler. All dies geschah im Laufe des Jahres 1925, als das IvS schließlich die Möglichkeit fand, in Den Haag sein Hauptbüro zu eröffnen.

Zwei Jahre später begann das Lohmann-Netzwerk zu reißen. Zu viele Menschen waren an der Sache beteiligt, als daß man sie noch weiter geheim hätte halten können. Die Presse bekam Wind von finanziellen Unregelmäßigkeiten, und im Reichstag wurden Anfragen wegen des Mißbrauchs von Regierungsgeldern eingebracht. Kritischer Punkt war der ungeschickte Umgang mit öffentlichen Geldern, durch die ein geheimes und überbeanspruchtes Militärbudeget erhöht werden sollte. Das kostete Reichswehrminister Otto Geßler sein Amt. Der Hauptstoß der Kritik richtete sich aber gegen Lohmann, womit gleichzeitig die Aufmerksamkeit von dem wahren Zweck seiner betrügerischen Manipulationen abgelenkt wurde. Der Lohmann-Skandal drehte sich um Geld, nicht um U-Boote. Als der unaufrichtige Kapitän z. S. im Frühjahr 1928 seinen Posten verließ, waren seine Abteilung, die *Tebeg* und die *Mentor Bilanz* ziemlich angeschlagen. Doch die untergründige Arbeit an der U-Boot-Waffe ging ohne Rücksichten weiter, nachdem man sie umorganisiert und die Abläufe vereinfacht hatte. Eine neue Scheingesellschaft unter dem Namen *Igewit GmbH* wurde gegründet (ein Akronym für ›Ingenieurbüro für Wirtschaft und Technik‹); Lohmanns alte Abteilung bekam einen neuen Namen. Zwischen ihnen liefen nun die Geschäfte ihrer Vorläufer ab. Größtenteils ging es so weiter wie bisher, und als Spindler die Abteilung für U-Boot-›Abwehr‹ 1929 verließ, übernahm Leutnant z. S. Hans Schottky (natürlich auch ›a. D.‹) seinen Posten in der Marineleitung; er war vorher schon der führende Kopf der ehemaligen Lohmann-Abteilung in der Marineverwaltung gewesen. Damit wurde er bestimmt einer der einflußreichsten Ex-Leutnants der Geschichte.

Währenddessen gelang dem IvS, vom geheimen Netzwerk innerhalb Deutschlands gestützt, der Durchbruch: Die Türkei bestellte 1926 zwei U-Boote. Sie wurden unter der Aufsicht deutscher Experten und ›ausgedienter‹ U-Boot-Fahrer in der Fijeboord-Werft in Rotterdam gebaut. Eine komplette deutsche Mannschaft erprobte ein Jahr später die Boote dann ausgiebig, ehe man sie im Frühjahr 1928 an die Türkei lieferte. Dort übernahmen die Deutschen dann Ausbildungsaufgaben. Ein weiterer Vertrag über den Bau von drei Booten wurde mit Finnland abgeschlossen. Sie sollten dort zwischen 1926 und 1930 gebaut werden. Zur gleichen Zeit wurden mit deutscher Finanzhilfe Versuchsboote in Spanien, Estland und wiederum Finnland gebaut. All diese Arbeiten waren für die Erfinder, Konstrukteure und Seefahrer von unschätzbarem Wert; mit ihnen blieb Deutschland in der Entwicklung der U-Boote an vorderster Front.

Die für die ausländischen Kunden gebauten Boote waren deutlich verbesserte Nachfolger der drei erfolgreichsten deutschen U-Boote im Ersten Weltkrieg — ein Küsten-U-Boot, ein atlantikfestes und ein zum Minenlegen ausgerüstetes Boot. Ab 1926 übernahm das IvS neben seinen Aufgaben im Ausland auf Anordnung der Kriegsmarine auch die Entwicklung von Booten dieser drei Typen für den deutschen Bedarf selbst. Das war keine Verschwörung gegen Versailles, sondern eine Vorsichtsmaßnahme für den Fall eines neuerlichen Krieges in Europa. Nach Ansicht der Kriegsmarine hatten die Deutschen die Pflicht, durch den Bau von U-Booten für ausreichenden Selbstschutz und für eine Möglichkeit zu Gegenangriffen auf See zu sorgen. Der erste ›Mobilisierungsplan‹

von 1926 sah den Bau von 36 Küsten-U-Booten, 42 atlantikfähigen und sechs Minenlegbooten mit den jeweils neuesten Veränderungen vor. 1928 wurde der Plan geändert: Vom Typ eins und zwei sollten nun je 36 Boote gebaut werden, hinzu kamen zwölf Minenleger einer neuen, größeren Bauart. Die Entwürfe basierten jeweils auf den technischen Entwicklungen und den praktischen Erfahrungen, die man im Ausland gewonnen hatte.

Nach all dem ist es wohl deutlich, daß die Niederlage von 1918 das deutsche Interesse an der U-Boot-Waffe und an ihrer weiteren Entwicklung nicht unterbinden konnte. Selbst als die Flottillen des Ersten Weltkrieges nach der Kapitulation ausgeliefert oder demontiert werden mußten, war das große Arsenal an angesammeltem Wissen nicht verloren, das Grundlage einer neuen U-Boot-Flotte werden konnte. Wenn jemals ein neuer Krieg käme, würde man sie wieder in den Kampf schicken — gebaut und befehligt von denselben Männern, die auch für die alte Flotte verantwortlich gewesen waren. So wie der Zweite Weltkrieg aus dem Ersten hervorgegangen war, so ging die berühmte ›Schlacht im Atlantik‹ aus ihrer unterschätzten, zu wenig aufgearbeiteten, aber nicht minder bedeutenden Vorgängerin hervor. Auch die Boote, die in beide Schlachten zogen, standen samt ihren Mannschaften in einer Beziehung zueinander wie Eltern und Kinder. In Karl Dönitz verkörperte sich diese Kontinuität am deutlichsten: Er beendete den Ersten Weltkrieg als U-Boot-Kommandant, wurde zwischen den Kriegen Chef der U-Boot-Streitkräfte, befehligte sie auch im Zweiten Weltkrieg, wurde dann Oberkommandierender der Kriegsmarine und zum Schluß für wenige Tage noch der Nachfolger Hitlers.

Die Sieger von 1918 wußten durch ihre Diplomaten und ihre Spione, wie stark die Deutschen am U-Boot-Bau in Drittländern beteiligt und daß sie deshalb voll auf dem Stand der zeitgemäßen Technik waren. Nachdem der staatliche Haushalt eine öffentliche Angelegenheit war, wußten sie auch, daß die deutschen Streitkräfte aus geheimen Fonds finanziert werden mußten und daher auch geheime Projekte verfolgten. Sie wußten von der militärischen Verbindung zur Sowjetunion. Kurzum, sie waren sich voll bewußt, daß Deutschland alles tat, um über das Ausland auch bei all jenen Waffensystemen Schritt zu halten, deren Besitz ihnen durch den Versailler Vertrag versagt war. Nachdem es aber kaum möglich ist, eine große Nation sich weiter entwickeln und zugleich ohne Waffen zu lassen, mußten die westlichen Mächte schrittweise nachgeben. Ihr Wille, dem Geist und oft genug auch den Buchstaben des Versailler Vertrages Geltung zu verschaffen, schwand.

Die eigenen U-Boot-Pläne der Kriegsmarine sollten als Geheimsache behandelt werden. Für jeden Deutschen, der davon wußte, waren sie ein Tabu, und die ehemaligen Feinde kehrten sie unter den Teppich. Die erste Krise um den Platz, welcher der Kriegsmarine im Staat zustand, war aus ihrer zentralen Rolle im Kapp-Putsch von 1920 erwachsen. Die zweite entstand aus zwei Kontroversen, die mehr oder weniger in eins fielen: der Lohmann-Affäre und dem gewaltigen politischen Krach, den es um das *Panzerschiff A* gab. Nachdem man ein paar ältere Schiffe wieder in Dienst gestellt und 1921 die *Emden* in Auftrag gegeben hatte, legte sich die Kriegsmarine bescheiden eine Einheit um die andere zu, wenn es die Mittel erlaubten. Eine spürbare Opposition dagegen gab es nicht. So kam 1924 ein Torpedoboot dazu, 1925 noch einmal fünf und ein Kreuzer, 1926 wieder sechs bzw. zwei. 1927 gab es keine Neuzugänge. Aber für 1928 sahen die Voranschläge unter anderem das erste von drei Panzerschiffen vor. Bei ihnen handelte es sich um einen völlig neuen Typ, den man entworfen hatte, um die obere Tonnagegrenze des Versailler Vertrages einzuhalten und doch zugleich das Beste daraus zu machen. In England bekam der Typ den Namen *pocket-battleship.* Ausgerüstet wurde es mit sechs 28-cm-Geschützen, jeweils drei auf einem Geschützturm vorn und achtern. Die Panzerung hatte mittlere Stärke, und das Schiff brachte es auf eine hohe Geschwindigkeit. Tatsächlich hatte England nur drei Großkampfschiffe, die zugleich schneller und besser bewaffnet waren: die drei Schlachtkreuzer. Nach den gegebenen Merkmalen gab es für Marinestrategen keinen Zweifel, welchem Zweck die Panzerschiffe vor allem dienen sollten: der Jagd auf Handelsschiffe. Warum, fragte man sich, verlangte die deutsche Kriegsmarine nach solchen Schiffen? Zwischen der deutschen Linken, die das Militär niederhalten wollte, und der Rechten, die sich über den politischen Zwergenstatus des Landes ärgerten, wurden sie zu einem gewaltigen Zankapfel. Der übrigen Welt erschienen sie als ein Symbol für den deutschen Willen zur Wiederbewaffnung mit allen seinen Folgen — und das weniger als zehn Jahre nach Ende des schlimmsten Krieges, den die Geschichte bis dahin gesehen hatte. Die politische Auseinandersetzung in Berlin gewannen die Rechten: 1928 wurde die *Deutschland* auf Kiel gelegt, und außerdem wurde ein Kreuzer in Auftrag gegeben. Die beiden anderen Panzerschiffe wurden 1931 und 1932 geordert. Es waren die *Admiral Scheer* und die *Admiral Graf Spee*. Alle drei verdrängten um einiges mehr als die von Versailles erlaubten 10 000 BRT. Aus finanziellen Gründen wurden zwischen 1928 und 1933 bis auf einen Kreuzer sonst keine Kriegsschiffe in Auftrag gegeben. Das Panzerschiff war ein Triumph deutscher Schiffsbaukunst und eine Demonstration, wie man aus einer Nußschale ein stattliches Schiff macht.

Ein zweiter wichtiger Schritt für die Entwicklung der deutschen Kriegsmarine war die Ernennung von Vize-Admiral Erich Raeder, dem Befehlshaber der in der Ostsee stationierten Seestreitkräfte, zum Chef der Marineleitung im Rang eines Admirals. Der Name ›Marineleitung‹ klingt seltsam, aber laut Versailles war es Deutschland verboten, einen General- oder Marinestab zu etablieren. Der Titel ›Oberkommandierender‹ war indessen erlaubt. Im ganzen blieb das Verbot wirkungslos, denn es bedurfte nur eines geringen Aufwandes an sprachlicher Beweglichkeit, um solche Begriffe zu umgehen. Jede Waffengattung erhielt so ihre voll ausgebildete Kommandostruktur, die den Deutschen schon seit langem den Ruf eingebracht hatte, fähige und gründliche Organisatoren zu sein.

Raeder war der Sohn eines Lehrers. Er wurde 1876 in der Nähe von Hamburg geboren und ging als Achtzehnjähriger zur Kaiserlichen Kriegsmarine. Drei Jahre später war er Offizier. Im Ersten Weltkrieg hatte er in der Hochseeflotte gedient, eine Zeitlang einen Kreuzer kommandiert und war dann in den Stab gegangen. Er war Stabschef unter Admiral Hipper, dem hervorragenden Befehlshaber der deutschen Schlachtkreuzer in der Skagerrak-Schlacht 1916. Bei Kriegsende war er in der Admiralität in Berlin. Da er zum Stab des Großadmirals Tirpitz, des Gründers der Kaiserlichen Kriegsflotte, gehört hatte, stand für Raeder die grandiose Rolle fest, welche die deutsche Kriegsmarine zu spielen hatte. Seine ausgeprägten nationalkonservativen Neigungen hatten ihn auch aktiv am Kapp-Putsch teilnehmen lassen. Danach wurde er zunächst ins Reichsmarinearchiv abgeschoben, wo er die zweibändige offizielle Geschichte des Krieges der Überseekreuzer verfaßte. Dann kam er in den Stab zurück und bildete auch Offiziere aus, bevor er 1925 seinen Ostsee-Posten antrat. Obwohl Raeder niemals auf einem U-Boot Dienst getan hat und obwohl der deutsche U-Boot-Krieg des Zweiten Weltkrieges für immer mit dem Namen Dönitz verbunden bleiben wird, war es Raeder, der von Anfang an den unbeschränkten U-Boot-Krieg gegen England gefordert hatte. In der Phase der größten Erfolge im Atlantik war er es, der an der Spitze der Kriegsmarine stand. Als ein undemokratischer Führer der Kriegsmarine in einer neuen Demokratie sorgte Raeder mit seinem autoritären Stil dafür, daß die öffentliche Diskussion innerhalb der Marine über die Rolle der Streitkräfte im Staat beendet wurde. Aber die schärfere Disziplin, die er der Marine auferlegte, bewahrte sie nicht davor, in politische Kontroversen hineingezogen zu werden, von denen der Panzerschiff-Streit (1928—1932) nur einer von vielen war. Die Kriegsmarine hielt sich in der Weimarer Republik unter Raeders Führung aus jeder Konfrontation mit dem Staat heraus, gab aber keineswegs ihren Ehrgeiz auf, wieder die alte Stärke zu erreichen. Sie lernte es, sich zu verstellen und mit den Verzögerungen zu leben, die der Reichstag ihrem

Expansionsprogramm auferlegte, bis 1930 der Reichspräsident zur Politik der Notverordnungen griff und das Parlament damit praktisch ausgeschaltet war. Am Ende dieser Entwicklung stand seit Januar 1933 die Kanzlerschaft Adolf Hitlers. Doch es war bereits General Kurt von Schleicher gewesen, der im November 1932 als Reichswehrminister eine Umgestaltung der Reichswehr verfügt hatte. Dazu gehörte auch die Ausstattung der Kriegsmarine mit einer neuen, wenn auch kleinen Schlachtflotte und sechzehn U-Booten bis 1938. Eine Woche später, am 22. November, begann die Kriegsmarine mit der Einrichtung einer Abteilung für ›Motorbootversuche‹, um die neue U-Boot-Waffe entsprechend weiterzuentwickeln. Die entscheidenden Weichen wurden im Dezember gestellt, als die Schale der von innen schon ausgehöhlten Weimarer Republik zu krachen begann. Zwei von der IvS entworfene und im Ausland bereits erprobte Boote von 750 bzw. 250 Tonnen erhielten den Zuschlag. Auch der Weg zur Entwicklung einer neuen 500-Tonnen-Klasse wurde offengehalten. Kiel, Deutschlands Haupthafen an der Ostsee und seit langem Flottenbasis, wurde auch der Sitz eines neuen U-Boot-Stützpunktes. Hundert Offiziere und Mannschaften wurden zur Gründung der neuen Abteilung abkommandiert. Auf diese Weise wurde die Grundlegung zu Hitlers U-Boot-Flotte gelegt, bevor er selbst an die Macht kam, wie auch die Nazi-Kriegsmarine aus den Plänen hervorwuchs, die in der Weimarer Republik gefaßt und entsprechend genährt wurden.

Der größte Verlust, den die britische Navy im Ersten Weltkrieg zu ertragen hatte, betraf ihre eigene Luftwaffe. Ungefähr 2500 Flugzeuge und 55000 Männer wurden mit Wirkung vom 1. April 1918 der neu gegründeten Royal Air Force zugeschlagen. Die US-Navy, die nach dem Abtritt der Deutschen zum großen Rivalen der Royal Navy geworden war, machte diesen fundamentalen Fehler nicht. Auch hatte man dort neuere und im allgemeinen bessere Großkampfschiffe, da man später mit dem Ausbau der Flotte begonnen hatte.

Die einschneidenden Kosten des Krieges verdammten die Royal Navy zu einer langen Phase des Flickens und Löcherstopfens. Ihre erste Niederlage in Friedenszeiten war daher auch die größte, die sie je erlebte: Sie verlor für immer die britische Vorherrschaft zur See. Aus ökonomischen Gründen mußte man sich auf den ›Ein-Mächte-Standard‹ zurückziehen, nach dem die Navy zumindest so groß sein müsse wie jede andere Flotte in der Welt. Aber eine Parität mit der US-Navy — und nichts anderes war damit gemeint — war stets eher eine Schimäre und ließ sich auch verschieden interpretieren. Gegen Ende 1920 dachten beide Kriegsmarinen ernsthaft an Neubauprogramme. Die Engländer standen finanziell unter Druck, und außerdem fürchteten sie, in einen Wettbewerb mit den USA zu geraten, den zu gewinnen sie nie hoffen durften. Sie hatten nur ein wirklich modernes Großkampfschiff aufzubieten im Vergleich zu 16 genehmigten oder bereits im Bau befindlichen seitens der US-Navy. Aber auch in Washington hatte sich eine mächtige Lobby formiert, die gegen eine massive Ausweitung der Flotte Stellung bezog. In der Navy selbst neigte sich die Stimmung in Richtung auf den Bau von Flugzeugträgern, die ein so kluger Mann wie der Admiral William Sims bereits als die Großkampfschiffe der Zukunft bezeichnete.

Während die Amerikaner den Gedanken an eine eigenständige Luftwaffe erwogen und verwarfen (erst nach dem Zweiten Weltkrieg wurde sie gebildet), gingen die britischen Air-Force-Marschälle daran, ihr Monopol über das gesamte Militärflugwesen zu etablieren und zu verteidigen. Die RAF richtete ein Küstenkommando ein, das mit der Navy kooperieren, doch keineswegs unter ihrem Befehl stehen sollte. Sein Chef, Vice-Marshal A. V. Vyvyan, betrachtete Patrouillenflüge gegen U-Boote und Flugzeugeskorten für Geleitzüge als Verschwendung von Mitteln, die man lieber dazu verwenden solle, um die U-Boot-Basen des Feindes zu bombardieren. Sein dementsprechendes Memorandum an die Admiralität trägt das Datum des ersten Jahrestags des Waffenstillstands und eröffnete damit eine Kontroverse, die bis in den Zweiten

Weltkrieg anhielt und furchtbare Konsequenzen haben sollte. Diese konnte man 1919 zwar nicht ohne weiteres voraussehen; aber der Fehler, aus den Lektionen des gerade beendeten Krieges nichts gelernt zu haben, scheint unentschuldbar; das betrifft nun einmal die Rivalität zwischen den Waffengattungen, die durch die Bildung der RAF hervorgerufen wurde. Sir Hugh Trenchard, der ›Vater der RAF‹ und ihr erster Stabschef, sprach sich auch für die Bombenstrategie aus. Damit zog man die Luftflotte aber von ihrer für die Navy lebenswichtigen Aufgabe ab: ihr direkten Schutz zu bieten. Zwar konnte die Navy in Fragen des Marineflugwesens ihre Vorschläge machen, die RAF aber verfügte. Admiral A. E. M. Chatfield, als Mitglied des Board of Admiralty für die Marinefliegerei zuständig, setzte sich 1921 dafür ein, daß die Navy selbst die Kontrolle erhielt, aber er konnte gegen den Größenwahn Trenchards nichts ausrichten, der zur gleichen Zeit ernstlich vorschlug, dem neuen und unersättlichen Luftwaffenministerium gleich die Verantwortung für die gesamte Verteidigung Großbritanniens zu übertragen.

Finanzielle Engpässe bestärkten das Interesse der Engländer an einer internationalen Rüstungsbegrenzung zur See. Tatsächlich sollte Versailles, das Deutschland die Abrüstung schon verordnet hatte, auf eine allgemeine Abrüstung hinauslaufen: Während der Friedensverhandlungen kam es zum Beispiel zu einer ernsthaften Debatte über ein generelles Verbot von U-Booten, aber die Franzosen verhinderten einen solchen Schritt. Es waren dann die Amerikaner und ihr Außenminister Charles Evan Hughes, welche die führenden Seemächte zu einer Rüstungsbegrenzungskonferenz nach Washington einluden. Delegierte aus England, Frankreich, Italien und Japan kamen im November 1921 nach Amerika und hörten sich Hughes' Vorschlag an, sämtliche Bauprogramme für Großkampfschiffe fallen zu lassen, die jeweils aktuelle Stärke als Standardstärke untereinander festzuschreiben, eine Anzahl älterer Kriegsschiffe zu verschrotten und die Tonnage der Großkampfschiffe als Maßstab zu nehmen, nach dem die kleineren Flotteneinheiten gebaut werden durften. Hughes ging so weit, die Verschrottung von 15 älteren und den Stop von 15 im Bau befindlichen Schlachtschiffen anzubieten — dabei waren zwei von ihnen bereits vom Stapel gelaufen, und ein paar andere waren fast fertiggestellt. Im ganzen belief sich das auf eine Tonnage von 850 000 BRT; das waren mehr Tonnen, als die Deutschen 1919 in Scapa Flow auf Grund gesetzt hatten. Er schlug weiterhin ein Stärkeverhältnis von 5:5:3 für England, die USA und Japan vor (wo man bereits ein gewaltiges Flottenbauprogramm aufgestellt hatte, das bis zum Jahr 1927 reichte und 27 Großkampfschiffe vorsah) und eine zehnjährige Bauunterbrechung. Die Delegierten waren überrascht. Englands Erster Seelord, Admiral Beatty, sprach sich grundsätzlich für diese Linie aus und schlug vor, sämtliche U-Boote zu verschrotten. Sein Haupteinwand bezog sich auf das Tonnagekriterium, das er durch die absolute Zahl der Schiffe ersetzt sehen wollte. Der erste Vertrag von Washington wurde am 13. Dezember 1921 abgeschlossen, und am Ende hatte es die Konferenz im Frühjahr 1922 auf neun Verträge und zwölf Resolutionen gebracht. Das Feilschen und die Roßtäuschertricks, mit denen dabei gearbeitet wurde, ließen Hughes' großartigen Plan beträchtlich schrumpfen. England erhielt zum Beispiel die Erlaubnis, zwei neue Großkampfschiffe auf Kiel zu legen (was 1922 geschah), und die Amerikaner behielten die beiden im Dienst, die sie bereits vom Stapel gelassen hatten (dafür verschrotteten sie zwei ältere Schiffe zusätzlich). Für alle kleineren Kriegsschiffstypen (Kreuzer, Zerstörer, U-Boote) gab es überhaupt keine Beschränkungen. Allerdings wurden Kreuzer auf 10 000 BRT und auf 20-cm-Geschütze beschränkt (obwohl wiederum auch größere Geschütze angebracht werden durften, wenn sie nachweislich neu entworfen und noch nicht erprobt waren — ein Umstand, der es den weder nach Versailles noch nach Washington zu Verhandlungen eingeladenen Deutschen zu behaupten erlaubte, ihre Panzerschiffe stimmten mit den Regelungen von Versailles und Washington überein). Der Effekt der ›Beschränkungen‹ bei den Kreuzern war, daß sich alle herausgefordert fühlten, bis an die Grenzen des Möglichen zu gehen. Das führte zu einem Boom, vor allem in England, das prompt zu viele Kreuzer und dafür zu wenige Zerstörer baute.

Großkampfschiffe wurden auf 35 000 BRT beschränkt, die fünf Seemächte einigten sich auf eine Verhältnisformel, und auch die zehnjährige Pause trat in Kraft. Alle Beteiligten erhielten die Erlaubnis, zwei Flugzeugträger von einer Größe bis zu 33 000 BRT zu bauen (aber nur die Amerikaner gaben auch gleich beide in Auftrag). Alle schon vorhandenen Flugzeugträger wurden als Erprobungsschiffe deklariert und durften jederzeit ersetzt werden. Die Engländer gaben sich damit zufrieden, daß sie zwei viel kleinere Schiffe in Flugzeugträger umbauten, während die Amerikaner zwei Rümpfe von großen, modernen Schlachtkreuzern mit den entsprechenden Aufbauten versahen. Die Obergrenze für alle Flugzeugträger zusammen lag bei 135 000 BRT für England und die USA, bei 81 000 BRT für Japan und bei 60 000 BRT für Frankreich und Italien. Das Washingtoner Paket, das bis 1936 hielt, gestattete auch für den Fall eines Krieges die Bewaffnung von Handelsschiffen mit Geschützen bis Kaliber 15. Die Forderung der Engländer, U-Boote völlig zu verbieten, wurde zurückgewiesen. Man unterwarf sie zwar der Prisenordnung, aber es wurden noch nicht einmal Höchstzahlen festgelegt. Im Juni 1922 wurden die Washingtoner Verträge, die formell die britische Vorherrschaft zur See beendeten, dem Parlament in Westminster vorgelegt. Die anglo-amerikanische Rivalität auf dem Gebiet der Großkampfschiffe war damit für den Augenblick beendet, aber der Wettbewerb beim Bau kleinerer Schiffe wurde noch härter. Beide Flotten nahmen auch voll die von den Verträgen vorgesehene Möglichkeit wahr, jedes Großkampfschiff durch zusätzliche Armierung um 3000 BRT Verdrängung zu vergrößern. Man rüstete all diese Schiffe mit zusätzlichen Seitenwulsten unter der Wasserlinie aus, um auf diese Weise Torpedo- und Minenexplosionen besser zu absorbieren. Neue Schiffe wurden zu dem gleichen Zweck mit einem zweiten, inneren Schiffskörper ausgestattet.

Mitten in all dem Ärger mit der Fliegerei, mit dem Zustand der Flotte und der Kürzung der Mittel in dieser frühen Nachkriegszeit fiel dem Board of Admiralty in London als Trost ein höchst wichtiges Geschenk in den Schoß. Die Arbeit des ›Allied Submarine Detection Investigation Committee‹ (ASDIC), von Ernest Rutherford und seinem französischen Kollegen, Paul Langevin, beflügelt, trug im Sommer 1920 Früchte: Die ersten Ortungsgeräte, mit denen U-Boote aufgespürt werden konnten, hatten ihr Versuchsstadium erreicht. Ein Jahr später, nach vielen Erprobungen auf See, waren die Admirale fest davon überzeugt, daß das Gerät mit seinem charakteristischen ›Ping-Ping‹-Ton, den es übertrug, die richtige Antwort auf die U-Boote war. Es trug seither den Namen ›Asdic‹. Die Admirale reagierten fast euphorisch darauf. Tatsächlich waren es einige technische Durchbrüche der Engländer, die 1939 eine entscheidende Bedeutung erlangen sollten; sie brachten außerdem den Vorteil mit sich, daß bei der Admiralität eine eigene kleine, aber ständige U-Boot-Abwehr-Abteilung eingerichtet wurde. Aber die Erfindung verleitete andererseits auch zur Selbstzufriedenheit und somit zu einer fast völligen Vernachlässigung der U-Boot-Abwehrtaktik. ›Asdic‹ war ein wirklicher Segen, aber es hatte fraglos seine zwei Seiten. Die Amerikaner entwickelten sehr bald schon ihre eigene Version, die sie ›Sonar‹ nannten.

Die Washingtoner Verträge boten den Engländern die Möglichkeit, aus der Not eine Tugend zu machen. Nach den Kriterien vom März 1922 konnten sie 15 Großkampfschiffe verschrotten, 15 blieben im Dienst. Vier erst 1921 genehmigte Schlachtkreuzer wurden wieder gestrichen. Außerdem wurden 27 U-Boote verschrottet. Die Mannschaftsstärke wurde um 20000 reduziert, in den Docks brauchte man 10000 Mann weniger. Den Baubeginn der beiden ›Washington‹-Schlachtschiffe verschob man auf 1923. Was die Admiralität indessen in höchsten Alarmzustand versetzte, war der vom Geddes-Komitee gemachte Sondervorschlag, die für die Zusammenarbeit mit der Navy vorgesehenen Flugzeuggeschwader von sieben auf zwei zusammenzustreichen. Das Thema machte seine Runde durch diverse Ausschüsse und drei verschiedene Regierungen (der liberale Lloyd George wurde im Oktober 1922 von dem konservativen Bonar Law abgelöst; im Januar 1924 wurde dann Ramsey MacDonald der erste Labour-Premier). Heraus kam ein runder Sieg für die Navy, niedergelegt in einem Abkommen zwischen Trenchard (RAF) und Admiral Sir Roger Keyes (Admiralität). Das Marineflugwesen blieb innerhalb der RAF verankert, aber die Admiralität bestimmte den Betrieb und die Zahl der Flugzeuge. Das Luftfahrtministerium war verantwortlich für Technik und Konstruktion. Die RAF bildete die Besatzungen für die Aufgaben aus, die von der Navy vorgegeben wurden. Dieser wurde daher zugestanden, 70 Prozent der Offiziere für die Marineluftwaffe zu stellen. Sie würden dazu vorübergehend der RAF zugewiesen. Dieser seltsame Kompromiß entsprang dem Nachgeben vor der Eitelkeit eines einzigen Mannes (Trenchard) und wurde 1924 geschlossen, gerade rechtzeitig, um die beiden umgebauten Flugzeugträger zu bemannen.

Das jämmerliche Tauziehen zwischen Admiralität und Luftfahrtministerium über die Größe und die Kontrolle des Marineflugwesens hielt die zwanziger Jahre über an. Die Navy erkannte klar, welche Bedeutung den Flugzeugträgern zukam, aber das ging doch wieder nicht so weit, daß die Admirale sie über die Großkampfschiffe stellten. Trotz der Enttäuschungen aus der Skagerrakschlacht dachten sie immer noch in den Kategorien eines neuen Trafalgar, das von den großen Geschützen entschieden würde.

Zu viele Offiziere der Royal Navy setzten sich über die Erfahrungen aus dem Ersten Weltkrieg hinweg und gaben sich einem neuerlichen Anfall von Skepsis gegenüber Konvois hin. Die Panzerschiffe gaben ihnen Anlaß, den Blick wieder auf die Verteidigung gegen einen Überwasserangreifer zu werfen. Dafür wurde zwischen dem Ende des Ersten und dem Beginn des Zweiten Weltkrieges nicht ein einziges Manöver durchgeführt, das den Schutz von Handelsschiffen vor U-Boot-Angriffen übte. Man meinte, ›Asdic‹ habe dies unnötig gemacht. Winston Churchill brachte 1928 als Schatzkanzler und Verwalter der allzu strapazierten britischen Finanzen seine ›Zehn-Jahres-Regel‹ auf, nach der mit Blick auf die Verteidigungsanstrengungen davon auszugehen sei, daß vom jeweiligen aktuellen Zeitpunkt aus für die nächsten zehn Jahre mit keinem Krieg zu rechnen sei, es sei denn, die Streitkräfte oder das Auswärtige Amt könnten einen Grund präsentieren, der diese Regel außer Kraft setze. Der Verteidigungsausschuß für das britische Empire übernahm diesen dubiosen Grundsatz bereitwillig.

Die nächste wichtige internationale Konferenz hatte ein weit umfassenderes Thema als die Flottenstärken und wurde unter den Auspizien des Völkerbundes abgehalten. Es war die lange erwartete Allgemeine Abrüstungskonferenz, die im Februar 1932, einer Zeit größter internationaler Probleme, begann. Die Deutschen wollten den Klotz am Bein loswerden, der Versailles für sie bedeutete, und das brachte wiederum die Franzosen auf. Die Briten versuchten, den oft erreichten toten Punkt mit dem Vorschlag zu überwinden, daß alle Militärflugzeuge verschrottet werden sollten. Im Juli verschob man die Genfer Gespräche, ohne zu einer substantiellen Einigung gelangt zu sein, und im September zog sich Deutschland vorübergehend aus ihnen zurück, weil man seinen Anspruch auf gleichberechtigte Behandlung nicht akzeptieren wollte. Die Konferenz zog sich hin, bis sie im Juni 1934 ohne neuen Termin erneut vertagt wurde. Zu dem Zeitpunkt hatten sich die Deutschen schon völlig zurückgezogen und auch den Völkerbund verlassen, dem die USA nie beigetreten waren.

Währenddessen diente Englands unglückliches Marineflugwesen weiterhin als politischer Spielball. Die Regierung strich die Flugzeugträger, die zum Programm von 1929 gehört hatten, aber es fehlte bereits an Flugzeugen für die fünf schon in Dienst gestellten Flugzeugträger und für die Schleuderstartanlagen, die man bereits zwischen 1914 und 1918 auf Großkampfschiffen und Kreuzern zu installieren begonnen hatte. Die beste Nachricht für die englischen Marineflieger war in dieser Phase die Ernennung von Admiral R. G. H. Henderson zum Ersten Flaggoffizier für die Flugzeugträger im März 1931. Er entpuppte sich als eindrucksvoller Verteidiger des Marineflugwesens, dessen Kontrolle die Hauptsorge von Admiral Chatfield war, als er im Januar 1933 das Amt des Ersten Seelords übernahm. Die amerikanische Kriegsmarine jagte noch hinter der zahlenmäßigen Parität mit der englischen her, aber bei den Flugzeugträgern hielt sie schon die Spitze und baute sie weiter aus.

Es war nicht nur die Ernennung Adolf Hitlers zum Reichskanzler am 30. Januar 1933 durch den senilen Reichspräsidenten Paul von Hindenburg, die 1933 zum Schlüsseljahr der Zeit zwischen den Kriegen machte. In den Vereinigten Staaten wartete Franklin D. Roosevelt nach seinem Wahlsieg vom November 1932 darauf, im März die Präsidentschaft zu übernehmen. Japan, die am schnellsten wachsende Seemacht, verließ ebenfalls im Zuge seiner Invasion in der Mandschurei 1931 den Völkerbund. Damit war die Abrüstungskonferenz endgültig steckengeblieben. Die Weltwirtschaftskonferenz in London erlitt mit ihren Versuchen, die Depression zu bekämpfen, völligen Schiffbruch. Die Sowjetunion und die Vereinigten Staaten nahmen erstmals seit der Russischen Revolution diplomatische Beziehungen auf. Die Abrüstung war kein Thema mehr; auf allen Seiten wurde es ernst mit der Aufrüstung.

3.
Die Aufrüstung schreitet fort (1933—1939)

Hitler — Geheime U-Boot-Schule — Illegale Wiederbewaffnung — Bruch des Versailler Vertrags — Flottenabkommen — Karl Dönitz — Der Z-Plan — England rüstet auf — Auch Amerika rüstet — Isolationismus — Franklin Delano Roosevelt — Konvoipläne — Der britische Nachrichtendienst — Der deutsche Nachrichtendienst — Kluge Briten — Admiral Pound — Geleitschutz — Der Weg zum Krieg

Als Anführer der größten Partei in einem demokratisch gewählten Reichstag hatte Adolf Hitler einen Anspruch darauf, daß ihm der zögernde Hindenburg das oberste Regierungsamt anbot (der Begriff ›Machtergreifung‹ ist in diesem Sinne irreführend). Seine erste Sorge galt der Beseitigung aller Beschränkungen, die ihm die Koalitionspartner seiner Partei auferlegt hatten. Im eigenen Land die politische Szene in den Griff zu bekommen, war dabei absolut vorrangig. Die Außen-, Finanz- und Militärpolitik waren ziemlich sekundär. Der Reichstagsbrand bot Hitler die bequeme Möglichkeit, Hindenburg zur Unterzeichnung einer Verordnung zu überreden, die am 28. Februar wichtige Grundrechte außer Kraft setzte. Das Ermächtigungsgesetz vom 23. März übertrug dann die Legislative vom Reichstag auf das Kabinett. Aber zur Macht gekommen waren die Nazis auf dem Rücken einer ›ehrbaren‹ Rechten und des Militärs. Als er erst einmal auf dem Kanzlerstuhl saß, hatte Hitler allen Grund zu der Annahme, die herkömmlichen Politiker ins Abseits schieben zu können. Den Grund dazu legte er tatsächlich schon in einer Kabinettssitzung am 30. Januar, dem Tag seiner Ernennung.

Das Militär brauchte dagegen eine subtilere Behandlung, weil dessen Unterstützung für seine Strategie von zentraler Bedeutung war.

Sein erster Schritt war, General Werner von Blomberg zum Reichswehrminister zu ernennen. Sein zweiter war eine zweistündige Ansprache vor den ranghöchsten Generälen und Admiralen, unter ihnen auch Raeder, am 2. Februar im Haus von General Kurt von Hammerstein, seit 1930 Chef der Heeresleitung. Zwei Dinge hob Hitler besonders hervor. Er versicherte seinem Auditorium, daß keine Bürgerkriegsgefahr drohe. (Das Militär hatte mit Unruhe verfolgt, wie die ›Sturmabteilungen‹, die Privatarmee der Nazis, aus dem Boden geschossen waren; in den Reihen der SA befanden sich viele Kriegsveteranen.) Dann stellte er etwas in Aussicht, womit man jede Militärführung ködern konnte: schnelle und umfassende Wiederbewaffnung. Dieses Versprechen und die Ernennung Blombergs waren mehr als genug, um Zeit zu gewinnen und die Duldung der Streitkräfte zu erkaufen, wenn es auch nur die ersten Schritte in einem Prozeß waren, der sie völlig dem Nazi-Staat unterordnen sollte; das geschah mit einer Doppelzüngigkeit und Skrupellosigkeit, wie sie einem preußischen Offizierskodex unbekannt waren.

Am gleichen Tag, an dem das diskrete Treffen in Hammersteins Haus stattfand, gab Blomberg seine Zustimmung zu dem Wunsch der Marine, in Kiel eine U-Boot-Schule einzurichten. Dort sollten die Mannschaften für die beiden ersten Boote ausgebildet werden, deren Bau ab Herbst 1933 geplant war. Sie bekam den Decknamen ›U-Bootabwehrschule‹ und stand nominell unter der Kontrolle der Torpedoinspektion, die ebenfalls schon heftig an der Entwicklung neuer Torpedos arbeitete. Die ersten 80 Schüler fanden sich am 1. Oktober dort ein, dem Tag, an dem mit dem Bau der beiden ersten kleinen U-Boote begonnen werden sollte. Aber ironischerweise war es Hitler, der große Wiederaufrüster, der dazwischentrat und zum erstenmal seit dem Krieg die sorgfältig geführte Kampagne zur Wiedergeburt der Kriegsmarine unterbrach. (Die politischen Fehden in den letzten Jahren der Weimarer Republik, vor allem die um die Panzerschiffe, hatten die Dinge nur etwas gebremst.) Nur ein einziger Kreuzer wurde 1933 in Auftrag gegeben. Aber die genauen Planungen für eine neue U-Boot-Waffe und für neue Großkampfschiffe gingen ungestört weiter, obwohl sie einen Bruch des Vertrags von Versailles bedeuteten. Die Schüler des ersten U-Boot-Kurses genossen ein unerwartet gründliches theoretisches Training. Der Grund für die Unterbrechung lag in Hitlers Außenpolitik. Seine Pläne für eine Ausweitung Deutschlands nach Osten, wie er sie in ›Mein Kampf‹ angekündigt hatte, wandten sich eindeutig gegen die traditionelle englische Gleichgewichtspolitik auf dem europäischen Kontinent, die nach der allgemeinen Katastrophe des Ersten Weltkriegs eine Siedlungspolitik mit ausschließlich friedlichen Mitteln verfolgte. Hitler war zur Wiederbewaffnung entschlossen, aber er spürte, daß eine Expansion der Flotte nur fortschreiten konnte, wenn die Engländer dazu zu bewegen waren, sie zu tolerieren. Wie ernst und dauerhaft seine Hoffnung auf ein englisch-deutsches Bündnis war, ist eine müßige Frage. Aber er wollte doch ein Signal geben, daß ein wiedererwachendes Deutschland sich nicht mit dem britischen Empire messen wollte. Offensichtlich hatte er die historische Lektion gelernt, die vom Wettlauf in der Flottenrüstung handelte. Sie war vom Kaiser zur Jahrhundertwende in Gang gesetzt worden und mußte als eine der Hauptursachen des Krieges von 1914—18 angesehen werden.

So hielt er am 17. Mai 1933 eine seiner verblüffendsten Reden in einer langen Reihe von Versuchen, Rhetorik als politische Waffe einzusetzen. Es war seine erste größere Rede zur Außenpolitik, gehalten vor dem nun machtlos gewordenen Reichstag, und er hängte sie an der Note Präsident Roosevelts vom Vortag auf, in der dieser die Regierungen in aller Welt nachdrücklich zu einer allgemeinen Abrüstung aufforderte. Arglistig bot Hitler an, auf die Waffen zu verzichten, die Deutschland noch gar nicht hatte, falls andere Länder das vernichteten, was sie besaßen. Deutschland hege keine aggressiven Absichten gegen seine Nachbarn und sei auch bereit, Verträge zu unterschreiben, um es zu beweisen. Dem Westen verschlug es vor Freude die Sprache, und er zog es vor, die Warnung zu ignorieren, die in der erneuten Forderung nach gleichen Rechten steckte. Ohne sie werde Deutschland dem Völkerbund und der unbeweglich gewordenen Abrüstungskonferenz den Rücken kehren. Es gab auch viele Sympathien im Ausland für diese Forderung, vor allem in England: Dort nahm das Gefühl, in Versailles sei man mit den Deutschen ›unfair‹ umgegangen, zwischen 1920 und 1938 (Münchener Abkommen) ständig zu. Erst im Oktober 1933 kam heraus, was die wirkliche Botschaft der so wohlwollend aufgenommenen Hitlerrede gewesen war: Gleichberechtigung, andernfalls… Jedenfalls zog sich Hitlers Deutschland zu diesem Zeitpunkt aus dem Völkerbund und von der Abrüstungskonferenz zurück, als es erfuhr, daß die anderen Mächte acht Jahre forderten, bis sie auf den Stand der Deutschen abgerüstet hätten. Hitler verlangte einen Volksentscheid in dieser Frage, löste den Reichstag auf und erließ geheime Befehle an das Militär und die Flotte für den Fall eines Einmarschs. Sein Rückzug aus dem Völkerbund bedeutete nämlich zugleich Wiederaufrüstung, und da dies den Versailler Vertrag verletzte, kalkulierte er durchaus einen damit verbundenen Einmarsch ein. Was Hitler trieb, war aber auch ein für ihn typisches Spiel, denn die deutschen Streitkräfte hätten keine Chance gehabt, einen wirklichen Angriff von draußen zurückzuschlagen. Nur war eine illegale Wiederaufrüstung zwar nicht gleich der *casus belli,* aber doch ein Fall für Sanktionen, die militärische Maßnahmen mit einschlossen. Aber Hitler, der Meister des Opportunismus, setzte in seinem Spiel auf die allgemeine Gefahr eines neuen Krieges, der damit in Europa drohte. Es ging ihm immer wieder um Zeitgewinn bis zum September 1939.

Ende 1933 klopfte man dann den Staub von den U-Boot-Bauplänen, revidierte sie und terminierte sie neu. Eine geheime Flut von Bauelementen fand ihren Weg von der Ruhr über die holländische Grenze zum IvS, von wo aus sie per Schiff die Küsten entlang nach Kiel geschafft wurden. All das geschah vor der Nase des holländischen Zolls. Der gewählte Umweg verringerte die Chance, ertappt zu werden, auf ein Minimum. Zuerst ging es über Land zur holländischen Küste. Der Transport der Teile nach Kiel auf dem Seeweg war dann um einiges sicherer als auf dem Landweg. Bis zum August 1934 dauerte es, die Teile für die ersten sechs 250-Tonnen-U-Boote nach Kiel zu befördern. Auch ein bescheidener Bestand an Torpedos wurde angelegt, von denen einige auf konventionelle Art mit Preßluft angetrieben wurden, andere elektrisch. Letztere waren ein neu entwickelter Typ und viel schwerer im Wasser auszumachen. Schließlich standen noch die Teile für sechs weitere kleine Boote und zwei 800-Tonnen-Boote auf der Bestelliste.

Der von Hitler übernommene Wiederaufrüstungsplan für die Flotte von 1933 bis 1938 war mit dem Blick auf die Begrenzungen des Versailler Vertrages aufgesetzt worden. In Gesprächen zwischen Hitler und Raeder weitete sich dieses Fünf-Jahres-Programm im Verlauf des Jahres 1934 (vor allem am 27. Juni) erheblich aus. Aus den Panzerschiffen *D* und *E* wurden ausgewachsene Schlachtkreuzer mit dreimal so großer Tonnage (die *Scharnhorst* und die *Gneisenau*). Die sechs Nachkriegskreuzer und die neun Zerstörer wurden ebenfalls 1934 bestellt, das damit das wichtigste Jahr für den Flottenbau seit der Vorkriegszeit wurde. Die Größe der beiden ›Dickschiffe‹ wurde ebenso als Geheimsache eingestuft wie das heimliche U-Boot-Bauprogramm, und so blieb ein Vertragsabschluß mit England in der Schwebe. Das hielt Hitler und Raeder nicht von der gemeinsamen Meinung ab, am Ende würde es dann doch zu einer Abrechnung mit den Engländern kommen. Das bedeutete, daß aus den Panzerschiffen *F* und *G* Superschlachtschiffe von mehr als 45 000 BRT (die *Bismarck* und die *Tirpitz*) werden und daß von *H* an Monsterschiffe in Stufen bis zu 100 000 BRT gebaut werden müßten. Das war natürlich der Sprung von der Fantasterei zum Irrsinn, doch 1934 sah das erweiterte Programm immerhin eine Schlachtflotte von vier Großkampfschiffen, zwei Flugzeugträgern und acht Kreuzern vor, dazu Zerstörer und 46 U-Boote. Nur ein Flugzeugträger, die *Graf Zeppelin,* wurde allerdings gebaut. Im Dezember 1938 lief er zwar vom Stapel, aber fertiggestellt hat man ihn nie.

Der Bau der Flotte mag aus diplomatischen Gründen Unterbrechungen erlebt haben (das Programm von 1934 kam erst 1935 zum Zuge), dafür ging anderswo die Wiederbewaffnung mit Hochdruck weiter. Das Heer sollte nach geheimer Order vom 1. Oktober 1934 auf 300 000 Mann verdreifacht werden. Hermann Göring begann als ziviler Luftfahrtminister insgeheim mit dem Aufbau der Luftwaffe. Er gab Militärflugzeuge in Auftrag und ließ Piloten in Rußland ausbilden, die ihre Kenntnisse dann an Freiwillige in der angeblichen ›Liga für Luftsport‹ weitergeben sollten. Im Ruhrgebiet, dem industriellen Herzen Deutschlands, hatte sich Krupp nie an die Verbote gehalten, die ihm wegen seiner Beteiligung an der Waffenproduktion nach dem Krieg auferlegt worden waren, und jetzt erhöhte er noch seinen Ausstoß an Kanonen und Panzerplatten. Die IG Farben, ein als Trust organisiertes Konglomerat von Chemiefirmen, ging Verträge über die Produktion von synthetischem Treibstoff und Kunstkautschuk aus Kohle ein. Der neue Reichsverteidigungsrat entwickelte Pläne, nach denen eine Viertelmillion deutsche Fabriken in die Waffenerzeugung einbezogen wurden. Vieles von alldem war den anderen Unterzeichnerstaaten des Versailler Vertrages bekannt — in dem Ausmaß ließen sich die Vorbereitungen kaum lange geheimhalten. Es sorgte bei ihnen auch für einige Aufregung, die aber nicht ausreichte, die Einhaltung des Vertrages notfalls zu erzwingen. Statt dessen boten England und Frankreich im Februar 1935 Hitler gleiche Rechte bei der Bewaffnung und eine Einigung auf europäischer Ebene an. Diese würde auch Osteuropa und seine Grenzen einbeziehen sowie eine internationale Schiedsgerichtsbarkeit, wie sie Deutschland und die westeuropäischen Mächte schon im Vertrag von Locarno 1925 festgelegt hatten. Hitler wünschte sich allerdings kein ›östliches Locarno‹, weil dies seine ›Lebensraum‹-Pläne behindern würde. Aber er antwortete eher ausweichend als negativ und machte sich sofort daran, einen Keil zwischen Frankreich, das sich um gegenseitige Hilfsabkommen mit der Tschechoslowakei, Polen und der UdSSR bemüht hatte, und England zu treiben, das dies nicht getan hatte.

Das britische Verteidigungsweißbuch vom 1. März 1935, das dringend eine vernünftige Wiederbewaffnung als Antwort auf die Wiederaufrüstung in Deutschland und anderswo forderte, veranlaßte Hitler, ein für den 6. März verabredetes Treffen mit dem britischen Außenminister, Sir John Simon, wieder abzusagen. Dazu schützte er eine diplomatische Krankheit vor. Im gleichen Moment erhöhte Frankreich den Wehrdienst von 18 auf 24 Monate, um den Tiefpunkt in der Geburtenrate der Kriegsjahre auszugleichen. Mit diesen scheinbaren Entschuldigungen in der Hinterhand ließ Hitler nun Göring einem englischen Journalisten verraten, daß es bereits eine Luftwaffe gebe. Eine Woche später verkündete er dann selbst die Rückkehr zur allgemeinen Wehrpflicht in Deutschland und den Plan zur Aufstellung eines stehenden Heeres von 500 000 Mann — das waren 36 Divisionen oder zwölf Korps. Damit war Versailles tot, und Millionen normaler Deutscher, ob für oder gegen die Nazis eingestellt, feierten diese Tatsache überschwenglich. Das taten auch die Generäle, obwohl man sie gar nicht zu einem Plan um Rat gefragt hatte, der leicht die Kapazität des Heeres überfordern konnte. Wieder beschränkten sich die anderen Mächte auf bloße Proteste: England, Frankreich und das faschistische Italien unter Mussolini trafen sich am 11. April in Stresa, um Deutschland zu verurteilen und den Vertrag von Locarno sowie die Unabhängigkeit Österreichs zu unterstützen. Der Völkerbund setzte einen Ausschuß ein, der nach Wegen suchen sollte, dem Wiederaufstieg Deutschlands Grenzen zu setzen. Frankreich schloß einen Beistandspakt mit Rußland ab. Die Engländer fragten höflich an, ob Sir John Simon noch zu den verschobenen Gesprächen in Berlin willkommen sei, und erhielten eine positive Antwort. Für Hitler war es an der Zeit, vor dem Reichstag eine weitere seiner unglaublich zynischen Reden über die friedlichen Absichten Deutschlands zu halten. Wieder zog er alle Register, und wieder hörte der Rest der Welt fast nur, was er zu hören geneigt war, und war entsprechend erleichtert. Nach dem Volksbegehren an der Saar, das diese kohlenreiche Region mit überwältigender Mehrheit statt der französischen Schutzherrschaft wieder unter deutsche Verwaltung stellte, hatte Deutschland keine Ansprüche mehr an Frankreich und wies jeden Gedanken an eine Wiedererwerbung Elsaß-Lothringens von sich (seit 1918 von Frankreich besetzt). Deutschland hatte einen Nichtangriffspakt mit Polen geschlossen und zeigte keine Neigung, sich Österreich einzuverleiben. Der Vertrag von Locarno hielt, und vielleicht würde er auch noch durch ein Abkommen über die Luftwaffen ergänzt. Für England enthielt die Rede vom 21. Mai 1935 noch ein besonderes Angebot: Hitler erklärte sich bereit, die neue deutsche Flotte auf 35 Prozent der Stärke der Royal Navy zu beschränken (womit sie auch um 15 Prozent kleiner sein würde als die französische Flotte). Deutschland, führte er aus, wünsche keine Wiederholung des Wettrüstens der Flotten wie zu Kaisers Zeiten, das zum englisch-deutschen Krieg geführt habe. Vielmehr erkannte er Englands besonderes Recht auf eine mächtige Flotte zum Schutz seines Empire an.

All das war Musik in den Ohren der britischen Regierung. Keinen Mißton hörte man heraus, nicht einmal dann, als die Deutschen London wissen ließen, das 35-Prozent-›Angebot‹ sei nicht verhandelbar. Niemand im britischen Kabinett realisierte anscheinend (oder wollte es nicht), daß diese ›Selbstbeschränkung‹ der Deutschen auf ein Drittel der britischen Flottenstärke in Wirklichkeit ein Tempo und ein Ausmaß beim Bau ihrer Schiffe erforderten, welche die einschlägigen Industrien für ein ganzes Jahrzehnt überstrapazieren würde. Es war eine Selbsterhöhung, die sich als eine Selbstbeschränkung verkleidete, doch die Engländer hielten sie mit einer kaum glaublichen Naivität für bare Münze, als man sie ihnen im Juni in London formell präsentierte. Sie informierten weder die Konferenzmächte von Stresa noch den Völkerbund, bevor es zu dem teilweise geheimen englisch-deutschen Flottenabkommen kam. Es handelte sich damit um den ersten bewußten Bruch des Versailler Vertrages durch eine der Siegermächte von 1918. Das Abkommen gestand Deutschland fünf Schlachtschiffe, 21 Kreuzer und 64 Zerstörer zu. Die Stärke der U-Boot-Waffe durfte 45 Prozent der britischen erreichen — sie durfte aber auf 100 Prozent wachsen, wenn die Deutschen unter bestimmten Umständen die Notwendigkeit dazu sahen. Auf diese Weise wurden die Grundlagen nicht nur für die ultramoderne deutsche Flotte gelegt, mit der England sich dann in den ersten zweieinhalb Jahren des Zweiten Weltkrieges herumschlagen mußte, sondern auch für den Ausbau der U-Boot-Waffe, die noch einmal nahe an einen Sieg über die englische Kriegsmarine herankommen sollte. Die Tatsache, daß Hermann Göring die Luftwaffe anscheinend voll gerüstet aus dem Ärmel geschüttelt hatte, war etwas, worauf die Welt vorbereitet gewesen war: Es hatte undichte Stellen in der Geheimhaltung gegeben. Die Fertigstellung der ersten U-Boote nur vier Monate nach Abschluß des Abkommens erstaunte jedoch jedermann, denn die deutsche Delegation hatte die Engländer offiziell darüber informiert, daß man bereits ›experimentiere‹. Tatsächlich hatte die deutsche Kriegsmarine sich bereits auf die drei hauptsächlichen U-Boot-Typen festgelegt und mit ihrem Bau begonnen, die dann ab 1939 zum Einsatz kamen. Das waren das Küsten-U-Boot vom Typ II mit 250 t, der mittlere, atlantikfähige Typ VII mit 625 t und darüber schließlich der auf Langstreckenfahrten ausgelegte Typ IX mit 1030 t und mehr. Alle drei basierten auf Modellen des Ersten Weltkrieges.

Kurz vor dem auf das Jahr 1936 festgelegten Auslaufen des Washingtoner Flottenvertrages von 1922 lud England die wichtigsten Mächte zu einer Konferenz nach London ein. Sie sollte Ende 1935 stattfinden und den bisherigen Vertrag erweitern oder einen neuen beschließen. Deutschland wurde nicht eingeladen, weil Frankreich befürchtete, ein derartiger

Schritt würde Versailles endgültig und formell begraben. Die Konferenz blieb schon wenige Tage nach ihrer Eröffnung im November stecken. Im Januar zogen sich die Japaner zurück. Erneut wurde ein englischer Vorschlag, die U-Boote völlig zu vernichten, von Frankreich abgelehnt. Im März 1936 schlossen England, die Vereinigten Staaten und Frankreich das Londoner Flottenabkommen, das im Sommer 1937 in Kraft treten sollte. Es brachte einige Verbesserungen bei den englisch-amerikanischen Verhältniszahlen, sah für beide Mächte eine Ausrüstung mit neuen Waffen vor, wenn Weltereignisse dies erforderlich machen sollten, und brachte hier und da ein paar kleine Veränderungen bei den Tonnagen der verschiedenen Schiffstypen. Ein weiterer sichtlicher Gewinn war ein Zusatzprotokoll, das allen Flottenmächten zur Unterzeichnung offenstand und den unbeschränkten U-Boot-Krieg mit einem Bann belegte. Bei Ausbruch des Krieges hatten es ungefähr vierzig Länder unterschrieben — unter ihnen auch Deutschland, das bereits beim Abschluß des deutsch-englischen Flottenabkommens von 1935 eine ähnliche Zusicherung gegeben hatte. Die Engländer fanden dies angesichts ihrer führenden Rolle bei der Entwicklung von U-Boot-Ortungsgeräten höchst erfreulich. Sie glaubten immer noch, Hitler sei ein Mann, der zu seinem Wort stehe. Der Diktator selbst war mehr als froh über das Abkommen und über die Leichtigkeit, mit der er alles bekommen hatte, was er wollte. Das vertraute er Raeder gleich nach der Konferenz an. Um so weit zu kommen, hatte er die Unwahrheit über die Tonnagen der vier Großkampfschiffe sagen müssen, die inzwischen auf Kiel lagen — die *Scharnhorst*, die *Gneisenau*, die *Bismarck* und die *Tirpitz*. Er glaubte, für seine Strategie einer deutschen Expansion — sie bestand darin, den Engländern Honig um den Bart zu schmieren und gleichzeitig die Karte von Mittel- und Osteuropa neu zu zeichnen — die besten Startbedingungen zu haben.

Die Fertigstellung der ersten U-Boot-Flottille der neuen Kriegsmarine hatte am 1. Februar 1935 in einem zu diesem

Zweck extra errichteten und getarnten Schuppen in Kiel begonnen. Jetzt war es an der Zeit, jemanden zu suchen, der die Leitung übernehmen könnte. Die Wahl fiel auf den Kapitän des Kreuzers *Emden,* der damals gerade auf großer Fahrt rund um die Welt war, um ›Flagge zu zeigen‹. Fregattenkapitän Karl Dönitz war damals 43 Jahre alt und ein Offizier mit breitem Erfahrungshintergrund — er hatte auf Überwasserschiffen, auf U-Booten, in leichten Verbänden und auf Stabsposten Dienst getan. In seiner Personalakte löste eine hervorragende Beurteilung seiner Vorgesetzten die andere ab.

Dönitz wurde am 16. September 1891 in Grünau bei Berlin geboren. Sein Vater war ein erfolgreicher Ingenieur gewesen. Er ging 1910 als Kadett zur damals schnell wachsenden Kaiserlichen Flotte. 1913 wurde er Offizier. Bei Kriegsausbruch war er Signaloffizier an Bord des Leichten Kreuzers *Breslau,* der zusammen mit dem Schlachtkreuzer *Goeben* die Mittelmeerdivision unter Admiral Wilhelm Souchon bildete. Die beiden Schiffe mußten bei Ausbruch der Feindseligkeiten im August 1914 zwischen Schiffen der britischen und der französischen Flotte einen Spießrutenlauf absolvieren, um die Dardanellen zu erreichen und die Türkei im Krieg auf die deutsche Seite zu ziehen. Danach fochten sie einen erfolgreichen ›Privatkrieg‹ mit den Russen im Schwarzen Meer. Dönitz wurde mit dem Eisernen Kreuz erster Klasse ausgezeichnet. Ende 1916 wurde er zur U-Boot-Waffe versetzt. Im Januar 1917 bestieg er das im Mittelmeer operierende *U 39* unter dem Kommando von Kapitänleutnant Walter Forstmann, der als ein ›As‹ galt. Dönitz' Frau war die Lazarettschwester Ingeborg Weber, Tochter eines Generals. Er hatte sie im Mai 1916 in Konstantinopel kennengelernt. Er stieß genau in dem Augenblick zur U-Boot-Waffe, als der unbeschränkte U-Boot-Krieg erklärt wurde (1. Februar 1917); nachdem er bei einem Meister seines Fachs in die Lehre gegangen war, übernahm er mit *UC 25* Anfang 1918 ein eigenes Kommando. Für seine Leistungen auf diesem sowohl zum Minenlegen als auch für Torpedoangriffe geeigneten Boot verlieh man ihm auf persönliche Weisung des Kaisers das Ritterkreuz des Hauses Hohenzollern. Die Vorgesetzten des einsatzfreudigen Leutnants bescheinigten ihm eine große militärische Begabung, Energie, gute Manieren, Sorgfalt, Begeisterungsfähigkeit, Beliebtheit und einen taktvollen Umgang mit Offizieren und Mannschaften, Gründlichkeit und Geschick.

Die letzten Monate des Krieges verbrachte Dönitz als Kommandant von *UB 68*, einem mittelgroßen Boot des *UB III*-Typs (dem Vorgänger des Typs VII) mit einer angeschlagenen Mannschaft aus nur kurz ausgebildeten Rekruten. Zu dieser Zeit waren die im Mittelmeer stehenden U-Boote dazu übergegangen, paarweise und manchmal in noch größerer Formation zu operieren. Der Grund waren die zahlreichen Patrouillenflüge des Gegners über den größeren Schiffahrtsbewegungen gegen Ende des Krieges. Es war also nicht Dönitz, der als erster die im nächsten Krieg dann so vernichtend wirkende ›Rudel‹-Taktik angewendet hat (was man aus seinen Memoiren so herauslesen könnte). Aber er war es, der die Möglichkeiten voll erkannte, die in solchen Schwärmen gegen die Geleitzüge steckte. Im Oktober 1918 geriet er in englische Gefangenschaft, im Juli 1919 war er wieder daheim. Er überstand die Säuberungen im Offizierskorps der Kriegsmarine, die dem Kapp-Putsch folgten (Dönitz übte keinen Verrat an der gerade flügge werdenden Republik), und er überstand auch die von der Frage ausgelöste persönliche Krise, ob er weiterhin in der Kriegsmarine dienen solle. Sein Schwiegervater, General Weber, der Chef des Armeekommandos Nord der Reichswehr, überredete ihn, bei der Marine zu bleiben; im Januar 1921 wurde er zum Kapitänleutnant befördert. Er war noch immer bei den Torpedobooten. Zwei Jahre später ging er zum Stab der Torpedo-Inspektion in Kiel, und 1924 zog er nach Berlin, wo er Aufgaben im Generalstab übernahm. Nach dem Aufruhr, den der Lohmann-Skandal ausgelöst hatte, wurde Dönitz in die Ostsee abkommandiert. Er tat dort auf einem Kreuzer Dienst, bis er das Kommando über eine Halbflottille von vier Torpedobooten erhielt. Die Flut guter Beurteilungen über ihn hielt an und spiegelte die völlige Hingabe an seine Arbeit. Der Lohn war die Ernennung zum Korvettenkapitän im Jahr 1928. Zwei Jahre später erhielt er eine neue Stabsaufgabe in Wilhelmshaven. Der Chef des Stabes dort war Wilhelm Canaris, dessen Beurteilung von Dönitz nach einem Jahr Beobachtung um vieles durchdringender und weniger schmeichelhaft war als die Elogen, die ihr vorausgegangen waren. Der spätere Abwehrchef hielt seinen Untergebenen für unreif, unsicher, unfähig zum Delegieren, sehr ehrgeizig, mit einer Neigung, sich in den Verantwortungsbereich anderer einzumischen, übertrieben gewissenhaft, erregbar und derart ruhelos, daß er schließlich unter Magenbeschwerden litt. Das stand nun neben den sonst üblichen Bemerkungen über seine Kompetenz, seine Zuverlässigkeit und seine Gabe, sich mündlich und schriftlich ausdrücken zu können. Das eine oder andere aus der Beurteilung muß Dönitz aber erfahren haben, denn wieder ein Jahr später schreibt Canaris, er sei merklich ruhiger geworden. Man ist versucht zu glauben, daß er das in Befolgung eines direkten Befehls tat. Allgemein muß sein Ansehen in der Marine allerdings sehr groß gewesen sein. Am 1. Oktober 1935 wurde er zum Kapitän z. S. befördert. Ein Jahr später ernannte man ihn zum ›Befehlshaber der U-Boote‹. Zu der Zeit wurden gerade die ersten Boote vom Typ VII für die Zweite Flottille zusammengebaut.

Hitler, der verhinderte Architekt, litt unter einem Hang zum Entwerfen grandioser Pläne für öffentliche Gebäude, was zu einem Gesamtplan für eine Umgestaltung Berlins durch den wirklichen Architekten und Liebling des Führers, Albert Speer, führte. Nicht weniger interessiert zeigte Hitler sich an Schlachtschiffen, und er füllte ganze Skizzenbücher mit Zeichnungen von Schiffsgiganten, die er dann stolz vor Admiral Raeder ausbreitete. Aus den daran anschließenden Gesprächen und aus Hitlers wachsender Überzeugung, daß es zu einer Abrechnung mit England kommen werde, sobald für Europa eine Lösung gefunden sei und Großdeutschland seine Macht über die ganze Welt ausbreiten könne, erwuchs der Z-Plan. Er wurde 1938 zu Papier gebracht und sah eine so große neue Schlachtflotte mit so gewaltigen Schiffen für das Deutsche Reich vor, daß sie selbst die Royal Navy von den Meeren fegen würde. Ungefähr ein Jahrzehnt würde der Bau dieser Flotte in Anspruch nehmen. Zugleich versicherte der Führer Raeder aber immer wieder, vor 1944 werde es nicht zu einem Krieg mit England kommen, und dann wären nach dem Z-Plan bereits genügend Schiffe verfügbar, um England bei den Verpflichtungen, die es rund um die Welt habe, zur See in Schach zu halten. Das war ein Aufguß der so fatal ausgegangenen Strategie, wie sie Großadmiral Tirpitz und der Kaiser sich vor dem Ersten Weltkrieg ausgedacht hatten — und die einer der Hauptgründe für den Krieg gewesen war. Sie trug der Tatsache keine Rechnung, daß die Engländer trotz ihrer Friedenspolitik um praktisch jeden Preis 1936 bereits mit einer ernsthaften Wiederaufrüstung begonnen hatten. Es handelte sich dabei um die Antwort auf die im deutsch-englischen Flottenabkommen dem Reich zugestandene 35-Prozent-Flotte. Sie stellte auch nicht in Rechnung, welch ungeheuren Druck die bereits laufende allgemeine Wiederbewaffnung auf die deutsche Wirtschaft ausübte. Verschlimmert wurde sie noch durch den totalen Wettbewerb der Waffengattungen untereinander, der bereits 1935 die Einhaltung des Flottenbauprogramms sehr schwierig machte. Dönitz hielt 300 U-Boote für einen Krieg mit England für absolut erforderlich, und der Z-Plan sah sie auch vor — allerdings für die späten vierziger Jahre. Das Ergebnis des Plans war, auch wenn daraus keinerlei Konsequenzen gezogen wurden, daß Deutschland über viel zu wenige U-Boote für einen schnellen Sieg über England verfügte, als der Krieg dann ausbrach. Die deutsche Flotte war 1939 ebenso wenig fertig wie 1914.

Bevor wir uns der Aufrüstung in England zuwenden, sollten noch zwei Punkte hervorgehoben werden, die Hitlers Kriegsmarine betreffen. Sie war die einzige Institution in Deutschland, die keiner ›Gleichschaltung‹ bedurfte. Ihre Führung stand ungebrochen auf dem Boden der preußischen Vergangenheit. Das war nicht ohne Ironie für eine Waffengattung, in der 1918 gemeutert wurde und die damit so viel zum Untergang des Zweiten Reiches beigetragen hatte. Doch die Rolle der Marine im Kapp-Putsch kaum zwei Jahre später zeigte die prompte Rückwendung nach rechts, und die wußte Hitler geschickt für sich zu nutzen. Zwar gab es in den zwanziger Jahren auch den Versuch linker Kräfte, die Kriegsmarine entsprechend zu infiltrieren (als Stabsoffizier war Dönitz für deren Bekämpfung bzw. Austilgung verantwortlich), aber die Offiziere des Kaisers, die noch immer an der Spitze der Kriegsmarine standen, waren nicht bereit, sich noch einmal so demütigen zu lassen wie 1918. Die Flottenführung im Nazi-Staat verstand es, ihre Anschauungen ebenso leicht auf die Erfordernisse der Nazis zu trimmen, wie sie ihre Schiffe zu trimmen wußte.

Der zweite Punkt betrifft das Marineflugwesen. Nicht nur, daß die deutsche Marine niemals einen Flugzeugträger in Dienst stellte; sie lehnte auch eine echte eigene Luftwaffe ab. Für das Flugwesen war Göring zuständig. Der Reichsmarschall, ein Flieger-As des Ersten Weltkrieges, war als Stratege völlig unfähig und der Unersättlichste unter den Nazi-Führern, wenn es um den Bau eines eigenen Imperiums ging. Er bestand darauf, wie die Befehlshaber aller Luftflotten, daß alles, was flog, ihm persönlich gehörte. Selbst Raeder konnte keinen Eindruck auf ihn machen, auch nicht im Krieg, als es häufig Streit um diese Dinge geben sollte. Hitler selbst mochte sich für einen meisterhaften Schiffskonstrukteur halten, doch von Flottenstrategie verstand auch er nichts.

Im Gegensatz dazu brauchte die Royal Navy zwanzig Jahre verlorener Möglichkeiten und bürokratischer Zwistigkeiten mit der RAF, bis sie selbst wieder die Kontrolle über das Marineflugwesen hatte; sie gewann damit aber einen wichtigen und berechtigten Sieg, gerade noch rechtzeitig, bevor der Krieg begann.

Die Aufrüstung der Flotte nahm 1934 ihren Anfang mit der Genehmigung eines Flugzeugträgers nebst vier Kreuzern, neun Zerstörern, sechs Kanonenbooten und drei U-Booten. Das war das größte Flottenbauprogramm seit der Bestellung von zwei Schlachtschiffen und einem Minenleger im Jahr 1922.

In den Vereinigten Staaten eröffnete Roosevelts Politik des ›New Deal‹ mit ihrem umfangreichen Programm öffentlicher Arbeitsbeschaffung im weitesten Sinne den Weg zu einem noch viel eindrucksvolleren Aufschwung. Es war ein Vorgeschmack auf das, wozu die Industrie der USA fähig war. Admiral Pratt, der Operationschef der amerikanischen Flotte, hatte 1933, unterstützt von dem Vinson-Trammell-Gesetz von 1934, es soweit gebracht, daß die Flotte tatsächlich auf ihre volle erlaubte Stärke gebracht wurde. Dementsprechend wurden 1934 sieben Schlachtschiffe, ein Flugzeugträger, sieben Kreuzer, 89 Zerstörer und 37 U-Boote in Auftrag gegeben. Die Engländer antworteten 1936 mit zwei und 1937 mit weiteren drei Schlachtschiffen und mit jeweils zwei Flugzeugträgern und sieben Kreuzern in beiden Jahren. Dazu kamen insgesamt 34 Zerstörer, zwölf Sloops (bezeichnenderweise als ›Geleitschiffe‹ ausgewiesen) und 15 U-Boote. Entsprechend dem zweiten Trammell-Gesetz bestellten die Amerikaner 1938 noch einmal drei Schlachtschiffe, zwei Flugzeugträger, acht Kreuzer, 18 Zerstörer und zehn U-Boote, während die Engländer noch einen Flugzeugträger, sieben Kreuzer, drei U-Boote und drei Minenleger auf Kiel legen ließen. Die letzten Schätzungen vor Kriegsausbruch sahen 1939 in England noch einen Flugzeugträger, zwei Kreuzer, einen Minenleger, 16 Zerstörer und 78 Geleitfahrzeuge vor (während die Amerikaner nur noch ein zusätzliches U-Boot bestellten). An dieser Entwicklung wird deutlich, daß das Konzept einer aktiv kämpfenden Flotte bei den Engländern und Amerikanern zumindest noch ebenso stark und eigensinnig verfolgt wurde wie bei den Deutschen. Selbst die Amerikaner mit all ihren neuen Erkenntnissen über die Marineluftwaffe waren der Meinung, die in Schlachtlinie aufmarschierenden, von Geschützen starrenden Kampfschiffe seien das entscheidende Element einer Seemacht. Die erkannte Bedeutung der Geleitzugeskorten führte vor allem in England gerade noch rechtzeitig zu einem mächtigen Endspurt.

Der Royal Navy gelang 1934 eine entscheidende Wende im erschöpfenden Kampf mit der RAF, als der Einwand des Luftfahrtministeriums, der in diesem Jahr auf dem Plan stehende Flugzeugträger schwäche die Heimatverteidigung, überstimmt wurde. Aber man sah als Hauptaufgabe der Marineflieger noch immer den Schutz der Schlachtflotte an, während die großen Geschütze den eigentlichen Kampf ausfochten. Gleichzeitig sah man Mitte der dreißiger Jahre die größte Gefahr für die Handelsschiffahrt in den Überwasserschiffen, und gegen diese wurden prinzipiell Kreuzer eingesetzt. Glücklicherweise waren von 1933 an alle Zerstörer mit Asdic-Geräten ausgerüstet. Weniger glücklich war der Umstand, daß man noch wenig Erfahrung mit dem Gerät hatte. Man betrachtete den Zerstörer immer noch als Anhängsel einer Schlachtflotte. Aber es gab eine Flut von Ausschüssen und Komitees in London, die in dieser Phase jeden Aspekt von Bewaffnung und Verteidigung unter die Lupe nahmen, und dazu gehörte auch der Schutz des Handels. Das ließ die Debatten über viele wichtige Dinge lang und länger werden, und dazu kam noch die Rangelei zwischen Navy und RAF. Aber es ebnete auch den Weg zu einigen bedeutsamen Entscheidungen. Das Luftfahrtministerium gab seinen Widerstand gegen die Konvois auf (man hatte behauptet, Geleitzüge böten leichtere Ziele) und damit auch seine Pläne, das Küstenkommando zu reduzieren; währenddessen kamen die Stabschefs zu dem Schluß, daß man 339 an den Küsten stationierte Flugzeuge brauche, um die Handelsschiffahrt zu verteidigen. Ungefähr die Hälfte sollten Geleitschutz fliegen (das waren natürlich viel mehr Maschinen, als man zur Verfügung hatte bzw. als auf dem Plan standen). Die Navy klammerte sich, auch als sie immer größer wurde, immer noch an ihren Glauben an das deutsch-englische Flottenabkommen und genauso fest an Asdic, obwohl das Ortungsgerät nutzlos war, wenn ein U-Boot aufgetaucht fuhr. Bis zur Münchener Krise im September 1938 überstand das Vertrauen in Hitlers

Wort sogar die Botschaft eines Spions an den Nachrichtendienst der Navy, daß die Deutschen 1937 an den Bau eines neuen, größeren U-Boot-Typs gingen.

Im Juli desselben Jahres akzeptierte das Kabinett unter Premierminister Stanley Baldwin nach zwei Befragungen die zwei grundlegenden Vorschläge zum Marineflugwesen. Die Marineflieger sollten völlig der Navy unterstellt werden, während das Küstenkommando bei der RAF blieb. Das war natürlich immer noch ein Kompromiß, weil die Admiralität beides in die Hand bekommen wollte. Aber die Tür blieb offen für weitere Gespräche über die Verteilung der Luftwaffenkräfte auf die geplante ›strategische Bomberoffensive‹ und die Zusammenarbeit mit der Navy. Zweifellos half die Rücktrittsdrohung des Ersten Seelords, Admiral Chatfield, bei der Schlichtung des Streits zwischen den beiden Waffengattungen. Die Übertragung des Marineflugwesens in die Hände der Navy war am 24. Mai 1939 formell abgeschlossen, nachdem unter dem fünften Seelord eine neue Luftwaffenabteilung in der Admiralität eingerichtet worden war. Die natürlichen Schwierigkeiten (abgesehen von den bürokratischen), die solch eine Übertragung mit sich brachte, ließen deutlich werden, wie sehr sich die Navy übernommen hätte, wäre auch noch das Küstenkommando unter ihren Befehl gelangt. Nach der jetzigen Regelung standen der Navy 100 Marineflieger zur Verfügung, als der Krieg begann. Doch auch die RAF hatte zu wenig Piloten und Kampfflugzeuge. Was der Streit um die Luftwaffe die englische Kriegsmarine kostete, läßt sich durch den Umstand illustrieren, daß die Amerikaner bereits über 2000 Maschinen verfügten, während die englische Flotte es auf kaum 400 brachte. Zum Teil war das eine Sache des Geldes; aber noch mehr zählten die zwei Jahrzehnte, in denen sich das Luftfahrtministerium halsstarrig gegen Veränderungen verwahrt hatte.

Obwohl die US-Navy, die sich von keinem überholten Flottenvertrag eingeschränkt und zudem von der allgemeinen Wachstumsstimmung unter dem New Deal animiert sah, in den späten dreißiger Jahren gewaltig wuchs, bewegte sich die Politik nach einem gänzlich anderen Rhythmus. ›Isolationismus‹ sollte in den Vereinigten Staaten genauso ein anrüchiges Wort werden wie ›Appeasement‹ in England, doch nicht gleich und nicht schnell genug. Die Diskussion zwischen denen, die an eine Expansion Amerikas glaubten, nachdem die Eroberung des Kontinents abgeschlossen war, und ihren Widerparts hatte in den letzten Jahren des 19. Jahrhunderts begonnen. Weder der Spanisch-amerikanische Krieg von 1898 noch der Erste Weltkrieg konnten die Frage lösen; im Gegenteil, auch heute, ein Jahrhundert später, ist der Streit immer noch lebendig. Er geht an die Wurzeln des Ursprungs der Vereinigten Staaten und wird von Leuten getragen, die vielfachen Grund hatten, sich den endlosen Verwicklungen mit der Alten Welt zu entziehen.

Die Sache spitzte sich just in dem Moment zu, als Hitler 1933 seine Macht in Deutschland festigte. Frankreich konnte zum drittenmal seine Schulden nicht bezahlen, die es sich im Ersten Weltkrieg aufgebürdet hatte. England bot zur gleichen Zeit die Summe von 460 Millionen Dollar zur endgültigen Begleichung einer ähnlich hohen Schuld von acht Milliarden Dollar. Am 14. Januar 1934 verabschiedete der amerikanische Senat das Johnson-Gesetz, nach dem Darlehen an Länder verboten wurden, die wegen bereits vorhandener Schulden zahlungsunfähig geworden waren. Vorgelegt hatte das Gesetz der Senator Hiram Johnson, ein Republikaner aus Kalifornien, und unterzeichnet wurde es von Roosevelt am 13. April. Sein Hauptziel, die Schuldner zum Zahlen zu zwingen, verfehlte es. Dafür bereitete es England die allergrößten Schwierigkeiten, nach Kriegsausbruch an die notwendige Munition zu kommen.

Die Isolationisten wandten sich gegen eine Einmischung Amerikas in europäische Kriege, gegen Bündnisse, die Amerika in Kriege hineinziehen könnten, und gegen eine Mitgliedschaft im Völkerbund, dem sich Washington auch nie anschloß. Selbst im Ersten Weltkrieg waren die Vereinigten Staaten nicht als ›Alliierte‹ aufgetreten, sondern als eine der englisch-französischen Seite »verbundene Macht«. Sie waren weder Pazifisten noch Konservative und auch keine Sympathisanten der Achsenmächte (wenn auch von allen drei Elementen etwas). Auf anderen Gebieten wollten sie der Welt keineswegs den Rücken kehren, aber sie plädierten für eine absolute Souveränität der Amerikaner bei gleichzeitiger Handlungsfreiheit gegenüber dem Ausland. Damit konzentrierten sie ihre Verteidigungsanstrengungen gemäß der Monroe-Doktrin auf die westliche Hemisphäre; einer Ausweitung der Flotte standen sie von Anfang an ablehnend gegenüber. Sie glaubten, die Vereinigten Staaten könnten am besten eine Führungsrolle in der Welt spielen, indem sie ein Beispiel gaben und daheim für Demokratie und Wohlstand sorgten, statt beides durch Engagements im Ausland zu gefährden. Roosevelt gehörte nicht zu ihnen. Der kluge Politiker in ihm sagte allerdings, daß er keine andere Wahl hatte, als sich von dieser klaren Mehrheitsmeinung mitziehen zu lassen. Am stärksten ausgeprägt war diese im amerikanischen Mittelwesten. Sie zog mehr die Republikaner als die Demokraten an, mehr die ländliche Bevölkerung als die Städter, mehr die Frauen als die Männer. Sehr ausgeprägt war sie bei Katholiken und Lutheranern zu finden, allerdings nicht aus religiösen Gründen. Diese Konfessionen wurden großenteils von Iren und Italienern bzw. von Deutschen getragen. Es handelte sich mehr um eine allgemeine Gefühlslage als um eine regelrechte Bewegung, aber Roosevelt brauchte die Unterstützung ihrer politischen Köpfe, um einen *New Deal* in Schwung zu bringen. Den Höhepunkt erlebte der Isolationismus in der ersten Präsidentschaftsperiode Roosevelts von 1933 bis 1937. Bei seiner Wiederwahl 1938 war die Außenpolitik kein Thema, und die Isolationisten unterstützten ihn.

Nach dem Johnson-Gesetz lehnte der Senat 1935 die Idee eines Internationalen Gerichtshofs ab. Gleichzeitig verabschiedete der Kongreß die erste Serie von Neutralitätsgesetzen, die den Präsidenten bis Pearl Harbor daran hindern sollten, England zu helfen. Erst zu diesem Zeitpunkt endete der lange Streit über das Thema, der übrigens seinen Ursprung in dem weitverbreiteten Verdacht hatte, Amerika sei durch Betrug und Täuschung in den früheren Krieg hineingezogen worden. Vier weitere im November 1939 in Kraft getretene Gesetze schrieben ein Waffenembargo gegenüber kriegführenden Mächten vor und hinderten sie daran, Anleihen oder Kredite aufzunehmen. Sie schränkten die Nutzung amerikanischer Schiffe für Munitionstransporte ein und entzogen US-Bürgern den Schutz, wenn sie auf Schiffen kriegführender Mächte fuhren. Sie verboten die Bewaffnung amerikanischer Schiffe, die mit kriegführenden Mächten in Handelsbeziehungen standen. Sie gaben auch dem Präsidenten Verfügungsfreiheit, von allen kriegführenden Staaten Barzahlung zu verlangen, wenn sie in den USA einkauften. Er konnte ihnen aber auch die Benutzung amerikanischer Häfen verbieten. Das Neutralitätsgesetz von 1939, das bei Kriegsbeginn vom Kongreß angenommen wurde, hob die Embargo-Vorschrift dann wieder auf, machte das Barzahlungsprinzip dafür zur Pflicht. Zwei Monate später gab es wieder eine Änderung durch ein neues Gesetz, das die Bewaffnung von Handelsschiffen und den Transport von Waren in die Häfen kriegführender Staaten erlaubte. Der Präsident wurde außerdem ermächtigt, bestimmte Seegebiete zu Kampf- oder zu neutralen Zonen zu erklären. Erst nach dem Sommer 1940 spürte seine empfindliche politische Nase einen Meinungsumschwung in der Öffentlichkeit, weg von der Neutralität: feindselige Empfindungen gegenüber den Achsenmächten, Hilfsbereitschaft für das isolierte England. Inzwischen war Frankreich gefallen, und die Schlacht um England hatte begonnen. Auch nach seinem beispiellosen dritten Wahlsieg im November 1940 hielt Roosevelt es für nötig, vorsichtig vorzugehen, wenn es um Unterstützung Englands mit kriegswichtigen Lieferungen ging. Seit Ausbruch des Krieges hatte der Kongreß keinen seiner Hilfsvorschläge niedergestimmt; aber er setzte auch bedenkenlos die Macht des Staates in einem schmutzigen politischen Kampf gegen die ohnehin schrumpfende Zahl der Isolationisten ein. Das war kurz vor Pearl Harbor. Er ließ sie als Nazi-Sympathisanten anschwärzen, hetzte das FBI auf sie, befahl ihre Telefone abzuhören und ließ Ermittlungen gegen ihre mächtigste Lobby, das ›America First‹-Komitee, anstellen. Gleichzeitig ermutigte er, so gut er konnte, das ›Committee to Defend America by Aiding the Allies‹ (Komitee zur Verteidigung Amerikas durch Unterstützung der Alliierten), das von William Allen White, einem Zeitungsverleger aus Kansas, gegründet worden war.

Verschlagenheit hatte Franklin Delano Roosevelt mit der Muttermilch eingesogen. Nach amerikanischen Maßstäben war seine Herkunft so aristokratisch wie die Churchills in England. Von der Seite des Vaters entstammte er einer alten Linie von holländischen Siedlern. Die Mutter kam aus einer ebenso ehrwürdigen Hugenottenfamilie (Delano leitet sich von de la Noye ab). Beide Familien hatten seit der Besiedlung des Staates New York durch die Europäer dort großen Einfluß gehabt. Als einziges Kind allzu nachgiebiger Eltern 1882 geboren, erfreute sich der junge Roosevelt aller Privilegien, die ›altem Geld‹ zustanden — Privatunterricht, Schulausbildung in Groton, Connecticut, Studium an der Harvard-Universität und Europareisen in jungen Jahren, wo er als Knabe bereits Deutsch und Französisch lernte.

Beherrschende Figur in seiner Jugend und auch für lange Zeit danach war seine furchterregende Mutter Sara. Ihm wurde schon bald bewußt, daß er gegen ihre Wünsche nicht in offener Konfrontation ankam. Dafür hatte er ihren starken Willen geerbt; er lernte, mit anderen Mitteln zum Ziel zu kommen. Das schloß Verstellung und Ausweichmanöver nicht aus. Diese Methoden fielen ihm sogar leicht. Als junger Mann gab er eine fabelhafte und charmante Figur ab. Er war über 1,80 Meter groß, und er nutzte bald seine unheimliche Anziehungskraft auf Frauen. Seine athletische Erscheinung verdeckte eine ungewöhnliche Anfälligkeit für alle Arten von Infektionen. Sie erklärt vielleicht seine Erkrankung an Poliomyelitis (damals bekannt als infantile Paralyse) im Alter von 39 Jahren. Das war im Sommer 1921.

Dieser Wendepunkt in seinem Leben mag auch noch weniger direkte Ursachen gehabt haben. Seine bis dahin vielversprechende politische Karriere war bereits in einem Wust von Skandalen aus dem Gleis geraten. Gewohnt, alles zu bekommen, was er haben wollte, war Roosevelt glatt aus einer Anwaltskanzlei auf einen Senatssitz im Staat New York gerutscht. 1913 wurde er Unterstaatssekretär im Marineministerium unter Präsident Woodrow Wilson. Die meiste Zeit erwies er sich als äußerst sachkundiger, seinem Vorgesetzten gegenüber jedoch permanent illoyaler Mann. Sein Chef war der Marineminister Josephus Daniels. Er sollte der einzige Vorgesetzte bleiben, den Roosevelt je in seiner politischen Karriere über sich gehabt hat. Zu dieser Zeit war Churchill Erster Seelord der Admiralität. Beide Männer sind sich 1918 bei einem Essen in London begegnet, als Churchill Munitionsminister war. Es war eine kurze Begegnung, die Churchill wieder vergaß, Roosevelt jedoch nicht.

Er verließ das Marineministerium im August 1920, um sich für die Demokraten um die Vize-Präsidentschaft unter James M. Cox, dem Gouverneur von Ohio, zu bemühen. Das war zwar eine von vornherein vergebliche Hoffnung in einem Jahr der Republikaner, aber dieser Schritt machte ihn bekannt und festigte Roosevelts Status als kommender Mann. Es war also keine Enttäuschung für ihn.

Doch 1921 war er wieder am Boden, und zwar aufgrund eines Skandals um einen verschleppten Fall aus seiner Zeit im Marineministerium. Er hatte eine verdeckte Untersuchung von homosexuellen Übergriffen gegen junge Rekruten im Marineausbildungszentrum in Newport, Rhode Island, veranlaßt. Um Beweise zu erhalten, bedienten sich die Ermittler so unverfroren der Methode, die Verdächtigen in eine Falle laufen zu lassen, daß sie moralisch bald selber nicht mehr von den Männern zu unterscheiden waren, die sie eigentlich vor Gericht bringen sollten. Roosevelt war direkt verantwortlich für die Untersuchung, und er leugnete, von den Methoden gewußt zu haben. Doch ein Senatsausschuß verurteilte ihn 1921 in allen Punkten. Es war der bei weitem größte und der einzig nach außen bemerkbare Rückschlag in seiner glänzenden Karriere: Zum erstenmal war er in Ungnade gefallen, und für jemanden, der es nicht gewohnt war, Fehler zu machen, war es ein furchtbarer Schlag. In dieser psychologisch schwierigen Situation fing er sich nun das Virus ein, das ihn von der Hüfte an abwärts lähmte.

Vier Jahre lang kämpfte er um seine körperliche Wiederherstellung, bevor er sein Leiden als chronisches hinnahm. Nach ein paar Jahren mittelmäßiger Arbeit als Rechtsanwalt und weit größeren Erfolgen als dilettierender Geschäftsmann setzte er seine physischen Mängel zu wirkungsvollen Effekten bei politischen Kundgebungen ein. Im Jahr 1928 wurde er zum Gouverneur von New York gewählt, und 1932 wurde er unter dramatischen Umständen zum Präsidentschaftskandidaten der Demokraten nominiert. Am 4. März 1933 zog er, wie eine Generation vor ihm sein entfernter Vetter Theodore für die Republikaner, nun als 32. Präsident der Vereinigten Staaten von Amerika ins Weiße Haus ein. Sein politisches Leitprinzip war es, die Mitte zu gewinnen und zu halten, und er war der erste politische Führer, der sich der modernen Massenkommunikationsmittel wie zum Beispiel des Radios bediente, um damit den Eindruck zu erwecken, daß er ein ganzes Land mit ins Vertrauen ziehe. Das waren seine berühmten ›Kamin-Gespräche‹. An diesem ungewöhnlichen Mann hing nun bald das Überleben des Vereinigten Königreichs, und zwar unabhängig davon, ob die Vereinigten Staaten nun selber zu den Waffen griffen oder nicht.

Aber es war England, das die Hauptlast des Widerstands gegen die Nazis zur See zu tragen hatte. Der Aufstieg Hitlers leitete auch eine Wiederbewaffnung der Royal Navy ein. Diesem politischen Schwenk stand das deutsch-englische Flottenabkommen nicht etwa entgegen, eher verstärkte es ihn. Nach anfänglicher Erleichterung wurde London nämlich klar, daß man auf das falsche Pferd gesetzt hatte — der Pakt entpuppte sich keineswegs als Akt deutscher Selbstverleugnung, sondern als eine Lizenz für die Deutschen, ihre kleine Flotte nun bis zu den festgelegten Grenzen nach oben aufzurüsten. Einen weiteren mächtigen Anstoß zur Wiederbewaffnung gab es im September 1938, als die internationalen Spannungen, die der Münchner Konferenz vom 29. September vorausgingen, zu Kriegsängsten führten und die Navy daher als Vorsichtsmaßnahme mobilisiert wurde. Dabei wurden Mängel in der Ausrüstung und der Organisation der Flotte aufgedeckt. Es gab einige Kommandanten und auch Beamte in Whitehall, die wachsam genug waren, sie zu bemerken, und zäh genug, sie durch ein Labyrinth von Ausschüssen, innerbehördlichen Rivalitäten, finanziellen Zwängen und wechselnden Regierungen zu verfolgen.

Die Handelsabteilung der Admiralität, die im Ersten Weltkrieg für die Überwachung des Seehandels zuständig gewesen war, hatte man auf einen einzigen Offizier zusammenschrumpfen lassen, dessen Schreibtisch in der Planungsabteilung stand. 1936 erhielt Captain F. R. Garside den Auftrag, sie wiederzubeleben. Auf diese Weise sollte das Fundament für die Organisation der Geleitzüge in Kriegszeiten gelegt werden.

Aber die Royal Navy war auch klug genug, sich der bemerkenswerten Erfolge von ›Room 40‹ zu erinnern, der dem Nachrichtendienst der Flotte von 1914 bis 1918 zunächst als Dechiffrierzentrum diente und sich später an die Auswertung der Nachrichten und Erkenntnisse machte. Ein paar Ehemalige aus ›Room 40‹ richteten nach dem Krieg eine Schule für das Chiffrierwesen ein (›Government Code and Cipher School‹, GC & CS). Sie war recht klein und wurde schließlich vom Auswärtigen Amt vereinnahmt. Aber sie konnte in ihrem Hauptquartier (zuerst in Victoria, London, dann in Bletchley Park im Nordwesten von Buckinghamshire) einige unumgängliche Kenntnisse in dieser Materie am Leben erhalten. Wie sehr die nachrichtendienstliche Arbeit aber nachhinkte, fiel dann Admiral Sir William James, dem stellvertretenden Chef des Marinestabs, während der Abessinienkrise von 1936 auf, und er schlug entsprechend Alarm. Gegen Ende des Ersten Weltkrieges hatte er selbst ›Room 40‹ geleitet. Inzwischen war man beim Nachrichtendienst in Tiefschlaf versunken. Man dachte in Schubladen, koordinierte die Arbeit nicht und legte die gewonnenen Erkenntnisse in staubigen Akten ab. Man sorgte nicht für die richtige Verteilung des Materials, wie das früher der Fall gewesen war. Dreißig Jahre, nachdem das Funkgerät in allen Flotten der Welt zur Standardausrüstung gehörte, verfügte England gerade über fünf Funkmeßstationen rund um die Welt — zwei auf englischem Boden, eine auf Malta und zwei in Asien. Die GC & CS unter Leitung von Commander Alistair Denniston (ehemals ›Room 40‹) bildete mit ihrer Handvoll hervorragender Weltkriegsveteranen (der Wichtigste unter ihnen war Alfred Dilwyn ›Dilly‹ Knox) zwar weiter aus, aber die Kontakte mit den Nachrichtenabteilungen der Navy und der anderen Waffengattungen waren nur dünn. Auf Drängen von Admiral James bestellte der Direktor des Nachrichtendienstes der britischen Kriegsmarine, Konteradmiral Troup, den Lieutenant-Commander Norman Denning im Juni 1937 zum Leiter einer neu einzurichtenden nachrichtendienstlichen Operationsabteilung (›Operational Intelligence Centre‹, OIC), die als Verteilerstelle für alle ein- und ausgehenden Nachrichten dienen sollte. Denning fing seine Arbeit mit einer einzigen Hilfskraft an, aber er erwies sich als der richtige Mann auf dem richtigen Posten. Er war ein geborener Nachrichtenoffizier mit unübertrefflichen Fähigkeiten. Zu seinen ersten Handlungen gehörte es, einen Monat lag in der GC & CS die Schulbank zu drücken, und er sah sofort, daß hier wohl das meiste von dem zu finden war, was das gerade flügge werdende OIC brauchte. Die ›Schule‹ hatte bereits eine besondere Marineabteilung.

Auch der Spanische Bürgerkrieg, der von den Deutschen und Italienern skrupellos für das Training ihrer Luft- und Bodenstreitkräfte mißbraucht wurde, bot dem OIC eine Chance, erste Erfahrungen beim Verfolgen der Schiffsbewegungen in den spanischen und den umliegenden Gewässern zu sammeln. Denning konnte beweisen, wie nützlich und wichtig es war, alle erreichbaren Informationen aus den verschiedensten Quellen in einer einzigen Institution in ihrem Rohzustand zu sammeln und dann an die Flottenkommandos und an die Schiffe auf See weiterzugeben. Natürlich meinte er damit sein eigenes Institut. An der Wand des OIC hing eine Karte, welche die aktuellen Schiffspositionen zeigte. Für den ›Submarine Tracking Room‹ (U-Boot-Kennraum) sollte diese Schautafel mit ihren Schemata im bevorstehenden Konflikt eine außerordentliche Rolle spielen. Denning machte sich erfolgreich für mehr Funkmeß- und ›Y-Stationen‹ stark. Letztere hörten den fremden Funkverkehr ab und brachten eine Handvoll Experten hervor, die im Krieg dann gute Hilfsdienste leisten konnten. Einer von ihnen war Lieutenant-Commander Peter Kemp, der gerade erst nach dem Verlust eines Beines die Navy verlassen hatte. Er sollte während des ganzen Krieges für die Funkmeßoperationen verantwortlich werden. Den größten Teil dieser unschätzbaren Grundlagenarbeit leisteten Denning und seine einzige Hilfskraft allein, bis man dann den Wert ihrer Arbeit erkannte und das OIC einen etwas größeren Mitarbeiterstab bekam. Zur Zeit des Münchener Abkommens wurde es auf den Kriegseinsatz umgestellt. Es residierte nun in einem neuen Komplex unter Leitung der Admiralität in direkter Nachbarschaft zur neuen Kriegsoperationsabteilung und zu den Abteilungen, welche die Standorte der Handelsschiffe verfolgten und die Verschiffungen überwachten (›Trade Plot‹ bzw. ›War Registry‹). Ein gesichertes Fernschreiber- und Telefonnetz wurde eingerichtet, welches das OIC mit den RAF- und den Flottenkommandos und der GC & CS verband. Insgesamt entstand damit eine flexible, rasch arbeitende und effiziente Einrichtung zur Sammlung und Verteilung von Informationen. Sie hatte zumindest den gleichen Wert für die Kriegsführung wie die bedeutendste und spektakulärste Nachrichtenquelle, die dann aufgetan wurde, als man in das deutsche Chiffriersystem eindrang und das Geheimnis der ›Enigma‹-Maschine löste: Die GC & CS arbeitete bereits daran, als der Krieg begann — dank der Pionierarbeit polnischer Mathematiker und der Mitarbeit des militärischen Nachrichtendienstes von Frankreich.

Das war mehr als bloßes Glück, denn der Beobachtungsdienst der deutschen Kriegsflotte (›B-Dienst‹) war in den letzten Friedensmonaten mit dem gleichen Eifer dabei, eine Überwachung der Schiffsbewegungen potentieller Feinde und ihres Funkverkehrs zu installieren. Eine Spezialabteilung, der ›xB-Dienst‹, hatte bereits große Fortschritte beim Eindringen in den britischen Marinecode gemacht, der noch von Hand und nicht maschinell gesteuert wurde. Der Leiter der Englischen Abteilung im B-Dienst, die vor allem für diesen Coup verantwortlich war, hieß Wilhelm Tranow. Bevor er 1935 Chef der Abwehr wurde, hatte der Kapitän z. S. (und spätere Admiral) Canaris bereits den ›Etappendienst‹ erneut ins Leben gerufen. Ihn hatte es erstmals vor dem Ersten Weltkrieg gegeben; er stand im Dienste der Überwasserflotte und sollte Deutschlands Mangel an Küstenstützpunkten wettmachen. Er bestand aus einem Netzwerk von Marineoffizieren und Agenten, die über die Häfen in aller Welt verteilt waren und von dort Nachrichten zu liefern hatten. Außerdem sollten sie Vorräte und Hilfsmittel anlegen und Versorgungsschiffe strategisch so postieren, daß sie Blockadebrechern und auch Kriegsschiffen bei ihrer Jagd auf Frachter, die Konterbande mitführten, helfen konnten. Natürlich hielt man ständig ein scharfes Auge auf die Bewegungen der Handelsschiffe.

England wollte einen katastrophalen Fehler aus dem Ersten Weltkrieg nicht wiederholen, nämlich besonders begabte Männer in der kämpfenden Truppe untergehen zu lassen. Im Arbeitsministerium entstand daher seit 1936 eine Liste von Intellektuellen, die an den Universitäten, in verschiedenen Berufen in der Londoner Verwaltung und in der Industrie arbeiteten und in einem künftigen Krieg für die Lösung intellektueller Aufgaben heranzuziehen waren. Dieser Vorgang wurde durch die München-Krise noch gewaltig beschleunigt, so daß man gegen Ende 1938 eine zentrale Kartei aller außergewöhnlich begabten Persönlichkeiten beisammen hatte — angefertigt von Miss Beryl Power, einer ehemaligen Suffragette, die als höhere Angestellte in der Zivilverwaltung so etwas wie eine Rarität darstellte. Ihr Büro befand sich bei Kriegsausbruch in einem unauffällig umgestalteten Laden in West London. Über 80000 Menschen hatte sie Akten angelegt. Hier fanden sich die Namen geeigneter Rekruten für die GC & CS und andere ›Hinterzimmer‹-Organisationen, die lebenswichtig für die Kriegsführung waren. Auf diese Weise konnten sie praktisch über Nacht mobilisiert werden, und das fing schon in den letzten Friedenstagen an. Die Bildung dieses Talentereservoirs half mit dazu bei, die technologische Rückständigkeit Englands aufzufangen; sie mag die erfindungsreichste Aktion in der Geschichte der öffentlichen Verwaltung Großbritanniens gewesen sein mit dem Ziel, kluge Leute und ihre Fähigkeiten für sich einzuspannen. Als besonderer Nutznießer des Ganzen erwies sich dann der Nachrichtendienst der britischen Kriegsmarine.

Längst nicht so glücklich war die Navy in der Wahl ihres Ersten Seelords kurz vor dem Krieg. Admiral Sir Dudley Pound war zuletzt Oberkommandierender der Seestreitkräfte im Mittelmeer gewesen. Im Juni 1939 wurde der 62jährige im Range eines Flottenadmirals in sein neues Amt berufen. Vieles in Pounds Charakter erinnert an Jellicoe, seinen Vorgänger im Amt des Ersten Seelords am Ende des Ersten Weltkrieges. Seine Ehrerbietung gegenüber eher anmaßenden Politikern und militärischen Führern und seine Unfähigkeit, dem Urteil Untergebener zu vertrauen, führten daher auch zu einigen der schwersten Rückschläge, welche die Navy hinnehmen mußte. Zur gleichen Zeit zeigte Pound, wenn man ihn von der Admiralität aus eine reine Flottenoperation durchführen ließ, persönliche Urteilskraft und auch die Bereitschaft, die Verantwortung für die folgenreichen Entscheidungen auf die eigenen Schultern zu nehmen. Diese Entscheidungen erwiesen sich ebenso oft als richtig wie als falsch.

Die Engländer wachten also langsam auf und sahen die Notwendigkeit ein, für mehr Geleitschiffe zu sorgen. Das geschah in den Jahren 1936 und 1937, als Admiral Manisty das Fundament für ein Konvoisystem legte. In die Bedarfsschätzungen für 1937 hatte man auch sechs Sloops hereingenommen, die speziell als ›Geleitschiffe‹ ausgewiesen wurden. Die mit München verbundene Mobilisierung der Flotte führte plötzlich zu großen Sorgen über die unerfreulich kleine Zahl von Eskorten. Die letzten zu Friedenszeiten erhobenen Schätzungen von Anfang 1939 sahen daher nicht weniger als 78 ›Escorts‹ vor.

Mit dem Sloop verfügte die Royal Navy über einen erprobten Geleitschifftyp mit einer Wasserverdrängung von rund 1300 BRT (je nach Klasse variabel), dessen Stammbaum bis in den Ersten Weltkrieg zurückreichte. Ursprünglich war diese ›Schaluppe‹ als Minenräumer für die Flotte entworfen worden. Sie ließ sich aber bald und ohne weiteres auch für Eskorten und Patrouillen einsetzen. Die ersten von ihnen trugen Blumennamen, und vier waren auch im Zweiten Weltkrieg noch im Dienst. Das als Geleitschiff ausgelegte Sloop mit seinem geringen Tiefgang, seinem Turbinenantrieb und seinen 20 Knoten Geschwindigkeit war, wenn es ordentlich ausgerüstet war, den U-Booten auf hoher See durchaus ebenbürtig. Die als Minenräumer und als Vorpostenboote dienenden Sloops waren für den Einsatz entlang den Küsten entworfen und daher zwar gleich ausgestattet, aber kleiner und gewöhnlich auch langsamer, vor allem bei schlechtem Wetter. Diese Typen wurden den ganzen Krieg hindurch gebaut. Unter den 78 vor Ausbruch der Feindseligkeiten bestellten Geleitschiffen waren aber nur zwei Sloops. Der Grund lag darin, daß man in England bei der Herstellung der Schaufeln, die für die Turbinen gebraucht wurden und Hochpräzisionsteile darstellten, bereits am Rande der Kapazität angelangt war, vor allem deshalb, weil die Navy auch hier wieder mit anderen Waffengattungen bei der Aufrüstung konkurrieren mußte. Zu den veranschlagten Einheiten gehörten auch noch 20 ›schnelle Geleitschiffe‹ — kleine Zerstörer von 900 BRT und mit 26 Knoten Geschwindigkeit. Sie führten einen anderen Namen, weil man das Parlament täuschen wollte: Die Admiralität fürchtete, die Bestellung von zusätzlichen 20 Zerstörern könnte vom Unterhaus blockiert werden. Daneben waren 16 konventionelle Zerstörer vorgesehen. Als der Krieg erst einmal ausgebrochen war, konnten die ›schnellen Begleitschiffe‹ ohne Bedenken wieder in ›Geleitzerstörer‹ der ›Hunt‹-Klasse umgetauft werden. Es sollten noch viele folgen.

Die Knappheit an Turbinenschaufeln (die auch von den Zerstörern benötigt wurden) zwang die Admiralität dazu, sich zudem nach einem Schiff umzusehen, das als Geleitschiff einsetzbar war, von einem Kolbenmotor angetrieben wurde und auf Werften für die Handelsschiffahrt gebaut werden konnte. Auf die Weise wollte man den Druck auf die für die Kriegsmarine tätigen Werften vermindern. Den besten Entwurf reichte Smith's Dock in Middlesborough ein — es war eine Adaption ihres erfolgreichen Walfängers *Southern Pride*. Dieses 925-BRT-Schiff war robust und besaß exzellente Fahreigenschaften. Seinen Hang zu übermäßigem Rollen mußte man nicht so ernst nehmen, denn man sah in dem neuen Typ, — für den Flottengebrauch als ›Korvette‹ bezeichnet — ein Küstengeleitschiff. Unglücklicherweise sahen sich diese Korvetten, die wie ihre frühesten Vorgänger alle Blumennamen trugen, schon bald in eine Rolle gedrängt, für die man sie gar nicht entwickelt hatte — nämlich als Geleitschiffe auf hoher See. Ihre Höchstgeschwindigkeitg von 16 Knoten war geringer als die eines aufgetauchten U-Bootes, und ihr deutliches Rollen machten sie höchst ungemütlich. Doch die ersten 56 Korvetten der ›Flower‹-Klasse, verstärkt durch weitere in Kanada gebaute und später für die Hochsee adaptierte, sollten eine unverhältnismäßig große Rolle in der bevorstehenden Schlacht um die Konvois spielen. Der Ersatzmann wurde zum Star und die Schlacht ging nicht verloren, nur weil es an Turbinenschaufeln fehlte.

Immerhin hatte die Royal Navy bei Kriegsbeginn gerade noch 220 Schiffe mit Asdic ausgerüstet — 165 Zerstörer, 35 kleinere Begleitschiffe und 20 Trawler. Auf sie kamen viele Aufgaben zu, so daß nur wenige Schiffe zum Schutz von Geleitzügen vor den 57 U-Booten der Deutschen zur Verfügung standen. Von denen gehörten 30 dem kleineren Küstentyp an. Zwanzig waren atlantikfähig. Der deutschen Überwasserflotte — zwei Schlachtkreuzer, drei Panzerschiffe, sechs Kreuzer plus Versorgungsschiffe — war die britische zahlenmäßig natürlich weit überlegen (zwölf Schlachtschiffe, drei Schlachtkreuzer, 62 Kreuzer, sieben Flugzeugträger und zwei Seeflugzeugträger). Aber die Royal Navy hatte auch ein weltweites Empire und einen weltweiten Handel zu schützen, und das bedeutete, daß bei den Verwüstungen, die ein einziges deutsches Großkampfschiff in einem Geleitzug anrichten konnte, der größere Teil der britischen Flotte zwangsläufig in verschiedene Gruppen zersplittert sein mußte, um die Handvoll Raederscher Dickschiffe abzudecken. Vor Kriegsbeginn sahen die Engländer daher die Überwasserschiffe als die Hauptbedrohung der Handelsschiffahrt an; gegen sie wollten sie ausschwärmen.

Hitler war inzwischen offenbar nicht mehr zu bremsen. Am 7. März 1936 war er ohne Widerstand ins entmilitarisierte Rheinland einmarschiert, ein atemberaubender Bluff, wenn man bedenkt, daß das nur mit einer Divison geschah. Danach begann er, auf der deutschen Rheinseite den ›Westwall‹ zu bauen. 1937 schloß er mit Mussolini die Achse Rom-Berlin. In England wurde der äußerst anpassungswillige Neville Chamberlain Nachfolger von Baldwin als Premierminister, während die britischen Streitkräfte sich gleichzeitig an ein größeres Wiederaufrüstungsprogramm machten (zwei Signale von recht widersprüchlicher Art). 1938 annektierte Hitler ein begeistertes Österreich. Im gleichen Jahr übernahm er persönlich den Oberbefehl über die Wehrmacht. Im September erreichte die Appeasement-Politik mit dem Münchener Abkommen ihren Höhepunkt. Deutschland konnte sich dadurch das Sudetenland einverleiben (und damit die befestigte tschechoslowakische Verteidigungslinie). Doch mit einem Schlag verebbte diese Politik dann wieder: Mitten in die allgemeine Kriegsfurcht platzte die Mobilisierung der englischen Flotte, und die Minister Anthony Eden (Äußeres) und

Duff Cooper (Krieg) traten wegen München zurück. Als nächstes garantierten England und Frankreich den Polen für den Fall eines Angriffs ihre Hilfe, was Hitler aber nicht davon abschreckte, Anfang 1939 die ganze Tschechoslowakei zu besetzen und Litauen das Memelland wegzunehmen. Am 23. August wurde der deutsch-sowjetische Nichtangriffspakt unterzeichnet. Am 1. September marschierte Hitler in Polen ein, und England und Frankreich zogen in den Krieg für ein Land, das sie nicht retten konnten. Der Zweite Weltkrieg hatte begonnen.

Ende Juni 1939 hatte Karl Dönitz, der Chef der deutschen U-Boot-Waffe, seinem Oberbefehlshaber, Admiral Raeder, von seinen eigenen Befürchtungen und denen seiner Offiziere geschrieben, die sie angesichts einer für einen Krieg mit England unvorbereiteten deutschen Flotte hegten. Am 27. Juli besuchte Raeder den U-Boot-Stützpunkt in Swinemünde an der Ostsee, um zu den Offizieren zu sprechen. Er habe mit dem Führer über den Fall eines möglichen Krieges mit England gesprochen, sagte er, und er könne sie beruhigen. Unter keinen Umständen würde man es dazu kommen lasen, denn das hieße *finis Germaniae*, das Ende Deutschlands. Er hatte recht; aber es dauerte noch eine ganze Weile, bis es so weit war.

Zweiter Teil

Die große Schlacht

1.
September 1939 bis Juni 1940

Konvois gehen in See — Die deutsche Flotte ist noch nicht soweit — Die englische Flotte ist veraltet — Luftangriffe — Minen — ›Royal Oak‹ — ›Graf Spee‹ — Norwegen — Churchill Premierminister — Island — ›Blitzkrieg‹ — Enigma — Allan Turing — Der B-Dienst — Torpedokrise — Asdic — Luftangriffe — U-Boot-Fallen und Handelsstörer — Französische Flottenbasen — ›Operation Catapult‹ — Das Konvoisystem — USA neutral — Roosevelt und Churchill — Deutschland außer Rand und Band — Verluste

Im ganzen gesehen ignorierte die britische Admiralität keineswegs die größte Lektion, die sie im Ersten Weltkrieg gelernt hatte: die Notwendigkeit, Handelskonvois zu bilden. Der erste Geleitzug nahm den Krieg mit Deutschland oder Italien sozusagen vorweg, als er am 2. September 1939 von Gibraltar nach Cape Town in See ging. Denn durch das Bündnis der Achsenmächte war auch das Mittelmeer unsicher geworden. Churchill, wieder im Amt des Ersten Seelords, und seine Admirale ignorierten aber einen logischen Folgesatz aus der Konvoi-Doktrin: War man knapp an Eskorten, gehörten alle an die Seite der Handelsschiffe, denn diese waren das beliebteste Angriffsziel für die U-Boote. Man gab sich also in London derselben Illusion hin, die Churchill und die frühere Admiralsgeneration schon 1914—18 heimgesucht hatte — daß die beste Angriffsmethode gegen U-Boote die Bildung von Gruppen sei, mit denen die U-Boote aufgestöbert und über die Ozeane gejagt werden sollten ›wie Kavallerie-Divisionen‹ (so beliebte Churchill sich auszudrükken). Nachdem England mehr als dreimal so viele hochseetüchtige Schiffe für die U-Boot-Abwehr zur Verfügung standen als den Deutschen U-Boote, mag das völlig logisch geklungen haben. Aber eine derartige Betrachtungsweise berücksichtigte nicht den wichtigsten Aktivposten eines U-Bootes — seine Unsichtbarkeit — und auch nicht die gewaltige Aufgabe, die auf die Eskorten zukam (nicht zu vergessen die Größe des Ozeans selbst). England mußte im Jahr 1939 auf dem Seeweg 55 Millionen t Waren importieren. Dazu gehörten der gesamte Bedarf an Öl, der größte Teil des Rohmaterials und die Hälfte der Nahrungsmittel. Die Handelsflotte verfügte über 3000 hochseetüchtige und 1000 größere Küstenschiffe. Sie brachten es zusammen auf 21 Millionen Bruttoregistertonnen. Rund um die Welt waren zu jeder Zeit etwa 2500 Schiffe auf den Meeren unterwegs. Da war ein Schäfer für 40 Schafe um einiges wichtiger als der irreführende 3:1-Vorteil, den die Schäfer gegenüber den unsichtbaren und unvorhersehbaren Seewölfen hatten.

Doch die Hauptsorge der Admiralität galt bei Ausbruch des Krieges der anscheinend unmittelbaren Bedrohung durch die deutschen Überwasserangreifer, vor allem die drei zu diesem Zweck gebauten Panzerschiffe (*Deutschland, Scheer* und *Graf Spee*) mit ihrer enormen Reichweite von 21500 Meilen und ihrer alle englischen Schiffe (bis auf die drei Schlachtkreuzer, *Hood, Repulse* und *Renown*) übertreffenden Geschwindigkeit und Feuerkraft. England sah sich genötigt, seine Kräfte zu zerstreuen, indem es seine Großkampfschiffe und Kreuzerverbände rund um den Atlantik postieren mußte. Nur so war es in der Lage, gegen jeden deutschen Angreifer mit überlegenen Kräften vorzugehen, wo immer er auf der Szene erschien. Deutschland hatte 1939 eine viel kleinere Flotte als 1914. Aber wenn es sie nutzte, um mit ihr die für England überaus wichtige transatlantische Handelsroute zu bedrohen, was sie im vorigen Konflikt noch nicht getan hatte, dann konnte Admiral Raeder die um so vieles größere gegnerische Schlachtflotte binden und zerstreuen. Das war ein großer Gewinn aus einer kleinen Investition, und die Engländer vergrößerten ihn noch einmal, indem sie Deutschlands Überwasserflotte für die eigentliche Bedrohung hielten. Am 21. August hatte die *Graf Spee* unentdeckt den Atlantik erreicht, drei Tage später auch die *Deutschland*.

Bereits am 15. August ließ die Operationsabteilung der Kriegsmarine in Berlin den Kommodore Dönitz und sein U-Boot-Kommando in Kiel wissen, am Samstag, den 19. August, finde ein Treffen der U-Boot-Offiziere statt. Das war ein getarnter Aufruf, alle verfügbaren Boote rund um England in Kampfstellung zu bringen. Die kleineren Küstenboote sollten die Nordsee abdecken, während die atlantikfähigen U-Boote nördlich und südlich von Irland Stellung bezogen. Gegen Ende des Monats waren 39 Boote an ihrem Platz. Die anderen 18 lagen entweder in ihrem Stützpunkt an der Ostsee oder waren aus anderen Gründen nicht einsatzfähig — entweder in Reparatur oder zu Ausbildungszwecken abgestellt. Dönitz hielt seine Streitmacht für lächerlich klein, und so gewann er bei Ausbruch des Krieges Raeders volle Unterstützung für seine Forderung nach bevorzugtem U-Boot-Neubau. Hitler stimmte dem im Prinzip auch zu, aber seine Hoffnungen auf eine baldige Einigung durch Verhandlungen mit England und Frankreich und die lautstarken, miteinander wetteifernden Forderungen des Heeres und der Luftwaffe an die Kriegsindustrie brachten Verzögerungen bei der Erfüllung dieser Wünsche mit sich. England gewann eine unbezahlbare Atempause.

Aber der Z-Plan, der eine enorme Ausweitung der Überwasserflotte vorsah, wurde mit einem Schlag fallen gelassen: Nur diejenigen Großkampfschiffe, die bereits auf Kiel lagen — die Superschlachtschiffe *Bismarck* und *Tirpitz* und der damals noch einzige Flugzeugträger *Graf Zeppelin,* außerdem vier Schwere Kreuzer —, wurden vollendet. Daher waren bei Kriegsbeginn die beiden Schlachtkreuzer (das war die britische Lesart; die Deutschen nannten sie Schlachtschiffe) *Scharnhorst* und *Gneisenau* die gefährlichsten Schiffe der deutschen Schlachtflotte. Sie waren schneller als jedes existierende Großkampfschiff auf englischer oder französischer Seite. Diese beiden, dazu das Panzerschiff *Admiral Scheer,* der Schwere Kreuzer *Hipper,* der Leichte Kreuzer *Leipzig,* Zerstörer und kleinere Schiffe zu ihrer Unterstützung und die Erste U-Boot-Flottille von neun Booten, standen unter dem Kommando des Oberbefehlshabers West, der für die Nordsee und angrenzende Gebiete verantwortlich war. Die Seekriegsleitung mit Sitz am Tirpitzufer in Berlin kontrollierte die Operationen der beiden anderen Panzerschiffe und drei (atlantikfähige) U-Boot-Flottillen.

Die Royal Navy, die der deutschen Flotte in allen Bereichen zahlenmäßig um ein Mehrfaches überlegen war (bis auf die als weniger wichtig erachteten U-Boote, wo es eine Parität gab), hatte eine veraltete Flotte. Ihre Unterstützung aus der Luft war schwach. Dasselbe galt für die Flugzeugabwehrwaffen. Auch an Kreuzern, Geleitschiffen und U-Boot-Abwehrwaffen fehlte es, desgleichen an Erfahrungen im Kampf gegen die U-Boote. Das vielgerühmte ›Asdic‹-Gerät hatte seine wirkliche Bewährungsprobe noch vor sich. Mit dieser Streitmacht hatte die Admiralität, die als einzige Regierungsstelle zugleich auch Operationszentrum war, die heimischen Gewässer abzudecken, dazu das Mittelmeer gegen Italien und den Fernen Osten gegen Japan. Einige Unterstützung boten die Flotten der Dominions, während Frankreich das westliche Mittelmeer abdeckte und seine *Force de Raid* aus zwei Schlachtkreuzern, einem Flugzeugträger, drei Kreuzern und zehn Zerstörern in den Nordatlantik schickte.

Die britische Home Fleet war der führende Verband. Ihr Hauptstützpunkt war der große Ankerplatz von Scapa Flow nördlich der schottischen Küste im Bereich der Orkney-Inseln — genau wie im Ersten Weltkrieg. Sie bestand aus fünf Schlachtschiffen, zwei Schlachtkreuzern, einem Flugzeugträger, zwölf Kreuzern und Hilfsschiffen (17 Zerstörern, sieben Minenräumern). Ein zweiter Flugzeugträger lag in Rosyth im Firth of Forth, eine U-Boot-Flottille von zehn Booten in Dundee und weitere sechs in Blyth in Northumberland. Es gab sechs heimische Flottenkommandos an den Küsten bei Portsmouth (für den Süden Englands), Dover (Kanal), Nore (Themse-Mündung und östliches England), Rosyth (Ost- und Westschottland), den Orkneys und den Shetland-Inseln (Nordschottland) und den Western Approaches (Südwest-England und Irische See). Von ihnen sollte das letzte zum

Nervenzentrum der kommenden Schlacht um die Geleitzüge werden; bei Kriegsausbruch wurden ihm auch mehr Zerstörer, nämlich 32, zugeteilt als jedem anderen Kommando. Verschiedene Seestreitkräfte wurden über die Häfen verteilt, die im Bereich der jeweiligen Kommandos lagen, wo sie taktische Aufgaben zu erfüllen hatten. Ein starker strategischer Verband von zwei Schlachtschiffen, zwei Flugzeugträgern, drei Kreuzern und neun Zerstörern (die sogenannte ›Channel Force‹) wurde in Portland stationiert, dem zentralen Abschnitt der südenglischen Küste.

Überseekommandos lagen am Mittelmeer (das größte im ägyptischen Alexandria mit drei Schlachtschiffen, einem Flugzeugträger und sieben Kreuzern), am Nordatlantik (Gibraltar), am Südatlantik in Freetown/Sierra Leone (Südamerika-Division mit vier Kreuzern), in Amerika und Westindien (vier Kreuzer), China und Ostindien. Zur Verfügung standen zusätzlich sechs Kreuzer der australischen Flotte, zwei weitere aus Neuseeland und sechs Zerstörer der Royal Canadian Navy. Im Dock in England lag ein weiteres Schlachtschiff, und fünf neue lagen auf Kiel. Auch sechs Flugzeugträger waren im Bau sowie 58 Zerstörer und 60 neue Korvetten. Mit diesen Streitkräften sollte die Navy den englischen Handel schützen, das Land vor einer Invasion bewahren und sämtliche Bewegungen der Handelsschiffahrt beobachten.

Die ›Fleet Air Arm‹, wie das Marineflugwesen inoffiziell nach seiner Übertragung von der RAF auf die Navy von 1937 bis 1939 genannt wurde, verfügte über 232 Flugzeuge für den Feindeinsatz, fast alle veraltet, und über 191 Übungsmaschinen. Sie waren auf sechs Flugzeugträger und vier Bodenstationen verteilt. Das Küstenkommando der RAF bestand auf dem Papier aus 17 Staffeln, von denen aber einige bei Kriegsbeginn nicht vollständig mobilisiert werden konnten, weil es einen Mangel an Besatzungen gab. Die Staffeln waren in drei Geschwader zusammengefaßt. Ihre Aufgaben waren Konvoischutz, Luftaufklärung und Patrouillenflüge über den nördlichen Gewässern. Das Kommando war nur dürftig ausgestattet. Ihre Hauptstütze, die ›Anson‹-Maschine, mußte 60

Meilen vor der norwegischen Küste umkehren, weil der Treibstoff nicht weiter reichte, so daß der Rest dieses Gebietes von einer U-Boot-Kette überwacht werden mußte. Obwohl man Ende 1937 absolute Einigkeit darüber erzielte, daß das Küstenkommando nicht von seinen maritimen Aufgaben ab- und zu anderen RAF-Aufträgen herangezogen werden durfte, fehlte es ihm doch an der nötigen Schlagkraft. Für die Air Force spielte es die Rolle des armen Aschenputtels. Das bedeutete, daß immer dann, wenn Luftangriffe auf Schiffe und Schiffsverbände zu fliegen waren, das Bomberkommando gerufen werden mußte. Doch deren Besatzungen waren wiederum gar nicht für Einsätze über dem Meer ausgebildet. 1939 wog die größte Bombe der RAF 500 Pfund. Für den Abwurf von Wasserbomben waren die Flugzeuge damals noch nicht ausgerüstet. Das Küstenkommando verfügte auch über keine Jagdflieger, und wenn das Jagdfliegerkommando auch im Rahmen der britischen Verteidigungspläne Häfen und Marinestützpunkte zu beschützen hatte, so gab es anfangs doch keinen Schutz aus der Luft für den schweren Konvoiverkehr entlang der offenen englischen Ostküste. Im Sommer 1939 entdeckte man erst dieses klaffende Loch in der Verteidigung der Schiffahrt, und so wurden unter Leitung des Jagdfliegerkommandos vier Staffeln zum Schutz der Handelsschiffahrt zusammengestellt. Es dauerte aber bis Anfang 1940, ehe sie einsatzfähig waren, und bis dahin hatte es auf einem Stück von wenigen Meilen entlang der Küste furchtbare Schiffsverluste gegeben.

Die deutsche Luftwaffe spielte natürlich auch ihren Part bei den heftigen Angriffen auf den britischen Handel, aber fast nur auf eigene Rechnung. Raeder stritt sich mit Göring über diesen Punkt von 1935 bis zum Februar 1939. Dann endlich kam es zu einem Abkommen, nach dem die Einsätze aller Einheiten der Luftwaffe, die mit der Flotte zusammenarbeiteten, unter der Kontrolle der Kriegsmarine standen. Für Göring war es allerdings ein Kinderspiel, diesen Pakt zu unterlaufen. Er brauchte dazu nur die Marineflugstaffeln auszuhungern und gleichzeitig eigene Einheiten unter eigener Kontrolle zu bilden und auf das Meer zu schicken. Ein Geschwader von 30 Langstreckenaufklärern des Typs Focke-Wulf 200 ›Kondor‹ sollte vom Bombergeschwader 40 noch vor Kriegsausbruch abgetrennt und der Kriegsmarine unterstellt werden, aber die Maschinen waren erst im Sommer 1940 fertig. Vorher verfügten die Gruppe West und die Gruppe Nord der deutschen Kriegsmarine über je eine Staffel Küstenaufklärer mittlerer Reichweite. Stück für Stück wurden sie schon bald von Göring beschnitten. Somit ging es der deutschen Flotte, was die Unterstützung aus der Luft betraf, noch schlechter als der englischen. Beide Länder unterschätzten erheblich die Möglichkeiten der Marineluftwaffe, ein strategischer Fehler, den die Japaner und die Amerikaner nicht begingen. Deren pazifische Interessen — und der Pazifik war ja viel größer als der Atlantik — führten zu der frühen Erkenntnis, welche Bedeutung Flugzeugträger haben würden.

Die deutsche Luftwaffe mischte sich zum erstenmal mit negativem Erfolg in die Angelegenheiten der Kriegsmarine ein, als der Krieg erst wenige Wochen alt war. Zu den ersten und wichtigsten Aufgaben der deutschen Flotte gehörte es, vor der eigenen Küste defensive Minenfelder zu legen und vor den britischen Küsten offensive Felder, und zwar mit allen verfügbaren Mitteln. Die Deutschen hatten insgeheim eine äußerst wirksame Magnetmine entwickelt, aber der Vorrat war noch sehr gering. Höchst dringlich war es nun, sie so schnell wie möglich auszulegen und mit ihnen die größtmögliche Wirkung zu erzielen, ehe die Engländer in den Besitz des einen oder anderen Exemplars gelangten, hinter ihr Geheimnis kamen und Gegenmaßnahmen ergriffen. Die Flotte legte sie mit Hilfe ihrer U Boote und schnellen Überwasserschiffe, hauptsächlich Zerstörer, aus, und bald wurden sie zu einer gefährlichen Bedrohung der britischen Schiffe. Aber Göring lehnte es ab, der Marine seine hervorragend ausgebildeten Bomberbesatzungen samt ihren Maschinen auszuleihen, um das Werk zu vollenden. Die Marine mußte daher ihre wenigen eigenen Flugzeuge und deren in diesen Dingen unerfahrene Besatzungen mit der Erfüllung dieser Aufgabe betrauen. Eines dieser Flugzeuge ließ Ende November 1939 zwei Minen zuvorkommenderweise in die Schlammzone von Shoeburyness an der englischen Ostküste fallen. Nachdem eine von ihnen entschärft war, dauerte es nur noch eine Weile, bis man Abwehrmöglichkeiten gegen sie entwickelt hatte.

Einer der ersten Schritte auf englischer Seite war die Anlage einer breiten Minensperre in der Straße von Dover, um so den Kanal für alle deutschen Schiffe unpassierbar zu machen. Man weiß von einem U-Boot, daß es noch durchschlüpfen konnte, bevor die Sperre ganz fertig war. Aber im Oktober 1939 wurden bereits zwei vernichtet, und ein weiteres lief auf Grund und mußte aufgegeben werden. Vernünftigerweise gaben die Deutschen darauf jeden Versuch auf, weiter den direkten Weg durch den Kanal zu den Wester Apporaches zu suchen. Statt dessen waren sie bis zum Fall Frankreichs gezwungen, die weite Route rund um Schottland und Irland zu nehmen. Dennoch verloren die Engländer ihrerseits bis Ende 1939 mehr als eine Viertelmillion Tonnen Schiffsraum durch Minen. Es ist nicht schwer, sich vorzustellen, was passiert wäre, wenn die Deutschen mehr als jene 1500 Magnetminen besessen hätten, mit denen sie den Krieg begannen (im Vergleich zu ihren 22000 Kontaktminen). Dem englischen U-Boot *Salmon* (Lieutenant-Commander E. O. B. Bickford) gelang es im Dezember, zwei wertvolle Leichte Kreuzer der Deutschen, die *Leipzig* und die *Nürnberg*, aktionsunfähig zu machen. Die beiden waren zum Schutz einer Zerstörergruppe, die vor Tyne Minen legte, ausgefahren.

Wie wir bereits sahen, wurde der erste Erfolg der deutschen U-Boot-Waffe am ersten Kriegstag — die Versenkung der *Athenia* — propagandistisch ein Eigentor. Elf Tage später hätte die Royal Navy fast einen Verlust erlitten, der sich sicher lähmend ausgewirkt hätte: *U 39* (Kapitänleutnant Gerhard Glattes) feuerte an dem Tag nämlich einen Torpedofächer auf den Flugzeugträger *Ark Royal* ab. Der Träger kreuzte inmitten einer Gruppe von Zerstörern, während seine Maschinen Jagd auf deutsche U-Boote machten. Der Verband hatte sich von der Home Fleet getrennt und befand sich westlich der Hebriden. Die Zerstörer konnten *U 39* nach seinem Angriff versenken — es war das erste U-Boot, das die Deutschen auf diese Weise verloren — und die Besatzung gefangennehmen. Bei der Admiralität herrschte Erleichterung, daß ihr modernster Flugzeugträger dem Feind so knapp entkommen war, aber die Freude währte nicht lange. Am 17. September befand sich Kapitänleutnant Otto Schuhart mit *U 29* bereits auf Heimfahrt. Er hatte drei britische Tanker versenkt. Von einem anderen Boot war ihm ein Geleitzug gemeldet worden, und nach ihm hielt er Ausschau. Vielleicht konnte er die Gelegenheit nutzen und die Abschußliste seiner ersten Feindfahrt noch erhöhen. Da sichtete er durch sein Periskop ein sehr großes und plumpes, hoch aus dem Wasser stehendes Schiff. Nach einigem Hin und Her konnte es als der älteste Flugzeugträger der englischen Flotte, HMS *Courageous* (22 500 BRT) identifiziert werden. Auch die *Courageous* führte eine Suchgruppe an, die westlich von Irland nach U-Booten fischte. Sie wurde von vier Zerstörern eskortiert, von denen gerade zwei abgedreht hatten, um einem angegriffenen Handelsschiff zu Hilfe zu eilen. Schuhart brauchte zwei Stunden, um sein Boot in eine gute Schußposition zu bringen. Die Schwierigkeit lag darin, daß das U-Bot getaucht nur eine geringe Geschwindigkeit hatte. Aber plötzlich änderte Captain W. T. Makeig-Jones den Kurs des Flugzeugträgers, um einigen seiner 24 ›Swordfish‹-Maschinen die Landung gegen den Wind zu ermöglichen. Das Manöver drehte den alten, umgebauten Schlachtkreuzer vor den Bug von *U 29*, das aus einer Entfernung von 2500 Meter einen Dreierfächer abschoß. Zwei Torpedos trafen, und der Flugzeugträger sank innerhalb von 15 Minuten. Er nahm die Hälfte seiner Mannschaft mit in den Tod — 519 Mann, unter ihnen auch der Kapitän. Die Zerstörer machten vier Stunden lang Jagd auf den Angreifer, aber Schuhart gelang die Flucht. Er wurde der erste Kriegsheld der deutschen Marine, der seine Ehrungen wohl verdient hatte. Hitler nahm sogar die Mühe auf sich, aus Anlaß der triumphalen Rückkehr von *U 29* nach Wilhelmshaven, dem deutschen Nordseeflottenstützpunkt, zu reisen und die Mannschaft auszuzeichnen. Daß es einem U-Boot gelungen war, ein derart großes Schiff zu versenken und sich auch noch unbehelligt davon zu machen, wirkte Wunder auf die Moral der deutschen U-Boot-Waffe. Bei der Admiralität und in der englischen Öffentlichkeit mit ihrem großen Interesse am Schicksal der Navy schrillten dementsprechend die Alarmglocken.

Die Verluste der Handelsschiffahrt, vor allem bei den allein fahrenden Schiffen, durch U-Boote ging weiter, als Dönitz über einen Schlag nachdachte, der den Feind mitten ins Herz treffen sollte. Es war ein Plan, den deutsche Boote auch im Ersten Weltkrieg schon zweimal ausprobiert hatten. Er hatte vor, ein U-Boot in die Bucht von Scapa Flow zu schicken und dort Torpedoangriffe auf die Schlachtschiffe der Home Fleet fahren zu lassen. Das war freilich eine kühne Herausforderung, die eines ganz besonderen Mannes bedurfte. Dönitz kannte seine Kommandanten alle persönlich: Er war es gewohnt, nach der Rückkehr von Einsätzen mit ihnen, wann immer möglich, persönlich die gewonnenen Erfahrungen zu besprechen. Seine Wahl fiel auf Kapitänleutnant Günther Prien, den Kommandanten von *U 47,* der als erster ein englisches Handelsschiff versenkt hatte (die *Bosnia* am 5. September nördlich von Spanien).

Günther Prien sollte für seine ungewöhnliche Heldentat der berühmteste U-Boot-Kommandant in der Geschichte werden. Er wartete gerade in Wilhelmshaven auf seine nächste Aufgabe, als Dönitz ihn persönlich zu sich kommen ließ. Er fand den Befehlshaber der U-Boote über eine große Karte der Orkney-Inseln gebeugt. Dönitz eröffnete ihm seinen Plan und wies auch ohne Umschweife auf die Gefahren dieser Mission hin. »Was halten Sie davon, Prien?« fragte ihn Dönitz, und Prien erinnert sich in seinem Buch ›Mein Weg nach Scapa Flow‹, wie er fortfuhr:

»Ich will jetzt keine Antwort. Überlegen Sie sich die Sache in Ruhe. Nehmen Sie alle Unterlagen mit und rechnen Sie sich alles gründlich durch. Bis Dienstag mittag erwarte ich Ihre Entscheidung ... Ich hoffe, daß Sie mich recht verstehen, Prien. Sie sind in Ihrem Entschluß völlig frei. Wenn Sie zu der Überzeugung kommen, daß sich die Unternehmung nicht durchführen läßt, melden Sie es mir. Es fällt dann absolut kein Makel auf Sie, Prien. Sie bleiben für uns immer der alte.«

Am 8. Oktober ging *U 47* in See. Nur sein Kommandant wußte, wohin die Reise ging. die Mannschaft wurde ein wenig unruhig, als das Boot sich regelrecht Mühe gab, allen sich bietenden Angriffszielen auszuweichen. Der Zeitpunkt des Unternehmens war entscheidend. Es mußte genau der Abend des 13. Oktober sein: Dann würde es kein Mondlicht geben, und die Gezeiten würden es erlauben, bei Nacht in den Ankerplatz der britischen Flotte vorzudringen und ihn auf demselben Weg wieder zu verlassen. Damals hatten italienische Kriegsgefangene die Tür zum großen Stall noch nicht durch den Bau des bemerkenswerten Churchill-Damms zugemacht, der die fünf Inseln und Inselchen an der Ostseite des Flow miteinander verband. Daher gab es sieben verschiedene Einfahrten — vier im Osten, zwei im Nordwesten (alle eng) und eine im Süden (der Sound of Hoxa). Dönitz hatte die nördlichste Einfahrt an der Ostseite zwischen der Hauptinsel Mainland und der kleinen Insel Lamb Holm ausgesucht. Die Rinne (sie ist heute geschlossen) hieß Kirk-Sund. Alle Einfahrten waren mehrfach gesichert, und zwar durch Blockschiffe (von denen viele schon während des Ersten Weltkriegs dort versenkt wurden), Netze, Balkensperren, Ankertaue und Wachboote. Trotz aller Warnungen, die die Admiralität schon vor dem Krieg erreicht hatten, waren die Verteidigungsanlagen dieses wichtigsten britischen Flottenstützpunktes auch sechs Wochen nach Ausbruch der Feindseligkeiten noch immer nicht fertiggestellt. Der Kirk-Sund war nur zur Hälfte mit Tauen und Drähten gesichert. Die 15 Meter breite Lücke hatten die Deutschen auf Fotos entdeckt, die eines ihrer Aufklärungsflugzeuge aufgenommen hatte (am 12. Oktober überflog die Maschine das Areal noch einmal).

Prien hatte die Nordsee mit äußerster Vorsicht durchquert, und als sein Boot nun in Sichtweite der Orkneys war, ließ er seine Mandschaft endlich wissen, welches Ziel sie ansteuerten. Dann zogen sie sich wieder auf die offene See zurück. *U 47* verbrachte die Tagesstunden des 13. Oktobers am Meeresgrund. Um 19 Uhr tauchte es auf. Kein Mond war zu sehen — aber das Nordlicht, eine wunderbare Erscheinung in diesen Breiten, schien alles Erdenkliche zu tun, um den Ankerplatz der englischen Flotte zu schützen. Glücklich für die Royal Navy war auch noch der Umstand, daß ein Großteil der Home Fleet ausgelaufen und noch nicht wieder zurückgekehrt war; er hatte vergeblich Jagd auf einen starken deutschen Überwasserverband unter Führung des Schlachtkreuzers *Gneisenau* gemacht, der einen Ausfall in die Nordsee versucht hatte. Der größere Teil der Streitmacht unter Admiral Sir Charles Forbes, dem Oberkommandierenden der Home Flett, befand sich noch in Loch Ewe an der westlichen Küste von Nordschottland. Und so lagen nur zwei große Schiffe im Flow: der alte Seeflugzeugträger *Pegasus,* der nun als Flugzeugfähre diente, und das nicht weniger alte, aber wieder aufgemöbelte Schlachtschiff *Royal Oak* (29150 t) mit acht 37,5-cm-Geschützen als seiner stärksten Waffe.

Prien beschloß, die natürliche Illumination des Himmels zu ignorieren und kämpfte sich mit seinem Boot gegen den Strom durch den Kirk-Sund in den Flow. Nachdem er den Ankerplatz erreicht hatte, waren die beiden Dickschiffe in fünf Meilen Entfernung nach Norden zu erkennen. Sie lagen vor Anker im Schutz der kleinen Bucht von Scapa. *U 47* drang über Wasser in den Flow ein, was Bände über die Nervenstärke der gesamten Mannschaft spricht. Das Boot mußte über Wasser gehen, weil es gegen die Strömung nur mit seinen Dieselmotoren ankam und weil beim Angriff mit Höchstgeschwindigkeit gefahren werden mußte.

»In solchen Stunden setzt das Gefühl aus«, [schrieb Prien]. »Man denkt mit dem Boot, man ist das Hirn dieses stählernen Tieres, das sich da an das große, übermächtige Schiff heranschleicht. In

solchen Sekunden muß man in Eisen und Stahl denken — oder untergehen.
Immer näher! Jetzt kann man deutlich die Kuppeln der Geschütztürme erkennen, aus denen sich drohend die Rohre recken. Wie ein schlafender Riese liegt das Schiff mit abgeblendeten Lichtern da ...
Dann aber geschieht etwas, was keiner ahnte, was keiner, der es gesehen hat, je wieder im Leben vergessen wird. Drüben wallt ein Wasservorhang auf. Es ist so, als ob das Meer plötzlich aufstünde. Dumpfe Schläge ertönen rasch hintereinander wie Trommelfeuer einer Schlacht und wachsen zusammen zu einem einzigen ohrenzerreißenden Krachen — Flammengarben sprühen auf — blau — gelb — rot.
Der Himmel verschwindet hinter diesem höllischen Feuerwerk. Schwarze Schatten fliegen wie riesige Vögel durch die Flammen, fallen aufklatschend aufs Wasser. Meterhohe Fontänen springen auf, wo sie niederfallen. Mächtige Brocken sind's von den Masten, von der Brücke, von den Schornsteinen.
Wir müssen direkt in eine Munitionskammer getroffen haben, und die todbringende Ladung hat diesmal den Leib des eigenen Schiffes zerrissen ...
Ich rufe herunter: ›Der ist erledigt!‹
Schweigen sekundenlang. Und dann ein Aufbrüllen, ein einziger tierischer Schrei, in dem sich die furchtbare Spannung der letzten vierundzwanzig Stunden entlädt. Ein Schrei, als ob das Boot, dieses große stählerne Tier, selbst schrie.
›Ruhe!‹ brülle ich — und das Boot schweigt.«

Mitten im darauf folgenden Inferno im Flow, wo kleine Boote hin und her jagten, Zerstörer nach dem Eindringling suchten, Überlebende (nur eine Handvoll) aus dem Wasser gefischt wurden, zog sich Prien, immer noch über Wasser, auf demselben Weg, den er gekommen war, wieder aus Scapa zurück. Er warf sich in die Strömung, die jetzt aus der anderen Richtung kam und gegen die er kaum etwas ausrichten konnte. Mitten in diesem Kampf gegen die Elemente näherte sich ein Zerstörer und erfaßte *U 47* mit seinem Scheinwerfer. Dann gab er Lichtzeichen — und drehte ab in Richtung auf die anderen Zerstörer seiner Gruppe, wobei er quer durch den Flow eine Wasserbombe nach der anderen warf. Die Deutschen hatten das Schlachtschiff mit vier von sieben abgeschossenen Torpedos getroffen. Eines der vier Torpedorohre von *U 47* streikte. Der erste Dreierfächer brachte einen Treffer am Bug, wo er so wenig Schaden anrichtete, daß Captain W. G. Benn glaubte, im Farbenlager sei es zu einer spontanen Explosion gekommen oder ein Flugzeug habe eine Bombe abgeworfen. Am Bug wurde an Steuerbord unterhalb der Wasserlinie ein kleines Loch entdeckt, und die Männer auf Wache hatten eine kleine Wasserfontäne gesehen. Ein Torpedo aus dem Heckrohr von *U 47* verfehlte sein Ziel.

Prien glaubte, er hätte mit seinem ersten Fächer ein anderes Schlachtschiff, die *Repulse,* getroffen; aber die lag in Loch Ewe. Nach einer Viertelstunde waren die drei funktionierenden Bugrohre für einen zweiten Fächer wieder geladen. Alle drei Torpedos trafen mittschiffs und ließen zugleich Teile der schweren Munition im Schlachtschiff mit hochgehen. Captain Benn gehörte zu den wenigen Glücklichen, die dabei über Bord geschleudert wurden. Im Bericht des Untersuchungsausschusses hieß es zehn Tage später: »Er blieb bis zum letzten Augenblick auf dem Schiff, bis es ihn buchstäblich von sich aus verließ.« Konteradmiral H. E. C. Blagrove, der Divisionsflaggoffizier, hatte weniger Glück. Er lehnte es ab, nach einer Rettungsboje zu greifen, sondern blieb an Bord und half einigen Verletzten ins Wasser, bevor er mit dem Schiff unterging. Mit ihm fanden 785 Männer den Tod. Der Angriff fand in der Nacht zum 14. Oktober kurz nach 1.00 Uhr statt. *U 47* kehrte am 17. Oktober unbehelligt nach Wilhelmshaven zurück, wo es in einem Freudentaumel empfangen wurde.

Das 31 Jahre alte ›As der Asse‹ wurde nicht nur im Hafen, sondern später noch einmal in Berlin stürmisch begrüßt. Hitler persönlich zeichnete ihn mit dem Ritterkreuz aus. Dieser Orden wurde zur traditionellen Auszeichnung für außergewöhnliche U-Boot-Kapitäne. Dönitz, der die Operation geplant und peinlich genau vorbereitet hatte, wurde sofort zum Konteradmiral ernannt.

Wie zu Beginn des Ersten Weltkrieges, als Churchill schon einmal in der Admiralität das Sagen gehabt hatte, war die britische Öffentlichkeit wieder begierig auf die großen Siegesmeldungen ihrer Flotte. Ein Land, das die Berichte von Nelsons glänzenden Siegen über Napoleons Kriegsschiffe mit der Mutterbrust eingesogen hatte, setzte weiterhin hohe Erwartungen in die eigene Flotte, von deren Schutz es im Krieg in allererster Linie abhing. Doch wie damals mußte sie erst eine Reihe von Katastrophen durchmachen, ehe die erste Dezemberhälfte den Engländern dann die Nachricht von einem eindeutigen Triumph brachte. Sie kam aus dem südwestlichen Atlantik.

Doch davor erreichte die Home Fleet bereits am 23. November eine Meldung, auf die sie gewartet hatte. Sie kam von der *Rawalpindi,* einem zum Hilfskreuzer umgebauten Liner, der einen deutschen Schlachtkreuzer gesichtet hatte. Wenn das stimmte, mußte es sich um den ersten Ausfall des mächtigen Zwillingspaares *Scharnhorst* und *Gneisenau* handeln. Captain E. C. Kennedy korrigierte seine Meldung dummerweise später und wollte dann das Panzerschiff *Deutschland* gesichtet haben. Doch Admiral Forbes schickte seine Streitkräfte von Loch Ewe aus auf die Suche. Tatsächlich hatte die *Rawalpindi,* zu deren Aufgaben Patrouillen zwischen Schottland und Skandinavien und das Sichten großer feindlicher Schiffe gehörten, die *Scharnhorst* entdeckt. Die Deutschen waren ausgelaufen, um die Blockade der Engländer zu testen und überhaupt Verwirrung zu stiften. Zwischen Island und den Färöer Inseln sichtete die *Scharnhorst* die *Rawalpindi* und eröffnete mit ihren 28-cm-Geschützen das Feuer auf sie. Der Kreuzer antwortete tapfer mit seinen alten 15,2-cm-Kanonen und landete einen Treffer, bevor ihn die deutsche Artillerie binnen 14 Minuten vernichtet hatte. Die *Scharnhorst* holte 21 Überlebende aus dem Wasser. Während Admiral Forbes sieben Großkampfschiffe und alle verfügbaren Kreuzer und Zerstörer zusammenrief, um die Jagd auf die Deutschen zu eröffnen, sichtete als nächstes Schiff auf der nördlichen Patrouillenlinie der Kreuzer *Newcastle* die Deutschen. Er versuchte, Kontakt mit ihnen zu halten. Doch er hatte noch kein Radar, mit dem zu dieser Zeit erst wenige Schiffe ausgerüstet waren, und daher verlor er sie im schlechten Wetter wieder. Die dann folgende Suchaktion nach den beiden deutschen Schlachtkreuzern, den damals stärksten feindlichen Schiffen, brachte nichts ein. Als unglückliches Vermächtnis der *Rawalpindi* herrschte in der Admiralität eine dreiwöchige Konfusion, während der sie glaubte, die *Deutschland* bewege sich wieder frei im Nordatlantik, wie sie das schon vom 24. August bis 8. November getan hatte. Dabei lag sie, vom britischen Nachrichtendienst unentdeckt, noch im Hafen. Doch ihr Schwesterschiff, die *Graf Spee,* sorgte noch immer am anderen Ende des Ozeans für Unruhe.

Unter Kapitän Hans Langsdorff war das Schiff am 21. August 1939 auf Kreuzfahrt südlich des Äquators geschickt worden. Dort sollte es auf weitere Anweisungen warten. Die *Graf Spee* verdrängte 12 000 BRT, 2000 mehr, als der Versailler Vertrag erlaubt hatte, und 16 000 BRT, wenn sie kriegsmäßig mit Treibstoff, Munition und Vorräten beladen war. Sie hatte zwei Dreiertürme mit 28,5-cm-Geschützen, acht 15-cm- und sechs 10-cm-Geschütze, acht Torpedorohre und die Panzerplatten eines Schweren Kreuzers. Sie hatte auch zwei kleine Seeflugzeuge an Bord, die über eine Kataplutanlage gestartet wurden. Ihre Höchstgeschwindigkeit lag bei 28 Knoten, die Marschgeschwindigkeit bei 20 Knoten. Sie konnte mit ihrer 1150-köpfigen Besatzung bis zu 21 500 Meilen weit ohne Treibstoffaufnahme unterwegs sein. Da Deutschland keine Überseestützpunkte hatte, war die *Graf Spee* von der Versorgung durch den Tanker *Altmark* abhängig. Ihre Aufgabe war, den feindlichen Handel zu stören und Frachter zu versenken, aber jeder Konfrontation selbst mit dem schwächsten Kriegsschiff aus dem Weg zu gehen, es sei denn, anders wäre ihr Hauptauftrag nicht mehr erfüllbar. Zusammen mit der *Deutschland,* die für den Bereich nördlich des Äquators zuständig war, übte sie indessen bis zum 26. September Zurückhaltung. Zu dem Zeitpunkt hatte Hitler dann seine

Hoffnung auf einen schnellen Frieden mit England und Frankreich aufgegeben.

Von der Anwesenheit der *Graf Spee* im Südatlantik erfuhr man am 1. Oktober, als die Besatzung der britischen SS *Clement* von einem anderen Schiff an Land gebracht wurde. Die *Clement* war am 30. September das erste Opfer der *Graf Spee* vor der brasilianischen Küste geworden. Die britischen Seeleute waren von den Deutschen hinters Licht geführt worden und glaubten, ihr Schiff sei von deren drittem Panzerschiff, der *Admiral Scheer,* auf den Grund des Meeres geschickt worden. Doch jetzt wußte die Admiralität zumindest, daß ein größerer Handelsstörer sich frei auf der südlichen Halbkugel herumtrieb. Es dauerte dann nur noch bis zum 21. Oktober, ehe ein paar gerettete Norweger die Orkneys erreichten und melden konnten, daß auch in der nördlichen Hälfte ein Handelsstörer seine Kreise zog. Am nächsten Tag lief die amerikanische SS *City of Flint* in den nordrussischen Hafen Murmansk ein. An Bord hatte sie ein Prisenkommando von der *Deutschland.* Zum Ärger der Amerikaner hatte das Schiff Konterbande für England geladen, und so waren die Deutschen berechtigt, nach der Prisenordnung vorzugehen. Am 5. Oktober hatten die Admiralität und die französische Flotte acht Verbände aus größeren Kriegsschiffen zusammengestellt — fünf englische, zwei französische und einen gemeinsamen —, um nach den Deutschen zu suchen. Sie teilten den Atlantik in sieben Operationsgebiete ein. Der achte Verband wurde in den Indischen Ozean geschickt. Das war eine gewaltige Umverteilung und zugleich eine Verzettelung der anglo-französischen Seestreitkräfte, die auf eine weltweite Schwächung ihrer Schlagkraft hinauslief. Genau das sollte nach den Plänen von Admiral Raeder auch geschehen. Schlachtschiffe und Flugzeugträger mußten zum Schutz von Geleitzügen abgezogen werden, was zur Folge hatte, daß die Zerstörer nun ihrerseits nicht mehr die Konvois beschützen konnten, sondern als Geleitschiffe der britischen Dickschiffe fungieren mußten. Die Handelskapitäne wurden angewiesen, sofort einen Funkspruch abzusetzen, der mit dem Kürzel

›RRR‹ begann (für *raider* d.h. Handelsstörer), sobald sie einen feindlichen Handelsstörer sichteten. Damit lieferten sie aber ihre Schiffe der direkten Zerstörung durch die Deutschen aus, und das sogar streng nach Prisenordnung.

Die *Graf Spee* brachte zwischen dem 30. September und dem 22. Oktober sechs Handelsschiffe auf, dann schien sie verschwunden zu sein. Doch am 2. Dezember gab es einen neuen Hinweis auf die Handelsstörer. Die britische SS *Doric Star* hatte einen ›RRR‹-Hilferuf von einer Position aus abgesetzt, die darauf schließen ließ, daß Langsdorff sich an den nördlichen Rand seines Operationsbereiches zurückgezogen hatte; das war nördlich von Brasilien. Sofort leitete Admiral Sir G. H. d'Oyly Lyon, Befehlshaber des Abschnitts Südatlantik, einen Schwenk seiner Schiffsverbände nach Norden ein. Aber bei der ›Force G‹ unter Führung von Commodore Henry Harwood nahm man an, die *Graf Spee* werde nun Kurs nach Süden nehmen, angezogen von der reichen Beute, die man vor dem südlichen Brasilien und der Mündung des Rio de la Plata zwischen Uruguay und Argentinien machen konnte. Daher beschloß er, drei der vier Schiffe unter seinem Kommando — den Kreuzer *Exeter* (20-cm-Geschütze) und die beiden neuseeländischen Kreuzer *Achilles* und *Ajax* (beide mit 15-cm-Geschützen) — ungefähr 150 Meilen vor der Mündung zu postieren. Das geschah am 12. Dezember. Die *Graf Spee* hatte inzwischen am 3. Dezember ihr nächstes Schiff versenkt, und am 7. Dezember war man bei Nummer zehn. Insgesamt lag die Rate schon bei über 50 000 BRT.

Am Mittwoch den 13. Dezember sichtete die *Ajax,* an deren Mast Harwoods Flagge flatterte, kurz nach 6.00 Uhr morgens im Nordwesten Rauch. Der Commodore schickte sein stärkstes Schiff, die *Exeter,* auf Erkundung. Nach einer Viertelstunde signalisierte sie zurückhaltend: »Ich glaube, es ist ein Panzerschiff.« Harwood ging sogleich zum Angriff über. Die *Exeter* sollte von Süden aus das Feuer eröffnen, die beiden anderen Kreuzer von Osten. Die Engländer hatten dadurch, neben ihrer gewaltigen Überlegenheit an Geschützen, den doppelten Vorteil, daß sie die Aufmerksamkeit des Gegners halbieren konnten. Gleichzeitig konnten die Kreuzer die Treffergenauigkeit nach jedem einzelnen Schuß zurückmelden. Sie eröffneten das Feuer bei Erreichen der äußersten Reichweite. Zuerst drehte die *Graf Spee* einen Turm auf die *Exeter*, den anderen auf die beiden anderen Kreuzer. Dann sah Langsdorff, daß die größere Bedrohung von den größeren Geschützen der *Exeter* ausging und konzentrierte alle sechs 28-cm-Kanonen auf sie. Das zeitigte sofort seine Wirkung. Captain F. S. Bell konnte schon bald einen seiner drei 20-cm-Geschütztürme abschreiben und kurz darauf das Ruder. Bell ließ mit dem Notruder steuern, ließ sein Schiff auf seine 32 Knoten Höchstgeschwindigkeit gehen und probierte einen Torpedoangriff. Die Strafe, die er erhielt, war fürchterlich. Nur noch ein Hauptgeschützturm mit zwei Kanonen war in Funktion, als die *Exeter* (8250 BRT) sich gezwungen sah, abzudrehen. Sie feuerte zwar noch, hatte aber kräftig Schlagseite nach Steuerbord.

Währenddessen wechselten die *Ajax* (Captain C. H. L. Woodhouse) und die *Achilles* (Captain W. E. Parry) Salven mit der zweitstärksten Waffe der *Graf Spee*, ihren 15-cm-Geschützen — das war ein Verhältnis von 16 gegen acht. Die *Achilles* erlitt leichte Schäden durch eine, die *Ajax* schwerere durch zwei 28-cm-Granaten, als Langsdorff einen seiner Haupttürme kurz auf sie richtete. Daher nebelte Harwood sich ein und zog sich nach anderthalbstündigem Gefecht zurück. Der *Achilles* war das Feuerleitsystem zerschossen worden, und die *Ajax* hatte zwei ihrer vier Geschütztürme verloren. Die *Graf Spee* hatte 20 Treffer erhalten. Sie hatte 36 Männer verloren, aber ihre Geschütze waren alle noch intakt. Sie drehte nach Westen in Richtung Rio de la Plata ab, verfolgt von den beiden Kreuzern, wobei es zu den erwähnten kurzen Salven kam. Die *Exeter* humpelte nach Süden zu den Falkland-Inseln, um in Reparatur zu gehen; von dort her eilte Harwoods vierter Kreuzer, die *Cumberland* (mit acht 20-cm-Geschützen) herbei, um sie zu ersetzen. 71 Männer waren getötet worden, 64 von ihnen auf der *Exeter*. Ihr Gegner lief mit einem zwei Meter großen Loch und schwer beschädigten

Aufbauten in den Hafen von Montevideo ein, der Hauptstadt des neutralen Uruguay.

Nach geltendem Völkerrecht hatte Langsdorff das Recht, sich dort 24 Stunden lang aufzuhalten und die notwendigen Reparaturen vornehmen zu lassen. Er wußte, daß am Horizont die Wölfe auf ihr Wild lauerten: Die Engländer schickten alle verfügbaren Schiffe dorthin, kaum daß Harwood den Beginn der Kampfhandlungen gemeldet hatte — darunter auch ein Schlachtschiff und einen Flugzeugträger sowie mehrere Kreuzer. So paßte es denn ironischerweise beiden Seiten ins Konzept, wenn die *Graf Spee* so lange wie möglich in Montevideo liegen blieb. Die deutsche Botschaft erreichte eine Verlängerung auf 72 Stunden, und die Engländer halfen noch einmal nach, indem sie ihre im Hafen liegenden Handelsschiffe jeweils im Abstand von einem Tag auslaufen ließen — und das bedeutete nach den Regeln der Haager Konvention, daß die Deutschen ihnen jeweils 24 Stunden Vorsprung geben mußten, ehe sie mit ihrem Kriegsschiff folgen durften. Die BBC bauschte in ihren Rundfunksendungen die Geschichte über die Streitmacht der Royal Navy, die sich draußen auf hoher See zusammenzog, noch zusätzlich auf. Langsdorff wurde bald klar, daß seine Lage verzweifelt war, und am 16. Dezember schickte er Admiral Raeder ein Kabel und bat um Anweisungen.

Von sich aus konnte er nur einen Plan anbieten, und der hieß: sich durch das breite Mündungsgebiet nach Buenos Aires vorzukämpfen, wo eine deutschfreundliche Stimmung herrschte und man auf eine äußerst entgegenkommende Neutralität hoffen konnte. Dagegen war sich Langsdorff sicher, daß ein Durchbruch in die offene See zum Scheitern verurteilt war, und so erbat er eine Entscheidung, ob man sich internieren lassen oder, als letzte Zuflucht, selbst versenken sollte. Raeder wandte sich an Hitler, der sich von diesem Drama, das die ganze Welt in Presse und Rundfunk mit Aufmerksamkeit verfolgte, äußerst irritiert zeigte. Der Führer untersagte eine Internierung und stimmte, wenn nötig, einer Selbstversenkung zu — vorausgesetzt, daß sie voll gelang.

Oben: Konvoi auf Südkurs entlang der englischen Ostküste

Rechts: Eine Konvoi-Konferenz

Links: Großadmiral Erich Raeder

Unten: Dönitz inspiziert eine zurückgekehrte U-Boot-Mannschaft

Oben: Die *Altmark* im Jössingfjord

Rechts: Von der *Altmark* entlassene britische Seeleute

Unten: Der Handelszerstörer *Atlantis* in einer seiner vielen Tarnungen

Oben: Admiral Pound (rechts) und Admiral Noble (links)

Unten: Begegnung zwischen Admiral Tovey, dem Chef der britischen Home Fleet (rechts), und Commodore Dowding vom PQ 17

24 Stunden nach Erhalt dieser Antwort gab Kapitän Langsdorff Befehl zum Auslaufen. Es war der frühe Abend des 17. Dezember. Mit gehißter Kriegsflagge steuerte das immer noch von Granateneinschlägen versengte und geschwärzte Schiff langsam in den mächtigen Strom des Rio de La Plata hinaus. In seinem Kielwasser lief der deutsche Dampfer SS *Tacoma.* Draußen in den internationalen Gewässern lagen ein Stück flußabwärts die *Ajax,* die *Achilles* und die *Cumberland.* Dort ging man auf Gefechtsstation, schwenkte die Geschütze, brachte sie in Stellung und wartete, bis die Deutschen die unsichtbare Linie überfuhren. Tausende von Menschen standen schweigend am Flußufer, um die zweite Runde der Schlacht zu verfolgen. Kein anderes englisches Schiff war in Sicht. Aber gerade als die Sonne hinter der *Graf Spee* zu versinken begann, stoppte das Panzerschiff am Rand der Dreimeilenzone, und man sah, wie Besatzungsmitglieder zur *Tacoma* hinübersetzten. Die atemlose Stille, in der das alles geschah, wurde wenige Minuten danach von einer ersten Serie von Explosionen unterbrochen, die im Innern des Panzerschiffs hochgingen, gefolgt von einem mächtigen Crescendo, als die Sprengsätze explodierten, die das Schiff versenken sollten. Es legte sich mit dem Kiel auf den Grund des Flußbetts, und die ganze Nacht schlugen Flammen aus den Aufbauten. Die *Tacoma* schaffte die gesamte Besatzung und den Kapitän nach Argentinien. Dort angekommen, legte sich Hans Langsdorff, dessen Angriffe auf britische Handelsschiffe nicht einen Menschen das Leben gekostet hatten, am 20. Dezember die kaiserliche Fahne, unter der er am Skagerrak gekämpft hatte, um die Schultern und erschoß sich mit der eigenen Pistole. Dem deutschen Botschafter in Montevideo hinterließ er als sein Testament einen Brief als sein letztes Testament, in dem er schrieb: »Ich bin es zufrieden, mit meinem Leben bezahlen zu können, um die Ehre der Fahne reinzuhalten.« Natürlich fiel kein Schatten auf sie, selbst dadurch nicht, daß er in eine Falle geraten war.

Das Versorgungsschiff der *Graf Spee*, die *Altmark*, hatte sich inzwischen auf die lange Heimreise gemacht und kam auch unbehelligt bis zur norwegischen Küste. Dort konnte sie von britischen Schiffen, die Jagd auf deutsche Erzfrachter machten, gestellt werden. Der Vorfall lenkte die Aufmerksamkeit der britischen ebenso wie der deutschen Stäbe auf die strategische Bedeutung Norwegens, und dabei dachte man nicht nur an seine wichtigen Rohstoffquellen und die Nachschubwege für das Eisenerz, sondern ganz grundsätzlich an seine lange Atlantikküste, die vom Nordkap bis zum Skagerrak (der Einfahrt in die Ostsee) reichte. Churchill war zutiefst verstimmt, daß die deutschen Schiffe das schwedische Erz auf dem ›gedeckten Weg‹ zwischen den norwegischen Inseln und dem Festland transportieren durften und damit immun waren. Er hatte seit Kriegsbeginn mehrfach vorgeschlagen, den gesamten Bereich zu verminen. Aber sein Auswärtiges Amt hatte sich wegen der Neutralität Norwegens dagegen ausgesprochen (und wegen der Wirkung, die ein Ignorieren dieser Neutralität in Amerika gehabt hätte). Die Deutschen hofften auf einen politischen Umschwung in Norwegen mit Hilfe des bekannten norwegischen Nazi-Anführers Quisling. Währenddessen entwarf die Wehrmacht ihren Plan für das Unternehmen ›Weserübung‹. Mit ihr wollte man einer englisch-französischen Invasion in Norwegen zuvorkommen, für die man erste Anzeichen entdeckt hatte. Raeder wußte um das Risiko, das eine Einbeziehung seiner begrenzten Kräfte in eine Invasion bedeutete; deshalb stand er hinter dem Quisling-Plan. Als aus dem aber nichts wurde, unterzeichnete Hitler am 1. März den Befehl für einen Einmarsch in Dänemark und Norwegen. Er sollte Anfang April in Szene gesetzt werden, kurz vor dem bereits geplanten ›Blitzkrieg‹ gegen die Niederlande und Frankreich.

Die Deutschen hatten den 9. April für ihre Invasion in Dänemark und Norwegen gewählt. Hitlers Plan, Norwegen den Engländern vorzuenthalten, kannte keine Zweifel, Bedenken oder Halbheiten. Er hatte seine Luftwaffe, mit der er die Überlegenheit des Feindes zur See ausgleichen konnte, und mit seiner absoluten Machtfülle setzte er sich auch über Admiral Raeders Einwände hinweg, die sich gegen den Einsatz aller verfügbaren Schiffe für diese Aktion richteten. Auch die meisten U-Boote sollten dazugehören.

Sechs Flottenverbände sollten Narvik, Trondheim, Bergen, Kristiansand und die Hauptstadt Oslo einnehmen. Andere Einheiten sollten zur gleichen Zeit Truppen an den Schlüsselstellen in Dänemark landen, auch in Kopenhagen. Am 8. April versenkte das polnische U-Boot *Orzel,* das mit den Engländern operierte, einen deutschen Transporter. Norwegische Schiffe nahmen Teile der Truppen an Bord. Von denen erfuhr man, daß sie auf dem Weg nach Bergen gewesen seien, um es gegen einen englisch-französischen Angriff zu ›beschützen‹. Oslo wurde informiert, doch dort versäumte man, die Streitkräfte in Alarmzustand zu versetzen. Die Deutschen fürchteten, ihr ganzes Unternehmen sei damit aufs Spiel gesetzt. Als die Engländer von der Sache erfuhren, begriffen sie nicht, was ein mit Truppen beladenes Schiff in diesen Gewässern für eine Bedeutung haben könnte. Die letzte Alarmglocke hatte geläutet.

Auf den Tag genau nahmen die Deutschen Trondheim und Bergen ohne Schwierigkeiten. In Bergen beschädigten die norwegischen Küstenbatterien, die als einziger Teil der norwegischen Streitkräfte in der Lage waren, sofort und direkt auf den Angriff zu reagieren, zwei Leichte Kreuzer, die *Bremse* und die *Königsberg.* Letzterer blieb bewegungsunfähig im Wasser liegen. Am 10. April kamen britische Marineflieger und versenkten den Kreuzer mit ihren Bomben. Die *Königsberg* bildete zwar, steuer- und antriebslos geworden, ein leichtes, weil unbewegliches Ziel; trotzdem ist sie in die Geschichte eingegangen: Sie war das erste größere Kriegsschiff, das von Flugzeugen versenkt wurde. Kristiansand fiel nach mehrstündigen Strandgefechten. In Oslo zögerte sich das Unvermeidliche noch um zwölf Stunden hinaus. Die 5. Gruppe der Deutschen drang in der Nacht zum 9. April gegen Mitternacht in den Oslofjord ein, angeführt von dem brandneuen Schweren Kreuzer *Blücher,* einem Schwesternschiff der *Hip-*

per. Nach vier Stunden erreichte der Kreuzer die engste Stelle des Fjordes, noch gut 18 Meilen südlich der Stadt. Mit deutscher Gründlichkeit führte man nicht nur Truppen an Bord mit, sondern die Keimzelle einer ganzen Besatzungsbehörde mit Beamten, Aktenschränken, Büromaterial und Dienstkleidung. Es war genau 4.20 Uhr, als die gewaltige Küstenbatterie aus optimaler Entfernung von beiden Seiten auf die *Blücher* zu schießen anfing. Vom Ufer aus abgeschossene Torpedos taten das ihre dazu, daß die *Blücher* nach zwei Stunden unter schweren Verlusten sank. Das Panzerschiff *Lützow* (das war die frühere *Deutschland;* Hitler hatte diesen Namen für etwas noch Größeres reservieren lassen) übernahm das Kommando. Man zog sich nun zehn Meilen im Fjord zurück, ehe man die Truppen landete. Zur gleichen Zeit flog die Luftwaffe schwere Bombenangriffe, und Luftlandetruppen sollten die Hauptstadt nehmen. Doch bis dahin waren die königliche Familie und die Regierung nach Norden evakuiert worden, und mit ihnen die norwegischen Goldreserven.

Narvik wurde von den Zerstörern der 1. Gruppe eingenommen. Zwei Vorpostenboote der Norweger wurden zusammengeschossen, dann konnten die Truppen plangemäß landen. Doch draußen auf See entdeckten die *Renown* und ihre Zerstörer die *Scharnhorst* und die *Gneisenau,* die auf nördlichem Kurs liefen, und sie eröffneten das Feuer auf sie. Die beiden deutschen Schlachtkreuzer waren nach Norden beordert worden, um die britische Flotte während der norwegischen Invastion abzulenken. Geführt wurden sie von Vizeadmiral Günther Lütjens auf der *Gneisenau;* sie waren zusammen mit den für Narvik bestimmten Zerstörern ausgelaufen. Zehn Minuten dauerte der Schußwechsel bei äußerst schlechten Wetterbedingungen. Die *Renown* mußte den Kampf allein ausstehen, weil ihre Zerstörer nicht mithalten konnten. Sie erhielt zwei oberflächliche Treffer aus den achtzehn 27,5-cm-Geschützen der schnelleren und schwerer bewaffneten Deutschen, und traf selber dreimal aus ihren sechs 37,5-cm-Geschützen die *Gneisenau.* Ein Treffer schaltete das Feuerleitsystem des Flaggschiffes aus, ein anderer zerstörte einen seiner Türme. Schließlich verlor Admiral Whitworth in dem schlechten Wetter die Fühlung, und zwar lange bevor eine Verstärkung aufschließen konnte.

Nach der Landung der Deutschen an den norwegischen Stränden suchten die Engländer nach Wegen, die Deutschen am Festsetzen zu hindern. Aus dem Clyde wurden weitere Seestreitkräfte zur Verstärkung nach Norden geschickt, darunter das Schlachtschiff *Warspite* und der Flugzeugträger *Furious* (der übrigens ohne seine Jagdstaffel an Bord in See stechen durfte, und das genau in dem Augenblick, als die Deutschen damit anfingen, die norwegischen Flugplätze zu besetzen). Forbes wollte Bergen angreifen, bekam aber die Anweisung, sich um Narvik und Trondheim zu kümmern, während zur Verstärkung geschickte Kreuzer die bisherige Aufgabe übernahmen. Schließlich ließ die Admiralität den Angriff auf Bergen ganz fallen. Offensichtlich erschien ihr die Einnahme des norwegischen Südhafens durch vier Kreuzer und sieben Zerstörer zu schwierig. Das Küstenkommando wollte den Flugplatz von Stavanger angreifen, der bereits von der Luftwaffe besetzt war. Aber dann hieß es, dies widerspreche den britischen Vorschriften über die Bombardierung von Städten: Wenn die Gefahr bestand, daß die Zivilbevölkerung in Mitleidenschaft gezogen werde, sollten Bombardements unterbleiben. Das verhalf den Deutschen vor Ort zu einer Luftüberlegenheit, die sie umgehend gegen die Schiffe von Admiral Forbes im südlichen Küstenbereich ausspielten.

Der zweite britische Angriff auf Narvik wurde auf den 12. April festgelegt. Wenn er auch kurzfristig wieder abgeblasen wurde, bestand London dennoch darauf, daß Narvik allererste Priorität habe, und man ließ Forbes wissen, daß Truppen gelandet würden. Forbes befand sich mit seiner Hauptstreitmacht vor Trondheim und bereitete sich darauf vor, seine Torpedobomber von der *Furious* ins Gefecht zu werfen. Aber der *Hipper* und vier ihrer Zerstörer gelang es, sich in der Nacht zum 11. April davonzumachen und in Richtung Heimat zu fliehen. So blieben nur drei deutsche Zerstörer zurück. Die Bomber konnten nichts gegen sie ausrichten, und

Forbes führte seinen Verband nach Narvik. Währenddessen wählten die Deutschen den kürzeren Weg nach Oslo, um mit Hilfe von sechs Heeresdivisionen die Kontrolle über Norwegen zu etablieren. Lütjens kam heiter und gelassen mit seinen Schlachtkreuzern aus dem hohen Norden zurück und schloß sich am Morgen des 11. April der *Hipper,* die ebenfalls auf der Heimreise war, südwestlich von Norwegen an. Daß 92 RAF-Bomber sie auf ihrer Heimfahrt knapp verfehlten, nachdem sie von Aufklärungsflugzeugen ausgemacht worden waren, wurde ihnen gar nicht bewußt. Das anhaltend schlechte Wetter kam den Deutschen entgegen, aber das war nicht der einzige Grund. Von den heimkehrenden Flottenverbänden der Deutschen mußte der Leichte Kreuzer *Karlsruhe* versenkt werden, nachdem ihn das englische U-Boot HMS *Truant* lahmgelegt hatte, und die *Lützow* wurde von einem Torpedo des U-Bootes *Spearfish* für ein Jahr aus dem Verkehr gezogen.

Am 12. April tauchte Forbes vor Narvik auf, aber die Flugzeuge der *Furious* konnten den Deutschen bei den widrigen Flugbedingungen keinen Schaden zufügen. Die Admiralität ordnete daher an, die deutschen Streitkräfte von See aus zu vernichten. Daher schickte Forbes die *Warspite* und neun Zerstörer unter Whitworths Flagge in den Vestfjord. Das Aufklärungsflugzeug des Schlachtschiffs sichtete und versenkte *U 64,* das dem deutschen Verband zu Erkundungszwecken vorausfuhr. Außerdem konnte es vor einem deutschen Zerstörer warnen, der in einem Hinterhalt lag. Als der britische Verband vor Narvik aufkreuzte, versenkte er ihn. Weitere sieben große deutsche Zerstörer wurden in einem heftigen Gefecht niedergekämpft, während nur zwei britische Zerstörer ernsthafte Schäden davontrugen. Whitworth wurde nun von der Admiralität aufgefordert, ein Landungskommando an Land zu setzen, um den Hafen einzunehmen, solange vom Meer und aus der Luft nicht verteidigt wurde. Aber er war vernünftig genug zu entscheiden, daß ein paar Royal Marines und eine Handvoll Matrosen wohl nicht ausreichen würden, eine erstklassige, bestens eingegrabene Truppe von 2000 Deutschen zu vertreiben. Er bat daher um eine ordentliche Sturmtruppe aus England. Mit dem 12. April war die erste Phase des Norwegenfeldzugs beendet. Die Deutschen verfügten nun über einen unsicheren Brückenkopf im Norden. Aber im Süden hatten sie sich eine feste Ausgangsbasis verschafft, die Stunde um Stunde durch Truppen, Flugzeuge und Nachschub ausgeweitet und verstärkt wurde. Nun war schon eine gewaltige Anstrengung der Engländer und Franzosen vonnöten, um dies alles wieder rückgäng zu machen.

Aus drei Gründen wurde diesem Ereignis hier Aufmerksamkeit gewidmet. Zum einen, weil diese Eröffnungsphase sich als entscheidend herausstellen sollte; die Deutschen mußten sich erst im Mai 1945 wieder aus Norwegen zurückziehen. Zum zweiten, weil damit das Ende eines Scheinkrieges markiert war, der zuvor den Eindruck erweckt hatte, als passiere eigentlich nicht viel; der erste anhaltende Zusammenstoß, an dem auf beiden Seiten alle drei Waffengattungen beteiligt waren, ließ jeden, der offene Augen hatte, deutlich alle wesentlichen Schwächen in der Kriegsführung erkennen. Zum dritten bekam Admiral Raeder so eine lange Küstenlinie am Atlantik mit einer Fülle natürlicher Verstecke für U-Boote und Kriegsschiffe geschenkt, die nun über interne Nachschublinien versorgt werden konnten (und schließlich gab es auch noch Stahl in Mengen, mit dem man U-Boote bauen konnte). Auf diese Weise hatten die Engländer einen nicht wieder gutzumachenden Fehler begangen. Für die Deutschen war die gemischte Operation dagegen ein einzigartiger Erfolg. Die Besetzung Norwegens und Dänemarks war ein klassischer Spielzug Hitlers, in dem er mit der ihm eigenen Skrupellosigkeit einen hohen Einsatz gegen einen unentschlossenen Gegner gewagt hatte.

Der erste britische Truppentransport verließ den Clyde am 11. April in Richtung Norwegen. Am 13. April betrat der erste britische Landungstrupp in Namsos, nördlich von Trondheim, norwegischen Boden. 350 Matrosen und Marinesoldaten wurden an Land gesetzt, um die Deutschen zu vertreiben. Später sollte hier ein Truppenstützpunkt für die ›Operation

Maurice‹, einen Angriff britischer und französischer Einheiten auf Trondheim, gebildet werden. Die Deutschen fingen sofort an, den Bereich zu bombardieren. Ein weiteres kleines Landungsunternehmen fand in Aandalsnes, südlich von Trondheim, statt. Dort passierte dasselbe. Die Engländer hatten keine Jagdflugzeuge zur Verfügung und setzten ihre wertvollen Kreuzer schweren Bombardements aus, denn man verfügte auch über keine Flak, die am Ufer hätte postiert werden können. Als man immerhin schon 12000 Mann in Mittelnorwegen gelandet hatte, beschloß das Kabinett in London plötzlich am 28. April, sie wieder abzuziehen. Der Flugzeugträger *Glorious* schaffte überalterte Jäger vom Typ ›Gladiator‹ heran. Sie sollten von einem zugefrorenen See aus operieren, aber die Deutschen vernichteten sie sehr bald durch Bombenangriffe. Die Deutschen verstärkten Trondheim zu Lande und in der Luft. Hier war für sie die Schlüsselstelle, von der aus sich das gesamte nördliche Norwegen kontrollieren ließ. Die Admiralität gab Forbes Anweisung, dort am 14. April mit der Home Fleet anzugreifen. Sie mußte den Befehl am 15. April noch einmal wiederholen, weil Forbes in Scapa war und sich angesichts der Stärke der Deutschen in der Luft nachdrücklich der Idee widersetzte, ohne Luftunterstützung eine Landungsoperation durchzuführen. Außerdem wollte er die Truppen in Kriegsschiffen und nicht in Transportern hinüberschaffen lassen, und er forderte eine Woche intensiver Vorbereitung. Die Folge war, daß die ›Operation Hammer‹ am 19. April wieder abgeblasen wurde. Zweifellos hatte den Chef der Home Fleet auch noch die Anordnung, wegen eines drohenden Engpasses sparsam mit der Flakmunition umzugehen, in seinem Widerstand bestärkt. Auf jeden Fall rettete Forbes so die Flotte. Das jämmerliche Gezappel der Stabschefs ging aber weiter. Nun ruhten ihre Blicke auf Narvik als dem Hauptzugang zum Erznachschub, den ihnen Hitler vor der Nase zugeschlagen hatte. Forbes erhielt am 28. April Weisung, die Truppen in den nächsten Tagen wieder von Aandalsnes und Namsos abzuziehen. Am Tag darauf evakuierte der Kreuzer *Glasgow* die königliche Familie, die Regierung und das norwegische Gold aus dem brennenden Molde in der Nähe von Aandalsnes. Die Truppen wurden gegen eine Übermacht wieder eingeschifft und unter ständigen Angriffen aus der Luft heimtransportiert. Neben vielen Schäden waren der Verlust eines britischen und eines französischen Zerstörers zu beklagen. Es war die erste einer Reihe glänzender Evakuierungsmaßnahmen.

Bedenkt man das hohe Risiko, dem ein so großer Teil der Streitkräfte der Royal Navy bei dem sich dahinschleppenden norwegischen Fiasko ausgesetzt war, müssen die britischen Verluste als bemerkenswert gering bezeichnet werden. Dagegen hatte die kleine deutsche Flotte spürbare Schläge hinnehmen müssen. Doch mit guten Gründen betrachtete Hitler seine Verluste zur See als einen durchaus angemessenen Preis für den Besitz Norwegens. Sein Besitz sollte den ganzen Krieg hindurch von allergrößter Wichtigkeit bleiben. Die Engländer hatten zudem noch ein ungeheures Glück, als ihr Truppenkonvoi NP 1 am 15. April vor Narvik auftauchte. Zwei eskortierende Zerstörer fanden und versenkten *U 49*, und aus dem Wrack gewann man Informationen darüber, welchen Beitrag Dönitz' U-Boot-Waffe zur Invasion Norwegens leistete. 21 Boote waren daran beteiligt. Der Hauptgewinn, den man aus dieser Erkenntnis ziehen konnte, war psychologischer Natur: Die U-Boote hatten versagt, und auf die Krise, die sie erlebt hatten, kommen wir noch zurück.

Vergleicht man die Eröffnungsphasen des Ersten und des Zweiten Weltkriegs, dann stößt man auf eine erstaunliche Übereinstimmung. Sie geht weiter als die außergewöhnliche Übereinstimmung der beiden ersten guten Nachrichten, welche die Engländer jeweils im Dezember des ersten Kriegsjahres erreichte. Sie kamen beide aus dem Südatlantik und hatten beide mit dem Namen des Grafen Spee zu tun gehabt. Die Royal Navy, Englands wichtigste Streitmacht und der Garant seiner Stärke, hatte in beiden Fällen denselben politischen Chef in der Person Winston Churchills als Erster Lord der Admiralität, und jedesmal hatte er sein Amt bis zum Mai des folgenden Jahres inne. Die armselige Vorstellung, welche die Navy in beiden Phasen gab, kann man nicht nur ihm anlasten, denn sie hat ihren Grund in tiefsitzenden Fehlern der englischen Gesellschaft und des ›Establishments‹, deren Opfer, aber auch deren Nutznießer Churchill schließlich gewesen ist.

All diese Schwächen hier ausführlich zu behandeln, würde ein anderes Buch füllen, aber das, was wir bisher beschrieben haben, zeigt immerhin, daß Sparmaßnahmen an falscher Stelle ergriffen wurden, man unter Führungsschwäche litt, die Deutschen unterschätzte und sich keineswegs bemüßigt fühlte, die vorhandene menschliche Intelligenz gewinnbringend zu nutzen. Das betraf auch eindeutig die Navy, und so kann ihre politische Führung kaum den Kopf aus der Schlinge ziehen. Für Churchill galt das im Ersten Weltkrieg aber noch um vieles mehr als im Zweiten, denn er gehörte vor 1914 schon drei Jahre zur Admiralität, während er 1939 sein Amt erst bei Kriegsausbruch antrat. Doch seine ›Zehn-Jahres-Regel‹, nach der, Jahr um Jahr von neuem, für die nächste Dekade kein Krieg zu befürchten sei, trug stärker als alles andere dazu bei, daß Englands Verteidigungsanstrengungen zwischen den Kriegen geschwächt wurden — genauso wie in den dreißiger Jahren seine einsamen Rufe aus der politischen Wüste gegen die Diktatoren viel dazu beitrugen, daß seine Landsleute sich ihrer Pflichten besannen. In vielerlei Hinsicht war Norwegen schließlich eine Wiederholung der Dardanellen-Ereignisse. Es sollte, von Churchill inszeniert, ein Schlag der britischen Seemacht gegen die Flanke des Gegners sein, doch dieser Schlag ging jedesmal ins Leere, weil auf britischer Seite gestümpert wurde.

1915 hatte man Churchill zum Südenbock gemacht und in die Wüste geschickt. 1940 war Neville Chamberlain selbst, der Premierminister, das Opfer. Am 9. Mai gewann er einen Pyrrhussieg, als am Ende einer Unterhausdebatte ein Mißtrauensantrag gegen seine Regierung zwar abgelehnt wurde, seine Mehrheit dabei aber um 150 Stimmen zurückging. Es war trotzdem die endgültige Abrechnung mit ihm, und dies nicht nur wegen des Rückschlages in Norwegen und wegen der bisherigen Entschlußlosigkeit in der Kriegsführung, sondern wegen der ganzen Appeasementpolitik, die doppelt gescheitert war: Sie hatte den Krieg nicht verhindert und zudem England in einem gefährlich schwachen Zustand in den Krieg ziehen lassen. Am Freitag, den 10. Mai, fuhr Chamberlain zu König George VI. in den Buckingham-Palast und bot seine Demission an. Kurz darauf wurde Churchill in den Palast gerufen und durfte seine Ernennung zum Premierminister entgegennehmen. Für die Admiralität war der Abgang ihres Chefs, der sie so unnachgiebig forderte, der so impulsiv und heftig mit den Leuten umging und nicht einmal jene, die dazu fähig waren, ruhig ihre Arbeit machen ließ, ein Verlust. Für das Land war es ein Gewinn: Churchills hervorstechende Eigenschaften — Trotz, Wille zum Widerstand, eine kaum zu unterdrückende Energie und Begeisterungsfähigkeit, Selbstvertrauen und die Gabe, andere zu beflügeln — sah man als lebenswichtig für die Nation an. Er war ein nationaler Führer, kein Abteilungsleiter. So fand nun sein Talent für den großen Blick auf die Dinge zu sich selbst — und es gab eine noch weit größere Bandbreite an begabten Mitarbeitern, die ihn darin unterstützen und die ihn auch zurückhalten konnten.

Die deutsche Invasion in Dänemark und Norwegen beantwortete England mit der Besetzung der Färöer-Inseln am 13. April. Die neue Bedrohung des Atlantiks, die von der deutschen Eroberung der norwegischen Küste ausging, beantwortete man mit einer weiteren Kühnheit (oder Verzweiflungstat?): Vier Tage, bevor Churchill an die Macht kam, besetzte man das neutrale Island. Der Besitz dieser großen, rauhen Insel mit ihrer geographisch beherrschenden Lage im Nordatlantik sollte sich in der Tat dann als sehr wertvoll herausstellen, als die U-Boote auf ihrer Suche nach Zielen weiter in den Atlantischen Ozean vorstießen. Doch eine naheliegende Ausdehnung der britischen Verteidigungsanstrengungen nach Westen, für die sich Churchill schon seit seiner Rückkehr ins

Kabinett als Erster Seelord eingesetzt hatte, wurde ihm verweigert. Im Jahr 1938 waren Irland (das 1921 bis auf Ulster von England unabhängig geworden war) als Geste des guten Willens die beiden Flottenstützpunkte von Lough Swilly an der Nordküste und Bear Haven an der Südküste von der Royal Navy zurückgegeben worden. Ihr Besitz hätte die Reichweite des englischen Schutzes für die Schiffahrtswege um 200 Meilen nach Westen und Nordwesten ausgedehnt. Aber Eamon de Valera, der irische *Taoiseach* (Premierminister), wies alle Bitten zurück, sie für die Dauer des Krieges an England zurückzugeben, selbst zum versprochenen Preis einer noch auszuhandelnden Vereinigung ganz Irlands nach dem Krieg. Irland bestand auf einer Neutralität ohne Abstriche, wie sehr auch die Engländer mit ihrer Ulster-Enklave lockten.

Genau an dem Tag, als Churchill von seiner Beförderung erfuhr, griff Deutschland die Niederlande, Belgien, Luxemburg und Frankreich mit einer Armee aus 134 Divisionen an. In einem sechswöchigen ›Blitzkrieg‹ hatte Hitler im Westen erreicht, was den Armeen des Kaisers in 51 Monaten nicht gelungen war: die Ausschaltung Frankreichs. Die deutsche Flotte war an diesem verblüffenden Feldzug kaum beteiligt. Eine Handvoll holländischer Kriegsschiffe konnte entwischen, aber die Versuche der Engländer, holländische und belgische Häfen zu zerstören, mißlangen. Die ›Operation Dynamo‹ wurde im Anschluß daran zur größten Evakuierungsaktion, bei der mehr als 300000 britische und französische Truppen aus Dünkirchen gerettet wurden. Noch einmal 200000 Mann wurden in der ›Operation Aerial‹ aus den weiter südlich gelegenen Häfen evakuiert. Die Hauptlast der britischen Versuche, die gewaltigen Rückschläge zu begrenzen, die ihnen Hitlers Triumph im Westen zuzufügen drohte, mußten die Zerstörer tragen; und die waren durch Norwegen bereits dezimiert und hatten in diesen verwegenen Rettungsaktionen nun weitere schmerzhafte Verluste hinzunehmen. Der Royal Navy blieben am Ende 43 einsatzfähige und 51 in Reparatur befindliche Zerstörer erhalten. Angesichts einer europäischen Küste, die jetzt vom Nordkap bis zu den Pyrenäen unter deutscher Kontrolle war, sah sich England der doppelten Bedrohung einer Invasion und einer rapiden Verschärfung des U-Boot-Krieges auf der atlantischen Handelsroute ausgesetzt. Der Weg über den Atlantik wurde damit wichtiger denn je.

Am Abend des 16. August 1939 stieg Colonel Gustave Bertrand, der Chef der Dechiffrierabteilung des militärischen Geheimdienstes der Franzosen, im Londoner Viktoria-Bahnhof aus dem Erster-Klasse-Abteil eines Zuges, den er nach seiner Fahrt über den Kanal in Dover bestiegen hatte. Zu seinem Gepäck gehörte auch eine offizielle Kuriertasche, die ein schweres, längliches Objekt enthielt. Erwartet wurde er von Colonel Stewart Menzies, dessen Abendanzug darauf schließen ließ, daß er direkt von einem formellen Dinner herbeigeeilt war (zur Abrundung und zugleich als Geste für seinen Besucher hatte er sich die kleine Rosette des *Légion-d'honneur*-Ordens ins Knopfloch gesteckt). Menzies war gerade erst zum Leiter des ›Secret Intelligence Service‹ (auch MI6) ernannt worden. Der Franzose reichte dem Schotten die schwere Tasche. Sie enthielt eine von polnischen Nachrichtenoffizieren und Technikern hergestellte Version der deutschen ›Enigma‹-Maschine.

Dieses elektromechanische Gerät war von den Deutschen in den zwanziger Jahren ursprünglich für die Entzifferung von Funksprüchen der Handelsmarine entwickelt worden. Es bestand aus einer Schreibmaschinentastatur, die mit einer mit Lämpchen bestückten Glasplatte verbunden war: für jeden Buchstaben im Alphabet ein Lämpchen. Wenn man einen Buchstaben anschlug, leuchtete ein Lämpchen auf. Um welches es sich handelte, bestimmte eine Art elektrischer Irrgarten zwischen der Tastatur und den Lämpchen. Die Seele der Maschine war ein Stahlzylinder, in den drei Walzen geschoben wurden. Ihre Reihenfolge war austauschbar, und die drei Walzen konnten aus einem Satz von bis zu acht Stück ausgesucht werden, die mit der Maschine geliefert wurden.

Jede Walze hatte 26 Kontaktflächen, für jeden Buchstaben eine, und 26 Messingkontaktstifte. Diese Steckerverbindungen führten von der einen Walze zur nächsten, aber auf der entgegengesetzten Seite. Die Verbindungskabel waren nach einem logisch nicht nachvollziehbaren Muster angeordnet, und zwar von Walze zu Walze verschieden. Jedesmal, wenn ein Buchstabe gedrückt wurde, drehte sich die Walze um eine Kerbe weiter. Nach 26 solchen Drehungen der rechten Walze rückte dann die linke Walze um eine Kerbe weiter. Das funktionierte wie nach dem Prinzip einer Addiermaschine, nur daß jede Walze 26 Einstellungen hatte statt zehn. Um das Ganze noch einmal zu komplizieren, gab es noch ein Steckerbrett, das wie eine winzige Telefonanlage mit 26 Anschlüssen aussah. Bis zu zehn Paar dieser Buchsen waren wahllos mit einem Stecker an jedem Ende verbunden. Das Steckerbrett war unter der Tastatur angebracht. Zwischen den Walzen und der Platte mit den Lämpchen gab es einen ›Reflektor‹, der noch einmal ein unlogisch aufgebautes Muster von Drähten hatte, sich aber nicht drehte. Auf diese Weise wurde an einer solchen Maschine der auf der Tastatur angetippte Buchstabe fünfmal umgewandelt — auf dem Steckerbrett, den drei Walzen und dem Reflektor —, ehe ein Lämpchen auf der Platte aufleuchtete.

Der Benützer der Maschine entzifferte nun einen hereinkommenden Funkspruch, indem er die Buchstaben auf seiner Tastatur in der Reihenfolge anschlug und ausschrieb, wie die Lämpchen aufleuchteten. Man konnte einen Funkspruch also nur dadurch lesen, daß man die chiffrierte Version durch eine identische Maschine schickte, vorausgesetzt, daß das Steckerbrett des Empfängers genauso angeordnet war, wie das des Senders, und daß der Empfänger den Entschlüsselungsvorgang mit seinen Walzen in der gleichen Anordnung startete, wie sie der Sender verschlüsselt hatte. Noch eine Verfeinerung stellten die drehbaren Ringe an jeder Schlüsselwalze dar, wodurch auch die Einstellungspunkte der Buchstaben noch ihrerseits verschlüsselt waren. Schließlich fügte die deutsche Kriegsmarine für ihren eigenen Gebrauch noch eine vierte Walze hinzu. Der Name der Maschine spielte auf die ›Enigma-Variationen‹ des englischen Komponisten Edward Elgar an. In ihren raffiniertesten Versionen lieferte sie ungefähr 150 000 000 000 000 000 000 Substitutionsmöglichkeiten für einen einzigen Buchstaben. Das Schöne an der Maschine war, daß weder ihre Existenz noch ihre Technologie (aus dem 19. Jahrhundert) ein Geheimnis bleiben mußten, sondern nur die Art, wie sie jeden Tag neu einzustellen war. Die ersten deutschen Patente lagen in Londoner Archiven, und Engländer und Amerikaner haben zwischen den Kriegen vergleichbare Maschinen entwickelt, die von der RAF, der britischen Armee und den amerikanischen Streitkräften benutzt wurden — allerdings nicht von der Royal Navy.

Colonel Bertrand überreichte sein Geschenk im Auftrag des polnischen Geheimdienstes, der an der Entschlüsselung des Nachrichtenverkehrs der Enigma-Maschine arbeitete, seit die Deutschen 1928 angefangen hatten, sie für militärische Zwecke einzusetzen. 1932 erhielten die Franzosen von einem ihrer Spione in Deutschland die erste Serie von Dokumenten zugespielt, die Auskunft über die Benutzung der Maschine gaben. Mit ihrer Hilfe und ihrer eigenen mathematischen Begabung gelang es den Polen, das System herauszuarbeiten, nach dem die drei Walzen miteinander verkabelt waren und das die Deutschen gerade benutzten. Bis 1939 hatten die Polen 15 Maschinen mit genau den gleichen Merkmalen nachgebaut, und sie konnten ihren beiden Garantiemächten England und Frankreich je eine davon liefern. Nachdem sie das Verkabelungsproblem 1933 gelöst hatten, machten sich die Polen an die schwierigere Frage der variablen Einstellungspunkte. Sie wußten, daß jeder, der an ein Enigma-Netzwerk angeschlossen war, sein Schalterbrett nach dem gleichen Schema angeordnet haben mußte. Das gleiche galt für die Walzen und die Ringe an jeder Walze. Außerdem mußten die drei Walzen jeden Tag in die richtige Startposition gebracht werden. Dafür gab es vorweg ausgegebene schriftliche Geheimanordnungen. Vor der Übermittlung eines Funkspruchs war es nun die erste Aufgabe des deutschen Chiffreurs, für jede Walze eine eigene Einstellung zu bestimmen, die vor dem Absetzen des Funkspruchs an den Empfänger durchgegeben werden mußte (und zwar zweimal, um Mißverständnisse auszuschließen). Das geschah so, daß er die Walzen in die vorgeschriebene Startposition brachte und dann deren vorzunehmende Einstellung zweimal durchgab, indem er sechs Buchstaben antippte. Danach stellte er die Walzen selbst auf die gewählte Einstellung ein und begann mit dem Text. Bei den ersten sechs Buchstaben jedes Funkspruchs mußten also alle Maschinen gleich eingestellt sein, wie differenziert sie sonst auch arbeiten konnten. Nachdem die Polen diese Achillesferse entdeckt hatten — daß die ersten sechs Buchstaben zweimal dieselben Buchstaben waren, die bei jedem Funkspruch nach demselben Einstellungsschema durchgegeben wurden —, konnten sie in das System eindringen: Sie mußten nur noch die Buchstabengruppen des Eröffnungsfunkspruchs analysieren.

Das war die Grundlage für jene enorme Anstrengung, die der Einbruch in den Enigma-Funkverkehr bedeutete und der sich nun die Engländer für die Zeit des Krieges unterzogen. Die Polen waren die ersten, denen klar wurde: Um einer Maschine auf die Schliche zu kommen, brauchte man eine andere. Um in den Enigma-Funkverkehr einzudringen, brauchten sie Maschinen mit gleich gesteckten Kabelverbindungen. Sie entwickelten selber solch ein Gerät und nannten es ›Bomba‹ (weil es wie eine Bombe tickte). Nachdem drei Enigma-Walzen in sechs verschiedenen Anordnungen eingesetzt werden konnten, brauchten sie sechs solche ›Bombas‹. Doch Ende 1938 erweiterten die Deutschen die Maschine um zwei Walzen, so daß jetzt jeweils drei von fünf Walzen ausgesucht und eingesetzt werden konnten — was mit einem Schlag nicht mehr sechs, sondern sechzig Kombinationsmöglichkeiten allein für die Walzen eröffnete.

An diesem Punkt waren die Polen angelangt, als sie sich im Juli 1939 an die Engländer und Franzosen wandten. Beauftragte der ›Government Code and Cipher School‹, in der nur ein wenig an der Enigma-Maschine gearbeitet worden war, und des französischen Geheimdienstes, der mit den Polen zusammengearbeitet hatte, fuhren nach Warschau. Dort stellten die Polen jedem Verbündeten dann eine Imitation der Enigma-Maschine und Einzelheiten der ›Bomba‹ in Aussicht. Die Engländer erklärten sich bereit, sich auf neue Methoden zu konzentrieren, mit denen man die täglich wechselnden Einstellungen der Deutschen herausbekommen wollte. Die Frage war nur, wie.

Einer der ersten Männer, die nach Kriegsausbruch in die GC & CS in Bletchley Park einzogen, war der damals 27jährige Alan Mathison Turing, Sohn eines Indienbeamten und einer intellektuellen Mutter englisch-irischer Abstammung. Als er 1954 unter denkbar tragischsten Umständen starb, schrieb sein früherer Internats-Housemaster von der Sherborne School in Dorset in seinem Nachruf im Schulmagazin: »Im Krieg war er damit beschäftigt, feindliche Codes zu knakken … Seine Arbeit war streng geheim, und nicht einmal seiner Mutter durfte er sie enthüllen.« Dies dürfte der einzige nachgewiesene Fall sein, daß ein anspruchsloses Schulmagazin eine Geschichte veröffentlichte, die jeder Journalist oder Zeitgeschichtler als einen ›Knüller‹ angesehen hätte. Doch es sollte noch einmal 20 Jahre dauern, ehe Alan Turings einzigartiger Beitrag zum Sieg über die Nazis einem größeren Publikum als den Schülern und Alten Herren von Sherborne bekannt gemacht wurde — und noch einmal acht Jahre, bevor ihm in einer Biographie Gerechtigkeit widerfuhr. Andrew Hodges faßt Turings überragende Rolle in der Aussage zusammen, die Briten hätten »eine kolossale Maschine um sein Gehirn herum gebaut«.

Turings Name war 1938 in Beryl Powers' Intellektuellen-Akte für den Einsatz im Kriegsfall geraten. Trotz seiner Jugend glich er bereits ganz dem Bild des ›zerstreuten Professors‹, exzentrisch, unordentlich gekleidet, geistesabwesend und stets zu einem heftigen Gelächter über Späße aufgelegt, die keiner verstand. Kaum war er am 4. September, dem zweiten Kriegstag aus englischer Sicht, in Bletchley Park angekommen, hatte er auch schon seinen Spitznamen weg: ›the Prof‹. Seine hochfliegende mathematische Begabung hatte man schon zu Schulzeiten entdeckt, und in Sherborne galt er als Genie. Er war scheu, sensibel und ein Einzelgänger, konnte aber auch schonungslos bis zur Grobheit werden, fürchtete keine Autorität und besaß einen selbstkritischen Humor. Er war ein äußerst zäher Dauerläufer und hatte an der Universität auch gerudert — in Cambridge, wo er ein offenes Stipendium für Mathematik am King's College gewann. Nach seiner Promotion wurde er dort auch wissenschaftlicher Mitarbeiter. Für zwei Jahre ging er dann nach Princeton, wo er zu Füßen Albert Einsteins saß. Als Mathematiker hatte sich Turing besonders erfolgreich mit der Berechnung großer Zahlen befaßt. Das führte dann später zur Entwicklung der ›turing machine‹ (wobei das klein geschriebene ›t‹ in Mathematikerkreisen als besondere Ehre gilt) — einer auf logischen Prinzipien, von mechanischer Bauweise weit entfernten Konstruktion, die mit sehr großen Zahlen umzugehen wußte.

Von den vielen Anekdoten über ihn möge hier eine genügen: Als er in der Umgebung von Bletchley Park seinen Dauerlauf machte, hielt ihn ein Polizist an und fragte ihn, warum er denn seine Gasmaske aufgesetzt habe (die jeder Engländer während des Krieges bei sich tragen mußte). Geduldig erklärte er dem Beamten, er habe entdeckt, daß in ihrem Filter auch die Pollen hängenblieben, und er leide sehr unter Heuschnupfen. Die zusätzliche Anstrengung, die das für seine Lunge bedeutete, schätzte er im Vergleich dazu viel geringer ein.

Sein erster Auftrag in der GC & CS lautete, eine britische ›Bomba‹ zu bauen. Die erste ›Bombe‹ (man paßte sie nun der englischen Schreibweise an) konnte er im Mai 1940 abliefern, und sie war um vieles leistungsfähiger als das polnische Vorgängermodell, zumal sie nach anderen Prinzipien konstruiert war. Nach neuesten Methoden der Datenverarbeitung gebaut, suchte die ›Bombe‹ sich automatisch ihren Weg durch das Enigma-Material, mit dem sie für die Herstellung von Kopien oder für die Entschlüsselung von Buchstabenmustern gefüttert wurde. Hatte sie einen Schlüssel gefunden, hielt sie an, und der Benützer, der keine Ahnung hatte, wonach sie auf der Suche war, gab über Telefon Bericht. Wenn die ›Bombe‹ arbeitete, hörte sie sich wie eine schnelle Strickmaschine an.

In den ersten Kriegsmonaten wurden die ›handgestrickten‹ Angriffe auf die Enigma-Maschine von ›Dilly‹ Knox und Co. angeführt, die dem Gerät mit glänzenden Ratemethoden zu Leibe rückten. Ende 1939 konnten sie schließlich einen zwei Monate alten Funkspruch aus dem deutschen Heer aufdröseln — es war der erste. In den ersten Tagen des Jahres 1940 las man schon einen Funkspruch, der noch vom gleichen Tag stammte. Im März wurde eine Reihe von Funksprüchen der Luftwaffe entziffert — aber die stellten sich als unschuldige Tests und schlichte Kinderreime heraus. Insgesamt löste man in Bletchley Park im ersten Quartal des Jahres 1940 ungefähr 50 Enigma-Einstellungen auf, aber es gab immer wieder verschieden lange Unterbrechungen und Verzögerungen. Am 12. Februar versenkte der Minenwerfer *Gleaner* im Clyde *U 33,* als es dort gerade Minen legte. Den Überlebenden konnten drei Enigma-Walzen abgenommen werden. Am 26. April wurde in der Nähe von Narvik das deutsche Vorpostenboot *VP 2623* gekapert, und das brachte so viele Enigma-Blätter ein, daß man in Bletchley Park Ende Mai die Marinefunksprüche von sechs Apriltagen lesen konnte — das erste Eindringen in Marinematerial. Die GC & CS brauchte viel eher diese Blätter als die Maschine selbst (heute würden wir sagen: eher die Software als die Hardware), vor allem, wenn in ihnen die künftigen Ringeinstellungen der Walzen verzeichnet waren. Die Deutschen druckten diese Listen auf wasserlöslichem Papier.

Am 1. Mai ließen die Deutschen das tägliche Voraus-Einstellen der Walzen fallen (das galt aber nicht für die Walzenringe). Jetzt konnte der Chiffreur seine erste Walzeneinstellung beliebig bestimmen. Er sendete sie nur einmal, dann griff er für den eigentlichen Funkspruch nach einer zweiten Einstellung, die er zweimal sendete. Der ›Indikator‹ am Anfang wurde dabei von sechs auf neun Buchstaben verlängert. In Bletchley Park hatte das eine Dürreperiode zur Folge. Sie dauerte bis zum 22. Mai, als man eine Verbindung zwischen einem Funkspruch, der nach dem alten System gesendet worden war, und einem identischen Anfangssignal eines neuen herstellen konnte — ein schwerer Sicherheitsfehler der Deutschen.

In dieser ersten Phase der Tastversuche wurde der Marinefunkverkehr nur selten geknackt, und man gewann nur wenige Informationen, die von Nutzen für Operationen auf See waren. Aber wenn erst einmal eine Tageseinstellung bekannt war, dann verfügte man binnen Stunden über eine große Menge Material, und vieles von dem, was Heer und Luftwaffe absetzten, hatte operative Bedeutung. Aber es gab noch keine Einrichtung, die die gewonnenen Kenntnisse nun auch auf brauchbare Weise verteilte. Das ›Operational Intelligence Centre‹ der Royal Navy machte indessen die höheren Offiziere im Januar 1940 darauf aufmerksam, daß sie bald mit einer erstklassigen Nachrichtenübermittlung rechnen könnten, und zwar bestens verschlüsselt. Auf die Quelle gab es noch keinen Hinweis. Alle diese Funksprüche bekämen als Codewort das Präfix ›Hydro‹ vorangestellt (im Juni 1941 dann in ›Ultra‹ umgetauft).

Bevor wir uns nun den Bemühungen des deutschen Geheimdienstes zuwenden, sollten wir uns merken, daß viele andere Methoden der Nachrichtensammlung auf britischer Seite in Gebrauch waren, als man in Bletchley Park die Enigma-Maschine in den Griff bekam. Dazu gehörten Spione, Informanten, fotografische Luftaufklärung, Analyse des Funkverkehrs und der Funkpeilungen, Luft- und See-Patrouillen, Verhöre von Kriegsgefangenen. Auch sollte die Engima-Maschine nicht mit einem Fernschreiber verwechselt werden: Sie war eine batteriebetriebene Schlüsselmaschine in einer Hartholzkiste und wurde zum Senden und Empfangen einer Nachricht verwendet. Sie war tragbar, sehr verläßlich, und leicht zu handhaben.

Der ›Beobachtungsdienst‹ (B-Dienst), wie die deutsche Kriegsmarine ihren Geheimdienst nannte, war für das Sammeln und Analysieren von Informationen über feindliche Flotten verantwortlich. Seine bei weitem wichtigste Quelle war der Funkverkehr der britischen Flotte. Dank des quasi angeborenen Konservativismus der britischen Admiralität konnte der B-Dienst mit Kriegsbeginn alle normal gebräuchlichen englischen Flottencodes lesen, ausgenommen die mit der höchsten Geheimhaltungsstufe. Was das Abhören anging, so hatten die Deutschen während der Abessinien-Krise 1936 Erfahrungen sammeln können, indem sie den Funkverkehr der Engländer im Mittelmeer von italienischen Horchposten aus studierten. Bis in die Gegenwart fortsetzen konnten sie das dann im Spanischen Bürgerkrieg (1936—1939), als die Engländer an der spanischen Küste Patrouillen fuhren. Somit sammelte der B-Dienst seine eigenen Informationen, entschlüsselte sie und stellte sie für den Umlauf in den Kommandostellen und für die Einheiten im Einsatz zusammen. Er fing also feindliche Funksprüche ab, richtete Funkpeilstellen zum Orten von Schiffen ein und beschäftigte 1939 etwa 700 Menschen, die Geheimcodes entzifferten. Sie waren ein eigener Dienst im Dienst und bekamen intern den Namen xB-Dienst.

Der grundsätzliche Unterschied bcim Aufwand, den die Deutschen und die Alliierten bei der Entschlüsselung trieben, lag dabei nicht in der Menge der beschäftigten Menschen (wenngleich allein Bletchley Park zu seinen besten Zeiten mehr als 10000 Leute im Sold hatte), sondern in der Organisation. England besaß nur einen Dienst, der sich den feindlichen Geheimcodes widmete — Bletchley Park —, und alle drei Waffengattungen arbeiteten in und mit der GC & CS. Hinzu kamen noch Zivilisten wie Turing und alle auf diesem Gebiet relevanten Einrichtungen, etwa die Post. Bei den Deutschen waren sieben Institutionen an der Entschlüsselungsarbeit beteiligt: das Auswärtige Amt, das Oberkommando der Wehrmacht, die drei Waffengattungen, ein eigenes Forschungsbüro (natürlich unter Görings Leitung), das ausländische diplomatische Kontakte studierte, und das Reichssicherheitshauptamt (RSHA), das die gesamte deutsche Polizei kontrollierte. Bei einer derartigen Aufteilung waren Doubletten unvermeidlich, Talente kamen nicht zur Entfaltung, und Streitigkeiten zwischen den einzelnen Abteilungen waren charakteristisch für das Hitler-Regime. Es liegt aber durchaus nahe, daß ein Regime, das zum Angreifen entschlossen ist und stets die Initiative behält, bis es tatsächlich zum Zusammenstoß kommt, viel weniger Aufmerksamkeit auf das verwendet, was möglicherweise in den Köpfen des Feindes vorgeht, als das seine potentiellen Opfer tun; diese versuchen verzweifelt herauszubekommen, wann und wo sie der nächste Schlag treffen wird. Für die Engländer und dann auch für die Amerikaner war das Eindringen in die feindlichen Codes von Anfang an von allergrößter Wichtigkeit, vor allem auf dem Atlantik, wo die U-Boote für so lange Zeit die Initiative in der Hand behielten.

Dennoch startete der B-Dienst mit einem Vorsprung, den er auch bis in den Krieg hinein halten konnte. Von Anfang an konnte er die Funksprüche des Feindes lesen; er fing Meldungen im Verkehr mit den Kriegsschiffen, Handelsschiffen und Konvois ab und gab die gewonnenen Kenntnisse an die Führung der U-Boote weiter. Auf diese Weise konnten die Boote auf Gebiete verteilt werden, in denen Angriffsziele unterwegs waren. Natürlich versuchten die Engländer, einen solchen Funkverkehr auf ein Minimum zu reduzieren, indem sie den Schiffen ihre Instruktionen schriftlich mitgaben oder per Fernschreiber zukommen ließen oder ihnen in den Häfen Anweisungen per Telefon gaben, so daß auf See dann möglichst Funkstille herrschte. Aber die unvermeidlichen Änderungen — Daten, Zeitpunkte, Begegnungen, Eskorten, Zusammenstellungen von Schiffsgruppen, Nachzügler, Pannen und feindliche Angriffe — boten den Deutschen immer noch genug Material, mit dem sie arbeiten konnten. Alle Informationen landeten auf dem großen Plan auf Dönitz' grün überzogenem Tisch in seinem Hauptquartier. Es war eine Karte, die aufgrund entschlüsselter Meldungen auch zeigte, wo die

Engländer die deutschen U-Boote vermuteten und wo sie selbst gerade standen oder welche Schiffsbewegungen sie planten. Auf die Weise war der Funkverkehr für die U-Boot-Waffe zugleich eine Informationsquelle über den Feind und eine Kontrolleinrichtung für die eigenen Einsätze. Dönitz' U-Boot-Führung blieb über die ganze Bandbreite der vorhandenen Funkfrequenzen mit den Booten draußen in Verbindung, von der Langwelle, über die die Boote Funksprüche bis zu 20 Meter unter der Wasseroberfläche empfangen (aber nicht selbst senden) konnten, bis zur Ultrakurzwelle. Ein halbes Dutzend Kanäle, die nach Jahres- und Tageszeit wechselten, war stets offen. Als die Deutschen dann die Kontrolle über die holländische, die belgische und die französische Küste gewonnen hatten, konnten sie eine Kette neuer Funkstationen für die U-Boote errichten. Was die Sicherheit der Enigma-Maschine anging, war die Navy achtsamer als alle ihre deutschen Benutzer. Der B-Dienst sah es als gegeben an, daß der Feind in den Besitz einer solchen Maschine geraten würde (wenn er nicht schon eine in Händen hatte) und daß er sogar in kurzer Zeit mit ihr würde lesen können, wenn er an die entsprechende Software herankäme. Für einen solchen Fall galt für die U-Boot-Komandanten der Dauerbefehl, Meldung zu machen, daß das Material in falsche Hände geraten sei (zum Beispiel durch Einfügen eines Codeworts in einen Brief aus dem Kriegsgefangenenlager). Die Methode, nach der in einem solchen Fall die Software weiter anzuwenden war, wurde über einen vorbereiteten, chiffrierten Funkruf an alle Boote auf See weitergegeben.

Wie sein englischer Widerpart, der im ganzen glücklicher operierte, profitierte auch der B-Dienst von den Zufällen des Krieges. Eine einmalige Gelegenheit war dabei die Kaperung eines großen englischen U-Boots, HMS *Seal*, beim Minenlegen am 5. Mai 1940 im Skagerrak. Das Boot war selbst am Heck durch eine Mine (wahrscheinlich eine deutsche) beschädigt worden. Sein Kapitän, Lieutenant-Commander R. Lonsdale, hatte keine Sprengsätze, um mit ihnen das Boot zu versenken. An Bord waren verwundete Männer, und manövrierfähig war das Boot auch nicht mehr. So sah er keine Alternative und mußte das Boot übergeben, als ein Marineflieger der Luftwaffe im Anflug war, um es zu versenken. Als Lonsdale die weiße Flagge hißte, setzte Leutnant Günther Mehrens seine Maschine längsseits und nahm den unglücklichen Kommandanten gefangen, während ein deutsches Schiff die *Seal* ins Schlepptau nahm.

Deutsche Geheimdienst-Experten stürzten sich umgehend auf das 1520-t-Boot. Aus der Funkkladde und den übermittelten Funksprüchen konnten sie ableiten, daß die Engländer die deutschen U-Boote durch Funkortung ausmachten. In Dönitz' Kriegstagebuch heißt es, ein Vergleich zwischen den tatsächlichen Positionen und denen, die an die *Seal* gefunkt wurden, hätte enthüllt, daß die vom Feind gemeldeten Standorte um so ungenauer waren, je weiter sie von den englischen Küsten entfernt waren. Diese beispiellose Gelegenheit, das gesamte Funkmaterial eines Bootes untersuchen zu können, lieferte nicht nur dem B-Dienst interessante und wertvolle Informationen. Die *Seal* half auch der gesamten deutschen U-Boot-Waffe aus einer schweren Krise, die sie an anderer Stelle erlebt hatte.

Trotz der frühen Einzelerfolge, welche die deutschen U-Boote am Anfang des Krieges verzeichnen konnten, waren sie mit einer unzuverlässigen Hauptwaffe in die Schlacht gezogen. Den Engländern bereiteten die Verluste, die ihnen die U-Boote zufügten, zu Recht große Sorgen. Hätten sie gewußt, was ihnen die vielen Torpedoversager gleichzeitig ersparten, wären ihre Ängste sicher noch um einiges gewachsen. Es wurde bereits erwähnt, daß *U 56* das Schlachtschiff *Nelson* am 30. Oktober 1939 mit zwei Torpedos aus einem Dreierfächer traf, ohne daß einer von ihnen explodierte; und daß *U 39* sechs Wochen zuvor mit seinen Torpedos den Flugzeugträger *Ark Royal* völlig verfehlte, obwohl sie aus bester Position abgeschossen worden waren. Auch als die deutschen U-Boote von ihrem Feldzug gegen den Handel abgezogen wurden, um die Invasion in Norwegen zu unterstützen, konnten sie sich nicht hervortun. Der Grund für ihre schwache Vorstellung war nicht nur darin zu suchen, daß den Engländern ein Plan in die Hände geraten war, nach dem ihre Positionen bestimmt werden konnten (es war eine Art Ausgleich für die englischen U-Boot-Pläne, welche die Deutschen in der *Seal* gefunden hatten), sondern mehr fiel noch die große deutsche Torpedokrise ins Gewicht.

Schon Anfang Januar 1940 schätzte Dönitz, daß 300000 BRT an feindlichem Schiffsraum mehr hätte versenkt werden können, wenn es keine Torpedoversager gegeben hätte. Im November 1939 waren ihm die ernstlichen Schwächen der deutschen Torpedos klar geworden. Zwei Typen fanden in der Eröffnungsphase des Krieges Anwendung: der G7a, der von einem eingebauten Verbrennungsmotor angetrieben wurde, dabei ein Gemisch von Benzin und Luft verbrannte und daher eine Blasenbahn hinter sich her zog, und der G7e, der von einem batteriegespeisten Elektromotor angetrieben wurde und keine im Wasser sichtbare Spur hinterließ. Jeder Torpedo hatte zwei Zündvorrichtungen: die eine zündete den Gefechtskopf beim Auftreffen der Torpedonase auf sein Ziel; die andere zündete, wenn das Magnetfeld eines Ziels nahe genug war, um einen empfindlichen magnetischen Schalter im Torpedo in Gang zu setzen. Welcher Zünder gewählt werden sollte, entschied der U-Boot-Kommandant jeweils kurz vor dem Abfeuern. Im allgemeinen war es so, daß der Kontaktzünder die Gewalt der Explosion auf einen kleineren Bereich des Schiffsrumpfs beschränkte, während der magnetische Zünder den Gefechtskopf ein kurzes Stück unterhalb des Rumpfs explodieren ließ: das reichte, einem Handelsschiff das Genick zu brechen.

Die Krise erreichte ihren Höhepunkt während des Norwegenfeldzugs. Als die britischen Zerstörer am 13. April 1940 Narvik angriffen, bekam *U 48* das Schlachtschiff *Warspite* ganz nahe vor sein Sehrohr, feuerte auch einen Fächer ab, aber ohne jede Wirkung. Zwei Tage später sah Prien (dem auch ein paar Torpedos in Scapa Flow den Dienst versagt hatten) von *U 47* aus eine ›Wand von Schiffen‹ durch sein

Sehrohr. Er feuerte vier Torpedos ab, aber ohne Erfolg. Er tauchte auf und feuerte noch einmal vier ab, von denen aber nur einer explodierte — und zwar nach dem Auftreffen auf ein tiefliegendes Riff in weiter Entfernung. Als er sich zurückzog, sichtete er die *Warspite* und feuerte die nächsten beiden Torpedos ab: Einer explodierte zu früh, der andere zu spät, und Prien wurde darauf vier Stunden lang von Zerstörern mit Wasserbomben gejagt. Das alles war zuviel für den ›Stier von Scapa Flow‹ (an der Wand des Kommandoturms von *U 47* prangte stolz ein schnaubender Stier), zumal im U-Boot-Hauptquartier einige Stabsoffiziere den Kommandanten vor Ort Vorwürfe machten, sie seien zu nervös oder zu unerfahren für die ganze Prozedur. In einem an Dönitz gerichteten Bericht schrieb er ärgerlich: »Man kann von mir nicht erwarten, daß ich mit einem Holzgewehr in den Kampf ziehe.« Dönitz schrieb in sein Kriegstagebuch: »Praktisch sind die Boote dadurch waffenlos.« Die Klagen des berühmtesten deutschen U-Boot-Kommandanten konnte man kaum ignorieren, zumal sie von so vielen gleichlautenden Berichten gestützt wurden. Admiral Raeder setzte persönlich eine Untersuchungskommission ein, während der Norwegenfeldzug seinen Fortgang nahm.

Das Problem stellte sich als vielschichtig heraus. Der Magnetzünder war überempfindlich und reagierte auch auf natürliche Magnetfelder im Meeresboden, vor allem in Küstengewässern, wo der Boden Eisenerz enthielt, und sogar auf den Nordpol. Der Kontaktzünder funktionierte, wenn er auf eine glatte Fläche, etwa eine Schiffswand, stieß, nicht aber, wenn das Ziel gebogen war: Dann konnte der Torpedo abgleiten, ohne zu explodieren. Allgemein kam hinzu, daß die deutschen Torpedos nie unter Kriegsbedingungen getestet worden waren, und zum Schluß hatte man sie nur vier Wochen lang bei allen Arten von Wetter durch verschiedene Temperaturen und Tiefen geschickt. Die Kriegsmarine hatte die Waffe ohne Hilfe von außen selbst entwickelt, gebaut und ausprobiert. Man hatte nur eine schlechte Erfahrung gemacht, und zwar während des Spanischen Bürgerkrieges. Damals war eine zweite Torpedo-Erprobungsabteilung gebildet worden, die in Wettbewerb mit der schon bestehenden und für die Fehler der G7-Typen verantwortlichen Abteilung trat. Das Kriegsgerichtsverfahren gegen Vizeadmiral Wehr und zwei seiner Offiziere ergab, daß der Hang der G7-Torpedos, zu tief zu laufen, schon vor dem Krieg bekannt war. Nur hatte man daran nichts geändert, weil man glaubte, der Magnetzünder würde diesen Mangel kompensieren. Den simplen Kontaktzünder hielt man von vornherein für so ausgereift, daß man auf ernsthafte Tests verzichtete. Die drei Angeklagten wurden schließlich sechs Monate lang inhaftiert — danach durften sie wieder in die Waffenproduktion zurückkehren. Für Hitler-Deutschland war das in der Tat ein mildes Urteil, was die Vermutung aufkommen läßt, daß sie nur die Rolle von Sündenböcken spielten. Dönitz machte sich verzweifelt Gedanken um die Moral seiner Mannschaften, und so griff er nach dem erstbesten Notbehelf, dem robusteren, einfacheren und wirkungsvolleren Zünder des englischen 21-Inch-Torpedos, den man an Bord der *Seal* vorgefunden hatte. Diese Anleihe sollte die eigene Krise überbrücken, aber es sollte noch einmal zwei Jahre dauern, bis die Deutschen über einen wirklich verläßlichen Torpedo verfügten und die letzten größeren Mängel behoben waren.

Auf britischer Seite gab es in keinem Einzelbereich einen vergleichbaren technischen Rückschlag. Statt dessen enthüllten die Kriegsbedingungen eine lange Reihe von Konstruktionsfehlern und Unzulänglichkeiten in der Bewaffnung und andere Versäumnisse. Die wichtigste Waffe gegen die U-Boote, das Asdic-Gerät zum Orten der Boote unter Wasser, erwies sich bald in der Praxis als nur begrenzt verwendbar. Das Gerät sandte einen Strahl in einer bestimmten Richtung aus. Wenn er mit seinem berühmten ›Ping‹ auf irgend etwas stieß, wurde er zum Sender zurückgeworfen. Aus der Zeit, die zwischen Aussendung und Wiederempfang verging, ließ sich die Entfernung des lokalisierten Objekts errechnen. Ein Problem war nun, daß dieses Objekt genauso gut ein Wrack sein konnte, ein Schwarm Fische oder bloß der Meeresgrund. Es konnte natürlich auch ein U-Boot sein. Nur lange Übung ließ den Mann am Asdic-Gerät so etwas wie einen sechsten Sinn entwickeln, der ihm erlaubte, das von einem U-Boot zurückgeworfene ›Ping‹ von jedem anderen zu unterscheiden. Ein weiterer fundamentaler Nachteil von Asdic war, daß es kein U-Boot im aufgetauchten Zustand orten konnte. Wenn ein Schiff sein Asdic-Gerät einsetzte, mußte es gleichzeitig spürbar seine Geschwindigkeit und mit ihr seine Fahrgeräusche drosseln, damit der Asdic-Operator die Möglichkeit hatte, die reflektierenden Töne genau zu studieren. Auch war das Asdic-Gerät keineswegs verläßlich im Anzeigen der Tiefe, auf der sich das gejagte U-Boot befand. Schließlich war es auch nicht fähig, Dinge aufzuspüren, die sich in unmittelbarer Nähe befanden, das hieß, das Schiff war in dem Augenblick, in dem es seine Wasserbomben abwarf, ›blind‹. Befand sich das U-Boot auf großer Tiefe, konnte diese Blindphase ganze zwei Minuten dauern — genug, den Kurs sogar bei der relativ langsamen Fahrt zu wechseln, zu der ein getauchtes U-Boot gezwungen war.

Die Deutschen entdeckten schon bald, daß das Tauchen bis auf den Grund oder in eine Tiefe, wie sie der Wasserdruck dem Boot noch erlaubte, eine Chance zum Ausweichen bot. Dennoch hatten sie vor dem neuen Gerät Respekt, selbst nachdem sie ihre Gegentaktiken entwickelt hatten. U-Boot-Fahrer waren verpflichtet, Schuhe mit weichen Sohlen zu tragen und sich absolut still zu verhalten, wenn man Jagd auf ihr Boot machte. Das läßt darauf schließen, daß sie das Gerät für ein hochempfindliches Hydrophon hielten (ein passives Horchgerät, das auf allen Schiffen installiert war, auch in den U-Booten, und das wie ein Hörrohr funktionierte) und glaubten, es könne auf große Entfernung das Fallen einer Stecknadel registrieren. Aber Asdic hörte nicht das U-Boot selbst ab, sondern das Echo seines eigenen Richtstrahls, wenn er vom Bootskörper zurückgeworfen wurde. Die Überreaktion der Deutschen ähnelt dem gern kolportierten Gerücht, ein guter Bomberpilot könne mit einem glühenden Zigarettenende den Weg zu seinem 6000 Meter tieferen Ziel ausleuchten. Die blinden Stellen bei Asdic und die Tatsache, daß bis weit in den Krieg hinein die in den Kampf mit den U-Booten geschickten Schiffe ihre Wasserbomben über das Heck abzuwerfen hatten (was bedeutete, daß sie sich erst einmal vor die vermutete Position des davonfahrenden U-Bootes setzen mußten), machten die Jagd auf die U-Boote um vieles schwieriger, als die Admiralität vor dem Krieg angenommen hatte. Die Unzuverlässigkeit von Asdic bei der Feststellung der genauen Tiefe, auf der sich ein U-Boot befand, bedeutete wiederum, daß die Wasserbomben so abgeworfen werden mußten, daß sie auf verschiedenen Tiefen explodierten. Ihre Explosion wurde durch den Wasserdruck ausgelöst. Man mußte dazu nur den Wasserdruckmesser einstellen, der gleich neben der Zündkapsel saß. Erst im April 1940 ordnete die Admiralität an, daß die Asdic-Geräte 24 Stunden lang ununterbrochen und nicht nur tagsüber einzusetzen seien. Bis dahin hatte die Ansicht aus Vorkriegszeiten sich gehalten, daß U-Boote nur bei Tageslicht und getaucht angreifen würden, während die Deutschen schon bald zu Überwasserangriffen bei Nacht übergingen. Dönitz selbst hatte das schon in seinem Buch ›Die U-Bootwaffe‹ angekündigt. Es war wenige Monate vor Kriegsausbruch erschienen. Außerdem hatten die deutschen U-Boote es schon gegen Ende des Ersten Weltkriegs nicht anders gemacht. Wie bei den deutschen Torpedos hatten sich die Schwächen von Asdic auch schon während des Spanischen Bürgerkriegs gezeigt; aber wie die Deutschen zogen es auch die Engländer vor, sie zu beschönigen.

Nichtsdestoweniger konnte man mit Asdic unter den richtigen Bedingungen ein U-Boot unter Wasser aufspüren, selbst wenn die Deutschen mit ihrer anfänglichen Schlußfolgerung recht zu haben schienen, daß das gefürchtete englische Ortungsgerät noch nicht die ganze Antwort war. Es bedurfte noch vieler Übungen, Verfeinerungen und Ergänzungen durch andere Instrumente, bevor die U-Boot-Abwehrschiffe auf der Höhe der Forderungen waren, die man an sie stellte.

Die größte englische Erfindung in diesem Zusammenhang war das sogenannte Funkortungsgerät (›Radio Direction-Finder‹, RDF). Der irreführende Name wurde mit Absicht gewählt, wenn auch die Amerikaner und bald darauf die ganze Welt es in ›Radar‹ umtauften (›Radio Detection And Ranging‹, Funkortung und -messung). Dieses Gerät bediente sich kurzer Impulse mit hoher Energie, die Objekte dadurch orteten, daß sie auf sie trafen und wieder auf einen Empfänger zurückgeworfen wurden. Das Echo wurde dann auf einem Bildschirm sichtbar gemacht. Auch die Deutschen verfügten über Radar, aber sie benutzten es auf See anfangs nur als Meßhilfe für die Schiffsartillerie. Dennoch entging ihnen nicht, daß es auch Ziele ausmachen und ihre Entfernung feststellen konnte. Die Engländer setzten es als Ortungsgerät ein, anfangs vor allem bei der statischen Flugabwehr, aber 1939 auch schon an Bord einer Handvoll größerer Schiffe. Die Ausbreitung des Radars auf Geleitzüge und Flugzeuge erforderte große Anstrengungen, was die Verkleinerung und technische Vervollkommnung der Apparaturen anging, doch beschleunigten die Erfordernisse des Krieges ihre Verbesserung rapid.

Die schwach ausgebildete Vorstellung vom Wert einer Marineluftwaffe auf britischer Seite fand ihre Entsprechung im Fehlen einer wirkungsvollen Schiffs- oder U-Boot-Abwehrwaffe aus der Luft. Die Bomben, welche die RAF gegen Schiffe einsetzte, erwiesen sich als nutzlos: Man hatte sie vor dem Krieg niemals richtig getestet. Selbst ein direkter Treffer (ohne wirksame Visiereinrichtung sowieso die reine Glückssache) blieb normalerweise ohne Folgen, denn oft explodierte die Bombe gar nicht, wenn sie aus geringer Höhe geworfen wurde; und wenn sie es doch tat, dann konnte sie sogar das angreifende Flugzeug selbst durch ihre Druckwelle zerstören. Im April 1940 beschloß das Luftfahrtministerium jedoch unabhängig von der Navy, die Entwicklung der aus dem Flugzeug abzuwerfenden Wasserbombe nicht weiterzuverfolgen. Glücklicherweise setzte Air Marshal Sir F. W. Bowhill, der Oberkommandierende des RAF-Küstenkommandos, weitere

Versuche durch, so daß seit dem Sommer 1940 ein paar ausgeliefert werden konnten. Es sollte noch einmal ein Jahr dauern, bis die Waffe allgemein in Gebrauch war. Der Ersatz der Bombe, die beim Aufschlag explodierte, durch eine Waffe, die in der Tiefe durch Druck ausgelöst wurde, löste auch das Problem, wie ein Flugzeug ein U-Boot versenken könnte. (Der Lufttorpedo, den es schon seit dem Ersten Weltkrieg gab, war nutzlos gegen einen tauchfähigen Feind, und zwar so lange, bis man den akustischen Zünder erfand.)

Wenn das Luftfahrtministerium auch völlig schief lag, was die Wasserbomben anging, so hatte es absolut recht in seiner Einschätzung, die noch aus der Vorkriegszeit stammte, daß die Flugzeugabwehrkanone (Flak) allein nicht ausreichen würde, um Schiffe vor angreifenden Flugzeugen zu schützen, schon gar nicht die rückständigen englischen Exemplare. Die ›Pom-Poms‹ (Schnellfeuerkanonen) der Flotte reichten vorn und hinten nicht; sonst gab es nur noch 1500 Oerlikon-Flugzeugabwehr-Maschinengewehre aus der Schweiz mit Explosionsgeschossen. Sie waren kurz vor Kriegsausbruch bestellt worden und hatten England noch erreicht, bevor der Fall Frankreichs weitere Lieferungen abschnitt. Das Oerlikon-MG und die schwedische Schnellfeuer-Flugzeugabwehrkanone der Firma Bofors mußten nun in England und Amerika in Lizenz nachgebaut werden. Als man dann als schwere Waffe gegen angreifende Flugzeuge eine Vielzweckkanone für Steil- und Niedrigfeuer entwickelte, war die Navy glücklicherweise das Problem los, zwischen einer Steilfeuerwaffe gegen Luftangriffe und einer Niedrigfeuerwaffe gegen U-Boote und kleinere Schiffe wählen zu müssen. Eine Kombination zwischen Flugzeugabwehr-Kreuzern und Jägerdeckung von der Küste aus erwies sich allerdings als höchst erfolgreich beim Schutz der 25 Konvois, die zwischen England und Norwegen in beiden Richtungen unterwegs waren, bevor Norwegen besetzt wurde. Tatsächlich gingen bei 1337 daran beteiligten Schiffspassagen nur zwei Frachter durch U-Boote verloren (sie hatten den Anschluß an ihren Konvoi verloren); ein drittes Schiff ging auf das Konto der ziemlich häufigen Luftangriffe. Anderswo zeitigten deutsche Fliegerangriffe auf weniger gut geschützte britische Schiffe größere Wirkung, überwiegend deswegen, weil die Luftwaffe die Technik des Bombenangriffs im Sturzflug in Spanien perfektioniert hatte.

Noch eine Waffe wurde während der Eröffnungsphase des Krieges zur See auf beiden Seiten zum Einsatz gebracht, aber zu diametral entgegengesetzten Zwecken: Das war der mit versteckten Waffen ausgerüstete Handelsdampfer. Diese List hatten die Engländer aus dem Ersten Weltkrieg übernommen. Solange die Prisenordnung noch galt, wollten sie auf diese Weise ein über Wasser angreifendes U-Boot in die Falle locken. Das ›Q-Schiff‹ sah aus wie jedes andere Handelsschiff, hatte aber Wasserbomben, Torpedos und 10-cm-Geschütze an Bord, die hinter falschen Aufbauten versteckt waren. Die Engländer benutzten sie als U-Boot-Fallen. Von Dezember 1939 bis März 1940 schickten sie insgesamt acht in den Nord- und Südatlantik. Doch es war eine Kriegslist, welche die deutschen U-Boot-Fahrer im Ersten Weltkrieg nur darin bestärkt hatte, im Zweifel ohne jede Warnung anzugreifen. Damit erwies sie sich als völlig nutzlos und später sogar als schädlich. Die Q-Schiffe sichteten niemals ein einzeln fahrendes U-Boot, während gleichzeitig in den Western Approaches zwei von ihnen durch Unterwasserangriffe versenkt wurden. Außerdem rissen sie die normalen Flottenkräfte verhältnismäßig stark auseinander, weil ihre Bewegungen sehr umfangreich gesichert werden mußten. Im Sommer 1940 gab es eine Untersuchung der Q-Schiff-Idee. Das Ergebnis war negativ; die Idee wurde fallengelassen.

Die Deutschen hatten im Ersten Weltkrieg umgebaute Handelsschiffe anfangs als Minenleger und dann als ›Hilfskreuzer‹ eingesetzt. Als ihre normalen Kriegsschiffe und die Hilfskreuzer dann von allen Weltmeeren (mit Ausnahme der Nordsee) gefegt waren, schickten sie getarnte Handelsstörer auf die Jagd. Selbst in der relativ späten Kriegsphase Anfang 1918 erzielten sie damit noch einige spektakuläre Erfolge. Dieses Beispiel gab Raeder Auftrieb. Ihm standen nur wenige Kriegsschiffe zur Verfügung, die als Handelsstörer auf die

Reise gehen konnten, und so plante er schon vor dem Krieg die Bewaffnung von 25 geeigneten Handelsschiffen. Als Hauptgeschütz erhielten sie 15-cm-Kanonen, dazu Torpedos, Flaks und Maschinengewehre. Am Ende wurden aber nur zehn von ihnen fertiggestellt. Die ersten sechs gingen im Frühjahr 1940 in See. Die *Atlantis* eröffnete am 31. März den Reigen. Sie sollte der bei weitem erfolgreichste Handelsstörer werden und versenkte fast 150 000 BRT (dreimal mehr als die *Graf Spee* und siebenmal mehr als die *Deutschland*), bis sie nach 20 Monaten Einsatz von HMS *Devonshire* versenkt wurde. Diese hochgefährlichen und erfolgreichen ›Plünderer‹ zogen durch den Atlantik weit hinaus in alle Weltmeere und stellten eine ständige Bedrohung für den Handel der Alliierten dar. Außerdem sorgten sie dafür, daß die alliierten Flotten fortwährend auseinandergerissen wurden. Ihr Einsatz bedeutete eine weitere Bürde neben denen, welche die Admiralität den Engländern in der Flottenkrise nach Norwegen und nach dem Fall Frankreichs zumutete. Bevor die U-Boote von März bis Mai 1940 vorübergehend vom Handelskrieg abgezogen wurden, um die deutschen Angriffe auf Nord- und Westeuropa zu unterstützen, hatte man die meisten Beschränkungen für ihren Einsatz beseitigt. Nur die Sorge um die Stimmung in der amerikanischen Öffentlichkeit hielt sie noch ein wenig zurück, ehe sie dann wieder zum Angriff auf die Handelsschiffahrt übergingen.

Nach der Eroberung Frankreichs teilten die Deutschen das Land zwischen sich und den Kollaborateuren des prodeutsch-faschistischen Vichy-Regimes unter Marschall Pétain auf. Sie achteten darauf, daß sie die gesamte atlantische Küstenlinie bis hinunter zur spanischen Grenze unter Kontrolle bekamen. Das veränderte die strategische Situation am Atlantik grundlegend. Dönitz verfügte nun über Stützpunkte, die bis zu 400 Meilen weiter westlich lagen als bisher. Sie befanden sich vorzugsweise südlich der britischen Blockadelinie. Auch die Luftwaffe profitierte. Aber wenn die Engländer auch nicht viel gegen den Verlust ihres einzigen stärkeren Bündnispartners, die Anwesenheit des neuen deutschen Nachbarn und eine damit ständig drohende Invasion über den Kanalumweg unternehmen konnten, war es ihnen doch zumindest möglich, einen empfindlichen Schlag gegen die deutschen Flottenkräfte zu führen, die weiterhin gefährlich überbeansprucht waren. Als Frankreich im Juni militärisch zu zerfallen begann, flogen A. V. Alexander, Churchills Nachfolger im Amt des Ersten Lords der Admiralität, und Admiral Sir Dudley Pound, der Erste Seelord, nach Bordeaux. Die französische Regierung hatte sich aus dem bedrohten Paris dorthin zurückgezogen. Die beiden trafen sich mit Admiral Jean Darlan, dem Oberkommandierenden der französischen Flotte, und bedrängten ihn, die französische Flotte aus dem deutschen Einflußbereich abzuziehen und sie in britischen, französisch-westindischen oder neutralen Häfen zu stationieren. Aber er war höchstens bereit, den Engländern zu garantieren, daß den Deutschen (und den Italienern, die am 10. Juni Frankreich und England den Krieg erklärt hatten) niemals ein Zugriff auf die bedeutende französische Flotte gelingen würde. Das tröstete die Engländer nicht mehr als die frommen Versprechungen Hitlers und Mussolinis, nach einer Kapitulation Frankreichs keine französischen Kriegsschiffe gegen England einzusetzen. Das Treffen fand am 17. Juni statt. Das war genau der Tag, an dem Marschall Pétains Regierung um einen Waffenstillstand bat und an dem Churchill über Rundfunk sein Angebot eines Bundes mit Frankreich verkündete (der Waffenstillstand wurde am 22. Juni unterzeichnet).

Die neue Entschlossenheit, zu der die Briten hier fanden, erwuchs ihnen aus der absolut verzweifelten Situation, in die sie nach dem Zusammenbruch Frankreichs geraten waren. Sie übertrugen Vize-Admiral Sir James Somerville das Kommando über die neu gebildete ›Force H‹, ein von der Home Fleet abgetrenntes Geschwader, das die Franzosen ersetzen sollte. Ende Juni bestand die ›Force H‹ aus dem Schlachtkreuzer *Hood* (Flaggschiff), dem Flugzeugträger *Ark Royal,* den Schlachtschiffen *Valiant* und *Resolution,* dem Kreuzer

Arethusa und vier Zerstörern. Stützpunkt wurde Gibraltar, wo das Geschwader neben der dort stationierten Flottille des Flaggoffiziers Nordatlantik lag, aber unabhängig von ihm agierte. Von den französischen Seestreitkräften wurden den Engländern zwei alte Schlachtschiffe, zwei große und zwei kleine Zerstörer, sieben U-Boote und eine Handvoll kleinerer Schiffe überstellt. Im östlichen Mittelmeer hielt sich der Oberkommandierende der britischen Mittelmeerflotte, Admiral Sir Andrew Cunningham, auf, und er überredete das aus vier Kreuzern bestehende französische Ostmittelmeer-Geschwader, sich ihm anzuschließen und nach Alexandria in Ägypten zu laufen. Das noch nicht fertiggestellte Schlachtschiff *Jean Bart* suchte den Hafen von Casablanca in Marokko auf, wo es aber nicht vollendet werden konnte, und das Schlachtschiff *Richelieu* lag in Dakar in Französisch Westafrika. Sechs Kreuzer befanden sich in Algier, vier in Toulon. Der Kern der Flotte — zwei moderne Schlachtkreuzer, die *Dunkerque* und die *Strasbourg*, dazu zwei ältere Schlachtschiffe, ein Flugzeugträger und sechs große Zerstörer — hatte den algerischen Hafen Mers-el-Kebir aufgesucht. Im benachbarten Hafen von Oran lagen weitere sieben Zerstörer und vier U-Boote.

Am 3. Juli übermittelte Somerville dem Admiral Gensoul als Oberkommandierendem dieser Streitkräfte ein Ultimatum: sich entweder den Engländern anzuschließen, sich von den Engländern internieren zu lassen, mit Kurs auf Westindien in See zu gehen, die eigene Flotte binenn sechs Stunden selbst zu versenken — oder auf einen Angrirff der ›Force H‹ gefaßt zu sein. Gensoul beschloß, das Ganze für einen Bluff zu halten, aber er mußte feststellen, daß es die Engländer todernst meinten. Die *Strasbourg* und fünf Zerstörer setzten sich nach Toulon ab. Der Rest wurde versenkt oder kampfunfähig gemacht. Diese Tragödie brachte die Royal Navy fast genauso auf wie die Franzosen. Aber in den Vereinigten Staaten fand die ›Operation Catapult‹ überraschende Zustimmung. Dort war man nämlich schockiert, in welchem Maße die norwegische und die holländische Neutralität von den Deutschen mißachtet worden war; daß die Nazis nun die gesamte atlantische Ostküste beherrschten, versetzte die Amerikaner in Alarmstimmung. Viele von ihnen waren erleichtert, daß England so entschlossen demonstrierte, zur See das Heft in der Hand zu behalten, und Roosevelt ließ die neue Vichy-Regierung unverhohlen wissen, daß er unter den gleichen Umständen genau dasselbe getan hätte. Am 7. Juli beschädigte ein Verband der ›Force H‹ die *Richelieu* in Dakar, zerstörte sie aber nicht. Doch eines bewirkte diese grimmige, rücksichtslose Haltung der Engländer: Die französische Flotte verschwand für den Rest des Krieges von der Bildfläche. Man kann sich schwerlich vorstellen, daß in London ein Kabinett unter dem Vorsitz von Neville Chamberlain eine so harte, aber den Umständen nach notwendige Entscheidung getroffen hätte. Am 4. Juni fand Churchill indessen einen ganz neuen Ton, als er in seiner unsterblichen Rede vor dem Unterhaus sagte:

> »Wir werden unsere Insel verteidigen, wie hoch der Preis auch sein mag. Wir werden an den Stränden kämpfen, wir werden auf den Landeplätzen kämpfen, wir werden auf den Feldern und in den Straßen kämpfen, wir werden in den Hügeln kämpfen; wir werden niemals kapitulieren ...«

Und am 14. Juli sagte er in einer über die ganze Welt verbreiteten Rundfunkrede:

> »In den letzten vierzehn Tagen hat die britische Flotte ... die schwere Pflicht auf sich genommen, die Großkampfschiffe der französischen Kriegsmarine für die Dauer des Krieges wirksam außer Gefecht zu setzen ... Die Auslieferung dieser Schiffe an Hitler hätte die Sicherheit Großbritanniens und der Vereinigten Staaten bedroht. Wir hatten daher keine Wahl ...«

Bei aller Verwirrung, bei allem Zögern und bei allen Schwierigkeiten hatte die Royal Navy im September 1939 eines begriffen: Ihre Hauptaufgabe war der Schutz des Seehandels, von dem Englands Leben im wahrsten Sinne des Wortes abhing. Wie reserviert sie sich dabei auch gab und so verständlich, aber mißverstanden ihr Wunsch war, den Feind im offenen Kampf zu suchen, statt ihn Angriffe auf gut verteidigte Ziele wagen zu lassen — die Admiralität war entschlossen, sich auf das Konvoisystem festzulegen.

Der erste systematische Konvoidienst wurde am 6. September 1939 an der englischen Ostküste zwischen der Themse und dem Forth eingerichtet. Diese Geleitzüge waren, Schiff für Schiff, genauso wichtig wie die Konvois über den Atlantik, die am nächsten Tag in See stachen. Schon der Erste Weltkrieg hatte erwiesen, wie unsinnig es war, einen Geleitzug über den Atlantik bis in die britischen Hoheitsgewässer zu eskortieren, ihn dann aber auseinanderlaufen und ungeschützt U-Boot- und Fliegerangriffen ausgesetzt zu lassen. Die Küstengeleitzüge waren vielmehr ein integraler Bestandteil des Verteidigungskonzepts für die transatlantische Lebensader. Es waren ja auch dieselben Schiffe. Auslaufende Atlantikkonvois sammelten sich vor Southend in der Themsemündung und umfuhren dann die Südküste Englands. Dabei schlossen sich ihnen Schiffe aus den Häfen von Southampton. Plymouth und Falmouth an. Vor Land's End wurde die endgültige Formation gebildet. Diese Konvois bekamen laufende Nummern mit dem Präfix ›OA‹. In Liverpool gingen die ›OB‹-Konvois in See. Sie nahmen Kurs durch die Irische See und nahmen weitere Schiffe aus dem Bristol Channel auf. Von den ›OA‹ und ›OB‹-Konvois sonderten sich dann bei den Scilly-Inseln die nach Gibraltar und ins Mittelmeer bestimmten Schiffe ab. Sie bildeten die ›OG‹-Konvois. Den nach Westen laufenden Geleitzügen wurde eine Ozean-Escorte beigegeben — die anfangs typische Besetzung waren zwei Zerstörer. Sie begleiteten den Konvoi bis zum Längengrad 12°30' West. Danach fuhren die Handelsschiffe ohne Geleit auf eigene Faust weiter zu ihren verschiedenen nordamerikanischen Zielorten. Die Geleitschiffe warteten inzwischen auf einen aus der entgegengesetzten Richtung kommenden Konvoi und begleiteten ihn weiter nach Osten. Der erste Geleitzug mit dem Ziel England ging am 14. September von Sierra Leone (Westafrika) aus in See. Am Tag darauf folgte der erste aus Kingston, Jamaica. Am 16. September verließ der erste Konvoi den kanadischen Hafen Halifax, Nova Scotia; HX 1 war der erste einer langen Reihe von Geleitzügen, die Schiffe aus den nordamerikanischen Häfen über die transatlantische Hauptroute brachten. Sie transportierten die lebenswichtigen Güter für England: Weizen aus Kanada, Munition und Industrieerzeugnisse aus den Vereinigten Staaten. Der — besonders schnelle — HXF 1 ging am 19. September von Halifax aus in See und der HG 1 verließ Gibraltar mit dem Ziel England am 26. September. Die Konvois aus Norwegen setzten Anfang November ein. Sie brachten Erz aus Narvik.

Schiffe, die keine Dauergeschwindigkeit von neun Knoten einhalten konnten, und solche, die 15 Knoten und mehr laufen konnten, wurden aus dem Konvoisystem herausgenommen und fuhren allein auf sich gestellt. Diese Grenzen, vor allem die nach unten, verdammten Hunderte von Schiffen um einer falschen Zeiteinteilung willen zum Untergang. Als Erster Lord der Admiralität geriet Churchill in den ersten Kriegstagen in große Sorge wegen der Verspätungen, die das System verursachte. Geleitzüge konnten sich nur mit der Geschwindigkeit ihres langsamsten Schiffs fortbewegen. Viel Zeit ging beim Zusammenstellen der Konvois und beim Warten auf Nachzügler verloren, und in den Häfen kam es zu unangenehmen Staus, wenn ganze Schiffsverbände gleichzeitig einliefen. Doch das Prinzip ›Besser später als nie‹ hätte sich schneller durchsetzen sollen. Sehr schnelle Schiffe, wie zum Beispiel die modernen Liner, konnten den U-Booten von damals leicht entkommen, selbst wenn sie über Wasser verfolgt wurden; man konnte ihnen also mit gutem Grund erlauben, allein zu fahren. Schiffe, die es auf nicht mehr als 18 Knoten Reisegeschwindigkeit brachten, waren bereits gefährdet. Aber die ganz langsamen waren äußerst verwundbar und durften auf gar keinen Fall allein auf das Meer hinausgelassen werden. Unter ihnen gab es furchtbare Verluste. Als Ende 1939 das Konvoisystem mit seinen ineinandergreifenden Abfahrts-

und Ankunftszeiten Schritt für Schritt in Schwung kam, waren bereits 5756 Schiffe im Geleit gefahren — und nur vier waren durch U-Boot-Angriffe verlorengegangen.

Um den Bedarf an Schiffen einzuschränken, ordnete die britische Regierung eine Beschneidung der Importe um 20 Prozent an. Das waren ungefähr 45 Millionen Tonnen. Das gelang dadurch, daß man auf unnötige Dinge verzichtete und die übrigen rationierte. Für Mineralölprodukte galt das von Beginn an, und am 29. September 1939 wurden an die gesamte britische Bevölkerung von 54 Millionen Menschen Personalausweise und Lebensmittelkarten ausgeteilt. Doch die allgemeine Rationierung wurde nur schrittweise eingeführt — bis der einschneidende Mangel an solchen Grundnahrungsmitteln wie Getreide sie im Sommer 1940 unvermeidlich machte.

In diesen ersten Kriegstagen bestand ein typischer Geleitzug auf den Atlantikrouten aus ungefähr 36 Schiffen, die in neun parallelen Kolonnen von je vier fuhren. Der Kommodore als Anführer des Konvois befand sich mit seinem Schiff in der mittleren Kolonne. Voraus und auf beiden Seiten fuhren die Eskorten. Der Vorteil, welcher der weisen Voraussicht der Admiralität zu verdanken war, daß sie schon vor Beginn der Kampfhandlungen ein Konvoisystem entworfen hatte, wurde teilweise wieder durch ein Zuviel an Vorschriften aufgehoben. Die Kapitäne und Kommodores irritierte das oftmals, und zwischen Handels- und Kriegsmarine kam es zu gegenseitigen Mißverständnissen. Die beiden Marinen mußten erst die Zusammenarbeit lernen und ein Verständnis für die zwar gemeinsamen, aber jeweils verschieden erfahrenen Probleme entwickeln. Die Konvoikonferenz, die man direkt vor der Abfahrt eines Konvois im Hafen veranstaltete und an der der Kommodore, die Kapitäne und für die Admiralität der ›Naval Control Service‹ teilnahmen, stellte sich bald als eine wertvolle Einrichtung heraus.

Die Handelsabteilung der Admiralität hatte vor Kriegsausbruch im Juni 1939 noch eine weitere Maßnahme ergriffen: das war die Ausrüstung des mit Verteidigungswaffen bestückten Handelsschiffs (›Defensively Equipped Merchant Ship‹, DEMS). Alte Schiffsgeschütze und dazu passendes Gerät wurden gesammelt und in den Haupthäfen gelagert. Man plante, 5500 Schiffe aller Größen zu bewaffnen, und Ende 1940 waren tatsächlich 3400 Schiffe mit irgendwelchen Geschützen — zumeist mit geringer Reichweite — ausgerüstet. Die Bedienungsmannschaften stellten zuerst die Royal Navy, Reservisten der Royal Marines oder eigens ausgebildete Männer der Handelsmarine. Die DEMS-Bewaffnung machte schließlich die Abstellung von 24000 Männern der Royal Navy und 150000 Männern der Handelsmarine notwendig, und sogar die Army wurde um Unterstützung bei den Schutzmaßnahmen für Schiffe gebeten. Man holte Soldaten an Bord der Schiffe, die einen englischen Hafen ansteuerten: sie brachten ihre eigenen Maschinengewehre mit. Mit ihnen sollten sie die Schiffe gegen Luftangriffe verteidigen. Im Hafen angekommen, wechselten sie auf ein ausfahrendes Schiff, wo sie das gleiche zu tun hatten, bis die Eskorte es übernahm. Aus dieser ad hoc geborenen Einrichtung wurde das ›Maritime Regiment, Royal Artillery‹, das auf dem Höhepunkt des Krieges 14000 Mann zählte. Sehr oft hatten die alten Waffen auf den Handelsschiffen bloß eine psychologische Bedeutung. Sie nahm den Seeleuten ein Stück von dem allgemein vorherrschenden Gefühl der Hilflosigkeit. Aber die allgemeine Bewaffnung von Handelsschiffen bot den Deutschen auch wieder einen weiteren Rechtfertigungsgrund für einen unbeschränkten U-Boot-Krieg. Schließlich brachte das Bewaffnen von Handelsschiffen auch noch eine deutliche Gefährdung der eigenen Luftwaffe mit sich, bis die Handelsmarine und die RAF ein wirksames Verständigungssystem entwickelt hatten.

Das war eine der vielen Gefahren, mit denen ein Küstenkonvoi fertig werden mußte. Man war gezwungen, in den zum Schutz ausgelegten Minenfeldern vor den Küsten einzeln oder gerade noch in Doppelreihe zu fahren. Solche Kolonnen wurden dann bis zu 20 Meilen lang; gleichzeitig hatten die Geleitschiffe nicht viel Raum, das Umfeld zu sichern.

Dafür mußte man gewärtig sein, daß man plötzlich aus der Luft angegriffen wurde. Die deutsche Luftwaffe konnte an den Enden jedes Küstengeleitzugs stets reiche Ernte halten, denn dort sammelten sich die Schiffe und warteten darauf, in den schmalen Streifen zwischen Küste und Minenfeld einlaufen zu können. Auch die U-Boote fanden dort ihre Beute.

Ein anderer britischer Versuch, die ersten Konvois wirksam zu schützen, erwies sich als wenig hilfreich, weil man nämlich den Bock zum Gärtner machte. Eigene U-Boote als Eskorten einzusetzen, behinderte und verwirrte die Überwasserkriegsschiffe nur bei ihrer Suche nach deutschen U-Booten. Die am leichtesten zu organisierende Verstärkung stellte der Bewaffnete Handelskreuzer (›Armed Merchant Cruiser‹, AMC) dar. Bei ihm handelte es sich um ein schnelles Handelsschiff, das ausreichend mit Geschützen ausgestattet werden konnte (15 cm und andere). Einem aufgetauchten U-Boot konnte es Widerstand leisten, aber sonst hatte es nur wenig Wert; das Schicksal der *Rawalpindi* legte die Schwäche dieser Schiffe zutage, aber es sollte noch ein ganzes Jahr dauern, bis man eine bessere Verwendung für sie fand — als Truppentransporter.

Vom Tag des Kriegsausbruchs an hatten England und Frankreich, dann nur noch England, den Blick auf die Vereinigten Staaten gerichtet: Von ihnen erwartete man Hilfe. Die Hindernisse, die Präsident Roosevelt dabei in den Weg gelegt wurden — das Johnson- und das Neutralitätsgesetz —, haben wir bereits geschildert. Aber Roosevelt war glücklicherweise von Anfang an der Meinung, eine Unterstützung Englands und Frankreichs liege im Interesse der USA. Die heftige Kongreßdebatte im Herbst 1939, an deren Ende eine Aufhebung des Waffenembargos und die Erlaubnis standen, England und Frankreich gegen Barzahlung zu beliefern, zeigte dennoch, daß der Isolationismus in diesem Land noch eine Macht darstellte, auch wenn der oberste politische Stratege im Weißen Haus nun in der Vorhand war. Doch die britischen Reserven in Gold und Dollar beliefen sich 1939 auf wenig mehr als eine Milliarde Pfund, und der Export war zugunsten der Kriegsindustrie drastisch zurückgegangen. Die Deutschen beurteilten die Situation in Washington 1939 realistisch, wenn sie meinten, daß die Vereinigten Staaten sich zwar aus dem Krieg heraushalten, dafür aber Wege finden würden, Munition und anderen Nachschub nach Europa zu liefern. Zudem war die US-Army in dieser Phase kaum fähig, fünf Divisionen ins Feld zu schicken, und die Army Air Force war schwach. Lediglich die US-Navy hatte einige strategische Bedeutung, aber sie war noch weit davon entfernt, eine ›Marine der zwei Ozeane‹ darzustellen, die fähig war, den Westatlantik abzudecken und zugleich den Pazifik gegen die aufgehende japanische Sonne zu schützen. Die amerikanische Industrie hatte Schwierigkeiten, die umfangreichen englischen und französischen Bestellungen (Flugzeuge usw.) zu Beginn des Krieges zu erfüllen.

Geheime Erkundungsgespräche der amerikanischen und britischen Militärstäbe im Mai 1939 hatten ergeben, daß die US-Navy im Kiegsfall denn westlichen und südlichen Atlantik abdecken würde. Die Bildung einer neutralen Zone, welche die 21 amerikanischen Republiken auf Drängen Washingtons verkündet hatten, und die Aufstellung eines neuen Atlantikgeschwaders der US-Navy (fünf Schlachtschiffe, neun Kreuzer und Versorgungsschiffe), die dem Nachdruck verleihen sollten, erwies sich bald als ein Segen für die unter starkem Druck stehende Royal Navy. Doch eines der wichtigsten Ereignisse der ersten Kriegstage überhaupt war der persönliche Brief Roosevelts an Churchill vom 11. September 1939, in dem der amerikanische Präsident dem Ersten Lord die Einrichtung einer direkten Verbindung zur privaten Verständigung untereinander anbot. Dahinter steckten Roosevelts Zweifel an Premierminister Chamberlains Kampfentschlossenheit und der Wunsch, mit dem einzigen Kabinettsmitglied der Londoner Regierung in Verbindung zu bleiben, das den kompromißlosen Widerstand gegen den Nazismus verkörperte. Grundmotiv war dabei die Überzeugung, daß eine Einigung Englands mit Hitler auf eine Kapitulation hinauslaufen würde. Sie würde den Nazis die Vorherrschaft im Atlantik bescheren, gestützt von den mächtigen Freunden, die Deutschland in Südamerika hatte. Auf diese Weise begann einer der außergewöhnlichsten und wichtigsten Dialoge zwischen zwei politischen Führern, welche die Geschichte bisher erlebt hat. Er wurde per Brief, Kabel, Telefon und durch persönliche Begegnungen vertieft, bis Roosevelt am Abend des Sieges starb.

Die Phase von der Eröffnung der Feinseligkeiten bis zur Isolierung Englands in Europa endete mit einer derart vorherrschenden Stellung Deutschlands, daß England nur eine Zuflucht blieb, wenn es den Kampf fortsetzen wollte: Das war die Erhaltung seiner Lebenslinie nach Nordamerika. Was das bedeuten würde, zeigte der letzte dieser ersten neun Monate. Im Juni 1940 war Dönitz von der unerwartet untergeordneten Rolle erlöst, die seine U-Boote in den Offensiven gegen Norwegen und Westeuropa gespielt hatten; auch die Torpedokrise war bewältigt. Also konnte er wieder seine U-Boot-Angriffe gegen den britischen Handel aufnehmen. Dieser neue Unterwasserangriff war für fast die Hälfte des Verlusts von 585 000 BRT britischen, alliierten und neutralen Schiffsraums verantwortlich, der im Juni 1940 auf das Konto der Deutschen ging. Das war doppelt so viel als im bis dahin schlimmsten Kriegsmonat Mai. Der Mai war auch der einzige Monat gewesen, in dem mehr Handelsschiffe durch angreifende Flugzeuge als durch U-Boote versenkt wurden; der Grund dafür waren die besonderen Umstände der Wehrmachtsoperationen in Norwegen und in Westeuropa gewesen. Auf eine durch U-Boote versenkte Tonne kamen drei durch Flugzeuge versenkte.

In dieser Phase verlor England in seinen Heimatgewässern und im Atlantik durch Feindeinwirkung insgesamt 2 250 000 BRT. 48 Prozent davon entfielen auf die U-Boote, 26 Prozent auf Minen, 13 Prozent auf Flugzeuge, sechs Prozent auf andere Überwasserangreifer; der Rest war auf andere bzw. unbekannte Ursachen zurückzuführen. Alles in allem betrachtet, kamen monatlich fast 280 000 BRT zusammen; das bedeutete, daß an die fünf Prozent des Gesamtbestandes an Schiffen verloren gegangen war — bei einer Neubaurate von lediglich 88 000 BRT pro Monat.

Zu Beginn dieser Periode verfügten die Deutschen über 57 einsatzfähige U-Boote. An ihrem Ende waren es 51. Verloren gingen 24 Boote, eines durch Unfall, jeweils zwei durch britische U-Boote, Luftangriffe und aus unbekannten Gründen, und je drei liefen auf Minen oder wurden die Opfer von Patrouillenbooten. Eines wurde von einem zufällig vorbeifahrenden Zerstörer versenkt, ein anderes durch kombinierten Angriff aus der Luft und vom Wasser (durch Geleitschiffe). Die deutschen U-Boote versenkten im ganzen 215 Handelsschiffe und zwei größere Kriegsschiffe. Von ihren Opfern waren 195 allein unterwegs gewesen; nur 22 hatten Geleitschutz gehabt. Verglichen mit den elf U-Booten, die Deutschland bei Angriffen auf Geleitzüge verloren hatte, war die Erfolgsrate gegen England — zwei versenkte Schiffe gegen ein versenktes U-Boot — eigentlich trostlos. Verschleiert wurde diese Bilanz durch die fast achtmal so hohe Versenkungsrate bei allein fahrenden Schiffen — 15 Schiffe gegen ein U-Boot.

In dieser Phase der ersten zehn Monate standen im Durchschnitt nur sechs Boote zur gleichen Zeit in See. Der Rest befand sich auf Heimfahrt oder auf der Fahrt ins Einsatzgebiet, lag im Hafen oder hatte andere Pflichten übernommen. Die durchschnittliche Lebenserwartung eines U-Bootes im Einsatz auf See lag bei knapp drei Monaten; die Werften lagen bei ihren Ersatzlieferungen um zehn Prozent unter der Verlustrate. Dönitz hatte zu wenig Boote, um zur Rudeltaktik überzugehen (versucht hatte er es); er hatte herausgefunden, daß es nutzlos war, Flottillenkommandeure hinauszuschikken und gemischte Angriffe führen zu lassen, verglichen mit der Kontrolle der Operationen per Funk von seinem Hauptquartier aus. Aber die Neubaurate stieg, und er hatte guten Grund zu der Annahme, daß mit mehr Booten und neuer Taktik — und bei so erstaunlich vielen allein fahrenden Schiffen — die nächste Phase reichere Beute bringen würde.

Wie sah es auf der anderen Seite der Front aus? Der Einfall Deutschlands nach Polen am 1. September 1939 kulminierte im Fall von Warschau am 27. September. Die Sowjetunion marschierte am 17. September in Polen ein und schloß am 29. September mit Deutschland einen Grenz- und Freundschaftsvertrag, der mit Geheimklauseln versehen war. Nach diesem Vertrag wurde Polen unter seinen beiden mächtigen Nachbarn und traditionellen Feinden aufgeteilt. Auch die meisten anderen geopolitischen Ereignisse in dieser Phase wurden, abgesehen von den Dingen, die im Westen geschahen, von Moskau initiiert. In Verhandlungen erreichten die Russen eine Beendigung ihres Grenzkonflikts mit Japan im Fernen Osten. (Die Japaner, die 1931 in die Mandschurei einmarschiert waren, setzten am 30. März 1940 ein chinesisches Marionettenregime in Nanking ein.) Der Winterkrieg mit Finnland, der am 30. November 1939 begann, erwies sich als sehr schwieriges Unternehmen für die Rote Armee. Er zog sich bis zum 12. März 1940 hin, ehe man die Finnen zum Aufgeben gezwungen hatte. Die Karelische Landenge wurde an die Sowjetunion abgetreten. Mitte Juni okkupierte die Sowjetunion die baltischen Staaten Lettland, Litauen und Estland (und das mit dem Segen Hitlers und des gemeinsamen Vertrages). Am Ende desselben Monats holte sich Rußland von Rumänien die Bukowina und Bessarabien. Damit hatte Stalin fast alle Gebiete, die Rußland in der Folge der Revolution von 1917 verloren hatte, wieder — bis auf den Großteil Finnlands und das halbe Polen, das bis in die letzten Kriegstage unter deutscher Kontrolle blieb.

2.
Juni 1940 bis März 1941

Dönitz in der Bretagne — England in der Defensive — Getarnte Handelsstörer — Das Mittelmeer ist zu — Kanada kommt zu Hilfe — ›Keine Kapitulation‹ — USA helfen — ›Zerstörer für die Stützpunkte‹ — Geheimnisse zu verkaufen — ›Lend-Lease‹ — Anglo-amerikanische Wiederannäherung — Die ›glücklichen Zeiten‹ der deutschen Asse — Schlacht um England — Wolfsrudel — ›Escort Groups‹ — ›Western Approaches‹ — Die ›Lücke‹ — Überwasser-Angriffe — Luftwaffe — Drei Asse verloren — Geheimdienst — Das Leben in der U-Boot-Waffe — Radar, HF/DF — Taktiken — ›Kondor‹ — Langstreckenmaschinen — ›Räumt die Häfen‹ — Verluste

Die deutsche Kriegsmarine leckte noch ihre Wunden aus dem Norwegenfeldzug, als sie nun die Flanke des Heeres zu dekken hatte, das sich bis zur Nordsee- und Kanalküste vorkämpfte, dann nach Süden schwenkte und die französische Atlantikküste entlangzog. Der Besitz der französischen Häfen war gegenüber dem einzigen noch nicht besiegten Feind natürlich von fundamentaler strategischer Bedeutung für den Seekrieg. Das hatten die Deutschen nicht erst jetzt begriffen, sondern schon vorweg in ihre Pläne einbezogen. So verließ am 23. Juni 1940, genau einen Tag nach dem Waffenstillstand mit Frankreich, ein großer Lkw-Konvoi Wilhelmshaven und die anderen norddeutschen Flottenbasen. Seine Ladung bestand aus Torpedos, Minen, Ersatzteilen und Ausrüstungsgegenständen für die U-Boote. Dieser ›Torpedozug‹, wie ihn Dönitz in seinem Kriegstagebuch nannte, hatte Paris als Ziel — wo Dönitz für einige Zeit sein Hauptquartier errichtete —, und sollte dann weiter zur Atlantikküste ziehen, sobald die französischen Flottenbasen darauf eingerichtet waren, alles Material und das Wartungspersonal aufzunehmen.

Dieses hervorragende Beispiel für die Arbeit eines Stabes sorgte dafür, daß bereits am 6. Juli der erste U-Boot-Stützpunkt am Atlantik in Lorient offenstand. Das erste Boot, das am 7. Juli einfuhr, war Lemps *U 30*. Minenräumer und kleine Schiffe lagen schon als Begleitschiffe und für Hafendienste bereit. Kurz darauf zogen Dönitz und sein kleiner Stab von Paris in eine beschlagnahmte Villa in Kernevel bei Lorient. Von dort aus dirigierten sie drei Jahre lang ihren gewaltig ausgeweiteten Feldzug. Die U-Boote standen jetzt den lebenswichtigen Routen des Feindes um runde 450 Meilen näher, und das bedeutete, daß sie ihren Operationsradius mit den atlantikfähigen Booten erweitern und gleichzeitig die kleineren Küsten-U-Boote rund um die britischen Inseln konzentrieren konnten. Diese lagen nun auch in der Reichweite ihrer beschränkten Treibstoffreserven. Das Pech, das sie mit den Torpedos verfolgt hatte, war inzwischen Vergangenheit. Sichtbares Zeichen dafür war der Erfolg von Victor Oehrn, der mit *U 37* am 9. Juni 1940 nach der Versenkung von zehn Schiffen mit insgesamt 41 200 BRT nach Wilhelmshaven zurückkehrte. Außerdem hatte er noch ein Schiff von 9500 BRT schwer beschädigt, und das alles in weniger als fünf Wochen. Er operierte in den Western Approaches und vor der englischen Südküste. Mehrfach war es ihm gelungen, seine Opfer zu stellen und sie durch Geschützfeuer oder mit Sprengladungen zu versenken. Mit den modifizierten Magnetzündern, welche die deutschen Torpedos jetzt hatten, hatte er allerdings kein Glück, während ihm mit den nachgebauten britischen Kontaktzündern vier Torpedoabschüsse gelangen. Sein Erfolg sprach sich unter den Booten schnell herum, und die Moral wuchs wieder. Im Juni konnten die U-Boote so ihre bisher höchste Abschußzahl vorweisen, obwohl da die französischen Stützpunkte noch gar nicht verfügbar waren: Fast 250 000 BRT kamen auf ihr Konto.

Das war nicht allein auf die wiederhergestellte Moral auf deutscher Seite zurückzuführen. Die Engländer sahen sich jetzt vor einem schlimmen Dilemma, seit die Wehrmacht die Ostseite des Kanals ganz beherrschte und der Kanal damit erstmals seit Napoleons Zeiten nicht mehr ›englisch‹ war. Mit Mammutgeschützen wurden bereits schwerfällige Artillerieduelle über die Straße von Dover ausgefochten, und die Deutschen feuerten auch auf vorbeifahrende Schiffe. Die Luftwaffe konnte Flugzeuge mit geringer Reichweite gegen den Schiffsverkehr vor der englischen Süd- und Ostküste einsetzen. Leichte und schnelle E-Boote, die allen britischen in dieser Kategorie überlegen waren, konnten von den holländischen Nordseehäfen aus kurze Schläge gegen den Feind führen. Die Möglichkeiten zum Minenlegen hatten sich vervielfacht. Die Engländer waren genötigt, ihre Küstenschifffahrt zu reorganisieren und dabei weitgehend auseinanderzureißen. Von den Häfen an der Ostküste mußte vieles in die Westhäfen verlagert werden; man mußte die einlaufenden Konvois von den Western zu den North-Western Approaches umleiten (d.h. vom südlichen ins nördliche Irland) und die Benutzung der besonders exponierten Gewässer für den wichtigen lokalen Schiffsverkehr einschränken. Bis dahin hatten deutsche Schiffe es nicht wagen können, den Weg durch den Kanal zu nehmen. Jetzt konnte ihn überhaupt niemand mehr benutzen. Doch hinter all diesen neuen Rückschlägen drohte für England die Gefahr einer Invasion. Die Wahl, die sie hatten, war radikal: Entweder zogen sie ihre See- und Luftstreitkräfte gegen einen solchen Angriff zusammen, oder sie sicherten das Überleben der Bevölkerung durch den Geleitschutz für die Schiffe, die den notwendigen Nachschub ins Land brachten. Selbst die Royal Navy konnte sich nicht der Hoffnung hingeben, daß ihr vielleicht beides gelänge, vor allem nach den Zerstörerverlusten der letzten Zeit. Churchills Kabinett und die Chefs der Stäbe waren sich einig: Der Verhinderung bzw. der Zurückweisung einer deutschen Invasion gebührte Priorität.

Die deutsche Überwasserflotte lebte schnell wieder auf, und die Luftwaffe verfügte über große Mengen von Bombern, Sturzkampfbombern und Jagdflugzeugen, mit denen sie ihre derzeitige Luftüberlegenheit ausspielen und die Unterlegenheit der Flotte ausgleichen konnte. Beiden Seiten war daher klar, daß es bald zu einem Kampf um die Vorherrschaft in der Luft über den wahrscheinlichen Invasionsgebieten kommen würde. Das Jägerkommando der RAF war mit seinem einzigartig entwickelten Radar-System am Boden weder in der Qualität noch in der Quantität schwächer als Görings einsatzfähige Kampfflugzeugverbände, aber eine Gefahr bestand: Die RAF hatte kaum Reserven an Maschinen und Piloten, und sie hatte es mit einer theoretisch überwältigenden Menge an Zielen wie an feindlichen Kräften zu tun. Ganz gewiß blieb aber nichts mehr übrig, um den Küstenkonvois einen Geleitschutz zu garantieren.

Noch einmal verließ die Home Fleet unter Admiral Forbes Scapa Flow zugunsten des Firth of Forth, und diesmal geschah es, um in einer besseren Startposition nach Süden zu gegen eine Invasionsflotte zu sein. Gleichzeitig wurden aus Scapa, aus dem Firth und von den Western Approaches die Zerstörer abgezogen. Gegen den Rat von Forbes verteilte man noch als weitere Gegenmaßnahme gegen die befürchtete Invasion Kreuzer über die gefährdete Küstenlinie Südostenglands.

Ein äußerst zuversichtlicher Adolf Hitler verlangte am 2. Juli 1940 Meldung über die Vorbereitungen zur Invasion in England. Zwei Wochen später erließ er die ›Weisung Nr. 16 über die Vorbereitungen einer Landungsoperation gegen England‹. Es handelte sich um das Unternehmen ›Seelöwe‹, bei dem die Luftwaffe die britische Luftabwehr vernichten, die Kriegsmarine eine Invasionsflotte bilden und das Heer entsprechende Landungstruppen bereitstellen sollten. Die nächste Weisung vom 1. August ordnete vom 5. August an dichtere Angriffswellen gegen die RAF und ihre Stützpunkte an, außerdem gegen die britische Flugzeugindustrie und damit verbundene Ziele. Am selben Tag legte Hitler als Invasionstermin den 15. September fest. Der Kriegsmarine gelang es in der Person des starken Admirals Raeder, den einfältigen und von allzuviel Selbstvertrauen getragenen Plan des Heeres zu überstimmen, das auf einer breiten Front angreifen wollte. Es gab nur vier geeignete Landungspunkte an den Küsten von Kent und Sussex. Truppen, Schiffe, Lastkähne und andere Fahrzeuge wurden in den Häfen zwischen Delfzijl in den Niederlanden und Le Havre in der Normandie zusammengezogen. Hin und wieder wurden sie dort von britischen Flugzeugen bombardiert und von britischen Schiffen beschossen. Am 17. August verhängte Hitler eine totale Blockade aller Gewässer rund um Großbritannien. Alle dort angetroffenen Schiffe, auch die neutralen, durften nun ohne Warnung angegriffen werden. Der Sperrbereich deckte sich fast genau mit der Zone, die das amerikanische Neutralitätsgesetz den US-Schiffen auferlegte. Damit entging man der Gefahr, amerikanische Schiffe zu versenken. Hitler und Raeder waren wie immer ängstlich darum bemüht, Washington in einem Präsidentenwahljahr nicht unnötig zu provozieren.

Während die Luftstreitkräfte sich angesichts des bevorstehenden Zusammenstoßes Mut zusprachen, studierten die Kriegsmarinen die Geographie des Atlantischen Ozeans, vor allem die Lage der Inseln, die der einen oder anderen Seite jeweils einen Vorteil verschaffen mochte, wenn die Kämpfe zur See sich nach Westen verlagern sollten. Die britischen Royal Marines waren Anfang Mai nach dem Norwegenfeldzug auf Island gelandet; einen Monat später wurden sie durch Infanterietruppen verstärkt. Das nördlich von Reykjavik gelegene Hvalfjord wurde zum Flottenstützpunkt gemacht. Auch die Färöer-Inseln wurden von britischen Marines und anderen Truppen kontrolliert. Im Juni wurde die Islandgarnison durch kanadische Truppen verstärkt, die direkt aus Halifax kamen. Einer Forderung der Admiralität nach Stationierung von Aufklärungsflugzeugen auf Island wurde vom Küstenkommando der RAF nicht stattgegeben, weil man zu wenig Maschinen hatte: Nur eine Handvoll älterer Flugzeuge mit begrenzter Reichweite wurde vorläufig dort stationiert. Das Bomberkommando erfreute sich weiterhin absoluter Priorität bei der Belieferung mit Maschinen mit großer Reichweite, denn die Bombardierung Deutschlands oder der von Deutschland kontrollierten Territorien war über einen langen Zeitraum hinweg tatsächlich der einzige Weg, auf dem

England in die Offensive gehen konnte. Was das Luftfahrtministerium bis weit in den Krieg hinein bedauerlicherweise völlig mißverstand, war der große Unterschied, den auch nur eine geringe Zahl von als Bombern eingesetzten Jagdflugzeugen — eine oder zwei von hundert Staffeln — gemacht hätte, bedenkt man den elementaren Überlebenskampf, der auf den Atlantikrouten stattfand.

Weitere Inseln, auf denen die Augen beider Seiten ruhten, waren die zu Spanien gehörenden Kanarischen Inseln, die portugiesischen Kapverdischen Inseln und die Azoren-Gruppe. Portugal, Englands ältester Verbündeter, war neutral. Das galt auch für Spanien, das sich trotz des Drucks, den seine faschistischen Mitstreiter Hitler und Mussolini auf Franco ausübten, weise aus dem Krieg heraushielt; dabei hatten die beiden soviel dafür getan, die Spanische Republik abschaffen zu helfen. Am Ende beschlossen beide Seiten, diese Inseln nicht zu betreten, solange es die anderen auch nicht versuchten oder zumindest entsprechende Pläne machten. Sie einzunehmen, würde ziemlich einfach sein, aber sie vor einer Gegeninvasion zu bewahren, würde mehr Probleme schaffen, als es die Sache wert war. Nur kurze Zeit später gewannen die Azoren in der Atlantikschlacht dann an Bedeutung, doch jetzt bedienten sich beide Seiten der fernen Gewässer um die Inseln frei und nach Bedarf. Es paßte auch beiden kriegführenden Mächten besser ins Konzept, den Status quo auf der Iberischen Halbinsel zu erhalten, anstatt nach dem Besitz der beiden neutralen Staaten zu greifen.

Die Gewässer um die Azoren wurden von den deutschen Überwasserhandelsstörern und den getarnten Hilfskreuzern bevorzugt. Man traf sich dort gern mit den Versorgungsschiffen. Die schwer zu fassenden Handelsstörer schlüpften, wie schon erwähnt, seit März 1940 in die Weltmeere hinaus, und im Juni machten sie sich dort überall bemerkbar. In den beiden vorausgegangenen Monaten hatten sie nur ein einziges Schiff versenkt, aber im Juni brachten sie es schon auf vier mit insgesamt 30 000 BRT. Schlimme Nachrichten über diese neue Bedrohung seines Welthandels erreichten England am

18. Juli, als die Überlebenden von zwei britischen Handelsschiffen sich auf einer kleinen westindischen Insel in Sicherheit bringen und ihre Geschichte erzählen konnten. Zu der Zeit befand sich die ganze erste Welle von sechs solcher Handelsstörer auf See. Von März bis Juli war je ein Schiff, im Juni noch ein zweites ausgelaufen. Schon vor dem Krieg hatte man sie für lange Distanzen ausgelegt, und sie waren mit sechs modernen 15-cm-Geschützen und vier Torpedorohren (mit je sechs Torpedos) ausgestattet. Sie waren im Durchschnitt zwischen sieben- und achttausend Tonnen groß, ein wenig größer, als das normale Handelsschiff zu dieser Zeit, und die meisten brachten es auf eine Höchstgeschwindigkeit von 18 Knoten. Das war höher als normal, aber nicht außergewöhnlich. Ein typischer Handelsstörer dieser Art hätte in Friedenszeiten als Bananendampfer dienen können (ein Gefangener leistete sich auch einmal den Witz, nach einer Banane zu verlangen, als er an Bord gebracht wurde). Alle hatten auch eine Ladung Minen an Bord, wenn sie ihre Häfen verließen. In der deutschen Propaganda wurden sie romantisch als ›Geisterfahrer‹ dargestellt oder als ›Schiffe ohne Hafen‹. Versorgt wurden sie über den Etappendienst und sein Netzwerk, oder sie bedienten sich bei ihren Opfern und übernahmen von ihnen Treibstoff und andere Güter. Im Pazifik konnten sie sich auf fernen japanischen Inseln versorgen, sogar schon vor dem Kriegseintritt Japans im Dezember 1941.

Sie verbrauchten große Mengen an Farbe, weil sie häufig ihre Identität wechselten, besaßen falsche Schornsteine, Teleskopmasten und andere Teile, die sie den übrigen Aufbauten hinzufügen oder wieder abbauen konnten. Damit ließ sich immer die Silhouette mit der gewählten Tarnung in Einklang bringen. Die Geschütze waren im Oberwerk versteckt untergebracht. Die plötzliche Verwandlung, wenn die Plattformen hochgefahren und Geschütze sichtbar wurden, die eines Kreuzers würdig waren, waren für die unglücklichen Opfer, die darauf hereingefallen waren, ein ziemlicher Schock. Sie hatten sogar ein oder zwei kleine Seeflugzeuge bei sich, die für Erkundungsflüge eingesetzt wurden. Insgesamt waren sie eine verheerende Waffe im Kampf gegen eine überbeanspruchte Marine, die im Dienste der führenden Handelsmacht in der Welt stand.

Ende 1941 hatten sieben dieser Schiffe fast 600 000 BRT Schiffsraum vernichtet. Zu ihren Opfern gehörten auch ein Kreuzer und drei bewaffnete Handelskreuzer. Ihr Vorteil lag im Überraschungsmoment; sie hörten jeweils sehr sorgfältig den Funkverkehr ihrer Opfer ab. Ertappten sie eines bei dem Versuch, den Standardfunkspruch »QQQ« als Warnung vor einem getarnten Handelsstörer abzusetzen, dann verloren sie keine Zeit mehr, holten ihre Geschütze hervor und zerschossen dem Opfer die Aufbauten. Sonst verließ ein aus der 350-Mann-Besatzung gebildetes Prisenkommando das Schiff, ging an Bord des Gegners, untersuchte die Ladung, nahm die Besatzung gefangen, und dann entledigte man sich des Schiffs durch Sprengladungen oder Geschützfeuer (es sei denn, es handelte sich um einen Tanker, dessen Ladung man sofort nutzen konnte). Dann verschwand man wieder von der Szene.

Der britische Nachrichtendienst brachte über die deutschen Handelsstörer nur vage Informationen zusammen. Der erste Verdacht, daß ein neues Element ins Spiel kam, wurde nicht vor Anfang Mai 1940 ausgesprochen. Damals bemerkte man, daß vor Kaap Agulhas in Südafrika, dem südlichsten Zipfel des afrikanischen Kontinents, von den Deutschen Minen gelegt worden waren. Das war Tausende von Meilen außerhalb der Reichweite irgendeines U-Boots (es sei denn, man hätte es auf hoher See mit neuem Treibstoff versorgt, aber darin hatten die Deutschen noch keine Routine); von einem konventionellen ›Raider‹ wußte man zu dieser Zeit in dieser Gegend nichts.

Es gab einen durchschlagenden neuen Grund, warum man so weit in der Ferne auf der Kap-Route Minen legte. Italiens Eintritt in den Krieg am 10. Juni 1940 hatte den britischen Handelsschiffen praktisch das Mittelmeer verschlossen. Damit konnten sie auch nicht auf dem Weg von und nach Indien, dem Fernen Osten und Australien den Suezkanal benutzen. Schiffe mit so weit entfernten Zielhäfen mußten daher 10 000 Extra-Meilen in sechs Extra-Wochen in Kauf nehmen. Zählt man den Schiffsverkehr auf diesen Routen zusammen, dann kamen noch einmal 150 verlorene Schiffe zu den bereits schrumpfenden britischen Beständen dazu. Auf See und in der Luft in die Enge getrieben und mit einem Heer, das zwar in einer ebenso großartigen wie verzweifelten Evakuierungsaktion gerettet worden war, seine wertvolle Ausrüstung jedoch in Frankreich zurückgelassen hatte, befand sich England nun in größerer Gefahr als zu Napoleons Zeiten. Er war der letzte Feind gewesen, der an eine Invasion gedacht hatte. Hitlers Plan, in England einzumarschieren, erschien realistisch, und so wurde die Sache in London auch gesehen. Die deutschen Vorbereitungen für die geplante Besetzung waren so weit gediehen, daß sogar schon ein Haus am Rand von Richmond Hill mit herrlichem Blick über die Themse im Londoner Westen als Gastunterkunft für den Führer vorgesehen war.

Es gab nur eine Richtung, aus der man Hilfe erwarten konnte: aus dem Westen, aus Nordamerika. Der Begriff ist mit Bedacht gewählt, denn es war nicht allein die aufkommende Supermacht USA, auf die Churchill seinen Blick warf, sondern auch das britische Dominion Kanada, das als erstes Land aus Übersee einen wesentlichen Beitrag zu dieser strategisch grundlegenden Auseinandersetzung im Atlantik beitrug.

Wenn es eine Ungerechtigkeit oder eine Unterlassung in der britischen oder amerikanischen Geschichtsschreibung über die Kriegführung zur See gibt, dann ist es die permanente Vernachlässigung der kanadischen Rolle. Dafür gibt es eine Reihe Gründe, unter anderem die Tatsache, daß die Royal Canadian Navy erst unter britischem, danach unter amerikanischem Oberbefehl kämpfte, ehe man ihr dann zum erstenmal in der Geschichte einen eigenen Oberkommandierenden zugestand — und das war, als die Krise im Atlantik ausgestanden war.

Wo die schwere Arbeit, die die RCN geleistet hat, nicht

einfach dem Konto der britischen Navy gutgeschrieben wurde, schätzte man sie gern als ineffektiv, wenn nicht gar als unzureichend ein. Damit aber ignorierte man die enormen Schwierigkeiten, welche die Kanadier zu bewältigen hatten, oder man würdigte sie sogar bewußt herab. Tatsache ist auch, daß Kanada flächenmäßig wohl größer ist als die Vereinigten Staaten, aber nicht einmal ein Zehntel der Bevölkerung seines mächtigen Nachbarlandes aufweist.

Kanada erklärte Deutschland eine Woche nach Großbritannien am 10. September 1939 den Krieg. Wie im Ersten Weltkrieg schickte es eine Armeedivision (später auf ein Korps erweitert) über den Atlantik. Außer seinen jungen Männern hatte Kanada noch einiges an Wertvollem zu bieten: Nahrung in Form von Getreide; Häfen an der westlichen Atlantikküste; eine Zuflucht für Evakuierte (und für die britische Flotte, für die königliche Familie, die Regierung und für bewegliche Vermögenswerte, wenn nötig); Übungs- und Reparatureinrichtungen, Docks, Waffen; eine Zwischenstation für Industrie- und Munitionslieferungen aus den USA; ausgebildete Piloten und schließlich einen kleinen, aber ausbaufähigen Stützpunkt für die Herstellung industrieller Güter und Schiffe. Was es im September 1939 nicht hatte, war eine Flotte von einiger Bedeutung. Wie dieses Defizit gutgemacht wurde, ist eine der bemerkenswertesten (und am wenigsten beachteten) Kapitel einer Blitzmobilmachung in der Militärhistorie — ihre manchmal tragischen Folgen eingeschlossen.

Im Jahr 1939 bestand der Stolz der 1910 gegründeten kanadischen Flotte aus sechs Zerstörern und elf weiteren seetüchtigen Schiffen (Minenräumern und Vorpostenbooten), dazu ein schmales Kontingent kleinerer Wasserfahrzeuge, wie sie in jeder Kriegsmarine zu finden sind. Tatsächlich war das viel im Vergleich zu der Stärke, die die RCN im Ersten Weltkrieg besessen hatte (und in dem sie auch keine besondere Rolle spielte, ganz anders als die kanadische Army). Zwei alte Kreuzer waren 1914 ihr ganzer Besitz, einer an jeder Küste. Vier Jahre später hatte die RCN es auf 9000 Mann gebracht, die an der langen Ostküste in kleinen Schiffen Patrouille fuhren. Doch 1922 war ihre Streitmacht auf einen Zerstörer und zwei Trawler pro Küste geschrumpft. Sie war zur Zielscheibe herablassenden Spotts über Kanadas ›Zwei-Meeres-Flotte‹ geworden. Obwohl 1931 zwei neue Zerstörer hinzukamen, wäre die RCN im Laufe der Großen Depression um Haaresbreite abgeschafft worden, um die Budgets der Army und der Canadian Air Force zu retten. Doch die kanadische Kriegsmarine wurde schließlich von W. L. Mackenzie King gerettet, dem Anführer der Liberalen, der 1935 seine dritte Amtsperiode als Premierminister begann — im ganzen sollte er dieses Amt 22 Jahre lang bekleiden. Unter ihm und dem 1934 ernannten Chef des Stabes der Kriegsmarine, Commodore (ab 1938 Konteradmiral) Percy W. Nelles, erwachte die RCN wieder zum Leben. Bei Kriegsausbruch hatte sie 2000 aktive Soldaten, sechs moderne Zerstörer der kanadischen ›River‹-Klasse, alle in England gebaut (ein siebter stand kurz vor Vollendung), und vier Minenräumer aus eigener Werftproduktion. Die RCN teilte in der Vorkriegszeit die Ansicht der Royal Navy, daß man die U-Boote durch Asdic in Schach halten werde. Das war nicht weiter überraschend, denn die kanadischen Seeoffiziere fuhren zur Ausbildung nach England. Die Kanadier, immer ihres südlichen Nachbarn und seines langen Schattens eingedenk, nahmen auch an, daß die Deutschen den Fehler eines unbeschränkten U-Boot-Krieges aus dem Ersten Weltkrieg nicht wiederholen würden, denn das war der Hauptgrund für den Eintritt der USA in den vergangenen Konflikt gewesen. Kanadische Offiziere waren ebenso begeistert von der Schiffsartillerie wie ihre britischen Kollegen. Die Fixierung der Royal Navy auf Schlachtschiffe wurde in den kanadischen Kontext übertragen, wo man in dem Schutz zweier langer Küstenlinien die Hauptaufgabe der eigenen Flotte sah; so setzte man hier auf die großen Zerstörer. Die RCN und die Regierung in Ottawa verpflichteten sich daher 1939, Zerstörer der starken britischen ›Tribal‹-Klasse zu kaufen. Die Folge war ein ständiges Abfließen finanzieller, personeller und industrieller Mittel, die man besser für Geleite aufgewendet hätte. Als man sich nach dem Fall Frankreichs auch der ernsten Bedrohung bewußt wurde, die von der U-Boot-Waffe ausging, war es zu spät für eine völlige Umkehrung der begonnenen Politik. Dennoch war der Beitrag Kanadas zum Geleitschutz erstaunlich.

Ende August 1939 war davon indes wenig zu sehen, als die kanadische Flotte mobilisiert wurde und eine Stärke von 3684 Offizieren und Mannschaften (einschließlich der Freiwilligenreserve der RCN) erreichte. Eine Woche nach Eintritt in den Krieg kündigte die Navy eine Erhöhung des Bestandes auf 5472 Mann bis Ende März 1940 an und auf 7000 ein Jahr später. Tatsächlich zog die RCN bis September 1940 10000 Mann ein, und auf dem Höhepunkt im Jahr 1944 zählte sie 95705 Offiziere und Mannschaften, die auf 378 Kriegsschiffen Dienst taten. Insgesamt dienten mehr als 110000 Männer und Frauen im Verlauf des Krieges in der RCN, und alle waren Freiwillige. Nachdem dies eine fünfzigfache Zunahme bedeutet (verglichen mit einer zwanzigfachen Zunahme der US-Navy, einer vierzehnfachen der australischen und einer achtfachen der britischen), dürfte es kaum überraschen, daß eine so gewaltige Expansion schmerzhafte Wachstumsprobleme zeitigte und daß in allzu vielen Fällen die Qualität der Quantität untergeordnet wurde.

Mackenzie King trat für Kanada mit der Entscheidung in den Krieg ein, die Anstrengungen des Landes auf die Luftwaffe und die Flotte des Landes zu konzentrieren und nicht, wie im Ersten Weltkrieg, auf das Heer. Er sah einen auf Europa begrenzten Krieg vor sich und glaubte, es wäre zu Kanadas Vorteil, wenn man die Betonung auf die materialintensiven, hochtechnisierten Waffengattungen legte, statt die Kräfte durch die Verschickung von Infantrieeinheiten zu verzetteln. Er achtete auf die wichtigen Vorteile, die daraus für Kanadas kleine industrielle Basis zu gewinnen waren: Sie konnte mit den Anforderungen der Kriegsproduktion schnell und ständig wachsen. Der Premier wies daher einen britischen Vorschlag zurück, Kanada solle seine Schiffe in den USA bauen lassen. Statt dessen verlangte er, daß die kanadischen Werften bauten, was sie konnten (wozu anfangs keine konventionellen Kriegsschiffe gehörten), und das sollte dann gegen die begehrten ›Tribal‹-Zerstörer eingetauscht werden. Im Februar 1940 gab Kanada 45 Korvetten, deren Konstruktionsunterlagen eine RCN-Abordnung 1939 aus London mitgebracht hatte, bei seinen eigenen Werften in Auftrag. Binnen weniger Wochen wurden noch einmal zehn in Auftrag gegeben, zusammen mit 25 kleinen Minenräumern der ›Bangor‹-Klasse. Im August 1940 wurden weitere sechs Korvetten und zehn neue ›Bangors‹ in Kanada bestellt, um die gewaltig expandierte Werftindustrie voll in Gang zu halten. Die ›Tribals‹ wurden erst 1943 geliefert.

Als Winston Churchill im Sommer 1940 sich mit einem Hilfsappell gegen die drohende Invasion an die Weltöffentlichkeit wandte, reagierte Kanada mit der großzügigen Geste, daß es alle seine sieben Zerstörer nach England schickte und dort in Dienst stellen ließ.

Die schnelle Hilfe, die die RCN ihrem Mutterland angedeihen ließ, wurde ihr grausam vergolten. Nachdem sie bei den Evakuierungen nach Dünkirchen geholfen hatte, fuhr HMCS *Fraser* zur Mündung der Gironde in Frankreich, um sich dort anderen kanadischen und britischen Schiffen anzuschließen. Während eines Manövers wurde die *Fraser* (Commander W. B. Creery, RCN) am 25. Juni 1940 vom Bug des Kreuzers HMS *Calcutta* in zwei Teile zerschnitten; sie sank, wobei 47 Mann der 187köpfigen Besatzung das Leben verloren.

Die kanadischen Schiffswerften waren bald schon an einem Programm beteiligt, bei dem es um den Bau von 90 Handelsschiffen ›von der Stange‹ ging. Sie gehörten zum ›North Sand‹-Typ, und ihre Namen begannen alle mit ›Fort‹. Die Regierung in Ottawa war mit nur 37 Handelsschiffen von mehr als 2000 BRT in den Krieg eingetreten. Nun gründete sie zur Führung der neuen Schiffe die staatseigene ›Park Steamship Company‹. Am Ende des Krieges verfügte Kanada über 175 solcher Schiffe. Auch bei den bewaffneten Handelsschiffen spielten die Kanadier ihre Rolle: Sie statteten 713 Schiffe mit Geschützen und Munition aus. Halifax und einige andere Häfen muteten sich Reparaturarbeiten an beschädigten Schiffen zu, die ihre Kapazität weit überstiegen. Die Folge waren Verzögerungen und Klagen, vor allem im Winter, wenn der St. Lorenz-Strom zugefroren war und seine Häfen nicht zur Verfügung standen. Aber was den Kanadiern gleich von Anfang an gelang, war ein erfolgreicher Abhördienst des feindlichen Funkverkehrs.

Der erste wichtige Kontakt zwischen der kanadischen und der US-Kriegsmarine fand im Mai 1940 statt, als die Deutschen an der französischen Küste standen und die Chancen Englands sich ihrem tiefsten Punkt näherten. Aus Washington erschien in Ottawa ein gewisser Major Goulet von den US-Marinesoldaten, um sich mit Captain Brand zu treffen. Für die US-Navy reklamierte er ein Interesse an der Verteidigung Neufundlands, das für die Amerikaner aus drei Gründen wichtig war. Die ganze Insel mit ihrem plötzlich sehr wichtigen Haupthafen St. John's im Osten lag auch östlich des 60. Längengrades, der die Grenze der panamerikanischen Neutralitätszone darstellte. Sie lag im Westatlantik Island und dann Großbritannien am nächsten, und das war für die Konvois von entscheidender Bedeutung. Damals war Neufundland aber noch nicht, wie heute, Teil des kanadischen Dominions sondern hatte den Status einer separaten, selbstverwalteten britischen Kolonie. Nach dem Gesetz war es also nicht Kanadas Aufgabe, die Insel zu verteidigen, obwohl Ottawa natürlich aus geographischen, strategischen und nationalen Gründen daran interessiert war. Der einzig wichtigere kanadische Hafen östlich der Neutralitätszone war Sydney, Cape Breton, am östlichen Ende von Nova Scotia, das wegen seiner Nachbarschaft zu Halifax eine immer wichtigere Rolle spielte. Der amerikanische Offizier verkündete dann ein Angebot, das für einen Boten seines bescheidenen Ranges nur verblüffend genannt werden konnte: »Ich habe den Auftrag, Ihnen inoffiziell mitzuteilen, daß jedes britische Schiff für den Fall, daß es in Schwierigkeiten kommen sollte, in den amerikanischen Häfen willkommen ist.« Nach seinem eigenen Protokoll hat Brand geantwortet: »Das ist eine Aussage von historischer Tragweite — ich kann Ihnen gar nicht genug dafür danken.«

Der bereits rege Gedankenaustausch zwischen Churchill und Roosevelt (der im ganzen auf mehr als 2000 Kontakte anschwellen sollte) wurde noch um einiges intensiver, als Churchill in Downing Street Nr. 10 einzog. Am 15. Mai 1940 bat der Premierminister um eine leihweise Überlassung von 50 Zerstörern und warnte zugleich davor, daß England wegen des amerikanischen Neutralitätsgesetzes, das Bezahlung vor Lieferung fordere, das Bargeld ausgehen könne. Noch hatte der Präsident das Gefühl, den Isolationisten und Tatsachenverdrehern nicht die Stirn bieten zu dürfen; dafür versetzte er Churchill um so mehr in Zorn, als er die Befürchtung laut werden ließ, die britische Flotte könnte in deutsche Hände fallen. Am 20. Mai antwortete Churchill: »Wir sind gewillt ..., auf dieser Insel bis zum Ende zu kämpfen ... Unter keinen denkbaren Umständen werden wir einer Kapitulation zustimmen.« Der heikle Charakter der amerikanischen Innenpolitik hinderte Roosevelt aber nicht daran, Englands Krisenlage auszunutzen, die in den Vereinigten Staaten bereits viele Menschen alarmiert und eine pessimistische Stimmung verbreitet hatte. Dem Kongreß legte er einen Plan vor, für den es aus der Friedenszeit kein Vorbild gab: Für eine Wiederbewaffnung Amerikas sollten als Initialzündung 1,2 Milliarden Dollar aufgewandt und die Industrie auf Kriegsproduktion umgestellt werden; auf einer furchteinflößenden Einkaufsliste standen neben vielen anderen Dingen nicht weniger als 50000 Flugzeuge. Er ging sogar so weit, daß den noch unerledigten britischen Flugzeugbestellungen Priorität eingeräumt wurde (dabei hatte Churchill am 15. Mai nur um eine Aufstockung gebeten). Im britischen Kabinett und bei den Stabschefs war man sich völlig einig, daß England ohne massive und ständig zunehmende Hilfe aus Amerika nicht durchhalten werde. Deutschland hatte durch seine schnellen und raumgreifenden Eroberungen bei den Nachbarn im Westen und im Norden seinem gewaltigen, erfindungsreichen Industriepotential noch weitere fortschrittliche Wirtschaftssysteme einverleibt. Hitlers totalitäres Regime kannte zudem keine Bedenken, sie durch Zwangsarbeit entsprechend auszubeuten.

Den ersten Riß in der Wand der Neutralität entdeckte die amerikanische Administration Anfang Juni. Es stellte sich nämlich heraus, daß die Vereinigten Staaten Überschüsse an Waffen legal veräußern durften, wenn sie es für angebracht hielten. So setzte am 3. Juni 1940 nach dem britischen Rückzug aus Dünkirchen eine Flut von Transporten mit Ausrüstungsgegenständen, die großenteils aus dem Ersten Weltkrieg stammten, über den Atlantik ein. Wenn der Fall Frankreichs Roosevelt Ende Juni 1940 auch in der Überzeugung bestärkte, daß er eine dritte Präsidentschaftsperiode anstreben sollte (was ohne Vorbild war), so verstärkte diese Entscheidung in ihm zugleich den Widerstand gegen Churchills Schmeicheleien, Bitten und sogar Drohungen, derer er sich in seiner Kampagne für eine massive amerikanische Hilfe bediente.

Das Feld, auf dem sich der Präsident am sichersten bewegte, war das der Verteidigung des amerikanischen Kontinents. Das war eine Aufgabe, der weder die Isolationisten noch die Interventionisten, denen Hitlers offensichtliche Unbesiegbarkeit Sorgen machte, tatsächlich widersprechen konnten. Daher schloß Roosevelt am 17. August 1940 mit Mackenzie King das Abkommen von Ogdensburg (eine kleine Stadt im Staat New York am Ufer des St. Lawrence-Stroms, ungefähr 50 Meilen südlich von Ottawa). Dieses Abkommen begründete den US-kanadischen ›Permanent Joint Board of Defence‹ (PJBD), dessen erste Aufgabe darin bestand, den ›Plan Black‹ zu entwerfen. Wie der Name sagt, ging es um gemeinsame Aktionen für den Fall einer Niederlage der Engländer und um den wahrscheinlich daraus folgenden Verlust der englischen Flotte und Luftwaffe. Die Amerikaner sahen ihren eigenen Beitrag darin, den gemeinsamen Kontinent zu verteidigen und hier auch das Kommando zu haben, da die Kanadier alles, was sie hatten, nach England schickten. Das war natürlich eine Voraussetzung, mit der Roosevelt und andere die Kanadier an einer empfindlichen Stelle trafen, obwohl sie sich der gewaltigen Macht bewußt waren, über die ihr Nachbar verfügte. Kanada war in gewissem Sinne so etwas wie der Mittelsmann zwischen Großbritannien und den Vereinigten Staaten, aber es lief auch Gefahr, zwischen den beiden zerdrückt zu werden. Diese unbequeme Situation illustrierte auf besondere Weise auch die Zusammenstellung der kleinen kanadischen Flotte mit ihren in England augebildeten Offizieren und ihren Matrosen aus dem ganzen nordamerikanischen Hinterland, die ihre eigenen ausgeprägten Vorstellungen von Demokratie und Disziplin hatten.

Noch etwas, das Roosevelt im Interesse der Verteidigung der amerikanischen Hemisphäre und unter Aufrechterhaltung der Monroe-Doktrin tun konnte, wurde ihm von einer mächtigen Lobby nahegelegt. Es lief auf eine massive Hilfe für England hinaus. Kurz vor Ende des Monats Juli hatte Churchill noch einmal dringend um Zerstörer gebeten. Noch konnte Roosevelt sie ihm nicht geben; aber die rechtskundigen Lobbyisten entdeckten die Möglichkeit, daß er ungehindert tauschen könne. Am 13. August bot der Präsident die Schiffe im Tausch für Flotten- und Luftbasen auf Neufundland und den Westindischen Inseln an. Das daraus entstandene›Zerstörer-für-Stützpunkte‹-Geschäft wurde am 30. August verkündet und am Montag darauf, dem 2. September, in Washington bestätigt. Dadurch wurde mit einem Federstrich die Stärke der Royal Navy um ein Drittel aufgestockt, und das viel schneller als es sonst möglich gewesen wäre.

Es ging nicht nur um Kriegsschiffe, wenn Englands Blick auf die Vereinigten Staaten fiel. Die schmerzlichen Löcher, welche die Deutschen bei den Handelsschiffen verursacht hatten, ließen die Engländer Ersatz in den amerikanischen Werften suchen. Die Amerikaner hatten standardisierte Frachter (den ›Hog Islander‹-Typ) im Ersten Weltkrieg gebaut. An sie erinnerten sich die Engländer, als sie sich Anfang

1940 an eine New Yorker Schiffsbaufirma namens Gibbs & Cox mit einem ersten Auftrag von 60 Frachtern ›von der Stange‹ wandten. Sie beriefen sich dabei auf einen alten Entwurf, weil er einfach und billig auszuführen war: den ›Sunderland tramp‹, den ursprünglich die Firma Sands Ltd. aus Sunderland 1879 entwickelt hatte. Das Schiff wurde von drei altehrwürdigen, kohlebeheizten Dampfmaschinen angetrieben, die amerikanische Ingenieure der General Machinery Corporation für ihre Zwecke aufgemöbelt hatten. Die ersten Schiffe wurden in South Portland (Maine) im Dock der Todd-Bath-Company auf Kiel gelegt. Diese zehn Knoten schnellen Frachter von 10 800 BRT waren 125 Meter lang und kosteten anfangs $ 1,8 Millionen pro Stück. Für die Fertigstellung mußte eine Million Stunden aufgewendet werden. Das waren die Anfänge des später unter dem Namen ›Liberty ship‹ in die Geschichte eingegangenen Frachters, der einen entscheidenden Beitrag zum Sieg im Atlantik leisten sollte. Doch davon wird noch später die Rede sein. Was Churchill in diesen verzweifelten Tagen des Jahres 1940 besondere Kopfschmerzen bereitete, waren die Finanzen. Im September 1940 waren die britischen Reserven unter £ 900 Millionen gefallen, von denen £ 600 Millionen bereits auf dem kanadischen Schuldenkonto standen. An die £ 400 Millionen waren durch Aufträge in den USA gebunden. Die amerikanischen Neutralitätsgesetze und Zweifel an der britischen Vertrauenswürdigkeit in Gelddingen, die nach dem Ersten Weltkrieg Nahrung bekommen hatten, drohten London in die nächste Krise zu stürzen. Im Dezember 1940 gestand Churchill Roosevelt, England werde binnen sechs Monaten bankrott sein. Das Tauschgeschäft ›Zerstörer gegen Stützpunkte‹ hatte beiden einen Weg eröffnet, die Neutralitätsgesetze und die Bargeldkrise zu umschiffen, aber jetzt bedurfte es drastischerer Mittel, um England die Weiterführung des Krieges zu ermöglichen. Roosevelt hatte am 5. November seine dritte Präsidentenwahl gewonnen (sein republikanischer Gegner, Wendell Wilkie, hatte ihm sogar geholfen, indem auch er im Wahlkampf für eine Unterstützung Englands stritt). Jetzt konnte er endlich ohne Rücksichtnahme an umfassende Hilfsaktionen denken. Inzwischen boten die Engländer auf ihrer Suche nach bargeldlosen Tauschobjekten den Amerikanern ihre neueste Radartechnologie an.

Die amerikanischen Experten, die man im Juli 1940 um eine Stellungnahme auf ein entsprechendes *aide-mémoire* des britischen Botschafters bat, waren äußerst skeptisch. Der Direktor des Forschungslaboratoriums der US-Marine verwies auf den Juni 1939, »als die Engländer unbedingt ihre U-Boot-Ortungsgeräte (Unterwasserschall) gegen unsere Flugzeugortungsgeräte tauschen wollten«. An den Operationschef der Flotte schrieb er dann in einem Memorandum:

> »Die Informationen und die Ausrüstung, die wir von den Engländern im Hinblick auf die Ortung von Flugzeugen und U-Booten erwarten, könnten sich als Enttäuschung entpuppen. Denn ein Land, das in der mechanischen wie der elektrischen Ausrüstung seiner Schiffe so weit zurückliegt, kann doch kaum auf zwei anderen Gebieten derartige Fortschritte gemacht haben, auch wenn das natürlich theoretisch möglich wäre.«

Diese harte, aber im ganzen nicht ungerechte Beurteilung spiegelt die in England altbekannte Geringschätzung für die reine wie die angewandte Wissenschaft unter den Admiralen und Politikern wider. Bevor die Schlacht um England zeigen konnte, was die Engländer selbst mit ihrer Radar-Erfindung anzufangen wußten, war es durchaus verständlich, wenn man sich fragte, was denn dieses Land, das noch vor einem Jahr um entsprechende Informationen vorgesprochen hatte, nun auf diesem Feld plötzlich Neues bieten könnte, zumal die Amerikaner sichtliche Fortschritte in bestimmten Richtungen gemacht hatten. Die gewaltigen Verluste an Schiffsraum in weniger als einem Jahr, die auf das Konto der U-Boote gingen, waren auch ein Beweis dafür, daß die Vorschußlorbeeren, die Asdic vor dem Krieg geerntet hatte, allzu reichlich ausgefallen waren.

Doch in den folgenden Konferenzen der Experten beider Länder bemerkten die Amerikaner, daß die Engländer einiges mehr anzubieten hatten, als man bislang vermutet hatte. Außerdem fiel ihnen auf, daß die Gäste aus Großbritannien mit Entschlossenheit ihre gewohnte Geheimniskrämerei abgelegt hatten (ein eindeutiger Beweis — wenn er denn nötig war — dafür, wie ernst sie es meinten). So gingen Offiziere der US-Navy mit nach England und sahen sich Schiffe und Küsteneinrichtungen bei der Arbeit an. Schon bald hieß es in den amerikanischen Berichten, daß die Engländer auf bestimmten Gebieten der Radarentwicklung ›an der Spitze‹ lägen.

Anfang Oktober teilte die US-Navy ihrem Marineminister mit, sie habe »eine große Menge Informationen erhalten, mit denen sich viel anfangen läßt ..., [weil] sie großenteils auf aktuellen Kriegserfahrungen beruhen«. Die Engländer seien eifrig bemüht, amerikanische Hersteller zu finden, die die entsprechenden Ausrüstungen für die Royal Navy und die RAF in großen Zahlen produzierten. »Zum gegenwärtigen Zeitpunkt dürfte unsere Flotte mehr Gewinn aus dem freien Austausch an Informationen gewonnen haben als die britische ... Radar und Asdic sind als die herausragenden britischen Leistungen zu bezeichnen.« Das war ein ganz neuer Tonfall.

In ihrer ungewohnten Rolle als Bittsteller gingen die Briten noch einen Schritt weiter und legten den Amerikanern dar, wie weit sie mit der Entwicklung ihres ASV-Radars (›antisurface-vessel‹-Radar) gekommen waren. Das ASV — »diese bemerkenswerte Anwendungsmöglichkeit des Radars«, wie die US-Experten sich ausdrückten — war für den Gebrauch in Flugzeugen entwickelt worden, die Jagd auf Überwasserschiffe machten. Jetzt wurde es aber auch an Bord von Schiffen installiert und sollte das Asdic-Gerät ergänzen, um U-Boote zu erfassen, die nachts aufgetaucht unterwegs waren. Das Asdic hielt man nicht für besser als die amerikanischen Sonargeräte, bis auf den Umstand, daß es besser geschützt war — und daß die Engländer es durch intensives Training und dauernde Anwendung immer mehr perfektionierten (das ›Ping‹ des Asdic-Geräts wurde über die Sprechanlagen des Schiffes in alle Räume übertragen, so daß die ganze Mannschaft an der Jagd teilnehmen konnte). Ende Oktober 1940 hieß es in einer Notiz von Colonel Frank Knox, einem prominenten Republikaner, der von Roosevelt als Marineminister in eine Art nationales oder Koalitions-Kabinett berufen worden war: »Wir sind einverstanden, daß alle in Gebrauch befindlichen, für den Gebrauch entwickelten oder noch in den entsprechenden Abteilungen der Army und der Navy in der Entwicklung stehenden Geräte, Instrumente oder Systeme den Vertretern der britischen Regierung gegenüber freigegeben werden« — allerdings mit den zwei Ausnahmen eines Bombenzielgeräts und einer Mine.

War diese Bereitschaft zur technischen Zusammenarbeit und zur Koproduktion bei den Ausrüstungen auch von unschätzbarem Wert, der wirkliche Durchbruch wurde Churchill erst am 17. Dezember 1940 signalisiert. Roosevelt hatte eine Woche lang über die Prophezeiung des Premierministers, England werde in sechs Monaten bankrott sein, nachgedacht. Jetzt ließ er ihn wissen, man wolle England durch eine Kombination von Darlehen und Leihgaben unterstützen. Sein eigenes Volk bereitete der amerikanische Präsident am 29. Dezember in einem seiner berühmten ›Kamingespräche‹ darauf vor. Sie wurden über den Rundfunk im ganzen Land ausgestrahlt. Um seine Landsleute zu überzeugen, zog er den bekannten Vergleich vom Nutzen heran, den man selbst hat, wenn man dem Nachbarn beim Löschen seines brennenden Hauses hilft, und dazu entwarf er noch das Bild von den Vereinigten Staaten als ›dem großen Arsenal der Demokratie‹. Am nächsten Tag begann man im US-Finanzministerium mit dem Entwurf des ›Lend-Lease‹-Gesetzes, das dem Präsidenten das Recht einräumte, jedem Land alles zu verkaufen, zu vermieten, zu leihen, mit ihm einzutauschen oder sonstwie darüber zu verfügen, wenn es wichtig für die Sicherheit der USA war. Der Kongreß stellte die dafür notwendigen Mittel bereit und behielt so seine konstitutionellen Rechte. Das Aushandeln der Rückzahlungstermine blieb geheime Sache des Präsidenten. Das Gesetz wurde dem Repräsentantenhaus unter der Nummer HR 1776 vorgelegt (eine gewiß unbewußte

Anspielung auf ein bedeutendes Jahr: das Jahr der Unabhängigkeitserklärung von der britischen Herrschaft).

Doch der Isolationismus war noch längst nicht ausgestorben. Der große Flieger Charles Lindbergh, ein gefährlich naiver Mensch in politischen Angelegenheiten und ein Bewunderer seines Fliegerkollegen Hermann Göring, dem er vor dem Krieg einen Besuch abgestattet hatte, sprach sich gegen das Gesetz aus. Das gleiche taten der Historiker Charles Beard und das ›America First‹-Komitee. Mit 250 gegen 165 Stimmen wurde das Gesetz am 8. Februar 1941 beschlossen. Im Senat lieferten sich dann der Republikaner Gerald P. Nye und der Demokrat Burton K. Wheeler noch einmal eine Schlacht. Wheelers Warnung: Das Ganze werde damit enden, »daß jeder vierte amerikanische Junge unter die Erde kommt«. Aber am 9. März passierte das Gesetz auch den Senat mit 60 gegen 31 Stimmen und ohne jeden Zusatz. Roosevelt konnte es zwei Tage später unterzeichnen. Der Präsident hatte zuversichtlich geglaubt, England mit allen kriegswichtigen Gütern beispringen zu können, an denen es Mangel hatte; er hatte Averell Harriman als seinen Vertreter bereits nach London geschickt, um diese Hilfsaktion zu beschleunigen. Am 24. März genehmigte dann der Kongreß auch sein erstes ›Lend-Lease‹-Budget von 7 Milliarden Dollar.

Nachdem die Vereinigten Staaten nun einmal beschlossen hatten, ihre riesigen Resssourcen in den Kampf gegen den Nazismus einzubringen, obwohl sie noch gar nicht direkt in die Feindseligkeiten verwickelt waren, taten sie das dann auch im Überfluß. Es ist nicht zu leugnen, daß die amerikanische Industrie großen und anhaltenden Gewinn daraus zog, sobald die Wirtschaft der USA allgemein auf Kriegsproduktion umgestellt wurde. Aber man kann auch nicht bestreiten, daß die gewaltige Menge an Kriegsmaterial, die die USA lieferten, einer der Hauptgründe dafür war, daß die Achsenmächte schließlich zusammenbrachen. Am Ende des Krieges hatten 38 fremde Länder Unterstützung nach dem Lend-Lease-Gesetz erhalten. Sie belief sich auf geschätzte 48 Milliarden Dollar. Wieviel davon an England ging, ist nicht eindeutig festgestellt, aber es war der Löwenanteil — wenigstens 13,5, wahrscheinlich 20 Milliarden Dollar. Die Sowjetunion erhielt zwischen 9 und 10 Milliarden Dollar. Im Tausch gingen aus dem britischen Commonwealth und Frankreich 8 Milliarden Dollar zurück. Hinzu kamen Barrückzahlungen von 650 Millionen Dollar aus England und 750 Millionen Dollar aus Frankreich. Am Ende des Krieges wurden die restlichen Schulden in nie erlebter Großzügigkeit abgeschrieben. Mochte Roosevelt im November 1940 auch mit einer geringeren Mehrheit wiedergewählt worden sein, das Lend-Lease-Gesetz zeigte ihm auf dem Höhepunkt das Vertrauen, das ihm aus dem Kongreß und der Öffentlichkeit entgegengebracht wurde. Viele Amerikaner sahen in dem Gesetz einen Ersatz für den direkten militärischen Eingriff. Anderen war klar, daß am Ende unvermeidlich die aktive Teilnahme am Kampf stand. Neben dem New Deal war das Lend-Lease-Gesetz einer der größten Erfolge, die Roosevelt erreichte.

Parallel zu den politischen und wirtschaftlichen Folgen, die sich aus dem Gessetz ergaben, setzten sich die Militärstäbe der USA und Englands zusammen und legten im Detail ihre Zusammenarbeit für den Fall fest, daß die USA in den Krieg eintraten. Die amerikanisch-britischen Gespräche fanden vom 29. Januar bis 27. März in Washington statt. Die Führungen der drei britischen und zwei amerikanischen Stäbe trafen sich und einigten sich auf die beste Strategie zur Niederwerfung Deutschlands, auf eine weitgefaßte Koordination ihrer Streitkräfte und auf eine detaillierte Zusammenarbeit auf den Kriegsschauplätzen. Mit der englischen Delegation assoziiert waren Vertreter Kanadas, Australiens und Neuseelands. Die Tatsache, daß sie bei den Gesprächen selbst nicht dabei waren, kränkte die Kanadier natürlich, vor allem im Zusammenhang mit der Schlacht im Atlantik. Als Reaktion auf die Bemühungen Kanadas, den eigenen Beitrag und die Rolle, die man im Nordatlantik spielte, auch anerkannt zu sehen, wurden im November 1941 Sondergespräche geführt und einige Zusätze beschlossen.

Die amerikanisch-britischen Gespräche hatten einen weltweiten Ansatz. Sie gingen von Feindseligkeiten zwischen den USA und Deutschland wie auch Italien aus; auch einen Krieg zwischen Japan und den USA (und dazu dem britischen Commonwealth) sahen sie vor. Als den Hauptfeind betrachtete das Abkommen im Grunde Deutschland, auf das auch die größten Kriegsanstrengungen zu richten seien. Die Amerikaner sollten die strategische Oberhoheit im Pazifik haben, unterstützt von Commonwealth-Streitkräften. Außerdem waren sie für den gesamten westlichen Atlantik verantwortlich. Dort waren ihnen die Kanadier unterstellt, die eigenen Hoheitsgewässer ausgenommen. Das hatte die kuriose, für die Kanadier aber zweifellos ungemütliche Tatsache zur Folge, daß ihre heimischen Seestreitkräfte, die ja schon im Kriegszustand waren, großenteils unter das Kommando einer noch neutralen Macht gerieten. Das anglo-amerikanische Tauschgeschäft ›Zerstörer gegen Stützpunkte‹ hatte den Amerikanern auch Flotten- und Luftstützpunkte auf Neufundland beschert und damit zugleich eine Verteidigungsaufgabe in der Kolonie, die zwar nicht kanadisches Territorium, wohl aber lebenswichtig für die Verteidigung Kanadas war. Über kanadische Proteste gegen das Stützpunktgeschäft setzte man sich hinweg. Erst im Mai 1941 überließ die Royal Navy den einzigen eingerichteten Flottenstützpunkt auf Neufundland, St. John's, der RCN. Die Kanadier sorgten dafür, daß ihre Präsenz auf der Insel immer stärker und der Rang des östlichen Befehlshabers höher war als bei den Amerikanern.

Als nicht-kriegführende Macht überdehnte Amerika bei einer derartigen Verwicklung in die Auseinandersetzungen den Begriff der ›Neutralität‹ natürlich weit über seine semantischen Grenzen hinaus. Roosevelt kalkulierte ganz richtig, daß Hitler einem Kriegseintritt der USA abgeneigt genug war, um keine andere Wahl mehr zu haben, als die amerikanische Hilfe für England hinzunehmen. Es ist unter diesen Umständen kaum verwunderlich, daß die Nazis prodeutschen Kreisen in den USA Mittel zukommen ließen, mit denen die Isolationisten unterstützt und Roosevelts Wahlkampf konterkariert werden sollte. Die Lieferung der 50 alten Zerstörer (ergänzt durch zehn große Kutter der US-Küstenwache) an England und Hitlers wiederholte Anordnung, keine US-Schiffe anzugreifen, bedeutete konkret, daß die deutschen U-Boot-Kommandanten niemals sicher sein konnten, welche Nationalität solche Schiffe nun hatten. Das verlieh ihnen praktisch überall Immunität — bis auf die britischen Hoheitsgewässer, die für US-Schiffe noch tabu waren.

Im Juli 1940 schickte Harold R. Stark, der Operationschef der amerikanischen Flotte, seinen Assistenten, Konteradmiral Robert L. Ghormley, zu Erkundungsgesprächen mit der Admiralität nach London. Unverblümt ließ er dort wissen, daß es seine erste Aufgabe sei, herauszubekommen, ob die Engländer noch fähig seien, weiter durchzuhalten. Er kam schon bald zu dem Schluß, daß dies der Fall war, und so saß Ghomley nun fast täglich in der Sitzung eines Sonderkomitees der Admiralität, das sich über den Beitrag der US-Navy für den Fall einer amerikanischen Kriegsbeteiligung den Kopf zerbrach. Hier wurden die Grundlagen der amerikanischen Beteiligung gelegt.

Ende 1940 hatte die Kriegsplanungsabteilung der US-Navy ein Schema ausgearbeitet, nach dem ein Geleitschutz für Atlantikkonvois zu organisieren war. Es sollte am 1. April 1941 in Kraft treten. Zu diesem Zweck ordnete Stark die Bildung einer ›Support Force‹ an, die von der Atlantikflotte (so hieß das frühere Atlantikgeschwader ab 1. Feburar 1941) abgezogen werden sollte. Sie wurde aus den Beständen der ›Neutrality Patrol‹ gebildet, welche die panamerikanische Neutralitätszone zu schützen hatte. Ihre Zusammenstellung dauerte nur zwei Wochen. Am 3. März zog Konteradmiral Arthur LeR. Bristol von der US-Navy seine Flagge als Kommandeur der neuen ›Support Force‹ in Norfolk (Virginia) hoch. Er war der neuen Atlantik-Flotte und seinem Oberkommandierenden, Admiral Ernest J. King, direkt unterstellt. Im März 1941 fuhr Captain Louis Denfeld, Bristols

Stabschef, nach England. Er war auf der Suche nach neuen Flotten- und Luftstützpunkten. Die Wahl fiel auf Gareloch und Loch Ryan in Schottland und auf Londonderry und Lough Erne in Nordirland. Die beiden ersten waren für die Geleitschiffe vorgesehen, die beiden letzten für Marineflugzeuge. 50 Millionen Dollar brachte Englands neutraler Freund auf, um sie auszubauen. Das amerikanische Material und die für die Anlagen notwendige Ausrüstung wurden mit peinlicher Sorgfalt nur in britischen Schiffen und unter Einhaltung der Neutralitätsregeln transportiert, welche die US-Schiffe noch daran hinderten, in die Kriegszone rund um Großbritannien einzufahren. Die Kosten waren unbedeutend im Vergleich zu den 4 Milliarden Dollar, die der Kongreß im Juli 1940 für die Bildung einer ›Zwei-Meeres-Flotte‹ bewilligt hatte und die neue Kriegsschiffe aller Typen mit einer Gesamttonnage von 1325000 BRT vorsah, außerdem Hilfsschiffe mit einem Gesamtumfang von 100000 BRT und Begleit-, Vorposten- und andere kleine Schiffe im Gesamtwert von 50 Millionen Dollar. Washington befand sich in der glücklichen Lage, mit Geld auf das drängende Problem der demokratischen Länder — das war ihr Bedarf an Kriegsschiffen — zu reagieren. Aber auch diese enormen Summen konnten nichts an der Tatsache ändern, daß die Vereinigten Staaten zwei Jahre brauchten, bis sie voll auf den erwarteten Seekrieg an zwei Fronten vorbereitet waren.

Daß die transatlantische Zusammenarbeit so schnell zustande kam und so umfassend wurde, hatte seine Ursache in Hitlers verblüffenden Erfolgen in den ersten neun Kriegsmonaten. Auf kurze Sicht verbesserte es aber kaum die gefährliche Situation, in der sich England auf See befand. In der deutschen U-Boot-Waffe wurde diese Phase als die ›glückliche Zeit‹ bezeichnet, während der einzelne Kommandanten, angeführt von einer Handvoll ›Asse‹, hohe Versenkungsraten erzielten. Ihr neuer strategischer Vorteil, den ihnen die neuen Stützpunkte boten, und das Verschwinden der feindlichen Zerstörer aus den Geleitzugeskorten und Patrouillen sorgten dafür, daß die U-Boote auf überreiche Beute stießen. Aus der suchten sie sich naturgemäß die leichteste heraus: allein fahrende Schiffe oder Nachzügler, die den Anschluß an ihren Konvoi verloren hatten. Doch obwohl viele Konvois aufgrund der britischen Angst vor einer Invasion gerade noch ein einziges Geleitschiff hatten und trotz der Tatsache, daß die Deutschen inzwischen besser auf Angriffe gegen Geleitzüge vorbereitet waren, wurden in der ›glücklichen Zeit‹ doppelt soviel alleinfahrende Schiffe als im Konvoi fahrende versenkt. Es war die Zeit, in der ein deutsches Boot nach dem anderen den höchsten Punkt seiner Erfolgskurve erreichte.

Für die zweite Neun-Monats-Periode des Krieges zur See muß als wahrlich verblüffende Tatsache festgehalten werden, daß im Durchschnitt immer nur sechs deutsche Boote zur gleichen Zeit Jagd auf feindliche Schiffe machten. Im bislang schlimmsten Monat, dem Oktober 1940, hatten allein die U-Boote insgesamt 352000 BRT Schiffsraum versenkt. Das waren annähernd 60000 BRT pro Boot — ein Rekord, der niemals mehr erreicht wurde. Noch in derselben Phase erreichte im Februar 1941 die Zahl der einsatzfähigen deutschen U-Boote den tiefsten Stand im ganzen Zweiten Weltkrieg: Dönitz hatte damals nur noch 21 Boote zur Verfügung. (Der Grund für die Knappheit lag primär darin, daß man der Ausbildung Vorrang gegeben hatte; außerdem gab es Verzögerungen bei der Lieferung neuer Boote.) Von August 1940 an wurden die deutschen durch italienische U-Boote verstärkt, die ihren Stützpunkt in Bordeaux bekamen. Aber ihre Mannschaften, die man im sanfteren und wärmeren mediterranen Klima ausgebildet hatte, waren bei den atlantischen Wetterbedingungen kein Gewinn. Ihre Boote hatten ungeheuer hohe Kommandotürme (komplett mit Bullaugen) und waren nicht so seetüchtig. Im November lagen 26 italienische Boote in Bordeaux. Aber sechs Monate später wurde ihre Zahl auf zehn reduziert, und sie trugen fast nichts zum Versenkungskonto bei. Anfang Dezember nahm Dönitz sie ganz aus seinen Einsatzplanungen heraus.

Der neue Faktor, den die französischen Stützpunkte bedeuteten, zwang die Engländer nicht nur dazu, die Geleitzüge von Süd- nach Nordirland umzuleiten. Sie mußten Schiffe, die für einen Hafen an der Ostküste bestimmt waren, ins nördliche Schottland schicken. Das hielt die Schiffe länger auf See und reduzierte also die Zahl der im ganzen verfügbaren Tonnage. Doch auch diese Änderungen, die im Juli vorgenommen wurden, verringerten die Verluste durch U-Boot-Angriffe nur um ein Fünftel von 248 000 auf 196 000 BRT (verglichen mit dem voraufgegangenen Juni). Im August stieg die Rate schon wieder auf 268 000 BRT, im September auf 295 000 BRT.

Passenderweise war der erste, der sich den Titel eines ›Asses‹ verdiente — dafür war die Versenkung von 50 000 BRT vonnöten —, Günther Prien, der ›Stier von Scapa Flow‹. Er versenkte binnen zwei Wochen acht Schiffe, was ihm insgesamt 66 600 BRT einbrachte. Diese erstaunliche Fahrt von *U 47* fand sogar statt, bevor die Deutschen in die französischen Stützpunkte gezogen waren. Am 19. Juni versenkte Prien drei Frachter aus dem schnellen, von Gibraltar nach England fahrenden Konvoi HGF 34 vor der bretonischen Küste. Er griff in der Dunkelheit über Wasser an. Das war jetzt die Standardtaktik der Deutschen und ihre Antwort auf Asdic. Am Abend des folgenden Tages versenkte er sein viertes Schiff. Er geriet dabei in das Feuer eines bewaffneten Handelsschiffs in seiner Begleitung, konnte aber mit Höchstfahrt und unbeschädigt entkommen. In den frühen Stunden des 21. Juni griff er einen anderen Geleitzug an, den HX 49 aus Halifax, und versenkte einen wertvollen Tanker. Obwohl er also deutlich seine Anwesenheit dokumentiert hatte, hielt er noch zwei Stunden lang Fühlung mit dem Konvoi und versenkte ein weiteres Schiff aus seinen Reihen. Fünf Tage lang passierte dann nichts, ehe Prien sein siebtes Opfer fand und sich auf den Heimweg nach Wilhelmshaven machte. Er hatte noch einen seiner ursprünglich zwölf Torpedos an Bord, da sichtete er am 2. Juli in den Western Approaches den Liner *Arandora Star.* Ohne Bedenken torpedierte er ihn mittschiffs. Tragischerweise transportierte das Schiff 1250 Kriegsgefangene, größtenteils Italiener, die in Kanada interniert werden sollten. An Bord waren außerdem 254 bewaffnete Aufseher und 174 Besatzungsmitglieder. Trotz aller Anstrengungen, die der kanadische Zerstörer *St. Laurent* unternahm, starben 821 der 857 Männer, die man nach sieben Stunden aus dem Wasser gezogen hatte. Prien wurde mit dem Eichenlaub zum Ritterkreuz ausgezeichnet.

Doch rechnet man nach Tonnageziffern, dann war Fregattenkapitän Otto Kretschmer das größte As des Zweiten Weltkrieges. Ihm gelang es in knapp 18 Monaten 238 000 BRT auf den Grund des Meeres zu schicken. Kretschmer wurde 1912 in Schlesien geboren, schloß sich 1930 der Kriegsmarine an und war Kommandant des Küsten-U-Boots *U 23,* als der Krieg ausbrach. Man gab ihm gleich das größere, atlantikfähige *U 99* vom Typ VIIc. Mit ihm machte er den größten Teil seiner Beute, was ihm schließlich das Ritterkreuz mit Eichenlaub und Schwertern einbrachte. Am Kommandoturm seines Bootes glänzte als Talisman ein goldenes Hufeisen, das ihm wohl noch mehr Glück bringen sollte. Kretschmer hatte, wie die meisten anderen Asse, seinen Stützpunkt seit Ende Juli 1940 in Lorient. In der letzten Juli- und der anschließenden ersten Augustwoche stellte Kretschmer einen neuen Rekord für eine Einzelfahrt auf: Sieben versenkte Schiffe mit insgesamt 65 000 BRT. Als Admiral Raeder ihm gratulierte, war er nicht wenig überrascht, die Mannschaft von *U 99* in englischen Uniformen angetreten zu sehen. Die deutschen Seeleute hatten sie sich aus verlassenen feindlichen Vorratslagern besorgt und gegen die eigenen abgetragenen Uniformen vertauscht. Nur Männer mit der allerhöchsten Moral konnten es wagen, sich in den Streitkräften Hitler-Deutschlands auf derartige Weise zu exponieren. Doch die Asse und ihre Mannschaften lieferten der Goebbelschen Propagandamaschinerie dafür auch unbezahlbaren Stoff, um den Feind mutlos zu machen und in der Heimat für die richtige Stimmung zu sorgen. Wochenschauen, Rundfunk, Illustrierte und Zeitungen feierten die U-Boot Fahrer; Kapellen spielten auf, wenn sie nach einer triumphalen

Feindfahrt wieder in den Hafen zurückkehrten. Der requirierte Champagner floß in Strömen, und die französischen Stützpunkte hallten wider von ausgelassenen Festen. Kein Wunder, daß Dönitz zu dieser Zeit der Meinung war, er hätte England das Genick brechen können, wäre ihm nur das Doppelte der kleinen Zahl von einsatzfähigen U-Booten zur Verfügung gestanden.

Die Schiffsverluste übertrafen die Neubauziffern um das Zwei- bis Dreifache. Die Rationierung, mit der man in England im Januar 1940 begonnen hatte, wurde von Monat zu Monat härter. Die Einfuhren mußten zusammengestrichen werden, und jeder Kubikzentimeter Laderaum jedes einlaufenden Schiffes mußte einer immer strengeren Prioritätenliste unterworfen werden. Seit dem 15. August 1940 führte die Luftwaffe am Himmel über Großbritannien einen Zermürbungskrieg gegen die RAF. Die Piloten, die Churchill mit seiner Bezeichnung ›the Few‹ unsterblich machte, vollbrachten eine überwältigende Leistung, aber die unerbittlichen Angriffe auf ihre Flugfelder und ihre lebenswichtige Kette von Küsten-Radarstationen, welche die feindlichen Bomber ausmachten und die Jagdflugzeuge zu ihren Zielen leiteten, drohten die britischen Luftstreitkräfte abzunutzen. Da griff die derart unter Druck stehende RAF Anfang September zu einem Mittel, das ganz der Moral der Leute von *U 99* entsprach: Sie schickte ein paar Bomber zu einem Angriff auf Berlin, um Hitler aus der Fassung zu bringen und ein unübersehbares Zeichen zu setzen. Das verführte den unsäglichen Hermann Göring zu einem seiner größten strategischen Fehlgriffe. Statt seine Flieger ihr tödliches Werk vollenden und sie das RAF-Jägerkommando auslöschen zu lassen, verlor er die Beherrschung und schickte seine Bomber am 7. September zum Angriff auf London und andere Städte. Die Engländer gaben diesem Überfall den Namen ›the Blitz‹. Zwar standen nun auch englische Zivilisten mit an der Frontlinie, aber dieser Kurswechsel der deutschen Luftwaffe rettete das RAF-Jägerkommando und ließ es die Herrschaft über den britischen Luftraum wieder knapp zurückgewinnen. Am 22. September verschob Hitler das Unternehmen ›Seelöwe‹. Die Schlacht um England bescherte der RAF einen der wichtigsten Abwehrerfolge in ihrer Geschichte und galt bald als die eigentliche Rettung des Landes vor einer Invasion.

Doch zur gleichen Zeit wurde die Misere Englands zur See immer offenkundiger. Die Royal Navy hatte sich notgedrungen auf die nun zur Routine gewordene Taktik der deutschen U-Boote einstellen müssen, daß sie nachts über Wasser angriffen. Das war erstmals gegen Ende des Ersten Weltkrieges erprobt worden, genau wie die Gruppenangriffe auf Geleitzüge. Auch Dönitz hatte sie inzwischen schon ein- oder zweimal versucht, aber mit wenig Erfolg: Er hatte zu wenig Boote. Der neue Vorteil, den ihm die französischen Stützpunkte boten — Brest, Lorient, La Pallice, St. Nazaire und Bordeaux — kompensierte diesen Mangel indessen reichlich, und so konnte er sich der ›Rudel‹-Taktik nun ernsthafter widmen.

Vorneweg war dabei, wie immer, Prien. Zusammen mit zwei weiteren Booten sollte er *U 65* (Korvettenkapitän Hans-Gerrit von Stockhausen) zu Hilfe eilen. Es ging um einen Angriff auf den langsamen Konvoi SC 2 aus Halifax mit 53 Schiffen. Obwohl sieben Geleitschiffe mit von der Partie waren und dazu mehrere Vorpostenboote des Küstenkommandos, versenkten die vier U-Boote in der Nacht vom 7. auf den 8. September nordwestlich von Irland fünf Schiffe. Dieser bescheidene Erfolg reichte Dönitz, es zwei Wochen später noch einmal und mit größerem Nachdruck zu versuchen. Wieder lag Prien vorn. Am 20. September sichtete er 37 Schiffe des Geleitzugs HX 72 aus Halifax. Seine Eskorte war noch im Anmarsch. Nach dem Angriff auf den SC 2 war Prien nur noch ein Torpedo geblieben, und so setzte Prien einen Funkspruch an Dönitz ab und wartete auf Verstärkung. Er beschattete den Geleitzug vom äußersten Rand seines Blickfelds aus. Das ermöglichte ihm, die Sicht auf die Schiffe zu behalten, ohne selbst entdeckt zu werden, weil sein Boot nur geringe Aufbauten hatte. Am Tag darauf bildeten Prien, Kretschmer, Kapitänleutnant Heinrich Bleichrodt in *U 48* und vier weitere Boote ein ›Wolfsrudel‹, dem sich später noch eines der führenden Asse, Kapitänleutnant Joachim Schepke, anschloß. Binnen sieben Stunden versenkten sie elf Schiffe und setzten ihr schreckliches Strafgericht auch noch fort, als die Eskorte aus fünf Schiffen — ein Zerstörer, ein Kanonenboot und drei Korvetten vom Kommando der Western Approaches — herankam. Mit *U 100* versenkte allein Schepke sieben Schiffe mit insgesamt 50 000 BRT innerhalb von vier Stunden. Er hatte sich frech in den Geleitzug hineingeschlichen und fuhr seine Angriffe auf den angeschlagenen Verband von innen. Das zweite Schiff torpedierte er innerhalb von fünfzehn Minuten mit drei aufeinanderfolgenden Fächern. Ebenfalls von innen her griff Kretschmer an und versenkte zwei weitere Schiffe. Durch den Schock des Angriffs brach unter den Opfern eine Panik aus. Diese Taktik, für die es kein Vorbild gab, ließ sie glauben, es müßten feindliche Agenten an Bord eines Schiffes im Geleitzug sein, und dieses Schiff müsse mit versteckten Torpedorohren ausgerüstet sein. Die Geleitschiffe waren bis auf den Zerstörer alle langsamer als ein aufgetaucht fahrendes U-Boot, und so gelang ihnen nur ein wirkungsloser Gegenangriff mit Wasserbomben.

Bleichrodt schloß sich der Jagd an, vier Tage nachdem er eine der ergreifendsten Tragödien auf See verursacht hatte. Das war die Versenkung des 11 000-BRT-Liners *City of Benares* etwa 600 Meilen westlich von Irland. Sie hatte ungefähr 400 Passagiere an Bord, unter ihnen 90 Kinder, die nach Kanada evakuiert werden sollten. Diese Umsiedlung der Kinder nach Übersee war eine gutgemeinte Sache, über die man sich allerdings noch einmal hätte Gedanken machen müssen, seit Hitler für die Gewässer rund um Großbritannien den uneingeschränkten U-Boot-Krieg verkündet hatte. Das war am 17. August 1940 gewesen. Die *City of Benares* (Captain Landles Nicoll) hatte zugleich den Kommodore an Bord, der den Konvoi leitete. Und dieser Konvoi befand sich zum Zeitpunkt gerade in der ›Lücke‹, in der er ohne Eskorte fahren mußte: dem Mittelstück des Atlantischen Ozeans, vor dem die hinausbegleitenden Eskorten kehrtmachten und an dessen Ende erst die Eskorten zum Zielhafen auf ihn warteten. Insgesamt verloren 300 Passagiere ihr Leben, darunter 77 Kinder. Nur ein paar Rettungsboote konnten herabgelassen werden, und so fanden sich nur 13 Kinder unter den Überlebenden. Ungefähr eine Woche lang trieben sie im Atlantik, bis sie von einem Flugzeug und Zerstörern gesichtet und gerettet werden konnten. Trotz aller Verluste, die man im ersten Kriegsjahr zu erleiden hatte, hinterließ diese Tragödie in der britischen Öffentlichkeit doch einen stärkeren Eindruck als alle anderen Ereignisse, die Versenkung der *Athenia* eingeschlossen. Denn hier ging es um Kinder, und dazu kam noch das Drama mit den Überlebenden im Rettungsboot. Solche Evakuierungspläne wurden klugerweise für die Zukunft fallengelassen (und das hätte eigentlich schon einen Monat früher passieren müssen, als das holländische Schiff *Volendam* torpediert worden war; glücklicherweise konnten damals alle 321 Kinder gerettet werden).

In Berlin appellierte Raeder immer wieder an Hitler, die Angriffe gegen England zur See zu verstärken und dafür schnell mehr U-Boote zu bauen. Im Mittelmeer müsse die Position der Engländer erschüttert werden, ehe die Amerikaner kämen und ihnen heraushelfen würden. Doch er traf auf taube Ohren. Hitler war inzwischen mit den Plänen für einen Einmarsch in die Sowjetunion beschäftigt und mit den abschließenden Vorbereitungen für den Dreimächtepakt zwischen Deutschland, Italien und Japan, der am 27. September 1940 unterzeichnet wurde. Zur gleichen Zeit fiel ein Plan, den die Engländer und General de Gaulle mit seinem Nationalkomitee Freies Frankreich entwickelt hatten — Dakar im damaligen Französisch-Westafrika als Flottenbasis zum Schutz für Geleitzüge zu besetzen —, in sich zusammen. Er ging infolge eines unerwartet entschlossenen Widerstands von Vichy-Frankreich einfach unter.

Im Oktober 1940 entwickelten sich die Gruppenattacken von U-Booten auf Geleitzüge, die jetzt in der deutschen wie in der britischen Presse den Namen ›Wolfsrudel‹ bekamen, zu einem unaufhörlichen Massaker fort. Die unter starkem Druck stehende Admiralität fand nicht gleich eine Antwort auf die Rudeltaktik, obwohl sie immer mehr Zerstörer von ihrer gegen eine Invasion gerichteten Aufgabe abzog und als Eskorten einsetzte, vorübergehend auch die Größe der Geleitzüge reduzierte, bei nächtlichen Angriffen die Geleitzüge mit Leuchtkugeln ausleuchten ließ und Versuche machte, die Eskorten rund um ihre Schützlinge zu gruppieren.

Am 17. Oktober sichtete Bleichrodt den langsamen Konvoi SC 7. Er bestand aus ungefähr 30 Schiffen und wurde von zwei Sloops und einer Korvette begleitet. Er hatte am 5. Oktober Sydney (Cape Breton) verlassen. Anstatt Meldung zu machen und auf Verstärkung zu warten, wie die Rudeltaktik verlangte, griff Bleichrodt an und versenkte zwei Handelsschiff. Zwei Nachzügler waren schon vorher von zwei anderen Booten versenkt worden. Ein patrouillierendes ›Sunderland‹-Flugboot sichtete *U 48*, bombardierte es und zwang es damit zum Tauchen. Eines der Sloops jagte *U 48* dann mehrere Stunden lang, wobei es den Anschluß zum Geleitzug verlor. Man hat es nie mehr wiedergefunden. Dönitz gelang es, einen Streifen aus weiteren fünf U-Booten quer vor den auf Ostkurs laufenden Geleitzug zu legen. Unter ihnen waren Kretschmer, Schepke und Kapitänleutnant Engelbert Endraß, Priens Erster Offizier in Scapa Flow und jetzt in *U 46* selbst auf dem besten Wege, ein As zu werden. Ein zusätzliches Sloop und eine weitere Korvette stießen zum SC 7, und zwar kurz bevor das nächste Schiff torpediert wurde. Weil es aber nicht sank, ließ man eine Korvette bei ihm zurück, und damit wurde der bedrohte Konvoi ein zweitesmal unnötigerweise um eine Eskorte gebracht.

Am 18. Oktober fuhren die Deutschen dann nach Einbruch der Dunkelheit einen vollen Angriff. Endraß versenkte ein schwedisches Schiff. Das nächste Geleitschiff fiel zurück, weil es die Überlebenden an Bord holte. In den folgenden sechs Stunden wurden weitere 15 Schiffe versenkt. Die Geleitschiffe versagten völlig. Sie verbrachten ihre Zeit damit, Überlebende zu retten, verließen so ihre Positionen und machten es den Deutschen dadurch noch leichter, sich die besten Ziele herauszusuchen. Kretschmer unternahm einen verheerenden Vorstoß quer durch den Konvoi und versenkte dabei fünf Schiffe. Am Ende hatte der SC 7 nicht weniger als 21 Schiffe verloren, die Nachzügler eingeschlossen, und das bedeutete eine Verlustrate von 2 zu 3. Kretschmer und zwei weitere Kommandanten hatten alle ihre Torpedos in dieser ungleichen Schlacht verschossen und eilten deswegen heimwärts. Doch am nächsten Tag, dem 19. Oktober, sichtete Prien im Westen den HX 79 mit 49 Schiffen. Es gab keine Geleitschiffe. Dönitz schickte ein neues U-Boot und außerdem Schepke und Endraß zu Hilfe. Doch bevor die Deutschen sich in Angriffsposition bringen konnten, erschien eine Sondereskorte aus zwei Zerstörern, vier Korvetten, drei Trawlern, einem Minenwerfer und einem holländischen U-Boot auf der Szene. Dennoch hielt Prien nach Einbruch der Dunkelheit von Süden auf den Konvoi zu, während Endraß sich von Norden näherte. Prien traf in einer Serie von Attacken während der Nacht sechs, Endraß sieben Schiffe. Das unglückliche holländische U-Boot *014* wurde von den Eskorten entdeckt, versehentlich für ein deutsches gehalten und mindestens zweimal angegriffen. Zur Verteidigung des Geleitzugs selbst trug es nichts bei. Insgesamt verlor der HX 79 ein Dutzend Schiffe, ein dreizehntes wurde schwer beschädigt.

Der 18. und 19. Oktober 1940 waren die Tage mit den höchsten Schiffsverlusten des ganzen Krieges, und die Doppelkatastrophe der beiden Konvois markierte auf der anderen Seite auch den Höhepunkt der ›glücklichen Zeit‹. In Kretschmers Augen war das für einen U-Boot-Fahrer wie Weihnachten. Aber die Engländer konnten nicht wissen, daß die Krise (es war weder die letzte noch die schlimmste) schon vorüber war, weil die Deutschen sich eine Atempause gönnten. Wenn ein Konvoi mit nicht weniger als elf Geleitschiffen so auseinandergenommen werden konnte wie der HX 79 — was, um Himmels willen, konnte man noch tun, um die große Katastrophe abzuwenden?

Zwar hatte man nach den vielen Klagen aus der Kriegs- und der Handelsmarine über die viel zu kleinen Eskorten ständig

Oben: HMS *Hood* (Mitte), von der *Repulse* aus fotografiert

Unten: HMS *Duke of York*

Oben: Die *Tirpitz* vor Anker in Norwegen kurz vor ihrer Vernichtung

Links: Die *Scharnhorst*

Unten: Die *Bismarck*

Die
Enigma-Maschine

Alan Turing

Oben: Roosevelt erhält von Churchill an Bord der USS *Augusta* während der Konferenz von Argentia im August 1941 einen Brief von König George VI.

Links: Admiral Ernest King, USN

versucht, dem Engpaß durch Kürzung bei den Vorkehrungen gegen eine drohende Invasion abzuhelfen, aber die Kurve der Versenkungen zeigte gleichzeitig steil nach oben. Sie verbreitete unter den Briten eine Mutlosigkeit, wie man sie noch nie erlebt hatte. Offensichtlich war die Quantität allein keine Antwort auf die aktuelle Taktik der Deutschen, die sie immer selbstsicherer machte. Dönitz setzte seine U-Boote jetzt wie tauchfähige Torpedoboote ein. Wenn sie nachts über Wasser angriffen, waren sie im entscheidenden Augenblick gegen das Asdic-Gerät immun. Sie waren auch schneller und beweglicher als alle Typen von Geleitschiffen, außer den wenigen Zerstörern, die zur Verfügung standen. Sie trieben ihre Versenkungsziffern in die Höhe, indem sie sich an ein Prinzip hielten, das den ganzen Krieg lang für sie galt — nur die leichtesten Ziele anzugreifen: zuvörderst das allein fahrende Schiff, dann den Nachzügler oder andere Schiffe, die den Kontakt zum Geleitzug verloren hatten, als nächste Schiffe, die in Gruppen fuhren, aber keine Eskorten hatten (das waren Formationen, die nicht die Definition eines Geleitzugs erfüllten), und schließlich schwach eskortierte Geleitzüge. Dank der schnell gesammelten Erfahrungen, des hinzugewonnenen Selbstvertrauens und der viel größeren Reichweite der U-Boote, über die man seit der Besetzung der französischen Stützpunkte verfügte, war es ihnen zuguterletzt sogar möglich, Rudel zu bilden und Konvois schweren Schaden zuzufügen, ohne Rücksicht darauf nehmen zu müssen, wie viele Geleitschiffe in der Nähe waren.

Der verheerenden Wirkung der ›Wolfsrudel‹-Taktik, wie sie sich in diesen Schilderungen zeigt, stand nun als Antwort nicht etwa eine angemessene Eskorten-Taktik gegenüber, sondern man hatte gegen diese neue Bedrohung überhaupt kein Mittel. Der Kommandeur der Eskorten schickte gewöhnlich ein oder mehrere Schiffe auf die Jagd nach einem gemeldeten U-Boot. Das lockte sie dann oft über Hunderte von Meilen von jenen Frachtern weg, die sie eigentlich beschützen sollten. Wenn dann der Konvoi noch Kursänderungen vornahm, um Angreifern auszuweichen, konnte es passieren, daß die abkommandierten Schiffe den Konvoi gar nicht wiederfanden. Die instinktiven und in jedem Fall lobenswerten Versuche, die Mannschaften eines getroffenen oder versenkten Handelsschiffes zu retten, schwächten noch einmal die Eskorten und rissen sie auseinander. Als grundsätzliche Schwäche wurde aber durch die neue Rudeltaktik offenbar, daß die Geleitschiffe nur einzeln auf eine kompakte Bedrohung reagieren konnten. Die Antwort lautete: Aus einer Ansammlung einzelner Kriegsschiffe mußte ein Verband gebildet werden. So hieß dann auch das aus der dringenden Notwendigkeit geborene Konzept. Dönitz' Vorteil bei der Anwendung seiner Taktik bestand darin, daß er aus den Booten, die zufällig im Einzugsbereich eines identifizierten Zieles waren, ein ›Rudel‹ bilden konnte. Gleichzeitig wußte er, daß alle Bootskommandanten auf die gleiche gründliche Art darauf trainiert waren, den Instruktionen zu folgen, die per Funk aus der Zentrale in Frankreich übermittelt wurden. Im Gegensatz dazu konnte die feindliche Eskorte nicht mit Verstärkung rechnen und mußte von sich aus auf einen Angriff reagieren. Aus diesem Grund war ein gemeinsames Training vonnöten; dazu mußten die Schiffe eines Verbandes so gut wie möglich zusammengehalten werden.

Die Ausbildung einzelner Schiffe in der U-Boot-Abwehr wurde nach dem Fall Frankreichs vom südenglischen Portland an verschiedene Stellen an der schottischen Küste verlegt. Die südlichen Gewässer um England waren jetzt kaum mehr für solche Übungen geeignet. Weitere Übungseinrichtungen für die U-Boot-Abwehr entstanden in Dunoon und Campbeltown in West-Schottland.

Im Oktober 1940 befahl der Oberkommandierende im Bereich der Western Approaches, Admiral Sir Martin Dunbar-Nasmith, in seinem Hauptquartier in Plymouth die Aufstellung von acht ›Escortgroups‹, die vor dem Clyde in Südwest-Schottland, vor dem River Mersey in Nordwest-England und vor Londonderry in Nord-Irland ausgebildet werden sollten. In Liverpool, dem Haupthafen der North-Western Approaches, wurde eine Schule für die taktische Ausbildung von Offizieren auf Eskortenschiffen gegründet. Eine Gruppe bestand aus bis zu acht Schiffen, unter ihnen zwei Zerstörer. Ihre Zahl und Zusammensetzung schwankte häufig, je nachdem, ob Schiffe beschädigt waren, repariert, überholt oder wiederhergestellt werden mußten. Aber jedes Geleitschiff gewann nun Erfahrungen in der Zusammenarbeit mit anderen Schiffen. Ihre Mannschaften wurden mit den Taktiken in der Gruppe vertraut gemacht und brauchten wenig Zeit, bis sie sich an die kleinen Schwächen jedes neuen Kommandanten einer Gruppe gewöhnt hatten. Diese Offiziere wurden nun zu Schlüsselfiguren im Feldzug der Konvois — sozusagen Geleitschiff-Asse im Gegensatz zu den U-Boot-Assen. Die eskalierenden Schiffsverluste in dieser Phase sorgten auch für die Einsicht in die Notwendigkeit einer besseren Ausrüstung der in der U-Boot-Abwehr eingesetzten Schiffe. Das Küstenkommando bestückte seine Flugzeuge zunehmend mit Wasserbomben. Flugzeuge wie Schiffe erhielten ASV-Radargeräte und VHF-Funktelefone. Letztere waren das ideale Hilfsmittel zur direkten Verständigung zwischen Eskorten, Frachtern und Flugzeugen bei der Aufklärung und bei Angriffen. Sie waren das wesentliche Hilfsmittel einer Kommunikation und verbesserten die Erfolgsquote jener Schiffe entscheidend, die für den Schutz der Geleitzüge verantwortlich waren.

Die wichtigste administrative Veränderung in dieser ausschlaggebenden Phase des Seekrieges war die Verlagerung des Kommandos ›Western Approaches‹ von Plymouth im Süden Englands nach Liverpool im Norden am 7. Februar 1941. Dieser Umzug war eine vernünftige Antwort auf die Verschiebung der Geleitzugkämpfe weiter nach Norden. Das Oberkommando übernahm der fünfzigjährige Admiral Sir Percy Noble. Daß England schließlich die Oberhand über die deutschen U-Boote gewann, geht zu einem großen Teil auf das Konto von Noble. Auch das Geschwader 15 vom RAF-Küstenkommando unter Air Vice-Marshal J. M. Robb wurde von Plymouth in den Nordwesten Englands verlegt. Das Hauptquartier im Derby House in der Innenstadt von Liverpool wurde zur Zentrale im gemeinsamen Kampf gegen die

U-Boote. Eine riesige Operationsabteilung war direkt mit der Admiralität verbunden, und hier wie dort wurden die Bewegungen der Handelsschiffe minutiös verzeichnet. Das neue Hauptquartier wurde auch direkt mit Informationen aus dem Operational Intelligence Centre, dem Submarine Tracking Room und dem Luftfahrtministerium in London versorgt. Das OIC, die Western Approaches und das Luftfahrtministerium koordinierten ihre Arbeit durch tägliche Telefon-Konferenzen.

Die alles entscheidende Zusammenarbeit zwischen der Navy und der RAF wurde erheblich verbessert, als die Kontrolle sämtlicher Einsätze des Küstenkommandos zur gleichen Zeit (genau: am 15. April 1941) in die Admiralität verlegt wurde. Der Verteidigungsausschuß des Kabinetts hatte im November an eine völlige Übertragung des Kommandos an die Navy gedacht. Dann setzte sich aber die Meinung durch, daß dies ein zu radikaler Schritt sei, der zu unüberwindlichen administrativen Spannungen zwischen den ohnehin schon gereizten Oberkommandos der beiden Waffengattungen führen könne. Churchill ordnete eine Untersuchung an, und Anfang Dezember beschloß dann der Verteidigungsausschuß, daß das Kommando in Fragen der Ausbildung, Ausrüstung und Verwaltung Teil der RAF bleibe, in Einsatzfragen aber unter den Oberbefehl der Navy gestellt werde. So fand man eine pragmatische Lösung für eine der größten Unzulänglichkeiten der britischen Kriegsführung. Damit war aber ein Problem des Küstenkommandos noch nicht bewältigt: Es brauchte auch die richtigen Flugzeuge, und dies in ausreichender Zahl, und dabei mußte es sich gegen das mächtige Bomberkommando durchsetzen. Doch zumindest kamen jetzt Englands Marineflieger unter die Verantwortung derer, die den Nachschub auf dem Seeweg zu schützen hatten, und die Sorge um den Nachschub war schließlich die Grundlage aller Kriegsanstrengungen.

Die Deutschen konnten indessen von ihren französischen Stützpunkten aus bis 25° West ausschwärmen und angreifen, also weit hinein in die ›Lücke‹ zwischen Halifax und den Western Approaches. In dieser Lücke wurden die Konvois nur von einem der 46 Handelskreuzer begleitet, die in den ersten sechs Kriegsmonaten dazu ausgerüstet worden waren. Diese Lückenbüßer waren umgebaute Liner oder Linienfrachtschiffe und sollten gegen Überwasserangriffe von U-Booten schützen, die diese bei Tageslicht und unter Einhaltung der Prisenordnung unternahmen. Churchill hatte gegenüber Pound, dem Ersten Seelord, bereits im Januar 1940 Zweifel an ihrem Wert geäußert. Im Laufe des Jahres zeigte sich dann, daß sie gegen die U-Boot-Taktik der Deutschen wirkungslos waren, aber auch gegen konventionelle oder versteckte Angriffe von Überwasserschiffen oder Luftangriffe. Allein im Juni wurden nicht weniger als drei solcher bewaffneten Handelskreuzer von U-Booten versenkt, als sie mit der erfolglosen Nordpatrouille die Routen der Deutschen im Nordatlantik abfuhren. Im selben Bereich wurde im August der nächste Handelskreuzer torpediert und versenkt, zwei weitere folgten im November, als sie vor Irland mit der Westpatrouille unterwegs waren. Daher schlug Admiral Forbes als Oberkommandierender der Home Fleet im Dezember vor, die Handelskreuzer von diesen derart gefährlichen und fruchtlosen Aufgaben abzuziehen, zumindest so lange, bis sie voll zur Verteidigung gegen U-Boote ausgerüstet waren.

Das war der letzte konstruktive Vorschlag dieses glücklosen Kommandanten gewesen. Sir Charles Forbes wurde am 2. Dezember 1940 ›abgelöst‹ — was hier eher eine euphemistische Umschreibung für ›entlassen‹ war. Sein Nachfolger wurde Admiral Sir John Tovey. Forbes, der in das zweitrangige Kommando von Plymouth abgeschoben wurde, hatte das Pech gehabt, die Verantwortung für die Hauptformation der Royal Navy in einer Phase zu tragen, die von fast ununterbrochenen Rückschlägen und einer allgemeinen Unsicherheit gekennzeichnet war. Auch hatte er den persönlichen Mut besessen, das zu sagen, was er dachte, und die meisten seiner Klagen klangen nicht nur so, sondern rechtfertigten sich mehr oder weniger durch die folgenden Ereignisse. Das ist eine Eigenschaft, die einem selten Sicherheit auf seinem Posten garantiert.

Forbes konnte keinen wichtigen Sieg in den 15 Monaten seines Kriegskommandos vorweisen und wurde deswegen öffentlich kritisiert. Doch der Home Fleet gelang es mit Erfolg, den Großteil der deutschen Überwasserflotte während des Norwegenkonflikts zu binden. Man kann sich nicht der Schlußfolgerung entziehen, daß er den Prügelknaben dafür spielen mußte, daß die Royal Navy in derart vielen Bereichen am Anfang des Krieges unvorbereitet war — sogar der Hauptstützpunkt seiner Flotte, Scapa Flow, war nicht ausreichend geschützt. Zumindest konnte er seinem Nachfolger eine stärkere Flotte übergeben, als die, mit der er in den Krieg eingetreten war — die Zerstörer ausgenommen (von denen es jetzt nur noch 17 gab).

Noch war Admiral Forbes aber in seinem Amt, als die deutschen Handelsstörer gegen Ende 1940 wieder auf der Szene erschienen. Diese getarnten Angreifer verursachten in dieser Phase beträchtliche Schäden und große Verwirrung, aber sie griffen niemals Geleitzüge an. Während sie viele allein fahrende Schiffe versenken konnten, blieben die Konvois auf den Ozeanen, auf den Routen nach Gibraltar, um die Westküste von Afrika und anderswo fast unbehelligt — zumindest bis zu dem Zeitpunkt, zu dem ein oder zwei U-Boote außerhalb des Seegebietes operieren konnten, das von britischen Marinestreitkräften vom Stützpunkt Freetown in Sierra Leone aus abgedeckt wurde. Die deutsche Marineleitung hatte vor, ihre größten Kriegsschiffe noch einmal gegen den britischen Handel einzusetzen, sobald sie nach dem Norwegenfeldzug die notwendigen Reparaturen beendet hätten. Als erstes sollte von Deutschland aus der Schwere Kreuzer *Hipper* in See stechen. Der erste Zielhafen war das französische St. Nazaire, wo er stationiert werden sollte. Aber wie üblich versagten seine Maschinen, und er mußte nach Trondheim in Norwegen laufen. Eine plötzliche Zunahme des deutschen Funkverkehrs im Skagerrak am 28. Septemer ließ den britischen Nachrichtendienst folgern, daß die *Hipper* wieder in See war. Forbes schickte einige seiner schweren Einheiten aus Rosyth und Scapa Flow auf die Suche nach ihr. Aber sie wurde nicht gesichtet.

Ende Oktober ging das Panzerschiff *Scheer* von der kleinen deutschen Flottenbasis Brunsbüttel in See. Auch sie wurde von den Aufklärern der RAF nicht entdeckt, weil die meisten von ihnen damit beschäftigt waren, Anzeichen für eine Invasion der Deutschen in England zu entdecken. Der erste Hinweis, daß sie ausgelaufen war, kam daher von der *Scheer* selbst: Es war ihr Angriff auf einen Geleitzug am 5. November. Sie hatte bereits ein allein fahrendes britisches Schiff versenkt, aber das Opfer hatte sich nicht mehr über Funk melden können. Daher hatte der aus 37 Schiffen bestehende Konvoi HX 84 aus Halifax auch keine Warnung erhalten. Seine einzige Eskorte war der bewaffnete Handelskreuzer *Jervis Bay* (Captain E. S. F. Fegen, RN). Er gab den Funkspruch durch, daß ihr Konvoi, der sich auf der Atlantikhauptroute befand, genau auf halbem Wege zwischen Neufundland und Irland von einem Panzerschiff angegriffen werde. Ohne Zögern beschloß Captain Fegen, sein hoffnungslos unterlegenes Schiff zu opfern, ein weit größerer Liner als sein Gegenüber, aber nur mit einem Bruchteil seiner Feuerkraft. Es erinnerte an die Versenkung der *Rawalpindi* durch die beiden deutschen Schlachtkreuzer, als die *Jervis Bay* sich nun flink und opferbereit wie eine Glucke zwischen ihre Küken und den räuberischen Fuchs setzte und, dem Untergang geweiht, mit ritterlichem Mut ihrem Schicksal entgegenfuhr. Während der Geleitzug sich hinter ihr zerstreute und Nebelwände warf, wurde die *Jervis Bay* von den 27,5-cm-Geschützen des Panzerkreuzers zusammengeschossen. Captain Fegen wurde posthum mit dem Viktoria-Kreuz ausgezeichnet. Gemessen an der Feuerkraft des Gegners, erlitt der Konvoi nur leichten Schaden: Er verlor fünf Schiffe, und das hatte er nicht nur der Tapferkeit seiner Eskorte zu verdanken, sondern auch dem Befehl Fegens, sich zu zerstreuen.

In seinen letzten Funksprüchen hatte er seine genaue Position durchgegeben, und die Admiralität und Forbes reagierten mit der Entsendung von zwei Schlachtkreuzern, drei

Kreuzern und sechs Zerstörern aus Scapa Flow. Sie sollten die Zugänge zu den französischen Häfen für den Fall abdekken, daß die *Scheer* diesen Kurs wählte. Zwei seiner Schlachtschiffe schickte Forbes nach Norden, wo sie die Lücke zwischen Island und den Färöern schließen sollten, falls das deutsche Kriegsschiff vorhatte, auf demselben Weg zurückzukehren, auf dem es die Heimat verlassen hatte. Forbes hatte zwar angesichts der Ausdehnung dieses Gebiets keine großen Chancen, die *Scheer* abzufangen, aber selbst diese wurden durch die Einmischung der Admiralität noch einmal verringert. London schickte nämlich ein paar seiner Schiffe in Richtung auf die letzte gemeldete Position der *Scheer* — dem einzigen Punkt auf der ganzen Erde, wo sie sich bestimmt nicht mehr aufhalten würde — und trennte noch eines der Schlachtschiffe ab, das sich dem Schutz des sonstigen Konvoiverkehrs widmen sollte. In Wirklichkeit hatte die *Scheer* (Kapitän Theodor Krancke) gar nicht vor, so bald schon wieder an seinen Stützpunkt zurückzukehren, sondern nahm Kurs nach Süden in den Mittelatlantik. Die Admiralität hatte keine Ahnung, was er plante, und so hatte sie keine Wahl und mußte die im Atlantik laufenden Konvois stoppen und umleiten. Das wirkte sich natürlich sehr negativ auf den Fluß des lebenswichtigen Nachschubs aus Nordamerika aus. Drei Konvois wurden zurückgerufen und verursachten in den Häfen, die sie ansteuerten, eine beispiellose Verstopfung. Die insgesamt zweiwöchige Unterbrechung auf der Hauptroute der Geleitzüge kostete die Briten zwar keine Schiffe, aber die ausbleibenden Importe stellten einen Verlust dar, der weit über das hinausging, was ihnen die feindlichen Geschütze zugefügt hätten.

Ob er es wußte oder nicht, Kapitän Krancke befand sich inzwischen auf der erfolgreichsten Feindfahrt gegen Handelsschiffe, die in diesem Krieg von einem Überwasser-›Handelsstörer‹ absolviert wurde. Es ist sicherlich kein Zufall, daß Krancke dabei stärker als alle anderen Kommandanten der großen deutschen Kriegsschiffe den Piraten herauskehrte. Zwar war die *Scheer* für ihre Größe ungeheuer stark — England hatte nur noch drei Großkampfschiffe, die sowohl besser bewaffnet als auch schneller waren —, aber dafür fehlten Krancke die Überseestützpunkte. Er mußte sich darauf verlassen, daß er deutschen Versorgungsschiffen begegnete, oder er mußte feindliche Tanker kapern, um Treibstoff nachzubunkern. Und Treibstoff brauchte er reichlich. Er befand sich zu Anfang des neuen Jahres noch im Mittelatlantik und in der Umgebung des Äquators, als er die *Nordmark* traf und Treibstoff übernehmen konnte. Ein paar Tage später hatte die *Scheer* ein Rendezvous auf hoher See mit den getarnten Handelsstörern *Atlantis* und *Tannenfels*.

Danach machte sich die *Scheer* auf den Weg nach Süden und bediente sich dabei einer neuen Täuschungstaktik, die potentielle Opfer unachtsam werden ließ. Statt sich im Dunkeln anzuschleichen, schlug Krancke jetzt nämlich bei hellem Tageslicht zu: Er gab englische Lichtsignale und brachte die Schiffe dazu, anzuhalten. Dann setzte Krancke über und holte sich seine Prise, ohne daß das Opfer einen Hilferuf absetzen konnte, der seine Position verraten hätte. Das hatte zur Folge, daß die Engländer in manchen Fällen wochen- oder sogar monatelang nicht genau wußten, was mit ihren vermißten Schiffen passiert war. Nur am 21. Februar gelang es einem Opfer, einen ›RRR‹-Ruf abzusetzen und die Anwesenheit des deutschen Räubers im Indischen Ozean in der Nähe des Kanals von Mocambique zu verraten. Am Tag darauf konnte ein holländisches Opfer eine ähnliche Meldung durchgeben. Krancke hatte Befehl, bis Ende März wieder in Deutschland zu sein, und so zog er sich vernünftigerweise aus seinem reichen Jagdgebiet im Indischen Ozean zurück und machte sich wieder auf den Weg in den Südatlantik.

Die *Scheer* war in den Indischen Ozean ausgewichen, um sich der Verfolgung zu entziehen, und nun machte sie es umgekehrt, umfuhr auf respektvolle Entfernung das Kap der Hoffnung und erreichte schließlich den Südatlantik. Dort kam es zu einem erneuten Rendezvous des Panzerschiffs auf hoher See mit den getarnten Handelsstörern *Kormoran* und *Pinguin* und dem treuen Tanker *Nordmark*. Der lieferte ihr nicht nur erneut den notwendigen Treibstoff, sondern half ihr auch bei einigen dringend erforderlichen Reparaturen. Das höchst erfolgreiche deutsche Versorgungssystem auf hoher See erwies seine Leistungsfähigkeit schon ein paar Tage später, als die *Scheer* und *U 124* (Kapitänleutnant Wilhelm Schulz) ein Rendezvous hatten. Das U-Boot hatte sich so weit hinausgewagt, um der *Scheer* wichtige, von ihr angeforderte Ersatzteile für die Funkausrüstung zu bringen. Daß sich ein Handelsstörer, dessen Kurs und Bewegungen selbst für den eigenen Kapitän völlig unvorhersehbar waren, darauf verlassen konnte, zur rechten Zeit mit dem richtigen Schiff am passenden Platz zusammenzutreffen und das gewünschte Material in Empfang zu nehmen, war eine bemerkenswerte Leistung deutscher Stabsarbeit und zeugte von organisatorischem Geschick. Das Treffen mit dem U-Boot, das auf hoher See selbst von einem Netzwerk von Versorgungsschiffen mit Treibstoff versorgt worden war, sollte die letzte friedliche Begegnung auf dieser Fahrt sein. Die *Scheer* passierte den Äquator am 15. März und querte eine Woche später die Hauptrouten der Geleitzüge im Nordatlantik — unentdeckt. Dann kreuzte sie ein paar Tage lang und wartete auf den passenden Moment, um durch die Dänemarkstraße zu brechen und in die von Deutschland kontrollierten Gewässer zurückzukehren.

Ihre unbemerkte Durchquerung des Atlantiks über seine gesamte Länge wurde durch den Umstand erleichtert, daß bei ihrem Eindringen in die gefährlichste Zone im Norden die Royal Navy damit beschäftigt war, die Schlachtkreuzer *Scharnhorst* und *Gneisenau* zu jagen. London informierte Admiral Sir John Tovey, den neuen Chef der Home Fleet, am 28. März darüber, daß sich aus dem feindlichen Funkverkehr ein Versuch der Deutschen ableiten lasse, ein oder mehrere Schiffe durch die Dänemarkstraße zu schicken. Tovey ließ am 29. März das neue Schlachtschiff *King George V* und vier Kreuzer auslaufen, um diesen Versuch zu unterbinden. Der Schritt erfolgte zwei Tage zu spät, denn die *Scheer* hatte Grönland und Island bereits passiert und war nun auf dem

Weg in die norwegischen Gewässer. Nach mehr als fünf Monaten warf das Panzerschiff am 30. März dort in Bergen Anker — an Kapitän Kranckes 48. Geburtstag. Zwei Tage später war die *Scheer* wieder in Kiel. Sie hatte eine äußerst erfolgreiche Fahrt hinter sich und nicht nur die *Jervis Bay* und 14 alliierte Handelsschiffe versenkt sowie zwei gekapert, sondern auch für eine lange und ernste Störung der britischen Pläne im Atlantik und auf anderen Meeren gesorgt. Die Unterbrechungen, die der Nachschub nach England durch sie erlitten hatte, waren für die deutschen Kriegsanstrengungen sogar wichtiger als die Summe der versenkten, knapp 100 000 BRT Schiffsraum.

Währendessen war die *Hipper* bemüht gewesen, ebenfalls einen neuen Beweis für ihre Existenzberechtigung abzuliefern. Am 1. Februar schlüpfte sie unbemerkt aus Brest und fuhr in das Seegebiet zwischen Portugal und den Azoren. Am 11. Februar versenkte sie ein Handelsschiff. Am Tag darauf sichtete sie einen unbegleiteten Konvoi (SLS 64) auf seinem Weg von Freetown nach England und konnte in aller Ruhe sieben Schiffe mit insgesamt 32 800 BRT versenken. Obwohl die Engländer damit eindeutig auf ihre Anwesenheit aufmerksam gemacht wurden, konnte sie am 14. Februar noch immer unbemerkt nach Brest zurücklaufen. Ihre Treibstoffbunker waren fast leer. Noch einmal überlebte sie mehrere englische Bombenangriffe unversehrt, da erhielt Kapitän Meisel Befehl, sein unzuverlässiges Schiff zu einer Generalüberholung nach Deutschland zurückzuführen. Am 15. März lief die *Hipper* unbeobachtet aus, schlug einen Bogen westlich um die britischen Inseln und passierte die Dänemarkstraße am 23. März. Sie sichtete zwei patrouillierende britische Kreuzer, wurde selber aber nicht entdeckt, erreichte Bergen, um nachzubunkern, und kam am 28. März in Kiel an. Die unbeobachtete Heimkehr der *Hipper* und der *Scheer* binnen weniger Tage und auf ungefähr derselben Route zeigte, wie unzulänglich die britische See- und Luftaufklärung war, und zwar genau über den entscheidenden Passagen zwischen dem Atlantik und den deutschen Hoheitsgewässern.

Auch die *Scharnhorst* und die *Gneisenau* unternahmen in dieser Phase einen längeren Ausfall unter der Flagge von Admiral Lütjens, dem Oberkommandierenden der Flotte seit dem Frühjahr 1940. Von Kiel aus fuhren sie zwischen den Shetland-Inseln und Norwegen nach Norden und nahmen dann Kurs nach Westen, um Island südlich zu passieren. Die Admiralität hatte wieder aus der Art des deutschen Funkverkehrs einen neuerlichen Durchbruchsversuch vorausgesehen, und zwar spätestens zum 20. Januar. Als sie drei Tage später tatsächlich ausliefen, wurden sie fast unverzüglich entdeckt. Admiral Tovey hatte seine Flagge auf dem Schlachtschiff *Nelson* gesetzt und wurde von ihrem Schwesterschiff *Rodney*, dem Schlachtkreuzer *Repulse*, acht Kreuzern und elf Zerstörern begleitet, als er sich von Scapa Flow auf eine Position 120 Meilen südlich von Island begab, von der aus er beide Passagen in den Atlantik überwachen konnte. Sonderpatrouillen flogen Aufklärungsflüge. Am 28. Januar sichtete der Kreuzer HMS *Naiad* kurz die beiden deutschen Großkampfschiffe. Aber die beiden hatten den Kreuzer zuerst entdeckt und legten an Geschwindigkeit zu, so daß die Fühlung bald wieder verlorenging. So entkamen sie auf wenige Meilen einem Zusammenstoß mit einer überlegenen britischen Seemacht. Die Schlachtkreuzer blieben auf nördlichem Kurs, um sich mit einem schon vorher in die Arktis geschickten Tanker zu treffen und Treibstoff nachzubunkern. Dann gingen sie wieder auf Südkurs und passierten in der Nacht vom 3. auf den 4. Februar die Dänemarkstraße. Nur wenig später ging der Home Fleet auf, wie knapp sie die Gelegenheit verpaßt hatte, obwohl ihr Nachrichtendienst schon um einiges besser geworden war als bisher. Lütjens hatte seinen Ausbruch sehr geschickt inszeniert und die Glückwünsche von Admiral Raeder sehr wohl verdient.

Südlich von Grönland wurde erneut Treibstoff aufgenommen, und dann schlugen die deutschen Kriegsschiffe Kurs auf die Halifax-Route ein, wo sie am 8. Februar den Konvoi HX 106 sichteten. Den zugleich von Norden und Süden begonnenen Angriff brachen die Deutschen wieder ab, als sie den

Dreibeinmast des Schlachtschiffs *Ramillies* ausmachten, das den Konvoi begleitete. Der britische Veteran aus dem Ersten Weltkrieg sichtete auch eines der beiden deutschen Schiffe, hielt es aber für einen kleineren Schiffstyp (ein naheliegender Fehler, weil ihre Silhouetten sehr ähnlich waren). Die erneute Bedrohung, die von angreifenden Überwasserschiffen ausging, hatte die Admiralität veranlaßt, nach Möglichkeit immer ein Schlachtschiff Geleit fahren zu lassen. Admiral Tovey schickte alle verfügbaren Schiffe auf die Konvoi-Route und hegte die Hoffnung, am Ende einen dieser kaum zu fassenden Angreifer zu stellen. Doch weder dies noch weitere Extraflüge der Aufklärer nutzten etwas: Lütjens entkam wieder und marschierte weiter nach Westen. Diesmal ging er auf die Suche nach einem Geleitzug mit Ziel Amerika, der nur leichte Fracht mitführte und deswegen wahrscheinlich weniger stark geschützt war. Er suchte eine Stelle wenige hundert Meilen östlich von Neufundland auf, wo derartige Konvois sich gewöhnlich auflösten und jedes Schiff Kurs auf seinen Bestimmungshafen in Nordamerika nahm. Es war das erste und einzige Mal im Krieg, daß große deutsche Kriegsschiffe sich auf ihrer Beutesuche so nahe an die amerikanische Küste wagten. Sie versenkten fünf Schiffe aus einem gerade aufgelösten Konvoi.

Nachdem sie zu Recht annahmen, daß zumindest eines der Opfer ihre Anwesenheit so weit im Norden gemeldet hatte, begaben sich die beiden deutschen Schiffe nun auf die Sierra-Leone-Route. Unterwegs wurde nachgetankt. Am 8. März sichtete ein Aufklärungsflugzeug des Schlachtschiffs HMS *Malaya* die Schlachtkreuzer nördlich der Kapverdischen Inseln. Kurz darauf sichtete die *Malaya* die beiden auch selbst, aber auch Lütjens hatte den Gegner gesehen und beschloß, den von ihm gedeckten Konvoi SL 67 nicht anzugreifen. Er kehrte auf die Halifax-Route zurück und versenkte am 15. und 16. März 16 Schiffe mit 82 000 BRT aus aufgelösten Geleitzügen. Die *Rodney* sichtete die Deutschen kurz, und die *King George V* kam ihr aus Halifax mit voller Fahrt zu Hilfe. Doch Lütjens hatte nun Order, so schnell wie möglich heimzukehren. Wieder konnten sich die Engländer denken, daß die Schlachtkreuzer die stets gefährliche Heimfahrt in den Hafen wagen würden — aber leider lagen sie völlig falsch bei der Annahme, um welchen Hafen es sich dabei wohl handelte. Sie nahmen nämlich an, die Deutschen würden dorthin zurückkehren, woher sie gekommen waren, also in einen deutschen oder möglicherweise norwegischen Hafen. Aber der deutsche Admiral wählte den kürzesten Weg und lief nach Brest. Als er sich dem französischen Hafen von Südwesten näherte, wurde er von einem englischen Flugzeug entdeckt. Lütjens ging direkt auf Nordkurs, als wolle er nun die britischen Inseln westlich passieren, bis die Maschine wieder außer Sicht war. Diese List ließ die Engländer glauben, er plane die Umfahrung Englands im Norden, da der Aufklärer es versäumte, auch den ursprünglichen Kurs der Deutschen durchzugeben. Schlechtes Wetter hinderte den Marineflieger dann daran, mit den feindlichen Schlachtkreuzern Fühlung zu behalten. Nur am 21. März schickten die Engländer ihre Jäger in den Golf von Biskaya, und das Bomberkommando stellte zwei Geschwader für einen Angriff bereit. Doch da fand das Küstenkommando die Deutschen am selben Abend schon zu nahe an der französischen Küste wieder, als daß die schweren englischen Kräfte, die noch mehrere hundert Meilen entfernt waren, sie hätten abfangen können. Lütjens lief am 22. März triumphierend in Brest ein. Erst sechs Tage später erfuhren die Engländer dank des schlechten Flugwetters davon.

Die Geleitzüge begannen wieder, normal zu laufen, und die Engländer sammelten Schlachtschiffe, U-Boote und Bomber in der Hoffnung, die deutschen Schiffe entweder im Hafen zerstören zu können oder sie zu stellen, wenn sie nach Deutschland heimzukehren versuchten. Die *Scharnhorst* und die *Gneisenau* waren zwei Monate lang in See gewesen und hatten dabei insgesamt 116 000 BRT Schiffsraum vernichtet. Sie hatten zudem zu der allgemeinen und großen Beunruhigung beigetragen, für welche die übrigen konventionellen und getarnten deutschen Handelsstörer bei den Konvois gesorgt hatten. Auch hatten sie die englischen Flottenverbände nützlicherweise gerade in dem Augenblick abgelenkt, als die *Hipper* und die *Scheer* sich auf dem Heimweg befanden. Alles lief nach Plan. Der Stab der deutschen Kriegsmarine inszenierte die Bewegungen dieser vier großen Einheiten ihrer Flotte so, daß sie die größtmögliche Konfusion unter den überlegenen feindlichen Streitkräften verursachten.

Der Einsatz der ›großen Vier‹ war fast ein Schulbeispiel dafür, wie man unterlegene Flottenkräfte in einer Art maritimer Guerilla führen konnte — zuschlagen und zurückziehen. Anders als seine Gegner war Lütjens nicht daran interessiert, wüste Schlachten zwischen Großkampfschiffen zu schlagen. Dergleichen sollte er sogar ausweichen. Er tat das mit solcher Geschicklichkeit, daß seine Offiziere und Mannschaften niemals den Eindruck hatten, sie liefen dauernd nur davon. Im Gegenteil, sie hatten das Gefühl, den Löwen in den Schwanz zu zwicken, ihm das Futter zu stehlen und sich damit aus dem Staub zu machen. Als Lütjens seine Schiffe unbeschädigt in den Hafen von Brest lenkte, erreichte ihn ein überschwengliches zweites Telegramm von Admiral Raeder. Er hatte es sich reichlich verdient. Ende März 1941 dauerte der Krieg mit der größten Flotte der Welt bereits 19 Monate, und die Deutschen hatten an größeren Schiffen erst ein Panzerschiff und einen Schweren Kreuzer aus ihrer kleinen, aber modernen und starken Überwasserflotte verloren. Selbst wenn sich die britische Admiralität am Vorabend des Krieges in der Einschätzung geirrt haben sollte, daß die Hauptgefahr über Wasser drohe, so hatten die deutschen Kaperfahrer dank ihres flüchtigen Auftretens für mehr Zerrüttung gesorgt als die U-Boote mit ihren verstohlenen Angriffen. Die deutsche Kriegsmarine hatte allen Grund, sich darüber zu beklagen, daß sie unvorbereitet in diesen Krieg gezogen sei, aber sie konnte sehr zufrieden auf die anderthalb Jahre zurückschauen, in denen ihre mit Minen, Überwasserschiffen und U-Booten geführten Angriffe dem Feind so zugesetzt hatten, daß er Probleme hatte, den Kampf weiter fortzuführen.

Bevor wir uns wieder den U-Boot-Einsätzen in dieser zweiten Phase der Schlacht im Atlantik zuwenden, müssen wir einen Blick auf die Luftangriffe der Deutschen auf die Konvois werfen. Die britischen Kommandostellen bekamen sie nämlich fast so wenig unter Kontrolle wie das Wetter. Seit Juli 1940 wurde die Luftwaffe zu einer ernsthaften Gefahr für die Geleitzüge, denn seit dem Zeitpunkt flog sie ihre Einsätze vom französischen Flughafen in Merignac bei Bordeaux aus. Von dort aus konnten die Focke-Wulf-200-Maschinen mehr als neun Längengrade nach Westen überwinden. Das Flugzeug war ursprünglich für den Passagiertransport konzipiert worden, wurde dann aber für weite Aufklärungsflüge eingesetzt. In seiner militärischen Version trug es den Namen ›Kondor‹. Die erste ›Kondor‹-Staffel wurde im April 1940 gebildet. Von Juli an waren zwei Staffeln mit insgesamt 30 Maschinen in Merignac stationiert. Sie waren für Bombenangriffe mit einer Reichweite von 1000 Meilen ausgerüstet. Im Herbst 1940 kam in Stavanger in Norwegen ein zweiter Stützpunkt hinzu. Startete man nun in Frankreich und landete in Norwegen oder umgekehrt, konnte man einen noch weiteren Atlantikbereich überfliegen. Die Reichweite umfaßte so mehr als 2000 Meilen. Doch zum Risiko der deutschen Flieger gehörte es dabei, daß sie am anderen Ende auf gute Wetterbedingungen vertrauen mußten. Den ›Kondor‹-Maschinen gelang in ihrem ersten vollen Einsatzmonat die Versenkung von 15 Schiffen mit insgesamt 53 000 BRT, die zu den 268 000 BRT, die von U-Booten versenkt worden waren, hinzugerechnet werden mußten. In diesem Stadium des Krieges konnten die Flugzeuge die U-Boote auch bei der Suche nach Zielen unterstützen, solange die Engländer noch keine Maschinen hatten, die es mit den deutschen Langstreckenbombern draußen über dem Ozean aufnehmen konnten. Im November steigerten die deutschen Flieger ihre Versenkungsrate auf 18 Schiffe bzw. 66 000 BRT. Die ›Blenheim‹-Jagdmaschinen des Küstenkommandos waren zu langsam und zu leicht bewaffnet, um es mit dem neuen Gegner aufnehmen zu können. In den letzten beiden Monaten des Jahres gelang es auch nicht, durch Bombenangriffe auf die deutschen Luftwaffen- und Flottenstützpunkte in Frankreich diese Gefahr zu verringern.

So gern die Engländer ihre Osthäfen auch geschlossen hätten, die nun schweren Luftangriffen von jenseits des Kanals und der Nordsee ausgesetzt waren — sie konnten es nicht, weil die westlichen Häfen bereits gefährlich überfüllt waren. Das RAF-Jägerkommando war voll beschäftigt mit der Abwehr der Bomberoffensive, die die Luftwaffe überall flog; der Schutz, den sie noch den Schiffen angedeihen lassen konnte, kam fast immer zu spät: Wenn sie auf einen Hilferuf reagieren konnten, waren die Plünderer bereits wieder auf dem Weg zu ihrem Stützpunkt. Unerfahrene Geschützbedienungen auf den bewaffneten Handelsschiffen, die nur immer wenige Sekunden hatten, um zu entscheiden, ob ein im Anflug befindliches Flugzeug Freund oder Feind war, gewöhnten sich an, auf ihre möglichen Retter genauso zu schießen wie auf den Feind. Besonders schwere Schäden richteten die feindlichen Luftstreitkäfte unter den Schiffen so lange an, bis sie eine neue Aufgabe bekamen und in die ›Schlacht um England‹ eingebunden wurden. Eilig wurde gegen sie eine ›Channel Guard‹ aus Seeleuten gebildet, die man an Maschinengewehren ausgebildet hatte. Sie fuhren auf den Schiffen mit, solange sie in der Gefahrenzone waren. Mit zusätzlichem Training verbesserten die Flakbedienungen auch ihre Leistungen gegen die relativ langsamen, aber Schrecken verbreitenden Sturzkampfbomber (Junkers 87). Sie wurden aber bald wieder von den Angriffsflügen auf Schiffe abgezogen, nachdem das britische Jägerkommando Sondereinsätze gegen sie unternommen hatte. Die Eskorten im Küstenbereich wurden verstärkt, indem man entsprechende Schiffe von den Anti-Invasions-Streitkräften abzog. An der Ostküste wurden die Routen offengehalten, bis man den Höhepunkt an Schiffsverlusten durch Kurzstreckenmaschinen — das waren die Monate Juni bis August 1940 — überwunden hatte.

In dieser bedrohlichen Phase führten die Deutschen auch neue Minentypen ein, darunter akustische, die durch die Geräusche eines Schiffes ausgelöst wurden, und magnetische Minen mit Verzögerungszünder. Britische Minenräumer waren genötigt, ihre Arbeit nachts zu verrichten, um Angriffen aus der Luft zu entgehen, doch im letzten Viertel des Jahres 1940 mußten sie schwere Verluste hinnehmen. Bald stellte sich heraus, daß Konvois genauso guten Schutz gegen Minen wie gegen U-Boote boten: Wo ein Schiff sicher durchkam, waren auch die nächsten in seinem Kielwasser sicher, und außerdem gab es viele Augen, die wachten. In den sechs Monaten bis Ende März 1941 gingen nur 19 im Konvoi fahrende, aber 70 einzeln fahrende Schiffe durch Minen verloren. Eine weitere Gefahr für die Küstenschiffahrt bedeuteten in dieser Phase auch die 15 deutschen E-Boote, die in den Niederlanden lagen und Angriffe nach der Methode ›zuschlagen und zurückziehen‹ fuhren. Schließlich kamen noch Bombardements der Häfen durch die Luftwaffe hinzu, und zwar sowohl an der West- als auch an der Ostküste. Im Februar 1941 gingen die Deutschen zudem zu Nachtangriffen über.

Die ›glückliche Zeit‹ der U-Boot-Fahrer dauerte runde vier Monate, von Mitte Juli bis Mitte November 1940. In dieser Zeit wurde alles und immer wieder angegriffen — Geleitzüge, allein fahrende Schiffe und unbegleitete Konvois —, aber die Verluste unter den allein fahrenden Schiffen übertrafen noch immer bei weitem die in den Geleitzügen (144 zu 73, also fast ein Verhältnis von 2:1). Im Gegensatz dazu waren die deutschen U-Boot-Verluste aus britischer Sicht deprimierend gering. Am 1. Juli 1940 wurde *U 26* südwestlich von Irland versenkt. Es war der ›Abschuß‹, an dem eine Korvette (die *Gladiolus*) beteiligt war. Unterstützt wurde sie von Maschinen der Royal Australian Air Force, die in England stationiert waren. Im gleichen Monat ging noch ein Boot in der Nordsee verloren (*U 122*), aber das genaue Datum, die Ursache und die Position des U-Bootes fand man nie heraus. Ein ähnlich mysteriöses Schicksal erlitt *U 102* im August, dem Monat, in dem auch *U 25* in der Nordsee einer Mine und *U 51* dem britischen Unterseeboot *Cachalot* im Golf von Biskaya zum Opfer fiel. Bis zum 30. Oktober gab es dann keinen ›Abschuß‹ mehr, als die Eskorten eines Konvois *U 32* versenkten. Doch zuvor hatte das deutsche Boot erst einmal den Liner *Empress of Britain* (42 348 BRT) versenkt — das größte Schiff, das jemals von einem U-Boot versenkt wurde.

Am 2. November gelang *U 31* unter Kapitänleutnant Wilfried Prellberg ein einmaliger, wenn auch trauriger Rekord: Sein Boot wurde zum einzigen in der Geschichte, das man gleich zweimal versenkte. Zum erstenmal sank es nach einem Bombenangriff im März 1940 in den seichten Küstengewässern der Nordsee. Es wurde gehoben, überholt und wieder in den Kampf geschickt. Für immer ging es dann verloren, als HMS *Antelope* als Geleitschiff eines Konvois im Nordatlantik Wasserbomben nach ihm warf. Das letzte U-Boot, das 1940 (und bis März 1941) versenkt wurde, war *U 104*, und zwar von der Korvette *Rhododendron*. Damit hatte Deutschland in diesem Krieg bisher 32 U-Boote verloren.

Im November ging die Zahl der verlorenen Schiffe durch U-Boot-Angriffe drastisch zurück, und zwar auf 147 000 BRT. Das waren nicht halb soviel wie im Monat zuvor. Doch die Verluste durch Minen, Luftangriffe, Kriegsschiffe und getarnte Handelsstörer wuchsen beträchtlich. Zusammen kam alles auf 386 000 BRT, das waren 57 000 BRT weniger als im Oktober. Der vorübergehende Rückgang der Versenkungsrate bei den U-Booten ging zurück auf eine Kombination von schlechterem Wetter, Erschöpfung auf deutscher Seite und besseren Ausweichmanövern sowie einem langsamen, aber stetigen Anstieg der Eskorten in Anzahl und Qualität auf britischer Seite. Die Flaute, von Churchill kurzerhand schon als ein Wechsel der Gezeiten begrüßt, war eine Schimäre. Während im Dezember die Gesamtverlustzahl auf 350 000 BRT fiel, nahm der Anteil der U-Boote an dieser Summe auf ungefähr 45 Prozent zu, in Zahlen: 213 000 BRT. Im Januar fiel die Zahl wieder auf 127 000 von insgesamt 320 000 BRT, und im Februar versenkten die U-Boote 197 000 von 403 000 BRT. Dabei darf nicht vergessen werden, daß in den neuen Monaten, die dieses Kapitel umfaßt, die Deutschen weniger als 30 einsatzbereite U-Boote hatten (bei Jahreswende waren es 21; das war die niedrigste Zahl des gesamten Krieges). Im September 1940, genau ein Jahr nach Beginn des Krieges, besaßen sie genauso viele U-Boote wie zu Anfang, nämlich 57. Doch in dem Vierteljahr, das mit diesem Monat endete, wurden 15 neue Boote in Auftrag gegeben, und die Baurate begann schließlich doch zu steigen.

Im März verlegte Dönitz das Zentrum seiner Einsätze weiter nach Westen in das Seegebiet südlich von Island. Das allerschlimmste Winterwetter war nun vorüber, und die Briten gingen mit ihren Konvois auf nördlichere Routen — ein Umstand, den die Analytiker vom B-Dienst schnell heraus hatten. Unvermeidlicherweise wurde die erneute Offensive wieder von Günther Prien eingeleitet, der noch immer sein *U 47* kommandierte. Etwa 200 Meilen südöstlich von Island sichtete er den nach Westen laufenden Konvoi OB 293. Prien setzte den üblichen Funkspruch ab — es war der 6. März — und wartete auf Verstärkung. Im Laufe des Tages versammelte Dönitz ein Vierer-Rudel: Prien, Kretschmer in *U 99*, Kapitänleutnant Joachim Matz in *U 70* und Fregattenkapitän Hans Eckermann in dem Versuchsboot *U A*. Um den Konvoi, der größtenteils aus unbeladenen Schiffen bestand, entwikkelte sich nun ein Drama, wie man es in diesem Krieg bis dahin noch nicht erlebt hatte. In den frühen Stunden des 7. März leitete Kretschmer den deutschen Angriff ein, indem er den Weg des Konvois kreuzte und einen Tanker und ein riesiges norwegisches Walfangmutterschiff, die *Terje Viken* (21000 BRT), torpetierte. Wie üblich, griff *U 99* über Wasser an, und die Besatzungsmitglieder, die sich im Kommandoturm aufhielten, merkten plötzlich, daß ihre Aufbauten ins Licht des Elmsfeuers getaucht waren. Dieses elektrische Phänomen, eine spontane Entladung akkumulierter statischer Elektrizität, galt immer schon als böses Omen unter abergläubischen Seeleuten, die fürchten, es sage den unmittelbar bevorstehenden Verlust eines Schiffes voraus. Vielleicht war es das goldene Hufeisen an seinem Kommandoturm, das *U 99* rettete. Wenn ja, ging das aber nicht ohne Probleme ab. Der

Tanker explodierte und ging in Flammen auf. Das Walschiff wurde lahmgelegt, trieb aber weiter und sank nicht.

Als nächster fuhr Matz seinen Angriff. Er torpedierte schnell hintereinander einen britischen Frachter und einen holländischen Tanker. Sein erstes Opfer sank sofort, aber das zweite, die *Mijdrecht,* konnte, obwohl angeschlagen, sich noch gegen ihren Angreifer wenden, als *U 70* ihr den Gnadenschuß geben wollte. Es gelang ihr, das Boot zu rammen, bevor Matz tief genug tauchen konnte. Jedenfalls bekam der Bootskörper entweder dadurch oder durch die heftiger werdenden Gegenangrifffe der Geleitschiffe ein Leck.

Angeführt wurde die Eskorte von Commander J. M. Rowland von HMS *Wolverine* aus, unterstützt von einem zweiten Zerstörer, der *Verity,* und den beiden Korvetten *Arbutus* und *Camellia.* Sie operierten als Verband. Sie reagierten schnell und abgestimmt auf die Versenkungen und fuhren gegen *U 99* und *U 70* einen beispiellos heftigen Angriff, der fast fünf Stunden dauerte und bei dem mehr als hundert Wasserbomben geworfen wurden. *U A* wurde von einem Torpedo beschädigt, während es ihm selbst nicht gelang, einen britischen Dampfer zu versenken. Eckermann mußte sich zurückziehen und heimwärts humpeln. Der gerissene Kretschmer tauchte und saß den Gegenangriff aus, während sein Boot von nahe detonierenden Wasserbomben durchgeschüttelt wurde. Die Lichter gingen aus, die Nieten im Rumpf des Bootes wurden locker, aber es überlebte. Währenddessen nahm *U 70* Wasser, was es ihm zunehmend schwieriger machte, die Tiefe zu kontrollieren. Nach fünf Stunden Tauchfahrt geriet das Boot noch einmal in einen Angriff von zwei Korvetten. *U 70* geriet außer Kontrolle, stieg und sank wieder unter die Oberfläche. Als das Boot wegsackte, rannte die Mannschaft zum Heck, um seine Nase wieder nach oben zu bekommen. Darauf stieg es wieder, und jetzt preschten die Männer erneut nach vorn, um es am Auftauchen zu hindern. Die Nieten knallten heraus, die Spinde leerten ihren Inhalt auf das Deck, die Lampen flackerten und gingen an und aus, und die Kompressionsluft, die wegen der Trimmung in die

Tanks geblasen werden mußte, ging langsam zu Ende. *U 70* ging auf 200 Meter Tiefe (das waren mehr als 45 Meter über das erlaubte Maß), die Mannschaft rannte nach achtern, und Matz befahl volle Kraft, um den tödlichen Sturz zu stoppen. Er hatte zuviel Erfolg: Jetzt schoß das Boot an die Oberfläche und befand sich plötzlich in nächster Nähe der Korvetten, die sofort das Feuer eröffneten. Matz gab Befehl, das Boot aufzugeben. Von der Brücke einer der Korvetten aus drängte ihn jemand zur Eile und rief in gebrochenem Deutsch, er solle über Bord springen. Die Engländer ließen ein Boot ins Wasser und hatten offenbar vor, an Bord zu kommen. Matz blieb tapfer selbst an Bord und sorgte dafür, daß es sank. Zwanzig seiner Männer gingen mit dem Boot in die Tiefe, als der Bug nach oben stieg und *U 70* über das Heck sank. Matz und 26 seiner Männer wurden gefangen genommen. Kretschmer stahl sich in seinem angeschlagenen *U 99* davon.

Prien blieb dem Geleitzug trotz der entschlossenen Gegenwehr der Eskorten auf den Fersen und forderte per Funk sogar erneut Verstärkung an. Am 8. März kurz vor 1.00 Uhr nachts wurde *U 47* aufgetaucht nahe der *Wolverine* gesichtet. Man konnte die Maschinen hören, und Commander Rowland nahm sogar den Geruch der Dieselabgase wahr. Die *Verity* leuchtete die Szene mit einer Leuchtkugel aus, und die beiden Zerstörer brachten sich in Abwurfposition für je zehn Wasserbomben, während Prien tauchte und zu entkommen versuchte. Drei Stunden später entdeckte man Öl an der Wasseroberfläche, und der Angriff wurde mit allem Nachdruck wiederholt. Es verging noch einmal eine Stunde, da hörte der Mann am Unterwasserhorchgerät auf der *Wolverine* »ein lautes, klapperndes Geräusch, als würde Geschirr zerbrechen« im Kopfhörer. Da tauchte *U 47* wenige Meter entfernt von der *Wolverine* wieder auf und verschwand erneut schnell unter der Oberfläche. Der Zerstörer drehte auf die Stelle ein, an der die Oberfläche noch unruhig war, und warf die nächste Serie Wasserbomben. Der Erfolg war ein Zerstörungswerk, wie man es so nie zuvor und auch danach nie mehr beobachtet hat. Die Matrosen an Bord der *Wolve-*

rine sahen tief unter der Wasseroberfläche ein orangefarbenes Leuchten, das über zehn Sekunden anhielt: Irgend etwas brannte dort unten an Bord, und sogar im Wasser flackerten kurz Flammen auf. Es war, als hätte die Hölle ihren Rachen aufgetan, um den Stier von Scapa Flow zu verschlingen. *U 47* gab es nicht mehr. Das berühmteste U-Boot-As, das ein Schlachtschiff versenkt und 161000 BRT Schiffsraum auf den Grund des Meeres geschickt hatte, seinem letzten Konvoi aber keinerlei Schaden zufügen konnte, war mit 31 Jahren gefallen. Mit ihm verloren 46 Männer ihr Leben. Ein Held Nazi-Deutschlands erlebte sein Ende als U-Boot-›Götterdämmerung‹. Mochte seine kurze, aber einmalige Karriere auch von äußerster Skrupellosigkeit gekennzeichnet sein, wenn er Schiffe ohne Warnung versenkte und dadurch so viele Seeleute in den Tod geschickt wurden — das schaurige Ende des Günther Prien, seiner Mannschaft und seines Bootes hinterläßt doch ein bedrückendes Gefühl.

Auf den Verlust von *U 47* reagierte man in Deutschland auf eine einmalige, nicht weniger schaurige Weise. Die Befehlsstelle der U-Boote in Kernevel war es gewohnt, von einem Boot tagelang nichts zu hören. Es sollte nur dann Funkverkehr aufgenommen werden, wenn es unbedingt nötig war, und so brauchte man eine ganze Woche, bis man sich Klarheit geschaffen hatte, daß Prien verloren war. Aber das Oberkommando der Deutschen Wehrmacht wagte es 76 Tage lang nicht, in seinen für die Öffentlichkeit bestimmten Tagesberichten zu erwähnen, daß Prien vermißt wurde. Erst dann ging die Meldung heraus. Gerüchte schwirrten schon lange vorher durch eine Öffentlichkeit, die sich inzwischen an die Diätkost gewöhnt hatte, die man ihr zur Stärkung der Moral aus seinen Heldentaten zusammengerührt hatte. Der ›Sicherheitsdienst‹ (SD), der regelmäßig die öffentliche Meinung und die moralische Unterstützung der Nazi-Führung überwachte, hielt in einem geheimen Bericht vom 28. April fest:

»Die schon wiederholt nach längerer Nichterwähnung Priens im Wehrmachtsbericht geäußerten Besorgnisse der Bevölkerung über dessen Schicksal leben erneut und in verstärktem Maße wieder auf, da es schon lange her sei, daß man zum letzten Mal von ihm gehört habe.«

Erst am 23. Mai verkündete das Oberkommando, daß »das von Korvettenkapitän Günther Prien geführte U-Boot von seiner letzten Feindfahrt nicht zurückgekehrt« sei. »Das Boot muß wahrscheinlich als verloren angesehen werden.« Dönitz, der sich gegen die lange Unterdrückung der Nachricht vom Tod seines Lieblingskommandanten ausgesprochen hatte, hielt dies für einen jämmerlichen Nachruf und setzte persönlich am 24. Mai einen Tagesbefehl an die U-Boot-Waffe auf, in dem es hochtrabend hieß:

> »Günther Prien, der Held von Scapa Flow, tat seine letzte Fahrt. Wir U-Boot-Männer neigen uns in stolzer Trauer und grüßen ihn und seine Männer. Auch wenn ihn der weite Ozean deckt, Günther Prien steht immer mitten unter uns ... Er wurde zum Symbol unseres harten, unerschütterlichen Angriffswillens gegen England. Der Kampf geht weiter in seinem Geiste.«

Dönitz' letzter Gruß ließ die Gerüchte über Prien in der Bevölkerung nicht verstummen. Sie mochte einfach nicht glauben, daß ihr Held tot war. So machte eine Geschichte die Runde, die genausowenig totzukriegen war: Prien und seine gesamte Mannschaft seien in ein Konzentrationslager gesteckt worden. Es war nämlich bekannt geworden, daß Prien den Chor der Ankläger angeführt hatte, die sich über die fehlerhaften Torpedos zu Beginn des Krieges beschwert hatten. Dazu zitierte man dann noch seine berühmte geringschätzige Bemerkung über das ›Holzgewehr‹, mit dem hier Krieg geführt werde; jedenfalls grassierte der Verdacht, auf *U 47* habe eine Meuterei stattgefunden oder sogar eine politisch motivierte Revolte. Das Gerücht überlebte den Krieg. ›Augenzeugen‹ wollten Prien Anfang 1945 im KZ in Torgau an der Elbe gesehen, andere einen Blick in eine Akte geworfen haben, die von einem Kriegsgerichtsverfahren gegen Prien und seine Mannschaft handelte. An all dem stimmte kein Wort.

In England löste der Sieg über Prien große Begeisterung aus. Es war der erste ›Abschuß‹ seit vier Monaten. Eine Woche später kam es am 15. März zu einem weiteren blutigen Gefecht um den Konvoi HX 122 aus Halifax, der sich zu diesem Zeitpunkt ungefähr 300 Meilen nordwestlich von Schottland befand. Diesmal war es der durch die Versenkung der *Athenia* berühmt gewordene Lemp, der jetzt *U 110* kommandierte und die 41 Schiffe sichtete, wie sie mit acht Knoten gegen die rollende See kämpften und ihre wertvolle Ladung sicher nach England zu bringen hofften. Er gab sofort einen Funkspruch an die Befehlsstelle in Frankreich durch. Binnen Stunden waren vier weitere Boote bei ihm: die beiden führenden Asse Kretschmer und Schepke in *U 99* und *U 100* (Korvettenkapitän Nicolai Clausen) und *U 74* (Korvettenkapitän Eitel-Friedrich Kentrat). Diesem hervorragenden Club stand die ›Fifth Escort Group‹ unter Commander (später Captain) Donald Macintyre, RN, gegenüber, einer der besten Geschwaderkommandanten des Krieges (und später ein bekannter Marinehistoriker). Zu seiner Gruppe gehörten zwei Zerstörer, die *Walker,* deren Kapitän er auch war, die *Vanoc* (Commander J. G. W. Deneys), und die beiden Korvetten *Bluebell* und *Hydrangea.* Nachdem es sich um einen besonders wichtigen Geleitzug mit einem hohen Anteil von Tankern handelte, hatte man noch zwei zusätzliche Zerstörer, die *Sardonyx* und die *Scimitar,* abkommandiert.

Schepke roch in der Nacht vom 15. zum 16. März als erster Blut und traf einen Tanker, der Feuer fing und stundenlang die Szene erhellte, aber wunderbarerweise überlebte und sich in einen Hafen schleppen konnte. Nach stundenlangen vergeblichen Attacken wurden Schepke und Clausen abgeschlagen. Am Abend des 16. März war dann Kretschmer an der Reihe. Er schlich sich von Backbord in die Konvoiformation, versenkte innerhalb einer Stunde vier Tanker und einen Frachter, blieb dem Rest in der mittleren Kolonne auf den Fersen und hakte nach einer Viertelstunde sein sechstes Opfer ab, wieder einen Frachter. Nachdem er alle zwölf Torpedos verschossen hatte, gelang es ihm, sich unversehrt aus der chaotischen Szene zurückzuziehen, die von den brennenden Schiffen taghell erleuchtet war. Der verzweifelte Macintyre drehte von dem Konvoi ab, um den Feind außerhalb seines Gesichtsfeldes zu suchen, und hoffte, den Feind zu stellen, wenn er seinen nächsten Angriff fuhr. Das tat er auch. Sofort tauchte *U 100*, und die *Walker* stampfte mit voller Kraft auf die Stelle zu und warf zehn Wasserbomben ab. *U 100* wurde beschädigt, aber nicht zerstört. Schepke behielt die Kontrolle über sein Boot und schlug weiter seine Haken. Kurz darauf — und zum erstenmal in diesem Krieg — lokalisierte die gerade auf der *Vanoc* installierte Radaranlage vom neuen Typ 286 ASV ein U-Boot (es war noch immer *U 100*) und rammte es. Der Kommandoturm wurde zusammengedrückt, Schepke gegen das Sehrohr gequetscht, und die *Vanoc* schob sich mit einem schrecklichen metallischen Kreischen über das Boot. Sechs überlebende Deutsche wurden aus dem Wasser geholt, nachdem *U 100* in der Tiefe verschwunden war. In diesem Augenblick meldete der Mann am Asdic-Gerät auf der *Walker* einen neuen Kontakt. Der Kapitän zeigte sich skeptisch, aber der Mann am Gerät bestand darauf, daß es ein neuer sei. Ein halbes Dutzend Wasserbomben wurde geworfen. Kretschmers Wachoffizier hatte den Fehler gemacht, Befehl zum Tauchen zu geben, als er fast mit einem der Zerstörer kollidierte, und dadurch war der Asdic-Kontakt möglich geworden. *U 99* wurde schwer beschädigt und sackte auf 210 Meter Tiefe (wobei der Wasserdruck den Bootskörper eigentlich hätte zusammendrücken müssen). Maschinen und Steuer gehorchten kaum mehr. Kretschmer ließ alle vorhandene Kompressionsluft in die Tauchtanks blasen, und so schoß sein ruiniertes Boot an die Oberfläche und geriet sofort in einen Feuerhagel. Das U-Boot signalisierte: »Wir sinken.« Die Mannschaft sprang ins Wasser — bis auf den Ingenieur, der dafür zu sorgen hatte, daß das Boot tatsächlich auf Grund ging —, und erst da ließ das Feuer nach. Kretschmer und seine Männer wurden gefangengenommen. Ihre Gegner waren schlicht überwältigt von der Tatsache, das größte aller deutschen U-Boot-Asse (gemessen an den versenkten Tonnen) in ihrer Gewalt zu haben. Er hatte noch einen letzten Funkspruch absetzen können: »Zwei Zerstörer — Wasserbomben — 50000 Tonnen versenkt — Gefangenschaft — Kretschmer.« Für den Kommandanten, der fast 270000 BRT Schiffsraum versenkt hatte und den das Glück bis zuletzt nicht verließ, nicht einmal, als sein Boot ihm vor den eigenen Augen versank, war der Krieg vorbei. Als man ihn verhörte, erwartete man, einem geifernden Nazi-Teufel zu begegnen, aber man traf auf einen ruhigen, höflichen, wohlerzogenen und selbstbewußten jungen Mann auf der Höhe seines Könnens. »Ich habe inständig gehofft, daß es nicht allzu viele wie ihn gibt«, meinte ein britischer Stabsoffizier nach einer Begegnung mit ihm.

Am 23. März lief das britische Füllhorn dann fast über, als ein ärmlicher Trawler es versehentlich schaffte, *U 551* zwischen den Färörern und Island zu stellen und zu versenken: fünf Boote in vierzehn Tagen, und drei von ihnen unter dem Kommando von Top-Assen! Churchill war so begeistert, daß er wieder der Meinung war, jetzt sei die Wende erreicht. Sein Jubel ist verständlich, doch sein Optimismus erwies sich wieder einmal als verfrüht. Die Ausschaltung der Top-Asse war zwar psychologisch gesehen ein willkommener Schlag gegen die Deutschen, aber England hatte seit Beginn des Krieges inzwischen 3174000 BRT durch die U-Boote verloren (insgesamt lagen die Verluste bei 5471000 BRT), selbst jedoch nur 36 U-Boote versenkt; das waren weniger als durchschnittlich zwei pro Monat. Es gab keinen Zweifel, daß dies im Verhältnis ein gewaltiger Rückschlag für England war. Der März 1941 zeigte aber auch, daß auf ihre Aufgabe vorbereitete Eskorten, die gut zusammenarbeiteten und entsprechend ausgerüstet waren, für die Wolfsrudel eine Herausforderung waren. Die Asse wurden Opfer ihres eigenen Angriffsschwungs, der immer zum Erfolg geführt hatte, solange die Eskorten ihre Gegenangriffe nicht koordiniert hatten. Den Verlust der Boote *U 99* und *U 100* gaben die Deutschen am 25. April bekannt, fünf Wochen nach dem Ereignis. Im Bericht des Sicherheitsdienstes war die Rede von Gerüchten in der Bevölkerung, die Engländer hätten eine Geheimwaffe gegen die U-Boote entwickelt.

Die wirkliche Geheimwaffe, die beide Seiten in der immer heftiger werdenden Schlacht im Atlantik einsetzten, war bei allen Fehlern und Ungewißheiten das Sammeln und Auswerten dessen, was die Nachrichtendienste zu melden hatten. In diesem Wettbewerb der Geheimdienste waren die Deutschen zu dem Zeitpunkt fraglos im Vorteil, und das hatte drei Gründe. Der B-Dienst der Kriegsmarine hatte fast eine Wissenschaft daraus gemacht, aus dem britischen Funkverkehr seine Schlüsse über Standort und Bewegungen von Schiffen zu ziehen. Diese Kunst hatte er, wie wir bereits sahen, in den letzten Jahren vor Kriegsausbruch perfektioniert. Die Luftaufklärung der Flotte und die Luftwaffe entwickelten trotz des endlosen Gerangels um Kompetenzen recht schnell reguläre und erfolgreiche Methoden für die Überwachung britischer Häfen und britischer Schiffsbewegungen. Die Engländer hatten der Luftaufklärung vor dem Krieg nicht genügend Aufmerksamkeit geschenkt, und es fehlte ihnen an Maschinen für diese Aufgabe. Schließlich hatten die Deutschen bereits vor dem Krieg den britischen Code zum Teil geknackt und konnten diesen Vorteil fast das ganze erste Kriegsjahr hindurch für sich nutzen.

Abgesehen von einer gewissen Selbstzufriedenheit bei der Admiralität, die damit zusammenfiel, daß man vor dem Krieg von maschinellen Codes nichts wissen wollte, lag die Hauptursache für den Nachholbedarf der Engländer bei der Regierungsanstalt für das Schlüsselwesen, der GC & CS in Bletchley Park. Dort sollten ja nicht nur die feindlichen Codes entschlüsselt werden, womit man in dieser Phase merkliche Fortschritte machte, sondern zugleich sollten die eigenen sicherer gemacht werden. Dieser Bereich wurde relativ vernachlässigt, als die Entschlüsselungsexperten für ihre Bemühungen immer mehr Mittel brauchten. Das läßt auf einige Einschränkungen schließen, wenn man den Beitrag abschätzen will, den die GC & CS für die britischen und später die alliierten Kriegsanstrengungen geleistet hat. Als 30 Jahre nach dem Krieg die Öffentlichkeit mit der Nachricht verblüfft wurde, daß man in Bletchley Park schon bald der Enigma-Maschine und ihrer methodischen Verwendung bei der deutschen Kriegsmarine auf die Schliche gekommen war, waren die Historiker natürlich genötigt, dem Verlauf der Schlacht im Atlantik noch einmal nachzugehen. Als immer mehr über die außergewöhnliche Findigkeit der vielen erstaunlichen Mitarbeiter in Bletchley Park bekannt wurde, verführte das manche Beobachter zu der unkritischen Schlußfolgerung, die GC & CS habe nicht nur einen überragenden Beitrag zum Sieg geleistet (was richtig ist), sondern den Krieg fast allein gewonnen (was äußerst übertrieben ist). Von dem, was in Bletchley Park während des Krieges geleistet wurde, wird noch immer einiges geheimgehalten. Niemand konnte bisher — und vermutlich in Zukunft nicht — ein umfassendes Bild von dem zeichnen, was dort im einzelnen vor sich gegangen ist, selbst wenn die britische Regierung plötzlich über Nacht ihre Geheimniskrämerei abschütteln sollte. Das liegt daran, daß niemand einen Überblick darüber hatte, was all die verschiedenen Abteilungen und ihre manchmal unberechenbaren Exzentriker und Genies dort taten. Im streng geheimen Nervenzentrum des Krieges griff ein Rädchen ins andere, und das in einem weit komplizierteren System, als wir es jetzt von der Enigma-Maschine kennen. Sieht man den Nutzen, den man aus den gesammelten Informationen ziehen kann, als Kriterium für die erfolgreiche Arbeit eines Geheimdienstes an, dann hatte der B-Dienst für Dönitz einen größeren Wert als der Geheimdienst der britischen Kriegsmarine für seine Feinde. Das gilt jedenfalls für die Zeit vom Kriegsausbruch bis zu dem Punkt, an dem die Alliierten stark genug waren, ihre Schiffe selbst erfolgreich zu verteidigen.

Doch die ›kreative Anarchie‹, wie der offizielle Historiker des britischen Geheimdienstes, Professor F. H. Hinsley, die Zustände in Bletchley Park nennt, erhöhte Schritt für Schritt den dortigen Ausstoß an nützlichen Informationen; sie rührten nicht nur von der zunehmenden Zahl entzifferter Funksprüche her, sondern auch von dem wachsenden ›Gefühl‹ für den feindlichen Funkverkehr insgesamt. Ende 1940 wurden die Analytiker, die aus Bletchley Park abgezogen und dem Operational Intelligence Centre der Admiralität zugeteilt worden waren, wieder nach Bletchley Park zurückgeschickt. Damit endete eine unnötige Zerteilung der vorhandenen Kräfte. Im März 1941 bekam das OIC einen zusätzlichen stellvertretenden Direktor, der die Zusammenarbeit zwischen der Marineabteilung in Bletchley Park, dem OIC und den Nachrichtenauswertern des Marinegeheimdienstes koordinierte. Für den Rest des Krieges verlief die Zusammenarbeit reibungslos. Anfang 1941 wurde eine unabhängige Auswertungsstelle für die Analyse aller Fotos der Luftaufklärung eingerichtet, darunter auch die der 1. Luftaufklärungseinheit des Küstenkommandos. Die Ergebnisse wurden an alle relevanten Kommandos weitergegeben. Dies trug viel dazu bei, die britischen Schwächen auf dem Gebiet auszugleichen. Besonders bemerkenswert waren die genauen und ununterbrochenen Informationen über den U-Boot-Bau. Gleichzeitig erhielten die amerikanischen Marineoffiziere ein immer genaueres Bild von der gesamten Arbeit des Marinegeheimdienstes — quasi eine Vorwegnahme des Eintritts der USA in den Krieg; das bedeutete eine wertvolle Vorleistung auf ihren späteren Beitrag. Große Aufregung gab es im März 1941 in Bletchley Park, als man Enigma-Material erhielt, das man an Bord des gekaperten bewaffneten Trawlers *Krebs* hatte sicherstellen können: Dieses Material setzte die Marineabteilung instand, den gesamten Funkverkehr der voraufgegangenen Monate zu entziffern. Außerdem half es, die noch folgenden Funksprüche zu knacken. Die Beute, die man während eines erfolgreichen Angriffs bei den Lofoten gemacht hatte, war wertvoller als alles, was man dem Feind bis dahin hatte abnehmen können, einschließlich der Walzeneinstellungen in den Unterlagen des *VP 2623* elf Monate zuvor und der drei Walzen, die man den Kriegsgefangenen von *U 33* zwei Monate zuvor abgenommen hatte.

Kriegsgefangenen wurde vom Kriegsausbruch an alles entlockt, was sie an Wertvollem wußten, anfangs in der einschüchternden Umgebung des Tower von London, später in Lagern außerhalb der Hauptstadt, wo sich Agenten unter sie mischten und sie aushorchten. Es lag in der Natur des U-Boot-Krieges, daß nur wenige Gefangene gemacht wurden, wie viele Boote man auch versenkte. Offiziere gab es noch weniger. Sie hatten zwar mehr nützliche Informationen gespeichert, waren sich aber auch eher der Gefahr bewußt, was ihr Verrat bedeuten würde. Daher konnten die Engländer nur mit Mühe und in Umrissen ein Bild von den Kommandostrukturen entwerfen, wie sie wenige Meilen jenseits des Kanals herrschten — drüben in jener requirierten Villa eines bretonischen Fischhändlers in Kernevel, nicht weit vom Haupthafen der U-Boote in Lorient entfernt.

Im Grunde war die U-Boot-Waffe unter ihrem Befehlshaber Karl Dönitz bemerkenswert einfach und bescheiden organisiert. Als sein Vertreter fungierte für die gesamte Kriegszeit Kapitän z. S. (später Konteradmiral) Eberhardt Godt. In der Operationsabteilung gab es außerdem noch ganze sechs Stabsoffiziere und einen Ingenieur-Offizier. Von dort aus wurden die Einsätze geleitet, und alle Offiziere verfügten über frische Erfahrungen aus dem aktiven Dienst auf See. Daneben arbeitete getrennt die Organisationsabteilung unter Admiral Hans-Georg von Friedeburg, der seinen eigenen Stabschef und sechs Offiziere mit Leitungsfunktionen hatte. In Kernevel gab es einen ›Lagerraum‹, in dem große Karten die Positionen zeigten, die aus den Meldungen der Boote selbst und dem Material des Geheimdienstes und der Luftaufklärung zusammengestellt wurden. Nebenan war das ›Museum‹. Dessen Wände waren mit Grafiken, Tabellen und Diagrammen bedeckt, die eine Parallelanalyse der eigenen und der feindlichen Operationen darstellten und die Entwicklungen und Veränderungen bei den Versenkungen und U-Boot-Verlusten und auf den Konvoi-Routen zeigten.

An jedem Morgen hielten Dönitz oder in seiner Abwesenheit Godt und die Stabsoffiziere eine Besprechung am runden Tisch. Dabei wurden die Operationen des vergangenen Tages untersucht und die Einsätze für die nächsten 24 Stunden besprochen. Sie fand im Lagerraum statt, der unter der Leitung von Godt stand, dem Operationschef der Unterseeboote. Rangmäßig stand er gleich hinter Dönitz. Diese Tatsache ist wenig beachtet worden, weil Godt sich, ganz im Gegensatz zu seinem Chef, während des Krieges und auch danach immer im Hintergrund hielt. Er war es, der in Wirklichkeit die meisten Wolfsrudelangriffe auf die Geleitzüge inszenierte. Aber Dönitz schwebte nicht über den Dingen. Nachdem er sich auf einen derart kundigen Operationschef verlassen konnte, hatte er die Möglichkeit, die U-Boot-Stützpunkte in Frankreich abzufahren und in ständigem Kontakt mit den Besatzungen zu bleiben. Außerdem las er jeden Bericht, den ein Kommandant nach seiner Rückkehr abzufassen hatte, bis ins Detail durch, ehe er sich dann ausführlich mit dem Verfasser darüber besprach. Kein Detail war ihm zu winzig, und wenn Dönitz nach dem Krieg in seinen Büchern und Interviews als ein steifer und distanzierter Mensch erschien, so kümmerte er sich doch um das Wohlergehen und die Moral seiner Leute so, wie es großen Kommandeuren eigen ist. Wichtige Familiennachrichten durften sogar zu den Booten hinausgefunkt werden, und als er Günther Prien die Geburt einer Tochter meldete, tat er das auf seine Weise: Er gratulierte ihm zu seinem neuen ›U-Boot ohne Sehrohr‹. Ferntrauungen, vor allem wenn es sich um ›Mußheiraten‹ handelte, wurden oft über das Funksprechnetz vollzogen.

Der Dienst in der U-Boot-Waffe, den im Verlauf des Krieges 42000 Männer absolvierten, produzierte in vielerlei Hinsicht eine so enge Verbundenheit der U-Boot-Fahrer, als sei man eine große Familie unter der Fuchtel eines preußischen Patriarchen; dessen unnachgiebiges Bestehen auf Unterwerfung unter die Pflicht, solange man auf See war, korrespondierte mit einer gewissen Nachsichtigkeit, wenn seine Leute wieder an Land waren. Wenn sie nach der gewaltigen Anspannung eines Einsatzes heimkehrten, blaß, bärtig (man rasierte sich auf See nicht), nach Dieselöl riechend und gezwungen, die persönliche Hygiene hintanzustellen, dann durften sie, wie Soldaten das immer schon taten, Dampf ablassen. Sie nahmen sich kaum Zeit, die verfilzten Uniformen abzulegen, die verschimmelten, salz- und ölbedeckten Stiefel und Lederjacken auszuziehen und ein ausgiebiges Bad zu nehmen, und schon ging es in frischer Kleidung in die Stadt, wo der verdiente Sold bei Wein, Weib und jeder Menge heiserem Gesang wieder verpulvert wurde. ›Leben wie Gott in Frankreich‹ war eine stehende Redensart der U-Boot-Fahrer — und die wurde zweifellos vor allem dann zitiert, wenn eine Besatzung sich in einem weniger einladenden Hafen an der Ostsee oder in Norwegen befand. Wer Heimweh hatte, konnte den Zug des Befehlshabers der U-Boote benutzen, der zwischen Deutschland und Lorient verkehrte und Offiziere und Mannschaften nach Hause und, zusammen mit wichtigem Nachschub, zurück nach Lorient transportierte. Wer vor Ort Landurlaub nahm, konnte die Küste (und die wachsamen Blicke der RAF) hinter sich lassen und die erholsamen ›U-Bootsweiden‹ aufsuchen, wie die dazu requirierten Erster-Klasse-Hotels oder Schlösser genannt wurden. Wer im Hafen bleiben mußte, konnte sich in Bars wie ›Les Trois Sœurs‹ entspannen (von Witzbolden bald in ›Die Sechs Titten‹ umbenannt, im Hôtel Beau Séjour in Lorient, in der Astoria Bar in St. Nazaire, im Maritza (mit dem Spitznamen ›Giftbude‹) in La Baule oder in der Cecila Bar im schmutzig-trüben Brest. Bordeaux war die hübscheste Stadt, in der man landen konnte, und die französische Bevölkerung verhielt sich meistens freundlich gegenüber den spendablen jungen Deutschen. Am Abend vor der nächsten Ausfahrt gab es im Hafen gewöhnlich noch ein letztes großes Gelage, und wenn die Männer dann an Bord kamen, waren ihre Gesichter meistens grüner als ihre wetterfesten Uniformen.

Das Leben auf See war hart. Von draußen drohte ständige Gefahr, und im Boot war es äußerst eng und ungemütlich — überall setzte sich Feuchtigkeit fest, es roch durchdringend nach Dieselöl, die Luft war faulig, die Körper der Männer blieben ungewaschen. Die Antwort auf diese Strapazen war an Land dann eine ausgesprochene, bisweilen verzweifelte

Genußsucht. Diese perfektesten Praktiker des totalen Krieges mußten sich schon bald darauf einstellen, die höchste Rate an Gefallenen in der gesamten Wehrmacht zu haben. Es ist ein kleines Wunder, daß sie an Land sich dann so gehen lassen konnten, und ein noch größeres, daß sie bis zum bitteren Ende eine so bemerkenswert hohe Moral behielten. ›Onkel Karls‹ Jungs wurden am höchsten bezahlt und bekamen die besten Rationen, und sie wurden von der Propagandamaschine fortwährend hochgejubelt. Doch all das reicht noch nicht aus, ihre Moral tatsächlich zu erklären.

Obwohl später die Nazi-Partei auf jedem Boot durch den obligatorischen politischen Offizier vertreten war, ein Symbol des totalitäten Militarismus (er spielte die gleiche Rolle wie der Komissar im Sowjetsystem), hatte die Nazi-Weltanschauung in den Streitkräften nicht wirklich Fuß gefaßt. Man hielt sich lieber an das Vaterlandsprinzip. Die U-Boot-Waffe war kein Ableger der SS, sondern eine Elite, eine Welt für sich. Psychologisch am ehesten verwandt war ihr auf britischer Seite allerdings nicht die U-Boot-Waffe der Royal Navy, die sogar noch höhere Verluste erleiden mußte, aber kleiner war und weniger im Mittelpunkt der Kriegsanstrengungen stand, sondern eher die RAF, die mit ihren Jäger- und Bomberkommandos an vorderster Front ebenfalls extrem hohe Verluste verzeichnen mußte, genauso qualifizierte Männer in ihren Reihen hatte und es den ganzen Krieg hindurch mit dem Feind aufnehmen konnte. Der Unterschied zwischen den beiden spezialisierten Waffengattungen lag nicht so sehr in den Elementen, in denen sie sich bewegten, als vielmehr in der Tatsache, daß für die britischen Flieger die schwärzesten Tage am Anfang des Krieges lagen, während die deutschen U-Boot-Fahrer den umgekehrten Weg gingen.

Der wichtigste technologische Fortschritt auf britischer Seite war in dieser Phase die Ausbreitung des Radars. Mit ihm wurden sowohl die Eskorten als auch die Marineflugzeuge ausgerüstet. Der ›Stand der Kunst‹ war allerdings noch primitiv, denn man sendete auf großer Wellenlänge (über einen

Meter), und das bedeutete, daß die Antenne auf den Schiffen so hoch wie möglich angebracht werden mußte. Für Flugzeuge galt diese Einschränkung natürlich nicht. Aber das Radar konnte mit der Zeit den Hauptmangel des Asdic-Geräts ausgleichen, und das war seine Unfähigkeit, ein aufgetauchtes U-Boot zu erfassen. Zugleich wurde immer häufiger auf das Flugzeug zurückgegriffen, denn von ihm aus konnte man schon bei einer Flughöhe von 2500 Fuß (750 m) auf 15 Meilen Entfernung ein U-Boot ausmachen. Die neuen elektronischen Augen konnten aber auch Konvoi-Nachzügler entdekken und ihre nicht weniger problematischen Gegenstücke, die ›Ausreißer‹, die den Konvois vorauseilten, weil sie ihre Geschwindigkeit nicht gedrosselt bekamen. Das Radar in den Flugzeugen war somit ein gewaltiger Gewinn für die Deckung aus der Luft, die nun auch bei schlechtem Wetter viel effektiver war. Das galt für die Einsätze gegen den Feind wie für den Zusammenhalt der Geleitzüge. Auf den Schiffen sorgte das Radar im Anfangsstadium nicht gleich für die notwendige größere Zuversicht, weil zu viele Echos von den Schiffen im Geleitzug selbst zurückgeworfen wurden. Das konnte den Mann am Radargerät leicht von der Suche nach U-Booten ablenken. Aber man war bereits dabei, raffiniertere Antennen und Anlagen zu bauen, die auf weit kürzeren Wellenlängen sendeten. Im März 1941 konnte ein neues Gerät mit Richtantenne ausprobiert werden, das dann die erste Generation in der Royal Navy und in der RAF ersetzen sollte.

Was des weiteren dazu führte, das Asdic-Gerät aus dem Verkehr zu ziehen, war seine Unfähigkeit, genaue Tiefen anzugeben. Man mußte daher die Wasserbomben auf verschiedene Tiefen einstellen und als ›Teppiche‹ abwerfen. Ab Sommer 1940 waren auch die ›Sunderland‹-Flugboote des Küstenkommandos mit umgebauten Wasserbomben bestückt. Zum erstenmal wurden damit Flugzeuge in den Stand gesetzt, ein U-Boot zu zerstören, und das geschah parallel zum Ausbau des Radars, mit dem man es besser finden konnte.

Eine wichtige Neuerung war zu dieser Zeit auch die Anwendung der Hochfrequenzpeilung (HF/DF, von den Seeleuten ›Huff-Duff‹ genannt). Man lokalisierte durch sie einen Gegner, indem man von zwei oder mehr Abhörposten aus seinen Funkverkehr ›fixierte‹; seine Position lag dann ungefähr an dem Punkt, wo sich die verschiedenen erhaltenen Peilungen treffen. Die Methode war in den letzten Monaten des Ersten Weltkriegs entwickelt worden. Auch die Deutschen wendeten diese Technik an, und sie wußten, daß die Engländer es ebenfalls taten. Aber sie wußten ebenso, daß sie nicht sehr genau war, wenn man sie von Funkpeilstationen an der Küste aus betrieb: je größer die Entfernung, desto ungenauer die Peilung. Sie nahmen auch an, daß die Briten auf See nur die normale Peilung auf Mittelwelle benutzten. Aus dem Grunde gingen sie immer mehr zum Funkverkehr auf hohen Frequenzen über, wenn sie einen Angriff auf einen Geleitzug vorbereiteten. Sie hofften, sich so einen Überraschungsvorteil zu sichern. Die britische Antwort war die Installierung von Hochfrequenzgeräten auf den Geleitschiffen der Konvois. Das bedeutete, daß per Peilanlagen nun nicht nur die Konvois von den Eskorten aus den Gefahrenzonen gelenkt, sondern daß auch U-Boote lokalisiert werden konnten, bevor sie noch angriffsbereit waren.

Der grundsätzliche Vorteil, den die Deutschen in dieser Neun-Monats-Phase hatten, lag eher im taktischen als im technischen Bereich. Gegen das Asdic-Gerät wurden der Nacht-Angriff über Wasser und der Angriff in Rudeln auf geschützte Konvois eingeführt (der wiederum mit Gegenaktionen in integrierten ›Escort Groups‹ beantwortet wurde). Die Besitznahme der französischen Küste durch die Deutschen erhöhte die Durchschlagkskraft der U-Boot-Waffe entscheidend, aber sie eröffnete der RAF auch neue Möglichkeiten bei der Aufklärung und bei Gegenangriffen. Da die monatlichen Versenkungsraten später im Krieg höher ausfielen, wird dadurch die Tatsache verdeckt, daß in dieser Phase für die U-Boote der Zenith erreicht war. Im Oktober 1940 gelang jedem Boot durchschnittlich die Versenkung von zehn Schiffen mit insgesamt 60 000 BRT, und dem stand in dieser großen

Zeit der ›Asse‹ der Verlust eines einzigen U-Bootes gegenüber.

Auf die wachsende Bedrohung reagierten die Engländer ihrerseits mit taktischen Anpassungen. Der Abstand zwischen den Geleitzugskolonnen wurde von 600 auf 1000 Meter vergrößert, um die Verwundbarkeit durch diagonal laufende Torpedos zu verringern. Doch man mußte den Abstand dann Ende 1940 wieder auf 600 Meter zurücknehmen, um sich gegen Angriffe aus der Luft besser verteidigen zu können.

Die Konzentration der RAF auf den Ausbau ihrer strategischen Bomberflotte schloß nicht aus, daß man eine Reihe Luftangriffe auf die U-Boot-Basen in Frankreich unternahm. Aber sie könnte erklären, warum diese Angriffe nicht die erwünschte Wirkung zeitigten. Im Januar 1941 setzten die Deutschen Zwangsarbeiter ein und begannen mit dem Bau von gewaltigen Bunkern für die U-Boote. Sie erwiesen sich gegen jede Bombe immun, die über ihnen abgeworfen wurde (und werden auch heute noch von der französischen Flotte benutzt). So verpaßte die RAF den Zeitpunkt, zu dem sie mit einer ausreichenden Konzentration ihrer Kräfte noch einen Schlag gegen die Stützpunkte hätte führen können, von denen die größte Bedrohung Englands ausging.

Zu Dönitz' strategischen Überlegungen gehörte in dieser Phase ebenfalls ganz ohne Frage der Einsatz der deutschen Luftwaffe gegen Englands Seestreitkräfte und Handelsschiffe. In seinem Kriegstagebuch mußte er sich aber zu diesem Zeitpunkt ständig darüber beklagen, daß man im OKW die Bedeutung des U-Boot-Krieges nicht angemessen würdigte. Dies, dazu Görings besitzergreifende Attitüde (»Alles, was fliegt, gehört mir«) und die zögerliche Belieferung der Flotte wie der Luftwaffe mit neuen Maschinen waren für den Führer der U-Boote Anlaß zu permanenten Enttäuschungen. Immerhin wurde auf eine Intervention bei Hitler, der die U-Boot-Waffe wichtig nahm, die Zusammenarbeit mit der Luftwaffe stark verbessert, aber einen direkten Zugriff der

Marine auf sie gab es nicht. Das wußte Göring zu verhindern, und damit hatte Dönitz sich zufrieden zu geben.

Genau einen Monat nach Hitler erkannte auch Churchill die Bedeutung des U-Boot-Krieges an, und zwar in einer eigenen Direktive, der er den einprägsamen Titel von der ›Schlacht im Atlantik‹ gab.

> »Wir müssen die Offensive gegen die U-Boote und gegen die Focke-Wulf aufnehmen, wann und wo immer wir können. Das U-Boot auf See muß gejagt werden, das U-Boot in der Werft oder im Dock muß bombardiert werden. Die Focke-Wulf und andere Bomber, die gegen unsere Schiffe eingesetzt werden, müssen in der Luft und in ihren Nestern angegriffen werden ... [Neben vielen anderen Maßnahmen] müssen auch unter gewissem Risiko die Reparaturen vereinfacht und beschleunigt werden ..., um die furchtbar lange Umschlagdauer der Schiffe in den britischen Häfen zu reduzieren.«

In der Direktive war noch ausführlich die Rede von der Verstopfung der Häfen und der zusätzlichen Arbeit, die das machte, und von der Gründung eines ständigen ›Komitees für die Schlacht im Atlantik‹, das sich täglich zu treffen und Churchill einmal pro Woche persönlich Bericht darüber zu erstatten hatte, wie die Verzögerungen bei der Abfertigung der Schiffe bewältigt wurden. Die Aufrechterhaltung der Einfuhren trotz der deutschen Angriffe durch U-Boote, Luftwaffe, Überwasserschiffe und Minen beherrschte nun das Denken der britischen Regierung. Doch Churchills dickköpfige Voraussage, in vier Monaten sei der Sieg in diesem lebenswichtigsten aller Kämpfe zu erringen, war von einem übertriebenen Optimismus geleitet gewesen. Vielleicht spiegelte sich darin das Wunschdenken eines Kriegsführers, der vor nichts, wie er später zugab, größere Furcht hatte als vor dem U-Boot-Krieg gegen Englands Lebensader.

Im Verlauf der zweiten Neun-Monate-Periode des Krieges fiel der Bestand an verfügbaren Schiffen in England um vier Millionen auf rund 35 Millionen BRT zurück. Ungefähr 5,2 Millionen BRT gingen verloren; ihnen stand etwas mehr als eine Million Neubauten gegenüber. Für 55 Prozent der Verluste waren die deutschen U-Boote verantwortlich, für 22 Prozent die Überwasserschiffe. Der Gesamtverlust lag um 60 Prozent höher als in den ersten neun Monaten. Die durchschnittliche Lebenzeit eines deutschen U-Bootes, auf die Einsätze umgerechnet, war von drei auf vier Monate gestiegen. In dieser Zeit versenkten sie im Durchschnitt 88000 BRT. Dreizehn Boote gingen verloren, aber 45 wurden neu in Dienst gestellt. So verfügte Dönitz über 55 atlantikfähige Boote, zweimal soviel, wie er 1939 gehabt hatte. Insgesamt hatte er jetzt 113 Boote, von denen 81 für die Ausbildung abgestellt waren und 32 die Einsätze fuhren. Zunehmende Luftunterstützung und die Tatsache, daß die Royal Navy keine Eskorten über 20° West hinaus zur Verfügung stellen konnte, hatten Dönitz dazu veranlaßt, den Hauptanteil seiner Patrouillen von den nördlichen, westlichen und südlichen Küstenbereichen Englands in den Atlantik hinaus zu verlegen. Er hatte einige seiner besten Besatzungen mit ihren ›Assen‹ an der Spitze verloren, und so hatten seine Boote jetzt Befehl, ihre Stützpunkte getaucht zu verlassen und auch getaucht wieder anzufahren, damit sie nicht aus der Luft entdeckt werden konnten. Die Engländer verbesserten sich in der Kunst des Umlenkens ihrer Konvois aus Gefahrenzonen, und die Eskorten hatten dafür gesorgt, daß viele U-Boot-Kommandanten sich entschlossen, westlich des Längengrades 20° West zu operieren.

Wie im Ersten Weltkrieg hatten die Geleitzüge es geschafft, der Bedrohung durch einzelne U-Boote zu widerstehen. Die ›Wolfsrudel‹ hatten eine furchtbare Ernte unter den Konvois gehalten, aber es gab bereits das eine oder andere Anzeichen, daß ein integrierter Verband von Geleitschiffen in angemessener Stärke den Rudeln Paroli bieten konnte. Die Verluste bei allein fahrenden Schiffen überwogen noch immer weitaus die Versenkungsrate der Konvois (um etwa 60 Prozent). Für die Angreifer war es daher zweckmäßiger, immer weiter nach Westen und Süden in den Atlantik vorzustoßen, hinein in die

Lücke, die das Geleitsystem auf dem Wasser und in der Luft hinterließ. Für die Verteidiger wurde es so zu einer immer dringenderen Aufgabe, nach Wegen zu suchen, um diese Lükke zu schließen. Dafür standen ihnen nun 375 ozeantüchtige Eskorten zur Verfügung, darunter 240 Zerstörer. Im Ganzen waren das 140 Schiffe mehr als neun Monate zuvor. Diese und die vorher genannten Zahlen zeigen, wie groß der mengenmäßige Unterschied zwischen den Angreifern auf der einen Seite und dem Ausmaß des angerichteten Schadens und der notwendigen Verteidigungsanstrengungen auf der anderen Seite war. Sieht man es unter dem bloßen Gesichtspunkt der Zerstreuung gegnerischer Kräfte, dann war das U-Boot bei weitem die kostenwirksamste Waffe.

Auf anderen Kriegsschauplätzen entpuppte sich Italien, Deutschlands neuer Alliierter, der am 10. Juni 1940 England und Frankreich den Krieg erklärt hatte, sehr bald eher als eine Verpflichtung denn ein Aktivposten. Mussolini eröffnete im Juni von Äthiopien aus eine Offensive gegen Britisch-Somaliland und eine weitere im September von Libyen aus gegen das von England kontrollierte Ägypten. Die Vereinigten Staaten begannen am 16. September mit der Einberufung ihrer Wehrpflichtigen. Italien und England landeten Ende Oktober Truppen auf Kreta. Am 11. November schoß die britische Flotte größere Einheiten der italienischen Flotte im Hafen von Taranto durch Luftangriffe zusammen, die sie von Flugzeugträgern aus startete. Es war eine Überraschungsaktion, welche die Japaner zu ihrem Angriff auf Pearl Harbor inspirierte. In Nord- und Ostafrika errang die britische Armee in den ersten beiden Monaten des Jahres 1941 ihre ersten Siege an Land gegen die Italiener, und sie nötigten damit das deutsche Afrika-Korps unter General Erwin Rommel, einzugreifen und ihrem Verbündeten zu Hilfe zu eilen. Aber Mussolini begann schon den nächsten Angriff, diesmal von Albanien aus gegen Griechenland (Anfang März), ohne vorher Hitler konsultiert zu haben. Im gleichen Monat begann Rommel, die britischen Truppen in Richtung Ägypten zurückzuwerfen. Doch am 28. März gelang Admiral Cunningham, RN, ein weiterer vernichtender Schlag gegen die italienische Flotte in der Schlacht von Kap Matapan an der äußersten Südspitze von Griechenland. Nur eine massive Intervention der Deutschen auf beiden Seiten des östlichen Mittelmeeres konnte die Italiener vor einer frühen Niederlage bewahren. Sie ließ trotzdem nicht lange auf sich warten.

3.
April bis Dezember 1941

Die Deutschen rücken gen Westen — Grönland — Die US-Navy eröffnet das Feuer — Konstante Angriffsverschiebungen — Engländer stöbern U 110 *auf — Kanada und Eskorten ›von einem Ende zum andern‹ — ›Hood‹ und ›Bismarck‹ versenkt — Rodger Winn — Turing-Rebellen — Versorgungsschiffe versenkt — Hitler marschiert in die Sowjetunion ein — Roosevelt trifft Churchill — Russische Geleitzüge — Bomber als Befreier — Amerikanische Verluste — Probleme der Kanadier — Deutsche Taktik — Luftschutz — ›Johnnie‹ Walker — ›Atlantis‹ — Die englische Heimatfront — Japan schlägt zu — Die USA im Krieg — Verluste*

Daß die Deutschen Anfang April 1941 bis in die Mitte des Atlantiks vorrückten, weg von den britischen Eskorten zu Wasser und in der Luft, führte sofort zu bemerkenswerten Ergebnissen. Am ersten des Monats sichtete Kapitänleutnant Friedrich von Hippel in *U 76* den langsamen, nach Osten laufenden Konvoi SC 26. Umgehend benachrichtigte er seine Befehlsstelle. Man befand sich jetzt deutlich entfernt vom bis dahin von den Deutschen vorgezogenen Flaschenhals der Western Approaches. Rechtzeitig konnte dem Konvoi ein Streifen aus weiteren sieben U-Booten in den Weg gelegt werden. Erst in zwei Tagen würden ihn die Eskorten in Empfang nehmen. So bestand sein einziger Schutz zu diesem Zeitpunkt in dem bewaffneten Handelskreuzer *Worcestershire,* und das war ein Schiffstyp, der gegen keine Art Angreifer tatsächlich etwas ausrichten konnte. Die Schlächterei begann in der Nacht vom 2. auf den 3. April, in der das Nordlicht auf die Reihe hilfloser Ziele herabfiel. Noch bevor der Morgen dämmerte, waren sechs von 21 Schiffen versenkt. Die *Worcestershire* wurde angeschossen, ging aber nicht unter. Die übrigen Schiffe wurden durch den Angriff auseinandergetrieben, und ein Nachzügler fiel den Deutschen noch nach Tagesanbruch zum Opfer. Am Abend des 3. April sammelten sich die Reste des Geleitzugs wieder mit dem Ergebnis, in der Nacht noch einmal angegriffen zu werden. Vier weitere Schiffe gingen verloren. Hippel, vielleicht auch die anderen Kommandanten, blieben auf Tuchfühlung und dachten an einen dritten Angriff am Morgen des 5. April. Als *U 76* sich auf Tauchfahrt nah an den langsam fahrenden Restkonvoi heranmachte, explodierte eine einzelne Wasserbombe ziemlich dicht am Rumpf seines Bootes und verursachte starke Beschädigungen im Innern. Kurz danach machte ein Teppich von zehn Wasserbomben das U-Boot kampfunfähig und zwang es zum Auftauchen. Inzwischen war die Eskorte von den Western Approaches eingetroffen, angeführt von Commander J. M. Rowland auf dem Zerstörer *Wolverine*. Sein Asdic-Gerät hatte *U 76* entdeckt, und es war eine einzelne Wasserbombe gewesen, mit der nach zweistündigem Anpirschen das Zerstörungswerk begonnen hatte. Das Sloop *Scarborough* warf dann den Teppich, und als die überlebenden Deutschen aus ihrem verqualmten Boot kletterten, schickte die Korvette *Arbutus* ein Prisenkommando hinüber. Zu dieser Zeit hatten alle Eskorten Befehl, unter allen Umständen an Bord aufgetauchter und gekaperter U-Boote zu gelangen, aber die britischen Seeleute wurden durch das Chlor zum Rückzug gezwungen, das entstand, als sich die Batteriesäure mit dem Seewasser mischte. Sie hatten das U-Boot gerade wieder verlassen, als es sank.

Es war ein Modellangriff gewesen, ermöglicht durch den weiterentwickelten Gebrauch des Asdic-Geräts. Doch die Versenkung des einen U-Boots war keineswegs das, was man einen üppigen Ausgleich für den Verlust eines halben Geleitzugs in einer Phase nennen konnte, die noch keine besseren Eskorten kannte. Sobald Dönitz seine Angriffe auf neue Seegebiete konzentriert hatte, reagierte die Admiralität mit einer radikalen Veränderung des Eskorten-Systems. Man beeilte sich, die Luftstützpunkte und die Anlagen zum Nachtanken von Treibstoff auf Island auszubauen. Das war eine direkte Konsequenz aus der Katastrophe mit dem SC 26. Mitte des Monats war man so weit, daß eine der vier ›Escort Groups‹ der Western Approaches den Geleitzügen bis 35° West entgegenfahren konnte — das war mehr als der halbe Weg nach Nordamerika. Die Gruppen gingen jetzt von Greenock im Südwesten von Schottland oder von Londonderry in Nordirland aus in Richtung Island in See. Das hatte eine merkliche Verschiebung der Hauptroute der Konvois nach Norden zur Folge. In Island nahmen die Eskorten neuen Treibstoff auf und begleiteten den Konvoi weiter bis 35° West. Dort warteten sie dann auf einen nach Osten laufenden Konvoi, und der ganze Prozeß wiederholte sich in umgekehrter Folge. Zusätzlich stationierte das Küstenkommando eine ›Hudson‹-Bomberstaffel und noch einige ›Sunderland‹-Flugboote auf Island. Die Operationen zur See und in der Luft wurden von einem gemeinsamen Hauptquartier in Reykjavik aus geleitet. Die Verlegung der Konvoi-Route nach Norden brachte zu dieser Jahreszeit noch einen weiteren Vorteil mit sich, und das war das längere Tageslicht. Wann immer möglich, begleitete ein größeres Kriegsschiff einen Konvoi nach Kanada aus bis 35° West, um ihn gegen Überwasserangreifer zu schützen. Die präventive Besetzung Islands im Jahr zuvor erwies sich jetzt als einer der wichtigsten Schritte in dem gewaltigen Bewegungskrieg im Atlantik.

Natürlich nahm damit auch die Verwicklung der neutralen Amerikaner in den Krieg zu. Die Bildung der US-Atlantikflotte unter Admiral King im Februar 1941 und die Erlassung des Lend-Lease-Gesetzes am 11. März, gefolgt von Zusätzen zu den Neutralitätsgesetzen, führten zu einer frühen und höchst willkommenen Hilfestellung für die Engländer und die Kanadier. Zehn Kutter der US-Küstenwache, die sich gut für Eskorten auf dem Ozean eigneten, sollten Mitte Juni an die Royal Navy überstellt werden. Am 3. April unterzeichnete Präsident Roosevelt den einschlägigen Erlaß, und am Tag darauf kündigte er öffentlich an, daß englische Kriegsschiffe jetzt in amerikanischen Docks repariert und überholt werden könnten. Am 7. April eröffneten die Amerikaner ihre Flotten- und Flugzeugstützpunkte auf den Bermudas. Auch in Grönland richteten sie Flugzeugbasen ein — ein weiteres wichtiges Sprungbrett auf dem Weg über den Atlantik. Die halbautonome Regierung von Grönland, das damals noch unter dänischer Verwaltung stand, hatte knapp ein Jahr zuvor um amerikanischen Schutz gebeten, doch inzwischen hatten die Deutschen auf den weiten gefrorenen Landmassen der Ostküste Wetterstationen eingerichtet, die für Flotte und Luftwaffe Vorhersagen durchgeben sollten. Anfang 1941 berichteten norwegische Agenten den Amerikanern von einem verwegenen Plan der Deutschen: Sie wollten an derselben Küste eine Fliegerstaffel stationieren und durch U-Boote versorgen lassen. Das bot den USA mehr als einen Grund für den nächsten präventiven Schritt im nördlichen Atlantik. Am 9. April unterzeichneten der dänische Gesandte in Washington und der amerikanische Außenminister ein Abkommen, das die Verteidigung Grönlands den Vereinigten Staaten übertrug, bis Dänemark von der deutschen Besatzung befreit war. Bald darauf folgte der Bau von Funksprech- und Radaranlagen und von Stützpunkten für normale und Seeflugzeuge im südlichen Grönland.

Die Amerikaner hatten sich auch bereits Standorte für Flugzeug- und Flottenbasen in Schottland und Nordirland ausgesucht. Im Atlantik selber bildete Admiral King eine Unterstützungsgruppe aus drei Zerstörer-Flottillen und fünf Flugbootstaffeln unter der Führung von Konteradmiral Bristol. Das ermöglichte den Amerikanern, ab März ihre Sicherheitszone um ein ganzes Stück nach Osten vorzuschieben. Im Endeffekt definierte King damit die westliche Hemisphäre neu: Sie begann jetzt bei 26° West, der alten Grenze der Neutralitätszone. Am selben Tag (es war der 11. April, während die offizielle Ankündigung erst eine Woche später erfolgte) fiel auch der erste Schuß der US-Navy in diesem Krieg, dem sie sich formell noch gar nicht angeschlossen hatte. Bei einer Rettungsaktion für die Männer eines torpedierten Handelsschiffs bekam der Zerstörer *Niblack* über sein Sonar-Gerät

Kontakt und warf einen Teppich Wasserbomben, offenbar ohne Wirkung — weder auf das vermutete U-Boot noch auf Hitler, der sich ängstlich davor hütete, Washington zu provozieren. Die neue Zone bewirkte, daß Kriegsschiffe jener Länder, die westlich dieses Längengrades kein Territorium hatten, von amerikanischen Schiffen unter Feuer genommen werden konnten. Roosevelt kam mit dieser Regelung zu Hause auch durch, weil er für die ›Verteidigung der Hemisphäre‹ plädierte, und das war ein Konzept, das die immer noch mächtige Lobby der Isolationisten kaum angreifen konnte. Der Präsident war aber noch nicht bereit, über eine Belieferung Englands mit kriegswichtigem Nachschub hinauszugehen. Er stand vor der Wahl, dem Druck seines hartnäckigen Brieffreundes und Anrufers Churchill oder den schlimmen Ahnungen nachzugehen, die eine zunehmende Verwicklung der Amerikaner in den Krieg mit sich brachten. Doch der Präsident wußte, wo seine wahren Interessen lagen. Inzwischen mußte sich der britische Premierminister mit der Hoffnung auf einen größeren Vorfall trösten, der die Amerikaner dann direkt in die Auseinandersetzungen hineinziehen würde. Aber das ›Waffenlager der Demokratie‹ unterstützte ja schon längst die britischen Kriegsanstrengungen, ohne die England bereits zusammengebrochen wäre.

Das Vorrücken der Deutschen nach Westen bot der Admiralität viel mehr Raum, in den sie die Konvois ausweichen lassen konnte, so daß diese entschieden seltener von U-Booten gesichtet wurden. Die Umlenkung der Konvois nach Norden und die Ausdehnung der Eskorten nach Westen nach dem SC 26-Debakel reichten indessen immer noch nicht, den schnellen, nach Osten laufenden Konvoi HX 121 zu retten, nachdem *U 123* ihn am 28. April gesichtet hatte. Fünf weitere Boote schlossen sich dem Angriff nahe 23° West an, obwohl eine Eskorte mitfuhr. Zum erstenmal seit Anfang Dezember 1940 schlugen die U-Boote bei Tageslicht und unter Wasser zu, nachdem sie sich vor dem Konvoi in einen Hinterhalt gelegt hatten. Drei Schiffe wurden versenkt, unter ihnen zwei große, bis an den Rand gefüllte Tanker. Als die U-Boote dann aufgetaucht flohen, sichtete die Korvette *Gladiolus U 65*, das trotz Schnelltauchens von einer Wasserbombe getroffen wurde und auf spektakuläre Weise vernichtet wurde. Dadurch, daß der Konvoi sich zerstreute, kamen die übrigen vier Boote zu keinem zweiten Angriff mehr. Nur ein Schiff ging noch allein in eine Falle und wurde versenkt.

Dönitz war einer plötzlichen Eingebung gefolgt, als er wieder zum Angriff bei Tage und mit getauchtem Boot überging. Aber es war kein uneingeschränkter Erfolg gewesen, und daher ging er wieder davon ab. Im April stammten nur zehn der 43 von U-Booten versenkten Schiffe aus Konvois mit angemessenem Geleitschutz. Das Vorrücken der Deutschen nach Westen und dann der Schwenk nach Norden bei der Verfolgung der Konvois auf neuen Routen hatte sich als wenig fruchtbar erwiesen, trotz der neuen Möglichkeit, schneller Rudel zu bilden, nachdem jetzt mehr einsatzfähige Boote zur Verfügung standen. Die Hauptroute der Geleitzüge war jetzt durch Luftunterstützung viel besser geschützt, nicht nur dank Island, sondern auch infolge der vielen Stunden Tageslicht, bei denen das Küstenkommando seine nützlichen Patrouillen fliegen konnte. Doch es gab immer noch ein weites ›Luftloch‹ von etwa 300 Meilen Umfang über dem Nordatlantik, das nicht von landgestützten Flugzeugen abgedeckt werden konnte. Diesen Umstand legte Dönitz für seine Pläne auf Wiedervorlage.

Er brauchte nicht lange für einen neuen Eröffnungszug. Im Mai nahmen die Schiffsverluste um ein Drittel auf 58 zu. Mehr als die Hälfte von ihnen wurden von einer Streitmacht von sechs Langstreckenbooten des Typs IX in die Tiefe geschickt. Dönitz hatte sie von Westafrika abgezogen. Sie hatten die Aufgabe gehabt, gegen die dort großenteils ungedeckten Handelsschiffe zu operieren. Vom Typ IX wurden im ganzen 194 Boote in sieben Varianten gebaut. Sie hatten anfangs eine Reichweite von 10500 Meilen. Am Ende schafften sie das Dreifache. Die Verdrängung variierte zwischen 1032 und 1616 BRT im aufgetauchten Zustand. Im Vergleich zu Typ VII hatte Typ IX nur zweitrangige Bedeutung, war aber das bequemste hochseetüchtige Boot. Es konnte 22 Torpedos fassen und hatte eine Besatzung von 48—57 Mann einschließlich Offizieren. Sein frischer Beitrag zu den Erfolgen der U-Boot-Waffe in diesem Stadium des Krieges ist eine gute Illustration der Art, in der gegen die Schiffahrt Krieg geführt wurde, und der Probleme, die ihre Verteidiger damit hatten.

Der Nachschubweg von Nordamerika nach England spielte im Krieg die zentrale strategische Rolle. Von dieser Lebensader der Versorgung hing alles ab. Doch im Augenblick war man noch weit von einem kompletten Schutz der Geleitzüge entfernt, wenn er auch immer dichter wurde. Die Deutschen eroberten die Initiative wieder und konnten ihre todbringenden Rudel gegen kleinere Adern führen, wann immer es ihnen gefiel. Dadurch stellten sie sicher, daß der Blutverlust nie gestoppt wurde. Von Anfang an hatte die Versenkung eines jeden Schiffes irgendwo auf der Welt eine direkte Auswirkung auf die Hauptader durch den Atlantik, denn sie reduzierte den Bestand an verfügbaren Schiffen und zog die ohnehin überlasteten Eskorten auseinander. Ein Mann kann durch Helm und Brustpanzer gut geschützt sein und doch an einem abgetrennten Finger verbluten, nicht zu reden von einem Messer im Rücken. Die Monate, die dem Eintritt Japans und der Vereinigten Staaten in einen global geführten Krieg vorausgingen, waren besonders durch Veränderungen bei der Stoßrichtung der deutschen U-Boot-Einsätze gekennzeichnet. Die Antwort der Admiralität auf die deutschen Angriffe im atlantischen Bereich des Äquators war eine möglichst starke Reduzierung der dort fahrenden Schiffe. Gleichzeitig wurde das Kommando in Freetown, Sierra Leone, so gut es ging, durch Sondereskorten und Flugzeuge verstärkt. Aber die U-Boote fanden reiche Beute unter den unabhängig fahrenden Schiffen, sowohl hier wie auch anderswo: Auf jedes aus einem Konvoi versenkte Schiff kamen im Mai vier unabhängige. Dabei lief der weitaus größte Teil im Geleit.

Der Nordatlantik war keineswegs völlig ruhig, als der nach Westen laufende Konvoi OB 318 kurz nach dem Verlassen von Liverpool am 2. Mai entdeckt wurde. Inzwischen hatten sich ihm in den Western Approaches weitere Schiffe angeschlossen. Er bestand jetzt aus 38 Schiffen und der bemerkenswert starken Eskorte von zehn Kriegsschiffen der 7. ›Escort Group‹. *U 95* sichtete den Konvoi am 7. Mai. Bletchley Park gelang es nicht, seinen Funkspruch zu entschlüsseln, aber an seinen charakteristischen Merkmalen war er als Meldung eines Geleitzugs zu identifizieren. Die Admiralität lenkte den Konvoi daher nach Norden um — womit er auf Kollisionskurs mit *U 94* (Kapitänleutnant Herbert Kuppisch) geriet, der ihn am Abend desselben Tages entdeckte. Zu dem Zeitpunkt stieß die 3. Escort Group (Commander A. J. Baker-Cresswell auf dem Zerstörer *Bulldog*) zur Erleichterung der 7. Gruppe, deren drei Zerstörern der Treibstoff ausging, zum Konvoi. Sie verließen darauf den Konvoi, aber das Sloop und die fünf Korvetten der 7. Gruppe blieben als Verstärkung der drei Zerstörer, drei Korvetten des Handelskreuzers und des bewaffneten Trawlers unter Baker-Cresswells Kommando zurück — alles in allem eine geradezu peinlich starke Eskorte. Doch Kuppisch ließ sich nicht abschrecken und griff von achtern an. Mit zwei Torpedos versenkte er zwei Schiffe. Das Sloop und die zwei Zerstörer lokalisierten ihn mit ihren Asdic-Geräten und jagten ihn die ganze Nacht. *U 94* wurde auch beschädigt, aber nicht zerstört. Am folgenden Tag verließ die 7. Gruppe den Konvoi, um die Eskorte des nach Osten laufenden HX 123 zu verstärken.

Um die Mittagszeit des 9. Mai fuhr Fritz-Julius Lemp, der Mann, der die *Athenia* versenkt hatte und jetzt *U 110* kommandierte, einen zweiten Angriff von Norden gegen den OB 318. Er traf ein Schiff an der Spitze des Konvois und eines an der Steuerbordseite. Der Korvette *Aubretia* gelang eine kurze Kontaktaufnahme, und sie warf Wasserbomben. Die Zerstörer *Bulldog* und *Broadway* wollten gerade den nächsten Angriff starten, als *U 110* an die Oberfläche schoß. Die *Aubretia* hatte das Boot manövrierunfähig gemacht. Die *Bulldog* änderte ihren Kurs, als wolle sie zum Rammen ansetzen, aber als die Männer aus dem Kommandoturm geströmt kamen, drehte sie im letzten Moment ab. Dann hatte Baker-Cresswell den Eindruck, als wollten die Deutschen mit ihrem einzigen Geschütz und mit Maschinengewehren das Feuer eröffnen, und das gab den beiden Zerstörern Grund genug mit allem, was sie hatten, loszuschießen, selbst mit Gewehren. Bei dem Versuch, das U-Boot durch Werfen einer Wasserbombe abzublocken und es an einem erneuten Tauchen zu hindern, streifte die *Broadway* den Bootskörper und wurde unter der Wasserlinie durch das Tiefenruder von *U 110* beschädigt. Baker-Cresswell gab der *Aubretia* Anweisung, die Deutschen aufzunehmen. Sie wurden gleich nach unten an einen Ort geschafft, von dem aus sie keinen Blick nach draußen hatten. Inzwischen hatte die *Bulldog* ihr Beiboot mit einem Prisenkommando klargemacht. Es bestand aus acht Matrosen unter dem Kommando von Oberleutnant zur See David Balme, RN, der gerade 20 Jahre alt geworden war.

Sie fanden das angeschlagene U-Boot völlig verlassen und funktionsunfähig vor. Das Kommando hatte zuvor seine Anweisungen bekommen, worauf bei solchen Gelegenheiten vor allem zu achten sei, und so suchte es das U-Boot systematisch nach allen transportablen und möglicherweise interessanten Gegenständen ab. Ein Funker machte sich genaue Notizen über die Funksprechanlage und sammelte die Unterlagen ein, die sich auf die Bedienung des deutschen Funkgeräts bezogen. Die Matrosen sammelten stapelweise Dokumente, während das Beiboot mit der Beute zwischen der *Bulldog* und *U 110* hin und her fuhr. Unter dem Material befanden sich nicht nur Unterlagen, nach denen die Enigma-Maschine für Wochen einzustellen war — man erbeutete auch die Maschine selbst in ihrem lackierten Holzgehäuse samt den Walzen und dem Schaltbrett mit den aktuellen Einstellungen.

Die abenteuerliche Fahrt des OB 318 war damit noch nicht zu Ende. Nachdem der Konvoi zweimal nach Backbord abgedreht war, um seinen Angreifern zu entkommen, lief er nun auf südöstlichem Kurs, als der dritte Angriff erfolgte. Diesmal war es *U 201*, das sich unter Kapitänleutnant Adalbert Schnee von achtern näherte. Er hatte den Schiffsverband an diesem Morgen unabhängig von den anderen entdeckt und gemeldet und schließlich den Befehl erhalten, zusammen mit Lemp die weitere Taktik zu planen. Sie waren daraufhin über Wasser außer Sichtweite des Konvois längsseits gegangen und hatten eine bestimmt nicht oft vorgekommene Besprechung mitten im Atlantik, von Kommandoturm zu Kommandoturm, abgehalten und sich darauf verständigt, daß Schnee eine halbe Stunde nach Lemp angreifen würde. Obwohl ihn eine Eskorte sichtete, als er herankam, torpedierte Schnee zwei Schiffe. Fünf Stunden lang wurde er darauf gejagt und von drei Eskorten mit Wasserbomben beworfen. Die *Bulldog* und die *Broadway* erfaßten mit ihren Asdic-Geräten dabei gleichzeitig auch *U 210* und ließen daher für eine Weile von *U 110* ab. Schnee konnte sich trotz schwerer Beschädigungen an seinem Boot (vom Typ IX b) absetzen, sah sich aber imstande, die Feindfahrt fortzusetzen, obwohl er einen großen Ölfleck auf der Szene zurückgelassen hatte.

Am Morgen des 10. Mai spürte Kapitänleutnant Herbert Wohlfahrt in *U 556* (die hohe Zahl diente der Desinformation) den Konvoi aufgrund der Meldungen seiner Kameraden auf, die ihm wieder aus Frankreich durchgegeben wurden. In dieser Rudelattacke auf Raten war er nun an der Reihe, ein Schiff zu beschädigen — denn versenkt bekam er es nicht. Doch er konnte dem Konvoi auf den Fersen bleiben und versenkte noch am selben Tag zwei Handelsschiffe. Zu dieser Zeit hatte der OB 318 sich in zwei Abteilungen aufgeteilt, die nun verschiedene nordamerikanische Häfen anliefen.

Währenddessen hatte die *Bulldog* die Funkstille unterbrochen und die Kaperung von *U 110* gemeldet. Gleichzeitig kündigte sie an, daß sie das Boot nach England schleppen werde. Aber in der Nacht vom 9. auf den 10. Mai wurde die See sehr rauh, und *U 110* sank über das Heck. Die *Bulldog* lief nach Reykjavik und nahm neuen Treibstoff auf. Dann eilte sie mit ihrer Beute nach Scapa Flow, wo sie am Nachmittag des 12. Mai einlief. Doch es sollte mehr als 30 Jahre dauern, bis die ganze Wahrheit enthüllt war.

U 94 konnte die Schäden, die es bei seinem erfolgreichen Raubzug gegen OB 318 hinnehmen mußte, unterwegs wieder ausbügeln und blieb auf der Pirsch. Am 19. Mai sichtete Kuppisch den nach Osten laufenden HX 126 und griff ihn am nächsten Tag bei 41° West an — das war weiter westlich, als bisher je ein Angriff stattgefunden hatte. Zweimal näherte er sich dem Konvoi, und drei Schiffe fielen ihm dabei zum Opfer. Auch Wohlfahrt versenkte drei Schiffe, und die drei übrigen U-Boote, die zur Bildung eines Rudels in das Gebiet geschickt worden waren, brachten es auf je ein Schiff, und dies alles, bevor sie bei 35° West ihre Eskorte erwartete. Diese schweren Verluste veranlaßten die Admiralität zu einem wichtigen Schritt, an den sie bereits manchmal gedacht hatte: Eskorten über den Nordatlantik »von einem Ende zum andern« fahren zu lassen. Ihre Einrichtung drängte sich geradezu auf, war aber bisher aus Mangel an geeigneten Geleitschiffen hinausgeschoben worden. Man hatte die Wahl zwischen Gruppen von angemessener Stärke — Schlüssel zu allem war der Zerstörer — für Teilstücke des Weges oder schwächere Eskorten für den ganzen Weg. Die wachsende Zahl der Geleitschiffe und die Benutzung Islands als Station zum Nachbunkern von Treibstoff hatten es ermöglicht, zwei Drittel der Passage über den Atlantik abzudecken. Jetzt ging man daran, auch das letzte Drittel zu schließen. Der erste Schritt war die Überstellung von neun amerikanischen Langstrecken-Flugbooten vom Typ ›Catalina‹, die gerade unter dem Lend-Lease-Gesetz aus den USA nach England geliefert worden waren. Mit ihnen konnte man aus dem Westen den Atlantik 600 Meilen weit bestreichen. Von Norden brachte es die RAF von Island aus auf 400 Meilen, und vom Vereinigten Königreich aus auf 750 Meilen. Damit blieb eine Lücke von 300 Meilen, die zu dieser Zeit von landgestützten Flugzeugen nicht zu schließen war.

Dieser Lücke nahm sich nun die Royal Canadian Navy an. Ende Mai 1941 fuhr Kommodore L. W. Murray, RCN, nach St. John's auf Neufundland, wo er das Kommando über die Neufundland-Streitkräfte unter dem Oberbefehl des britischen Oberkommandierenden der Western Approaches übernahm. Für die Neufundland-Eskorten standen zunächst fünf kanadische Korvetten und zwei britische Zerstörer zur Verfügung. Kurz darauf stießen die kanadischen Zerstörer hinzu, die seit Dünkirchen in den britischen Heimatgewässern Dienst getan hatten. Weitere kanadische und britische Einheiten schlossen sich an, sobald sie verfügbar waren. Seit Juni standen daher Konvois auf dem Weg nach England (das waren die wichtigeren, weil ihre Schiffe jetzt voll beladen waren) unter dem Schutz verschiedener, sich ablösender Eskorten. Aus Halifax (schnelle) oder Sydney sowie aus Cape Breton (langsam) wurde ein solcher Konvoi von einer kanadischen Eskorte an einen Punkt geleitet, der später als »Western Ocean Meeting Point« (WESTOMP) bekannt wurde. Von dort begleitete ihn eine Eskorte der Neufundland-Einheiten weiter zum ›Mid-Ocean Meeting Point‹ (MOMP), wo ihn (35° West) eine britische Eskorte aus Island übernahm und bis 18° West begleitete. Hier war der östliche Treffpunkt (EOMP), an dem eine Escort Group von den Western Approaches den Rest des Weges übernahm. Als wäre das noch nicht kompliziert genug, wurden die einlaufenden Schiffe vom transatlantischen Netz ins Küstennetzwerk für Konvois übernommen und bekamen vor der Küste auch noch eine neue Eskorte.

In dieses ausgeklügelte System, das jederzeit vom Feind auseinandergerissen werden konnte (aber auch vom Wetter, durch Verstopfungen am einen oder anderen Ende oder andere nicht kalkulierbare Ereignisse) mußten nun die britischen und die alliierten Schiffsbewegungen rund um den ganzen Globus integriert werden — und das ohne Hilfe von Computern. Daß diese Koordination überhaupt trotz aller Haken und Ösen gelang, erscheint sogar heute noch wie ein Wunder. Allein auf der Ebene der Admiralität waren daran beteiligt: der Naval Control Service, die Trade Division und das Operational Intelligence Centre, die Home Fleet, das Western Approaches-Kommando, ein paar andere Abteilungen und schließlich das Küstenkommando. Die kanadische und bald auch die amerikanische Flotte wurden immer mehr hineingezogen, und die Werften und Docks, die Transportsysteme per Bahn und Straße und die Luftstreitkräfte waren alle damit beschäftigt, die Konvois pünktlich in Bewegung zu bringen. Dazu mußte auch noch die Verschickung von Truppen und Nachschub an die verschiedenen Kriegsschauplätze berücksichtigt werden. So sah das einmalig komplexe logistische System aus, das die Achsenmächte im Zaum halten sollte, bis ihre Gegner soweit waren, sie an Land angreifen zu können. Es war in der Hauptsache die deutsche U-Boot-Waffe, die diese beispiellose Anstrengung notwendig machte.

Der erste Konvoi, der von einem Ende zum anderen mit Geleitschutz fuhr, war der HX 129. Er verließ Halifax am 27. Mai 1941 und überstand die Überfahrt ohne Schäden und Verluste. Als nächstes wurde das 3. britische Schlachtschiff-Geschwader wieder von Halifax abgezogen, wo es seit Beginn des Krieges stationiert gewesen war. Denn jetzt patrouillierte die US-Atlantikflotte auf dieser Seite des Atlantiks. Außerdem war die Bedrohung durch die deutschen Überwasserschiffe offenbar unter Kontrolle, und so konnte das mehrfach reduzierte und oft verlegte Geschwader wieder nach Hause gerufen werden. Doch dann verschoben die deutschen U-Boote die Stoßrichtung ihrer Angriffe auf das Gebiet zwischen den Azoren und Westafrika, wo das Wasser wärmer und das Beutemachen viel leichter war.

In diesem Gebiet gelang Günter Hessler als Kommandanten von *U 107* der Rekord von 14 versenkten Schiffen auf einer einzigen Feindfahrt. 86 700 BRT sanken zwischen Ende Mai und Anfang Juni auf den Grund des Meeres. Einen passenderen Schwiegersohn konnte Dönitz sich kaum wünschen — beziehungsweise einen Stabsoffizier beim Befehlshaber der U-Boote, der er bald werden sollte. Auf der Sierra-Leone-Route wurde der ununterbrochene Geleitschutz am 14. Juli eingeführt (vier Tage, nachdem er auf der Gibraltar-Strecke begonnen hatte). Gleichzeitig begann die Admiralität damit, die bewaffneten Handelskreuzer wieder aus dem Verkehr zu ziehen, die sich tapfer bemüht, aber völlig versagt hatten bei dem Versuch, Kriegsschiff zu spielen. Vierzehn waren bei Zusammenstößen mit dem Feind verloren gegangen.

Die deutsche Kriegsmarine ging nach ihren Ausflügen zu Anfang des Jahres nicht von der Idee ab, große Überwasserschiffe gegen den Konvoi-Verkehr einzusetzen. Die *Scharnhorst* und die *Gneisenau* (in der englischen Flotte hießen sie nur »Salmon and Gluckstein«) lagen reparaturbedürftig in Brest fest, und am 6. April wurde die *Gneisenau* zusätzlich noch durch einen RAF-Angriff beschädigt. Dafür wurde jetzt der Schwere Kreuzer *Prinz Eugen*, nachdem die Engländer ihn während seiner Bauzeit in Kiel bombardiert hatten, in Dienst gestellt — aber nur, um schon auf seiner Probefahrt am 23. April in der Ostsee von einer RAF-Mine beschädigt zu werden. Er lief darauf nach Gotenhafen in Westpreußen, wo er längsseits des furchterregendsten Kriegsschiffs festmachte, das in Kürze in die weltweiten Feindseligeiten eingreifen sollte: das gerade in Dienst gestellte Schlachtschiff *Bismarck*. Admiral Lütjens, der Chef der deutschen Flotte, hatte auf ihr seine Flagge gesetzt und brütete über den Details der Operation ›Rheinübung‹. Die hatte ihm Raeder gegen seinen Rat und auch gegen die Befürchtungen Hitlers auferlegt. Ursprünglich war sie als der härteste Schlag geplant gewesen, den man je mit Großkampfschiffen gegen Konvois und ihre Eskorten zu führen gedachte, aber dann hatte man sie mehrfach modifiziert und zurückgestellt; dies alles, weil die Schlachtkreuzer immer noch festlagen, die *Prinz Eugen* sich im Dock befand und noch andere Schwierigkeiten hinzugekommen waren. Am Ende hatte man die für die ›Rheinübung‹ vorgesehene Streitmacht auf die beiden neuen Schiffe reduziert, die am 18. Mai aus Gotenhafen (heute polnisch Gdynia) ausliefen. Der britische Marineattaché in Stockholm konnte ihre Passage durch das Kattegat, das flache Verbindungsstück zwischen Ost- und Nordsee, am 20. Mai melden. Nach dieser hervorragenden nachrichtendienstlichen Leistung strengten sich die Engländer nun besonders an, den neuen starken Feind auszumachen und in der Luft wie auf See mit ihm in Fühlung zu bleiben.

Das Küstenkommando entdeckte die beiden Schiffe in einem Fjord südlich von Bergen an der Südküste Norwegens. Auch die deutsche Luftwaffe erkundete die nördlichen Gewässer mit seltener Intensität. Tatsächlich tat sie das schon seit zehn Tagen, was Admiral Tovey von der Home Fleet bereits zum Anlaß genommen hatte, sich auf einen Ausbruchsversuch größerer deutscher Einheiten vorzubereiten. Deutsche Piloten waren ungewöhnlich häufig über Scapa Flow hinweggeflogen, wie auch über die Gewässer zwischen Norwegen und Grönland, um die Hauptverbände der britischen Flotte zu lokalisieren. Am 18. Mai wurde der Kreuzer HMS *Suffolk* in die Dänemarkstraße zwischen Island und Grönland geschickt, einen Tag später durch sein Schwesterschiff, die *Norfolk*, verstärkt. Nachdem die beiden deutschen Schiffe am 21. Mai bei Bergen identifiziert worden waren, schickte Tovey Vize-Admiral L. E. Holland mit dem Schlachtkreuzer *Hood*, dem schnellen, modernen Schlachtschiff *Prince of Wales* und sechs Zerstörern zum isländischen Flottenstützpunkt Hvalfjord. Die Kreuzer *Birmingham* und *Manchester* sollten die Lücke zwischen Island und den Färöern abdekken, während Tovey selbst an Bord seines Flaggschiffes *King George V* in Begleitung von fünf Kreuzern und fünf Zerstörern in Scapa in Alarmbereitschaft blieb. Auf den kleinsten Wink würde auch er auslaufen. Die Admiralität zog von einem ›WS‹-Konvoi (Winston Special), der für den Mittleren Osten bestimmt war, den Schlachtkreuzer *Repulse* und den neuen Flugzeugträger *Victorious* ab und unterstellte sie Toveys Kommando. Es gab kein Schiff in der britischen Flotte, das es allein mit der *Bismarck* aufnehmen durfte, und das bedeutete für Tovey, daß er seine Großkampfschiffe zumindest paarweise auftreten lassen mußte.

Die *Bismarck* verdrängte 41700 t (bei voller Beladung 50900 t) und hatte trotz ihres ausladenden Rumpfes all die Grazie, die den Entwürfen der größeren deutschen Kriegsschiffe zu dieser Zeit zu eigen war. Besonders bemerkenswert war der elegante, langgezogene, schwungvolle Bug. Insgesamt war sie 242 Meter lang. Nach britischer Norm, wenn auch nicht nach deutscher, war sie mit 36 Metern ungewöhnlich breit. Das machte sie außergewöhnlich stabil, wenn sie aus ihren vier Türmen eine Breitseite abfeuerte. Die acht 38-cm-Geschütze waren vorn und achtern in je zwei Türmen hintereinander angeordnet. An zweiter Stelle folgten sechzehn 10,5-cm-Geschütze. Die *Bismarck* erreichte eine Höchstgeschwindigkeit von 31 Knoten, hatte eine Reichweite von 8100 Meilen und wies die beste Panzerung auf, die es damals gab: 41 cm dicke Seitenwände und bis zu knapp 12 cm dicke Deckplatten. Sie hatte einen Tiefgang von 10,50 m. Sechs Seeflugzeuge standen an Bord bereit. Ihre Besatzung (2090 Offiziere und Mannschaften) stand unter dem Kommando von Kapitän z. S. Ernst Lindemann.

Die *Prinz Eugen*, die sie begleitete, war einer von nur drei in der Nazi-Zeit gebauten Schweren Kreuzern. Sie waren alle nach dem gleichen Plan konstruiert und insgesamt gesehen der am wenigsten erfolgreiche Typ in der kurzen Liste größerer Kriegsschiffe, die Hitler bauen ließ. Sie verdrängte 10050 t, war mit acht 20,5-cm-Geschützen bestückt, erreichte eine Höchstgeschwindigkeit von 32 Knoten und eine Reichweite von 6800 Meilen. Ihre 1600-Mann-Besatzung stand unter dem Kommando von Kapitän z. S. Hellmuth Brinkmann. Die Grundidee der Operation ›Rheinübung‹ war, daß die *Bismarck* die Aufmerksamkeit der britischen Großkampfschiffe auf sich ziehen sollte, während die *Prinz Eugen* Handelsschiffe angreifen sollte. Die andere Möglichkeit, auf die Tovey gefaßt sein mußte, war ein Schlag gegen die immer wichtiger werdenden Versorgungsbasen für die Konvois in Island.

Schlechtes Flugwetter hielt die Luftwaffe am 22. Mai am Boden, hinderte indessen Commander G. A. Totherham von den Marinefliegern nicht an einem gefährlichen Aufklärungsmanöver bei geringer Flughöhe, das er von den Orkneys aus startete. Er erkundete dabei das Küstengebiet um Bergen und konnte eindeutig feststellen, daß die Deutschen ausgelaufen waren. Tovey setzte seine Kreuzer daher als eine Art Vorposten ein, der die Passagen zwischen Färöern und Island und zwischen Island und Grönland zu überwachen hatte. Eine der beiden Durchfahrten mußten die Deutschen wählen, um in den offenen Atlantik vordringen zu können. Die Hauptmasse seiner Streitmacht lag zwischen Scapa und Island, von wo aus sie beide Passagen gleich schnell erreichen konnte. Die britischen Dickschiffe gingen von den Deutschen unbeobachtet am Abend des 22. Mai in See. (Die Deutschen wußten allerdings durch ihren B-Dienst, daß die Engländer nach zwei deutschen Schlachtschiffen Ausschau hielten.) Am 23. Mai schloß das Wetter eine Luftaufklärung aus, doch um 19.22 Uhr sichtete die *Suffolk*, die am Rande der grönländischen Eisplatte fuhr, durch ein Nebelloch die *Bismarck* und die *Prinz Eugen* auf Südwestkurs vor der Westküste von Island. Dem britischen Kreuzer gelang dieser bemerkenswerte Glücksfall dank seines Radar-Geräts neuester Ausführung, während ihn selbst der Nebel schützte. Kurz darauf bekam auch die *Norfolk* aus sechs Meilen gleiche Sicht auf die beiden deutschen Schiffe. Diesmal entdeckten deren Ausgucke ihren Beschatter, und die *Bismarck* feuerte ihre ersten Schüsse ab. Der *Norfolk* gelang es, sich einzunebeln und ohne Schaden zurückzuziehen. Sie gab als erste die Position der Deutschen an Toveys Flotte durch, die etwa 600 Meilen südöstlich kreuzte (der Funkspruch von der *Suffolk* war nicht durchgekommen). An Bord der Norfolk begann Konteradmiral W. R. Wake-Walker, Flaggoffizier des 1. Kreuzer-Geschwaders, das gefährliche Spiel, in Fühlung mit dem Feind zu bleiben. Die *Suffolk* hielt sich westlich, die *Norfolk* östlich von den Deutschen, die weiter Kurs nach Süden liefen. Mit Höchstgeschwindigkeit näherte sich zudem Admiral Holland dem Verband aus Island. Seine Gruppe bestand aus der *Hood*, der *Prince of Wales* und vier Zerstörern, und Holland rechnete sich aus, daß er am 24. Mai um 2.00 Uhr morgens in den Kampf eingreifen konnte.

Aber kurz nach Mitternacht hatten die Deutschen die beiden sie beschattenden Kreuzer abgehängt. Holland schloß daraus, daß der Feind den Kurs geändert habe, um ihnen auszuweichen, und ging nun selbst von West- auf Nordkurs. Gleichzeitig nahm er die Geschwindigkeit zurück. Da er sich strikt an die Funkstille hielt, konnte er keinen Angriff mit Wake-Walker absprechen. Um 2.00 Uhr hatte er noch keinen Feind gesichtet, und so stellte er zwei Zerstörer ab, die weiter im Norden auf Suchfahrt gehen sollten, während er selbst nach Süden drehte. Das brachte ihn mehr oder weniger ins Kielwasser der Deutschen, aber ein gutes Stück hinter ihnen. Klar wurde das um 2.47 Uhr, als die *Suffolk* wieder Fühlung mit den Schiffen von Admiral Lütjens aufnahm, die immer noch auf Südwestkurs fuhren. Aufgrund des Funkspruchs, den der Kreuzer durchgegeben hatte, und nach eigener Funkpeilung entschloß Holland sich, Höchstfahrt aufzunehmen und den Feind abzufangen. Um 5.35 Uhr sichtete er die Deutschen an Steuerbord (West).

Sein Flaggschiff hieß bei den Mannschaften der Royal Navy überall ›die mächtige *Hood*‹, und sie war als der Welt größtes Kriegsschiff seit mehr als zwanzig Jahren der Stolz der britischen Flotte. Unbeladen verdrängte sie 48 000 Tonnen. Sie verfügte über vier Zwillingstürme mit acht 37,5-cm-Geschützen, zwei vorn und zwei achtern, und über sechzehn 15-cm-Geschütze. Ihre Panzerung war nicht mit der der *Bismarck* zu vergleichen, was auch für alle anderen britischen Schlachtkreuzer galt; für Großkampfschiffe mit schweren Geschützen als Hauptwaffe waren sie völlig unzureichend gepanzert. Die *Hood* hatte gleich zwei Hauptschwächen — das waren ihr Alter und ihre Ausführung. Sie war in der Tat fast ein perfekter Mikrokosmos des Britischen Empire: alt, ehrwürdig, die größte der Welt, in Förmlichkeit und Respektabilität erstarrt, aber völlig überholt und voller Mängel.

Dieses grauschimmernde Symbol hatte manches an Modernisierungen zwischen den Kriegen versäumt, weil es andauernd an den verschiedensten Orten der Welt hatte Flagge zeigen und den gigantischen Schwindel aufrechterhalten müssen, den das Empire der Gegenwart darstellte — und dazu den Mythos der eigenen Unüberwindlichkeit. Auch während des Krieges hatte man die *Hood* überfordert, weil sie ständig im Einsatz gewesen war und jetzt dringend einer Überholung bedurfte. Entworfen hatte man sie 1914. Aber dieser Entwurf war nach den schweren Verlusten unter den britischen Schlachtkreuzern im Skagerrak 1916 radikal verändert worden, bevor die *Hood* dann im August 1918 vom Stapel lief. Wie ihre Gegnerin, der sie sich jetzt näherte, hatte sie noch keine Gefechtserfahrung. Aber an einem guten Tag hatte sie einen oder zwei Knoten mehr zu bieten als die *Bismarck*, und sie war stattlich anzusehen. Ihre Begleiterin, die *Prince of Wales,* war einer der neuesten Zugänge für die Flotte, ein 29 Knoten schnelles Schlachtschiff von 35 000 BRT mit zehn 35-cm-Geschützen in zwei Vierertürmen und einem Zwillingsturm, sechs Geschütze vorn und vier achtern.

Admiral Holland zog mit den Deutschen gleich, aber auf einem etwas abweichenden Kurs. Als er sie sichtete, befanden sie sich daher, die *Prinz Eugen* an der Spitze und immer noch auf Südwestkurs, ungefähr 23 Meilen entfernt an Steuerbord. Das bedeutete, daß er in einem Winkel von knapp 90 Grad auf sie zulaufen mußte, um auf Schußweite heranzukommen. Aber das bedeutete auch, daß nur zehn ihrer schweren Geschütze (die über den Bug feuern konnten) im entscheidenden Eröffnungsstadium des Gefechts eingesetzt werden konnten, während beide deutschen Schiffe Breitseiten abgeben konnten.

Hollands erster Fehler war es daher, seine überlegene Feuerkraft nicht zu nutzen und das Feuer zu früh zu eröffnen, achtzehn Minuten nach Sichten des Feindes. Sein zweiter Fehler war, in geschlossener Formation vorzurücken. Es lagen nur ein paar hundert Meter zwischen seinen beiden Schiffen. Sein dritter Fehler war, daß er das feindliche Schiff an der Spitze für die *Bismarck* hielt und seinen beiden Schiffen befahl, ihr Feuer auf die *Prinz Eugen* zu konzentrieren (obwohl Captain J. C. Leach auf der *Prince of Wales* die Deutschen richtig identifizierte und ohne Rücksicht auf die *Bismarck* feuerte). Auf die Weise teilten die mächtige *Hood* (Captain Ralph Kerr) und ihre Begleiterin, deren Bewegungen der Admiral persönlich und bis ins Detail diktierte, ihre grundlos reduzierte Feuerkraft noch einmal auf. Nach ihrer ersten Salve verlor die *Prince of Wales,* die man in Dienst gestellt hatte, ohne ihr eine ordentliche Gelegenheit zum Einleben zu geben, gleich eines ihrer sechs vorderen Geschütze. Als Holland dann bei einer Distanz von mehr als dreizehn Meilen das Feuer eröffnete, setzte er damit die alte und unzulängliche Deckpanzerung der *Hood* einem Steilfeuer aus — was immer eine besondere Gefahr für einen britischen Schlachtkreuzer bedeutet.

Beide Deutschen konzentrierten ihre Breitseiten auf die *Hood.* Bei der gewohnten, dennoch einmaligen Geschicklichkeit, mit der sie die Geschütze auf ihre Ziele einstellten, gelang den Deutschen nach wenigen Minuten der erste Treffer, der mittschiffs ein Feuer verursachte. Es ist nicht bekannt, welches deutsche Schiff den Schuß abgab, aber Holland konnte seinen beiden Schiffen noch den Befehl geben, so weit beizudrehen, daß sie den Feind mit Breitseiten eindecken und dabei alle siebzehn einsatzfähigen Hauptgeschütze feuern lassen konnten. Während dieses Manövers gabelte eine weitere Breitseite der Deutschen die *Hood* ein. Sie stammte ziemlich sicher von der *Bismarck.* Um 6.00 Uhr morgens kam es in den Hauptmunitionsmagazinen der *Hood* zu einer gewaltigen Explosion, und der Stolz der Royal Navy versank in weniger als vier Minuten in den Fluten. Von den 1419 Offizieren und Mannschaften überlebten ein Midshipman und zwei Matrosen. Nach zwei Untersuchungen kam die Admiralität zu dem Schluß, daß die hervorragend konstruierten Geschütze der *Bismarck* mit erstklassigen, die Panzerungen durchdringenden Hochgeschwindigkeitsgeschossen per Steilfeuer das Deck der *Hood* durchschlagen und die Bunker für die 37,5-cm-Munition getroffen hätten. Eine Woche vor dem 25. Jahrestag der Skagerrak-Schlacht war die *Hood* in die Luft geflogen, genau wie die drei Schlachtkreuzer das in schneller Folge schon damals getan hatten.

Jetzt geriet die *Prince of Wales* in das konzentrierte Feuer der schweren und leichteren Geschütze der beiden deutschen

Schiffe. Um 6.02 Uhr setzten sie einen Treffer genau auf die Brücke. Es folgten vier Treffer aus dem 37,5-cm-Geschütz der *Bismarck* und drei aus dem 20-cm-Gesfchütz der *Prinz Eugen*, und nachdem durch einen weiteren Fehler in der Mechanik ein ganzer Viererturm ausfiel, nebelte sich die *Prince of Wales* ein und drehte ungefähr siebeneinhalb Meilen von den Deutschen entfernt ab. Aber die Hülle widerstand dem feindlichen Steilfeuer, und Captain Leach landete seinerseits mit seinen wenigen noch benutzbaren 30-cm-Geschützen zwei Treffer auf der *Bismarck*. Einer von ihnen beschädigte die Treibstofftanks des deutschen Flaggschiffs, und das eindringende Meerwasser verunreinigte ihren Inhalt.

Das genügte; der siegreiche Admiral Lütjens gab zwei Stunden nach der Vernichtung der *Hood* seinen Plan durch, daß er nach Frankreich laufen werde. Nachdem Admiral Holland mit der *Hood* untergegangen war, übernahm Admiral Wake-Walker, dessen beide Kreuzer zu weit entfernt gewesen waren, um an dem Gefecht teilzunehmen (was sie vor allem Hollands Funkstille zu verdanken hatten), das Kommando. Zusammen mit der *Prince of Wales* machte er sich daran, die Deutschen zu beschatten. Vom Schicksal der *Hood* völlig niedergeschmettert — auch für die britische Öffentlichkeit war es ein Schock, wie ihn noch nie zuvor der Verlust eines Kriegsschiffs ausgelöst hatte —, sann Admiral Tovey auf sofortige Revanche, und so eilte er nach Nordwesten, um sich mit dem jetzt etwa 300 Meilen entfernten Wake-Walker zu verbinden. Die Admiralität durchkämmte den Atlantik nach Verstärkungen und beorderte sogar Admiral Somervilles ›Force H‹ aus dem fernen Gibraltar an die Küste Frankreichs, wo sie die Deutschen erwarten sollte. Aus Halifax wurden die Schlachtschiffe *Ramillies* und *Revenge* abkommandiert und aus dem mittleren Atlantik die *Rodney*. Im ganzen waren es jetzt achtzehn größere Schiffe, von den Kreuzern aufwärts gerechnet, die zusammen mit mehr als einem Dutzend Zerstörern nach Lütjens auf der Suche waren.

Am Nachmittag des 24. Mai ließ Tovey vom Flugzeugträger *Victorius* aus, den das 2. Kreuzergeschwader aus vier

Schiffen unter Konteradmiral A. T. B. Curteis begleitete, einen Angriff auf die etwa 100 Meilen entfernten Deutschen fliegen. Der Flugzeugträger war auf dem Weg nach Gibraltar gewesen, und seine Hangars waren vollgestopft mit konventionellen, für Malta bestimmten Jagdmaschinen. Aber dafür hatte er nur neun einsatzfähige Torpedoflugzeuge und sechs Marinejäger an Bord. Lieutenant-Commander Eugene Esmonde, RN, führte ihren Mitternachtsangriff bei schlechtem Wetter und gegen einen Hagel von Flakfeuer an. Eine ›Swordfish‹ traf die *Bismarck* mit einem Torpedo mitschiffs. Doch der Torpedo prallte an der massiven Panzerung des Schiffs ab und verursachte nur geringen Schaden. Zwei britische ›Fulmar‹-Jäger gingen verloren.

Zu dieser Zeit fuhr die *Bismarck* allein. Lütjens machte sich Sorgen um seinen Treibstoffvorrat, und er ging am Abend des 24. Mai mit der Geschwindigkeit herunter, um ein Gefecht mit seinen Beschattern zu suchen. Zugleich wollte er damit die Loslösung der *Prinz Eugen* abdecken, die jetzt nach Süden lief und im Mittelatlantik unabhängig operieren sollte. Kurz nach dem britischen Fliegerangriff kam es in den ersten Morgenstunden des 25. Mai zu einem weiteren kurzen und ergebnislosen Schußwechsel zwischen der *Bismarck* und ihren Beschattern. Danach befahl Lütjens Volle Fahrt und schüttelte sie ab. Um 4.00 Uhr morgens meldete die *Suffolk*, daß ihr Radar keine Berührung mehr zeige, genau zu dem Zeitpunkt, als Tovey nur noch 100 Meilen oder weniger als vier Stunden von seinem Gegner entfernt war.

Es dauerte aber noch bis zum 26. Mai um 10.30 Uhr, also mehr als 31 weitere Stunden verzweifelten Suchens der britischen Schiffe und Flugzeuge, ehe die *Bismarck* wieder von einem ›Catalina‹-Flugboot des Küstenkommandos gesichtet wurde. Sie stampfte weiterhin mit hoher Geschwindigkeit südostwärts Richtung Frankreich und befand sich jetzt 700 Meilen westlich von Brest. In diesem Augenblick kreuzte die ›Force H‹ — zusammen mit dem Schlachtkreuzer *Renown*, dem Flugzeugträger *Ark Royal* und dem Kreuzer *Sheffield* — 70 Meilen östlich den Weg der *Bismarck*. Admiral Somerville blieb auf Distanz, und um 14.50 Uhr schickte die *Ark Royal* bei schlechtestem Wetter 14 ›Swordfish‹-Maschinen los, die eine Stunde später einen Torpedo-Großangriff begannen — aber auf Ihrer Majestät höchsteigenen Kreuzer *Sheffield.* Dank einiger äußerst scharfer Manöver des Schiffes und gleichzeitiger Torpedoversager wurde um Haaresbreite eine Katastrophe vermieden. Die zweite ›Swordfish-Angriffswelle‹ fand die *Bismarck* nach knapp 100 Minuten kurz vor 21.00 Uhr und flog eine Serie unkoordinierter Einzelangriffe. Die Piloten, angeführt von Lieutenant-Commander T. P. Coode, landeten zwei Treffer, einen mittschiffs, der keinen richtigen Schaden anrichtete, und einen direkt unter dem Heck. Das war die Achilles-Ferse des Schlachtschiffs, und sie wurde genau und voll getroffen: Die Ruderanlage ließ sich nicht mehr betätigen, die Schrauben waren beschädigt. Die *Bismarck* mußte fürchten, daß ihre letzte Stunde geschlagen hatte, und so rief sie nach einem U-Boot, das ihre Logbücher übernehmen sollte.

Der nächste auf der Szene war der draufgängerische Captain Philip Vian, der vor mehr als einem Jahr die *Altmark* geentert hatte, mit fünf Zerstörern der 4. Flottille. Er hatte einen Befehl der Admiralität, sich Tovey als Eskorte für seine schweren Schiffe anzuschließen, schlicht und einfach mißachtet und es vorgezogen, gleich direkt auf den Feind loszugehen. In den ersten sieben Stunden des 27. Mai fuhren die fünf kleinen Schiffe eine Serie von Torpedoangriffen, bei denen der polnische Zerstörer *Piorun* sich besonders hervortat, indem er die ungleiche Feuerkraft des angeschlagenen, aber noch langsam fahrenden Riesen auf sich zog. Zwei wirkungslose Treffer wurden registriert, und irgendwie gelang es den Zerstörern, ohne einen Kratzer zu entkommen. Auf sichere Entfernung hielten sie weiter Kontakt.

Nun war Admiral Tovey an der Reihe. Die Position der *Bismarck* stand eindeutig fest, und Tovey hielt mit voller Fahrt von Westen auf sie zu. Um 8.45 Uhr sichteten sie die *King George V* und die *Rodney.* Um 8.47 Uhr eröffnete die *Rodney* mit ihren neun 40-cm-Geschützen das Feuer, und die *Bis-*

marck antwortete um 8.49 Uhr. Bald darauf schlossen sich die Kreuzer *Norfolk* und *Dorsetshire* (von der ›Force H‹) von Süden dem Gefecht an. In 109 Minuten wurde das stärkste Schiff in deutschen Diensten systematisch aus immer geringer werdender Entfernung zusammengeschossen. Ab 10.15 Uhr konnten die Deutschen, die ihr Bestes getan hatten, um dem Abschiedsversprechen des Admirals Lütjen gerecht zu werden, daß man bis zur letzten Patrone kämpfen wolle, nicht mehr zurückschießen. Um 2.00 Uhr morgens hatten sie einen persönlichen Funkspruch Hitlers erhalten, indem es hieß, ›ganz Deutschland‹ sei in Gedanken bei ihnen. Aber die Luftwaffe konnte die *Bismarck* nicht erreichen, und Dönitz' U-Boote konnten den Rächern der *Hood* nichts anhaben und sie auch nicht an ihrem Tun hindern (*U 56* sichtete zwar die *Rodney,* hatte zu dieser Zeit aber keinen Torpedo mehr an Bord). Den Gnadenschuß erhielt die *Bismarck* von der *Dorsetshire,* als Tovey sich mit zur Neige gehenden Ölreserven auf den Heimweg machte: Der Kreuzer fuhr das brennende Wrack ab und schoß zwei Torpedos gegen die Steuerbordseite und einen dritten gegen die Backbordseite ab. Die Jungfernfahrt der *Bismarck* endete am 27. Mai 1941 um 10.36 Uhr bei 48° Nord, 16° West, als sie mit fliegenden Fahnen unterging. Bis auf 110 Mann nahm sie die ganze Besatzung mit in die Tiefe. Günther Lütjens starb auf der Admiralsbrücke. Es war sein 52. Geburtstag. Als Wohlfahrt mit *U 556* auf der Szene erschien, um die Logbücner zu übernehmen, konnte er nur noch drei Überlebende aus dem Wasser fischen, ehe er sich wieder von der Szene der Verwüstung davonstahl.

Bei dem größten Seegefecht seit der Schlacht im Skagerrak mußte der Großteil der britischen Home Fleet nebst beträchtlicher Verstärkung gegen gerade zwei deutsche Schiffe aufgeboten werden. Beide Seiten verloren das, was sie den Stolz ihrer Flotten nannten, und dazu im Kampf je einen Admiral und die Mannschaften eines Großkampfschiffes. Der Verlust der *Hood* und die unzulängliche Ausstattung und Verarbeitung der *Prince of Wales* führten der Admiralität die Probleme des Alters und der Überbeanspruchung der britischen Großkampfschiffe drastisch vor Augen. Verdoppelt wurde dieser Eindruck noch einmal angesichts der Zeit und des Aufwandes, die die Versenkung der *Bismarck* beanspruchten. Sie waren ein Zeichen für die unerreichte Qualität der deutschen Kriegsschiffe vom Entwurf bis zur Vollendung. Die Aufteilung des Schiffsrumpfes der *Bismarck* in kleine, wabenartige Abteilungen erklärt mit, warum sie so lange Zeit brauchte, ehe sie unterging. Es gab guten Grund für die Annahme, daß ihr Schwesterschiff, die kurz vor der Vollendung stehende *Tirpitz,* sogar noch großartiger ausfiel. Von der *Prinz Eugen* ließ sich nicht dasselbe sagen. Sie kreuzte jetzt im Mittelatlantik, seit sie sich von der *Bismarck* getrennt und Treibstoff von einem der Versorgungsschiffe übernommen hatte, die zur Unterstützung der Operation ›Rheinübung‹ hinausgeschickt worden waren. Zwei Tage später bekam sie die gleichen Probleme mit der Maschine, die auch schon die *Hipper,* ihr Schwesternschiff, gequält hatten, und Kapitän Brinkmann beschloß, seine geplanten Angriffe auf Geleitzüge einzustellen und sich auf den Weg nach Brest zu machen. Die Engländer leiteten aus dem Funkverkehr am 27. Mai ihre Pläne ab und versuchten, ihr mit U-Booten eine Falle zu bauen. Aber der Schwere Kreuzer erreichte Brest unentdeckt und ohne erkennbare Probleme am 1. Juni. Die Luftaufklärung fand das Schiff dort am 4. Juni.

Doch es war genausogut ein Krieg der Gehirne wie der Bombardements, und so ist es an der Zeit, sich wieder den Leuten vom britischen Nachrichtendienst zuzuwenden, die immer noch ihre Beute, die Enigma-Maschine und ihre aktuelle Software, in den Händen wogen. Zwei Tage vor Lemps unfreiwilligem Geschenk aus dem Bestand von *U 110* am 9. Mai schlich sich der britische Zerstörer *Somali* in den Gewässern von Grönland an das deutsche Wetterschiff *München* heran, zwang es zur Übergabe und schickte ein sorgfältig vorbereitetes Prisenkommando an Bord. Man fand keine Enigma-Maschine (die Mannschaft hatte Zeit genug gehabt, sie über Bord zu werfen), aber es konnte eine Menge Chiffriermaterial beschlagnahmt werden. Das hatte zwar nicht die höchste Geheimhaltungsstufe, bot aber immer noch genügend wertvolles Futter für die Mühlen in Bletchley Park, wo man versuchte, ein ausgedehntes und detailliertes Bild vom deutschen Funkspruchsystem zu entwerfen. Auch Routinemeldungen wie Wetterberichte enthielten Hinweise auf Funksprüche, durch die Einsätze gelenkt wurden. Am 28. Juni gewann man durch eine ähnliche Operation gegen das Wetterschiff *Lauenburg* weiteres wertvolles Material, zum Beispiel über die Einstellung der Maschine in den nächsten Monaten. In Bletchley Park standen jetzt die Analytiker in Tag- und Nachtschichten vor dem größten Durchbruch, der ihnen in diesem Krieg gelingen sollte.

Für die Jagd auf die *Bismarck* kam der große, unverhoffte Glücksfall des Nachrichtendienstes gerade um soviel zu spät, daß er hier nur noch eine Rolle am Rande spielen konnte. Doch immerhin hatte ein kurzer, intuitiver Einbruch in den Enigma-Verkehr vom April die sichere Erkenntnis gebracht, daß eine größere Angriffsaktion auf die Handelsrouten direkt bevorstand. Kurz darauf wurden dann auch die Schiffe auf hoher See gesichtet. Während der folgenden Woche der Gefechte und der Jagd nach den Eindringlingen brauchte man in Bletchley Park immer noch drei bis sieben Tage, ehe man die Enigma-Meldungen wieder entwirrt hatte, und dann hatten sie für die Operationen keinen Wert mehr. Keiner der 22 Funksprüche, die die *Bismarck* während dieser Woche in die Heimat abgesetzt hatte, konnte entschlüsselt werden, bevor sie gesunken war. Aber man bekam in Bletchley Park durch Analyse des Funkverkehrs heraus, daß Lütjens von Wilhelmshaven über Brest mit dem Oberkommando verbunden war, und das zeigte ihnen, daß er Frankreich ansteuerte.

Seit Ende Mai war man in Bletchley Park daher nicht nur mit dem aktuellen Schlüsselmaterial für die Enigma-Maschine versorgt, sondern man war auch im Besitz der deutschen Kurzsignalbücher, die für die Übermittlung komprimierter, aber wichtiger Wetter- und Sichtmeldungen gebraucht wurden. Außerdem hatte man ein Exemplar der Quadratkarte, mit dessen Hilfe die Deutschen die Positionen ihrer Schiffe auf dem Atlantik eintrugen. All das stammte aus der *U 110*-Beute, und es half den Experten von Bletchley Park nun beim Nachzeichnen eines klaren Bildes von den U-Boot-Operationen, wie Dönitz sie entworfen hatte. Ende Juni waren die Engländer so weit, daß sie jeden Funkspruch zwischen einem U-Boot und dem Hauptquartier in Frankreich abfingen und sehr schnell entschlüsselten. Dieses unbezahlbare Material, dazu die traditionelleren Nachrichtenquellen und sein schnell sich entwickelnder Instinkt ermöglichten es Commander (später Captain) Rodger Winn, sich vom ›Submarine Trakking Room‹ (STR) der Admiralität aus bis in die Gehirnwindungen Dönitz' und seines Operationschefs, Admiral Godt, vorzuarbeiten.

Winn war Jahrgang 1904 und ein anerkannter Anwalt. Als Junge wollte er zur Navy, aber eine schwere spinale Kinderlähmung hinderte ihn daran. Sein Rücken blieb krumm, er konnte nur humpeln, und längere Zeit zu stehen, bereitete ihm Zeit seines Lebens Schmerzen. Aber jetzt hatte er sich freiwillig zum Dienst gemeldet, und Patrick Beesley, der sein Stellvertreter wurde, läßt in seinem Buch ›Very Special Intelligence‹ keinen Zweifel, daß Winns Beitrag zum Sieg in der Schlacht im Atlantik (und damit im gesamten Krieg) einer der größten war, den ein einzelner Mensch leisten konnte. Sein erster freiwilliger Dienst bei Ausbruch der Feindseligkeiten bestand darin, daß er seine am Gericht gemachten Erfahrungen nutzte, um Kriegsgefangene zu verhören. Aber ein glücklicher Zufall rief ihn ins OIC, wo er zunächst als Zivilist Dienst tat. Zum Offizier wurde er Ende 1940 ernannt, als der Leiter des STR, Paymaster-Captain Thring, der die gleiche Aufgabe schon im Ersten Weltkrieg erfüllt hatte, Zeichen von Überbeanspruchung zeigte. Konteradmiral John Godfrey, Direktor des Marine-Nachrichtendienstes und ebenfalls ›Room 40‹-Veteran von 1914–18, duldete die erfrischende Mißachtung des Protokolls, die sich in einer Übernahme Winns zum Jahreswechsel in den STR ausdrückte. Da Godfreys persönlicher Assistent ein gewisser Lieutenant-Commander Ian Fleming von der Freiwilligenreserve war, der nach dem Krieg seinen 007-Agenten James Bond so manches erfundene Abenteuer bestehen ließ, wurde deutlich, daß man beim Nachrichtendienst mehr an Talenten Interesse zeigte als an nichtssagenden Rangordnungen und ›richtiger‹ Herkunft aus der Navy. Godfrey leitete den Marine-Nachrichtendienst im Zweiten Weltkrieg nicht von ›Room 40‹ aus, sondern von ›Room 39‹ (Altes Gebäude). Das OIC war als Nervenzentrum in einem unterirdischen Bunker untergebracht, dessen ungemein scheußliche und nicht abreißbare ›Kappe‹ über der Erde noch heute in der Nähe des Admiralty Arch in London zu sehen ist, ganz von Kletterpflanzen überwuchert.

Winn hatte Charme, er war intelligent und konnte gut erzählen, und das alles strafte den äußeren Eindruck, den man von ihm hatte, Lügen: Mit der Brille auf der Nase sah er aus wie ein Gnom; aber er hatte breite Schultern, mit denen er sich über die Landkarten beugte und den Zusammenbruch des Dritten Reichs plante. Obwohl er nun über eine Fülle frischer Informationen verfügte, die der Schlacht eine Wendung gaben und ihn die deutsche Kriegsmarine ausmanövrieren ließen, wurde der Kampf um die Kontrolle der Handelsrouten auf dem Atlantik nicht gleich zu einer einseitigen Angelegenheit. Die Deutschen hatten noch immer die Nase vorn, und sie waren ständig um die Sicherheit der Nachrichtenübermittlungen besorgt, in welche die Engländer gerade eingedrungen waren. In der ersten Hälfte des Jahres 1941 untersuchten Dönitz' Stab und der B-Dienst unabhängig voneinander, welche Möglichkeiten man dem Feind mit dem unvermeidlichen Funkverkehr eigentlich bot. Man kam zu dem Schluß, daß die Engländer durch Ortung der U-Boot-Funksprüche bemerkenswert genaue Positionsbestimmungen vornehmen konnten und daß jeder Funkspruch ein Hilfsmittel sein mußte, sich ein Bild von den Aktionen des Feindes zu machen.

Am 9. Juni wurde daher an alle U-Boote der Dauerbefehl 243 ausgegeben, im Angriffsgebiet die Funkgeräte nur noch für taktisch bedeutsame Funksprüche zu benutzen, für Antworten auf spezifische Anfragen aus dem Oberkommando oder in Fällen, in denen der Feind nach Angriffen ohnehin über die Anwesenheit von U-Booten Bescheid wußte. Dieselben Beschränkungen galten auch für Boote auf dem Weg in das Operationsgebiet und zurück, es sei denn, sie befanden sich in eindeutig sicheren Gebieten. Man führte neue Kanäle ein und wechselte häufig die Wellenlänge — und außerdem bediente man sich irreführender Angaben hinsichtlich der Quadratkarten, gerade als der britische Nachrichtendienst sich mit den Karten von *U 110* vertraut zu machen begann. Die Funksprüche bezogen sich nun nicht direkt auf die Quadrate, sondern auf eine ganze Reihe verschlüsselter Bezugspunkte, die über die Karte verstreut waren. Das war sozusagen ein Code im Code, und der bremste die Entschlüsselungsexperten in Bletchley Park ausgerechnet zu dem Zeitpunkt, als sie Tritt zu fassen begannen. Bis in den Juli hinein hatten sie mit diesem Handicap zu kämpfen. Kaum war dieses Hindernis beseitigt, fingen die Deutschen im September an, die Bezüge auf die Planquadrate zweifach zu verschlüsseln. Sie hatten inzwischen nämlich den starken, allerdings unbewiesenen Verdacht, daß die Engländer über eine unbekannte Informationsquelle verfügten. Kaum waren die Engländer dieser Methode auf die Schliche gekommen, wurde die nächste Sicherheitsschwelle eingebaut. Den U-Booten wurde ein Satz Schlüsseltabellen und ein ›Adreßbuch‹ mitgegeben. Mit der Tabelle ließen sich Verweise auf Planquadrate dadurch entschlüsseln, daß der jeweilige Funkspruch auch einen erfundenen Namen mit Adresse enthielt. Das alles erschwerte die Arbeit in Bletchley Park und im OIC zusammen mit dem Umstand, daß die U-Boote ab August nicht mehr mit ihren Nummern angesprochen wurden, sondern mit den Namen ihrer Kommandanten. Es passierte ihnen oft, daß sie in einem Funkspruch alles herausbekamen, bis auf den wichtigsten Punkt in ihm: die Position des U-Boots.

Doch genau während dieser Phase wurde ein Grundstein zum endgültigen Sieg gelegt, wenn auch bisweilen nach der

Methode der Echternacher Springprozession. Sie schlug sich in der geschickten Art nieder, in der das OIC sämtliche deutschen Funksprüche dazu benutzte, die Konvois aus der jeweiligen Gefahrenzone zu lenken. Das sollte der bei weitem größte Gewinn sein, den das OIC aus seiner Arbeit zog. Zugleich wird es dadurch unmöglich, den Wert der Arbeit zu quantifizieren, die der britische Nachrichtendienst in der Atlantikschlacht leistete, so wie man ja auch unmöglich ausrechnen kann, wie viele Verbrechen durch die bloße Existenz der Polizei verhindert werden. Aber gewiß kann man annehmen, daß der Effekt in beiden Fällen groß ist. Wie in so vielen anderen Bereichen erwies sich auch gegenüber den U-Booten Vorsorge als das bessere Mittel. Außerdem war sie leichter ins Werk zu setzen als spätere Heilungsversuche. Natürlich kann man am Ende die ›abgeschossenen‹ U-Boote zählen, kaum aber die Schiffe, die durch Ausweichen auf andere Routen gerettet werden konnten.

Als Bletchley Park der Durchbruch gelang, war Churchill über alle Maßen entzückt und revanchierte sich im Hochsommer 1941 mit einem streng geheimgehaltenen Besuch bei dieser einmaligen Einrichtung. Es war typisch für den angriffslustigen Kriegspremier, daß er gleich alles, was England aufbieten konnte, nach vorne werfen wollte, um die deutschen Streitkräfte jetzt zu stellen und zu vernichten. Als wäre er mit seiner Rolle als Premier und Verteidigungsminister noch nicht ausgelastet genug, ließ er sich Kisten voller entschlüsselter Meldungen schicken. Er nannte sie ›meine goldenen Eier‹, und die Leute in Bletchley Park waren die Gänse, die sie ihm legten, ›aber niemals schnatterten‹. Was muß es ihm für eine Freude bereitet haben, die Kriegführung der Deutschen genauso von innen betrachten zu können wie damals, als er 1914/15 Erster Lord der Admiralität gewesen war.

Aber die Gänse waren alles andere als glücklich in ihrem überfüllten Stall. Ständig mußten sie mit Whitehall und mit der Militärbürokratie um dringend benötigtes Personal rangeln — sie brauchten nicht nur Entschlüsselungsexperten, sondern auch ›Wrens‹ (das waren Mitglieder des ›Womens' Royal Naval Service‹), die das ganze Material abtippten; aber das endete stets mit einer Niederlage.

Eine Neuorganisation von Bletchley Park brachte es mit sich, daß Turing aus Baracke 9 abgezogen wurde (was nicht weiter überraschte, denn er als deren inoffizieller Leiter hatte sich in Verwaltungsdingen als hoffnungsloser Fehlschlag erwiesen). Ihm wurden jetzt langfristige Forschungsaufgaben als Chefberater von Bletchley Park zugewiesen. Das führte ihn in ganz neue Reiche, bis hin zur Entwicklung des ersten Computers. So war er wohl der einzige Mensch, der vielleicht in der Lage gewesen wäre, die umfassende Geschichte einer von Grund auf anarchischen Organisation zu schreiben, wenn er dazu die gesetzliche Erlaubnis erhalten hätte — und wenn er lange genug gelebt hätte; er nahm sich 1955 das Leben.

›Ultra‹ bedeutete in den Nachrichten des britischen Geheimdienstes eine besondere Sicherheitsklassifikation. Die Nachrichten waren auf die höchste Kommandoebene beschränkt, vor allem auf die Oberkommandierenden der Teilstreitkräfte, den Chef des Militärischen Geheimdienstes (MI6) und einige Minister und ähnlich hohe Chargen. Ab Juni 1941 kamen die Oberkommandos der amerikanischen und der kanadischen Kriegsmarine hinzu. Man ging dabei so vor, daß eine Operation, die auf diesen Nachrichten basierte, parallel dazu auch aus anderen ableitbar sein sollte, also aus Informationen, die durch Luftaufklärung, Funkpeilung oder aus Analysen des Funkverkehrs gewonnen wurden. Die Operation vom 13. Juni gegen das Panzerschiff *Lützow* (früher *Deutschland*) gehörte zu den ersten Anwendungen dieses Prinzips. Der Angriff mit 14 Torpedobombern beruhte auf den vom Enigma-Gerät verschlüsselten Meldungen über die Bewegungen der Deutschen auf ihrer Fahrt nach Norwegen. Ein Torpedo traf das Schiff und legte es für sieben Monate lahm. Die Engländer waren jetzt soweit, daß sie alle Bewegungen der größeren feindlichen Kriegsschiffe verfolgen konnten. Eine weitere, noch viel riskantere Anwendung von ›Ultra‹ war die schnelle Ausschaltung von 15 Tankern und Versorgungsschiffen, die im April für die *Bismarck* und die *Prinz Eugen* in See gegangen waren. Alle wurden ab Anfang Mai in weniger als zehn Wochen versenkt. Acht konnten dadurch ausgemacht werden, daß man in den Enigma-Code eindrang; zwei von ihnen wurden sogar gegen den Plan der Admiralität versenkt. Man wollte nämlich zwei entkommen lassen, damit die Deutschen keinen Verdacht schöpften!

Wir sollten hier noch eine andere direkte Anwendung entschlüsselter Enigma-Meldungen erwähnen: Als man herausbekam, daß sich Ende Juni nicht weniger als zehn U-Boote zum Angriff auf den nach England laufenden Konvoi HX 133 sammelten, zogen die Engländer von zwei nach Westen laufenden Konvois den größeren Teil ihrer Eskorte ab und boten 13 Kriegsschiffe gegen das Rudel auf. Fünf Handelsschiffe und zwei U-Boote (darunter Wohlfahrts *U 556*) wurden im darauf folgenden Gefecht versenkt. Für die Verteidiger war es ein knapper Sieg. Aber es waren die Schwierigkeiten der Deutschen beim Aufspüren der Geleitzüge und die schnelle Folge der Verluste unter den Versorgungsschiffen, die sie dazu brachten, die Sicherheit ihres Funkverkehrs zu überprüfen. Selbst wenn sie hierbei noch nicht auf der richtigen Spur waren, machten ihre Maßnahmen den Horchern in England das Leben schwerer als vorher.

Im Hochsommer des Jahres 1941 erlebte der Krieg eine seiner heftigsten Wendungen überhaupt. Wieder war es Hitler, der die Welt mit einem Schlag überraschte, den er schon seit einem Jahr vorbereitet und auf die er seine Kräfte konzentriert hatte: das Unternehmen ›Barbarossa‹. Am 22. Mai wurden 120 Divisionen nach Rußland geworfen. Die Auswirkungen dieses ungeheuren strategischen Fehlers — ein aus freien Stücken begonnener Zwei-Fronten-Krieg — waren im Atlantik schon spürbar geworden, ehe der Feldzug überhaupt begonnen hatte, und erst recht gleich danach. Churchill bekannte sich umgehend zu der Devise ›Meines Feindes Feind ist mein Freund‹, stellte seinen ganzen Abscheu gegen den Kommunismus zurück und erkannte schnell den Vorteil, daß der deutsche Einfall in die Sowjetunion einiges von dem Druck wegnehmen würde, der bis dahin auf dem Vereinigten Königreich und seinen Verbündeten gelastet hatte. Das britische Empire stand nun nicht mehr allein in der Frontlinie gegen die Achsenmächte. Schon vor der Invasion konzentrierte die deutsche Überwasserflotte ihre Aufmerksamkeit auf die Ostsee (bis auf die *Bismarck* und die *Prinz Eugen*, deren Einsatz von Hitler gleich mit bösen Vorahnungen begleitet wurde). Als der mehrfach hinausgeschobene Tag der Invasion kam, wurden in wachsender Zahl deutsche Jagdmaschinen, Bomber und Kriegsschiffe aus Frankreich abgezogen und an die neue Front geschickt. Das geschah in einem Ausmaß, wie es die Engländer anfangs gar nicht begriffen. Aber als die Luftwaffe weniger Flüge über dem Ostatlantik durchführte und ihre Jäger weniger aktiv gegen die britischen Küstenkonvois vorgingen (und zugleich den Schutz ihrer eigenen Schiffahrt entlang der gesamten westeuropäischen Küste reduzierten), da wurde die Erleichterung bald spürbar. Im übrigen waren noch viele deutsche Kräfte im Mittelmeerraum durch die Einsätze in Griechenland und Nordafrika gebunden, was wiederum die Royal Navy zu einem Engagement in dieser Region zwang.

Doch selbst Hitler begriff, daß er sich übernehmen würde, wenn er neben 200 Millionen Russen auch noch 150 Millionen Amerikaner gegen sich hätte. Er schätzte Roosevelts Denkweise durchaus richtig ein und glaubte, inneramerikanische Überlegungen würden ihn so lange wie möglich von einem direkten Eingreifen abhalten. Hitler nahm an, daß Japan, wenn die Zeit reif war, die amerikanischen Kräfte binden würde. Er wußte nicht, daß die Regierungen der USA und Englands sich bereits prinzipiell auf die Strategie ›Deutschland zuerst‹ geeinigt hatten. Deutschlands ›Führer‹ hatte offenbar die Fähigkeit der USA unterschätzt, an zwei Fronten Krieg zu führen. Das ist insofern seltsam, als er ja selbst sich freiwillig in eine solche Situation gestürzt hatte.

Dabei verfügte er über viel geringere Ressourcen als die Amerikaner, die längst dabei waren, sie zu mobilisieren.

Schnell wurde ein englisch-sowjetischer Beistandspakt ausgehandelt und am 12. Juli in Moskau unterzeichnet. Einer der ersten Wünsche Stalins war ein Flotteneinsatz gegen die deutschen Schiffe im hohen Norden. Die finnische und die norwegische Küste waren unter deutscher Kontrolle. Strategisch am wichtigsten war für die Sowjets in diesem Bereich der eisfreie Hafen von Murmansk. Raeder hatte seine Bedeutung genau erkannt, als er ›Barbarossa‹ plante. Hitler hielt ihn bei seinem notorischen Unverständnis für Marinestrategie für weniger wichtig. Über diesen Hafen sollten die angloamerikanischen Kriegsgüter geliefert werden, und als die Deutschen versuchten, ihn von Land aus zu nehmen, warfen die Russen alles in die Bresche, um ihn mit Erfolg zu verteidigen.

Admiral Tovey erhielt von der Admiralität den Befehl, mit den beiden Flugzeugträgern der Home Fleet einen Luftangriff gegen den deutschen Schiffsverkehr im hohen Norden zu unternehmen. Es waren die Flugzeugträger *Furious* und *Victorious*. Konteradmiral Wake-Walker stach mit ihnen am 23. Juli von Scapa Flow aus in See. Er selbst befand sich auf dem Schweren Kreuzer *Devonshire*. Unterstützt wurde er noch von der *Suffolk* und sechs Zerstörern. Das geschah gegen Toveys Rat, der die deutsche Flugabwehr in Norwegen für zu stark hielt (er konnte nicht wissen, daß auch sie wegen des Einfalls nach Rußland ausgedünnt worden war). Er war für einen Angriff auf die Stützpunkte im südlichen Norwegen gewesen. Wegen anderer Verpflichtungen hatten die Engländer diese bislang immer links liegen gelassen, was die Deutschen dort stets von neuem wunderte. Hitler glaubte stets, die Engländer wären gezwungen, einen Vorstoß gegen seine lange und exponierte Nordwestflanke zu führen, und die Verwundbarkeit Norwegens, wie er sie sah, wurde bei ihm bereits zu einer fixen Idee.

Wake-Walkers Attacke ging größtenteils ins Leere, denn bevor er sie noch starten konnte, wurde er am 30. Juli bereits von der Luftwaffe entdeckt. Die Deutschen lenkten ihre Schiffe um oder zogen sie zurück, und die britischen Flugzeuge erlitten bei ihren Angriffen auf die Häfen von Kirkenes in Norwegen und Petsamo in Finnland schwere Verluste. Den Deutschen gelang es nämlich, ihre Jäger und ihre Flugzeugabwehr dort zu konzentrieren. Die englischen Angriffe brachten keine greifbaren Ergebnisse. Das galt auch für die Attacke auf den norwegischen Hafen Tromso, die die Engländer auf ihrem Rückweg nach Scapa flogen. Dem Minenleger *Adventure,* der mit den Briten nach Norden gefahren war, gelang dagegen mit einer Ladung Minen der Durchbruch nach Archangelsk — das war die erste Lieferung von Kriegsmaterial an Rußland auf dem Seeweg. Kein britisches Schiff wurde bei dem ganzen Unternehmen beschädigt.

In London zerbrach man sich den Kopf darüber, was ein selbst stark unter Druck stehendes England in die Sowjetunion liefern könnte. Der Großteil an Kriegsmaterial mußte aus den Vereinigten Staaten kommen, und das lief nicht nur auf eine noch größere Belastung des ohnehin schon überstrapazierten Konvoisystems über den Atlantik hinaus, sondern machte auch noch die Einrichtung einer gefährlichen ›Zweiglinie‹ von England nach Nordrußland erforderlich. Diese neue strategische Route lag im Operationsbereich der Home Fleet, die jetzt ihre Aufmerksamkeit vom fernen Nordatlantik nach Osten in die frostigeren Gewässer östlich von Island lenkte.

Aber noch hatten die Deutschen zwei strategische Überwassereinheiten direkt vor den Toren Englands im Süden aufzubieten: die beiden Schlachtkreuzer und die *Prinz Eugen* in Brest. An die Bedrohung, die von ihnen ausging, wurde Tovey am 22. Juli erinnert, als die *Scharnhorst* wieder in See ging und er sich auf eine neue Jagd vorbereiten mußte. Doch sie fuhr nur die Küste entlang bis La Pallice, wo sie repariert werden sollte. Am 23. Juli entdeckte sie dort ein Aufklärungsflugzeug, und am Tag darauf bombardierten ›Halifax‹-Maschinen vom RAF-Bomberkommando den Schlachtkreuzer und trafen ihn fünfmal. Im Schutz eines willkommenen

Nebels humpelte die *Scharnhorst* noch am gleichen Abend nach Brest zurück. 3000 t Wasser waren in sie eingebrochen. Am 25. Juli kam sie ins Dock. Acht Monate lang war sie außer Gefecht gesetzt. Die *Gneisenau* war nach zwei im April erlittenen Fliegerangriffen etwas besser daran. Dafür wurde die *Prinz Eugen* Anfang Juli in Brest von einer Bombe stark beschädigt. Die Admiralität wußte äußerst genau über ihren Zustand Bescheid, was sie nicht nur der Entschlüsselung von Funksprüchen verdankte, sondern auch Hunderten von Aufklärungsfotos sowie den Berichten von Spionen und U-Boot-Patrouillen. Ständig wurden neue Minen gegen die derzeit eher entfernte Möglichkeit eines Ausbruchs gelegt. Aber das Bomberkommando der RAF wehrte sich gegen Forderungen aus der Navy, eine Aufgabe zu vollenden, für die das Küstenkommando nicht genügend ausgerüstet war: Wie bei den Angriffen auf die nahen U-Boot-Bunker in Frankreich sah man in solchen Unternehmungen eine Ablenkung von der Hauptaufgabe der RAF: die Bombardierung Deutschlands. Bei der RAF sah man nicht, wie wichtig es gewesen wäre, diese zwei festliegenden Ziele zu zerstören, solange sie am verwundbarsten waren (die Bunker waren im Sommer 1941 noch bei weitem nicht fertig). Nicht, daß es eine leichte Aufgabe gewesen wäre, aber eines war sicher: Je länger man sie hinauszögerte, desto schwerer war sie zu erfüllen. Der Streit zwischen den Teilstreitkräften endete damit, daß das Bomberkommando sich bereit erklärte, auf das Trio in Brest ein paar schwere Angriffe zu fliegen, wenn es Anzeichen dafür gebe, daß sie auslaufen wollten. Im Kriegskabinett hatte die RAF-Linie eine Mehrheit.

Deutschlands Überfall auf Rußland ließ die transatlantische Route sogar noch bedeutsamer werden als vorher: der stets vorsichtige Roosevelt suchte noch immer nach Hilfsmöglichkeiten, ohne die USA selbst in die Feindseligkeiten zu verwickeln. Nachdem am 21. Mai der US-Frachter *Robin Moor* von einem U-Boot versenkt worden war und die *Bismarck* in den Westatlantik vorgedrungen war, verkündete der Präsident am 27. Mai einen ›unbegrenzten nationalen Notstand‹. Im Monat darauf wurden die Vermögen der Achsenmächte in den USA eingefroren und die deutschen und italienischen Konsulate offiziell geschlossen. In seinem nächsten Schritt in Richtung auf den ›heißen‹ Krieg dehnte er die östliche Sicherheitsgrenze der westlichen Hemisphäre bis nach Island aus. Als von der Verfassung bestimmter oberster Befehlshaber wies Roosevelt seinen Operationschef der Kriegsmarine an, eine Expeditionsstreitmacht aus Schiffen der US-Navy und aus US-Marines zusammenzustellen, welche die dortige britische Garnison entlasten sollte.

Als der Plan im Kongreß bekannt wurde, gab es einen gewaltigen Krach. In Deutschland versuchte Raeder Hitler davon zu überzeugen, daß der amerikanische Schritt ein kriegerischer Akt war. Die isländische Regierung wurde unter Druck gesetzt, die Amerikaner um Schutz zu bitten, aber sie zögerte lange. Dennoch wurden 4400 Marines am gleichen Tag, an dem die Deutschen die russische Grenze überschritten, auf den Weg nach Island geschickt, wo sie am 7. Juli landeten. Kurz darauf flog Harry Hopkins, Präsident Roosevelts engster und wichtigster Berater, nach England, um mit Churchill über eine gemeinsame Hilfsaktion für Rußland zu konferieren. Auf Anweisung des Präsidenten dürfe mit dem britischen Politiker »kein Wort vom Krieg« gesprochen werden, während Churchill eine direkte Verwicklung Amerikas in den Konflikt als unmittelbar bevorstehend bezeichnete. Die feindselige Haltung Amerikas zum Empire-Konzept der Briten offenbarte sich, als Hopkins argumentierte, die Engländer wendeten zuviel für den Mittelmeerbereich auf, wo sie auch noch Mißerfolge erlebten, und das alles gehe auf Kosten des alles entscheidenden Kriegsschauplatzes im Atlantik. Hopkins flog weiter nach Moskau zu Gesprächen mit Stalin, der die Eröffnung einer zweiten Front verlangte, um den deutschen Druck auf Rußland zu vermindern. Aber er versprach gleichzeitig entschlossenen russischen Widerstand. Wie Churchill erwartete auch er von den Amerikanern, daß sie das nötige Werkzeug bereitstellten, mit dessen Hilfe diese Aufgabe nur zu erledigen war. Hopkins flog wieder zurück nach London, um weitere Gespräche zu führen, und am 4. August begleitete er Churchill an Bord des nach der Begegnung mit der *Bismarck* eilig reparierten Schlachtschiffs *Prince of Wales.* Gemeinsam fuhren sie nach Neufundland zum ersten anglo-amerikanischen Gipfeltreffen seit Ausbruch des Krieges.

Ihr Ziel war Argentia, dem den Amerikanern zugewiesenen Stützpunkt in der britischen Kolonie. Im Dezember 1940 war der Ort beim Eintreffen der ersten amerikanischen Vorhut eine Geisterstadt. Seit die Silbermine, die der Stadt auch ihren Namen gegeben hatte, ausgebeutet war, lag sie verlassen da. Die ersten Marines zogen im Februar 1941 ein, und eine Staffel ›Catalina‹-Maschinen war rechtzeitig stationiert worden, um an der Suche nach der *Bismarck* teilzunehmen. Mitte Juli waren die Luft- und Flottenbasen voll einsatzfähig, als Konteradmiral Bristol eintraf, um von hier aus das Kommando über die ›Atlantic Fleet Support Group‹ zu führen (sie erhielt dann endgültig den Namen ›US Navy Task Force 24‹). Sie hatte die Aufgabe, die Schiffahrt im norwestlichen Atlantik zu schützen. Dabei hatte sie auch die Befehlsgewalt über die dort eingesetzten kanadischen Kriegsschiffe. Auf die Weise kam ein Teil der Royal Canadian Navy, die England im Krieg unterstützte, unter das Kommando eines Admirals einer neutralen Macht.

Offiziell ging Roosevelt ›zum Fischen‹, als er sich heimlich auf den Kreuzer USS *Augusta* und zu seinem Rendezvous mit Churchill begab. Bedenkt man die Tradition einer offenen Regierungsweise in Washington, dann blieb das Treffen ein bemerkenswert gut bewahrtes Geheimnis, bis ihre Teilnehmer wieder daheim waren. Die dreitägigen Gespräche wurden am 9. August mit einer sehr gefühlsgeladenen Zeremonie eröffnet. Dann folgten einige allgemeine Diskussionsrunden, an denen die beiden Führer und ihre Oberkommandierenden teilnahmen, bevor der Präsident und der Premierminister sich zu privaten Gesprächen über die große Strategie zurückzogen. Zur gleichen Zeit diskutierten die Stabschefs praktische militärische Fragen. Die Amerikaner ließen sich nachdrücklich nicht auf eine Teilnahme an den Kämpfen festnageln, aber sie boten an, die Eskorten auf dem kanadisch-isländischen Abschnitt zu übernehmen. Das bedeutete den Einsatz von 50 Schiffen. Das große politische Ergebnis der Konferenz war die ›Atlantikcharta‹. Mit dieser anglo-amerikanischen Erklärung einigten die beiden sich auf die gemeinsamen Kriegsziele der Alliierten und auf eine Idee der Vereinten Nationen. Churchill hatte nicht alles erreicht, was er wollte, aber die Beziehung zu Roosevelt, die vorher nur über Fernschreiber und Telefon funktioniert hatte, war nun durch dieses lange und intime Treffen zementiert. Die anglo-amerikanische Allianz war installiert, und der Premierminister glaubte, es werde auch nicht mehr lange dauern, bis daraus eine Kampfgemeinschaft entstünde. Amerikanische Zerstörer begleiteten die *Prince of Wales* bis nach Island und vermittelten Churchill einen Eindruck von dem ausgearbeiteten Schutzsystem für die Schiffahrt, als sie ihn durch einen großen Konvoi steuerten.

Ein weiteres Ergebnis des Treffens von Argentina war eine gemeinsame anglo-amerikanische Kommission, die mit Stalin ein Hilfsprogramm ausarbeiten sollte. Der erste kleine Geleitzug nach Nordrußland ging am 21. August von Island in See. Er bestand aus dem Flugzeugträger *Argus,* der noch aus dem Ersten Weltkrieg stammte und hier als Flugzeugtransporter diente, und einem Frachter mit weiteren Jagdflugzeugen an Bord. Begleitet wurden sie von einem Flugzeugträger, zwei Kreuzern und sechs Zerstörern unter dem Kommando von Admiral Wake-Walker. Sie erreichten ohne Zwischenfälle ihr Ziel, und die Geleitschiffe unternahmen auf dem Rückweg ein paar Nadelstichangriffe auf Ziele an der nordnorwegischen Küste, aber ohne große Wirkungen. Die Schwierigkeiten, in diesen fernen und gefährlichen Gewässern erfolgreich zu operieren, waren entmutigend, und auch der gerade zum Konteradmiral beförderte Philip Vian mußte das erfahren, als er dort oben einen vorgeschobenen Flottenstützpunkt einrichten wollte. Er war zuerst nach Murmansk geflogen, aber dic Inspektion der Anlagen hatte ergeben, daß der Hafen nicht ausreichend befestigt war. Also fuhr er am 27. Juli mit zwei Kreuzern und zwei Zerstörern nach Spitzbergen. Deutsche Aufklärungsflugzeuge verhalfen ihm nach einem kurzen Blick auf die frostige norwegische Inselgruppe zu der Erkenntnis, daß sie auch für feindliche Angriffe zu exponiert lag. Es war aber ein Versäumnis der Engländer, daß sie dort keinen Anlaufhafen für die Route Island — Rußland einrichtete. So mußten die Eskorten nun genug Treibstoff gebunkert haben, um den langen Weg ohne Zwischenstation zu schaffen, oder es mußte mit jedem Geleitzug ein Tanker mitfahren. Der erste Geleitzug in Gegenrichtung bekam die Bezeichnung QP 1 und bestand aus einem einzigen Schiff — dem Frachter, der die Jagdflugzeuge transportiert hatte. Er ging am 28. September in See. Am Tag darauf ging der PQ 1 von Hvalfjord in See. Er wurde von einem Kreuzer, zwei Zerstörern und einer Escort Group begleitet.

Die deutschen U-Boote erlebten im Sommer 1941 eine vergleichsweise magere Zeit. Zum erstenmal fiel die monatliche Versenkungsrate unter ein Schiff pro eingesetztes Boot. Vom Höchststand im April (688000 BRT) sank die Kurve über 511000 BRT im Mai und 432000 BRT im Juni auf 121000 BRT im Juli. Das waren die weltweiten Gesamtverluste; das Aprilergebnis wurde dabei durch die Verluste im Mittelmeerraum erheblich beeinflußt (sie machten ungefähr 45 Prozent aus). Der Anteil der U-Boote an den Versenkungsziffern lag im Mai bei 325000 BRT. Diese Zahl fiel im August auf 80000 BRT — dank Ultra, dank der rückläufigen Unterstützung durch die Luftwaffe und dank der wachsenden Stärke und Schlagkraft der Eskorten.

Angesichts dieser Zahlen versuchte das stets gefräßige Bomberkommando erneut, sich auf Kosten des Küstenkommandos, des noch immer armen Verwandten der RAF, zu verstärken. Die erste, ungeduldig erwartete Lieferung von 20 amerikanischen Langstreckenbombern des Typs B 24 ›Liberator‹ erreichte England im Juni. Es waren eher die Engländer als die Amerikaner, die als erste den Wert dieses Flugzeugs erkannten. Es war schon vor dem Krieg entworfen worden, aber man hatte seine Vollendung nicht ernsthaft erwogen, bis man merkte, daß die ›Liberator‹ weiter fliegen konnte als jeder andere Bomber, mehr als doppelt so weit wie manche Typen, über die das Küstenkommando verfügte. Außerdem konnte sie 24 Wasserbomben transportieren, eine beispiellose Leistung. Die erste Runde ging an das Küstenkommando unter seinem neuen Oberkommandierenden, Air Marshal Sir Philip Joubert, der seit Juni im Amt war. Ein paar Maschinen wurden für besondere Zwecke reserviert, zum Beispiel für besonders wichtige Transportflüge über den Atlantik. Aber die erste Staffel ›ausgebauter‹ B 24 — sie wurden angepaßt und bekamen Extra-Treibstofftanks — wurde im September dem Küstenkommando zugeschlagen. Einen Monat später verfügte es nur noch über die halbe Staffel, weil die RAF die übrigen Maschinen für andere Zwecke brauchte, und plötzlich stand das Küstenkommando am Ende einer lautstark nach mehr ›Liberator‹-Bombern verlangenden Schlange. Es war dabei nicht nur dem Wettbewerb mit dem mächtigen Bomberkommando ausgesetzt, vielmehr war jetzt auch die US Army Air Force aufgewacht und hatte sich der seit Jahren vergessenen Flugzeuge im eigenen Hinterhof erinnert.

Aber es war dann ein ›Hudson‹-Bomber des Küstenkommandos, dieses unzulängliche, nur für kurze Strecken taugliche Arbeitspferd der britischen Kriegsmarine, der am 27. August 1941 einen einmaligen Triumph über die deutschen U-Boote feiern konnte. Staffelführer J. Thompson entdeckte während eines Patrouillenflugs eine halbe Stunde südlich von Island das langsam und aufgetaucht fahrende *U 570* (Korvettenkapitän Hans Rahmlow). Dieser Typ VIIc war das Rückgrat der Schlacht im Atlantik, und *U 570* befand sich gerade seit 72 Stunden auf seiner Jungfernfahrt. Thompson stieß hinunter und warf vier Wasserbomben, die auf die geringste Explosionstiefe eingestellt waren. Sie richteten genug Schaden an, daß die Besatzung in Schwimmwesten auf dem Kommandoturm auftauchte, als Thompson den zweiten Angriff flog und das Boot aus 30 Metern Entfernung unter Maschinengewehrfeuer nahm. Anders als das deutsche Seeflugzeug, das HMS *Seal* selbst hatte aufbringen können, konnte die ›Hudson‹ nicht wassern. Rahmlow hißte die weiße Flagge, nachdem Thompson über Lichtzeichen gedroht hatte, die Mannschaft weiter unvermindert zu beschießen, falls man versuchte, das Boot eigenhändig zu versenken. Rahmlows Antwort war, daß er das gar nicht könne, und gleichzeitig bat er um Rettung. Thompson kreiste über ihm, bis eine ›Catalina‹ kam und ihn ablöste. Am Abend traf ein bewaffneter Trawler aus Hvalfjord ein und schleppte *U 570* nach Island. Obwohl Rahmlow geistesgegenwärtig genug war, seine Befehle zu befolgen und Enigma-Maschine und Chriffrierunterlagen über Bord zu werfen, war die Kaperung für die Engländer ein großer Erfolg. Denn bisher hatten sie noch kein deutsches U-Boot am Haken bis ins Dock gebracht. Das Boot wurde repariert, neu ausgestattet und als HMS *Graph* der Navy Seiner Majestät einverleibt. Für das Studium der deutschen U-Boot-Technik und für die Ausbildung sollte es eine unschätzbare Rolle spielen. Wieder einmal waren die britischen Seeleute — wie schon ihre Kameraden seinerzeit bei *U 110* — tief beeindruckt von der Qualität des Bootes, was Ausstattung, Einrichtung und Verpflegung anging. Die technischen Experten waren dann später nicht weniger beeindruckt von der Konstruktion, der Stärke des Bootskörpers und vieler anderer Ausrüstungsgegenstände. Freimütig lieh man sich Ideen aus für die späteren britischen U-Boot-Generationen.

Alle jene beim Bomberkommando, in Downing Street und anderswo, die gedacht hatten, nach dem Rückgang der Versenkungsziffern im Sommer befänden sich die U-Boote auf dem Rückzug, wurden im September sehr schmerzhaft eines Besseren belehrt. Von 286 000 versenkten BRT Schiffsraum gingen 203 000 auf ihr Konto. Die Wolfsrudel waren wieder zurück im Atlantik und vor der westafrikanischen Küste. Dönitz hatte nun im Durchschnitt 35 Boote im Einsatz und konnte gleichzeitig mehrere Rudel bilden. Drei Viertel aller Versenkungen im Nordatlantik passierten in der Lücke, die von Flugzeugen nicht abgedeckt werden konnte. Aber am 16. September ging der Geleitzug HX 150 von Halifax nach Island in See, erstmalig von amerikanischen Schiffen eskortiert. Das war einen Tag nach der Ankündigung der USA, sie würden allen nicht-feindlichen Schiffen Geleitschutz geben, die vom amerikanischen Kontinent nach Island liefen. Als die drei westlichen Flotten seit Sommer 1941 stärker kooperierten, fiel den Amerikanern die Aufgabe zu, die schnellen HX-Konvois im Westatlantik zu begleiten, während die Kanadier die langsamen SC-Formationen aus Sydney eskortierten. Aber im September zeigte sich auch der Schwachpunkt der Royal Canadian Navy auf eine grausame Art, und verantwortlich war dafür in der Hauptsache ihr unbarmherzig forciertes Wachstum.

Am 30. August ging SC 42 zusammen mit der 24. Escort Group der RCN, bestehend aus einem Zerstörer und drei Korvetten, in See. Die Admiralität wußte, daß sich irgendwo südwestlich von Island die Gruppe ›Markgraf‹ — 14 deutsche U-Boote — aufhielt. Doch die bereits beschriebenen Schwierigkeiten beim Ausmachen ihrer Positionen hinderten auch hier den britischen Nachrichtendienst an einer genauen Ortsbestimmung. Der aus 64 Schiffen bestehende Konvoi mit 500 000 t Nachschub wurde deshalb weit nach Norden umgeleitet. Er passierte Cap Farewell an der Südspitze Grönlands in einer Entfernung von 60 Meilen. *U 85* meldete den Geleitzug. Die Meldung wurde abgefangen, und der SC 42 wurde noch weiter nach Norden gelenkt, wo ihm das grönländische Festland den Raum zum Manövrieren nahm. Am Abend des 9. September unternahmen drei weitere U-Boote der Gruppe ›Markgraf‹ einen gemeinsamen Angriff, und zwar aus der Mitte des Konvois selbst. In einer kurzen Nacht wurden acht Schiffe versenkt. Ein Tanker wurde beschädigt. Rettungseinsätze schwächten die Verteidigungskraft der Eskorten (ein vielversprechender Asdic-Kontakt wurde deswegen sogar wieder abgebrochen), und eine Korvette wurde abkommandiert, den getroffenen Tanker nach Island zu schleppen.

Am nächsten Abend folgte wieder ein Angriff von wenigstens sieben U-Booten, und dabei wurden weitere sieben Handelsschiffe versenkt. Die einzige greifbare Verstärkung stellten zwei Korvetten der RCN dar, die *Chambly* und die *Moose Jaw*, die von einer Übung der Admiralität abgezogen wurden. Als sie sich dem zerstreuten Geleitzug von achtern näherten, bekamen sie Asdic-Kontakt und warfen Wasserbomben. Das war eine bewundernswert prompte Reaktion, und die Kanadier staunten und freuten sich, als sie *U 501* (Korvettenkapitän Hugo Förster) plötzlich längsseits der *Moose Jaw* aus dem Wasser schießen sahen. Die Korvette drückte ihr 10-cm-Geschütz so weit nach unten wie möglich, und eröffnete das Feuer. Nach der ersten Salve hatte es eine Ladehemmung, und so versuchten die Kanadier, das U-Boot zu rammen. Aber sie streiften es nur, und die beiden liefen ein paar Meilen nebeneinander her, als wären sie zusammengebunden. Die kanadischen Seeleute staunten nicht schlecht, als sie vom Oberdeck eine Stimme hörten, die Befehle gab — auf deutsch. Förster war frech von seinem Kommandoturm auf die Korvette hinübergesprungen, ohne sich, wie ein Reporter später schrieb, auch nur nasse Stiefel zu holen. Die *Moose Jaw* drehte ab, um noch einmal einen Rammversuch zu unternehmen. Diesmal hatte sie mehr Erfolg. Mit ihrem MG kam sie dem Feuer des Gegners zuvor. Die *Chambly* schickte ein Prisenkommando unter Lieutenant Edward Simmons an Bord. Die Deutschen lehnten es sogar bei vorgehaltener Waffe ab, wieder unter Deck zu gehen. Sie hatten nämlich auf Befehl ihres Kapitäns die Bodenventile geöffnet und Sprengladungen angebracht. Die Kanadier kletterten schnell durch die Luke im Kommandoturm nach unten, kamen aber ebenso schnell wieder nach oben, als sie sahen, daß das Boot tatsächlich vollief. *U 501* nahm elf Männer mit sich, als es sank. Förster, der behauptete, an Bord der *Moose Jaw* gesprungen zu sein, weil er sich retten wollte, ging mit den übrigen 35 Besatzungsmitgliedern in Gefangenschaft.

Es war eine chaotische Begegnung gewesen, aber die kanadische Flotte hatte ihr erstes U-Boot versenkt, und das hatte sie vor allem dem Commander (später Captain) R. D. Prentice zu verdanken — ihn hatte man reaktiviert, damit er die Eskortenbesatzungen ordentlich ausbildete. Die beiden siegreichen Korvetten schlossen sich dem SC 42 an. Das taten noch drei weitere, und am 11. September stieß mittags die 12. Escort Group (fünf Zerstörer) aus Island zu ihnen. Die Schlacht wurde in der folgenden Nacht fortgesetzt. Der britische Zerstörer *Leamington* versenkte dabei *U 207*. Im ganzen verlor der Konvoi 16 Schiffe.

Auf Ersuchen der Admiralität erweiterte die RCN ihre sechs Escort Groups von vier auf sechs Schiffe. Aber sie war nicht in der Lage, die Zahl der Zerstörer von einem auf zwei pro Gruppe aufzustocken. Es standen nur Korvetten zur Verfügung. Also schickte man einen kanadischen Stabsoffizier zu Admiral King, dem Chef der US-Atlantikflotte, mit der Bitte um Verstärkung, weil jetzt die Amerikaner im Nordwestatlantik die Verantwortung trugen. King lehnte ab und bezog sich auf einen akuten Engpaß bei den einsatzfähigen Schiffen, die sich für Eskorten eigneten. Außerdem behauptete er, SC-Konvois lägen in der Verantwortung der kanadischen und der britischen Flotte. Zwar stellten die Kanadier und die Engländer hierfür tatsächlich den größten Teil der Geleitschiffe, aber das entband die US-Atlantikflotte nicht von ihrer Gesamtverantwortung. Es wird sich noch zeigen, daß King kein Mann war, mit dem man besonders leicht auskommen konnte, und er war der letzte, sich mit kanadischen Empfindlichkeiten aufzuhalten. Ihm bloß einen Stabsoffizier aus einer fremden Flotte mit der Bitte um mehr Schiffe zu schicken, war nichts als Zeitverschwendung. Auch bestand King darauf, daß alles nach seiner Nase ging; er nahm einfach nicht zur Kenntnis, welch schmerzhaft erworbenes Wissen sich bei den Engländern inzwischen über Konvois und ihre Führung angesammelt hatte. Daß es ausgerechnet britisches Wissen war, kam eher erschwerend hinzu.

Am 17. Oktober war es dann soweit, daß die Streitkräfte der Vereinigten Staaten ihren ersten Schlag seit 1918 durch einen deutschen U-Boot-Angriff hinnehmen mußten. Ein

Torpedo von *U 568* (Kapitänleutnant Joachim Preuß) traf den Zerstörer USS *Kearney* mitschiffs und tötete elf Männer. Das angeschlagene Schiff konnte sich mit nur einer Maschine nach Island durchschlagen, begleitet von USS *Greer.* Die *Greer* wiederum war das erste US-Schiff gewesen, das am 4. September Wasserbomben auf ein U-Boot geworfen hatte — allerdings ohne Erfolg. Präsident Roosevelt verlor keine Zeit und nutzte den Zwischenfall für seine Zwecke, wenn der eigentlich unvermeidliche Fall ihn auch kaum überraschen konnte. (Aber in Amerika war er natürlich ein Futter für die Medien, wo nur wenige darüber Bescheid wußten, wie sehr die US-Navy bereits in das Kriegsgeschehen verwickelt war). In einer Rundfunkansprache verurteilte er den Angriff, und im Kongreß nutzte er ihn zur Aufhebung einiger Neutralitätsgesetze. Aber am 30. Oktober wurden die Risiken, denen die US-Navy sich nun aussetzte, um einiges deutlicher, als *U 552* (Korvettenkapitän Erich Topp) die *Reuben James* vor das Sehrohr bekam. Topp versenkte den Zerstörer durch einen Torpedotreffer mittschiffs. Bis auf 64 Mann ging die gesamte Mannschaft verloren: 115 fanden den Tod. Das deutsche Oberkommando war auf eine Kriegserklärung der Amerikaner gefaßt. Doch noch hielt Roosevelt sich zurück und drängte den Kongreß nicht zur Ausübung seines verfassungsmäßigen Rechts.

Das amerikanische Schiff hatte den schnellen Konvoi HX 156 begleitet, der sonst kein Schiff mehr verlor. Leutnant Unno von Fischel hatte sich mit *U 374* auf den Weg gemacht, den Geleitzug anzugreifen, als er vor Neufundland den SC 52 sichtete. Der britische Nachrichtendienst fing seine Meldung auf, ebenso den folgenden Befehl aus Deutschland, nach dem nicht weniger als drei kleine U-Boot-Gruppen zu einem Rudel zusammengefaßt werden und einen Großangriff unternehmen sollten (sie bekamen nach damaliger Sitte gleich einen Namen verpaßt und nannten sich ›Raubritter‹). Die Admiralität ordnete ein Ausweichmanöver nach Norden an, aber das hinderte die Deutschen nicht daran, vier Schiffe am Ende des Konvois zu versenken. Zwei weitere Schiffe liefen im berüchtigten Nebel über den Sandbänken von Neufundland auf Grund. Dem SC 52 gehört der wohl einmalige Rekord, der einzige Konvoi unter den hunderten des ganzen Krieges gewesen zu sein, der wegen der drohenden U-Boote wieder in den Hafen zurückgeschickt wurde. Unter den gegebenen Umständen war das wahrscheinlich ein weiser Entschluß, und die Schiffe konnten ein paar Tage später wieder von Sydney, Cape Breton, in See stechen.

Die kanadischen Schiffe der ›Newfoundland Escort Force‹ waren überbeansprucht bis zur totalen Erschöpfung. Die RCN konnte nicht nein sagen, wenn sie um größere Eskorten gebeten wurde und danach um einen weiter nach Osten ausgedehnten Schutz, um für britische Schiffe auch den Südatlantik zu öffnen. Die Folge war, daß manche Kriegsschiffe der RCN von 30 Tagen 26 auf See zubringen mußten. Vier Tage Urlaub im Hafen statt der vorgesehenen zwölf ließen die Mannschaften nicht zur Ruhe kommen, und den Schiffen fehlte die lebenswichtige Wartung. Kanadische Korvetten waren sogar noch unbequemer als die britischen, bei denen es Verbesserungen, zum Beispiel einen verlängerten Bug, gegeben hatte. Dadurch schlugen bei rauhem Wetter die Brecher nicht mehr über die Decks, die zuvor dafür gesorgt hatten, daß kein Bett mehr trocken war und heiße Mahlzeiten ausfielen. Der Eifer, mit dem die Kanadier ihre Flotte ausbauten und ihre Industrie ankurbelten, erklärt gewiß das Ausmaß dieser Überforderung. Dazu kam die Tatsache, daß die Schiffe der RCN oft nur eine mittelmäßige, hausgemachte Ausrüstung besaßen.

Betrachtet man die Rolle, die der RCN im Krieg zugedacht wurde, dann zieht sich die Vernachlässigung, die sie im höheren Offizierskorps und bis hinauf in die Regierung von Ottawa erfuhr, wie ein roter Faden durch ihre Geschichte. Es fehlte an der nötigen Entschlossenheit, die wachsenden Schwierigkeiten in den Griff zu bekommen, die diese Politik einer Expansion um jeden Preis verursacht hatte. Das Hauptquartier der Kriegsmarine sah sich überfordert. Die Bereitschaft der kanadischen Offiziere, alle Anforderungen zu akzeptieren, weil sie nur das Wachstum der Flotte im Auge behielten, hatte ihren unvermeidlichen Preis. Wie immer in solchen Fällen wurde der Druck um so größer, je weiter die Lasten rangweise nach unten verteilt wurden, bis sie auf den Schultern der Männer landeten, die draußen auf See in ihren zu kleinen und unzureichenden Schiffen Dienst taten. Manche Offiziere der Royal Navy, unter ihnen Captain Donald Mcintyre, der überragende Eskorten-Führer, machten kein Hehl daraus, daß sie die RCN als Belastung empfanden.

Ende November erkannten die Engländer, daß die Kanadier zweimal so hart arbeiten mußten wie ihre eigenen Leute, ohne über die gleiche Erfahrung wie die Engländer zu verfügen, gar nicht zu reden von ihrer besseren Ausbildung und Ausrüstung. Ende des Jahres entschuldigte sich die Admiralität bei den Kanadiern dafür, daß sic aus Unkenntnis über die wahren Umstände allzu kritisch gewesen sei. Selbst Admiral King entwickelte Mitgefühl und versuchte, die Belastungen zu mildern.

Einer der Gründe für die Probleme der kanadischen Kriegsmarine war, wie bereits erwähnt, daß die deutschen U-Boote ihren Wirkungskreis nach Süden ausweiteten. Entsprechend mußten die Engländer Eskorten dorthin abziehen, um die Konvois von und nach Gibraltar und Freetown zu decken. Der in diesem Kapitel dargestellte Zeitraum war charakterisiert durch eine Reihe von Drehungen und Wendungen in den Dispositionen von Dönitz. Er suchte nach den schwachen Punkten im Nachschubsystem der Engländer. Zuerst rückte er von den Britischen Inseln weiter nach Westen, um den Fliegerpatrouillen und den Eskorten zu entgehen. Dann wandte er sich in die tropischen Regionen des Atlantiks, um die dort nur mit leichten Kräften geschützte Schiffahrt anzugreifen. Nach einem mageren Hochsommer im Ostatlantik zog er im September in den fernen Nordwesten des Ozeans, um die Schutzmaßnahmen für die Hauptroute an ihrer verwundbarsten Stelle zu sondieren.

Gleichzeitig wurden die Einsätze gegen Konvois südwestlich von Irland bis Mitte September wieder aufgenommen. In diesem Bereich konnten die ›Kondor‹-Maschinen den U-Booten bei der Suche nach Beute helfen, indem sie LW-Funksprüche mit Hilfe von langen Antennen, die sie hinter sich herschleppten, nach Hause absetzten. Britische Ausweichtaktiken ließen die Ziele schrumpfen, und so wurden die U-Boote in Gruppen losgeschickt und sollten zur gleichen Zeit in verschiedenen Gewässern zwischen Grönland und den Azoren, England und Neufundland ihr Glück versuchen. Dönitz probierte verschiedene Kombinationen von Rudeln und weit auseinandergezogenen Patrouillen aus. Sie sollten sicherstellen, daß man wieder mehr feindliche Schiffe sichtete. In der zehnwöchigen Phase von Anfang September bis Mitte November unternahm die U-Boot-Führung unter Dönitz vier größere Versuche, den plötzlich schwerer zu fassenden Feind wieder in den Griff zu bekommen.

Die Boote hatten südwestlich von Island in engem Verband operiert und wenig Beute gefunden. Daher wurden sie am 6. September auf eine lange Linie von Island bis zur Ostküste von Grönland gestellt. Der positive Effekt dieser Maßnahme war aus ihrer Sicht die Entdeckung des SC 42; der negative war der Umstand, daß die Linie sehr weit auseinandergezogen war und nur ein kleines Rudel gebildet werden konnte. Dann gab es die berüchtigten Nebel zwischen Neufundland und Grönland, mit denen man zu kämpfen hatte. Herrschten die einmal nicht, richteten die Kanadier und Amerikaner nächtliche Lufteskorten ein. Andere Boote aus derselben Linie stießen auf den SC 44.

Die zweite Welle begann fünf Wochen später mit einem langen Schwenk gegen Grönland. Aber es ergab sich nur eine Angriffsmöglichkeit — auf den SC 48. Die Deutschen bemerkten, mit welcher Geschwindigkeit sich Sondereskorten näherten, wie wenig effizient sie auch sein mochten, und am Himmel sahen sie ›Sunderland‹-Flugboote auftauchen. Einige Boote verbrauchten ihren gesamten Treibstoff bei der vergeblichen Suche nach Zielen für ihre Torpedos, mußten aber wieder umkehren, ohne einen Schuß getan zu haben.

Der dritte Großeinsatz folgte in der zweiten Oktoberhälfte. Eine neue Welle von U-Booten wurde 400 Meilen westlich von Irland und von dort nach Nordwesten auf die Jagd geschickt. Am äußersten Ende dieser Linie entdeckte man den SC 52 und trieb ihn in den Hafen zurück. Aus deutscher Sicht war die ganze Aktion aber eine Enttäuschung, weil sehr starke atmosphärische Störungen es ihnen unmöglich machten, die üblichen breit angelegten und per Funk koordinierten Angriffe zu starten.

Die Boote, die über genug Treibstoff verfügten, wurden angewiesen, sich der vierten Patrouillenlinie anzuschließen. Diese unternahm nun Mitte November einen weiten Schwenk entlang der 500-Meilen-Front zwischen Irland und den Azoren. Erreicht wurde damit nur sehr wenig, und am 19. November notierte Dönitz, die Linie werde aufgrund ihres Mißerfolgs wieder aufgelöst. In seinem Kriegstagebuch findet sich dann die Erkenntnis, daß eine nicht so weit auseinandergezogene Linie bessere Chancen auf einen erfolgreichen Angriff biete, weil sich dann schneller ein Rudel bilden ließe. Dafür erhöhe eine längere Linie die Chancen, feindliche Schiffe zu sichten. ›Onkel Karl‹ hatte jetzt auch genug Boote, um beides zugleich zu tun: Wenn weder eine kurze Linie mit geringen Abständen noch eine lange Linie aus einzelnen Booten den erhofften Erfolg brachten, dann konnte die Lösung eine Linie sein, die aus voneinander Abstand haltenden, dafür in sich enger geschlossenen Gruppen bestand. Ob das im Nordatlantik besser klappen würde, war für den Augenblick eine akademische Frage, denn die allgemeine Krisenentwicklung hatte Dönitz genötigt, sich aus diesem Seegebiet zurückzuziehen und seine Aufmerksamkeit auf die Einfahrt in den Mittelmeerraum zu konzentrieren. Es war wieder einmal eine der vielen Umdispositionen und, aus der Sicht des Admirals, zweitrangigen Verwendungen der U-Boot-Waffe, über die er sich dauernd beschweren mußte. Im Gefolge des Rußlandfeldzugs war die Fertigstellungsrate neuer Boote um wenigstens ein Drittel zurückgegangen. Die Ressourcen und die ausgebildeten Arbeitskräfte wurden für die neue Aufgabe gebraucht, und man hatte sogar Arbeiter aus den Werften geholt und in feldgraue Uniformen gesteckt. Ständige Reparaturen an den großen Überwasserschiffen absorbierten zusätzlich Kräfte, welche die U-Boote benötigt hätten. Die Luftwaffe hatte ebenfalls einen Großteil ihrer Aufmerksamkeit von England auf die Ostfront gelenkt.

Dönitz wich nie von seinem Standpunkt ab, daß die Atlantikroute das zentrale Thema für die Kriegsführung sei (über die jetzt auch noch Rußland versorgt wurde). Das war seit den ersten Tagen seines Dienstes in der U-Boot-Waffe im Jahr 1917 seine Sicht der Dinge gewesen, und sie blieb es bis zu seinem Tod im Jahr 1981. Die einzigen Zweifel, die ihm im Zweiten Weltkrieg je kamen, drehten sich um die Frage, ob er einen allgemeinen Tonnagekrieg führen sollte (jedes irgendwo auf der Welt versenkte Schiff bedeutete einen Schlag gegen den Feind) oder sich auf den Nachschub konzentrieren sollte (der es dem Feind ermöglichte, den Krieg fortzusetzen). Wenn sie die Wahl hatten, hielten sich die Deutschen natürlich an Schiffe, die nach England liefen, und an die Küstenschiffahrt, die den über den Atlantik herbeigeschafften Nachschub weiterverteilte.

Aus dem gleichen Grund waren die Engländer unschlüssig, wann sie die Chance nutzen sollten, ein deutsches U-Boot zu versenken — wenn sie nur genug See- und Luftstreitkräfte dazu sammeln konnten. Der Streit zwischen Konvoi-Schützern und ›Abschuß‹-Jägern wurde im Mai 1941 so endgültig wie möglich beigelegt, als ein Admiralitäts-Ausschuß zur Prüfung des U-Boot-Abwehrkampfs zu dem Schluß kam, daß »wir es uns nicht leisten können, unsere Konvoi-Eskorten zu schwächen und den Suchkommandos Schiffe zu überlassen, bevor wir nicht mit weit umfangreicheren Verstärkungen als gegenwärtig rechnen können«.

Auf der Ebene der Schiffe war die Frage damit beantwortet, aber das Problem der Luftdeckung war so noch nicht gelöst, wie ein Brief von Air Marshal Joubert vom 29. September 1941 an Vizeadmiral H. R. Moore, den stellvertretenden Chef des Stabes für die Handelsschiffahrt, detailliert zeigt.

»Ich habe mit ängstlicher Aufmerksamkeit die Ergebnisse verfolgt, die die Überwassereskorten gegen die U-Boote erzielt haben ... Betrachtet man die letzten vergangenen Wochen ..., dann wirken die Ergebnisse sehr bedrückend ... Ich halte es für aufrichtig, wenn man sagt, daß unsere geringen Verluste im August großenteils dem Glück zu verdanken sind, einer erfolgreichen Zusammenarbeit mit der RAF (nachdem die U-Boote hauptsächlich im Einzugsbereich unserer Basen operiert haben) und einigen schlechten Ideen des Gegners. Diesen Monat hat sich das Glück wieder gewendet. Einige Beurteilungen des Feindes waren erfolgreich, und er hat hauptsächlich außerhalb der Reichweite unserer Flugzeuge operiert ...

Ich halte es für aufrichtig, wenn man sagt: Wir werden den Großteil unserer Schiffe hoffentlich dann heil nach Hause bringen, wenn ein Konvoi Luftdeckung erhält und ... die ihn verfolgenden U-Boote gestört und unschädlich gemacht werden können ... Allerdings müssen die Konvois dann so geführt werden, daß auch die Focke-Wulf-Maschinen sie nicht finden können ... Nur wenn sich ein Konvoi außerhalb der großen Reichweite dieser Maschinen halten kann, muß er wiederum nicht damit rechnen, entdeckt zu werden.«

Was hatte es mit diesem Rätsel auf sich, daß die Handelsschiffe sich außerhalb der Reichweite deutscher Langstrekkenflugzeuge und zugleich innerhalb britischer Luftdeckung halten sollten? Nach Joubert bestand die eine Möglichkeit darin, die Geleitzüge den größten Teil ihrer Fahrt über den Atlantik und auf der Gibraltar-Route westlich der Reichweite der ›Kondor‹-Flugzeuge zu absolvieren. »Unsere Luftdekkung sollten wir auf die Aus- und Einlaufabschnitte der Schiffe konzentrieren ..., um auf diese Weise eine Berührung mit den U-Booten so lange zu verhindern, bis die Schiffe außerhalb der Reichweite der Focke-Wulf sind.« Als Alternative schlug er vor, die Konvois »nahe genug am Festlandbereich zu führen ..., daß die Flugzeuge vom Südwesten Englands und von Gibraltar aus ständig Deckung geben können. Kombiniert mit [Handels-]Schiffen, [die mit Bordflugzeugen ausgerüstet sind und] innerhalb der Konvois fahren, ergäbe das meiner Ansicht nach ein größeres Maß an Sicherheit.« Auch auf die für landgestützte Flugzeuge nicht erreichbare Lücke im Mittelatlantik wußte Joubert eine Antwort: »Auf diesem Teil der Strecke sollten die Konvois ... von Flugzeugträgern der *Audacity*-Klasse begleitet werden.« Nachdem Korvetten und Zerstörer keine völlige Sicherheit bieten konnten, schloß Joubert:

»Der einzige Schutz, der bislang einen wirklichen Störfaktor für den Feind darzustellen scheint, ist die Deckung aus der Luft, und ich meine, wir sollten alle entsprechenden Möglichkeiten ausschöpfen. Sollten wir die angemessene Zahl von Eskorten bekommen, vor allem mit No. 271-Radar ausgerüstete Zerstörer, dann könnten wir diesen Standpukt wieder revidieren.«

Kaum vier Monate, nachdem er Chef des Küstenkommandos geworden war, hatte Joubert damit die endgültige Lösung im Kampf gegen die Bedrohung durch die U-Boote gefunden: Das war der Geleitträger als Ergänzung zu den zahlreichen und besser werdenden Überwassereskorten und zu einem guten Nachrichtendienst.

Die Lücke in der Luftüberwachung schließen: das wurde immer mehr zum Thema, obwohl, wie wir sahen, die Haltung des Bomberkommandos und allgemein die begrenzten Ressourcen einer Lösung im Wege standen. Das mit Bordflugzeugen und Schleuderstartvorrichtung ausgerüstete Handelsschiff (›Catapult-Aircraft Merchant‹, kurz: CAM-Schiff, genannt), auf das Joubert sich bezog, war einer der Notbehelfe, derer man sich zu dieser Zeit bediente. Man baute auf einem weiterhin mit voller Ladung fahrenden Schiff im Bereich des Bugs eine Rampe. Von dieser Rampe konnte ein einziger ›Hurricane‹-Jäger mit Raketenkraft in die Luft katapultiert werden, um einen deutschen ›Kondor‹ anzugreifen. Wenn er keinen Treibstoff mehr hatte, mußte der RAF-Pilot seine Maschine ins Wasser setzen und hoffen, selbst gerettet zu werden. HMS *Audacity* war vor ihrem Umbau der große, komfortabel ausgestattete deutsche Frachtliner *Hannover* gewesen. Ein englischer Leichter Kreuzer und ein kanadischer Zerstörer hatten ihn im Februar 1940 bei den Westindischen Inseln gekapert. Das Schiff wurde zum ersten Geleitträger umgebaut und im Juni 1941 in Dienst gestellt. Zwischen den Geleitträgern und den ›CAMs‹ gab es noch eine Zwischengröße: fünf Katapult-Schiffe, die jeweils mehrere ›Hurricanes‹ an Bord hatten. Die *Audacity* war ein richtiger Flugzeugträger, denn auf ihr konnten Flugzeuge sowohl starten als auch ›landen‹, wobei sie wie auf den größeren Flugzeugträgern durch Fangdrähte gestoppt wurden. Man hatte sie nach dem Vorbild der ersten Flugzeugträger aus dem Ersten Weltkrieg umgewandelt: Ein ganz normales Schiff wurde einfach ›skalpiert‹ und dann mit einem Flugdeck versehen. Die Flugzeuge — ›Swordfish‹-Torpedobomber und amerikanische ›Martlet‹-Jäger — konnten nur an Deck abgestellt werden, sonst nirgendwo. Aber die Piloten hatten luxuriöse Einzelkabinen mit eigenen Badezimmern; ein Erbe aus der Hannover-Zeit, das man wohlweislich bewahrt hatte.

Die Laufbahn der *Audacity* war sehr kurz und auf die Gibraltar-Route beschränkt. Ihr erster Konvoi war der nach Gibraltar laufende OG 74 unter Commander D. W. Mackendrick. Er bestand aus 26 Schiffen, begleitet von einem Sloop, fünf Korvetten und einem Inspektionsschiff. Ein U-Boot entdeckte den Konvoi und meldete ihn, worauf ein anderes Boot, *U 201,* den Angriff übernahm. Sechs ›Martlets‹ von der *Audacity* sichteten es und nahmen es unter MG-Feuer. Das Boot mußte tauchen. So, wie beim Nachrichtendienst die Vorbeugung zur Hauptaufgabe wurde, lag der wichtigste Vorteil der Luftunterstützung zu diesem Zeitpunkt darin, daß man einer Attacke des U-Boots zuvorkam — es mußte tauchen, verlor an Geschwindigkeit und damit den Kontakt zum Konvoi. Aber das erste auf der Szene erschienene Boot, *U 124* (Korvettenkapitän Johann Mohr), hielt die Fühlung und versenkte am gleichen Abend (20. September) zwei Schiffe. Das Rettungsschiff *Walmer Castle* blieb zurück, um zu helfen, und wurde von einer ›Kondor‹ versenkt. (Immer mehr Konvois hatten wenigstens ein solches Schiff in ihren Reihen, damit die Eskorten ihrer eigentlichen Aufgabe nachgehen konnten.) Von der *Audacity* stiegen zwei ›Martlets‹ auf, fanden den Angreifer zwar nicht, schossen dafür aber eine andere ›Kondor‹ ab — sie war das erste Opfer eines Geleitträgers. In der Nacht darauf fing *U 201* (Schnee) drei Nachzügler des OG 74 ab und versenkte sie.

Der *Audacity* fielen noch zwei ›Kondor‹-Maschinen zum Opfer (sie selbst verlor dafür eine ›Martlet‹ samt ihrem Piloten), bevor sie sich am 14. Dezember 1941 mit dem Konvoi HG 76 von Gibraltar nach England auf den Weg machte. Um diesen Geleitzug aus 32 Schiffen sollte sich eine der härtesten und längsten Schlachten ihrer Art in diesem Krieg entwikkeln. Begleitet wurde er von der 36. Escort Group, angeführt von dem Sloop *Stork* unter Commander F. J. Walker (in Marinekreisen nur ›Johnnie‹ Walker genannt). Man wußte, daß mehrere U-Boote in diesem Seegebiet operierten. Das erste wurde gleich am ersten Abend von einer ›Sword fish‹-Maschine gesichtet und mit Wasserbomben unter Wasser gedrückt. Zwei Stunden später zwang dasselbe Flugzeug ein weiteres U-Boot zum Tauchen. Am frühen Morgen des nächsten Tages wurde ein drittes auf gleiche Weise verdrängt. Bis zum 17. Dezember fand kein Angriff auf den Konvoi statt. Kurz darauf alarmierte der Nachrichtendienst Walker: Vor ihm sammle sich ein Rudel aus fünf U-Booten (sie nannten sich ›Seeräuber‹).

Walker war eines der seltensten Exemplare gewesen, die in der Zwischenkriegszeit der Navy gedient hatten — er war nämlich Experte für U-Boot-Abwehr. Man hatte ihn dazu gebracht, früh den Dienst zu quittieren. Bis der Krieg kam. Doch selbst dann brauchte er noch 18 Monate, ehe er mit der 36. Escort Group ein eigenes Kommando bekam. Die Gruppe bestand zu der Zeit aus zwei Sloops und sechs Korvetten. Der Mann, dem es in Friedenszeiten so eindeutig mißlungen war, Eindruck auf seine Vorgesetzten zu machen, blühte auf und wurde einer der besten U-Boot-Abwehr-Kommandanten überhaupt. Er entwickelte äußerst raffinierte Gruppentaktiken. Für den HG 76 war seine Gruppe nicht nur durch die *Audacity*, sondern auch durch drei Zerstörer, zwei weitere Sloops und drei Korvetten verstarkt worden.

Den ersten deutschen Angriffsversuch auf den Konvoi unternahm Fregattenkapitän Arend Baumann in *U 131* am Morgen des 17. Dezember. Er wurde von einer ›Martlet‹ entdeckt, und die *Stork* schlug mit vier anderen Eskorten einen Bogen, bis sie sich 20 Meilen westlich vom Konvoi befanden. *U 131* wurde von Wasserbomben schwer beschädigt, sank auf den Meeresboden und stieg dann wieder, unkontrollierbar geworden, an die Oberfläche, als Baumann seine letzten Reserven verbrauchte, um die Tauchtanks auszublasen. Wieder entdeckte ihn eine ›Martlet‹, wurde aber im Angriffsflug selbst abgeschossen. Von zwei Zerstörern aus beobachtete man den Absturz der Maschine und eröffnete mit großer Präzision aus sieben Meilen Entfernung das Feuer. Baumann legte Sprengsätze und verließ sein Boot.

All dies beobachtete aus wenigen Meilen Entfernung Kapitänleutnant Wolfgang Heyda in *U 434*. Als er sich 24 Stunden später selber heranmachte, sichteten ihn zwei Zerstörer und drückten ihn unter Wasser. Er revanchierte sich mit einem Torpedo, traf aber nicht. Ihr Gegenangriff verursachte bei dem U-Boot solche Schäden, daß auch Heyda gezwungen war, aufzutauchen, sein Boot zu verlassen und es selbst zu versenken. Die beiden Zerstörer hatten es abwechselnd mit dem Asdic-Gerät erfaßt und mit Wasserbomben angegriffen. Als Heyda auftauchte, eröffneten beide das Feuer auf ihn; einer streifte sein Boot bei dem Versuch, es zu rammen. Bis dahin war noch auf keines der Handelsschiffe ein Torpedo abgeschossen worden, dafür aber schon zwei U-Boote verloren gegangen. Zwei Zerstörer wurden nun wieder für andere Aufgaben nach Gibraltar zurückgeschickt. Am gleichen Morgen vertrieben ›Martlets‹ noch zwei ›Kondor‹-Maschinen, wobei keine Seite einen Verlust erlitt.

Bei Einbrechen der Dunkelheit erhielt eine Korvette erneut ein Echo von einem U-Boot. Es war *U 574* unter Leutnant z. S. Dietrich Gengelbach. Aber der Deutsche konnte sich über Wasser absetzen, weil die Korvetten nicht schnell genug waren, ihn einzuholen. Gengelbach machte sich indessen keineswegs davon. Vielmehr feuerte er aus großer Entfernung einen Torpedofächer auf das Geleitschiff ab, traf aber nicht. Dann bekam er in den frühen Morgenstunden des 19. Dezember den Zerstörer *Stanley* am Ende des Konvois direkt vor das Rohr. Ein Torpedo traf das Munitionsmagazin, das sofort mit einer hohen Stichflamme in die Luft flog. Aber die *Stanley* hatte rechtzeitig einen Hilferuf absetzen können, und Walker eilte selbst mit der *Stork* von achtern herbei: Gengelbach feuerte auf sie, als sie zur *Stanley* aufschloß, traf aber nicht. Nach der Explosion änderte er seinen Kurs und zog sich zurück. Weil die *Stork* ihn verfolgte, mußte er tauchen, was seine Geschwindigkeit mehr als halbierte. Walker fand Kontakt, und nach zwei gekonnten Attacken tauchte *U 574* mit schweren inneren Schäden auf. Jetzt begann eine Jagd im Kreis, denn das U-Boot lief praralel zur *Stork* in deren engstem Wendekreis. Dadurch war das U-Boot dem Sloop so nah, daß dessen Geschütze nicht mehr auf den Feind gerichtet werden konnten. In Walkers Bericht kann man nachlesen, daß seinen Schützen nichts anderes übrig blieb, als zu fluchen und dem nur wenige Meter entfernten Feind mit den Fäusten zu drohen. Schließlich sah Walker sich auf die älteste Waffe im Kampf zur See zurückgeworfen, nachdem er den Kommandoturm mit MG-Feuer eingedeckt hatte. Das Boot kenterte, kratzte an der Wand des Sloops entlang und wurde mit einem letzten Teppich aus Wasserbomben in die Tiefe geschickt. 25 britische und fünf deutsche Überlebende fischte die *Stork* aus dem Wasser.

Erst jetzt gelang einem deutschen Angreifer der erste Treffer gegen ein Handelsschiff, das Feuer fing und von einer Eskorte den Gnadenschuß bekam, als die Überlebenden von Bord waren. Da erschienen am Himmel zwei ›Kondor‹-Maschinen. Eine wurde abgeschossen, die andere mußte schwer beschädigt das Weite suchen. Am Nachmittag des 19. Dezember wurde eine dritte ›Kondor‹ aus solcher Nähe abgeschossen, daß die angreifende ›Martlet‹ mit ihr regelrecht kollidierte und nur noch mit viel Glück wieder auf der *Audacity* landen konnte.

Am 20. Dezember wurde die Schlacht wieder aufgenommen. Das letzte U-Boot, das angegriffen hatte, hatte Fühlung behalten, und fünf weitere wurden ihm nachgeschickt. Als erstes verjagten die Engländer morgens eine ›Kondor‹. Dann sichtete man gleich zwei U-Boote voraus. Am Nachmittag zwangen die unermüdlichen ›Martlets‹ sie zum Tauchen. Am Morgen des 21. Dezember wurden die nächsten beiden gesichtet, diesmal achteraus. Sie fuhren einträchtig nebeneinander. Eine ›Martlet‹ zwang sie mit ihren MG-Salven zum Tauchen. Vier Eskorten machten sich auf die Suche nach ihnen, fanden sie aber nicht. An dieser Stelle machte Walker den Ausweichmanövern mit seinem Konvoi ein Ende und beschloß, daß seine Schützlinge bei diesem andauernden mobilen Belagerungszustand auch gleich den schnellsten Weg nach Hause nehmen konnten.

Am Abend desselben Tages griff als nächster ein ›As‹, Engelbert Endraß, in *U 567* von achtern an. Priens ehemaliger Erster Offizier versenkte ein Schiff. Inzwischen hatte sich Kapitänleutnant Gerhard Bigalk in *U 751* zwischen die Steuerbordflanke des Geleitzugs und die *Audacity* geschoben, die in zehn Meilen Entfernung ihre eigenen Manöver ausführte. Weil der Konvoi so unter Druck stand, hatte Walker einer Bitte Mackendricks um Abstellung einer Eskorte für den Träger nicht nachkommen können — und das machte ihm (ungerechtfertigte) Schuldgefühle: Er hatte dem Kapitän des Geleitträgers geraten, an der anderen Seite des Konvois Position zu beziehen, weil er wußte, daß die Deutschen sich an Steuerbord aufhielten. Bigalk schlug um 20.30 Uhr zu und teilte den Flugzeugträgerbastard mit drei Torpedos in zwei Hälften. Jede sank für sich und nahm viele Opfer mit hinunter, darunter auch den Kapitän. Eine Eskorte, die zu Rettungsmaßnahmen herbeieilte, bekam Kontakt mit *U 751*. Aber Bigalk überlebte den folgenden Angriff. Über Weihnachten konnte man ihn in einer Propagandasendung des Rundfunks von seinen Heldentaten berichten hören. Zwei Stunden nach der Versenkung der *Audacity* startete Endraß seinen zweiten Angriff. Er wurde von drei Eskorten entdeckt. Das Sloop *Deptford* (Lieutenant-Commander H. R. White) unternahm die letzte Gegenaktion, bevor die Jagd abgeblasen wurde. Sie befand sich auf dem Weg zurück zum Konvoi, als wenige Minuten später zwei laute Explosionen in schneller Folge zu hören waren. *U 567* war unter Wasser explodiert, wahrscheinlich nach einem Feuer an Bord. So hatte Endraß ein erstaunlich ähnliches Ende gefunden wie sein Mentor, und auch die ganze Besatzung war mit untergegangen. Der Triumph der *Deptford* (wenn man auch erst viel später erfuhr, wie groß er war) wurde aber gleich wieder getrübt, als sie das Heck der *Stork* rammte. Zwei deutsche Kriegsgefangene wurden unter Deck getötet.

Noch war die heldenhafte Fahrt des Geleitzugs nicht zu Ende und auch nicht die der *Stork,* die mit stark reduzierter Geschwindigkeit und mit ausgefallenem Asdic-Gerät unterwegs war. Walker war in pessimistischer Stimmung und machte sich Vorwürfe wegen des Verlusts der *Audacity.* Doch am Morgen des 22. Dezember, als man noch 700 Meilen zurückzulegen hatte, erschien über dem Geleitzug eine ›Liberator‹ des Küstenkommandos. Die Maschine hatte genug Treibstoff, daß sie zum Schutz mehrere Stunden lang über ihm kreisen konnte, bis Ablösung kam. Noch eine weitere ›Kondor‹ fand den HG 76, unternahm aber nichts, außer daß sie wahrscheinlich nicht weniger als vier U-Boote zum Konvoi dirigierte. Aber die ›Liberator‹-Maschinen zwangen zwei von ihnen gleichzeitig zum Tauchen, und wahrscheinlich haben sie noch ein drittes vertrieben. Am 23. Dezember stieß ein Zerstörer zum Konvoi und fand Kontakt zu einem U-Boot. Er warf zwar Wasserbomben, konnte aber keinen Erfolg melden. Die restlichen vier Tage der Reise verliefen, wie man so sagt, ohne besondere Ereignisse.

Es hatte schon größere Scharmützel gegeben, und es würde auch nach dem HG 76 noch größere geben, aber dieser Konvoi ragt durch seinen besonderen Charakter und seine Dauer aus der Reihe der anderen hervor: Es war eine Woche voll ununterbrochener Gefechte, an denen U-Boote, Eskorten und größere Fliegereinheiten auf beiden Seiten beteiligt waren. Die Engländer verloren einen Flugzeugträger und einen Zerstörer, dazu zwei von 32 Handelsschiffen. Für die Deutschen war der Träger eine große Beute, und das schlachteten sie natürlich am meisten aus. Aber der Verlust von vier U-Booten, unter deren Kommandanten auch eines ihrer ›Asse‹ gewesen war, im Kampf um einen einzigen Geleitzug kam einer Niederlage gleich.

Wenn es einer ›Liberator‹ mit Stützpunkt in England gelungen war, ›Johnnie‹ Walker zu entlasten und Stunden über ihm zu kreisen, während der Konvoi noch vier Tage von seinem Bestimmungshafen entfernt war, dann mußte es auch möglich sein, daß die auf Island stationierten ›Liberators‹ die Lücke im Atlantik schlössen, welche die Schiffe auf der weiter nördlichen Route zu durchfahren hatten. Das galt vor allem, wenn aus Neufundland noch weitere Schiffe dazustießen. Aber die wenigen ›Liberators‹, die das Bomberkommando dem Küstenkommando noch gelassen hatte, waren alle in Großbritannien stationiert. In den ersten beiden Kriegsjahren vernichteten Flugzeuge nur ein U-Boot, erzwangen die Aufgabe eines zweiten und halfen anderen Schiffen beim Versenken von nicht mehr als drei weiteren Booten. Diese bescheidene Abschußliste war großenteils auf unzulängliche Bewaffnung und Ausbildung zurückzuführen. Erst in jüngster Zeit war beides spürbar verbessert worden. Das Radar und dazu ein radikales Überdenken der bisherigen Taktik sorgten dafür, daß die Marineflieger zu einer gewaltigen Bedrohung für die U-Boote wurden. Es stellte sich heraus, daß die beste Gelegenheit für einen ›Abschuß‹ dann war, wenn das Boot merkte, daß man es entdeckt hatte, und zum Tauchen ansetzte. Die Wasserbomben, die dann von den Flugzeugen abgeworfen wurden, waren entsprechend auf eine minimale Tiefe eingestellt.

Man hatte auch erprobt, daß Flugzeuge dann die beste Eskorte waren, wenn sie weite Bögen um einen Konvoi flogen und nicht nur direkte Luftunterstützung boten. Auch war es besser, wenn sie sich um einen bestimmten Konvoi kümmerten, statt nur allgemein Patrouillen zu fliegen. Das Radar machte es möglich, daß die Flieger auch nachts und bei eingeschränkter Sicht Schutz bieten konnten. Die Besatzungen sollten schon bald ein vom Radar erfaßtes U-Boot auch nach Anbruch der Dunkelheit direkt ausmachen und angreifen können. Es würde zwar immer noch Gebiete geben, die außerhalb der Reichweite landgestützter Flugzeuge lagen, aber die Antwort darauf war bereits bekannt: Es war der Geleitträger. Nur war das ein Schiffstyp, den man nicht über Nacht bauen konnte. Immerhin lag er sowohl in den Vereinigten Staaten als auch in England bereits auf Stapel.

All jene in der Admiralität und beim Küstenkommando, die zunehmend auf den Einsatz der Flugzeuge angewiesen waren und ihre Vorteile auch nutzten, wußten genau, wie wertvoll das Flugzeug im Kampf gegen U-Boot und ›Kondor‹ war. Daher braucht man nicht zu fürchten, daß man eine im nachhinein gewonnene Einsicht zitiert, wenn man sagt: Daß ihnen eine Handvoll ›Liberators‹ für den Abwehrkampf gegen die U-Boote verweigert wurde, war eines der extremsten Beispiele für die falsche Knauserigkeit einer Regierung, die dieses Jahrhundert erlebt hat. Die RAF bekam im September 1941 die erste größere Lieferung von Maschinen dieses Typs, aber es sollte noch weitere 18 Monate dauern, ehe das Küstenkommando mit dem Nötigsten ausgestattet wurde. Auch gibt es keinen Zweifel: Die Schuld daran lag eindeutig beim Kriegskabinett. Denn dort wurden, wenn nötig, alle Rangeleien zischen den Waffengattungen endgültig geklärt. Wenn es dabei um die Zuteilung von Flugzeugen ging, hatte die Bombardierung Deutschlands fast immer Priorität. Die RAF-Lobby hatte die Mehrheit, und zu ihr gehörte auch Churchill. Für die braven Diener der Krone war indessen eine Initiative, wie sie etwa Turing per Kurzschließung der Regierungsmaschinerie ergriffen hatte, offensichtlich undenkbar, egal, wie häufig diejenigen zu klagen hatten, die unmittelbar mit den deutschen U-Booten zu tun hatten. Im nächsten Kapitel werden wir sehen, daß es nur knappe drei Jahre dauerte, bis die ständig zunehmenden Schiffsverluste einen neunmalklugen Admiral auf die Idee brachten, Flugzeuge seien die endgültige Abschreckung für die U-Boote.

Weit außerhalb des Blickfelds der Flugzeuge, die nach Beute suchten, rangen die Deutschen mit dem wachsenden Problem des Nachschubs auf dem Seeweg. Nachdem die Engländer die Versorgungsschiffe für die *Bismarck* und die *Prinz Eugen* draußen im Atlantik erledigt hatten, mußten die Deutschen weiter sehen, wie sie ihre U-Boote und ihre getarnten Handelsstörer versorgt bekamen. Darauf mußten sie viel Erfindungskraft verwenden, denn Deutschland hatte wie im Ersten Weltkrieg auch diesmal viel zu wenig Stützpunkte und Anlaufhäfen. Daher hatte man auch schon im Ersten Weltkrieg die Idee des ›Etappendienstes‹ entwickelt.

Eine kleine bequeme Einrichtung dieser Art fiel zum Beispiel im September 1941 einem diplomatischen Torpedo zum Opfer. Die deutschen U-Boote nutzten nämlich die freundliche Neutralität Spaniens für ihre Zwecke, als sie anfingen, ihre Patrouillen weiter in den Südatlantik auszudehnen. Die Kanarischen Inseln vor der afrikanischen Nordwestküste boten ihnen dabei Unterschlupf. Als der Krieg ausbrach, waren auch zwei Tanker unter den deutschen Handelsschiffen gewesen, die damals im Hafen von Las Palmas lagen, die *Charlotte Schliemann* und die *Corrientes*. Die beiden Schiffe ankerten im äußersten Grenzbereich des Hafens, waren vom Ufer aus nicht mehr zu sehen, und bewegten sich zwei Jahre lang nicht mehr von der Stelle — jedenfalls nicht in horizontaler Richtung. Dafür lagen sie nachts nicht so tief im Wasser wie tagsüber: In der Nacht kamen nämlich U-Boote und bunkerten Treibstoff nach, und am Tag füllte dann ein Versorgungstanker das entstandene Defizit wieder auf. Erst als die Engländer in den Enigma-Funkverkehr eindringen konnten, entdeckten sie, was es mit den beiden Schiffen tatsächlich auf sich hatte, und sie legten in Madrid formellen Protest ein. Darauf wurden sie in den Hafen zurückbeordert, fuhren aber Ende 1941 wieder hinaus, ohne daß die Engländer davon erfuhren. Auch die Azoren wurden von den Deutschen häufig zum Rendezvous angelaufen: Der Archipel, der zu Portugal gehörte, hatte viele einsame Inseln, auf denen niemand wohnte und die brauchbaren Schutz boten.

Im übrigen mußte das Nachbunkern im mittleren und südlichen Atlantik auf offener See geschehen. Das erste Versorgungsschiff, das ausschließlich den U-Booten zur Verfügung stand, wurde im Mai 1941 in den mittleren Atlantik entsendet. Im Verlauf des Sommers machten die Engländer insgesamt sieben von ihnen unschädlich. Dabei half ihnen, soweit sich das feststellen läßt, Enigma nicht sehr viel, denn die Versorgungsschiffe nahmen normalerweise nicht am entsprechenden Funkverkehr teil. Sie bezogen eine vorausbestimmte Position in einem bestimmten Gebiet, fuhren dort langsam auf und ab oder im Kreis und warteten auf ihre Kundschaft. Die U-Boote hatten eine Liste der Standorte bei sich und konnten vom Hauptquartier aus zu einem Versorgungsschiff geschickt werden, ohne daß dabei die Stelle erwähnt werden mußte, an der man sich traf. Dafür gab es einfache Codes. Die Schiffe, die von den Engländern abgefangen werden konnten, waren zumeist gerade auf dem Weg zu ihrem Standort, oder sie wurden von dem Aufklärungsflugzeug eines vorbeifahrenden Kriegsschiffs gesichtet. Im Oktober stieß der Kreuzer HMS *Kenya* auf das Versorgungsschiff *Kota Penang*, das Treibstoff, Nahrungsmittel, Ersatzteile, Munition und Liebesgaben für die Seeleute an Bord hatte. Zwischen dem Golf von Biskaya und den Azoren wurde es versenkt.

Die britischen Erfolge gegen dieses schwimmende Versorgungssystem waren so groß, daß die deutsche Seekriegsleitung den getarnten Handelsstörer *Atlantis*, der seit dem 31. März 1940 in See war, im November in das Gebiet südlich des Äquators zur Versorgung der U-Boote schickte. Sein Kapitän, Bernhard Rogge, hatte mit ›Schiff 16‹, wie sein Codename hieß, eine einzigartig erfolgreiche Kreuzfahrt hinter sich. Er hatte den ganzen Globus umschifft und jeden Ozean besucht. Versenkt oder gekapert hatte er 22 Schiffe mit insgesamt 146 000 BRT. Damit war sein Schiff wohl in jeder Hinsicht der erfolgreichste Überwasserhandelsstörer des ganzen Krieges. Die Mannschaft hatte sich also ihren Urlaub mehrfach verdient, und die *Atlantis* befand sich denn auch auf Heimatkurs. Daß sie jetzt ihren Kurs ändern sollte, mußte ihr per Funk verkündet werden, und genau dieser Umstand sollte sie zugrunderichten: Der britische Nachrichtendienst bekam so nämlich heraus, wohin sie geschickt wurde.

Von Freetown aus wurde der britische Kreuzer HMS *Devonshire* auf die Suche geschickt. Sein Seeflugzeug sichtete am 22. November ein verdächtiges Handelsschiff. Captain R. D. Oliver hielt Abstand, während er sich einer neuen Vorsichtsmaßnahme bediente, die man gegen getarnte Handelsstörer entwickelt hatte: Die Admiralität führte eine peinlich genaue Kartei über das Drum und Dran jedes einzelnen bekannten seetüchtigen Handelsschiffs. Wie immer sich ein Handelsstörer auch tarnte, per Funk ließ sich recht schnell feststellen, ob ein unschuldig daherkommendes Schiff auch wirklich das (und dort) war, was (und wo) es sein sollte. Als sich sein Verdacht bestätigte, eröffnete Oliver mit seinen 20-cm-Geschützen aus 16 000 Meter Entfernung das Feuer. Die *Atlantis,* deren Flugzeug aufgrund eines Defekts nicht einsatzfähig war, hatte gerade gestoppt, um *U 126* mit Treibstoff zu versorgen. Dessen Kommandant, Kapitänleutnant Ernst Bauer, hockte gerade beim Frühstück in der Offiziersmesse der *Atlantis.* Das U-Boot mußte ohne seinen Kommandanten an Bord tauchen, und auf der *Atlantis* ging man auf Gefechtsstation. (Eine von zwei Maschinen war auch noch außer Betrieb, weil die Ingenieure an ihr arbeiteten.) Man holte die Geschütze aus ihren Verstecken in den Aufbauten und gab die Verkleidung als holländischer Frachter *Polyphemus* auf. Rogge konnte seine 15-cm-Kanonen nicht einsetzen, weil ihre Reichweite nicht groß genug war, und er verließ sein Schiff, als die *Devonshire* es zusammenschoß. Er half sogar noch mit eigenen Sprengsätzen nach. Die meisten Besatzungsmitglieder — insgesamt 308 Mann — überlebten. Aber die *Devonshire* mußte sie in ihren Rettungsbooten und auf ihren Rettungsflößen zurücklassen, weil man zumindest ein U-Boot in der Nähe wußte.

Nach einem Sicherheitszeitraum tauchte *U 126* auf und konnte Bauer aus einem Rettungsboot wieder an Bord nehmen. Nun begann eine der bemerkenswertesten Rettungsaktionen des Krieges. 55 Männer von der *Atlantis* wurden in das U-Boot gestopft (das waren mehr als dessen eigene Besatzung), und weitere 52 klammerten sich an das enge Oberdeck. Die restlichen 201 Mann quetschten sich in vier Rettungsboote und zwei Barkassen von der *Atlantis*. Sie wurden mit *U 126* vertäut. Die ungewöhnliche Prozession nahm Kurs nach Westen auf die brasilianische Küste. Nach drei Tagen sichtete Bauer das U-Boot-Versorgungsschiff *Python*, dessen Position ihm bekannt war, und die Geretteten konnten an Bord gehen. Doch ihr Abenteuer war noch längst nicht zu Ende, als *U 126* wieder davonglitt.

Die *Python* kam aus Frankreich und war jetzt auf Ostkurs durch den Südatlantik. Sie hatte Befehl, mehrere U-Boote zu versorgen, die Dönitz auf die Schiffsroute um das Kap der guten Hoffnung geschickt hatte. Am 30. November erreichte sie ihre vorbestimmte Position südwestlich der Insel St. Helena, und am 1. Dezember fing sie an, *U 68* und *UA* mit Treibstoff zu versorgen. Genau an diesen Punkt hatten die Engländer aber auch das Schwesterschiff der *Devonshire*, die *Dorsetshire*, beordert, nachdem man wieder einen Funkspruch der Deutschen aufgefangen hatte. Captain A. W. S. Agar verlor keine Zeit und eröffnete das Feuer aus acht Meilen Entfernung. Für die *Python* und die beiden längsseits liegenden U-Boote brach die Hölle los. *UA* (Korvettenkapitän Hans Eckermann) konnte sich davonmachen und tauchen. Aber *U 68* (Fregattenkapitän Karl-Friedrich Merten) wurde von dem Angriff überrascht, als es gerade Torpedos übernahm und wegen ungleicher Ladung in schlechter Trimmlage war, brauchte daher viel mehr Zeit zum Tauchen und konnte nicht zum Gegenangriff übergehen (*UA* feuerte fünf Torpedos auf die *Dorsetshire* ab, aber ohne Wirkung). Die *Python* versuchte zuerst, sich abzusetzen, dann nebelte sie sich ein. Während

Agar weiter feuerte, legten die Deutschen Sprengsätze und gingen in die Boote. Zum zweitenmal waren die Männer von der *Atlantis* nun binnen neun Tagen wieder im Wasser. Im ganzen ließen die Engländer 414 Deutsche auf der Szene zurück, denn sie wollten fort sein, ehe die U-Boote wieder eine Angriffsposition gegen sie erreichten.

An *U 68* und *UA* war es nun, das Problem zu lösen. Jedes Boot nahm 100 Mann an Bord und fünf Rettungsboote mit weiteren 100 Überlebenden an den Haken. Eine Barkasse pendelte zwischen den Rettungs- und U-Booten hin und her, lieferte warmes Essen und Getränke und sorgte dafür, daß die Männer in den fürchterlich überfüllten U-Booten und den Rettungsbooten sich immer wieder ablösten. So unwahrscheinlich es klingt, aber in einem Fall machte Eckermann sein Boot von den Rettungsbooten los und feuerte auf weite Entfernung einen Torpedofächer auf einen allein fahrenden Tanker ab, den er entdeckt hatte. Er verfehlte ihn allerdings. Ansonsten zogen die beiden U-Boote mit sechs Knoten oder noch weniger dahin, und in ihrem Kielwasser schaukelten ihre Schützlinge.

In Lorient mußte ein wütender Dönitz jeden Gedanken an einen Angriff auf feindliche Schiffe im Südatlantik hintanstellen und seine Boote zu einer größeren Rettungsaktion abkommandieren. Dabei waren U-Boote die am schlechtesten geeigneten Wasserfahrzeuge für solche Aufgaben. *U 129* (Korvettenkapitän Nicolai Clausen) erschien am 3. Dezember als erster auf der Szene und brachte ein wenig Erleichterung in das Gedränge. Zwei Tage später stieß Korvettenkapitän Johann Mohr mit *U 124* dazu. Er hatte gerade den Kreuzer *Dunedin* versenkt, der auf Suche nach der *Atlantis* gewesen war. Der langsame Zug blieb bis zum 14. Dezember auf seiner Fahrt nach Norden unentdeckt. An diesem Tag trafen sie das erste von vier italienischen U-Booten, die man den Deutschen zum Entsatz entgegengeschickt hatte. Das letzte Boot erreichte die langsam wachsende Flottille am 18. Dezember. Sie ließen die Rettungsboote treiben, sobald es genug Platz für die Überlebenden in den U-Booten gab. Zwischen Weihnachten und dem 29. Dezember liefen die acht U-Boote, die an dieser langwierigen Rettungsaktion beteiligt gewesen waren, nach und nach in den Hafen von St. Nazaire ein. Von dem Augenblick an, als man die *Python* verlassen hatte, war kein Mann mehr verloren gegangen.

Dönitz hatte schon Ende November den Versuch aufgegeben, auf die geschilderte Weise seine Boote auf hoher See versorgen zu lassen. Die Erfolge des Gegners gegen diese wertvollen Schiffe waren zu groß. Doch der alte U-Bootfahrer fand eine Lösung: Die U-Boote sollten eben von U-Booten versorgt werden — von einem großen, neuen Typ, dessen erstes Exemplar im Dezember 1941 in Dienst gestellt wurde. Zwei weitere Handelsstörer wurden in dieser Phase noch versenkt, während es dreien gelang, Häfen anzulaufen, die von den Deutschen kontrolliert wurden.

Daheim gewöhnten sich die Engländer mehr und mehr daran, den Gürtel im wahrsten Sinne des Wortes enger zu schnallen. Im Laufe des Jahres wurde das Minimum für Importe immer weiter hinuntergeschraubt. Ein Land, das weniger als 43 Millionen Tonnen Nachschub für unerläßlich hielt, lernte mit drei Vierteln davon auszukommen. Selbst die Nahrungsmittelimporte mußten um zehn Prozent auf etwas mehr als 13 Millionen Tonnen reduziert werden. Ersatz für Importe zu finden, wurde damit zu einer Frage von Leben und Tod. Doch dank der entsprechenden Maßnahmen erwies es sich, daß England mit der Hälfte dessen überleben konnte, was es in Friedenszeiten an Nahrungsmitteln einzuführen pflegte. Im ganzen profitierte sogar die Volksgesundheit vom gekürzten Unterhalt, nachdem Lord Wooltons Ernährungsministerium sich um eine ausgewogene Diätkost bemüht hatte, die genügte, die Menschen arbeitsfähig zu halten. Eine bemerkenswerte Ausnahme stellte das Brot dar, das zwar zusehends grauer wurde, aber unrationiert blieb. Versuche, die Leute zum Verzehr von Vollkornbrot zu überreden — was wirtschaftlicher und auch gesünder war —, erwiesen sich als jämmerlicher Fehlschlag. In dieser Zeit der Entbehrung kam der Schrebergarten zu neuen Ehren, und in öffentlichen Parks sproß das Blattwerk von Wurzel- und Knollengemüse. Städter wurden, nachdem man sie dauernd aufforderte, ›für den Sieg zu graben‹ (›Dig for Victory‹), in ihrer schwindenden Freizeit zu Amateur-Agronomen. Man schuf die ›Women's Land Army‹, welche die Frauen auf die Felder schickte, wenn Landarbeiter zur Armee eingezogen wurden.

Fremde neue Speisen und bizarre Rezepte tauchten an der ›Küchenfront‹ auf, zum Beispiel der *Snoek*, ein großer, mit dem Barrakuda verwandter Fisch, den es in den südafrikanischen Gewässern im Überfluß gab. Aus den Vereinigten Staaten kamen die Kondensmilch, das Trockenei und das Dosenfleisch, gebackene Bohnen und Gemüse und Früchte in Konserven. Ihre Lieferung wurde durch das Lend-Lease-Gesetz ermöglicht, und sie waren fast durchwegs rationiert wie praktisch alle Dinge. Einiges wurde über den Preis rationiert, zum Beispiel Fleisch, anderes über die Menge, zum Beispiel Tee. Für Kleidung wurden gesonderte Coupons mit festen Beträgen ausgegeben, die je nach Kleidungsstück variierten. Das führte oft genug von einer Zwickmühle in die andere, aber genauso oft kam es nicht einmal dazu, weil viele Dinge von vornherein weg waren, zum Beispiel Strümpfe und Anzüge. Wer so glücklich war, Verwandte in den USA, Kanada oder Australien zu haben, erhielt ab und zu sein Paket mit Nahrungsmittelkonserven, Kleidung und Tabak.

Das alles sorgte dafür, daß das lederne Buch mit den verschiedenfarbigen Lebensmittelmarken aus rauhem, billigem Papier zum bestgehüteten Dokument jedes Bürgers wurde. Es war auch das Symbol einer einzigartigen Gerechtigkeit, denn das durch die deutsche Blockade erzwungene Rationierungssysstem funktionierte tatsächlich. Der Schwarzmarkt gehörte als unvermeidliche Erscheinung dazu, hatte aber nicht zur Folge, daß der Mangel nicht mehr als eine gemeinsam zu tragende Bürde empfunden wurde. Auf diese Weise entstand ein Gefühl nationaler Einigkeit, wie man es vorher und nachher nie gekannt hat. Das Rationierungsprogramm war voll Ideen, wie man aus dem Vorhandenen das Beste machen könne, und mit seiner Propaganda gegen die Verschwendung mußte es als die einfalls- und erfolgreichste Übung angesehen werden, der sich je eine Administration unterzogen hat. Keine andere Regierung hat etwas Vergleichbares fertiggebracht. Von dem oft bespöttelten ›Krämervolk‹ war hier nichts zu spüren. Aber der Mann, der diesen Vorwurf artikulierte, hat auch den Ausspruch getan, eine Armee marschiere auf ihren Mägen.

Auf den Spuren eben dieses Napoleon war Hitler nach Rußland marschiert und hatte damit von einer Invasion nach England wieder Abstand genommen — seit den Eroberern aus Frankreich hatte niemand mehr die Britischen Inseln derart bedroht. Wenn die britische Regierung auch nicht das Wagnis einging, in Schlagzeilen das Ende der Bedrohung zu verkünden, die vielen Kriegsschiffe direkt vor den eigenen Küsten brauchte sie jetzt nicht mehr. Nur die Jagdflieger der RAF waren so beschäftigt wie immer. Sie mußten nicht nur Küstenkonvois decken, sondern auch die Bomber der feindlichen Luftwaffe von den Hafenstädten abhalten, die ständig angegriffen wurden. Trotz der Bombardements funktionierte es in den Docks reibungslos; so viele seetüchtige Frachter als möglich wurden an der britischen Nordwestküste entladen. Wo das nicht möglich war, wurden Konvois zusammengestellt und ins Seegebiet nördlich von Schottland geschickt, wo sie wieder auf die verschiedenen Konvois aufgeteilt wurden, die dort zwischen Firth of Forth, Tyne und Themse unterwegs waren.

Im ersten Halbjahr belief sich der durchschnittliche Verlust durch Luftminen auf 12 000 BRT, aber die Verlegung von Teilen der Luftwaffe nach Rußland führte zu spürbar leichteren Verlusten in der zweiten Jahreshälfte. Sie gingen um 50 Prozent zurück. Im Dezember machten die Deutschen es allerdings mehr als wett und versenkten 60 000 BRT durch Minen. Um diese alarmierend hohe Ziffer zu erreichen, ließen sie mehr Minen durch E-Boote legen. Dazu kam die kleine, aber sehr wirkungsvolle Abteilung der Marineflieger. Außerdem setzten sie einen neuen Minentyp mit Doppelzünder ein, der sowohl durch das Magnetfeld des Schiffes aktiviert wurde als auch durch seine Schraubengeräusche. Das setzte den Wert der vorsorglichen ›Entmagnetisierung‹ der Schiffe wieder ziemlich herab. (Man hatte dazu um den Schiffsrumpf einen Stromkreis installiert, der das Magnetfeld reduzierte.) Fast 1000 hölzerne Wasserfahrzeuge wurden als Minenräumer eingesetzt, und ihre Aktionen mußten jetzt mit den Laufzyklen der Küstenkonvois koordiniert werden.

Im Mai versenkte die deutsche Luftwaffe fast 150000 BRT Schiffsraum durch Bomben. Doch dann wurden die Bombenflüge wieder reduziert, wenn auch eines ein Problem blieb: Die Deutschen gingen zu Nachtangriffen über, und auf die hatte das Küstenkommando vorerst keine Antwort. Aber die Flugzeugabwehr an Bord der Schiffe wurde ständig besser, und mit Kanonen bestückte Schnellboote unternahmen jetzt Blitzangriffe auf die E-Boote.

Für die deutsche Küstenschiffahrt waren englische Flugzeuge bis zur zweiten Hälfte des Jahres 1941 keine ernsthafte Bedrohung. Die Gründe dafür sind uns nur allzu vertraut: Es waren der Mangel an brauchbaren Maschinen beim Küstenkommando und das ebenso mangelhafte Interesse beim Bomberkommando. Im Juli schloß sich das Jagdfliegerkommando den Kämpfen über dem Kanal an, und zwar mit seiner neuen Jagdbomberversion des ›Hurricane‹ (›Hurribomber‹ genannt). Gleichzeitig konzentrierte sich das Bomberkommando mit einem Geschwader auf die Küstenschifffahrt zwischen Norddeutschland und der Normandie. Drei Geschwader des Küstenkommandos deckten den hohen Norden ab, die Seegebiete südlich von Norwegen und westlich von Dänemark und den Golf von Biskaya zwischen der Bretagne und Spanien. Britische Fliegerangriffe auf deutsche Schiffe im Kanal verursachten zwar keine großen Schäden, zwangen den Feind aber, die Passage nur nachts zu wagen. Ab September griffen dann die neuen Motor-Torpedoboote in den Kampf ein. Ihr Stützpunkt war Dover. Insgesamt kostete England in dieser Phase der Kampf gegen die deutsche

Schiffahrt aus der Luft mehr als vier Flugzeuge pro versenktes Schiff.

Im hohen Norden traf das Küstenkommando auf erbitterte Flugzeugabwehr. Die Home Fleet mußte aus der Luft, über und unter Wasser angreifen, um ihrerseits den Hauptteil des Kampfes gegen die deutsche Schiffahrt nach Murmansk zu tragen. Im ganzen war die Schlacht der Deutschen gegen die alliierte Schiffahrt um vieles wirkungsvoller als ihr Spiegelbild, die britische Offensive gegen das viel kleinere Ziel des deutschen Schiffsverkehrs im Nordostatlantik und den Seegebieten zwischen England und Deutschland. Nadelstichangriffe der Königlich-norwegischen Flotte und verbundene Operationen der Engländer mit Schiffen, Flugzeugen und Einsatzkommandos in Norwegen übten auf Hitler eine weit größere Wirkung aus, als die tatsächlichen Leistungen rechtfertigten. Seine Angst vor einer zweiten britischen Invasion an der langen und verschlungenen Küste des Landes wurde bei ihm nun zur Besessenheit. So ließ er unverhältnismäßig starke Land- und Luftstreitkräfte nach Norwegen verlegen. Auch beschloß er, alle Dickschiffe der deutschen Flotte zur Verteidigung Norwegens dort zu konzentrieren, unter ihnen auch die riesige *Tirpitz,* die gegen Ende dieser Phase in der Ostsee ihre ersten Probefahrten machte. Er gab Befehl, daß die Schlachtkreuzer *Scharnhorst* und *Gneisenau* und der Schwere Kreuzer *Prinz Eugen*, die in Brest festlagen, sich nach Norden in Marsch setzen sollten. Die Engländer nahmen an, daß man sie dort nicht gerade in einer so guten Reichweite für ihre Bomber liegenlassen würde wie jetzt. Also griffen sie sie im Dezember noch einmal in Brest an. Die Schäden zwaren zwar gering, aber sie genügten, die drei Schiffe dort bis ins Neue Jahr festzuhalten.

Was ihre Großkampfschiffe anging, geriet die Royal Navy trotz der Entlastung, die die Abdeckung des Nordwestatlantiks gegen einen deutschen Ausbruch durch die Amerikaner mit sich brachte, noch vor Ende dieser Phase in eine akute Krise. Am 13. November 1941 wurde der Flugzeugträger *Ark Royal* im Mittelmeer von *U 81* unter Kapitänleutnant Friedrich Guggenberger versenkt. Zwölf Tage später versenkte Kapitänleutnant Hans-Dietrich Baron von Tiesenhausen in *U 331* das Schlachtschiff *Barham.* Auf britischer Seite war es das erste, das in diesem Krieg verloren ging. Die Verlegung der U-Boote ins Mittelmeer, die Dönitz ärgerte, weil damit seine Schlacht im Atlantik unterbrochen wurde, brachte zumindest handgreifliche Erfolge ein. Die Gefechte an Land, zur See und in der Luft um die Kontrolle des Mittelmeerraums und Nordafrikas erforderten immer mehr Kräfte, als am 19. Dezember eine Handvoll italienischer Froschmänner einen hervorragenden Angriff als ›menschliche Torpedos‹ auf den britischen Flottenstützpunkt im ägyptischen Alexandria ausführten. Die Schlachtschiffe *Queen Elizabeth* und *Valiant* wurden von heimlich an den Schiffswänden angebrachten Haftminen für Monate lahmgelegt. Damit war praktisch das gesamte 1. Britische Schlachtschiffgeschwader im Mittelmeer aus dem Verkehr gezogen. Nach dem Verlust der *Ark Royal* — strategisch gesehen bis dahin der schwerste Einzelverlust — blieben noch drei moderne Flugzeugträger übrig, und die lagen alle zur Reparatur in amerikanischen Docks.

Die *Hood* war schon lange dahin, und die Wolken im Fernen Osten wurden immer schwärzer. Die Admiralität mußte eine Streitmacht von Schlachtschiffen gegen die Japaner auf den Weg schicken, und das hatte die Reaktivierung der großen Flottenbasis in Singapur zur Folge — die man für größere Schiffe gebaut, jedoch schon vor dem Krieg wieder entblößt hatte; vor der Tür drohte der deutsche Nachbar. Das Schlachtschiff *Prince of Wales* und der Schlachtkreuzer *Repulse* wurden nach Japan geschickt, und am 10. Dezember wurden sie, weil sie u. a. ohne Luftunterstützung waren, von japanischen Fliegern versenkt. Die imperiale Attitüde der Briten entpuppte sich durch diesen ungeheuren Fehler als reiner Bluff — und es war nur der erste von vielen im Fernen Osten. Die Schlacht dort gehört nicht direkt zu unserem Thema, aber ihre Auswirkung auf die strategische Situation in der Hauptschlacht im Atlantik zeigt sich schon daran, daß Admiral Tovey von der Home Fleet Ende 1941 gerade ein einziges Großkampfschiff der ersten Kategorie zur Verfügung hatte, die *King George V* — und das reichte nicht, die *Tirpitz* im Zaum zu halten. Sein zweites neues Schlachtschiff, HMS *Duke of York*, war kaum in Dienst gestellt worden, als es von Churchill im Dezember für seine Reise in die Vereinigten Staaten abkommandiert wurde. Am 22. Dezember erreichte er Washington auf dem Weg über New York.

Es war Churchills zweiter Besuch bei Roosevelt, der notwendig geworden war, weil am 7. Dezember 1941 sich die strategische Situation abrupt gewandelt hatte. In Washington saßen sogar noch japanische und amerikanische Verhandlungsdelegationen zusammen an einem Tisch, als 270 Bomber von sechs japanischen Flugzeugträgern aufstiegen und den wichtigsten amerikanischen Flottenstützpunkt im Pazifik, Pearl Harbor auf Hawai, angriffen. Sechs von acht Schlachtschiffen wurden versenkt oder unbrauchbar gemacht. Das trug mit dazu bei, daß die gleichzeitig ausgesprochenen Drohungen Japans gegen britische, französische und holländische Besitzungen auf der anderen Seite des Ozeans in den folgenden Monaten ihren Erfolg hatten. Glücklicherweise lagen drei amerikanische Flugzeugträger und 13 Kreuzer zu dem Zeitpunkt nicht im Hafen. Einen Tag nach diesem schwarzen Sonntag erklärten die Vereinigten Staaten Japan den Krieg. Drei Tage später folgten Deutschland und Italien mit einer hastigen Kriegserklärung an die USA, die sie erwidern mußten.

Hätte Hitler sich zurückgehalten, dann wäre es vielleicht möglich gewesen, daß die Amerikaner nach dem Schock von Pearl Harbor sich nicht gleich zu einem Krieg an zwei Fronten entschlossen hätten. Denn Japan stellte für die USA die größere Bedrohung dar. Es lag geographisch so, daß die pazifischen Interessen der USA direkt betroffen waren. Die Versenkung der beiden britischen Großkampfschiffe hatte dazu den nützlichen Effekt, daß die Japaner nun ohne Schwierigkeiten die restlichen Seestreitkräfte der Alliierten im Fernen

Osten aus dem Wege räumen konnten. Nichtsdestoweniger war Churchill enorm erleichtert, daß die militärische Kraft der Amerikaner nun direkt in den Krieg mit den Achsenmächten geworfen wurde, zusammen mit ihrer ökonomischen und industriellen Macht. Aber bis dies alles wirksam zum Tragen kam, nahm der Kriegseintritt Japans den Briten den Vorteil, den ihnen die Einbeziehung der Sowjetunion in den Krieg gebracht hatte.

Churchill konnte nicht absolut sicher sein, daß sich die Amerikaner in den Krieg mit Deutschland hereinziehen ließen, nicht einmal nach Pearl Harbor. In den vier Tagen bis zu Hitlers Kriegserklärung an die USA ließ Roosevelt beim britischen Premierminister die Alarmglocken schrillen, weil er nämlich versuchte, ihr Treffen hinauszuschieben. Das läßt vermuten, daß Hitler einen weiteren großen strategischen Fehler machte, indem er sich eilig einen neuen Feind machte, auch wenn Raeder und Dönitz es nur freuen konnte, daß sie jetzt unbeschwert auch amerikanische Streitkräfte im Atlantik angreifen konnten. Aber der zweite anglo-amerikanische Gipfel mit dem Codenamen ›Arcadia‹ begann rechtzeitig in Washington. Wie in Argentia hielten die militärischen Führer ihre parallelen Gespräche ab.

Zwei Tage vor Beginn dieser Beratungen wurde Admiral King zum Oberkommandierenden der amerikanischen Kriegsmarine ernannt. In diesem nun weltweiten Krieg an zwei Fronten war seine Flotte die einzige alliierte Streitmacht, die fast ohne Verzug in der Lage war, gegen die Feinde in Ost und West vorzugehen. Als deren Führer wurde King zum wichtigsten Offizier auf alliierter Seite — ein Mann, der ein leidenschaftlicher Anglophobe war und dazu ein überzeugter Gegner der Politik ›Deutschland zuerst‹, wie sie in Argentia formell beschlossen worden war.

Ein Glück war es für die Engländer, die beim neuen Gipfel mehr Punkte für sich sammeln konnten, daß rangmäßig über King noch General George C. Marshall stand. Er war seit 1939 der Chef des Stabes der US Army (dazu gehörte auch die Army Air Force), und er wurde dann auch Chef des gemeinsamen Stabes. Marshall (1880—1959) vertrat die gegenteilige Ansicht und behielt im amerikanischen Lager die Oberhand.

George Catlett Marshall stammte aus Uniontown in Pennsylvania. Er hatte nie etwas anderes werden wollen als Soldat. Von 1897 bis zu seiner Aufnahme in die Infanterie im Jahr 1901 studierte er am Virginia Military Institute. Er bekleidete verschiedene Posten in der Heimat und auf den Philippinen, bevor er 1908 Lehrer an der Generalstabsakademie wurde. Im Ersten Weltkrieg ging er nach Frankreich und brachte es zum Stabschef eines Koprs. Danach diente er in China, dann als stellvertretender Kommandeur einer Infanterieschule und kurze Zeit als Chef der ›War-Plans Division‹, bevor er 1938 stellvertretender Chef des Stabes wurde.

Als Chef des Stabes (und damit Oberkommandierender der Army unter dem Oberbefehl des Präsidenten) war er verantwortlich für die Umformung einer rückständigen Truppe von 330000 Mann im Jahr 1939 in eine gewaltige, moderne Armee von acht Millionen im Jahr 1945. Seine größte Begabung lag in der Logistik, wo ihm keiner das Wasser reichen konnte. Da er im Laufe des Zweiten Weltkriegs kein Frontkommando führte, war er keine die Öffentlichkeit bewegende Figur; seine größte Enttäuschung war, daß Roosevelt ihn nicht die Invasion in der Normandie anführen ließ. Aber der Präsident mochte nicht auf den unersetzlichen Rat eines seiner scharfsinnigsten Leute verzichten.

Marshall war ein Mann, der auf Distanz hielt und nicht so leicht ergründbar war. Aber er war stets zuverlässig und auch im Streit verbindlich. Er stand zu seinem Wort. Hinter seiner vernünftigen und ausgeglichenen Art verbargen sich eine außergewöhnliche Entschlossenheit und ein unbeirrbarer Instinkt für das Auswählen und Einsetzen der richtigen Männer am richtigen Platz. Er dürfte der bedeutendste Offizier gewesen sein, den je eine amerikanische Uniform geschmückt hat, und sein erfolgreiches Bestehen auf dem Prinzip ›Deutschland zuerst‹ war ein entscheidender Beitrag zum Sieg im Atlantik. Es sollte nicht das letztemal sein, daß General Marshall zu einem Retter der europäischen Zivilisation wurde.

Die ›Arcadia‹-Konferenz einigte sich auch darauf, daß das Offenhalten der Transatlantik-Route von überragender Bedeutung war. Das gleiche galt für den immer wichtiger werdenden Ableger, die Route zu den sowjetischen Nordhäfen. Die Amerikaner übernahmen die volle Verantwortung für die isländische Garnison. Die dort stationierten US-Marines und die britischen Streitkräfte wurden durch Angehörige der US-Army ersetzt. Gegen Deutschland einigte man sich auf eine Strategie, die ein größeres Engagement im Mittelmeerraum zur Folge hatte. Dort waren die Engländer aufgrund ihrer Schiffsverluste in ihren Anstrengungen nämlich steckengeblieben, und auch der Feldzug der britischen Armee in Nordafrika war davon in Mitleidenschaft gezogen. Wenn sich dort der Erfolg eingestellt habe, hieß es, dann werde eine Invasion in Süd- und Westeuropa vorbereitet. Hierfür wurde der ›Festung Britannien‹ erste Priorität zugesprochen. Britische Forderungen nach mehr Zerstörern und Flugbooten wurden abgelehnt, weil die Amerikaner sie selbst brauchten. Die Amerikaner wiederum baten die Engländer, ihnen Küstenwachboote auszuleihen und selbst die Bombardierung der deutschen Werften zu verstärken. Das wichtigste politische Ergebnis der Konferenz war die Bekanntgabe der UNO-Deklaration am 1. Januar 1942. Insgesamt 22 Staaten hatten sie unterschrieben, unter ihnen auch Rußland. Die US-Air Force schloß sich der britischen Offensive gegen Deutschland an (ein weiterer Sieg für ›Bomber‹-Harris als dem Chef des RAF-Bomberkommandos). US-Streitkräfte wurden nach England verlegt (›Operation Bolero‹), um von dort aus Landoffensiven gegen Deutschland und Italien vorzubereiten.

In dieser Phase waren die Deutschen noch immer Gewinner im ›Tonnage-Krieg‹: Sie versenkten die feindlichen Schiffe schneller, als sie nachgebaut werden konnten. Aber die Lücke zwischen Verlust und Ersatz wurde sichtbar kleiner. Hier hing alles von den Vereinigten Staaten ab, zu denen die Engländer immer häufiger mit immer längeren Einkaufslisten Zuflucht nahmen. Aber wenn die Bestellungen sich auch von einem Tag auf den nächsten aufgeben ließen, so dauerte es selbst bei bestem Willen Monate oder gar ein ganzes Jahr, ehe die Lieferung kam. Zum Beispiel währte es bis Mitte August 1941, ehe der erste ›Liberty‹-Frachter ›von der Stange‹, SS *Ocean Vanguard* mit 10 800 BRT, fertig war. Beim Stapellauf schien sie so begierig, ins Wasser zu kommen, daß sie nicht einmal das Ende der Zeremonie abwartete.

Die *Ocean Vanguard* war der erste von 60 Frachtern, die 1940 bestellt worden waren. Im April 1941 genehmigte der Kongreß den Bau von weiteren 200 und dazu den entsprechenden Ausbau der vorhandenen Werften, um die Fertigstellung zu beschleunigen. Die Engländer warfen ihren begehrlichen Blick auch nach Amerika, wenn es um Geleitschiffe ging. Denn die britisch-kanadische Zusammenarbeit brachte es nur auf acht Eskorten pro Monat. Konteradmiral J. W. S. Dorling wandte sich im Mai 1941 als Verantwortlicher an den amerikanischen Marineminister Frank Knox und bat um Lieferung von 100 Eskortenschiffen von je 1500 BRT. Dorling war im ›US Bureau of Ships‹, dem Planungsbüro der amerikanischen Kriegsmarine, auf einen brauchbaren Entwurf gestoßen, der die nützlichste Zerstörer-Eskorte werden sollte: eine Fregatte. Knox sagte zu, zehn Stück pro Monat zu liefern, außerdem 20 Minenräumer und 14 Rettungsschiffe.

Nachdem die großen Erfolge des britischen Nachrichtendienstes bereits gewürdigt wurden, soll jetzt ein Blick auf die Operationen seines deutschen Rivalen in diesem heftigen intellektuellen Gefecht geworfen werden. Das Kriegsglück hatte den Engländern im Frühjahr diese große Menge aktueller Unterlagen für die Enigma-Maschine beschert (und die Unterlagen waren sogar wichtiger für den Durchbruch, als die aus *U 110* geholte Maschine selbst), aber dieses Glück beschränkte sich nicht auf die britische Seite. Wie wir gesehen haben, las der B-Dienst einen Großteil des britischen Funkverkehrs mit, und zwar schon vor Kriegsausbruch. Sie waren in Codes und Chiffren eingedrungen. (In einem Code wird ein Schiff oder ein Hinweis auf die Seekarte mit einem oder mehreren Buchstaben oder einem ganzen Wort bezeichnet; ein Code kann also in unverschlüsselte Texte eingebaut werden. Eine Chiffre vertauscht dann jeden einzelnen Buchstaben eines Funkspruchs und produziert so scheinbaren Unsinn. Man kann auch Codes und Chiffren kombinieren, wie das zum Beispiel im deutschen Seekartensystem der Fall war.)

Im September 1941 konnte der B-Dienst tief in die britische ›Naval Cipher No. 2‹ eindringen. Damit war es ihm möglich, die britischen Funksprüche schneller und in größerer Anzahl zu dechiffrieren. Im Dezember schafften deutsche Entschlüsselungsexperten auch die ›Naval Cipher No. 3‹, die im Funkverkehr zwischen den britischen, kanadischen und amerikanischen Flotten benutzt wurde. Da ›Cipher No. 2‹ das Medium war, über das die Royal Navy intern am meisten kommunizierte, waren die Deutschen nun in der Lage, die britischen wie die amerikanischen Dispositionen im Atlantik äußerst genau nachzuvollziehen. Zwar konnten sie niemals, wie ihre Gegenseite, den gesamten Funkverkehr über eine ganze Periode abhören, aber sie dechiffrierten mehr als genug, um sich ein detailliertes Bild über die Bewegungen von Geleitzügen und Eskorten zu verschaffen. Ein besonderer Schwachpunkt im britischen System war der Funkspruch, den der Offizier vom ›Naval Control Service‹ beim Auslaufen eines Konvois absetzte. Solange man sich im Hafen aufhielt, wurden Informationen über Fernschreiber, Telefon oder schriftlich ausgetauscht. In dieses System konnten die Deutschen nicht eindringen (wenn sie von Zeit zu Zeit auch nützliche Schiffspapiere in die Hand bekamen). Da niemand die genaue und endgültige Zusammensetzung eines Konvois bis zum letzten Moment kannte, mußte man diese wichtige Information per Funk an jene weitergeben, die für die Eskorten verantwortlich waren. In dem entsprechenden Funkspruch wurden auch die endgültigen Zielhäfen der Schiffe genannt und der allgemeine Kurs. Denn beides mußten die verschiedenen Eskorten wissen. Auch Anordnungen über Ausweichkurse mußten per Funk gegeben werden. Ansonsten mußten Geleitzüge strikte Funkstille einhalten (die Funksprechgeräte auf den Handelsschiffen waren versiegelt), und die Eskorten beschränkten ihren Funkverkehr auf das absolute Minimum.

Der Code der britischen und der alliierten Handelsschiffe waren vor dem Krieg entwickelt worden. Über ihn hielt man wichtigen Kontakt zu allein fahrenden Schiffen, aber für den B-Dienst war er ein offenes Buch. Sein Chef, Kapitän z. S. Heinz Bonatz, hatte vor dem Krieg eine interne Studie über das britische Funksprechsystem verfaßt (1939). Großenteils basierte sie auf den Ergebnissen des ›xB-Dienstes‹ (der Entschlüsselungsabteilung des B-Dienstes), der wiederum täglich die Leitstelle der U-Boote mit seinen ›Nachrichten über den Feind‹ belieferte. Der Marine-Nachrichtendienst beschäftigte in der Marineleitung in Berlin mehr als 1000 Leute. Über 40 Fernschreiber ratterten dort und spuckten die abgefangenen Funksprüche der Horchposten aus, die über die gesamte westliche Küstenlinie von Norwegen bis Spanien verteilt waren. Bis Englands 3. Schlachtschiffgeschwader Ende 1941 aus Kanada wieder abgezogen wurde, leistete der Admiral von Halifax aus Bonatz besonders hilfreiche Dienste. Er gab per Funk nämlich immer mittags einen Lagebericht durch, den die Deutschen als abendlichen Gruß in Empfang nahmen. Sein Bericht begann stets mit derselben Reihe von Adressaten, dann folgten Datum und Titel. Gleichgültig, welche Variante von ›Cipher No. 2‹ nun benutzt wurde, diese Kenntnis reichte den Deutschen bereits, den Rest schnell zu dechiffrieren und per Fernschreiber an Dönitz' Befehlsstelle weiterzugeben.

Gegen Ende dieser neunmonatigen Phase herrschte im Atlantik eine labile Patt-Situation. Dönitz konnte jetzt zweimal soviel U-Boote hinausschicken wie anfangs; im Durchschnitt waren es 36. Er war aus verschiedenen Gründen gezwungen, die Taktiken zu ändern und neue Operationsgebiete festzulegen. Zu diesen Gründen gehörten die Ausweitung und Verstärkung der Eskorten und der Luftunterstützung für die Konvois, der Zwang, Zusammenstößen mit den Amerikanern aus dem Weg zu gehen, und schließlich die Abkommandierung von U-Booten nach Norwegen und ins Mittelmeer. Die Deutschen sichteten weniger Ziele, konnten dafür aber mit ihren Rudeln schwerere Angriffe fahren, vor allem dann, wenn wenig oder keine feindliche Luftunterstützung vorhanden war. Unternehmen im Verband mit den ›Kondor‹-Maschinen funktionierten gut, bis auf der Gibraltarroute die britische Flugabwehr verstärkt wurde. Aber die U-Boot-Verluste gingen nach oben (30 in dieser Phase, davon 20 durch Eskorten); auf den Monat gerechnet waren es vor dem April je zwei U-Boote, danach mehr als drei. Die Boote wurden jetzt zwar viel schneller ersetzt, aber die Besatzungen waren nicht mehr so gut ausgebildet, und viele Boote gingen schon auf ihrer ersten Feindfahrt verloren. Bei der Ausbildung in der Ostsee wurde nicht geknausert, aber sie wurde unvermeidlicherweise verwässert und mußte beschleunigt werden, weil die U-Boot-Flotte wuchs. Neben der zunehmenden Anwendung der Rudeltaktik und der Verstärkung der feindlichen Eskorten war dies ein ebenso wichtiger Faktor.

Im ganzen ging in dieser Phase die Zahl der versenkten Schiffe um ein Viertel zurück. Durchschnittlich versenkte ein U-Boot im Monat nur etwas mehr als ein Schiff von 5500 BRT. Nach Tonnenzahlen war das nur ein Viertel dessen, was man in der voraufgegangenen Periode geleistet hatte. Umgekehrt bedeuteten seltener gesichtete Ziele nicht nur weniger Verluste für den Feind, sondern auch einen geringeren Anteil versenkter U-Boote: Im Durchschnitt hatte ein U-Boot im Einsatz nun eine Lebenserwartung von neun Monaten. Das war zweimal so lange wie vorher. Die Flotte weitete sich auch immer schneller aus. Im April waren es 54 gewesen, Ende 1941 waren es 200 Boote.

Aus britischer Sicht waren mehr als 1,5 Millionen BRT Schiffsraum U-Boot-Angriffen zum Opfer gefallen — zwei

Drittel davon gingen auf das Konto der allein fahrenden Schiffe, und das trotz der großen Konvoischlachten in diesem Zeitraum. Die monatliche Verlustrate nach Anrechnung der Neubauten fiel in diesem Zeitraum um nahezu die Hälfte, lag aber immer noch um zehn Prozent über der Neubaurate (auf 1100 verlorene kamen 1000 neu gebaute BRT). Die Lücke war also immer noch groß, schloß sich aber langsam. Die aufsteigende Verlusttendenz hatte sich umgekehrt. Die Zahl der Eskorten war von etwa 375 auf 500 gestiegen, aber der Zwist um eine bessere Luftunterstützung brachte ebenso viele Rückschläge wie Fortschritte in dieser Phase ein.

Den wirklich herausragenden Erfolg verbuchte man im präventiven Bereich, und ermöglicht hatte ihn ein Qualitätssprung in der Arbeit des Nachrichtendienstes. Man kann das Auf und Ab der Kämpfe in dieser Phase in direkte Beziehung zum Fluß des ›Ultra‹-Materials setzen. Aber es waren noch so viele wichtige Faktoren im Spiel, daß man den eindeutigen Beweis nicht führen kann. Zugleich kann es keinen Zweifel geben, daß geplante Ausweichmanöver der Konvois eine große, aber nicht festzulegende Zahl von Schiffen gerettet haben, wahrscheinlich hunderte. Doch auch die Eskorten beherrschten ihre Aufgabe immer besser, wenn auch die Kanadier darunter litten, daß sie zwischen den sehr unterschiedlichen Taktiken der Engländer und der Amerikaner hin und her gerissen wurden, unzulängliche Schiffe und zweitklassige Ausrüstungen hatten und mit den Problemen eines forcierten Wachstums fertig werden mußten. Radar und Funkpeilung waren in der Royal Navy viel besser entwickelt, und eine neue Waffe kam sehr schnell in Umlauf: der ›Hedgehog‹, ein Werfer, der eine große Zahl Miniaturwasserbomben 250 Meter weit voraus schleudern konnte. Das half, die blinde Stelle zwischen dem verlorenen Asdic-Kontakt (wenn der Gegner ganz in der Nähe war) und einem Angriff zu schließen. Aber die Wasserbombe blieb die Hauptwaffe für Schiffe und Flugzeuge. Die neue Zehn-Zentimeter-Radar-Anlage verbreitete sich langsam gegen Ende der Phase. Mit ihrer Reichweite von bis zu 7000 Metern stellte sie eine unbezahlbare Hilfe beim

Aufspüren aufgetaucht fahrender U-Boote dar, vor allem in der Nacht. Das Küstenkommando war noch mit dem alten Radar ausgerüstet, als es Ende 1941 über dem Golf von Biskaya Patrouillen flog und die U-Boote zwang, ihn bei Tag getaucht zu durchqueren. Das reduzierte die Spannen ihrer Einsätze, weil die Wege zum Einsatzort und zurück zu den Stützpunkten länger wurden.

Nachdem in dieser Phase drei getarnte Handelsstörer versenkt worden waren (die *Atlantis* dank ›Ultra‹), war Ende 1941 nun keiner mehr in See. Nach dem Verlust der *Bismarck* verzeichneten auch die deutschen Dickschiffe keine Erfolge mehr. Aus dem Dezember stammt Hitlers Bemerkung, jedes Schiff, das nicht in Norwegen sei, befinde sich ›am falschen Platz‹. Doch der verkleinerten Home Fleet lagen noch immer das Geschwader in Brest, die *Tirpitz* in Norwegen sowie zwei Panzerschiffe und ein Schwerer Kreuzer in Deutschland gegenüber. Deren bloße Existenz band bereits eine große britische Streitmacht, ob sie nun in Bewegung waren oder nicht.

Im großen Rahmen waren der Eintritt der Sowjetunion, Japans und der Vereinigten Staaten in den Krieg die wichtigsten Ereignisse. Aber Japan und Rußland schlossen am 13. April einen gegenseitigen Neutralitätsvertrag ab, der bis in die letzten Kriegswochen in Kraft blieb. Interventionen der Deutschen zugunsten Italiens in Nordafrika und Südeuropa brachten die englische Armee in die Defensive. Im Mai mußte sie sich aus Griechenland und Kreta zurückziehen. Im August nahmen die Deutschen Kiew, im September schnitten sie Leningrad ab. Erst als sie auf Geschützreichweite vor Moskau standen, konnte die Rote Armee sie am 6. Dezember stoppen. Am 17. Oktober wurde General Hideki Tojo japanischer Premierminister. Er folgte nicht dem Willen seines Kaisers, sondern betrieb eine Kriegspolitik, die nach Pearl Harbor führte. Zehn Tage nach dieser Katastrophe wurde der hervorragende Admiral Chester W. Nimitz Oberkommandierender für den Pazifik. An Weihnachten übergaben die Engländer Hongkong den Japanern. Am 20. Dezember übernahm Admiral King den Oberbefehl über die US-Navy, zwei

Wochen nach seiner Ernennung. Er hatte nicht vor, sich von den Engländern erzählen zu lassen, wie man auf seiner Seite des Ozeans den Kampf um die Konvois zu führen habe — den er übrigens für zweitrangig hielt, obwohl der Schutz, den die Neutralität gewährt hatte, dahin war. Der Lernprozeß, den Ernest J. King zu absolvieren hatte, sollte äußerst teuer und blutig werden.

4.
Januar bis Juli 1942

Admiral King — Die ›Zweite glückliche Zeit‹ — Die USA bauen Schiffe — Keine Geleitzüge in US-Gewässern — Blutige Verluste — Der Kanaldurchbruch demütigt die Royal Navy — ›Ultra‹ versagt — Der B-Dienst im Aufwind — Kanada als Mittler — Nachbunkern auf See — Winn in den USA — Ineinandergreifendes Konvoisystem — Die Deutschen wenden sich nach Süden — US-Schiffsbau — Gefahr aus der Luft für die U-Boote — Admiral Toveys Revolte — ›Tirpitz‹ — St. Nazaire — Spitzbergen — Die PQ 17-Katastrophe — Verluste zur See

Man kann General Eisenhower alles nachsagen, nur nicht, daß er ein bösartiger Mensch gewesen wäre. Dennoch war er der wohlüberlegten Ansicht — und zwar lange, bevor er Oberbefehlshaber der alliierten Truppen in Europa wurde —, daß die Kriegsführung der Alliierten viel reibungsloser funktioniert hätte und der Aufwand viel geringer gewesen wäre, wenn Admiral King kurzerhand erschossen worden wäre. Der stets fröhlich lächelnde General vertraute diesen so gar nicht zu ihm passenden mörderischen Gedanken seinem Tagebuch an.

Ernest Joseph King wurde 1878 in Lorain (Ohio) geboren. Er war also gerade alt genug gewesen, um schon im spanisch-amerikanischen Krieg von 1898 als Seekadett zu dienen. Er war der Sohn eines aus Schottland eingewanderten Vorarbeiters. Diese Abstammung kann eine Erklärung für seine nahezu psychotische Anglophobie sein. 1901 wurde er Offizier und diente auf vielen Posten auf See und an Land und sammelte Erfahrungen in der Geschützbedienung, im Maschinenraum, auf Torpedobooten, beim Minenlegen, mit U-Booten; er kommandierte Schiffe und Flottillen und lehrte an der Marineakademie von Annapolis in Maryland. Erst 1927 entdeckte er auch das Vergnügen, das die Fliegerei bereitete, erwarb mit immerhin 48 Jahren den Pilotenschein und kletterte dann bei den Marinefliegern weiter die Karriereleiter hinauf. Seine Anglophobie mag sich auch noch dadurch verstärkt haben, daß er im Ersten Weltkrieg als Ingenieur-Offizier und dann als stellvertretender Stabschef beim Oberkommandierenden der amerikanischen Atlantikflotte gedient hatte; dort hatte man eng mit der britischen Grand Fleet kooperiert und sogar ganze Einheiten unter dem Kommando der Royal Navy zusammengestellt.

Zu seinen Qualitäten, die ihn gerade in dem Augenblick an die Spitze kommen ließen, als es eigentlich auf die Pensionierung zuging (sie stand für 1942 bevor), gehörten schnelle Intelligenz, Ehrgeiz und Skrupellosigkeit. Auch war er ein geborener Kommandeur und Lehrer, der seinen Untergebenen das Höchste abverlangte. Das tat er genauso mit sich selbst. Er war bereit, auch niedrigen Rängen zuzuhören und seinen Ruf, kalt und abweisend zu sein, manchmal Lügen zu strafen. In Fragen von Strategie und Taktik wirkte er überzeugend. Zugleich war er ein begabter Verwaltungsmann und ein ebenso leidenschaftlicher wie entschlossener Kämpfer für die Kriegsmarine. Dort respektierte man ihn, aber beliebt war er nicht. Er hatte eine endlose Reihe von Affären mit Frauen und verfügte immer über einen reichlichen Vorrat an Alkohol, den er zur Entspannung brauchte — ganz im Gegensatz zur ›trockenen‹ Tradition der US-Navy. Zu seinen nicht gerade liebenswerten Schwächen gehörten auch noch ein monumentaler Eigensinn und ein schreckenerregendes Temperament, begleitet von einer bisweilen bestürzenden Grobheit. Alle drei Eigenschaften auf einmal brachen aus ihm heraus, wenn ihm etwas nach typisch englischer Affektiertheit roch, sei es der Akzent, sei es die Überheblichkeit einer Klasse, mit der er es jetzt unter den Admiralen zu tun bekam. Dieses Vorurteil machte es ihm schwer (wenn nicht gar unmöglich), zu erkennen, daß die Royal Navy den Amerikanern auf See noch etwas beibringen könnte. Eine der wenigen Ausnahmerollen sollte Rodger Winn spielen, wie wir noch sehen werden.

King wurde 1933 Chef des Büros für Marineflugwesen im Range eines Konteradmirals. Den Posten bekleidete er fünf Jahre. Dabei hatte er sehr viel mit der Entwicklung einer US-Marineluftwaffe zu tun. Auf diesem Gebiet geschah in den USA viel mehr als auf britischer Seite. Mit Recht konnte er für sich behaupten, die große Bedeutung von Flugzeugträgern erkannt und seine Navy fast ganz allein darauf aufmerksam gemacht zu haben. 1938 wurde er dafür mit der Ernennung zum ›Aircraft Commander‹ im Rang eines Vizeadmirals belohnt. Zwei Jahre später übernahm er das Kommando über die ›US Fleet's Patrol Force‹. Das war eine Schlüsselrolle in der Phase, als die US-Navy noch unter neutralem Status sich im Atlantik immer stärker engagierte. Im Februar 1941 war er als Admiral für die gesamte Atlantikflotte verantwortlich, und nur zehn Monate später war er, wie schon erwähnt, Oberkommandierender der US-Navy. Im März 1942 faßte Roosevelt diesen Posten mit dem eines Operationschefs zusammen (den bis dahin Admiral Stark innegehabt hatte; er wurde jetzt Kommandeur der US-Flottenverbände in Europa). King wurde der ›King‹ von allem, was unter dem Sternenbanner durch die Meere schwamm. Der Senat bestätigte ihn auf vier Jahre in seinem Amt, und dort blieb er bis zum Ende des Krieges. Seine bornierte Art, in der Atlantikschlacht nur immer den eigenen Vorstellungen zu folgen, steht in einem bemerkenswerten Gegensatz zu dem Erfolg, den er im Pazifik hatte. Dort ließ er klug ausgewählten Admiralen freie Hand, und die bedankten sich bald mit unerwartet frühen und ermutigenden Siegen über die Japaner. Ihm wurde Ende 1944 der einmalige Lohn zuteil, als erster Flottenadmiral mit fünf Sternen in die amerikanische Geschichte einzugehen. Mit 67 Jahren quittierte er Ende 1945 den Dienst. Er starb 1956.

Die Japaner hatten ihre deutschen und italienischen Verbündeten nicht darüber informiert, was sie am 7. Dezember 1941 vorhatten — nämlich die amerikanische Pazifikflotte auszuschalten. Aber die deutsche U-Boot-Waffe hatte bereits eine

Strategie in der Schublade, wie sie den Eintritt der Vereinigten Staaten in den Krieg für sich nutzen wollte. Die Seekriegsleitung hatte die von Hitler auferlegten Beschränkungen ihrer Aktionsfreiheit in der amerikanischen Sicherheitszone für immer ärgerniserregender gehalten, während die US-Navy die anglo-kanadischen Verteidigungsanstrengungen im Atlantik immer stärkter unterstützte und sich dabei sogar in Schußwechsel einließ. Am 9. Dezember, zwei Tage vor seiner plötzlichen Kriegserklärung an die USA, gab Hitler Befehl, alle Beschränkungen aufzuheben.

Die Umstände konnten für Dönitz kaum günstiger sein. Die Katastrophe von Pearl Harbor würde die Amerikaner zwingen, Flottenverbände von der Ost- an die Westküste der Vereinigten Staaten zu verlegen, denn die US-Navy mußte jetzt einen Krieg an zwei Fronten führen. So mußten die Streitkräfte, die ihr zur Verteidigung der atlantischen Gewässer zur Verfügung standen, ausgerechnet in dem Augenblick reduziert werden, in dem ihnen der Schutz der Neutralität verloren ging. Nach zwei Jahren Immunität kamen jetzt mit Sicherheit neue Aufgaben in der Küstenverteidigung auf sie zu, auf die sie nicht vorbereitet waren. Hier fehlte ihnen jede Erfahrung. Dagegen hatte die deutsche U-Boot-Waffe 27 Monate harter Kampferfahrung hinter sich. Zur Jahreswende verfügte sie über 249 Boote, von denen 158 zur Ausbildung dienten und 91 Einsätze fuhren. Das außergewöhnlich hohe Können der Besatzungen mochte seit Beginn des Krieges durch den Verlust der ›Asse‹ und durch das Tempo der Neurekrutierungen und der Ausbildung ein wenig gelitten haben, aber durch die wachsende Zahl der Boote wurde das mehr als kompensiert, vor allem angesichts der mangelnden Erfahrung des neuen Feindes. Noch mehr fiel der Überfluß an Zielen ins Gewicht, den der rege Schiffsverkehr den geübten Deutschen an der amerikanischen Ostküste repräsentierte. Das bot ihnen die Gelegenheit, wieder zu Einzelangriffen nach der Art zurückzukehren, die in der Anfangsphase des Kreiges gegen England so große Erfolge gebracht hatte.

Für Dönitz war das ein Glücksfall, denn er fand bald heraus, daß dies die beste Taktik war, und unter dem 9. Dezember trug er in sein Kriegstagebuch ein, daß dieser Vorteil nicht lange anhalten werde. Also müsse mit einem ›Paukenschlag‹ losgeschlagen werden. So hieß auch der Codename für die Operation, die die Angriffe auf die Schiffahrt in den amerikanischen Gewässern einläuten sollte.

Dönitz hatte vor, ein Dutzend Boote des Typs IX mit der größeren Reichweite zwischen New York und der Karibik zu postieren. Boote vom Typ VIIc mit geringerer Reichweite sollten vor Neufundland und Nova Scotia operieren, wo man den eigenen Stützpunkten um bis zu 1000 Meilen näher war. Aber am 10. Dezember erfuhr er von der Seekriegsleitung, daß er höchstens mit sechs Typ-IX-Booten für den ›Paukenschlag‹ rechnen könne (die Typ-VII-Boote sollten selbständig operieren). Der geplante Schlag traf die Amerikaner und ihre Verbündeten im westlichen Atlantik vernichtend; doch in den Augen von Dönitz war es nur ein moderater Angriff gewesen. Für die fünfwöchige Verzögerung und das begrenzte Ausmaß der neuen Offensive gab es verschiedene Gründe. Die Japaner hatten die Deutschen nicht weniger überrascht als die Amerikaner. Die Deutschen hatten im Mittelmeer spürbare U-Boot-Verluste zu verzeichnen gehabt, und die Seekriegsleitung hielt dort nach Dönitz' Meinung viel zu viele Boote fest, um den nordafrikanischen Feldzug zu unterstützen. Ein ungewöhnlich strenger Winter behinderte in der Ostsee die Ausbildung. Und obwohl der Bau neuer U-Boote Ende 1941 beschleunigt worden war, war die Zahl der gegenwärtig einsatzfähigen Boote zu gering für die wachsenden Anforderungen, die Dönitz als Verzettelung empfand. Für ihn blieb der Atlantik das Hauptschlachtfeld. Am Ende begann der ›Paukenschlag‹ dann mit gerade fünf Booten vom Typ IX. Sie operierten anfangs entlang der nordamerikanischen Küste von St. Lawrence in Kanada bis Cape Hatteras in North Carolina. Sieben Typ-VIIc-Boote sollten die Gewässer vor Neufundland und Nova Scotia unsicher machen. Mitte Januar 1942 befanden sich alle Boote an ihrem befohlenen Platz.

Genau einen Monat nach dem Gespräch zwischen Dönitz

und Hitler über die Ausweitung des Krieges auf Amerika eröffnete Kapitänleutnant Reinhard Herdegen, Träger des Ritterkreuzes mit Eichenlaub und Kommandant von *U 123* (Typ IXb), am 12. Januar 1942 den ›Paukenschlag‹ mit einem Torpedo auf den britischen Frachter SS *Cyclops* (9076 BRT) etwa 300 Seemeilen südlich von Cape Cod in Massachusetts. Innerhalb einer Woche versenkte er noch sechs Schiffe und beschädigte einen Tanker vor der Nordostküste der Vereinigten Staaten. Weiter nördlich versenkte Fregattenkapitän Ernst Kals in *U 130* (Typ IXc) am Morgen des 13. Januar vor Halifax einen Tanker und einen Frachter. Insgesamt hatten die Deutschen Ende Januar zwischen Neufundland und den Bermudas, also über eine Strecke von gut 4000 Seemeilen, 35 Schiffe mit mehr als 200000 BRT versenkt. Zur gleichen Zeit versenkten U-Boote auf der Nordatlantik-Route zehn Schiffe mit 63000 BRT; nur drei von ihnen waren im Konvoi gefahren.

Die deutschen U-Boot-Fahrer fingen bald an, die neue Front als ihre ›Zweite glückliche Zeit‹ zu bezeichnen oder auch als ›amerikanisches Truthahn-Schießen‹. Aber die Bedingungen an Bord der U-Boote waren insgesamt nicht glücklich zu nennen, vor allem nicht in den kleineren Booten des Typs VII mit seinen an die 750 BRT und in den nördlicheren Bereichen des Atlantik. Im VIIc arbeitete und lebte man in so drangvoller Enge, daß die Einsätze hier zu einer Qual wurden. Dabei stellte sich heraus, daß die Reichweite dieser mittelgroßen, atlantikfähigen Boote unterschätzt worden war: Sie konnten selbst vor der US-Küste zwei bis drei Wochen ohne Unterbrechung operieren; das war noch 600—1000 Seemeilen weiter von ihren Stützpunkten in Frankreich entfernt, als das nördliche Kanada von Norwegen. Diese zusätzliche Reichweite wurde aber um den Preis noch größerer Unbequemlichkeit erkauft, und ermöglicht wurde sie nur durch die Begeisterung und die große Moral der Mannschaften.

Zusätzlicher Treibstoff wurde an den unwahrscheinlichsten (und gefährlichsten) Stellen gebunkert, selbst in Tanks, die eigentlich für Trink- und Waschwasser vorgesehen waren, und in Trimm- und Ballasttanks. Als Dönitz davon erfuhr, war er entsetzt und verbot derartige Maßnahmen, aber offenbar mit geringem Effekt. Man bekam auf diese Weise nämlich noch einmal 20 t Treibstoff ins Boot. Die Tanks, die gar nicht dafür vorgesehen waren, wurden dann als erste wieder leergemacht. Aber das Trinkwasser mußte in Kanistern transportiert werden. Stets drohte auch die Gefahr, daß die vom Öl verunreinigten Trimm- und Ballasttanks ein getauchtes Boot dadurch verrieten, daß aus ihnen Reste an die Oberfläche stiegen, selbst wenn sie mit Seewasser durchgespült worden waren. Auf dem Weg ins Einsatzgebiet oder zum Stützpunkt zurück war auf größte Sparsamkeit beim Treibstoffverbrauch zu achten. Man mußte demnach die kürzeste Route wählen, bei schlechtem Wetter getaucht und allgemein immer nur die Geschwindigkeit fahren, die im Einsatz gerade noch zu vertreten war.

In den drei Wochen des Einsatzes gab es für die Besatzung keine Stelle im Bug oder im Heck, wo sie sich einmal hätte hinsetzen können (zusätzlich gelagerte Torpedos warteten darauf, abgeschossen zu werden). Kojen und Decks waren mit Kisten und Kanistern vollgestopft. Es war praktisch unmöglich, im ganzen Boot eine Stelle zu finden, an der ein Mann aufrecht stehen konnte. Wenn einer einen Platz fand, wo er sich hinhocken und seine Ration essen konnte, nahm dafür die Qualität der Nahrung stetig ab, je weiter das Boot nach Westen kam. Die frischen Lebensmittel, die im Hafen zugeladen worden waren, hielten wenig länger als eine Woche (selbst eines der beiden ›Örtchen‹ wurde dann als Lebensmittellager zweckentfremdet). Aber die berühmte deutsche Diät aus festem Roggenbrot und einer Mischung aus geräucherten und gesalzenen Würsten hielt länger. Alles andere kam aus Konservendosen, deren Inhalt gleich von einer für die U-Boote typischen Ausdünstung aus Dieselschwaden, schlechter Luft, Dampf, altem Schweiß und ungewaschenen Körpern und Kleidern durchzogen wurde. An Land zerbrachen sich zwar die besten Wissenschaftler den Kopf, aber auch gegen den allgegenwärtigen Schimmel, der sich über Brot und Kartoffel ausbreitete, war kein Kraut gewachsen. Wie Generationen von Seefahrern vor ihnen, waren auch die deutschen U-Boot-Fahrer die halbe Zeit ihrer Feindfahrt auf Zwieback angewiesen. Wenn sie dann zum Stützpunkt zurückkehrten, litten sie an Hauterkrankungen, Verstopfung und anderen Folgen mangelhafter Ernährung (den Skorbut, der durch Mangel an Vitamin C entsteht und durch die Jahrhunderte der Fluch der Seefahrer war, verhinderten konservierte Früchte und Gemüse).

Trotz dieser Schwierigkeiten, die ihnen in den Weg gelegt wurden, und trotz der Tatsache, daß selten mehr als ein Dutzend deutscher Boote gleichzeitig vor Nordamerika operierte, versenkten sie im ersten Viertel des Jahres 1942 im Nordatlantik 1,25 Millionen BRT Schiffsraum: 216 Schiffe, die sich größtenteils in Seegebieten aufhielten, für die die US Navy die strategische Verantwortung hatte. Weltweit belief sich der Verlust an Schiffen durch Feindeinwirkung in diesem Zeitraum auf 1,93 Millionen BRT, von denen 1,34 Millionen auf das Konto der U-Boote ging. Diese Zahlen sagen etwas darüber aus, wie unverhältnismäßig hoch der Beitrag war, den eine Handvoll Boote vor Nordamerika zu den Erfolgen im Seekrieg leistete. Als Harry Hopkins, Roosevelts wichtigster Berater, diese Zahlen im April von London nach Washington meldete, hob er hervor, daß 75 Prozent der Verluste auf Tanker entfielen (Dönitz hatte sie zu Hauptangriffszielen erwählt, und seine neuen Asse hatten sie sich in aller Ruhe heraussuchen können). Hopkins sah sehr genau voraus, wie notwendig dieser Schiffstyp in den kommenden Monaten gebraucht werden würde, und drängte daher den Präsidenten: »Ich bezweifle sehr, daß diese Aufgabe ohne Konvois zu meistern ist.«

Der Witz an diesem Ratschlag war, daß in den amerikanischen Gewässern gar keine Konvois fuhren, und es sollte sie auch nicht geben. Als hätte der Erste Weltkrieg nicht seine harten Lektionen erteilt und es nicht schon zwei Jahre voll einschlägiger Erfahrungen im neuen Krieg gegeben hätte, die

England gern beisteuerte und die Admiral Ghormleys Delegation in London auch freundlich entgegennahm, hielt die Kriegsmarine in den Vereinigten Staaten unter Admiral King überhaupt nichts von Geleitzügen in ihren Gewässern. Damit machten die USA wieder zunichte, was die Engländer und die Kanadier beharrlich und in harter Arbeit entwickelt hatten: die Schiffe relativ sicher über den Atlantik zu begleiten. Das ganze, peinlich genau ausgearbeitete Konvoisystem wurde so vielmehr komplett unterlaufen und hob den Wert des amerikanischen Kriegsbeitritts praktisch wieder auf. Dabei sollten doch gerade durch ihn die Alliierten einen enormen Vorteil für sich buchen. Den Schiffen wurde zu Hunderten gestattet, daß jedes allein und auf eigene Faust fuhr, bevor sie sich einem Konvoi über den Atlantik anschlossen oder nachdem sie einen einlaufenden Konvoi verlassen hatten. Das hatten sie in der US-Sicherheitszone auch schon tun dürfen, als die Amerikaner noch nicht in den Krieg eingetreten waren. Dieses ungeheure Versäumnis spielte den begierigen Deutschen direkt in ihre jetzt nicht mehr gebundenen Hände. Umgehend begannen sie in den amerikanischen Gewässern das, was der offizielle US-Historiker Samuel Eliot Morison mit bösem Spott als »ein fröhliches Massaker« bezeichnet. Als Entschuldigung mag gelten, daß die US-Navy über viel zu wenige Eskorten verfügte. Aber dahinter verbarg sich der irrige Glaubenssatz Admiral Kings, der da hieß: »Ungenügend eskortierte Geleitzüge sind schlechter als gar keine« (und das stand im absoluten Gegensatz zu den britischen Erfahrungen in Sachen U-Boot-Abwehr).

Der neue und in seinen Auswirkungen alarmierende Angriff der Deutschen ließ die Amerikaner glauben, es seien Dutzende, wenn nicht Hunderte von U-Booten gegen sie im Einsatz. Angesichts dessen setzten die Royal und die US-Navy im März 1942 ihren absoluten Bedarf an Eskorten fest (725 bzw. 590), zählten auf, was ihnen wirklich zur Verfügung stand (383 bzw. 122), und folgerten daraus ihren aktuellen Bedarf (342 bzw. 468). Rund 300 Fregatten waren, von England bestellt, in amerikanischen Werften bereits im Bau. Jetzt einigte man sich, alle Eskorten aller Typen den drei Atlantikflotten nach ihrem jeweiligen Bedarf zuzuteilen, ohne Rücksicht auf den Ort, wo die Eskorten gebaut wurden. Bis die Kräfte der U-Boote gebunden waren, war der Mangel an Eskorten chronisch. Zwischen den Kriegen vernachlässigten die Amerikaner, genau wie die Engländer, die kleinen Schiffe, und zwar aus dem gleichen Grund: Sie unterschätzten die U-Boote. Man kann die Eskorten nicht über Nacht und nicht schneller vermehren als Flugzeugträger oder U-Boote, gleichgültig, wie scharf man das Bautempo anzieht. Einen Seekrieg kann man nur mit dem führen, was man hat, und nicht mit Versprechungen auf neue Schiffe.

Der amerikanische Engpaß wurde noch deutlicher durch den zweiten Kriegsschauplatz im Pazifik, wenn die japanischen Ambitionen auch schon lange ein offenes Geheimnis gewesen waren. Leute wie King hatten sich um den Pazifik immer mehr Sorgen gemacht als um den Atlantik, denn der war Englands Problem. Hinzu kam der unverbesserliche amerikanische Optimismus, der hier für Spannungen sorgte. Kaum waren sie in den Krieg eingetreten, da reservierten sie große Mengen an Stahl, Arbeitskraft und Kapazitäten für den Bau von Landungsfahrzeugen für beide Kriegsschauplätze. In der Tat konnte der Krieg gegen Deutschland nur durch eine Invasion nach Europa gewonnen werden, ein gewaltiges Unternehmen, für das die entsprechenden Menschen und Kriegsgüter nach England geschafft werden mußten, und zwar auf dem Seeweg. Das wiederum hatte eine absolute Priorität für die Konvois zur Folge. So mußte Churchill nicht nur die sowjetische Forderung abwehren, sondern auch den amerikanischen Eifer, sofort eine zweite Front in Europa zu errichten. Erst im nachhinein konnten viele Amerikaner einsehen, daß er recht gehabt hatte.

In diesem Zusammenhang sei erwähnt, daß die Vereinigten Staaten im Laufe des Krieges die erstaunliche Zahl von 82028 Landungsfahrzeugen gebaut haben. Zu einer Zeit, da der Dollar fünf- bis sechsmal soviel wert war wie heute, gab die US-Navy zwischen dem 1. Juli 1940 und dem 30. Juni

1945 105 Milliarden Dollar aus. Neben den Schwärmen von Landungsfahrzeugen erhielt die US-Flotte noch zehn Schlachtschiffe, 18 Flugzeugträger, neun Geleitträger, zwei Große und zehn Schwere Kreuzer, 110 Eskorten-Kreuzer, 33 Leichte Kreuzer, 358 Zerstörer, 504 Fregatten und 211 U-Boote. Von dem Geld verschlangen die Schiffskörper 19 Mrd. $, Geschütze und Wasserbomben 13 Mrd. $, andere Waffen und Munition 4,5 Mrd. $, Radar 4 Mrd. $ und Sonderreparaturen und Produktionsanlagen 8 Mrd. $. Etwa 8 Mrd. $ wurden für den Bau von mehr als 80000 Seeflugzeugen aufgewandt (viele für den alliierten Gebrauch); die Hälfte von ihnen ging verloren. Zahlen wie diese helfen vielleicht zu erklären, warum sogar ein derart todbringendes Zusammenwirken wie das deutsch-japanische nicht auf einen Sieg im Weltkrieg hoffen durfte — ganz abgesehen von dem Beitrag, den Russen, Engländer und andere Verbündete gegen sie aufbrachten. Die USA waren tatsächlich das ›Waffenarsenal der Demokratie‹ — und ihr Bankier.

Doch die gewaltige Kriegsmaschine, die der eigensinnige Admiral King schließlich kontrollierte, stand noch großenteils auf dem Reißbrett und in den Tabellen des ständig wachsenden Kriegsbudgets, als der ›Paukenschlag‹ stattfand. Am Neujahrstag 1942 schrieb Vizeadmiral Adolphus Andrews, Kommandeur der ›Eastern Sea Frontier‹ (die Ostküste der USA bis hinunter nach Florida) in seinem Bericht an King unverblümt: »Sollten feindliche U-Boote vor dieser Küste operieren, verfügt dieses Kommando über keinerlei Streitkräfte, um etwas gegen sie zu unternehmen, weder offensiv noch defensiv.« Man kann ihm vorwerfen, die entsetzliche Wahrheit verschleiert zu haben. Die Ereignisse der nächsten Tage schon gaben ihm recht.

Andrews gehörte nicht zu den begabtesten Admiralen, aber bei der Führung seines Kommandos wurde mehr gegen ihn gesündigt, als er selbst gesündigt hat. Die Verteidigung des amerikanischen Festlands gegen einen direkten Angriff wurde nicht als besonders brennendes Problem angesehen.

Wenn Großbritannien als ehemals führende Seemacht sich auf einen kaum 20 Meilen breiten Kanal als Schutz gegen eine Invasion hatte verlassen können, und das seit 900 Jahren, warum sollte dann Washington sich Gedanken machen, wo es den weiten Atlantik im Osten hatte, den noch breiteren Pazifik im Westen und viel kleinere und friedlichere Nachbarn im Norden und im Süden? Es hatte zwar am Ende des Ersten Weltkriegs einen kurzen Einbruch deutscher U-Boote in den Westatlantik gegeben, doch die Amerikaner waren mit den Engländern in der Zwischenkriegszeit der Meinung gewesen, den U-Booten komme man schon mit dem Sonar-Gerät (dem amerikanischen Asdic) bei. Flugzeuge konnten von keinem Landstützpunkt aus, auf den ein potentieller Feind einen Zugriff hatte, ihren Kontinent erreichen. Der Angriff auf Pearl Harbor, das weit draußen im Pazifik lag, war von Flugzeugträgern aus unternommen worden und konnte diese Zuversicht nicht ernstlich erschüttern, wenn es auch zunächst Befürchtungen gab, daß sich ähnliches an der Westküste wiederholen könnte.

Während die festen Verteidigungsanlagen in Häfen und Küsteneinrichtungen bis zum Dezember 1941 gute Fortschritte machten — man legte Minen, Sperren und Netze —, standen für die bewegliche Verteidigung durch die ›Frontier‹ nur 20 kleine Schiffe zur Verfügung. Am nützlichsten erwiesen sich unter ihnen die Kutter des Küstenwachdienstes. Hinzu kamen 103 Marineflugzeuge, darunter drei Jäger, drei Torpedobomber, sechs Aufklärer, sieben Transporter und ein Bomber. Drei Viertel von ihnen waren, wie das Kriegstagebuch der ›Frontier‹ ausdrücklich bestätigt, für die U-Boot-Abwehr völlig nutzlos. Die US-Luftwaffe besaß Bomber, die weit genug in den Atlantik hinausfliegen konnten, aber ihre Piloten waren völlig ungeübt in der feinen Kunst der Patrouillenflüge über dem Meer mit ihren Besonderheiten in der Navigation, im Erkennen von Schiffen und in taktischen Fragen. Außerdem waren die Flugzeuge der US-Luftwaffe nicht für den direkten Funkverkehr mit Schiffen ausgerüstet, und wie eine Kooperation mit den Rivalen von der anderen Waffengattung vor sich gehen sollte, hatte man ihren Piloten überhaupt nicht beigebracht.

Kings Antwort am Neujahrstag fiel düster aus. Er teilte die verzweifelte Einschätzung seines Untergebenen, konnte ihm aber weder Trost noch Verstärkung anbieten: Zugunsten der U-Boot-Abwehr konnte die US-Flotte auf kein Schiff verzichten. Andrews setzte den Briefwechsel am 14. Januar mit der Bitte fort, ihm zumindest eine weitere Staffel Maschinen für Patrouillenflüge zur Verfügung zu stellen. Sie sollten seinen zusammengeschrumpften Aufklärerverband ergänzen, der gerade noch aus einer unbewaffneten Maschine der Küstenwache bestand, außerdem zwei Bombern, ein paar Aufklärern und zwei Luftschiffen. Darauf wurde von der Atlantikflotte eine Handvoll Maschinen abgezweigt, aber das machte wenig Unterschied. Die Flotte besaß im ganzen nur 30 ›Catalinas‹, und Andrews verfügte nicht über eine einzige Maschine, die Kontakt mit einem Schiff aufnehmen konnte. Die Maschinen von der Atlantikflotte bekam er nur für ›Notfälle‹, also unregelmäßig, in geringer Zahl und immer nur für kurze Zeit. Die neuesten Maschinen wurden währenddessen für die Ausbildung neuer Piloten gebraucht, und erfahrene Flieger, zum Beispiel von der Küstenwache, halfen dafür bei der Navy aus, erhielten aber veraltete und völlig unbrauchbare Maschinen gestellt. Zudem herrschte ein akuter Mangel an Sonar-Geräten, Geschützen, Wasserbomben und Maschinengewehren. Es war genau wie 1939 in England, nur in mancher Hinsicht noch schlimmer.

Bald sollte es wie 1940 sein, aber umgekehrt. Admiral Pound war als Erster Seelord Mitte Dezember mit Churchill über den Atlantik gekommen. Fünf Wochen hatte er in Amerika verbracht und nach Möglichkeiten gesucht, die Zusammenarbeit mit den neuen Alliierten zu intensivieren. Pound dachte dabei an die Schuld, in der man bei den immer noch neutralen Amerikanern für das Geschäft ›Zerstörer gegen Stützpunkte‹ und für Konvoi-Unterstützung stand (gar nicht zu reden vom ›Lend-Lease-Gesetz‹), und an die überbeanspruchten Ressourcen der Royal Navy, und er beschloß, zehn

Korvetten und 24 Trawler für die U-Boot-Abwehr anzubieten. King akzeptierte und schlug sie der ›Eastern Sea Frontier‹ zu. Das britische Luftfahrtministerium ließ sich (natürlich) nicht überreden, auch nur ein Flugzeug beizusteuern, nicht einmal eines von denen, die ohnehin in den USA gebaut wurden. Immerhin gelang es schließlich dem britischen Küstenkommando, ab Juni eine Staffel zur Verfügung zu stellen, die von Rhode Island aus ihre Einsätze flog, als die U-Boot-Offensive sich von Trinidad nach Süden verschob. Trinidad war eine britische Kolonie, gehörte aber strategisch zum nordamerikanischen Verteidigungsraum.

Erst am 19. März ließ Pound dann King direkt wissen, für wie ›dringend‹ notwendig er Konvois auch in den US-Gewässern hielt. Churchill unterstützte seinen Ersten Seelord mit einer gleichlautenden Bitte an Roosevelt, der höflich vorschlug, die Einfuhren nach England noch weiter zu reduzieren. Dabei waren diese schon auf das äußerste eingeschränkt worden. In dem Zusammenhang fiel dann Kings Wort von den ›unzureichend eskortierten Konvois‹, die ›schlechter als gar keine‹ seien. Im März traf auch Captain G. E. Creasy, verantwortlich für die U-Boot-Abwehr bei der britischen Admiralität, zusammen mit einem höheren Offizier des Küstenkommandos in den Vereinigten Staaten ein. Er sollte die Amerikaner bei der Übernahme des britischen Beispiels beraten. Zu diesem Zeitpunkt plädierte auch Pound für eine kritische Aufarbeitung der Erfahrungen im Kampf gegen die U-Boote. Der entsprechende Stabsbericht arbeitete vier grundsätzliche Lehren heraus: Jagdgruppen waren nutzlos; Luftunterstützung für Konvois war von unschätzbarem Wert; eine gute Ausbildung, auch in taktischen Fragen, war lebenswichtig; gleiches galt für Radaranlagen. Aber scheinbar konnte nichts davon King abhalten, die US-Navy all jene Fehler wiederholen zu lassen, unter denen schon die Engländer gelitten hatten. Der Unterschied war höchstens, daß das in kürzerer Zeit ablief: Er ließ nicht einmal die so absolut erfolglosen Q-Schiffe aus, sondern wollte die längst abgehärteten deutschen U-Boot-Kommandanten erneut in eine ›Falle‹ locken, die bei einer unbeschränkten Kriegsführung ohnehin keinerlei Wert mehr hatte.

Ende Februar begann die Atlantikflotte damit, jeweils für ein paar Tage einige Zerstörer zur ›Eastern Frontier‹ abzukommandieren. Aber diese befanden sich dann auf dem Rückweg von einem Konvoigeleit, hatten also nicht mehr viel Vorräte und kannten auch die örtlichen Bedingungen nicht. Also ersuchte Andrews seine Führung, ihm fünfzehn Zerstörer auf Dauer zuzuteilen. Aber King hatte zuwenig und meinte daher: »Mehr Zerstörer in unseren Küstengewässern bedeuten weniger auf den Handelsrouten nach England.« Das stimmte fraglos; aber dieselben Schiffe, die man mit Erfolg über den Ozean begleitet hatte, wurden in Sichtweite der Küste nun oft im wahrsten Sinne des Wortes alleingelassen. Während die Engländer schließlich so weit gingen, den Konvoikreislauf in dem Maße zu verlangsamen, daß zwei Escort Groups in den US-Gewässern operieren konnten, scheint man andere Hilfsmittel offenbar nicht entsprechend geprüft zu haben. Inzwischen vollbrachte eine Streitmacht von feindlichen U-Booten, die man früher zu einem einzigen Rudel zusammengefaßt und gegen einen einzigen Geleitzug geführt hätte, ihr schreckliches Zerstörungswerk in Gewässern, die von ungeschützten Schiffen nur so wimmelten.

Aber daraus den Schluß zu ziehen, King sei in dieser Phase gegen den Geleitzug als solchen gewesen, wäre eine Vereinfachung und überdies ungerecht. Er hielt es bei seinen gegenwärtigen Mitteln einfach nur für unmöglich und war dabei aufrichtig der Ansicht, eine schwache Eskorte sei schlechter und nicht besser als gar keine. Doch von der anderen Seite des Atlantiks aus sah es so aus, als überließen die Schäfer, die ihre Herde sicher durch die Wolfsrudel in die amerikanischen Gewässer gebracht hatten, sie dort ungeschützt ihren räuberischen Verfolgern.

Das Kriegstagebuch der ›Eastern Sea Frontier‹ widerlegt die Annahme, King hätte sich prinzipiell gegen Konvois als solche ausgesprochen oder ihre Bedeutung nicht verstanden, oder erst monatelange Verluste hätten ihn die Dinge in einem anderen Licht sehen lassen. Es enthält nämlich eine Anweisung Kings an Andrews, die immerhin schon unter dem Datum des 12. Februar einen Plan für ein Konvoisystem von ihm verlangt. Das sprach kaum dafür, daß hier ein Ungläubiger am Werk war. Andrews holte dazu die Stellungnahmen seiner Kommandeure ein. Sie waren alle einmütig gegen die Einführung von Geleitzügen, und zwar aus denselben Gründen wie King: Die vorhandenen Streitkräfte waren absolut unzureichend. Sie bestanden gegenwärtig aus neun Schiffen mit mehr als 14 Knoten Geschwindigkeit und weiteren 19, die zwischen 12 und 14 Knoten laufen konnten; drei schließlich waren überhaupt von zweifelhaftem Wert. Wenn man sie nun zum Schutz von Konvois abkommandierte, entblößte man gleichzeitig Häfen und Küstengebiete (ein Argument, das eine klassische Fehleinschätzung des Wertes von Geleitzügen zeigt: Der richtige Platz für Verteidigungskräfte, vor allem wenn sie klein sind, ist bei den Schiffen, die sie schützen sollen). Es gab keine Flugzeuge mit größerer Reichweite bis auf eine Handvoll Marinebomber, die zeitweise in Norfolk, Virginia, stationiert waren. Deren Chef ließ Andrews wissen, es werde »keinen Versuch geben, die Küstenschiffahrt durch ein Konvoisystem zu schützen, solange keine ausreichende Anzahl geeigneter Eskorten verfügbar« sei. So war King, wenn er sich von den britischen Bitten um Geleitschutz nicht bewegen ließ, kein Koloß, der sich gegen die Vernunft sperrte, sondern er gab nur wieder, was seine geliebte Navy im ganzen dachte. Leider konnte er sich nicht zu der Einsicht durchringen, daß jede Eskorte besser war als gar keine, und das lag vielleicht daran, daß dies die Meinung in der britischen Marine war. Und deren Überlegenheit, wozu auch das Wissen durch Erfahrung gehörte, konnte er bei seiner Veranlagung nicht akzeptieren. Am Ende wurde King dann — seine Leute begannen schon zu verzweifeln — von den Ereignissen zu den Maßnahmen gezwungen, auf die die Engländer gedrängt hatten.

Aber das geschah erst, nachdem die Kommandeure der US-Marine die ungewöhnlichsten Auswege ausprobiert hatten. Sie schienen alles andere lieber zu wollen als Geleitzüge. Als einige Besatzungen im Hafen von New York wegen der horrenden Verluste gegen den Auslaufbefehl ihrer Schiffe zu rebellieren begannen, wurde angeordnet, daß man im größtmöglichen Ausmaß die Wasserwege im Inland nützen solle, also Kanäle, Flüsse und Passagen zwischen Küste und vorgelagerten Inseln. Überall sollten die Schiffe so nah unter der Küste fahren, wie möglich. Sie sollten gefährliche Gewässer nur bei Tag passieren und in die Häfen nur bei Nacht einlaufen. Dieses System bekam von Admiral Andrews den Namen ›Bucket Brigade‹ verliehen, womit er auf die Methode anspielte, zur Bekämpfung eines Brandes das Wasser in Eimern von Hand zu Hand weiterzureichen. Küstenrouten wurden mit Bojen markiert, an denen sich alle Schiffe orientieren konnten. (Deutsche U-Boot-Kommandanten berichteten Dönitz davon, wie die Schiffe in gerader Linie von einer Boje zur nächsten fuhren, was das Zielen auf sie sehr bequem machte.) Was immer es an für die Verteidigung geeigneten Schiffen gab, wurde auf diese Fahrrinnen konzentriert. Bei Sichtung eines U-Boots (meistens waren es Fehlalarme), schickte man alles, was man hatte, an die gemeldete Stelle, um den Feind zu jagen — ein fundamentaler Fehler, aus dem die Engländer schon schmerzlich gelernt hatten und der jetzt von ihrem neuen Verbündeten überflüssigerweise noch einmal gemacht wurde. Geschichte wiederholte sich hier, aber nicht als Farce, sondern als Tragödie.

War das Bewachungssystem der Fahrrinnen (›Ship Lane Patrol‹) nur wirkungslos, so bewirkte das Vorpostensystem an den Küsten (›Coastal Picket Patrol‹) sogar das Gegenteil dessen, was man anstrebte. Man hatte es aus privaten Jacht-Besitzern gebildet, die zu Unteroffizieren der Küstenwache auf Zeit ernannt wurden und mit ihren eigenen Booten 50 Seemeilen vor der Küste eine Kette von Ausgucken bildete. Die Küstenwache bemühte sich, diese Ansammlung von ungeübten Amateur-U-Boot-Jägern der Öffentlichkeit als ›Korsarenflotte‹ zu verkaufen, aber dort hieß sie bald nur noch die ›Hooligan Navy‹. Zu ihr gehörte auch Ernest Hemingway auf seiner Jacht *Pilar* (benannt nach einer Figur aus ›Wem die Stunde schlägt‹), die er komplett mit Maschinengewehr, Jagdflinte, Pistole und Handgranaten ausgerüstet hatte. Kein U-Boot-Kommandant tat ihm den Gefallen, sein letztes Stündlein einzuläuten, und Hemingways Traum, die Handgranaten in einen offenen Kommandoturm schleudern zu dürfen, blieb unerfüllt. Die ›Hooligans‹ waren verantwortlich für unzählige falsche U-Boot-Meldungen. Die Folge war ein erschöpfendes Hin und Her der schwachen Kräfte, die Andrews aufbieten konnte. Stellte sich die ›Hooligan Navy‹ damit eher als eine Bedrohung für die eigene Seite heraus, so war die ›Civil Air Patrol‹ schon eine weit praktikablere Idee. Nach einer Grundausbildung konnten Privatpiloten in ihren eigenen Maschinen mit eigenen Augen Ausschau halten, und das bezog sich nicht nur auf U-Boote, sondern auch auf Überlebende nach U-Boot-Angriffen. Schließlich wurden die zivilien Patrouillenflieger zu einer Hilfstruppe der US-Luftwaffe, und ihre größeren Maschinen wurden bisweilen mit einer Wasserbombe oder einer normalen Bombe mit einfacher Zieleinrichtung ausgerüstet. Im Herbst 1943 übertrug man ihr dann neue Aufgaben, während die ›Hooligan Navy‹ wieder aufgelöst wurde.

Zu den mehr oder weniger verzweifelten Tricks, die man während der Krise an der Ostküste ausprobierte, gehörte auch das Projekt ›LQ‹ — ein streng geheimer Plan über drei ›U-Boot-Fallen‹ bzw. Q-Schiffe. Wie schon erwähnt, waren die Deutschen viel zu gerissen, auf diesen Trick aus dem Ersten Weltkrieg noch hereinzufallen. Ein Viertel aller Amerikaner, die während der kurzen Laufzeit dieses Projekts daran beteiligt waren, verloren ihr Leben — insgesamt 141 Mann. Es war keine große Operation, aber sie wurde zur selbstmörderischsten, zu der sich die US-Navy in diesem Krieg hinreißen ließ. Auch die Besatzungen von Hunderten von Fischerbooten wurden als Beobachter rekrutiert, die vor den Küsten der ›Eastern Sea Frontier‹ fischten. Als erfahrene Männer waren sie um vieles verläßlicher als die ›Hooligans‹. Leider vertraten sie aber den Standpunkt, daß eben Fischen ihr Beruf sei und nicht die Jagd auf Deutsche, und so wurde auch ihr Beitrag zum U-Boot-Krieg zu keiner meßbaren Größe. Verständlicherweise fürchteten sie, eine Sichtmeldung per Funk könnte für sie so etwas wie eine Einladung an das betroffene U-Boot werden, sie zu vernichten. So kamen ihre Meldungen meistens mit solcher Verspätung, daß sie sich als unbrauchbar erwiesen, selbst wenn sie korrekt waren.

Daß Andrews dem Konvoiprinzip nicht ablehnender gegenüberstand als King, zeigt seine Entscheidung vom Februar, so bald wie möglich Küstenkonvois zusammenzustellen. Es wurden Pläne für schnelle und langsame Konvois entlang der Ostküste aufgestellt, und man rechnete aus, daß insgesamt 64 Eskorten für einen wirksamen Schutz erforderlich seien. Aber wieder war es ein Fall von alles oder nichts: entweder überhaupt keine Konvois oder ein komplettes, ordentlich eskortieres Konvoisystem (wobei eine ›ausreichende‹ Eskorte nicht von vornherein definiert, sondern Auffassungssache innerhalb weit gesteckter Grenzen war — ein trainierter Verband von vier Schiffen war da mehr wert als ein untrainierter von acht). Sicher setzten die Amerikaner ihre Standards zu hoch an, und sie gingen an einen größeren Notfall eben nicht mit der Haltung heran, das Beste daraus zu machen — wie das die Engländer taten. Zugleich muß bedacht werden, daß es für die USA nicht so wichtig war wie für England, die Schiffahrt trotz heftiger Attacken im vollen Umfang aufrechtzuerhalten. Hinzu kam, daß die US-Navy neben der aufwendigen Kriegsführung und den schweren Verlusten im Pazifik im Osten eine Küstenlinie zu verteidigen hatte, die sich von Neufundland bis nach Brasilien erstreckte. Dennoch ist es nicht schwer zu verstehen, warum die Engländer bestürzt waren über die mangelhafte Vorbereitung der USA auf den U-Boot-Krieg, nachdem so schon so vieles an Informationen über den Atlantik in Richtung Westen geflossen war.

Nachdem die Amerikaner also nicht gleich auf das Geleitzugsystem einstiegen (King lehnte ein gemeinsames Konvoi-Kontroll-System für den gesamten Atlantik, das die Admiralität vorgeschlagen hatte, am 3. Februar ab), wurden die britischen Befürchtungen noch dadurch verstärkt, daß man an der Ostküste erst gar nicht versuchte, eine allgemeine Verdunkelung einzuführen. Wenn diese elementare Vorsichtsmaßnahme zur Sprache kam, klagten Orte wie Atlantic City, New Jersey und die Urlaubsorte in Florida über die schlimmen Auswirkungen, die das auf den Tourismus habe. Das Ergebnis war, daß den U-Booten ihre reiche Beute von Land her auch noch ausgeleuchtet wurde: Die scharfen Silhouetten, die sich abzeichneten, erleichterten ihnen das Zielen. So fuhren die Handelsschiffe weiter auch nachts die Küsten entlang und boten den Bewohnern von New Jersey bis Miami rund um die Uhr das ebenso spektakuläre wie unheimliche Schauspiel einer endlosen Reihe brennender Schiffe (vor allem Tanker, welche die Hauptziele der U-Boote waren), wie sie weit hinaus in die See leuchteten.

Nicht, daß die Deutschen sich auf Nachtangriffe beschränkten oder auf die leichtesten Ziele: Am 28. Februar versenkte *U 578* unter dem Kommando von Ernst-August Rehwinkel bei Tagesanbruch in Sichtweite der Küste von New Jersey den Zerstörer *Jacob Jones* (Lieutenant-Commander Hugh Black, USN) mit zwei Torpedos. Das Kriegsschiff war gerade in New York repariert worden und jetzt ausgelaufen, um sich vorübergehend der ›Eastern Frontier‹ anzuschließen. Obwohl sich der Zerstörer *Dickerson* in der Nähe aufhielt, konnten elf Mann der Besatzung nicht mehr gerettet werden. Es war der erste Verlust eines Kriegsschiffs im Bereich der Frontier, und Admiral King reagierte mit der Zuteilung weiterer Kriegsschiffe an Andrews — aber immer noch nicht auf Dauer. Auch hielt man zu diesem Zeitpunkt die Einrichtung eines Küstenkonvoisystems für noch nicht praktikabel. Anfang März stellte die Atlantikflotte von ihren theoretisch vorhandenen 75 Zerstörern im Durchschnitt zwei pro Tag an die Frontier ab, und zwar auf einer Ad hoc-Basis. Admiral R. E. Ingersoll, Kings Nachfolger als Chef der Atlantikflotte, hatte so viele Schiffe in den Pazifik abgeben müssen, daß er nicht viel mehr tun konnte, wenn auch auf der Konvoiroute über den Atlantik derzeit eine fast

Oben: HMS *Bluebell,* eine Korvette der »Flower«-Klasse

Unten: HMS *Lauderdale,* ein Zerstörer der »Hunt«-Klasse

Oben: U-Boot-Bunker in Brest

Unten: Ein U-Boot des Typs VII übernimmt Treibstoff von einer »Milchkuh«

Oben: Kanadische Korvetten vor Halifax/Nova Scotia (1941)

Rechts: Der Kanal-Durchbruch: *Scharnhorst* (vorne), *Gneisenau* (links) und *Prinz Eugen* (hinten)

Panzerverladung für Rußland in einem britischen Hafen

»Der Petroleumpreis ist um einen Penny gestiegen.« Diese böse Karikatur führte nach ihrem Erscheinen im Londoner *Daily Mirror* am 6. 3. 1942 zu heftigen Kontroversen

unheimliche Ruhe herrschte. Die Versenkung der *Jacob Jones* war ein herber Schlag. Sogar noch ärgerlicher war der Angriff, den das amerikanische Handelsschiff SS *Liberator* am 18. März auf die *Dickerson* unternahm, die sie für ein U-Boot hielt. Der Zerstörer konnte sich, von Granatfeuer schwer beschädigt, nach Norfolk (Virginia) schleppen. Der *Liberator* ging es am nächsten Tag aber noch schlechter: Sie wurde von *U 332* versenkt.

Am 6. März verschob King erneut die Einführung von Küstenkonvois, bis ›ausreichende‹ Eskorten verfügbar seien. Aber zumindest sein Stab widmete sich der Frage nun etwas intensiver. Zehn Tage später berief er eine Konferenz der Kommandeure der ›Eastern‹, der ›Gulf‹ und der ›Caribbean Frontier‹ ein, um sie auf ein Konvoisystem von der Karibik nach Boston und noch weiter nach Süden einzustellen. Die Admirale waren sich einig, daß man dazu sechs ›Escort Groups‹ brauchte — vier auf See und je einen für drei Tage an beiden Enden der Strecke. Wohl ziemlich willkürlich setzte man 78 Eskorten als notwendig an: 31 Zerstörer und 47 Korvetten oder vergleichbare Schiffe. Mit der Hälfte davon würde man einen mehr als brauchbaren Anfang machen können, und es wären dann sogar Ausbildungsgänge, Reparaturen, Vorrataufnahme und Landurlaube der Mannschaften möglich. In den drei Frontier-Bereichen an der Ostküste befanden sich drei Zerstörer auf Abruf, keine Korvetten, drei Vorpostenschiffe und fünf ›U-Boot-Jäger‹. Letztere waren auch eine Verlegenheitslösung: kleine Schiffe, die bald den Spitznamen ›Donald Duck Navy‹ weghatte. Für sie war im April ein Sofortprogramm aufgestellt worden: »60 Schiffe in 60 Tagen!« Der Kontrast zwischen Ideal und Wirklichkeit, wie er sich im Kriegstagebuch der Eastern Frontier ausdrückt, konnte kaum deutlicher ausfallen. Er war auch völlig künstlich, weil niemand danach fragte, ob dafür von irgendwoher Extralieferungen an Material vorgesehen waren. Ende März trafen 14 der versprochenen zwei Dutzend Trawler für die U-Boot-Abwehr aus England ein. Der Rest und die zehn Korvetten sollten bald nachkommen. Ende März wurden 15 Patrouillenflugzeuge für die Küstenwache geliefert. 55 sollten noch folgen. Vielleicht läßt sich daran messen, wie ernst man in England die Krise der Amerikaner nahm. Man hatte diese Maschinen nämlich dem Zugriff des Luftfahrtministeriums entzogen, für das sie ursprünglich in den Vereinigten Staaten gebaut worden waren.

Obwohl die Eastern Sea Frontier es war, die die Hauptlast des ›Paukenschlags‹ zu tragen hatte, unterstreicht die Anwesenheit der beiden Kommandeure der angrenzenden Frontiers die Tatsache, daß Dönitz seine Angriffe so weit streute, wie möglich. Die Zahl der verfügbaren Boote war nicht gestiegen, weil auch andere Frontabschnitte Boote angefordert hatten. Am 25. Januar gratulierte Hitler Dönitz zu dem spektakulären Anfangserfolg der Operation — und mit dem nächsten Atemzug befahl er ihm, Amerika weiter unter größten Druck zu setzen und zugleich 18 U-Boote im Bereich Island — Färöer — Schottland patrouillieren zu lassen. Hitler bildete sich nämlich plötzlich ein, daß die Engländer in Kürze einen zweiten ernsthafen Versuch machen würden, nach Norwegen einzumarschieren. Deswegen waren dort bereits zwölf Boote ständig auf Wache. Dönitz protestierte vergeblich bei Raeder, aber Hitlers Obsession war keine reine Verirrung. Es hatte 1941 verschiedene Nadelstiche der Engländer gegen Norwegen gegeben, und im April 1942 dachte Churchill selbst intensiv über eine Ladung mit größeren Kräften nach. Nur rieten ihm seine Stabschefs davon ab, und auch das Engagement der Alliierten im Mittelmeerraum als notwendiges Vorspiel auf einen Angriff auf Europa stand seiner Idee im Wege.

Um daher die Amerikaner auseinanderzureißen und sie möglichst lange aus dem Gleichgewicht zu bringen, verlegte Dönitz den Schwerpunkt seiner Aktivitäten einen Monat nach Beginn des ›Paukenschlags‹ auf die Karibik. Das Unternehmen ›Neuland‹ fiel nicht weniger vernichtend aus. Eröffnet wurde es von Kapitänleutnant Werner Hartenstein in *U 156* mit einem Angriff auf die Ölraffinerie in Aruba auf den Niederländischen Antillen. Er schlich sich mitten in der

Nacht in den Hafen von Curaçao und schoß mit Granaten und Leuchtspurmunition auf die Öltanks. Das entflammte Öl breitete sich auf dem Wasser aus und brannte dort stundenlang, während in derselben Nacht vom 16. auf den 17. Februar drei weitere U-Boote draußen insgesamt sieben Tanker versenkten. Bis zum Ende des Monats wurden noch zehn Schiffe, fast ausschließlich Tanker, in diesem Gebiet versenkt.

Eine Woche später zogen die Deutschen nach Norden zur Südostküste der USA, um dort erneut den Küstenverkehr anzugreifen. Ein bis zwei U-Boote blieben aber in der Karibik und hielten den Druck aufrecht. Sie griffen im Bereich von Trinidad, den Bahamas, der Westindischen Inseln und im Golf von Mexiko an. Kein Wunder, daß die Amerikaner dachten, vor ihren Küsten seien Hunderte von U-Booten am Werk. Sie mußten sich jetzt auch auf die Rationierung bestimmter Produkte einstellen, zu denen als erstes Kautschuk- und Erdölprodukte gehörten. Bald folgten andere. Sogar Kaffee wurde durch die Eroberungen der Japaner und die Versenkungen der Deutschen knapp. Jeder Gedanke der Engländer, Eskorten von den Geleitzügen abzuziehen, die auf der Atlantikroute die amerikanische Küste erreichten, wurde durch gelegentliche Rudelangriffe Dönitz' auf einen Konvoi wieder weggewischt, vor allem am 24. Februar, als vier Boote den nach Westen laufenden, amerikanisch eskortierten ON 67 vor Neufundland angriffen und sechs Schiffe versenkten. Ein gewisser Trost für die Amerikaner war, daß ihre auf Neufundland stationierten Flieger am 1. und 15. März je ein U-Boot versenkten. Es waren die ersten ›Abschüsse‹ der amerikanischen Streitkräfte in diesem Krieg.

Ungeachtet der bemerkenswerten Zahl von Versenkungen im Westatlantik brachte diese Zeit für Dönitz nicht nur Erfolge, sondern auch Enttäuschungen mit sich. Er wußte nämlich besser als jeder andere, was man durch eine wirkliche Konzentration der Boote in dieser Gegend würde erreichen können, bevor die Amerikaner unvermeidlicherweise eine wirksame Verteidigung aufbauten. Doch wenn er nicht wirklich hoffen konnte, mehr Boote herbeizuschaffen, dann lautete die Frage eben: Wie ließ sich die Wirkung der wenigen, die er zur Verfügung hatte, angesichts ihrer langen An- und Ablaufwege und ihrer damit so kurzen operativen Phase erhöhen? Dönitz, der sich jetzt auf dem Höhepunkt seiner Machtstellung befand, brauchte nur seiner Begabung zu folgen, wenn es um das Ausnutzen von Gelegenheiten ging, und schon hatte er eine Antwort auf die Frage, wie er ein Maximum an Chaos unter den gerade erstarkten Feinden Deutschlands durch ein Minimum an U-Booten erreichen könnte. Doch bevor wir uns dieser zweiten Phase des Krieges vor der amerikanischen Küste zuwenden, müssen wir unseren Blick noch einmal nach Osten auf die andere Seite des Atlantiks richten. In England verursachte der Kriegseintritt der USA nämlich nur kurzen Jubel, weil zugleich eine Serie von Rückschlägen die kampfbereite Insel wieder in eine düstere Stimmung stürzen ließ.

Wie wir im letzten Kapitel gesehen haben, hatte die überstrapazierte Royal Navy weiter die deutschen Überwasserstreitkräfte im Auge zu behalten, die zwischen Norwegen und Frankreich verteilt lagen. Wie wir wissen, hielt Hitler jedes Schiff, das nicht in Norwegen lag, für ›fehl am Platze‹. Die britische Admiralität war mit den Deutschen einer Meinung: Brest, wo die *Scharnhorst,* die *Gneisenau* und die *Prinz Eugen* brachlagen, lag England so nahe, daß die drei Schiffe sich praktisch im Angriffsbereich der RAF-Bomber befanden. Daher erwarteten die Engländer einen Ausbruch der beiden Schlachtkreuzer und des Schweren Kreuzers nach Norden, um dieser Gefahr zu entgehen. Sie erwarteten ebenfalls, daß die Deutschen dies auf dem kürzesten Wege versuchen würden, also direkt durch den Ärmelkanal. Die Alternative, der Weg rund um die Britischen Inseln, würde um so vieles länger dauern, daß das höhere Risiko einer Kanaldurchfahrt mit den möglichen Angriffen auf der längeren Route aufgewogen würde.

Die Deutschen gaben dem Unternehmen den Codenamen ›Zerberus‹. Die Seekriegsleitung zögerte noch, als die Idee von einem Ausbruch gegen Ende 1941 zum erstenmal aufkam, aber Hitler war so mit Norwegen beschäftigt und hatte wiederholt gedroht, das Brestgeschwader verschrotten oder zumindest seine schweren Geschütze für die Verteidigung der norwegischen Küste einzusetzen, daß Raeder und seinen Admiralen gar keine Wahl mehr blieb. Wenn sie das hohe Risiko eines Ausbruchs nach Norden auf sich nahmen, konnten sie zumindest hoffen, daß ihre Überwasserhauptstreitmacht keinen Schaden nahm, solange alles gutging. Hitlers Wunsch, ihre Geschütze für die Verteidigung Norwegens heranzuziehen, konnte damit begegnet werden, daß man sie ihm eben samt der Schiffe liefern werde, auf denen sie befestigt waren. Schließlich ließ Hitler sich auf das Wagnis ein und verlangte bei einem Treffen mit Raeder am 19. Dezember 1941 sogar, daß der Ausbruch so bald wie möglich stattfinden solle.

Im Pariser Hauptquartier von Admiral Alfred Saalwächter, dem Kommandeur der Marinegruppe West (Frankreich und angrenzende Gewässer), war die Planung schon weit fortgeschritten. Dieser intellektuelle preußische Stabsoffizier und U-Boot-Fahrer des Ersten Weltkriegs war als Autor eines Handbuchs für Offiziere über die Seekriegsführung der qualifizierte Mann für die Aufstellung eines einwandfreien Planes. Er bereitete eine wohldurchdachte Operation vor, an der Minenwerfer die Route sichern, Zerstörer als Eskorte und kleine Schnellboote und Trawler als Markierungsboote dienen sollten. 250 Jäger unter dem führenden As der Luftwaffe, Oberst Adolf Galland, waren für die Luftunterstützung aufgeboten. Saalwächters Hauptsorge war der angestrebte Überraschungseffekt, der aber bei der Nähe zu England, der feindlichen Luftaufklärung und den wenig ausgedehnten Seegebieten unmöglich schien. Aber es gelang ihm, indem er die Engländer überlistete. Die Admiralität nahm an, die Deutschen würden für den gefährlichsten Teil ihrer Reise den Schutz der Dunkelheit suchen — und das wäre der Zeitpunkt, zu dem sie die Straße von Dover passierten; dort hatte der Kanal mit etwas mehr als zwanzig Meilen seine engste Stelle. Das setzte voraus, daß sie aus Brest bei Tage ausliefen. Saalwächter glaubte aber, einem vor Brest möglicherweise überlegenen Feind nur im Schutz der Dunkelheit zu entwischen. Wenn er auf die Weise den Ausbruch geheimhalten konnte, würden die Engländer keine Zeit mehr haben, die notwendigen Angriffskräfte zu sammeln, vor allem nicht ihre Großkampfschiffe, die zwar die größten, aber auch die langsamsten waren. Jede unentdeckte Meile auf dem Weg zur Straße von Dover erhöhte die Chance auf einen Erfolg. Sein Plan war also, das Geschwader so durch die Nacht vorrücken zu lassen, daß es die Grenze der landgestützten britischen Radarstationen erst bei Sonnenaufgang erreichte. Denn dann wären die Schiffe auch durch Sicht-Aufklärung verwundbar, wo immer sie sich befanden. Vor dem Hintergrund würde es also keinen wirklichen Unterschied machen, wenn das Geschwader Calais in der Mittagszeit passierte. Sobald die Schiffe von den belgischen in die holländischen Gewässer liefen, würden sie unter das Kommando der deutschen Marinegruppe Nord kommen. Um 19.00 Uhr würden sie den holländischen Hafen Den Helder passieren und am nächsten Morgen um 3.00 Uhr in die Elbe einfahren. Insgesamt sollte die Fahrt 30 Stunden dauern.

Um die zunehmend hektischen und vielfältigen Vorbereitungen zum großen Ausbruch nicht auffallen zu lassen, ließ Kommodore Friedrich Ruge seine Minenräumer, die die Route sichern sollten, die verzwicktesten Manöver ausführen. Niemand, auch nicht seine eigenen Kapitäne und Mannschaften, sollte den Zusammenhang erfassen. Galland ging mit seinen drei Staffeln die Aufgabe durch und erzählte den Piloten, sie hätten einen Geleitzug mit lebenswichtiger Ladung auf dem Weg durch den Kanal ›von Nordosten nach Südwesten‹ zu decken. Den Engländern erschienen diese Aktivitäten zunächst wie Übungen. Auf den angeschlagenen Großkampfschiffen wurden die Mannschaften und fast alle Offiziere über das geplante Unternehmen aus den gleichen Sicherheitsgründen ebenfalls im dunkeln gelassen. Ostentativ wurden Ausrüstungen an Bord verladen, die man normalerweise in den Tropen brauchte. Dreißig höhere Offiziere des

Geschwaders erhielten gedruckte Einladungen zu einem Abendessen am 11. Februar (an diesem Abend sollte der Ausbruch stattfinden) mit Saalwächter in Paris, dem am nächsten Tag in der Nähe von Paris ein gemeinsamer Jagdausflug folgen sollte.

Das Kommando über das Geschwader hatte Vizeadmiral Otto Ciliax. Hochgewachsen, schwarzhaarig und wegen seines autoritären Führungsstils wenig beliebt, hatte der Flaggoffizier den Spitznamen ›Der schwarze Zar‹ abbekommen, und er war bekannt dafür, seefahrerische Schnitzer gnadenlos zu verfolgen. Auf seinem Flaggschiff *Scharnhorst,* dessen Kapitän er einmal gewesen war, hatte er die Admiralsbrücke oberhalb der Navigationsbrücke von Kapitän Kurt Hoffmann installiert — normalerweise war es umgekehrt. Die Etikette (und auch die allgemeine Meinung) verlangte von einem Admiral, daß er sein Flaggschiff von dessen Kapitän führen ließ. Aber Ciliax mischte sich oft ein. Er war absolut gegen den Ausbruch, als man ihn am Neujahrstag darüber informierte. Aber wie die übrige Seekriegsleitung mußte er Hitlers Forderung schlucken. Bei einer Konferenz mit den Admiralen in der ›Wolfsschanze‹ in Rastenburg wurde diese Forderung vom Führer wiederholt. Voll Selbstvertrauen wagte Hitler die Prophezeiung, seit der spanischen Armada im Jahr 1588 habe keine feindliche Flotte mehr versucht, den Kanal zu durchqueren, und so werde dieser erneute Versuch Deutschlands spektakulärster Flottenerfolg in diesem Krieg werden.

Die drei Dickschiffe wurden gleich von Brest aus von sechs Zerstörern begleitet. Dazu kamen die 2. Torpedobootflottille aus Le Havre, die 3. aus Dünkirchen und die 5. aus dem holländischen Vlissingen. Jede bestand aus fünf Booten. Für schnelle Angriffe stießen drei E-Boot-Flottillen von je zehn Booten hinzu. Aus allen zusammen wurden ein innerer und ein äußerer Eskortenring gebildet. Die Luftwaffe schickte drei Offiziere an Bord der *Scharnhorst,* um den Schutzschirm aus Jagdflugzeugen von dort aus zu dirigieren: Eine Formation nach der anderen sollte jeweils von einem neuen Flugplatz aufsteigen, die vorige ablösen und über den Schiffen auf ihrem Kurs nach Nordosten kreisen.

Am 2. Februar waren die Engländer überzeugt, daß ein Ausbruch zur Mitte des Monats bevorstand (am 16. war Neumond, und die Gezeiten waren günstig). Sie hatten auch wenig Zweifel, daß die Deutschen durch den Kanal vordringen würden. Aber sowohl Navy wie RAF glaubten noch immer, die Straße von Dover werde dabei in der Nacht passiert. Am 8. Februar prophezeite Air Chief Marshal Sir Philip Joubert, der Chef des Küstenkommandos, einen Ausbruch in zwei Tagen oder nur kurze Zeit später. Seine Aufklärer hatten die Konzentration von Zerstörern und kleineren Schiffen ausgemacht, außerdem die zunehmenden Aktivitäten der Minenräumer und Bewegungen der drei großen Schiffe, die nach mehr aussahen.

Auf diese eindeutigen Vorzeichen reagierten die Engländer seltsamerweise nicht mit Präventivangriffen. Sie konzentrierten nicht sofort Torpedobomber im Südosten Englands, wie man das für den Fall eines direkt bevorstehenden Aufbruchs der Deutschen Richtung Heimat vorgesehen hatte. Vizeadmiral Bertram Ramsay erhielt als Flaggoffizier in Dover keine sichtliche Verstärkung. Er hatte sechs Zerstörer und einige leichtere Einheiten zur Hand, aber gegen sie kamen die Deutschen allemal an. Die Home Fleet lag am anderen Ende des Landes in Scapa Flow und machte sich Sorgen um die kürzlich in Dienst gestellte *Tirpitz,* die sich seit Ende Januar in den norwegischen Gewässern aufhielt. Die Admiralität schickte eine halbe Staffel ›Swordfish‹-Torpedobomber an die Kanalküste, außerdem eine Sondereinheit von sechs älteren Zerstörern nach Harwich an der englischen Ostküste, und eine Handvoll Motor-Torpedoboote wurde in Alarmbereitschaft versetzt. Drei U-Boote sollten den eventuellen Ausbruch beobachten.

Diese matte Antwort spiegelte genau die Verfassung wider, in der sich die Royal Navy nach zweieinhalb Jahren Krieg befand und dessen letzte beiden Monate eine ununterbrochene Kette von Katastrophen darstellten. Sie spiegelte auch die Erschöpfung von Sir Dudley Pound, dem 65 Jahre alten Ersten Seelord, wider, der nicht einmal einen Stellvertreter hatte. Er war skeptisch, was die allgemeine Auffassung der Admiralität und der RAF über einen deutschen Durchbruch durch den Kanal anging, und verbot einen Gegenzug der Home Fleet Richtung Süden. Nachdem diese Entscheidung, seine wenigen einsatzfähigen Großkampfschiffe keinem Risiko auszusetzen, einmal gefallen war, stimmte seine Versicherung durchaus, daß die Navy sonst alles getan habe, um sich auf den Zusammenstoß im Kanal vorzubereiten. Er hatte einfach nicht mehr Zerstörer und U-Boote zur Hand — der Rest war verloren oder weit entfernt im Einsatz. Dafür legte der schnelle Minenleger HMS *Welshman* klugerweise 1000 Minen in das Revier um Boulogne im Kanal und die RAF weitere 98 Stück vor die Westfriesischen Inseln, denn dort mußten die Deutschen auf ihrer Heimfahrt passieren. Joubert hatte je drei Staffeln ›Beaufort‹-Torpedobomber in Cornwall in der Nähe von Portsmouth bzw. in Leuchars in Schottland stationiert. Letztere befahl er nach Norfolk in Ostengland, aber schlechtes Wetter und nachlässige Vorbereitungen am Boden verzögerten die Ausführung um vier Tage. Die Zusammenarbeit unter diesen zusammengewürfelten britischen Streitkräften konnte man bestenfalls als dürftig bezeichnen.

Den Deutschen kam bei ihren Aktionen eine Reihe erstaunlicher Glücksfälle zugute. Den Anfang machte ein Angriff von ›Wellington‹-Maschinen des RAF-Bomberkommandos auf Brest am Abend des 11. Februar. Die Schiffe wollten gerade, wie es gegenüber den Mannschaften hieß, zu einer ›Übung‹ auslaufen. Wenn dieser Routineangriff auch keinerlei Schäden verursachte, verzögerte er den Beginn der Operation doch um zwei Stunden (16 Minuten mehr hätten ›Zerberus‹ automatisch beendet, denn dann wäre kein Sicherheitspolster mehr vorhanden gewesen). Die üblichen Fotos, die von den Bombern aus aufgenommen waren, zeigten die deutschen Schiffe an ihren gewohnten Liegeplätzen, als die RAF sie noch im Lauf der Nacht entwickelte. Doch da hatten sie

Brest schon für immer verlassen, mit der *Scharnhorst* an der Spitze, gefolgt von der *Gneisenau* und der *Prinz Eugen*. Die Eskorten blieben in enger Fühlung.

Um Mitternacht lag das Geschwader nur noch eine Stunde und zwölf Minuten im Zeitplan zurück, während es Quessant vor der bretonischen Küste erreichte. Die Insel galt als Punkt, nach dessen Passieren es kein Zurück mehr gab. Jetzt gab Ciliax auch den Besatzungen der drei Schiffe bekannt, daß sie sich auf der Heimfahrt befänden. Während die Deutschen mit 27 Knoten Geschwindigkeit weiterstampften, brach ihr kunstvoll mit Radarhilfe entwickeltes Navigationssystem zusammen: Es handelte sich um eine Kunst, deren Zeit noch nicht ganz gekommen war. Das bedeutete aber auch, daß die Schiffe ihren Kurs durch die engen Fahrrinnen, die Ruges Minenräumboote freigemacht hatten, durch Koppeln suchen mußten, und das war für die wenigen, die das konnten, eine große Nervenprobe.

Ein zweiter Glückstreffer für die Deutschen war eine Serie von elektrischen und mechanischen Pannen in den Radaranlagen von drei Nachtaufklärern der RAF — sie verpaßten das Geschwader völlig. Bei Tagesanbruch war es nun seit ungefähr acht Stunden völlig unentdeckt in See und nach 250 Seemeilen nur noch knapp eine Viertelstunde in Verzug. Den dritten Glücksfall für die Deutschen bildete eine stetige Verschlechterung des Wetters mit Regen und tiefen Wolken. Damit erfüllte sich ungewöhnlich genau eine Wettervorhersage, auf der der Entschluß zum Auslaufen teilweise basiert hatte.

Bevor wir aufhören, die Glückstreffer zu zählen, müssen wir noch den vierten nennen: Die Aufklärungsflüge bei Tage wurden von einzelnen ›Spitfires‹ durchgeführt, und sie machten leichte deutsche Kräfte aus, die aus Boulogne kamen und sich der Eskorte anschlossen. Nachdem E-Boote im Kanal nichts Besonderes waren, schöpfte der Pilot keinen Verdacht. Er wußte nicht, daß das Schlachtschiffgeschwader, von einer Wolkenbank verdeckt, nur wenige Flugminuten südwestab unterwegs war. Nicht zu entschuldigen ist allerdings der Umstand, daß die Patrouillen nicht auf die Möglichkeit eines deutschen Ausbruchs aufmerksam gemacht worden waren und nicht einmal etwas von den Gegenplänen der Engländer wußten. (Diese Pläne hatten den Codenamen ›Fuller‹: britische U-Boote sollten vor Brest Wache halten, Aufklärer das Terrain erkunden, Agenten an Land die neuesten Entwicklungen melden.) Glänzend geplante und sorgsam ausgeführte Störmanöver unterbrachen fast überall die Radarkette der Engländer am Kanal. Nur die neuesten Anlagen mit der kürzesten Wellenlänge, die die Deutschen noch nicht kannten, fingen kleine Schwärme von Flugzeugen ein. Sie kreisten und bewegten sich dabei mit 28 Knoten Geschwindigkeit nordostwärts. Den ersten Alarm gab Staffelführer Bill Igoe durch. Er war diensthabender Leitoffizier auf dem Flugfeld von Biggin Hill, das im Brennpunkt der Schlacht um England gelegen hatte. Er gab an das Hauptquartier des Geschwaders Nr. 11 beim Jagdfliegerkommando durch: »Ich glaube, es handelt sich um Fuller!« Dann ließ er zwei ›Spitfires‹ von der Staffel 91 starten, die im nahen Hawkinge lagen. Die Deutschen waren jetzt seit elf Stunden auf See. Zwei weitere ›Spitfires‹ starteten ungefähr zur gleichen Zeit vom RAF-Flugplatz Kenley zu einer Routinepatrouille, ohne auch nur die Andeutung eines ungewöhnlichen Vorkommnisses im Kanal zu bemerken. Die Sicht war schlecht.

Das Paar aus Hawkinge sichtete die drei Dickschiffe etwa um 10.40 Uhr. Obwohl sie in heftiges Abwehrfeuer gerieten, glaubten die Piloten, es handele sich um britische Schiffe, die gerade auf einige von den ›Spitfires‹ abgedrängte deutsche Me-109-Maschinen geschossen haben mußten. Dann erschien das Paar aus Kenley auf der Szene, sah die deutschen Schiffe und ging fast auf Seehöhe hinab, um einen genaueren Blick einzufangen. Dabei bemerkten sie die beiden ›Spitfires‹ aus Hawkinge gar nicht, die sie fast versehentlich angegriffen hätten. Die Kenley-Piloten wußten über ›Fuller‹ Bescheid, folgten aber dem Befehl, ›bis auf Notfälle‹ absolute Funkstille zu halten, flogen wieder zu ihrer Basis zurück und erstatteten dort persönlich Bericht. Das Paar aus Hawkinge hatte die Schiffe inzwischen als deutsche erkannt. Beide wußten nichts über ›Fuller‹, entschlossen sich aber, die Schweigeregel zu durchbrechen. Sie gaben »drei große deutsche Schiffe ... von zwanzig und mehr Eskorten begleitet ... Kurs Richtung Dover« nach Biggin Hill durch und flogen zu ihrem Stützpunkt zurück. Der B-Dienst fing den Funkspruch auf und gab ihn an Galland weiter, der sein Hauptquartier vorübergehend in Le Touquet aufgeschlagen hatte. Ciliax und seine Mannschaften machten sich auf einen massiven britischen Angriff gefaßt.

Als die Deutschen hinter einem Schirm von zehn Zerstörern und flankiert von 15 Torpedobooten und 20 E-Booten an die engste Stelle des Kanals gerieten, waren alle Mann auf Gefechtsstation. Es war kurz nach 12.00 Uhr mittags. Sie waren pünktlich, und die Spannung war auf ihrem Höhepunkt. Die Schiffe machten 30 Knoten. Das erste Zeichen, das die Briten gaben, war eine Reihe von Fehlschüssen aus den schweren Geschützen der Küstenartillerie: Die britische Army war es also, die den ersten Schuß abgab, und er landete im Kielwasser der *Prinz Eugen*. Danach kam Nebel auf und ließ das deutsche Geschwader wieder verschwinden, während die Kanonen der Wehrmacht von der anderen Seite des Kanals das Feuer auf die britischen Stellungen eröffneten. Keine Seite setzte einen Treffer.

Den ersten Angriff der Royal Navy führte Lieutenant-Commander Nigel Pumphrey mit fünf Motor-Torpedobooten aus, für kurze Zeit unterstützt von zwei Motor-Kanonenbooten. Diese kleinen Schiffe kamen nicht nahe genug an die Großkampfschiffe heran, weil die starken Eskorten ihnen den Weg abschnitten, und so liefen ihre Torpedos nach einem ersten kurzen Anlauf fehl. Als nächster griff Lieutenant-Commander Eugene Esmonde mit seinen sechs leinwandbespannten Doppeldeckern — veralteten ›Swordfish‹-Torpedobombern — von Manston (Kent) aus an. Diese Maschinen konnten nicht mehr als 160 km/h fliegen. Admiral Ramsay intervenierte bei der Admiralität und versuchte, sie vor ihrem Schicksal zu bewahren (mit dem Argument, sie seien für einen Nachtangriff vorgesehen), aber Sir Dudley

Pound, der Erste Seelord, ging darüber hinweg. Ramsay brachte es indessen nicht fertig, selber den Befehl zu einem Auftrag zu erteilen, den alle Beteiligten zu Recht für selbstmörderisch hielten. Er überließ die Entscheidung Esmonde, den König George VI. tags zuvor mit dem ›Distinguished Service Order‹ (dem zweithöchsten britischen Verdienstorden) für seinen mutigen Angriff auf die *Bismarck* ausgezeichnet hatte. Ramsay muß gewußt haben, daß es nur eine Antwort geben konnte: Esmonde ließ seine sechs ›Einkaufstüten‹ mit ihren dreiköpfigen Besatzungen um 12.25 Uhr angreifen. Fünf ›Spitfire‹-Staffeln hatten Befehl, sie zu decken; nur eine fand sie.

Von den Schiffen der mächtigen deutschen Schlachtflotte mit ihren schweren Eskorten zu Wasser und in der Luft aus mußte Esmondes verzweifelter Angriff zweifellos wie ein Selbstmordkommando aussehen. Die zehn ›Spitfires‹ konnten beim besten Willen keinen Schutz gegen die herabstoßenden Jäger der Luftwaffe bieten, und von den Schiffen hagelte das Abwehrfeuer der Flakgeschütze. Sie setzten sogar ihre schweren Geschütze ein, mit denen sie den knapp und schwerfällig über der Wasseroberfläche angreifenden ›Swordfish‹-Maschinen hoch aufschäumende Wassersäulen in den Weg schossen. Alle sechs Flugzeuge gingen verloren, ohne einen einzigen Treffer gemacht zu haben. Fünf von 18 Männern überlebten den Angriff wunderbarerweise. Torpedoboote, die sich noch in der Nähe aufhielten, fischten sie aus dem Wasser. Esmonde gehörte nicht zu ihnen.

Die dritte und letzte Attacke auf die Deutschen leitete Captain Mark Pizey, RN, mit seinen Zerstörern aus Harwich ein. Die Ironie des Geschehens wollte es, daß sie am Tag zuvor ihren offiziellen Einsatz beendet hatten und bereits wieder auf dem Weg zurück nach Sheerness in Kent waren. Die Konfusion, die sich von Anfang an lähmend auf die britische Reaktion ausgewirkt hatte — eine Mischung aus Zweifeln, schlechter Ausrüstung und fast ausnahmsloser Inkompetenz —, ließ Pizey gar keine andere Wahl, als direkt durch Englands eigene Minenfelder an der Küste herbeizueilen. Als ihm die Admiralität den genauen Kurs der Deutschen und ihre Geschwindigkeit durchgab, war es zu spät, sie noch zu umfahren. Eines seiner sechs Schiffe fiel wegen Maschinenschadens aus, aber zwölf weitere Zerstörer wurden aus ihren weiter südlich gelegenen Häfen herbeigerufen und sollten sich ihnen anschließen. Pizey wurde für seine gefährliche, aber löbliche Entscheidung, auf eigene Verantwortung die Minen zu ignorieren, rechtmäßig belohnt: Er durchquerte die Felder ohne Schaden.

Gerade gab Pizey einen Seufzer der Erleichterung von sich, da fuhr die *Scharnhorst* auf eine britische Mine vor der Scheldemündung bei Vlissingen, und ihre Maschinen stoppten. Da der Befehl für das Geschwader lautete, unter keinen Umständen anzuhalten, stampften die übrigen Schiffe weiter, während Admiral Ciliax und sein Stab es wagten, auf den stark rollenden Zerstörer *Z 29* umzusteigen. Der Admiral hatte ihm befohlen, längsseits zu gehen. Vier Torpedoboote deckten die Szene ab, während die Mannschaft der *Scharnhorst* den Schaden begutachtete. Zwei äußere Abteilungen in der Doppelhülle waren vollgelaufen, und an Steuerbord war ein großes Loch. Aber die innere Hülle hielt, und die Maschinen waren unbeschädigt. Sie hatten nur vorübergehend gestoppt, weil Bedienungsgeräte durch den Explosionsschock für ein paar Augenblicke ausgefallen waren. Das ließ Ciliax nun ziemlich dumm dastehen, aber der Besatzung seines Flaggschiffs verursachte es keinerlei Pein. Kapitän Hoffmann konnte sein nur leicht angeschlagenes Schiff bald wieder auf 27 Knoten bringen. Die übrige Streitmacht war jetzt eine halbe Stunde voraus.

Zum Schluß ließ die RAF 675 Flugzeuge aufsteigen und zahllose unkoordinierte Angriffe auf das deutsche Geschwader und seine Jägereskorte fliegen. Die deutschen Flugzeuge erlitten ein paar Schäden, aber ihren Schiffen konnten die britischen Torpedobomber, Jagdmaschinen und Bomber aller wichtigen Typen nichts anhaben. Dafür griffen sie versehentlich auch noch Pizeys kleine Flottille an. Dessen Zerstörer sichteten die *Gneisenau* und die *Prinz Eugen* um 15.17 Uhr vor Hoek van Holland. Er wagte noch einen entschlossenen Torpedoangriff bei weit überlegener Feuerkraft der Deutschen, während sich über ihren Köpfen eine gewaltige und völlig chaotische Luftschlacht abspielte. Einer der Zerstörer, die *Worcester*, wurde getroffen, konnte sich aber über Wasser halten und fliehen.

Als die Dämmerung hereinbrach und die Deutschen die holländische Westküste passierten, verschwanden die drei Dickschiffe nach langen britischen Flieger- und Zerstörerattacken aus aller Blick. Die *Scharnhorst* holte auf. Kurz vor 20.00 Uhr wurde die *Gneisenau* vor Terschelling von einer Mine beschädigt. Einige Anlagen und Geräte fielen aus, aber sie konnte ihre Fahrt fortsetzen. Zwei Stunden später wurde die *Scharnhorst* in derselben Gegend von ihrer zweiten Mine getroffen, und wieder fielen ihre Maschinen aus. Nach kaum mehr als einer halben Stunde brachte sie es wieder auf zwölf Knoten. Ciliax war nach der ersten Mine auf dem Zerstörer geblieben und nachdem er die Fühlung zu seinem Flaggschiff verloren hatte, gewann er den Eindruck, es sei gesunken. Doch schließlich fand er es wieder, und die beiden Schiffe marschierten langsam Richtung Elbe. Die *Gneisenau* und die *Prinz Eugen* waren immer noch zusammen und kamen dort als erste in den Morgenstunden des 13. Februar an — und mußten erleben, daß keinerlei Vorkehrungen getroffen waren, sie in den Hafen zu begleiten. Dieses Versäumnis brachte einen der spektakulärsten Durchbrüche der Marinegeschichte zu einem wahrlich trivialen Ende. Dabei war es ein Beispiel von brillanter Planung und eine klassische Illustration des Sprichworts gewesen, daß das Glück mit dem Tüchtigen ist. Doch jetzt, wo die Planung versagte, schwand auch das Glück. Bis zum Morgengrauen mußten sie auf Schlepper, Eisbrecher und einen Lotsen warten, und dann wurde die *Gneisenau* von einer gewaltigen Flutwelle erfaßt, als sie auf die Hafeneinfahrt von Brunsbüttel zuhielt, und gegen ein unter Wasser liegendes Wrack getrieben. Das vergrößerte den geringfügigen Schaden, den die britische Mine angerichtet hatte, um ein Beträchtliches. Die *Scharnhorst* erreichte die

Reede am späteren Morgen und erfuhr dort, daß es für sie keine Schlepper gab. Hoffmann lenkte sein Schiff gelassen und ohne Hilfe in den Hafen, und es erhielt dabei nicht einen Kratzer mehr. Nur die *Prinz Eugen* überstand die Fahrt durch den Kanal ohne Schaden. Der Preis, den die Deutschen für das ganze atemberaubende Unternehmen zu zahlen hatten, waren 17 verlorene Flugzeuge, zwei beschädigte Torpedoboote und zwei Gefallene. Hitler triumphierte.

Die *Times* dräute: »Vizeadmiral Ciliax hatte Erfolg, wo der Herzog von Medina-Sidonia versagte. Seit dem 17. Jahrhundert ist nichts mehr passiert, was unseren Stolz als Seemacht tödlicher getroffen hätte.« (1667 war der holländische Admiral de Ruyter den Medway-Fluß hinaufgesegelt, hatte die vor Anker liegende englische Flotte angegriffen und das Flaggschiff gekapert.) Die *Daily Mail* gab genau die Stimmung in der britischen Öffentlichkeit wieder, als sie schrieb: »[Die Flucht] ist ein Beispiel für das allgemeine Gefühl, daß etwas faul ist in der britischen Kriegsführung, und dieses Gefühl gipfelt in der fast einmütigen Forderung, daß die Müden und Unfähigen dort oben ihre Plätze räumen.«

Als Pound zum Telefon greifen und Churchill verkünden mußte, daß die Deutschen entkommen seien, bellte der Premierminister nur zurück: »Wieso?« und schmetterte den Hörer auf die Gabel. Jetzt sah er sich demselben Vorwurf ausgesetzt, der ihn schon im Ersten Weltkrieg aus der Admiralität vertrieben hatte: daß man es an hoher Stelle nämlich mit ›Stümpern‹ zu tun habe. Deshalb unternahm ein wütender, in den höchsten Alarmzustand versetzter Churchill einen einmaligen Schritt: Er beauftragte ein Mitglied des Obersten Gerichts, den Richter Bucknill, mitten im Krieg mit der Untersuchung einer verlorenen Schlacht. Das Tribunal — es bestand aus einem Richter, einem Admiral und einem Air-Marshal — hatte keine Chance gegen die Weißwaschaktion, die das Militär betrieb, und scheiterte pflichtgemäß. Seine Schlußfolgerung kann man wohl eine der größten Untertreibungen aller Zeiten nennen: »Die Koordination war nicht gänzlich erfolgreich.« Mehrere Kritiker der offiziellen Vertuschungsaktion wurden auf ferne Posten versetzt. Ein Medaillenregen ergoß sich über viele, die eine bemerkenswerte persönliche Tapferkeit gezeigt hatten — wenn auch vergebens, weil sie eine so schlechte Führung gehabt hatten. Der höchste Orden, das Victoria-Kreuz, ging posthum an den Tapfersten: Commander Esmonde.

In Deutschland feierte man den Ausbruch des Geschwaders aus Brest natürlich als gewaltigen Schlag gegen einen Feind, der jahrhundertelang die Meere beherrscht hatte. Ciliax wurde mit dem Ritterkreuz ausgezeichnet, in der Kriegsmarine aber allgemein geschnitten, weil er ohne Grund sein Flaggschiff verlassen hatte. Hoffmann bekam den gleichen Orden mit viel größerer Berechtigung. Kapitän z. S. Otto Fein, der von der *Gneisenau* aus das Geschwader tatsächlich geführt hatte, als der Admiral und sein Flaggschiff fehlten, wurde mit Undank gestraft, möglicherweise deswegen, weil er den unglücklichen Zusammenstoß mit dem Wrack hatte, als alles schon vorbei war. Zehn Tage nachdem sie den Hafen unversehrt erreicht hatte, wurde die *Prinz Eugen* (Kapitän z. S. Hellmuth Brinkmann) vor Trondheim in Norwegen von dem britischen U-Boot *Trident* (Commander G. M. Sladen, RN) torpediert. Mit einem schwer beschädigten Heck konnte sie sich noch einmal retten, spielte dann aber keine Rolle mehr im Krieg. Ende des Monats zerstörte die rachedurstige RAF die *Gneisenau* in drei nächtlichen Bombardements. Auch sie sah man nie wieder in offener See. Ihre letzte Demütigung mußte sie hinnehmen, als man sie gegen Ende des Krieges als Blockschiff in der Ostsee versenkte. Die *Prinz Eugen* wurde für nukleare Bombentests benutzt und sank 1948 in der Nähe des Bikini-Atolls. Die *Scharnhorst* benötigte sechs Monate, bis sie wieder einsatzfähig war und nahm dann später an dem letzten Schlachtschiffduell der Geschichte teil.

England mochte zur See so gedemütigt worden sein wie nie zuvor, aber endlich war diese ›Flotte‹, die man da direkt vor der eigenen Haustür so lange hatte bewachen müssen, aus Frankreich verschwunden. Norwegen war jetzt der einzige Ort, von dem über Wasser noch eine Bedrohung ausgehen konnte. Die einzige ordentlich durchdachte britische Maßnahme gegen den Ausbruch war übrigens in letzter Minute das Legen von Minen an zwei Punkten gewesen, die man gut ausgesucht hatte: Die Deutschen konnten sie nicht verfehlen, weil sie auf ihrer richtig vorausgesagten Route lagen. Erst später erfuhr man, daß diese Minen auch weitgehend den gewünschten Effekt gehabt hatten. Die Deutschen feierten den Durchbruch durch den Kanal natürlich als operativen und psychologischen Triumph über die Royal Navy. Aber Admiral Raeder war als Chef der Kriegsmarine ehrlicher und realistischer, als er meinte, es sei zwar ein taktischer Erfolg, aber eine strategische Niederlage gewesen. In dem Sinne wäre es, wenn überhaupt, am ehesten eine Parallele zur Skagerrakschlacht im Ersten Weltkrieg gewesen.

Wenn es damals auch nach dem absoluten Gegenteil aussah — es war ein britischer Sieg, der erneut zeigte, daß Hitler nichts von Strategie zur See verstand. Wir haben das Ereignis hier aber deswegen so detailliert beschrieben, weil es zugleich zeigt, wie schwach die britische Kriegsführung auf organisatorischem Gebiet war. Am Anfang dieses Kapitels war die Rede von dem tragischen Irrtum der Amerikaner in der Einschätzung des Konvoisystems gewesen. Aber sie waren auch gerade erst in den Krieg eingetreten, während die Engländer schon zweieinhalb Jahre darin verwickelt waren. Ihre Seeleute und Flieger hatten das Land vor einem stärkeren Feind bewahrt, während die Bevölkerung in großem Ausmaß Bombardement, Versorgungsmängel und bisher nie gekannte Vorschriften und Verfügungen über sich ergehen lassen mußte. Doch auf der Führungsebene gab es noch immer viel zu viele unfähige Köpfe, die zu einer ›Gefahr für das Empire‹ wurden (auch Churchill selbst war von einem rachsüchtigen Admiral im Ersten Weltkrieg so genannt worden) und seine Weiterexistenz ernsthaft in Frage stellten. Deren Fehler und Versäumnisse standen in krassem Gegensatz zu Churchills Rolle als Symbol des nationalen Widerstands und zu der außergewöhnlichen persönlichen Tapferkeit von Männern wie Esmonde und so vieler anderer.

Aber der Kanaldurchbruch, der einige Schwächen offenlegte, war nicht mehr als eine Turbulenz in der öffentlichen Meinung, verglichen mit dem, was vier Tage später passierte. Am 15. Februar gab die britische Armee Singapur auf, die Stütze des Empire im Fernen Osten. Sie verlor die Stadt in einem Fiasko, das zu den schändlichsten der modernen Militärgeschichte gehört, an die Japaner. Die Episode gehört nicht in diesen Zusammenhang, und daher soll die Bemerkung genügen, daß es mehr als alles andere dazu beitrug, diesen schwarzen Februar 1942 zum Tiefpunkt des ganzen Krieges für England zu erklären. Und es gab kein Dünkirchen und keine Schlacht um England, um dem verlorenen Mut wieder aufzuhelfen; auch ließen sich keine sichtbaren Vorteile aus der amerikanischen Intervention ziehen — im Gegenteil.

Churchill hatte sich bemerkenswert schnell von einem kleinen Schlaganfall erholt, den er zur Jahreswende in Washington erlitten hatte. Aber kaum war er Mitte Januar nach London zurückgekehrt, da fluteten die schlechten Nachrichten aus dem Westatlantik und vom Kanal, aus dem Fernen Osten und aus Nordafrika nur so herein.

Hätte der inzwischen 67jährige Churchill jetzt aus gesundheitlichen Gründen das Handtuch geworfen, wäre das nicht nur verständlich gewesen, sondern hätte auch ziemlich der Wahrheit entsprochen. Aber das wäre genau die Art von Aufgeben gewesen, zu der Englands kampfeslustiger Anführer psychologisch gar nicht fähig war. Eine ängstlich gewordene britische Öffentlichkeit hing an ihrem ›Winnie‹, in guten und in schlechten Zeiten. Und die schlechten Nachrichten über den verzweifelten Kampf im Atlantik waren dem Premierminister und einigen anderen schon am ersten Tag dieser schlimmsten aller Monate eröffnet worden.

Der Strom verschlüsselter Informationen, der die Anstrengungen der deutschen U-Boot-Waffe begleitete — sicher der wortreichste Feldzug, der je geführt wurde —, wurde von den darauf spezialisierten britischen ›Y‹—Stationen als ein Kauderwelsch aufgefangen und von den Lauschern nach Bletchley Park weitergeleitet. Wir haben gesehen, wie man das Enigma-Material dort dann aufarbeitete. Die deutsche Kriegsmarine war die Waffengattung innerhalb der Wehrmacht, die den größten Wert auf Sicherheit legte und deswegen auch weniger Fehler machte, die das Entziffern der Funksprüche durch aktuelles Material erleichterten. Am 1. Februar 1942 erhielten die U-Boote einen neuen Code für den Funkverkehr zwischen der Befehlsstelle und den Booten im Atlantik und im Mittelmeer. ›Triton‹ löste ›Hydra‹ ab. Dafür bekam die Enigma-Maschine eine vierte Walze, was das Eindringen in den Code um das 26fache erschwerte. Der Strom wertvoller Informationen, auf die das ›Operational Intelligence Centre‹ und Roger Winns ›Submarine Tracking Room‹ inzwischen bauten, versiegte über Nacht.

So frustriert man in Bletchley darüber auch war, der Rückschlag kam nicht völlig überraschend. Sogar noch vor dem nachrichtentechnischen Durchbruch gegenüber ›Hydra‹ vom Mai 1941 hatte man aus gelegentlich entzifferten Meldungen im Funkverkehr der deutschen Kriegsmarine herausgefiltert, daß möglicherweise eine vierte Walze hinzukommen könnte. Im Dezember wurde bekannt, daß solch eine Walze an die U-Boote ausgegeben wurde, und bei einer Probefahrt wurde eine Vier-Walzen-Meldung dem identischen Text auf einer Drei-Walzen-Maschine angeglichen. Zumindest wußten damit die Entschlüsselungsexperten von der Existenz einer vierten Walze, aber das Geheimnis war ja die Anordnung der Walzen und nicht die Mechanik der Enigma-Maschine selbst. Als die undicht gewordene Stelle wieder zu war, gab es kein Vier-Walzen-Gerät in den Händen der Engländer, um sich der Sache erfolgversprechend anzunehmen. Das war diesmal kein Beispiel für mangelnde Voraussicht, deren Folgen wir auf den vorausgegangenen Seiten dargestellt haben. Für die damalige Technologie war die Konstruktion einer Vier-Walzen-›Bombe‹ ein Unternehmen, vor dem man sich fürchten mußte: Es erforderte eine gewaltige Investition von Zeit und

Sachverstand, und daran mangelte es sehr. Ein Problem des Materials oder des Geldes war es dagegen nicht. Bletchley Park konnte mit immer umfangreicherem Material aus dem Funkverkehr von Armee und Luftwaffe umgehen, und die Quellen flossen ständig. Daß die Kriegsmarine sich jetzt ausschaltete, beeinträchtigte auch nicht seine Fähigkeit, in den Funkverkehr der anderen Waffengattungen einzudringen. Diese Tatsache war für Bletchley Park ein großer Trost, bis man auch die Funksprüche aus der Vier-Walzen-›Bombe‹ lesen konnte.

Obwohl die Engländer in vielen Dingen gegenüber den Vereinigten Staaten bemerkenswert offen gewesen waren, bevor diese offiziell in den Krieg eintraten, in Fragen der Entschlüsselungstechnik (nicht der dadurch erworbenen Informationen) hatten sie doch eine Grenze gegenüber einer neutralen Macht gezogen, wie hilfreich und befreundet sie sich auch verhalten mochte. Das bedeutete, daß die Engländer von sich anfangs nicht gleich an die amerikanischen Hersteller von Datenverarbeitungsgeräten wenden und sie um Extra-›Bomben‹ bitten konnten. So wurde Englands erfahrenster Elektroniker im Dezember 1941 an die Arbeit auf diesem unerforschten Gebiet gesetzt. Als deutlich wurde, daß die deutsche Kriegsmarine ihre Enigma-Maschine verändern würde, beauftragte man ihn mit der Entwicklung einer Vier-Walzen-›Bombe‹. Aber erst, als der neue Funkverkehr tatsächlich lief, wurden weitere Techniker zur Verstärkung hinzugezogen. Da der Vorrat an klugen Gehirnen sehr begrenzt war, tat Bletchley Park wahrscheinlich gut daran, alle verfügbaren Kräfte auf die Materialfluten zu konzentrieren, die entschlüsselt werden konnten, und für den größtmöglichen Ausstoß an frischem Nachrichtenmaterial zu sorgen. Die Amerikaner hatte man bald nach ihrem Eintritt in den Krieg mit ›Ultra‹ vertraut gemacht, aber unvermeidlicherweise gab es eine Verzögerung um viele Monate, bevor sie ihre weit größeren Ressourcen zur Lösung des Problems einbringen konnten — unter britischer Anleitung, die, wie schon bemerkt, jenseits des Atlantiks nicht immer nur begrüßt wurde. All dies bedeutete, daß Bletchley Park zehneinhalb Monate brauchte, bis es in ›Triton‹ eingedrungen war (für das man dort den Codenamen ›Shark‹ benutzte). Bis dahin hatte man gerade drei ›Triton‹-Meldungen lesen können, indem man sie mit identischen Texten verglichen hatte, die auf der Basis von drei Enigma-Walzen verschlüsselt worden waren. Eine Meldung vom 14. März 1942 verzeichnete die Beförderung von Karl Dönitz zum Admiral. Zwei Wochen und drei Tage hatte es gedauert, bis man den Text mit Hilfe von sechs Drei-Walzen-›Bomben‹ entschlüsselt hatte. Kein unverhoffter Glücksfall bescherte den Engländern ein deutsches Schiff, um schneller Licht ins Dunkel zu bringen.

Unter diesen Umständen kann man es daher fast (wenn nicht ganz) als ein Glück ansehen, daß die (allerdings nur teilweise vorgenommene) Einstellung von ›Ultra‹ mit der Verlegung der deutschen U-Boot-Aktivitäten an die amerikanische Küste zusammenfiel. Den Hauptanteil der dann einsetzenden schweren Verluste muß man sicher einem Mangel an Erfahrung zuschreiben, aber nicht an jenem Wissen, das Bletchley Park zu liefern hatte. Solange die Amerikaner sich nicht zur Übernahme der Verteidigungsmaßnahmen herbeiließen, welche die Engländer bereits erprobt hatten und zu deren Befolgung sie nun dringend rieten, konnten ihnen auch die besten Informationen der Nachrichtendienste nicht mehr viel nutzen. Das ist ein extremes Beispiel dafür, daß Wissen allein und auch ein guter Nachrichtendienst allein nicht viel wert sind, wenn man nicht den richtigen Gebrauch davon macht. Das zeigt auch der Kanaldurchbruch, für den Bletchley Park eindeutig Vorzeichen gesammelt hatte.

Aus der Sicht des ›OIC‹ war der Ausfall der Enigma-Nachrichten schlimmstenfalls eine ›Trübung‹. Zweieinhalb Jahre hatte man sozusagen die Gedanken von Dönitz und Godt gelesen, und so war der Nachrichtendienst, vor allem Rodger Winn selber, in der Lage, die Pläne der Deutschen mit Erfolg, wenn auch mit Verzögerung, weiterzudenken. Es scheint keine überzeugenden Belege dafür zu geben, daß ein nicht unterbrochener Nachrichtenfluß den Verlauf des Kriegs zur See im

Jahr 1942 grundsätzlich anders hätte verlaufen lassen. Die Geschichte von ›Ultra‹ ist auf wunderbar typische Art britisch: Eine Gruppe von Exzentrikern improvisierte in Bletchley Park so hervorragend wie andauernd, und was sie erreichte, geschah unter absoluter Geheimhaltung. Als man nach 30 Jahren einer unvorbereiteten Welt eines der größten Geheimnisse des Krieges enthüllte, war das dann eine echte Sensation. Anfangs fanden die Kritiker der verschiedensten Fakultäten keine Worte. Professor Jürgen Rohwer, einer der führenden deutschen Experten auf diesem Gebiet, hat mir anschaulich in einem Brief beschrieben, wie niederschmetternd die Nachricht auf den alten Dönitz noch gewirkt habe (er starb 1981). Das konnte man auch von dem berühmtesten Opfer dieser Entwicklung erwarten, vor allem, nachdem er sich im Krieg so lange Zeit mit der Möglichkeit eines größeren Lecks im eigenen Sicherheitssystem hatte herumschlagen müssen. Hier fanden sich nun mit einem Schlag eine Rechtfertigung und eine neue Erklärungsmöglichkeit für seine Niederlage.

Betrachtet man die Vielfalt der Leistungen, die Bletchley Park vollbrachte, dazu die Heimlichkeit, in der das geschah, und schließlich den Eindruck, den die verspätete Enthüllung machte, dann versteht man diejenigen durchaus, die so weit gehen und sagen, Bletchley Park habe den Krieg gewonnen. Aber ›gewonnen‹ haben sie die Atlantikschlacht als das zentrale Ereignis des ganzen Krieges sicher nicht. Es gibt vielmehr gute Gründe für die Annahme — zum Beispiel mit Blick auf das Jahr 1942 —, daß die Leistungen von Bletchley Park nicht der Schlüssel zum endgültigen Sieg waren, wohl aber geholfen haben, das ›Luftloch‹ über dem Atlantik zu schließen. Was ›Ultra‹ wirklich bedeutet hat, muß hier gewiß noch erörtert werden, aber die lange Unterbrechung im Zufluß von Enigma-Material im Jahr 1942 zeigt sehr deutlich, daß man die Niederlage der deutschen U-Boot-Waffe nicht auf eine einzige Hauptursache zurückführen kann. Die Tatsache, daß der Ausfalll 1942 nicht selbst zu einer Katastrophe geführt hat, zeigt, daß die plötzlich versiegte Quelle nicht ganz so unentbehrlich war, wie man bisweilen angenommen hat, seit ihre Existenz bekannt wurde. Aber für den geschwächten und unter großem Druck stehenden Churchill war die plötzliche Einschränkung seiner Ration ›goldener Eier‹ zweifellos ein neuer deprimierender Schlag zu einem Zeitpunkt, an dem er besonders weh tat.

Als die Alliierten plötzlich eine Stütze verloren, auf die sie immer mehr gebaut hatten, erhielt Dönitz noch ein zweites wertvolles Geschenk, und zwar vom B-Dienst. Es half ihm, den Vorteil, in dem er sich gerade befand, noch weiter auszubauen. Dem Nachrichtendienst der deutschen Marine gelang genau zu dem Zeitpunkt ein noch tieferes Eindringen in die britische ›Naval Cipher No. 3‹, als es besonderen Gewinn brachte. Den Code benutzten die drei verbündeten Flotten für ihren Funkverkehr auf dem Atlantik. Im Februar gelang den Deutschen der wichtige Einbruch. Im März konnte sich der B-Dienst ein Exemplar des neuen Schlüsselbuchs der Handelsmarine besorgen. Es stammte von einem nördlich vor Norwegen versenkten Frachter. Es enthielt den neuen Code, der vier Wochen später erst in Gebrauch genommen werden sollte. Das war eine sehr nützliche Ergänzung zu seinem Triumph über ›Cipher No. 3‹, und es gewann noch größere Bedeutung, als ›No. 3‹ dann im Juni 1943 wieder ersetzt wurde.

Die ›Paukenschlag‹-Boote zogen großen Vorteil aus der Sorglosigkeit, mit der die Amerikaner ihren Funkverkehr betrieben. Auf dem 600-Meter-Band hörten sie Notrufe ab, die hilfreicherweise immer die Position, den Kurs und die Geschwindigkeit des betroffenen Schiffs angaben. Daraus konnten die Deutschen dann leicht schließen, wo sich ihnen die besten Angriffsziele boten. Zur gleichen Zeit, also Anfang 1942, verstellten die Deutschen Bletchley Park einen schnellen Zugang zum Enigma-Verkehr, indem sie ein neues Signalbuch für Wetterberichte herausgaben. Als man seinen Vorgänger 1941 in die Hand bekommen hatte, war man damit auch leichter in längere Meldungen eingedrungen. Diese

Meldungen enthielten mehr Stereotype und waren als Zusammenfassungen besser zu entschlüsseln. Der Wechsel des Codes beraubte Bletchley Park gerade zu der Zeit eines nützlichen Hilfsmittels, als man es für die Arbeit an ›Triton‹ besonders nötig brauchte.

Wir haben gesehen, wie die Deutschen ihren Angriff auf Nordamerika damit begannen, daß sie ihre U-Boote bis nach Neufundland und vor die Küsten Kanadas und der USA schickten, und wie sich der Schwerpunkt ihrer Attacken immer weiter nach Süden verlagerte. Es war nicht nur die winterliche Kälte der nördlichen Breiten, die das bewirkte. Die Engländer mochten Kanada 1941 für die Schwäche und Wirkungslosigkeit ihrer Eskorten unter Feuer genommen haben, doch die deutsche U-Boot-Führung bemerkte schon bald, daß ihren Booten in den kanadischen Gewässern eher Widerstand entgegengesetzt wurde. Das widerlegte erneut Kings These, schwach eskortierte Geleitzüge seien schlechter als gar keine. Die Verschiebung der U-Boot-Aktivitäten nach Süden in der ersten Hälfte 1942 stimmte durchaus mit Dönitz' Strategie den ganzen Krieg hindurch überein: dorthin zu gehen, wo die Ziele leichter und gefahrloser zu treffen waren. Nachdem England gegen Ende 1941 die Versorgungsschiffe beseitigt hatte und die U-Boote dort nun nicht mehr nachfassen und auftanken konnten, stellte Dönitz als Ersatz den U-Boot-Tanker in Dienst. Ende 1941 begann die Arbeit am neuen Typ XIV. Das Boot hatte aufgetaucht eine Wasserverdrängung von 1688 BRT und konnte 432 Tonnen Öl sowie vier Torpedos transportieren. Der erste ›U-Tanker‹ im Einsatz war *UA*, das im umgerüsteten Zustand jetzt 250 t Öl extra mitführen konnte. *UA* verließ Lorient am 14. März und versorgte drei Boote vom Typ VIIc in den Western Approaches. Nach diesem Erfolg wurde dann *U 459* der erste zu diesem speziellen Zweck gebaute Tanker. Er bekam den Spitznamen ›Milchkuh‹ und verließ den Hafen am 28. März in Richtung Westatlantik. Binnen weniger Wochen lagen sechs Boote vom Typ XIV auf Stapel. Dadurch verdoppelte sich die Einsatzdauer der Boote vom Typ VIIc, dessen Tanks normalerweise wenig mehr als 100 t Treibstoff faßten. In der dritten Aprilwoche hatte *U 459* nicht weniger als acht Kunden. Einige tauchten sogar gleichzeitig auf, was zu einiger Hektik führte. Schlechtes Wetter beeinträchtigte die neue Prozedur, aber Ende des Monats notierte Dönitz zufrieden in seinem Kriegstagebuch, die Versorgung der U-Boote durch den U-Tanker habe ›äußerst gut‹ geklappt. Heinz Schaeffer hat lebendig beschrieben, wie solche Manöver auf See vor sich gingen. Er war später Kommandant von *U 977* (mit dem er gegen Ende des Krieges einen Rekord aufstellte — eine 66 Tage dauernde Unterwasserfahrt nach Argentinien, worauf man ihn verdächtigte, er habe Hitler in die Antarktis in Sicherheit gebracht). Sein Boot hatte gerade noch eine Tonne Treibstoff.

»Der Leitende Ingenieur und einige Soldaten des Maschinenpersonals gehen auf das Vor- und Achterschiff. Es gilt, die Ventile zur Treibölübernahme zu öffnen und den Anschluß für den Schlauch vorzubereiten. Trotz der herrschenden Kälte sind die Männer nur mit Badehosen bekleidet. Der Anschnallgurt schnürte ihnen die Rippen ein. Oft hängt einer außenbords und wird mühevoll von den Kameraden wieder eingeholt. Ein harter Sport. Es hilft nichts; die einzige Möglichkeit.

Der Versorger und wir laufen parallel. Abstand vielleicht 80 Meter. Eine Verbindungsleine wird mit einer Spezialpistole herübergeschossen; ihr folgen der Schlauch und ein Schleppseil. — Wir atmen auf. Das edle Naß kann fließen. 20 Tonnen übernehmen wir so. Gleichzeitig wasserdichte Säcke mit Kartoffeln, Brot, Gemüse und sonstigen Nahrungsmitteln. Es klappt ausgezeichnet, obwohl wir es zum ersten Male tun.

Ein weiteres Boot meldet sich. Es will auch versorgt sein. Bis auf ein gewisses Quantum Treiböl haben wir die Übernahme beendet. Aus Sicherheitsgründen und zur praktischen Erprobung des Manövers unter Wasser, tauchen wir. Zuerst der Versorger, dann unser Boot. Die Schlauchverbindung bleibt bestehen. Die beiden Boote fahren hintereinander. Wir steuern auf 50 Meter. Drei Stunden dauert es. Ein phantastischer Gedanke, wir übernehmen Dieselöl unter Wasser! Zum ersten Male in der Geschichte.«

Doch der Höhepunkt der Schlacht vor den Küsten der Vereinigten Staaten selbst war schon erreicht, bevor die ›Milchkühe‹ mit ihrer Arbeit begannen. Seine Boote vom Typ IX schickte Dönitz erstmals im Februar in die Karibik. Im März leitete er dann zwei Boote in die Gewässer vor Freetown in Sierra Leone um, wo in wenigen Tagen elf Schiffe mit 64 000 BRT versenkt wurden. Dann verließen sie die Gegend wieder und wandten sich zurück nach Amerika. Dies »mag sich auch gegen eine stärkere Abgabe englischer Sicherungsstreitkräfte an die amerikanische Marine ausgewirkt und damit zu einer zeitlichen Verlängerung der günstigen Verhältnisse in den Gewässern der Vereinigten Staaten beigetragen haben«, schrieb Dönitz in seinen Memoiren. Im März 1942 beliefen sich die alliierten Schiffsverluste auf überwältigende 843 000 BRT (273 Schiffe), von denen 538 000 BRT (95 Schiffe) durch U-Boote versenkt wurden und noch einmal 534 000 BRT (wieder 95 Schiffe) allein im Nordatlantik. Der größte Teil von ihnen sank vor den Küsten der USA. Die ›Zweite glückliche Zeit‹ brachte eine neue Garde von Assen hervor: Hardegen war mit *U 123* wieder dabei und versenkte bis zum 20. April elf Schiffe; Johann Mohr in *U 124* schaffte neun, und zumindest drei weitere versenkten je ein halbes Dutzend. USS *Roper,* ein Zerstörer, sollte am 14. April das erste amerikanische Kriegsschiff werden, dem es gelang, ein U-Boot vor Cape Hatteras zu versenken — es war *U 85* unter Leutnant z. S. Eberhard Greger. Es hatte nicht lange gedauert, bis die Vereinigten Staaten nach ihrem Kriegseintritt rund 250 Schiffe verloren hatten.

Die Engländer waren aufgrund ihrer zunehmenden Verluste und wegen der lahmen Reaktionen der US-Navy am Rande der Verzweiflung. Sie hatten einen Strom von Ratgebern und Experten über den Atlantik geschickt, an ihrer Spitze den Ersten Seelord persönlich, um die US-Navy zur Übernahme des Konvoisystems zu bewegen. Auf britisches Drängen hatten die Amerikaner 1941 zwar einen gemeinsamen nachrichtendienstlichen Ausschuß gebildet, aber die US-Navy besaß kein Gegenstück zum ›Operational Intelligence Centre‹

der Admiralität, das als zentrale Verarbeitungsstelle für die einlaufenden Informationen seine besondere Effektivität bewiesen hatte. Admiral Godfrey, der Direktor des Marine-Nachrichtendienstes, schickte daher Rodger Winn, den Chef des ›Submarine Tracking Room‹ im ›OIC‹, nach Washington. Dort sollte er zusehen, ob er die Amerikaner nicht dazu überredet bekam, diesen Mangel zu beheben. Und wenn er ihnen auch noch die möglichst baldige Einführung von Küstenkonvois abringen könnte, um so besser, bedeutete ihm Admiral Pound, der Erste Seelord ... So sah eine der wichtigsten Missionen auf Stabsebene in diesem Krieg aus — sie blieb einem einfachen Fregattenkapitän überlassen, einem Zivilisten in Uniform für die Dauer des Krieges, einem Reservisten der ›Wavy Navy‹ (wie man die Freiwilligenreserve der britischen Kriegsmarine nennt).

Winn brauchte drei Tage harter Diskussionen, bis er Commander Dyer die Idee eines ›OIC‹ verkauft hatte. Dyer leitete das Informationsbüro von Admiral King (das sich mehr um strategische als um operative Nachrichtenarbeit kümmerte). Winn konnte ihn von der Möglichkeit überzeugen, die Bewegungen feindlicher U-Boote vorauszuberechnen und die eigenen Schiffe entsprechend umzudirigieren. Als nächste Hürde stand Konteradmiral Richard E. Edwards vor ihm, Kings stellvertretender Stabschef. Er war genauso anglophob wie sein Vorgesetzter und stand rangmäßig auch über Winn, doch dieser schaffte es dennoch, die Wand von feindseligen Vorbehalten zu durchdringen und seinen Auftrag durchzubringen. Um Winns große Erfahrung kam keiner herum, aber wahrscheinlich brachte ein kurzer Wortwechsel die Wende, der den zentralen Punkt der Sache traf und Winn zu einem kontrollierten Zornesausbruch animierte. Edwards vertrat die Meinung, die Amerikaner sollten ihre Lektionen lieber selbst lernen. Sie verfügten über genügend Schiffe zu diesem Zweck. Worauf Winn zurückschnappte: »Das Ärgerliche daran ist nur, Herr Admiral, daß Sie dabei nicht allein Ihre eigenen Schiffe verlieren: Eine Menge davon gehören uns!« Folgt man Winns Freund und Kollegen im OIC, Patrick Beesly, dann trat Edwards brummig den Rückzug an und arrangierte eine Begegnung Winns mit King persönlich. Zu Winns Überraschung erwies sich King als leichter Gegner (vielleicht hatte Edwards ihn schon präpariert). Er ordnete die Bildung eines amerikanischen OIC an, komplett mit ›Tracking Room‹. Erst einmal beschlossen, wurde das Ganze mit unbritischer Geschwindigkeit ins Werk gesetzt.

Man erkannte bald, wie wichtig Küstenkonvois waren, wenn auch nicht als Ergebnis von Winns missionarischer Tätigkeit. Nach einem Treffen der wichtigen ›Frontier‹-Kommandanten, das Ende März stattfand, akzeptierte King am 3. April förmlich ihre Vorschläge für ein Konvoi-System, als die Verluste vor der US-Küste ihren Höhepunkt erreichten. Er befahl die Einrichtung von Konvois in beiden Richtungen zwischen Hampton Roads (vor New York) und Key West (an der Südspitze von Florida). Die ersten Konvois sollten am 14. und 15. Mai mit Süd- bzw. Nordkurs auslaufen. Das hieß, daß die Küstenschiffahrt jetzt von den transatlantischen Häfen in Nova Scotia bis zur Einfahrt in den Golf von Mexiko durch Eskorten geschützt war. Die Ironie der Geschichte wollte es, daß nach all den Verlusten im März und April in den ersten 17 Maitagen nicht ein einziges Schiff im Bereich der Eastern Sea Frontier versenkt wurde (und nur 14 für den Rest des Monates, während insgesamt im Atlantik 123 Schiffe verloren gingen). Es war fast, als hätte Dönitz die Ausweitung der Konvois nach Süden kommen gesehen, denn die Deutschen, die zu der Zeit mit bis zu 18 Booten im Westatlantik operierten, konzentrierten sich jetzt eindeutig auf den Golf und die Karibik.

Bald wurde aus dem neuen Projekt ein ineinandergreifendes Konvoisystem (›Interlocking Convoy System‹), das sich über den gesamten Atlantik spannte. Aber bis es soweit war, blieben die Deutschen schnell und entschlossen einen Zug voraus; und selbst dann war die Bedrohung durch die U-Boote bei weitem noch nicht ausgeschaltet. Vor der Küste der USA und noch weiter nach Süden ging die Zahl der Versenkungen jedoch dramatisch zurück. Sieben ›Escort Groups‹

von je sieben Schiffen — zwei Zerstörer, eine Korvette, zwei Vorpostenboote und zwei Trawler — schafften diese Wende. England hatte zur Unterstützung Korvetten und Trawler geschickt. Außerdem hatte man von der MOEF zwei Gruppen zusammengekratzt, aber das verlangsamte den Hauptzyklus der Konvois über den Atlantik. Ab Mai stellte England noch Korvetten für einen separaten Eskortendienst für Tanker zur Verfügung. Er deckte ihren Weg zwischen Halifax und Westindien, wurde von Kanada unterstützt und sicherte in großem Maß die Öllieferungen für Ottawa.

Aber wenn auch die Schiffsverluste der Alliierten von ihrer Redkordhöhe im März weltweit auf 674000 BRT im April und 705000 BRT im Mai zurückgingen — im Atlantik verschlechterte sich ihre Position. Dort wurden im April 391000 BRT in die Tiefe geschickt, im Mai stieg die Zahl auf 576000 und im Juni auf 624000 BRT. Der Juni 1942 wurde zum Monat der schwersten Verluste: Weltweit wurden 834196 BRT versenkt (32 mehr als im März). Die U-Boote waren mit 432000 BRT im April, 607000 im Mai und 700000 im Juni beteiligt. Die letzte Zahl sah Dönitz als die magische an, die Monat für Monat erreicht werden mußte, wenn man den Tonnagekrieg gewinnen wollte.

General George C. Marshall, der sich stets im Hintergrund haltende, aber maßgebende amerikanische Stabschef, trug die Verantwortung für den Transport der US-Truppen und -Flieger über den Atlantik, wo sie in die Kämpfe in Europa und im Mittelmeerraum eingreifen sollten. Am 19. Juni 1942 kam er zu dem Schluß, daß die Säumigkeit der US Navy bei der Einführung der Konvois noch immer Gefahr brachte, und in einem Brief ging er deswegen Admiral King direkt an:

»Die Verluste vor unserer Atlantikküste und in der Karibik bedrohen jetzt unsere gesamten Kriegsbemühungen. Man hat mich auf folgende Zahlen dazu aufmerksam gemacht.

Von den 74 Schiffen, die der Army zugeteilt worden waren, sind bereits 17 versenkt worden. 22 Prozent der Bauxit-Flotte [sie transportierte Aluminium aus Holländisch-Guayana nach

Nordamerika] sind bereits vernichtet. 20 Prozent der puertorikanischen Flotte sind verloren. Von den Tankern sind monatlich 3,5 Prozent der verfügbaren Tonnage versenkt worden.

Wir sind uns alle der begrenzten Zahl von Eskorten bewußt, aber haben wir in dieser Situation alle Mittel ausgeschöpft? Ich fürchte, wenn das noch einen oder zwei Monate so weitergeht, werden unsere Transportmittel so geschrumpft sein, daß wir nicht mehr genügend Männer und Flugzeuge hinüberschaffen können, um auf den kritischen Kriegsschauplätzen entscheidend in die Kämpfe eingreifen zu können.«

Zwei Tage später kam die Antwort Kings:

»Natürlich sind mir schon lange die Folgen der durch die U-Boote verursachten Situation, wie Sie sie in Ihrem Schreiben ausgeführt haben, bewußt ... Ich habe nicht nur reguläre Streitkräfte eingesetzt, sondern auch solche zusätzlichen Hilfsmittel, die mir Nutzen versprechen — und das werde ich auch weiter tun ... [Dann listet King die verschiedenen Behelfsmaßnahmen und die Einführung der Konvois bis Key West im Mai auf und kritisiert England, das sich nicht auf die Bombardierung der U-Boot-Stützpunkte und -Werften konzentrierte; schließlich läßt er Marshall kühl wissen, mit seinem Plädoyer für eine allgemeine Einführung des Konvois predige er einem längst Bekehrten.]

Wenn die gesamte Schiffahrt durch Eskorten und Luftunterstützung gedeckt werden kann, werden unsere Verluste auf ein erträgliches Maß zurückgehen. In diesem Zusammenhang möchte ich erwähnen, daß Eskorten nicht nur *eine* Methode im Kampf gegen die U-Boot-Bedrohung ist, sondern die *einzige* erfolgversprechende Methode. Die Operationen, in denen Jagd auf die U-Boote gemacht wurden, haben sich immer wieder als nutzlos erwiesen ... Wir müssen jedes Schiff auf See unter ständiger enger Bewachung halten.« [Hervorh. v. King]

Diese Antwort wurde in der Vergangenheit als Beweis für die zu späte Bekehrung Kings zur Konvoi-Idee angesehen. Aber das ist tatsächlich nicht gerecht gegenüber einer Person, die traditionell heftig für die gewaltigen und großenteils unnötigen Verluste in der ›Zweiten glücklichen Zeit‹ kritisiert wurde. Den Beleg dafür, daß er von Anfang an die Notwendigkeit von Konvois einsah, wurde oben bereits zitiert; seine zwei substantiellen Fehler lagen darin, nicht erkannt zu haben, daß irgendeine Eskorte besser ist als gar keine, und nicht von Anfang an das Konvoisystem auch eingeführt zu haben, wie dürftig es auch immer sein mochte. Diese Irrtümer verschlimmerten sich noch dadurch, daß er jenes Prinzip nicht begriff, an dem auch seine britischen Zeitgenossen von Churchill abwärts so lange zu lernen hatten: Im Kampf gegen Handelsstörer, ob sie nun nur über Wasser oder auch unter Wasser angreifen konnten, war die Verteidigung der beste Angriff, und die einzige Verteidigungsform ist der Geleitzug. Wenn britische Historiker, angefangen bei dem peinlich um Gerechtigkeit bemühten offiziellen Chronisten, Roskill, den amerikanischen Admiral schon mit verständlicher Härte kritisiert haben, so fällt das Verdikt von Admiral Morison, dem offiziellen amerikanischen Marinehistoriker, noch heftiger aus:

> »Der Autor kann sich nicht der Schlußfolgerung entziehen, daß die US Navy auf den U-Boot-*Blitz* gegen die Atlantikküste beklagenswert unvorbereitet war, materiell wie mental. Er ist weiterhin der Meinung, daß … dies … größtenteils die Navy selbst verschuldet hat … Sie verfügte über keine fertigen Pläne für einen vernünftigen Schutz der Schiffahrt … und war nicht fähig, sie innerhalb mehrerer Monate zumindest behelfsmäßig aufzustellen.«

Als Oberbefehlshaber der amerikanischen Kriegsmarine (und vorher als Chef der Atlantikflotte) kann man King nicht vor der Bezichtigung bewahren, daß ihm der Löwenanteil der Schuld an dem ›fröhlichen Massaker‹ zufällt. Andererseits muß man ihm dann auch zugestehen, daß der große Trost, den die USA den Alliierten in dieser Phase spenden konnten, auch von einer US Navy unter seinem obersten Kommando ausging: Das waren die überwältigenden Siege über die japanische Flotte in der Seeschlacht in der Korallensee (4.–8.

Mai) und in der See-Luft-Schlacht bei der Midwayinsel (3.—6. Juni). Bereits am 18. April waren die Amerikaner im Pazifik in die Offensive gegangen, als sie Tokio bombardierten, und sie bewiesen damit, daß ihnen ihr Angriffsgeist keineswegs abhanden gekommen war (daher auch die verfrühte Konzentration auf die Bildung einer Landungsflotte). Ihr Appetit auf den endlosen, anfangs nur defensiv geführten Kampf gegen die schwer faßbaren U-Boote war weniger groß (und es mangelt ihnen darin bis heute, wie sich jüngst 1987/88 erwies, als die US-Flotte so geringschätzig an die Aufgabe des Minenräumens im Persischen Golf heranging und deswegen so viel Kummer bekam). Der Sieg an der Midwayinsel gehörte zu den ganz entscheidenden in diesem Kireg, und angesichts der großen Erfolge der Deutschen in der Sowjetunion und in Nordafrika (wo Rommel am 21. Juni Tobruk nahm) strahlte er noch heller. Alles, was England zu der Zeit tun konnte, um den Kampf ins Land des Feindes zu verlagern, war der erste 1000-Bomber-Angriff des Krieges, der Köln am 30. Mai galt. Sir Arthur ›Bomber‹ Harris, der Air Chief Marshal, war seit Februar 1942 Chef des Bomberkommandos.

Während Dönitz schon sein nicht unbeträchtliches Bestes mit den begrenzten Kräften gab, die ihm in den amerikanischen Gewässern zur Verfügung standen, mußte er sich noch immer mit den Dingen auseinandersetzen, die ihn von seiner so deutlich erkannten Hauptaufgabe ablenkten und abhielten. Einerseits mußte er sich den norwegischen Sorgen Hitlers anpassen, und dazu kam nun am 21. Juni noch der Befehl, einen U-Boot-Verband in Reserve zu halten für den Fall, daß England die im Atlantik liegenden Inselgruppen besetzte (die zu Spanien gehörenden Kanarischen Inseln, die portugiesischen Azoren und die Kapverdischen Inseln). Er protestierte vergeblich. Und selbst die Boote, die er noch für einen Einsatz gegen Amerika zusammenkratzen konnte, wurden noch davon abgehalten, Schiffe zu torpedieren. Waren die gelegentlichen Aufträge zum Minenlegen — einer Antwort auf die Einführung der Küstenkonvois vor New York und anderen größeren US-Häfen — noch offensichtlich eine vernünftige, wenn auch nicht sehr wirkungsvolle Sache, so läßt sich das vom Unternehmen ›Pastorius‹ schon viel weniger sagen.

Am 26. Mai nahmen *U 202* und *U 584* je vier Saboteure an Bord, die in Long Island und in Jacksonville an der Küste von Florida an Land gehen sollten. Diese Agenten sollten militärische Ziele zerstören, Informationen sammeln, Kontakte mit Sympathisanten aufnehmen und Leute für die deutsche Sache gewinnen. Die erste Gruppe schaffte es bis New York und die zweite bis nach Chicago, ehe das FBI sie aufgespürt hatte. Erreicht hatten sie nichts, und Dönitz hatte stets den Verdacht gehabt, daß sie aus ganz anderen Motiven über den Atlantik gefahren waren. Zu Recht sah er in derart verzweifelten Unternehmen ein Sicherheitsrisiko für seine Boote, denn wenn man die Leute fing, konnten sie Geheimnisse über ihre geplanten Operationen verraten. In manchen Fällen glaubte er, seine Boote würden in Wirklichkeit als besonders spektakuläre Fahrzeuge benutzt, um aus Deutschland zu emigrieren. Zum Glück erwartete man von den U-Booten nicht auch noch, daß sie die unfähigen Agenten auch wieder einsammelten.

Noch ein Mißgeschick völlig anderer und grundsätzlicherer Art brachte in der ›Zweiten glücklichen Zeit‹ drüben im Atlantik eine sehr nachdrückliche Erinnerung an die erste: Die Deutschen hatten erneut Torpedoprobleme. Eine Untersuchung der Leistungen der U-Boot-Waffe zur Jahresmitte enthüllte, daß die Trefferrate bei knapp 50 Prozent lag. 806 Torpedos waren abgeschossen worden, um 404 Schiffe zu versenken. Es gab Probleme mit der Geschwindigkeit der Torpedos, mit dem richtigen Halten der Tiefe, mit dem Zünder und mit der Zerstörungswirkung des Sprengkopfs. Es war zwar nicht ganz die Rückkehr zu den deprimierenden Tagen von Priens ›Holzgewehr‹, aber ein Grund zur Sorge war es schon, wenn die geringe Zahl von verfügbaren U-Booten jeden Schuß und jeden Torpedo so wertvoll machten.

Die Deutschen hatten immer noch keinen zufriedenstellenden Magnetzünder, der die Versenkungsrate viel näher an die 100 Prozent gebracht hätte. Aber Erleichterung versprach der ›FAT‹, der ›Feder-Apparat-Torpedo‹, der Mitte 1942 getestet wurde. Dieser Feder-Apparat ermöglichte es, den Torpedo zuerst geradeaus laufen und ihn dann eine Reihe von Schwenks nach rechts und nach links machen zu lassen, je nachdem, welchen Kurs das Opfer nahm. Diesen ›curly‹ Torpedos, wie die Alliierten sie nannten, konnte man viel schwerer ausweichen. ›Ultra‹ hatte die Entwicklung des FAT 1941 registriert, aber die Engländer nahmen fälschlicherweise an, daß es sich um einen akustischen Torpedo handelte (was dann zur glücklichen Folge hatte, daß die Alliierten darauf vorbereitet waren, als die Deutschen mit solch einer Waffe umzugehen gelernt hatten).

Nach der Einführung der Geleitzüge an der amerikanischen Ostküste um Mitte Mai verlegten die U-Boote ihre Aktivitäten in die Karibik und den Golf von Mexiko. Ein paar Angriffe wurden allerdings noch auf Atlantikkonvois gefahren, und ein Boot drang am 12. Mai in das Mündungsgebiet des St. Lorenzstroms in Kanada ein, wo es zwei Handelsschiffe versenkte. Nach den beiden Luftsiegen über U-Boote vor Neufundland im März und der Versenkungsaktion durch die *Roper* im April fand noch ein einziger amerikanischer ›Abschuß‹ eines U-Boots vor der Einführung des Konvoisystems statt, und zwar am 9. Mai, als ein Kutter der Küstenwache vor der Ostküste *U 352* versenkte. Im Juni versenkten sie eines vor Kuba und eines bei den Bermudas. Doch im Juli wurde es merklich besser, als drei vor der Ostküste versenkt wurden (eines von einem britischen Schiff) und eines in der Karibik. Dazu kamen zwei Boote, die die kanadische Navy im Nordatlantik versenkte, und noch eines wurde vor Nova Scotia von der kanadischen Luftwaffe zerstört — letzteres am 31. Juli, dem ersten Tag in diesem Krieg, an dem drei U-Boote auf den Grund des Meeres geschickt wurden. Zusammen kam man in diesem Monat so auf elf, und das war auch wieder ein Rekord. Doch es gab noch so viele von ihnen. Im Juli verfügte Dönitz zum erstenmal über mehr als

300 Boote. Mit dieser Zahl hätte er gern den Krieg begonnen gehabt. Von den 331 Booten waren 140 für den Einsatz, die anderen für die Ausbildung und für Versuche vorgesehen. Die Baurate lag weit über der Versenkungsrate der Alliierten.

Eine andere Zahl, diesmal von alliierter Seite, war viel entscheidender für den Verlauf des Krieges. Erstmals seit dem Einmarsch der Deutschen nach Polen, mit dem im September 1939 der Krieg begonnen hatte, wurde der weltweite Verlust an Schiffen — immer noch groß genug mit 618 000 BRT monatlich, aber dank der Ausbreitung der Konvois um ein Viertel niedriger als im Rekordmonat Juni — geringfügig von der Neubaurate übertroffen. Aus jetziger Sicht bedeutete dieser Augenblick im Juli 1942 den wahren Wendepunkt in der Atlantikschlacht. Es war der Augenblick, in dem Dönitz den Tonnagekrieg verlor. Wie wir sehen werden, gab es noch viele Monate, in denen der Trend wieder hätte umgekehrt werden können. Aber das geschah nicht mehr, selbst wenn die Alliierten eine Zeitlang in einer Periode weiterer Katastrophen nicht wissen konnten, daß sie bereits die Oberhand gewonnen hatten.

Man kann die Spur zu diesem erstaunlichen Fortschritt im Schiffsbau bis zu einer Konferenz zurückverfolgen, die am 19. Februar in Präsident Roosevelts Schlafzimmer im Weißen Haus stattfand. Dort erhielt der Direktor der Kriegsschiffbau-Verwaltung, Vizeadmiral Emory S. Land, die Anweisung, den Bau von 24 Millionen BRT Schiffsraum im Jahr 1942 zu organisieren. Das war mehr als zwanzigmal soviel, wie 1941 produziert wurde. 1943 sollte die Rate noch einmal auf dann etwa 1500 neue Schiffe verdoppelt werden. Gleichzeitig richteten Land und Sir Arthur Salter vom britischen Kriegstransport-Ministerium eine gemeinsame Kommission ein, den ›Shipping Adjustment Board‹, der dafür sorgen sollte, daß der vorhandene Bestand an Schiffen auch optimal eingesetzt wurde: Die neuesten und schnellsten Schiffe wurden für die Seegebiete bestimmt, wo die größten Gefahren lauerten, und die älteren und langsameren kamen in weniger gefährlichen zum Zuge.

Die amerikanischen Produktionsziele, die mehr als übertroffen wurden, stehen in einem seltsamen Gegensatz zum Besten, was die Engländer nach einer umfassenden Reorganisation und nach Verhandlungen mit den Gewerkschaften leisten konnten: Das war der Bau von 1,25 Millionen BRT neuem Schiffsraum pro Jahr. Das amerikanische Schiffsbauprogramm mobilisierte alles, was das freie Unternehmertum hergab, Wettbewerb eingeschlossen. In der Massenproduktion waren 700000 zumeist ungelernte oder angelernte Arbeiter tätig. Die Medien zogen mit und kreierten ›Rosie the Riveter‹ — eine Nieterin, die als Symbol für die Frauen in der Kriegsproduktion aufgebaut wurde. Und es gab Zusatzleistungen in bar, wenn die Fertigstellungstermine unterboten wurden. Das ›Liberty‹-Schiff, das ursprünglich ungefähr sechs Monate auf Stapel gelegen hatte, war im Sommer 1942 in knapp drei Monaten fertig. Wenn Amerika ›den Krieg gewonnen‹ hat — obwohl wir inzwischen sicher schon sehen, daß es irreführend wäre, den Sieg einem einzelnen Faktor zuzuschreiben —, dann ist die erstaunliche Leistung der wie die Pilze aus dem Boden schießenden US-Schiffsindustrie ein vorzügliches Beispiel dafür, wie ihm das gelang. Dönitz' Kalkulation, wonach die monatliche Versenkung vom mindestens 700000 BRT nötig waren, um die Alliierten im Atlantik in die Knie zu zwingen — sie stammt aus dem Mai 1942 —, sah übrigens nur ein Drittel der Neubauten vor, die 1942 dann tatsächlich fertiggestellt wurden.

Dönitz war sich dieses Irrtums so wenig bewußt, wie die Alliierten sechs Monate lang nichts von den ›Milchkühen‹ wußten (und das lag an der vierten Walze für die Enigma-Maschine). Also fuhr er mit seinem neuen Krieg in den tropischen Gewässern fort, und im Juni und Juli gelang es ihm, immerhin 18 Boote gleichzeitig dort zu versammeln (dazu kamen noch vier italienische). So konnte er den Handelskrieg seit März immer weiter nach Süden bis schließlich zur brasilianischen Küste ausdehnen. Auf dem ›Great Circle‹ im Nordatlantik konnte ein Wolfsrudel Mitte Mai aber auch noch sieben Schiffe aus dem Konvoi ONS 92 versenken. Einem anderen fielen einen Monat später vier Schiffe und eine Korvette aus dem Konvoi ONS 100 zum Opfer. Am 14. Juni verlor der Gibraltar-Geleitzug HG 84 fünf Schiffe, und vier Wochen später konnten die Deutschen zwei Konvois auf der Sierra-Leone-Route angreifen, erzielten aber nur bescheidene Erfolge und kehrten wieder zu den Schiffen zurück, die in der Gegend um Trinidad noch immer ohne Schutz fuhren. Am 19. Juli zog Dönitz seine beiden letzten Boote von der Ostküste der USA zurück. Formell war das das Ende des ›Paukenschlag‹-Unternehmens — seiner erfolgreichsten Operation im Verlauf der gesamten Schlacht im Atlantik. Das Konvoisystem breitete sich auch im Westatlantik immer weiter nach Süden aus: Im Juli gingen die Geleitzüge zwischen Halifax und Curaçao, Trinidad und Key West, Trinidad und dem Ostatlantik und sogar zwischen Panama und Guantanamo auf Kuba in See. Obwohl ein Mangel an Tankern herrschte, weil es die Deutschen besonders auf sie abgesehen hatten, wurden die Geleitzüge der Alliierten ab Juni auch mit Ölschiffen ausgestattet, so daß die Eskorten auf hoher See nachbunkern konnten (wie es die U-Boote auch gerade seit zwei Monaten taten). Nachdem auch die Rettungsschiffe zum Normalfall wurden, waren die Geleitzüge nun viel besser ausgerüstet, um mit den Gefahren fertig zu werden, gegen die sie sich zusammengeschlossen hatten. Mit der gleichzeitigen Ausbreitung von HF/DF und Radar unter den Eskorten und ständig verbesserter Ausbildung galt dies auch für ihre Beschützer.

Ein Amerikaner, der mehr für die Vorbereitung der US-Navy auf ihre Rolle im Atlantik getan hatte, als sonst jemand, lebte nicht mehr, um die Lektionen zu erleben, die man auf den transatlantischen Routen gelernt hatte — nach dem gemeinsamen Verlust von 3,5 Millionen BRT in den amerikanischen Gewässern. Konteradmiral Bristol, Chef der ›Task Force 24‹ (wie sie seit dem 6. März hieß) mit dem Stützpunkt Argentia auf Neufundland starb am 20. April, wahrscheinlich wegen Überarbeitung. Sein Nachfolger wurde Vizeadmiral R. N. Brainard. Unter Bristols Kommando gingen aus über 60 Konvois nur acht Schiffe verloren. Er wurde posthum mit dem Verdienstorden ausgezeichnet.

Bevor wir uns nun den nicht weniger dramatischen Ereignissen auf der anderen Seite des Atlantiks zuwenden, müssen wir uns noch einmal der lästigen Frage widmen, wie mit der Marinefliegerei umgegangen wurde. Denn da gab es sowohl bei beiden kriegführenden Parteien Schwierigkeiten, als auch auf beiden Seiten des Ozeans.

Nachdem sie den Großteil ihrer Luftwaffe an die Ostfront geworfen hatten, litten die Deutschen jetzt unter einem akuten Mangel an Flugzeugen im Westen. Die so wirksame Luftunterstützung beim Kanaldurchbruch war ein Sondereinsatz gewesen, für den alle Nachtjäger und viele konventionelle Jäger mobilisiert worden waren, die außerhalb Deutschlands im westlichen Europa stationiert waren. Der Mangel an Maschinen verhinderte auch andere Bewegungen von Überwassereinheiten, darunter auch der neuen *Tirpitz*. Am 11. Juni beklagte sich Dönitz in seinem Kriegstagebuch:

> »Traurig und für die U-Bootbesatzungen von deprimierender Wirkung ist es, daß keinerlei Kräfte vorhanden sind, um ein durch Flugzeugbomben tauchunklar und damit wehrlos gewordenes U-Boot vor weiteren Luftangriffen zu schützen. Die Anwesenheit von einigen wenigen weitreichenden Zerstörer- bzw. Kampfflugzeugen würde genügen ..., die Seeüberwachungsflugzeuge zu vertreiben ... Da keinerlei Abwehr gegen Sunderlands und schwere Kampfflugzeuge besteht, ist die Biskaya der Tummelplatz der englischen Luftwaffe geworden ...«

Dieses ungewohnte Bild einer mühelosen Überlegenheit der RAF war allerdings eine örtliche, aus dem Blickwinkel des U-Boot-Fahrers gesehene Erscheinung. Das Küstenkommando, das die auf britischem Boden stationierten Marineflieger unter operativer Kontrolle der Navy lenkte, war immer noch der arme Verwandte der Royal Air Force. Als Sir Philip Joubert de la Ferté sein oberster Chef wurde, schätzte er seinen Bedarf auf 818 Flugzeuge für den Atlantik und die heimischen Gewässer. Nach seiner eigenen Berechnung fehlten damit im Sommer 1941 ungefähr 250 Maschinen. Außerdem wünschte er, daß veraltete oder für sein Kommando unpassende Flugzeugtypen ersetzt würden. Das alles wurde nicht nur einfach abgelehnt, sondern Churchill und der Stab der britischen Luftwaffe unter Führung von Sir Chief Marshal Sir Charles Portal reservierten sich alle neuen Bomber für Flüge gegen Deutschland und wollten dem Küstenkommando sogar für diesen Zweck wieder die eigenen Bomber abnehmen. Natürlich unterstützte die Admiralität Joubert, und die uralte Frage, wie das Marineflugwesen zu organisieren und zu nutzen sei, kam Anfang 1942 endlich zu einer Entscheidung. Zwei Tage vor dem Kanaldurchbruch beklagte sich das Luftfahrtministerium lautstark im Kabinett über die (aus seiner Sicht) sinnlose Abzweigung von 40 Prozent der britischen Bomberkapazität zu wirkungslosen Angriffen auf Brest. Die Admiralität konterte scharf und verlangte ein Dutzend Bomberstaffeln extra und dazu neue amerikanische Flugzeuge für die U-Boot-Abwehrpatrouillen über dem Golf von Biskaya und dem Indischen Ozean.

Mehr als sechs Monate dauerte der darauf folgende Streit hinter den Kulissen, von Admiral Pound, dem Ersten Seelord, als ›Battle of the Air‹ bezeichnet. Zu der gleichzeitigen Katastrophe in den amerikanischen Gewässern bildete er den stetigen Hintergrund. Pound verwies auf die zentrale Bedeutung, die unter allen sonstigen Kriegsanstrengungen dem Schutz der Schiffahrt zukam, und er schlug eine weltweite Verdopplung der Marineflugzeuge auf 1940 Stück vor. Auch die Ausbildung solle bei der Navy liegen. Das Luftfahrtministerium gab sich freundlich und meinte, mit amerikanischer Hilfe könne dieses Ziel zum Endes Jahres erreicht sein. Die Admiralität fürchtete — und das mit Grund, wie wir gesehen haben —, daß es dann nicht mehr genug Schiffe geben würde, um England am Leben zu erhalten, und drängte auf sofortige Verstärkung auf Kosten der RAF. Darauf benutzte das

Luftfahrtministerium den Mangel an Radar-Ausrüstungen, ohne die über der See verstreute Bomber von geringem Nutzen waren, als Entschuldigung für sein Zögern und meinte, das Bomberkommando könne dadurch am besten helfen, daß es Deutschland bombardiere.

An die 3700 Maschinen wurden für die Marineluftwaffe mit ihren 31 in Auftrag gegebenen Geleitträgern benötigt. Im Mai erklärte sich die RAF bereit, über den Golf von Biskaya permanente Patrouillen gegen die U-Boote auf ihrem Weg von und zu den französischen Stützpunkten einzurichten. Zu dieser Zeit verfügte das Küstenkommando über gerade eine Staffel von sechs ›Liberators‹, den amerikanischen Langstrekkenbombern, die sich ideal für entfernte Operationen eigneten. Im Lauf des Jahres sollten noch zwei Staffeln hinzukommen, aber die Amerikaner brauchten dieses unersetzliche Flugzeug ebenfalls im Pazifik. Von seinem britischen Äquivalent, dem ›Lancaster‹-Bomber, wurden gerade erst die ersten Maschinen ausgeliefert, und es dürfte kaum verwundern, daß alle dem Bomberkommando zugeschlagen wurden. Das Küstenkommando war wieder einmal dazu verdammt, sich für den Rest des Jahres 1942 irgendwie zu behelfen — und noch darüber hinaus. Die Grundsatzdiskussion über Prioritäten im Luftkrieg war noch lange nicht beendet.

Die Biskayapatrouille hatte sich schon Ende 1941 angekündigt. Ende November war ein U-Boot von einem beteiligten Flugzeug versenkt worden. Im Sommer 1942 wurden die Flüge wieder aufgenommen, und die Patrouille leistete ihren Beitrag zum Juli-Rekord (insgesamt elf Versenkungen) mit zwei eigenen ›Abschüssen‹. Strategisch wichtiger war die Tatsache, daß Flugzeuge über der Biskaya die U-Boote zum Tauchen zwangen, was ihre An- und Ablaufzeiten verlängerte bzw. die Einsatzzeiten verkürzte. Bis zu Dönitz' im Juni erlassenen Befehl, daß alle U-Boote die Biskaya getaucht zu durchqueren hätten, wurden mehrere Boote von der RAF beschädigt, einige von ihnen schwer. Auf diese Weise wurde die operative Stärke der Deutschen eingeschränkt. Zu dieser Zeit führten die Engländer wirksamere Wasserbomben in ihren Maschinen mit, aber sie bekamen auch eine völlig neue Vorrichtung eingebaut, die ihre Einsatzfähigkeit bei Nacht enorm erhöhte.

Es handelte sich um das ›Leigh-Light‹, das seinen Namen dem Staffelführer Humphrey de Vere Leigh verdankte. Er hatte eine dieser im nachhinein so simpel erscheinenden Ideen gehabt, zu deren Verwirklichung es indessen einer unorthodoxen Denkweise bedurfte (und einer Durchhaltefähigkeit gegen bürokratische Trägheit). Leigh löste das Problem der Blindheit, die ein Radargerät auf den letzten rund 2000 Metern beim Anflug auf ein bei Nacht aufgetaucht fahrendes U-Boot befällt. Das metrische Radar setzte ein Flugzeug in den Stand, aus mehreren Meilen Entfernung ein U-Boot zu finden, aber auf geringe Entfernung funktionierte es nicht mehr zuverlässig: Von der See selbst kamen verwirrende Echos zurück, und das genau in dem Augenblick, wo Präzision für einen Angriff am nötigsten war. Leighs Lösung war, daß er einen starken Suchscheinwerfer unter der Maschine befestigte, der im entscheidenden Moment eingeschaltet wurde. Wo das Radargerät einsprang, als das Asdic-Gerät seinen Dienst versagte, da sorgte nun das ›Leigh-Light‹ beim Flugzeug für Abhilfe, wenn das Radar blind wurde. Für die U-Boot-Kapitäne entpuppte sich die Sache als eine unangenehme Überraschung, gegen die es keine wirkliche Abwehrchance gab: In der kurzen Zeit, die zwischen dem Aufflammen des Scheinwerfers und dem tatsächlichen Angriff verging, konnte sein Boot nicht mehr tief genug wegtauchen, um dem jetzt um einiges wirkungsvoller gewordenen Wasserbombenteppich der RAF-Maschinen zu entgehen. Als Notbehelf wurden leichte Flugzeugabwehr-MGs auf die U-Boote montiert, aber die stellten sich sehr bald als unzureichend heraus. Im Dunkeln konnte ein Flugzeug sich leicht unbemerkt so weit nähern, um sein ›Leigh-Light‹ plötzlich auf das avisierte Ziel zu richten. Und dieses sah sich plötzlich in der Rolle des hilflosen Kaninchens, das von einem Autoscheinwerfer erfaßt wird. Es war eine totale Verkehrung der üblichen Situation, in der das U-Boot den Vorteil der Überraschung auf seiner Seite hatte und diesen auch erfolgreich zu nutzen verstand.

Im Laufe ihres langen und im Grunde erfolglosen Gerangels mit den Marshals der RAF brachten die Admirale auch das Argument vor, die Zusammenarbeit der Luft- und Seestreitkräfte klappe bei den Deutschen viel besser. Raeder und Dönitz hätten das für die reine Ironie gehalten und sicher den RAF-Vertretern zugestimmt, die sich davon nicht überzeugen ließen. Beschwerden seiner Admirale über mangelnde Luftunterstützung auf See und mangelhafte Zusammenarbeit mit der Luftwaffe, die einen Einsatz der großen Überwassereinheiten im hohen Norden verhinderte, veranlaßten Hitler im März 1942, die Arbeit an Deutschlands einzigem Flugzeugträger wieder beginnen und Handelsschiffe zu Hilfsträgern umbauen zu lassen. Im Herbst 1941 verfügte die deutsche Marineluftwaffe über ein einziges Küstengeschwader, eine unterbesetzte Aufklärerstaffel und eine einzige Staffel Flugzeuge (die auf die Großkampfschiffe verteilt waren). Das war aus den 41 Flugzeugstaffeln geworden, die nach den Versprechungen vor Kriegsausbruch und zu Anfang des Krieges bis 1942 gebaut werden sollten. Göring glaubte noch immer, alles, was fliege, gehöre ihm. Seinen endgültigen Sieg über die Kriegsmarine konnte er am 7. April 1942 feiern, als das übriggebliebene Marinefliegerkommando in die 3. Luftflotte integriert wurde und eine Staffel an die 5. Luftflotte ging (die für die Aufklärung zuständig war). Im Juni befahl Hitler, die Arbeit an allen geplanten Flugzeugträgern wieder einzustellen — wie sich herausstellte, für immer, obwohl Raeder bis zu seiner Verabschiedung glaubte, die Flotte werde schließlich doch noch ihre eigene Marineluftwaffe bekommen.

Unterdessen wurde Dönitz, wie das Zitat oben aus seinem Kriegstagebuch zeigt, immer ärgerlicher wegen der fehlenden Luftunterstützung über dem Golf von Biskaya. Als *U 71* sich am 5. Juni schwer beschädigt von seiner Position 120 Meilen westlich von Bordeaux nach Hause schleppen mußte, konnte nur eine einzige ›Kondor‹ aufgetrieben werden, die es unterstützte. Als sechs Tage später *U 105* vor der Bretagne in Schwierigkeiten geriet, war nicht ein Flugzeug verfügbar. Nichts wurde gegen die britische Biskayapatrouille unternommen, die jeweils nur aus einer Handvoll Flugboote oder Bomber bestand. Dem Wunsch der Kriegsmarine nach Luftunterstützung wurde kaum einmal entsprochen, meistens wurde er einfach ignoriert. Dönitz mußte Göring in seinem Hauptquartier in Ostpreußen besuchen, um dort dem aufgeblasenen Reichsmarschall das Versprechen auf Zuteilung einer Staffel von 24 Langstrecken-Junkers-Kampfbombern vom Typ ›Ju 88‹ für den Golf aus der Nase zu ziehen.

Auf der anderen Seite des Atlantiks verbrachte das Küstenkommando eine anstrengende und ungemütliche Woche bei der Suche nach Hitlers mächtigstem Kriegsschiff, das die Engländer völlig aus den Augen verloren hatten. Mit ihren insgesamt 52 000 BRT war die *Tirpitz,* die in der Ostsee um die Jahreswende ihre letzten Probefahrten hinter sich gebracht hatte, ja kein leicht zu übersehendes Ziel. Hitler hatte befohlen, sie für die Verteidigung Norwegens einzusetzen, und die Deutschen bedienten sich eines simplen Tricks, sie unbemerkt dorthin zu bringen. Statt sie östlich an Jütland vorbeilaufen zu lassen und dann nach Norden durch das Skagerrak, brachten sie das bedrohliche Monster durch den Nord-Ostsee-Kanal nach Wilhelmshaven. Von dort aus passierte sie in der Nacht vom 14. zum 15. Januar die Halbinsel in nördlicher Richtung. Am 16. Januar verkroch sie sich an den sicheren Ankerplatz Aasfjord, 15 Meilen von Trondheim. Erst am nächsten Tag warnte die Admiralität auf der Grundlage von ›Ultra‹-Meldungen Admiral Tovey von der Home Fleet in Scapa Flow, die große Schwester der *Bismarck* hätte sich möglicherweise auf Reisen begeben.

Tovey standen für einen sofortigen Einsatz die Schlachtschiffe *King George V* und *Rodney* zur Verfügung, außerdem der Schlachtkreuzer *Renown,* der Flugzeugträger *Victorious,* zehn Kreuzer und 18 Zerstörer. Aus verschiedenen Gründen fehlten ihm zwei Schlachtschiffe, drei Kreuzer und viele Zerstörer, und zu diesem Zeitpunkt hatte er sich auch noch um das Brest-Geschwader zu kümmern. Tovey reagierte auf die Nachricht, indem er den Hauptteil seiner geschrumpften Kräfte in Abschirmposition vor Island stationierte. Er hielt einen auslaufbereiten Konvoi nach Rußland zurück und ließ den Plan eines Angriffs auf die norwegische Küste fallen. Erst am 23. Januar ortete das Küstenkommando den Feind in seinem gut geschützten Versteck. Zwei Tage später ordnete Churchill die Vorbereitung von Luftangriffen an. Sechzehn Maschinen starteten in der Nacht vom 29. zum 30. Januar, erreichten aber nichts. Die Entfernung war für Bomber und auch für Aufklärer extrem weit, und das Küstenkommando mußte nun ständig im Norden auf die *Tirpitz* aufpassen und im Süden auf das Brest-Geschwader, das jeden Augenblick auslaufen konnte. Die Verzettelung der Maschinen in einem überforderten Kommando hatte unvermeidlich zur Folge, daß beide Aufgaben nur äußerst schlecht erfüllt wurden: Joubert konnte seine Kräfte weder auf die eine noch auf die andere feindliche Einheit konzentrieren, solange er nicht absolut sicher war, keinem falschen Alarm aufzusitzen. Denn dann befänden sich seine wenigen brauchbaren Maschinen am falschen Platz.

Mitte Februar — der Enigma-Code war ihnen jetzt wieder ein geschlossenes Buch — konnten die Engländer an der dichter werdenden Aktivität der Deutschen im Luftraum über Norwegen erkennen, daß die *Tirpitz* in Bewegung war. Aus weiteren ›Ultra‹-Quellen ergab sich, daß der Panzerkreuzer *Admiral Scheer* und der Schwere Kreuzer *Prinz Eugen* klar zum Auslaufen von Deutschland nach Norwegen waren. Tags darauf wurden sie von der RAF in der Helgoländerbucht gesichtet. Aber das jahreszeitlich bedingte Schlechtwetter half ihnen, am 22. Februar in einen Fjord südlich von Bergen zu entkommen. Am nächsten Tag, als Tovey hoffte, von der *Victorious* aus einen Luftangriff unternehmen zu können, gelang es dem britischen U-Boot *Trident,* die *Prinz Eugen* vor Trondheim lahmzulegen. Die *Scheer* verzog sich nach Aasfjord. Zusammen mit den Zerstörern und der Luftunterstützung von Norwegen aus waren die Deutschen im Norden nun sehr präsent, und es drohte die Gefahr eines Durchbruchs in den Atlantik oder von Angriffen auf die Konvois nach Murmansk. Mit seiner gegenwärtigen Streitmacht konnte Tovey nicht gegen beide Möglichkeiten gleichzeitig Vorsorge treffen, zumal der bevorstehende Kanaldurchbruch seine Kräfte in Richtung Süden band. Die Russen steuerten hoch im Norden sehr wenig zur Luftunterstützung und zur U-Boot-Abwehr bei. Sie überließen trotz ständiger Vorhaltungen den Schutz der für sie so lebenswichtigen Geleitzüge ganz den Engländern und Amerikanern.

Am 6. März meldet das britische U-Boot *Seawolf,* daß die *Tirpitz* zusammen mit drei Zerstörern wieder ausgelaufen sei. Zu dieser Zeit waren die Geleitzüge PQ 12 (nach Rußland) und QP 8 (auf dem Rückweg nach Island) unterwegs, und Tovey war bereits mit drei Schlachtschiffen, der *Victorious,* einem Kreuzer und zwölf Zerstörern in See gestochen, um sie zu decken. Wie sich erst später herausstellen sollte, befanden sich am 7. März die beiden Konvois, die Home Fleet und die *Tirpitz*-Streitmacht unter Vizeadmiral Otto Ciliax allesamt nicht mehr als 70 Meilen voneinander entfernt. Aber das schlechte Wetter verhinderte eine Luftaufklärung. Ciliax schaffte es, zwischen den beiden Konvois hindurchzusteuern, ohne sie zu bemerken. Zudem hatte er keine Ahnung, daß Tovey auch draußen auf See war. Ein deutscher Zerstörer versenkte am Nachmittag einen sowjetischen Nachzügler. Während die Deutschen nach weiteren Handelsschiffen suchten und Tovey auf und ab kreuzte und den Feind suchte, entdeckte eine von der *Victorious* gestartete Maschine die *Tirpitz* am frühen Morgen des 8. März. Kurz darauf sichteten sie zwölf ›Albacore‹-Torpedobomber und flogen einen Angriff von achtern und gegen den Wind. Dadurch gelang es dem Schlachtschiff, allen Torpedos zu entgehen. Außerdem schoß es zwei der Angreifer herunter. Durch diesen frühen Schlag vor den Lofoten verlor die Home Fleet ihre Chance auf ein Gefecht. Beide Streitmächte zogen ab, die Deutschen nach Narvik, die Engländer nach Scapa. Am 13. März war die *Tir-*

pitz wieder in Trondheim, wo das Küstenkommando sie, aufgehalten durch das schlechte Wetter, fünf Tage später aufspürte. Ciliax beklagte sich über das hohe Risiko, das man angesichts mangelhafter Luftunterstützung eingegangen sei. Tovey wiederum beklagte sich über die Einmischung der Admiralität von London aus in seine Operationen und darüber, daß er mit seinen schweren Einheiten nicht den neuen feindlichen Flottenverband vernichten durfte, sondern den Geleitzügen den Vorzug geben sollte. Seine Schwierigkeiten wurden nicht geringer durch die Unzuverlässigkeit des Funkverkehrs in den nördlichen Breiten. Dem Schweren Kreuzer *Hipper* gelang es, sich am 21. März unentdeckt der *Tirpitz* anzuschließen.

Die Einheiten unter Ciliax unternahmen keinen Ausfall gegen die beiden nächsten Geleitzüge, den PQ 13 und den QP 9. Dieser gelangte sogar ohne einen Kratzer bis nach Island, nachdem die *Sharpshooter,* ein Minenräumer, das angreifende *U 655* gerammt und versenkt hatte. PQ 13 wurde durch einen schweren Sturm auseinandergerissen, und am 28. März griff ihn die deutsche Luftwaffe in den Gewässern südlich der Bäreninsel an. Drei deutsche Zerstörer verließen Kirkenes und griffen den Kreuzer *Trinidad* und zwei Zerstörer an, die den Geleitzug eskortierten. Im Verlauf des Gefechts wurde der deutsche Zerstörer *Z 26* versenkt, aber die *Trinidad* machte die einmalige bittere Erfahrung, wie es ist, wenn man sich mit dem eigenen Torpedo einen Treffer versetzt. Er war nach dem Abschuß außer Kontrolle geraten. Der Kreuzer konnte sich schwer beschädigt in einen sicheren russischen Hafen zurückziehen — und dort fand man in seinem Kesselraum den Mantel des Ausreißers. Der Konvoi verlor fünf von 20 Schiffen (zwei durch Luftangriffe, zwei durch U-Boote und eines durch einen Zerstörer), während die Eskorten ein U-Boot versenkten. Bedenkt man die Auswirkungen des Sturms und den Umstand, daß einige Schiffe zeitweise im Eis gefangen waren, dann waren die Verluste leichter, als sie hätten sein können. Aber es war eine eindrückliche Mahnung, wie groß die Gefahren auf der Murmanskroute sein konnten.

Dabei war sie taktisch (wenn auch nicht klimatisch) gesehen im Winter leichter zu bewältigen als im Sommer, denn dann würde die Luftwaffe mehr und tödlichere Angriffe fliegen. Tovey beklagte sich wiederholt über die erschreckenden Bedingungen, über die Vorteile der Deutschen und über die zögerliche Hilfe der Russen, aber die Konvois waren der maritime Ausdruck höchster politischer Überlegungen: Der Sowjetunion mußte geholfen werden, koste es, was es wolle. Wie wenig sie selber glaubte, zu ihrer Entlastung beitragen zu können, spielte keine Rolle. Der PQ 14 war ein Fiasko. Nur acht von ursprünglich 24 Schiffen konnten die Fahrt fortsetzen, als der Geleitzug in ein Eisfeld fuhr, und ein Schiff wurde von einem U-Boot versenkt. Der QP 10, der mit Südkurs am gleichen Tag, dem 8. April, in See ging, verlor vier Schiffe durch Luft- und Unterwasser-Angriffe.

Ende April stachen der PQ 15 und der QP 11 in See. Die Eskorte des QP 11 wurde von dem Kreuzer HMS *Edinburgh* angeführt, den am 30. April zwei Torpedos von *U 456* 250 Meilen vor Murmansk schwer beschädigten. Mit einem klaffenden Loch im Heck versuchte er, sich wieder dorthin zurückzuschleppen. Danach griffen drei deutsche Zerstörer den Konvoi an. Sie versenkten einen sowjetischen Frachter und beschädigten eine britische Eskorte. Auf die *Edinburgh* stießen die Deutschen wieder am 2. Mai in der Gesellschaft von vier Minenräumern. Es folgte ein erneutes Feuergefecht, an dem sich noch zwei britische Zerstörer aus der übriggebliebenen Eskorte beteiligten. Die *Edinburgh* konnte den großen deutschen Zerstörer *Hermann Schoemann* lahmlegen, bevor sie selber ihren dritten Torpedotreffer erhielt, während die Deutschen wiederum die beiden britischen Zerstörer bewegungsunfähig schossen. Dem Kreuzer mußte mit einem britischen Torpedo der Fangschuß gegeben werden, nachdem die Deutschen ihren Angriff abgebrochen hatten, um die Mannschaft des eigenen angeschlagenen Zerstörers zu retten, bevor er sank. Die *Edinburgh* nahm eine große Sendung russisches Gold mit auf den Meeresgrund. Die Minenräumer konnten den größten Teil ihrer Besatzung retten und zogen sich zusammen mit den beiden angeschossenen Zerstörern nach Murmansk zurück.

Am folgenden Tag griffen sechs Torpedobomber den PQ 15 an und versenkten drei Handelsschiffe. Aber das schlechte Wetter rettete die restlichen 25 Schiffe des Konvois. Nachdem die alliierten Eskortenverbände (unter denen erstmals auch amerikanische Schiffe waren) irrtümlich ein befreundetes polnisches U-Boot versenkt und einen eigenen Zerstörer gerammt und ebenfalls versenkt hatten, waren die Verluste an Kriegsschiffen vergleichsweise hoch zu nennen. Auch die unglückliche *Trinidad* mußte am 15. Mai von britischen Torpedos endgültig versenkt werden, nachdem sie ein deutsches Flugzeug auf ihrem Heimweg, notdürftig repariert und von schweren Eskorten begleitet, erwischt hatte. Tovey wollte die Konvois völlig stoppen und gewann dabei Admiral Kings Unterstützung, aber die Politiker blieben unerbittlich: Sie mußten weitergehen. Der nächste Geleitzug nach Rußland, der PQ 16, war der bis dahin größte, den man für diese gefährliche Route zusammengestellt hatte. Er umfaßte 35 Schiffe. Inzwischen war der Panzerkreuzer *Lützow* von Deutschland auf Kurs nach Norden gegangen und hatte sich mit seinem Schwesterschiff, der *Scheer,* in Narvik getroffen: noch ein Problem, über das der stark unter Druck stehende Tovey an Bord seines Flaggschiffes nachzudenken hatte. Der PQ 16, der gleichzeitig mit dem QP 12 am 21. Mai in See gegangen war, bekam daher vier Kreuzer als Eskorte und dazu noch Schiffe für die Luft- und die U-Boot-Abwehr. Am 25. Mai begannen die Luftangriffe auf den PQ 16. Sie hielten drei Tage an. Sieben Frachter darunter auch ein ›CAM-Schiff‹, wurden versenkt, ein weiterer Zerstörer schwer beschädigt. Auch nachts gab es kaum Erholung, denn zu dieser Zeit wurde es im hohen Norden kaum richtig dunkel. Zumindest gab es keine erfolgreichen U-Boot-Attacken, und die restlichen Schiffe erreichten die russischen Gewässer in perfekter Konvoi-Formation. Die Fahrt des QP 12 verlief ohne Zwischenfälle.

Die Vorgängerin der *Tirpitz,* die *Bismarck,* wurde bekanntlich nach einem Ausbruch in den Atlantik versenkt. Wäre den Deutschen die Aktion gelungen, so hätte das Schiff am Ende in Frankreich eine Zuflucht gefunden. Die britische Admiralität war entschlossen, der *Tirpitz* den gleichen Weg zu verlegen. Hätte die *Bismarck* Frankreich erreicht, wäre nur ein Platz für ein so großes Schiff in Frage gekommen, der ein Trockendock für die notwendigen Reparaturen besaß: St. Nazaire, der Hafen an der Südostecke der Bretagne. Dort gab es eine riesige, ursprünglich für die *Normandie* gebaute Schleuse. Man mußte nur die beiden riesigen Tore der Schleuse schließen und dann das Wasser hinauspumpen, dann entstand ein Trockendock. Als Chef der ›Combined Operations‹ erhielt Vizeadmiral Lord Louis Mountbatten den Auftrag, diese Anlage zu zerstören. Dazu mußte eine entsprechende Einheit auf dem Seeweg über 400 Meilen herangeführt werden und dann noch fünf Meilen die Loire hinauf bis zu der Schleuse fahren.

Die Streitmacht, die am 26. März 1942 Falmouth verließ, bestand aus 16 Barkassen, einem Motor-Torpedoboot, dem alten, ehemals amerikanischen Zerstörer *Campbeltown* und einem Motor-Kanonenboot mit dem Leiter der Expedition, Commander R. E. Ryder, und Lieutenant-Colonel A. C. Newman als Führer des Sonderkommandos an Bord. Vier moderne Zerstörer fuhren Eskorte. Fast wäre das mutige Unternehmen schiefgegangen, als *U 593* beim Ausweichen vor einem Zerstörer der Eskorte den Konvoi kleinerer Schiffe sichtete und dies am Nachmittag des 27. März an die U-Boot-Befehlsstelle weitermeldete. Bis dahin steuerte Ryder noch einen falschen Kurs, der die Deutschen auch irreführte und den wichtigen Überraschungsvorteil in St. Nazaire sichern half. Und es half den Engländern sogar, daß das U-Boot sie gesichtet hatte, denn die Marinegruppe West schickte nun fünf deutsche Torpedoboote, die in St. Nazaire lagen, auf die Suche nach Süden.

Bis auf zwei Meilen hatten sich die Angreifer — 353 Navy-Angehörige und 268 Mann vom Sonderkommando — ihrem

Ziel genähert, ehe der Alarm losging. Das war am 28. März um 1.30 Uhr. Mächtige Suchscheinwerfer erleuchteten das Nordufer der Loire, und es entwickelte sich ein ohrenbetäubendes Feuergefecht. Währenddessen fuhr die *Campbeltown* (Lieutenant-Commander S. H. Beattie) weiter und stieß um 1.34 Uhr (vier Minuten später als geplant) mit ihrem Bug das Schleusentor ein. Im Bug hatte sie drei Tonnen Sprengstoff, die in einigen Stunden hochgehen sollten. Die Truppen, die sie an Bord gehabt hatte, kletterten an Land und begannen, unter den Küstenanlagen möglichst viel Schaden anzurichten. Die Mannschaft wurde von zwei der Barkassen aufgenommen, von denen jedoch eine kurz darauf versenkt wurde. Die Überlebenden mit Beattie an der Spitze wurden gefangengenommen. Im Hafen brach die Hölle los, als die Deutschen eine Barkasse nach der anderen versenkten und die Kommandos sie in heftige Kämpfe verstrickten. Um 2.50 Uhr sah Ryder sich mit den übriggebliebenen Schiffen zum Rückzug aus dem Inferno aus Gewehrfeuer und hochgehenden Sprengladungen gezwungen. Die Truppen an Land mußte er zurücklassen. Von seiner kleinen Flotte blieben ihm nur sein eigenes Motor-Kanonenboot Nummer *314* und sieben Barkassen. Als sie die Loire-Mündung wieder hinabfuhren, um sich den draußen wartenden Zerstörern anzuschließen, kamen die fünf deutschen Torpedoboote um 6.30 Uhr zurück und versuchten, sie anzugreifen. Die Zerstörer verjagten sie zwar, aber eine Barkasse wurde doch noch versenkt, und das Motor-Kanonenboot und zwei weitere Barkassen mußten aufgegeben werden, nachdem man ihre Mannschaften übernommen hatte. Nur vier Barkassen kamen zurück.

Es waren zehn Stunden vergangen, seit HMS *Campbeltown* die Schleuse gerammt hatte. Gerade war eine Reihe deutscher Offiziere leichtsinnigerweise an Bord gegangen, um das Schiff zu untersuchen, da explodierte die Sprengladung und machte die Schleuse unbrauchbar. Das Zerstörungswerk vollendeten noch die Torpedos, die das später verloren gegangene Torpedoboot *74* abgefeuert hatte und die erst mit dieser Verzögerung zündeten — etwa 36 Stunden später, als die Engländer kalkuliert hatten: Ihre Zündkapseln waren defekt. Mit den wenigen Offizieren, die ihnen nun noch geblieben waren, und in einem Zustand von Panik verwandelten die deutschen Truppen St. Nazaire in ein Leichenhaus. Sie töteten Hunderte von Einwohnern und auch eigene Leute. Die Engländer verloren 85 Matrosen und 59 Soldaten vom Einsatzkommando (was unter den gegebenen Umständen bemerkenswert wenig waren). Über 100 Seeleute und an die 200 Soldaten wurden gefangengenommen. Viele von ihnen waren verwundet. Die ganze Episode erinnerte an den Angriff auf den belgischen Hafen Zeebrugge im Jahr 1918 — aber diese hier war viel erfolgreicher: eine klassische, wenn auch blutige ›chirurgische Operation‹ gegen ein verteidigtes Ziel, die nur gelingen konnte, wenn das totale Überraschungsmoment eingehalten wurde. Die strategischen Konsequenzen gingen über den bloßen Verlust einer ›Garage‹ für die *Tirpitz* hinaus: Die Deutschen waren nun alarmiert und mußten wertvolle Truppen und Materialbestände zur Verteidigung der enorm langen Küstenlinie aufwenden, die die ›Festung Europa‹ umschloß. Denn Hitler hielt den Angriff auf St. Nazaire für den Vorboten einer baldigen Invasion. Und am 29. März befahl er Dönitz, noch am selben Tag sein Hauptquartier von Lorient nach Paris zu verlegen.

Am 15. Juni 1942 entrollte Großadmiral Erich Raeder auf dem Kartenständer in der Wolfsschanze eine große Karte und erklärte Hitler mit Hilfe eines Zeigestocks die Einzelheiten des Unternehmens ›Rösselsprung‹. Das Pferdchen in diesem Schachspiel stellte die in ihrem Versteck lauernde *Tirpitz* dar, die jetzt Trondheim verlassen und den nächsten Rußland-Konvoi angreifen sollte. Direkt unterstützt werden sollte sie dabei von dem Schweren Kreuzer *Hipper* und sechs Zerstörern und indirekt von den Panzerschiffen *Lützow* und *Scheer* mit weiteren sechs Zerstörern von Narvik aus. Auch die Luftwaffe sollte in Aktion treten. Wie bei Einsätzen deutscher Großkampfschiffe üblich, sollten Zusammenstöße mit schweren britischen Verbänden, wenn möglich, vermieden werden. Man gab damit Hitlers beständiger Sorge um die Dickschiffe als den Wächtern vor Norwegens Türen nach: Ziel des Einsatzes sollten die feindliche Schiffahrt und ihre Eskorten sein.

Die Operation hatte schon vor fünf Tagen begonnen, seit nämlich drei U-Boote nordöstlich von Island kreuzten und auf den Geleitzug warteten. Admiral Otto Schniewind, als Nachfolger von Ciliax neuer Oberkommandierender der Flotte, hatte das Kommando auf See, während Admiral Rolf Carls, Chef der Marinegruppe Nord in Kiel, die operative Kontrolle hatte. Hitler war einverstanden, aber unter einem Vorbehalt: Als erstes müßten alle feindlichen Flugzeugträger in der Nähe ausgeschaltet werden. Nachdem dies niemand garantieren konnte, drohte der ›Rösselsprung‹ damit eine Totgeburt zu werden. Also sorgte Raeder dafür, daß die Schiffe sich bereithielten, aber erst auslaufen sollten, wenn Hitler persönlich den Marschbefehl gab. Im wesentlichen sah der Plan vor, daß U-Boote und Flugzeuge westlich der Bäreninsel zum Einsatz kamen und die Überwasserschiffe östlich von ihr. Die Bäreninsel liegt nördlich des norwegischen Festlands und direkt südlich von Spitzbergen (74° Nord, 19° West).

Die Insel hatte für die Engländer ebenfalls Schlüsselbedeutung, als sie sich auf den Geleitschutz der Konvois PQ 17 nach Rußland und QP 13 in der entgegengesetzten Richtung vorbereiteten. Beide sollten am 27. Juni in See gehen. Die vier Geleitschutz fahrenden Kreuzer sollten sich nicht östlich von ihr aufhalten, wenn die *Tirpitz* ausgelaufen sein sollte; nach Westen übernahmen 13 britische U-Boote den Schutz gegen deutsche Überwasser-Streitkräfte. Den üblichen Schutz auf Distanz bot die Home Fleet: HMS *Duke of York* (Toveys Flaggschiff), das Schlachtschiff USS *Washington,* der Flugzeugträger *Victorious,* zwei Kreuzer und 14 Zerstörer. Acht ›Catalinas‹ der RAF wurden vorübergehend in Nordrußland stationiert. Die glänzende Idee der Admiralität, dem eigentlichen PQ 17 einen Scheinkonvoi vorauszuschicken, verlor ihren Glanz wieder, als die Deutschen ihn gar nicht bemerkten.

Die Eskorte wurde angeführt von Commander J. E. Broome auf dem Zerstörer *Keppel*, der von fünf weiteren Zerstörern, vier Korvetten, zwei U-Booten, drei Rettungsschiffen, einem Ölschiff, zwei Flakschiffen, Minenräumern und Trawlern unterstützt wurde. Commodore C. K. Dowding von der Reserve der Royal Navy leitete den Konvoi selbst, der zum Schluß aus 33 Schiffen bestand (zwei mußten nach Zwischenfällen wieder umkehren).

Deutsche Flugzeuge und U-Boote sichteten den PQ 17 am 1. Juli zur Mittagszeit. Die Boote wurden, nachdem sie ein paar Torpedos abgefeuert hatten, von den Eskorten vertrieben. Broome und Dowding wichen den Torpedos durch ein schnelles Wendemanöver aus. Im Laufe des Nachmittags passierten Konteradmiral L. H. K. Hamilton auf HMS *London*, begleitet von einem weiteren britischen, zwei amerikanischen Kreuzern und drei Zerstörern, den Geleitzug, um ihn aus 40 Meilen Entfernung von Norden zu decken. Am Abend griffen neun deutsche Torpedobomber vom Typ ›Heinkel 111‹ an, wurden aber ohne Verlust wieder verjagt. In der Nacht schützte willkommener Nebel den Konvoi. Am 3. Juli entdeckten Aufklärer der RAF, daß die *Tirpitz* und die *Hipper* Trondheim verlassen hatten; sie konnten aber nicht feststellen, in welcher Richtung. (Ziel waren die Lofoten vor der norwegischen Nordwest-Küste). Zusammen mit der *Scheer*, begaben sich die *Tirpitz* und die *Hipper* dann von dort in den Altafjord in Wartestellung. Die *Lützow* und drei der vier Zerstörer, die mit der *Tirpitz* gefahren waren, fuhren bei Narvik auf Grund und waren damit nicht mehr einsatzfähig. Der RAF war es nicht möglich, Narvik auszukundschaften, und so konnte sie keine Informationen über den Aufenthalt irgendeines deutschen Schiffs geben.

Am 4. Juli unternahmen um 20.30 Uhr 24 deutsche Torpedobomber einen entschlosseneren Angriff. Sie beschädigten einen russischen Tanker und zwei Handelsschiffe (die dann von der Eskorte selbst versenkt werden mußten, nachdem die Rettungsschiffe ihre Mannschaften übernommen hatten). Im Laufe des Tages hatte ein anderer Frachter auf die gleiche

Weise ins Jenseits befördert werden müssen, nachdem ein einsames deutsches Flugzeug in einem kurzen Nebelloch seinen Torpedo hatte abwerfen können. Der beschädigte Tanker erreichte den Hafen, und Broome und Dowding waren keineswegs niedergeschlagen: Der Geleitzug hatte sich beispielhaft gegen die Angriffe aus der Luft gehalten, und kein U-Boot hatte versucht, sich hereinzudrängen.

Doch in London machte das völlige Fehlen sicherer Informationen über den Verbleib der schweren deutschen Einheiten die Admiralität äußerst nervös. Admiral Sir Dudley Pound, der Erste Seelord und Chef des Stabes der Kriegsmarine, übernahm den Vorsitz bei einer Stabsbesprechung am Abend des 4. Juli. Sie wußten jetzt, daß die deutschen Schiffe sich im Altafjord zusammengeschlossen hatten, aber nicht, ob sie noch dort waren. Ein Angriff auf den Geleitzug und die Kreuzer Hamiltons konnte jederzeit ab den ersten Stunden des 5. Juli erfolgen.

Die Ereignisse im hohen Norden wurden vom OIC natürlich aufs genaueste verfolgt. Sein Leiter, Captain Norman Denning, war an dem verhängnisvollen Abend persönlich im Dienst. Auf dem Spiel standen nicht nur die Schiffe des Geleitzugs, die Nahunterstützungsgruppe und die Kreuzer, sondern auch 150 000 Tonnen wertvoller Ladung — Flugzeuge, Panzer und Munition — für die Rote Armee, und schließlich die Befahrbarkeit der nördlichen Versorgungsroute selbst. In diesem Fall geriet das OIC nicht in die gleiche ungünstige Lage, wie sie der ›Submarine Tracking Room‹ seit dem 1. Februar erlebte: Die deutschen Überwasserschiffe benutzten nicht den neuen ›Triton‹-Code, den Bletchley Park noch nicht kannte, und so konnte man den Funkverkehr der Marine und Luftwaffe in diesem Bereich abhören, wenn die Ergebnisse auch manchmal mit einigen Stunden Verzögerung kamen. So kam es, daß das OIC zwar schon von dem Zusammentreffen der deutschen Schiffe wußte, aber noch keine weiteren Einzelheiten kannte.

Hamilton erhielt um 19.30 Uhr von der Admiralität Anweisung, bis auf weiteres beim Geleitzug zu bleiben. Das OIC hatte gerade erfahren, daß Bletchley Park den Engima-Funkverkehr bis zum Mittag des 4. Juli dechiffriert hatte (mittags wurden täglich die Walzen gewechselt). Genau in diesem angespannten Augenblick kam Pound ins OIC marschiert und fragte Denning: »Können Sie mir versichern, daß die *Tirpitz* noch im Altafjord liegt?« Natürlich konnte Denning nicht ausschließen, daß die deutschen Schiffe bereits unterwegs waren, um den Geleitzug und die Kreuzer anzugreifen. Er konnte nur argumentieren, es gebe keinen Beweis, daß der Feind ausgelaufen sei — keinen Funkverkehr, keine Sichtungen durch alliierte U-Boote oder Flugzeuge —, und deshalb war er persönlich davon überzeugt, daß der Feind noch im Fjord lag. Er hoffte, die Bestätigung zu bekommen, wenn Bletchley Park die neue Walzenanordnung herausbekommen hatte. Nach Dennings eigenen Unterlagen geschah das unerwartet schnell, und das neue Material kam ab 20.00 Uhr herein. Aber bedauerlicherweise war nichts dabei, was auf Pounds Frage eine Antwort gab, bevor der Erste Seelord um 20.30 Uhr seine Sitzung eröffnete.

Um mit der Bedrohung von oben und durch die U-Boote fertig zu werden, mußte der Konvoi unter dem Schutz seiner Flakschiffe und seiner Überwassereskorten zusammenbleiben. Die klassische Antwort auf einen Angriff überlegener Überwasser-Streitkräfte war aber, daß man sich zerstreute. Das war nun Pounds Dilemma: Was stellte die größere Bedrohung für den PQ 17 dar? Er hatte Tovey zu dessen Schrekken kurz vor dem Auslaufen des Konvois und der Bereitstellung der Home Fleet zur Ferndeckung von Westen erzählt, er könnte sich vielleicht veranlaßt sehen, den Handelsschiffen den Befehl zum Zerstreuen zu geben, wenn die deutschen Schiffe den Fjord verließen, auch wenn die Barentsee, die sie am Abend des 4. Juli zu durchfahren hätten, gar nicht genug Raum für ein erfolgreiches Zerstreuen böte.

Um 21.30 Uhr hatte Admiral Pound noch immer keine positive Information über die *Tirpitz*, als er sich entschloß, die Sitzung zu beenden. Sechs Minuten später erhielt Hamilton den Funkspruch: »Dringend. Kreuzer mit Großer Fahrt nach

Westen zurückziehen.« Das war für sich genommen kein überraschender Befehl, denn die Kreuzer waren bereits ein gutes Stück über den Punkt nach Osten hinaus — 25° Ost —; und an diesem Punkt hatte der ursprüngliche Einsatzbefehl vorgesehen, daß man auf Gegenkurs ging (man hatte an das Schicksal der *Trinidad* und der *Edinburgh* in diesem Bereich gedacht). Doch fast gleichzeitig kam ein anderer Funkspruch durch: »Sofort. Aufgrund der Drohung durch Überwasserschiffe hat sich der Konvoi aufzulösen und russische Häfen anzulaufen.« Und nach ein paar Minuten der nächste: »Dringend. Konvoi soll sich zerstreuen.« Die Begriffe ›auflösen‹ und ›zerstreuen‹ haben in der Marinesprache nicht die gleiche Bedeutung. Der erste meint eine ordnungsgemäße Prozedur, bei der der Geleitzug schrittweise auseinanderläuft; dabei verläßt ein Schiff nach dem anderen die Formation und steuert mit der eigenen besten Geschwindigkeit seinen Zielhafen an. Der zweite bedeutet, was er besagt: Sofortiges Auseinanderstreben nach allen Seiten; jedes Schiff nimmt vorschriftsmäßig einen anderen, vorher festgelegten Kurs auf, wenn es seine Position im Konvoi verläßt, um Kollisionen zu vermeiden. Weniger formell könnte man die beiden Befehle übersetzen mit: »Sucht euch euren eigenen Weg!« und »Rennt um euer Leben!« Hamilton, Broome und Dowding waren völlig aus der Fassung und glaubten sofort, daß ein schwerer Überwasserangriff drohte. Dowding war so verblüfft, daß er zweimal bei Broome um Bestätigung des Befehls auf Zerstreuen des Konvois nachfragte. Broome entschied unabhängig davon, daß es am besten sei, sich mit den Kreuzern zusammenzutun, um dem angenommenen Angriff eine gebündelte Verteidigung entgegenzustellen. Alle drei Kommandanten betrachteten das, was sie nun zu unternehmen hatten, als die härtesten und schmerzlichsten Befehle ihres Lebens, und dies sogar, bevor sie die schreckliche Wahrheit erfuhren: Die *Tirpitz* und ihre ganze Begleitung lagen zu der Zeit noch im Altafjord vor Anker.

Aber die Luftwaffe und die deutschen U-Boote lagen nicht auf der faulen Haut und entdeckten bald, daß sich der schwer beladene Geleitzug zerstreute. Sie sammelten in den frühen Morgenstunden des 5. Juli ihre Kräfte und eröffneten auf den PQ 17 einen Angriff, den man nur noch als ein systematisches Massaker beschreiben kann. Bis mittags hatten U-Boote und Sturzkampfbomber sechs Handelsschiffe in die Tiefe geschickt. Kurz darauf versenkte ein U-Boot die *River Afton*, das Schiff von Commodore Dowding. Er selbst befand sich unter den wenigen Überlebenden. Später am Nachmittag wurden noch ein Tanker und ein Minenräumer vernichtet. Insgesamt versenkten die Deutschen am 5. Juli zwölf Schiffe, und das war erst der erste Tag.

Hamilton und Broome waren darauf gefaßt, im nächsten Augenblick die unbesiegbare *Tirpitz* vor sich zu sehen, wußten aber nur ungenau, was südlich von ihnen in Wirklichkeit vor sich ging. Vorstellen konnten sie sich es indessen, und daher waren sie um so mehr bestürzt und verwirrt, daß nichts um sie herum passierte. Broome wollte sich wieder den ihm anvertrauten Schiffen zuwenden, aber Hamilton war der Meinung, die ganze versammelte Streitmacht sollte so, wie sie war, nach Westen eilen und sich der Home Fleet anschließen, denn er glaubte, daß die Konzentration der Kräfte die beste Verteidigung gegen einen angeblich so ungeheuer starken Feind war. Erst 22 Stunden nach ihrem verhängnisvollen Befehl, den Konvoi zu zerstreuen, wurde der Admiralität durch einen Funkspruch Hamiltons klar, daß Broome noch bei ihm war, ein Tatbestand, für den der unglückliche Commander später Kritik einstecken mußte — und zwar von Pound persönlich, der für die schrecklichen Folgen seines Befehls die Verantwortung zu tragen hatte: Er hatte auf Zerstreuen gelautet, und das angesichts einer Gefahr, die es zwar gab, die aber keineswegs, wie er tragischerweise angenommen hatte, schon akut gewesen war.

Hitler, der mit seinen Vertrauten gern bis tief in die Nacht zu reden pflegte, stand am Morgen des 5. Juli wie üblich zu einer unmilitärisch späten Stunde auf. Die Aufklärer meldeten, daß die britische Home Fleet sich mit ihrem Flugzeugträger noch sehr weit von der letzten bekannten Position des Geleitzugs befand, und das stellte ihn so zufrieden, daß er Raeder erlaubte, den ›Rösselsprung‹ zu wagen. Schließlich verließ die *Tirpitz,* begleitet von der *Scheer,* der *Hipper,* sieben Zerstörern und zwei Torpedobooten den Altafjord um 11.00 Uhr vormittags mit Kurs nach Norden und dann ostwärts um das norwegische Nordkap. Im Laufe des Tages meldete die Luftwaffe der Marinegruppe Nord die Auflösung des Konvois und das Vernichtungswerk, das man angerichtet hatte, und da beschloß Raeder dankbar, das Unternehmen ›Rösselsprung‹ wieder abzublasen. Admiral Schniewind änderte darauf um 21.30 Uhr den Kurs und lief ohne jeden Zwischenfall vom Altafjord die norwegische Küste entlang nach Narvik. Das abgeblasene Unternehmen hatte bereits soviel erreicht, wie man sich auch von seiner tatsächlichen Durchführung nur hätte erhoffen können: Die bloße Existenz der *Tirpitz* und die aus ihr erwachsende Bedrohung waren genauso wirkungsvoll wie mehrere Breitseiten auf Kernschußweite. Dabei hatte man nicht einmal um den jungfräulich reinen Anstrich des großen Schlachtschiffs fürchten müssen.

Die Gesamtverluste des PQ 17 beliefen sich schließlich auf zwölf Handelsschiffe und ein Rettungsschiff, die durch Flugzeuge, und auf zehn Schiffe, die von U-Booten versenkt wurden. Kein Kriegsschiff wurde beschädigt. Elf Handelsschiffe und zwei Rettungsschiffe liefen russische Häfen an; das war ein Drittel des ganzen Konvois. An die 100 000 t Munition gingen verloren. Auch fünf deutsche Flugzeuge kamen auf die Verlustliste.

In den ersten sieben Monaten des Jahres 1942 weitete sich der deutsche U-Boot-Krieg gegen die anglo-amerikanische Lebensader über den Atlantik so weit nach Norden und Westen aus, wie das geographisch nur möglich war. Im Ergebnis war das die konzentrierteste Phase mit den höchsten Schiffsverlusten des gesamten Krieges — 4 765 000 BRT weltweit. Die U-Boot-Waffe war daran mit 3 556 000 BRT beteiligt. Im Nordatlantik allein wurden 3 319 000 BRT versenkt. Viele Verluste hätten vermieden werden können, wenn man die

Amerikaner in ihrer strategischen Zone auch gleich das Konvoi-System übernommen hätten. (Die im globalen Vergleich numerisch geringen Verluste auf der Rußland-Route hätten auch noch reduziert werden können, wenn man die, zugestandenermaßen viel weitere, Route rund um Afrika in den Persischen Golf und dann über Land durch den Iran gewählt hätte.) Beim Neubau von Schiffen hatten Amerika und die Alliierten auch gerade erst angefangen, die schlimmsten Erfolge auszugleichen, die Dönitz auf dem Höhepunkt seiner Laufbahn für sich verbuchen konnte. Aber auch die deutschen Werften spuckten immer mehr Boote aus, mit denen die Versenkungsrate der Alliierten noch lange nicht Schritt halten konnte.

Auf keiner Seite geschahen in dieser Phase technologische Wunder. Bei den Alliierten breiteten sich Radar und HF/DF aus und wurden verbessert, und der ›Hedgehog‹ (mit dem kleine Wasserbomben als Teppich geworfen wurden) kam allgemein in Gebrauch. Die Deutschen bekamen bessere Torpedos, unterschätzten aber ernstlich den Wert des Radars und das Ausmaß, in dem es auf alliierter Seite gebraucht wurde. Nach dem Fall Frankreichs hatte Hitler die Entwicklung von allem verboten, was länger als ein Jahr bis zu seiner Ausreifung brauchte, weil er glaubte, bis dahin Deutschland als Sieger zu sehen. Ein Gerät namens ›Bold‹ (ursprünglich ›Kobold‹), das unter Wasser gewaltige Blasen produzierte und das Asdic-Gerät irreführen sollte, stellte sich als Fehlschlag heraus. Das Flugwesen der Alliierten war sichtbar besser geworden, was das Suchen, Angreifen und Versenken von U-Booten anging, und das geschah mit Hilfe des Radars, der Wasserbomben und des ›Leigh-Lights‹.

Im Fernen Osten marschierten die Japaner währenddessen nach Niederländisch Ostindien (jetzt Indonesien) ein und rückten Mitte Januar nach Burma vor, das damals britisch war. Damit wurden sie zu einer Bedrohung Indiens, dem Herzstück des britischen Empires. Noch vor Ende des Monats wurde in Nordafrika eine neue Offensive der Achsenmächte eröffnet. Die Aufgabe von Singapur am 15. Februar, ohne daß ihr richtige Kämpfe vorausgegangen wären, stellte für das Empire den Tiefstpunkt des Krieges dar. Vier Tage später bombardierten japanische Flugzeuge das australische Darwin von einem Träger aus, und am 22. Februar zog sich General Douglas MacArthur von den Philippinen mit dem Versprechen zurück: »Ich komme wieder.«

Am Ende dieses schmählichsten Monats für die Alliierten gewannen die Japaner die Schlacht in der Javasee. Die Kontrolle über das holländische Ostindien vervollständigten sie durch die Einnahme von Java selbst am 3. März. Aber Mitte April waren die Amerikaner zum Gegenangriff bereit und bombardierten unter Führung von General James H. Doolitt le Tokio bei Tage von einem Flugzeugträger aus. Am 4. Mai gewann die US-Navy die Schlacht in der Korallensee, und einen Monat später gelang ihr ein entscheidender Sieg über die japanische Flotte in der Schlacht bei der Midwayinsel, mit der sich der Krieg im Pazifik wendete. Doch in der Sowjetunion hatten die Deutschen immer noch die Initiative; an den nördlichen und mittleren Frontabschnitten waren sie zwar zum Stehen gekommen, aber im Süden überrannten sie im Hochsommer die Krim. Gleichzeitig gingen sie auch in Nordafrika noch einmal zum Angriff über.

Ende Juli 1942 war die Schlacht im Atlantik im Gleichgewicht.

5.
Juli 1942 bis Mai 1943

Dönitz warnt — Die Lücke in der Luftdeckung — ›Laconia‹ — Rußlandkonvois — Verluste zur See — Kanadische Katastrophen — ›Operation Torch‹ — Admiral Horton in den Western Approaches — Bucht-Offensive — Radar — ›Ultra‹ wieder im Einsatz — Dönitz unterstützt Raeder — TM1 läuft ins Verderben — Die Konferenz von Casablanca — Kanada außer Gefecht — Gute Nachrichten aus Rußland — Die große Krise der Atlantikschlacht — Vier Konvoischlachten — Das Pendel schlägt gegen Deutschland aus — Luftmacht — Kanadas erster Oberkommandierender — Die 10. US-Flotte — Dönitz zieht sich zurück

Admiral Dönitz genoß als Chef der U-Boot-Waffe den Propaganda-Ruhm, den ihm die großartigen Erfolge seiner Boote in der ersten Jahreshälfte 1942 eingebracht hatte, und am 27. Juli ging er noch einen Schritt weiter: Er hielt eine der außergewöhnlichsten Radioreden des gesamten Krieges. Zum Erstaunen der britischen Admiralität warnte er die Deutschen in aller Öffentlichkeit — und solche freien Worte war man dort gar nicht gewohnt —, daß sie in Zukunft mit unvermeidlich höheren Verlusten rechnen müßten. Dem »harten Kampf ..., den die U-Boote zu führen hätten« würden »sicherlich noch schwierigere Zeiten« folgen. In seinen Erinnerungen erklärte Dönitz, er habe die Warnungen für notwendig gehalten, »um die überschwenglichen Hoffnungen, die dem deutschen Volk wegen der großen U-Booterfolge in den letzten Monaten in Reden, Presse und Rundfunk gemacht worden waren, auf das richtige Maß zurückzuführen«. In London, wo man Deutschlands öffentlichen Rundfunk genauso aufmerksam abhörte wie den militärischen Funkverkehr, sah man darin einen Tip ›aus erster Hand‹, wie sich die Admiralität ausdrückte, und man las daraus, daß Deutschland sich wieder den Konvoirouten im Bereich des ›Luftlochs‹ im mittleren Atlantik südlich von Grönland zuwenden werde. Der U-Boot-Krieg hatte seinen Höhepunkt im Westen erreicht und überschritten (was aber keineswegs bedeutete, daß die Deutschen sich auf dem Rückzug befanden). Wenn Dönitz selber nun mit höheren Verlusten rechnete, dann konnte er dabei nur an einen Angriff auf die Hauptarterie der Geleitzüge denken, trotz der Eskorten; und er würde sich sicher, wie immer, den schwächsten Punkt heraussuchen, und das war dort, wo die Schiffe keine Luftunterstützung hatten.

Admiral Pound, der Erste Seelord, schloß daraus, daß »wir uns einem neuen Wendepunkt des U-Boot-Krieges nähern«, und so kam es Mitte des Jahres zu einer strategischen Neueinschätzung der Lage. Ohne die übermäßig langen Anfahrten zu den weitestgelegenen Einsatzbereichen konnten die Deutschen die Zahl der Boote im Ost- und Mittelatlantik um das Drei- bis Fünffache erhöhen, und das genau zu dem Zeitpunkt, als die britischen Eskorten verkleinert werden mußten, um die Lücken beim Konvoiverkehr im Westatlantik zu stopfen. Durch diese wachsende Beanspruchung blieb nur noch wenig für Verstärkungen in dem am meisten bedrohten Bereich übrig. Was die Überwasser-Eskorten betraf, hielt die Admiralität eine Antwort bereit. Von den annähernd 170 Schiffen, die als Eskorten für den Handelsverkehr im Atlantik zur Verfügung standen, wurden zehn Zerstörer und Fregatten abgezogen. Aus ihnen bildete man den ersten taktischen Unterstützungsverband (während seiner kurzen Existenz als ›20th Escort Group‹ geführt). Seine Aufgabe war, bedrohten Konvois zu Hilfe zu eilen. Im September wurde er gebildet — und im Oktober wieder aufgelöst (aus Gründen, die weiter unten beschrieben werden). Es war eine Idee, deren Zeit gekommen war, aber es dauerte noch weitere sechs Monate, ehe man etwas mit ihr anfangen konnte.

Zur gleichen Zeit kam die Admiralität auf den Gedanken, als weitere Behelfsmaßnahme Handelsschiffe zu Flugzeugträgern umzubauen und so der totalen Luftdeckung einen Schritt näherzukommen. Sechs Tanker (von je 11000 BRT) und sechs Bulkfrachtschiffe (von je 8000 BRT), die über lange, durchgehende Decks verfügten, sollten umgebaut werden. Die Oberdecks sollten so verstärkt werden, daß auf ihnen drei bis vier ›Swordfish‹-Torpedobomber starten und landen konnten. Die Schiffe sollten auch noch Fracht aufnehmen. Gegenüber den CAM-Schiffen mit ihrer einen, von einem Katapult zu startenden ›Hurricane‹-Maschine, bedeutete dies eine spürbare Verbesserung. Denn die ›Hurricane‹ mußte auf dem Wasser aufsetzen, wenn ihr Treibstoff zuende war. Die langsamen ›Swordfish‹-Maschinen waren überdies im Einsatz gegen U-Boote von sehr großem Nutzen. Aber es brauchte noch fast neun Monate, bis die umgebauten Flugzeugträger auf der Bühne erschienen. Wie bei so manchen klugen Verbesserungen dauerte es einige Zeit, bis sie ausgereift war.

Im zweiten Quartal des Jahres 1942 war die U-Boot-Flotte endlich über die 300-Stück-Grenze gewachsen und hatte nun die Stückzahl erreicht, mit der Dönitz eigentlich den Krieg hatte beginnen wollen. Allein in diesem Quartal kamen 59 neue Boote hinzu — zwei mehr, als die gesamte deutsche U-Boot-Flotte 1939 ausgemacht hatte. Am 1. Juli waren es insgesamt 331 Boote, von denen 140 voll einsatzfähig waren. Über 20 kamen nun jeden Monat hinzu. Das erlaubte Dönitz, seine Angriffe wieder auf die Hauptroute der Konvois durch den Nordatlantik zu konzentrieren, ohne die Einsätze im Golf von Mexiko und in der Karibik aufzugeben. Obwohl die Konvois sich dorthin ausgebreitet hatten und die Luftunterstützung zunahm, blieb den Schiffen in diesen begrenzten Gewässern nur wenig Raum zum Ausweichen. So wurden dort zwischen dem Ende des Unternehmens ›Paukenschlag‹ und dem 31. August 15 Schiffe versenkt. Allerdings kostete das auch den Preis von drei U-Booten.

Diese Verluste und die Zunahme der Eskorten im Nahverkehr vor der amerikanischen Küste zwang die Deutschen dazu, sich noch weiter nach Süden in das Gebiet zwischen Trinidad und der Mündung des Orinoko zurückzuziehen. Zwar war dieses Einsatzgebiet jetzt zweitrangig geworden, aber die

Deutschen waren doch angesichts der Erfolge überrascht. Bis November durften sie in der Gegend um Trinidad operieren, wo sie binnen drei Monaten 375 000 BRT versenkten. Erst im Oktober wurden Konvois zwischen Trinidad und weiter südlichen gelegenen Häfen in das im Aufbau befindliche Ineinandergreifende Konvoi-System integriert. Von großem Nutzen für die Alliierten war am 22. August die Kriegserklärung Brasiliens an Deutschland, nachdem *U 507* am 16. und 17. August fünf brasilianische Schiffe versenkt hatte. Dieser strategische Fehler der Deutschen bescherte den Alliierten nun die komplette Kontrolle der Schmalstelle des Atlantiks zwischen Brasilien und Westafrika. Das half ihnen nicht nur im Kampf gegen die U-Boote, sondern auch gegen Überwasser-Angreifer und Blockadebrecher zwischen Deutschland und Japan.

Daß die Deutschen sich wieder der Hauptroute durch den Atlantik zuwandten, signalisierte am 5. August ein schwerer Angriff auf den Geleitzug SC 94, einer langsamen, schwer beladenen Formation von 33 Handelsschiffen mit sieben Eskorten, die auf Ostkurs lief. Am Nachmittag wurde ein Schiff versenkt. Am Tag darauf hatten die Eskorten die Oberhand. Sie wehrten alle Angriffe ab, ohne Luftunterstützung erhalten zu haben (es herrschte Nebel). Der kanadische Zerstörer *Assiniboine* rammte *U 201* und versenkte es, mußte sich aber dann selber mit schweren Schäden im Schiffsrumpf zurückziehen. Am 8. August waren die Deutschen an der Reihe: Am Nachmittag schickten sie fünf Schiffe in die Tiefe, ein weiteres mußte aufgegeben werden und erhielt später von einem U-Boot den Gnadenstoß. Doch die Korvette *Dianthus* zerstörte *U 379* durch Rammen, nahm diesmal aber selbst keinen ernsthaften Schaden. Die Kampfschiffe hielten stand bis zum Nachmittag des 9. August, als amerikanische ›Catalinas‹ aus Island und RAF-›Liberators‹ aus dem nordirischen (fast 800 Meilen entfernten) Aldergrobe über dem SC 94 erschienen. Gleichzeitig mit ihnen tauchte der Zerstörer HMS *Broke* zur Verstärkung der Eskorte auf. Am Morgen des 10. August wurden noch einmal vier Schiffe versenkt, aber nachdem die Luftunterstützung eingetroffen war, ging keines mehr verloren. Am Ende standen elf Schiffe auf der Verlustliste (das war ein Drittel) mit insgesamt 53000 BRT. Von den 18 in den Angriff geschickten U-Booten wurden zwei versenkt und vier beschädigt.

Als Pendant zu diesem Angriff auf das Grönlandluftloch (die Deutschen nannten es die ›Teufelsschlucht‹, die Alliierten ›Torpedo Junction‹) diente Dönitz die Konzentration auf ein weiteres Schlüsselgebiet ohne Deckung aus der Luft. Es handelte sich um das ›Black Gap‹ (auch die Deutschen benutzten diesen englischen Begriff) bei den Azoren, wo er Schläge gegen den Sierra-Leone-Verkehr austeilte. Mitte des Monats verlor der SL 118 drei Schiffe, ehe eine ›Liberator‹ aus Cornwall bis an die Grenze ihrer Reichweite ging und den Geleitzug rettete, indem sie die Angreifer zum Tauchen zwang.

Obwohl Dönitz sich bereits für die nördliche Hauptroute der Geleitzüge als sein nächstes Angriffsziel nach der nordamerikanischen Küstenlinie entschieden hatte, standen ihm noch immer mehr als genug Boote zur Verfügung, um den Feind auch überall sonst herauszufordern und durcheinanderzubringen. Zu Beginn der Phase, die dem beendeten ›Paukenschlag‹ folgte, hatte er 15 Boote in der Karibik, je fünf bis sechs vor Kanada und Brasilien, bei den Azoren und vor Sierra Leone, und ein Dutzend im Grönlandloch. Weitere 30 Boote waren auf dem Marsch in andere Einsatzgebiete oder befanden sich auf Heimfahrt. Mitte August wurde der aus vier Booten bestehende ›Eisbär‹-Verband zusammen mit einer ›Milchkuh‹ von Lorient in den Mittelatlantik südlich des Äquators auf die Suche nach Opfern geschickt. Zu ihm gehörte auch *U 156* unter dem Kommando von Werner Hartenstein, einem Ritterkreuzträger. Er war es, der eine ganze Kette tragischer Ereignisse heraufbeschwören sollte, die fast zum Tode von Dönitz selbst geführt hätten.

Hartenstein befand sich in der Nacht zum 12. September ungefähr 500 Meilen nördlich der Insel Ascension, als er schemenhaft die graue Silhouette des 19700-BRT-Liners *La-*

conia sichtete. Der frühere bewaffnete Handelskreuzer war in einen britischen Truppentransporter verwandelt worden und hatte ungefähr 2600 Männer an Bord. Da er noch bewaffnet war, fiel er als legales Angriffsziel unter die dehnbaren Regeln des totalen Krieges. Hartenstein konnte nicht wissen, daß unter ihnen 1800 italienische Kriegsgefangene waren, die von Nordafrika in ihre Lager nach Nordamerika transportiert werden sollten. Er traf das Schiff mit einem Torpedo tödlich und beobachtete zunächst aus der Entfernung, wie Hunderte von Männern an Deck strömten und in die Boote oder auf Rettungsflöße kletterten. Als Hartenstein näher kam, um sein Werk zu begutachten, wurde ihm klar, welchen Schaden er der ohnehin schon auf harte Proben gestellten deutsch-italienischen Achse zugefügt haben mochte. Man kann nicht leugnen, daß das, was er als nächstes tat — und was für sein Boot riskant war, wie sich bald herausstellen sollte —, aus humanitären Motiven geschah. Glücklicherweise war *U 156* ein Boot vom größeren Typ IXc, und so begann Hartenstein, Überlebende aufzunehmen, ohne daß er dabei auf ihre Uniformen achtete. Außer den Italienern waren britische Marinesoldaten und Seeleute, polnische Soldaten (als Bewacher der Kriegsgefangenen) und Passagiere, unter ihnen auch Frauen und Kinder, an Bord gewesen. Der U-Boot-Kommandant bat sein Hauptquartier per Funk um weitere Instruktionen und gab dann mehrfach auf der internationalen Wellenlänge für Notrufe auf englisch einen Funkspruch heraus, in dem er seine Position angab und versicherte, kein zu Hilfe eilendes Schiff anzugreifen, wenn er selbst nicht angegriffen werde.

»If any ship will assist the shipwrecked *Laconia* crew I will not attack her, provided I am not attacked by ship or air force. I pikked up 193 men 4°52' south 11°26' west. German submarine. [0600 hours, September 13]«

[Falls ein Schiff der schiffbrüchigen Mannschaft der *Laconia* helfen will, werde ich es nicht angreifen, vorausgesetzt, daß ich weder durch Schiffe noch Flugzeuge angegriffen werde. Ich habe 193 Leute aufgenommen 4°52' Süd 11°26' West. Deutsches U-Boot. 6 Uhr, 13. September.]

Dönitz gab den drei anderen Booten aus dem ›Eisbär‹-Verband, zwei deutschen Booten und einem italienischen, Befehl, sich der Rettungsaktion anzuschließen. Außerdem bat er die französische Marine in Westafrika um Hilfe und wies die U-Boote an, die Elfenbeinküste anzusteuern, die als französische Kolonie vom Vichy-Regime kontrolliert wurde. Als Hitler von diesem ungewöhnlichen Unternehmen erfuhr, gab er Dönitz persönlich die Anweisung, die U-Boote und die Einsatzpläne der ›Eisbär‹-Gruppe nicht in Gefahr zu bringen. Hartenstein kroch unterdessen mit ungefähr 200 Mann unter Deck, noch einmal 70 Überlebenden, die sich auf dem engen Deck irgendwo festklammerten, und mit vier Rettungsbooten im Schlepptau westwärts. Die übrigen Rettungsboote folgten seiner Kiellinie. Die anderen ›Eisbär‹-Boote und ihr Versorgungsboot, die keine Überlebenden an Bord genommen hatten, erhielten Befehl, Kurs nach Süden zu nehmen und vor dem Kap der guten Hoffnung zu operieren. Sie ließen *U 506* und *U 507*, die gerade von einer Patrouille vor Nordwestafrika zurückkehrten, *U 156* zu Hilfe eilen. Die Verstärkungen erreichten das Boot in der Nacht vom 14. auf den 15. September und kümmerten sich um die weiteren Überlebenden. Diese wurden so gleichmäßig wie möglich auf Rettungsboote, Flöße und die beiden U-Boote verteilt. Sie und *U 156* fuhren dann unabhängig voneinander weiter. Ihre Schutzbefohlenen bewegten sich, über eine weite warme See verstreut, auf den Punkt im Westen zu, wo sie sich mit den Vichy-Schiffen treffen sollten. Alles erinnerte sehr an die Rettung der Besatzungen der *Atlantis* und der *Python* Ende 1940. 36 Stunden lang blieben sie bei ihrem gefahrvollen Unternehmen, das sie nur im Schrittempo vorankommen ließ, ungestört. Dann kam am Morgen des 16. September die zweite Tragödie. Eine ›Liberator‹ vom US-Stützpunkt Ascension hatte *U 156* mit seinen vier Rettungsbooten im Schlepptau entdeckt und dies per Funk weitergemeldet. Der Pilot erhielt den unmißverständlichen Befehl, das U-Boot zu versenken, und flog dabei zweimal sein Ziel an. Hartenstein erkannte den viermotorigen amerikanischen Bomber und ließ die Rot-Kreuz-Flagge, ein vier Quadratmeter großes Tuch, auslegen. Die Maschine kreiste über dem Boot und flog davon. Eine Stunde später folgte der zweite richtige Angriff. Zwei Bomben verfehlten das U-Boot. Hartenstein ließ das Tau zu den Rettungsbooten kappen. Die dritte Bombe traf ein Boot, ein anderes kenterte.

Als Hartenstein den Angriff meldete, erhielt er Befehl, zusammen mit *U 506* und *U 507* die Rettungsaktion abzubrechen. Hartenstein hatte bereits alle Überlebenden von seinem Boot in die Rettungsboote gezwängt, und einige hingen seitlich an ihren Webeleinen. Hartenstein tauchte und verließ ungefähr 75 Minuten nach dem Bombardement die Szene. Aber *U 506* und *U 507* machten weiter, und Dönitz änderte am Morgen des 17. September seinen Befehl: Sie sollten alle nicht-italienischen Überlebenden von Bord in die Rettungsboote schicken und jederzeit tauchfertig sein. Tatsächlich mußte *U 506* gegen Mittag tauchen, als ein Flugboot am Himmel aufkreuzte und einen Bombenteppich warf, ohne allerdings Schaden anzurichten. Beide Boote trafen am Abend auf die beiden französischen Schiffe. Insgesamt konnte so etwa die Hälfte aller Menschen, die sich an Bord der *Laconia* befunden hatten — 800 Engländer und Polen, aber nur 450 Italiener — in Sicherheit gebracht werden.

Dönitz reagierte auf dieses seltsame Gemisch von Unbarmherzigkeit und Rittlicherkeit auf Seiten seiner Männer und die völlige Skrupellosigkeit auf Seiten der alliierten Flieger scharf und augenblicklich. Noch am Abend des 17. Septemer — es war 19.24 Uhr, und die Rettungsaktion war gerade beendet — ließ er an alle U-Boote den Befehl durchgeben:

»1. Jeglicher Rettungsversuch von Angehörigen versenkter Schiffe, also auch Auffischen von Schwimmenden und Anbordgabe auf Rettungsboote, Aufrichten gekenterter Boote, Abgabe von Nahrungsmitteln und Wasser haben zu unterbleiben. Rettung widerspricht den primitivsten Forderungen der Kriegsführung nach Vernichtung feindlicher Schiffe und Besatzungen.

2. Befehle über Mitbringung Kapitäne und Chef-Ingenieure bleiben bestehen.

3. Schiffbrüchige nur retten, falls Aussagen für Boot von Wichtigkeit.

4. Hart sein. Daran denken, daß der Feind bei seinen Bombenangriffen auf deutsche Städte auf Frauen und Kinder keine Rücksicht nimmt.«

Dieser Befehl brachte Dönitz bei den Nürnberger Prozessen nach dem Krieg eine Anklage als Kriegsverbrecher ein. Verfolgen wir die Geschichte am besten gleich an dieser Stelle weiter. Die Anklage sah in dem Befehl einen klaren Bruch des Londoner Protokolls von 1936 (von Deutschland akzeptiert, von Hitler aber 1939 wieder zurückgewiesen), das die Handelsschiffahrt vom uneingeschänkten U-Boot-Krieg ausschloß. Die Verteidigung hielt dagegen, daß die Sicherheit des U-Boots vor der Rettung der Schiffbrüchigen Vorrang gehabt und die Entwicklung der U-Boot-Abwehr aus der Luft Rettungsmaßnahmen praktisch unmöglich gemacht hätten. Das Gericht kam zu dem Schluß, der Befehl habe keine direkte Tötung der Überlebenden beinhaltet, sondern sei mehrdeutig gewesen und müsse daher schwer gerügt werden; dennoch stelle er insoweit einen Verstoß gegen das Protokoll dar, als ein U-Boot ein Schiff gar nicht versenken dürfe, wenn es zu keinerlei Rettungsmaßnahmen fähig sei. Wären die Richter überzeugt gewesen, daß der Befehl zur Tötung der Überlebenden aufgerufen hätte, wäre Dönitz zweifellos zum Tode verurteilt worden. Am Ende wurde er wegen Führung eines Angriffskrieges und Teilnahme an nicht näher spezifizierten Kriegsverbrechen zu zehn Jahren Haft verurteilt — ein bei den gegebenen Umständen äußerst milder Spruch. Weder die deutsche Kriegsmarine im allgemeinen noch die U-Boot-Waffe im besonderen wurden in Nürnberg wegen ihrer Kriegsführung zur See generell verurteilt.

Entscheidenden Einfluß auf Dönitz' Schicksal nahm in diesem Zusammenhang die ehrliche Aussage des Admirals Chester W. Nimitz, des größten amerikanischen Admirals und Kommandeurs im Pazifik. Er bekannte vor dem Tribunal: »Es war allgemeine Regel bei den amerikanischen U-Booten, keine feindlichen Überlebenden zu retten, wenn die Boote dadurch unnötigen oder zusätzlichen Risiken ausgesetzt waren oder wenn sie damit von der Durchführung weiterer Aufgaben abgehalten wurden.« Den Zwischenfall, der am stärksten gegen den deutschen Befehlshaber sprach, muß man dabei für sich betrachten. Er passierte am 13. März 1944. Kapitänleutnant Heinz-Wilhelm Eck (*U 852*) versenkte vor Westafrika auf Äquatorhöhe den griechischen Dampfer *Peleus.* Nach dem Abschuß des Torpedos tauchte Eck auf und ließ mit dem Maschinengewehr auf das Wrack feuern, an dem sich die Überlebenden festklammerten. Er tat dies nur, um am Ende unentdeckt verschwinden zu können. Doch drei Männer überlebten und konnten Bericht über den Vorfall erstatten. Ein britisches Militärgericht verurteilte ihn und seine Offiziere zum Tode. Sie wurden am 30. November standrechtlich erschossen. Ecks scheußliches Verbrechen war einmalig für den U-Boot-Krieg, der stets grausam war, oft unbarmherzig und nur selten ritterlich war, und das auf beiden Seiten. Italienische Überlebende von der *Laconia* behaupteten später zum Beispiel, ihre Bewacher hätten die wasserdichten Luken vor den Gefangenen geschlossen, als das Schiff zu sinken begann. Das erklärt jedenfalls, warum 1350 Italiener den Tod fanden und nur elf Nicht-Italiener.

Wie wir gesehen haben, ging bei den konventionellen Überwasserschiffen die größte Gefahr von den norwegischen Häfen aus, die die Deutschen besetzt hielten. Bis in den Spätsommer lagen das große Schlachtschiff *Tirpitz,* das Panzerschiff *Scheer,* der Schwere Kreuzer *Hipper* und der Leichte Kreuzer *Köln* in Narvik bereit zum Auslaufen. Trotz der PQ-17-Katastrophe im Juli hielten die Engländer und die Amerikaner eine baldige Wiederaufnahme der Geleitzüge nach

Nordrußland für ein politisches Gebot und eine strategische Notwendigkeit, und man beschloß, den PQ 18 und QP 14 im September in See gehen zu lassen. Die Home Fleet war im August durch Hilfsaktionen beim Entsatz der belagerten Festung Malta im Mittelmeer gebunden und hatte einen Kreuzer und einen Zerstörer verloren, außerdem waren zwei Kreuzer beschädigt. Die Vorbereitungen für eine Wiederaufnahme der Konvois waren aufwendig. Vier Zerstörer brachten Vorräte und Munition zu den Überlebenden des PQ 7 in den russischen Häfen; sie sollten den Kern des neuen QP 14 bilden. Als nächstes wurden 24 ›Hampden‹-Torpedobomber, eine Staffel ›Catalina‹-Flugboote und vier ›Spitfires‹ für die Luftaufklärung zu nordrussischen Stützpunkten beordert, von wo aus sie operieren sollten. Unerklärlicherweise wollten die Russen nicht das britische Feldhospital akzeptieren, das die RAF mit den ›Hampdens‹ einflog, um sich um die Verletzten des PQ 17 zu kümmern. Mediziner und Pflegepersonal mußten zusammen mit den Verwundeten im QP 14 wieder zurückfahren. Unter Konteradmiral D. B. Fisher, dem höchsten britischen Marineoffizier in Nordrußland, und unter Assistenz von Group Captain F. L. Hopps von der RAF wurde ein kurzfristiges gemeinsames Hauptquartier eingerichtet. Der deutsche ›xB-Dienst‹ bekam, wie man es bei seiner Tüchtigkeit gewohnt war, Ende August Wind von den geplanten Geleitzügen, und die Deutschen schickten U-Boote, Zerstörer und den Minenleger *Ulm* nach Norden, um die Zufahrten zu den russischen Häfen mit Minen zu verseuchen. Die vier britischen Zerstörer, die von ihrer Fahrt mit den Vorräten zurückkehrten, fingen die *Ulm* ab und versenkten sie am 25. August südlich der Bäreninsel.

Die Schutzvorbereitungen der Engländer für die beiden Konvois waren beispiellos. Admiral Tovey entschloß sich, seine schweren Schiffe zu ihrer Deckung nicht so weit im Westen zu postieren wie bisher. Dadurch war es ihm möglich, 16 Zerstörer in direktem Kontakt mit den Konvois operieren zu lassen. Dafür schickte er seinen Stellvertreter, Vizeadmiral Sir Bruce Fraser, mit den Schlachtschiffen *Anson* (Flaggschiff) und *Duke of York,* dem Kreuzer *Jamaica* und fünf Zerstörern nach Akureyri an der isländischen Nordküste. Dem PQ 18, der 39 Frachter, drei Ölschiffe, ein Rettungsschiff und drei Minenräumer aus der sowjetischen Flotte umfassen sollte, wurde eine mächtige Naheskorte von je zwei Zerstörern, Flakschiffen und U-Booten mitgegeben, außerdem vier Korvetten, vier Trawler und drei Minenräumer. Hinzu kamen noch der neue Geleitträger HMS *Avenger* (mit zwölf Jägern und einer ›Swordfish‹ für die U-Boot-Abwehr) und zwei Zerstörer zu dessen Deckung.

Geleitet wurde all dies von Konteradmiral R. L. Burnett von seinem Kreuzer *Scylla* aus. Dazu trug er auch noch die Verantwortung für eine erste Verteidigungslinie von 16 Zerstörern Home Fleet gegen Überwasser-Angriffe. Drei Kreuzer unter Vizeadmiral S. S. Bonham-Carter deckten auf mittlere Distanz. Zu dieser gewaltigen Streitmacht kamen noch für einen Teil des Weges zwei weitere Kreuzer, fünf Zerstörer und zwei Ölschiffe, die die alliierten Garnisonen auf Spitzbergen ergänzen sollten. Vor der norwegischen Nordküste patrouillierten sieben britische U-Boote. Besser als durch diesen eindrucksvollen Aufmarsch, den die Engländer wegen der drohenden Anwesenheit der *Tirpitz* und ihrer Begleiter inszenieren mußten, läßt sich die Theorie von der bloßen Präsenz einer Flotte als strategischer Faktor kaum illustrieren. Um diese Streitkräfte beieinanderzuhalten, sollte der QP 14 nicht auslaufen, bevor der PQ 18 seinem Ziel nicht ganz nah gekommen war. Es sollte nicht die übliche Begegnung auf halbem Wege bei der Bäreninsel geben, und die meisten Eskorten mußten den Weg zwischen Island und Rußland von Anfang bis Ende doppelt fahren. Admiral Tovey blieb in Scapa Flow, um von der *King George V* aus das Gesamtunternehmen zu überwachen.

Am 2. September stach der Hauptteil des PQ 18 von Loch Ewe in Schottland aus in See. Am 7. September erhielt er Verstärkung aus den isländischen Gewässern. Am Tag darauf wurde er von deutschen Aufklärern ausgemacht. Am 10. September gingen alle deutschen Schiffe, die in Narvik lagen, bis auf die *Tirpitz* in See. Sie durchbrachen mit nördlichem Kurs eine Patrouillenlinie britischer U-Boote (von denen eines Sichtkontakt bekam, aber einen Fehlschuß tat) und erreichten den Altafjord an der norwegischen Nordküste. Weiter bewegten sie sich nicht mehr, denn Hitler machte sich wie stets Sorgen um Norwegen. Aber die Engländer erfuhren nichts von seiner Intervention. Den ersten Angriff auf den PQ 18 fuhr *U 88* am 12. September, aber das Boot wurde von Wasserbomben zerstört, die der vorausfahrende Zerstörer *Faulkner* geworfen hatte. Am 13. September versenkten zwei andere deutsche U-Boote zwei Schiffe in der äußeren Steuerbordkolonne.

Als das schlechte Wetter abzog, erschienen starke Luftwaffen-Verbände auf der Szene. Sie gehörten zu den 225 in Nordnorwegen stationierten Bombern. Ein stürmischer Angriff von 40 Torpedobombern am Nachmittag des 13. Septembers versenkte nicht weniger als acht Schiffe in acht Minuten, während die Deutschen fünf Maschinen verloren. Zwei leichtere Angriffe wurden zurückgeschlagen, aber die alten ›Mark I Hurricanes‹ von der *Avenger* konnten nicht mithalten. Die Ironie der Geschichte wollte es — worauf Captain Roskill in seiner offiziellen Geschichte hinweist —, daß in den Bäuchen der Handelsschiffe weit modernere ›Hurricanes‹ transportiert wurden. Am 14. September folgten vier weitere Luftangriffe, aber keiner hatte so schwere Folgen wie der erste Schlag am Tag zuvor. Trotz ihrer Konzentration auf den Träger *Avenger* konnten die ›Hurricanes‹ und die Flaks auf den Eskorten 22 deutsche Maschinen abschießen, während die Engländer nur ein Schiff und drei ›Hurricanes‹ verloren (die Piloten überlebten). Bei den Luftangriffen am 15. September erlitt keine Seite Verluste, und die Eskorten hielten erfolgreich ein gutes Dutzend U-Boote in Schach. Am 16. September begannen ›Catalinas‹ von Nordrußland aus ihre Patrouillenflüge über dem Geleitzug, und der Zerstörer *Impulsive* schickte *U 457* auf Grund. Das letzte Schiff im Konvoi wurde Opfer eines Luftangriffs am 18. September, bei dem die Deutschen vier Bomber verloren. Der letzte Angriff erfolgte am

20. September, blieb aber ohne Ergebnisse. Ingesamt gingen bei diesem hart umkämpften Konvoi zehn Schiffe durch Luftangriffe verloren, während die Deutschen 41 Maschinen abschreiben mußten; drei Schiffe wurden von U-Booten versenkt, aber auch drei U-Boote kamen auf die Verlustliste der Deutschen. Zwei Drittel der Schiffe kamen durch. Auf den Hauptrouten wäre das als ein Desaster angesehen worden, aber gegenüber den furchtbaren Verlusten des Murmansk-Geleitzuges, wo Luftangriffe eine besondere Gefahr bedeutet hatten, war es ein gewisser Fortschritt.

Der QP 14 bestand aus 15 Schiffen unter Führung von Commander J. C. K. Dowding, dessen Flagge auch über dem PQ 17 geweht hatte. Er ging am 13. September von Archangelsk aus in See, begleitet von zwei Flakschiffen und elf kleinen Eskorten. Am 17. September sollten sie dann von Admiral Burnett auf der Rückfahrt vom PQ 18 in Empfang genommen werden (zu dem Zeitpunkt brauchte der PQ 18 keine Überwasser-Angriffe mehr zu fürchten). Die erste Woche verging ohne Zwischenfälle — bis ein deutsches U-Boot den britischen Minenräumer *Leda* am 20. September versenkte, ein anderes einen Frachter zerstörte. Burnett schickte jetzt die *Avenger,* die *Scylla* und drei Zerstörer nach Hause, während der QP 14 außer Reichweite der Luftwaffe geriet. Aber damit verloren die Handelsschiffe auch ihren Schutz gegen U-Boot-Angriffe. Schon kurz darauf wurde der Zerstörer *Somali* von einem Torpedo lahmgeschossen und mußte in Schlepptau genommen werden. Über Nacht ging er in einem Sturm verloren. Luftunterstützung durch landgestützte Maschinen gab es nur wenig, weil gleichzeitig eine große Schlacht um den Atlantikkonvoi SC 100 tobte. Captain A. K. Scott-Moncrieff leitete die Eskorten der QP 14 von der *Faulkner* aus, als der Geleitzug am 22. September als nächstes von einem U-Boot angegriffen wurde. Kapitänleutnant Siegfried Strelow, der bereits die *Leda* versenkt hatte, konnte sich mit seinem *U 435* durch den Schutzschirm der Eskorten nach innen schleichen und versenkte drei Handelsschiffe innerhalb von drei Minuten. Eines von ihnen war die *Ocean Voice,* das Schiff des

Kommodore. Noch einmal mußte der unglückliche Dowding ins Rettungsboot, aber glücklicherweise wurden er und die meisten Besatzungen der drei letzten Opfer des QP 14 gerettet. Vom 23. September an schützten dauernde Flieger-Patrouillen die übriggebliebenen elf Handelsschiffe, und eine ›Catalina‹ versenkte *U 253*. Der Konvoi erreichte Loch Ewe ohne weitere Zwischenfälle am 26. September.

Geleitzüge nach Rußland wurden jetzt für drei Monate ausgesetzt. Von Rußland aus ging am 17. November der QP 15 in See. Er brachte die restlichen 28 Schiffe des PQ 18 mit zurück. Fürchterliches Wetter hinderte die Luftwaffe und die deutschen Überwasser-Schiffe an Angriffen, und nur zwei Frachter wurden von U-Booten versenkt. Damit war die PQ-QP-Serie beendet. Im letzten Viertel des Jahres 1942 fuhren 13 Schiffe von Island aus unabhängig nach Rußland. Fünf von ihnen kamen durch, vier wurden versenkt, drei kehrten um und eines erlitt Schiffbruch. In der Gegenrichtung wurde von 23 Schiffen nur eines versenkt. Der Grund für diese Unterbrechung war der gleiche, der zur Auflösung der ersten Unterstützungsgruppe im Atlantik geführt hatte: die ›Operation Torch‹.

Die Landung der Alliierten in Westafrika am 8. November 1942 unter dem Oberkommando von General Dwight D. Eisenhower war einer der großen Wendepunkte des Zweiten Weltkrieges. Sie festigte den entscheidenden Sieg, den die britische 8. Armee unter General Bernard Montgomery bei El Alamein zwischen dem 23. Oktober und 4. November errungen hatte. Damit war das Schicksal der Achse in Nordafrika besiegelt. Von da an befand sich die Wehrmacht im Westen auf dem Rückzug; und mit dem sowjetischen Gegenangriff in Stalingrad am 19. November wurde der Vormarsch endgültig auch im Osten zum Stehen gebracht, wenn es auch noch bis zum 2. Februar dauerte, ehe die in Trümmer gelegte Stadt befreit wurde. Für unsere Geschichte hat die ›Operation Torch‹ nur eine indirekte, aber weitreichende Bedeutung. Die Arcadia-Konferenz von Washington, die, angeführt von Churchill und Roosevelt, um Weihnachten und Neujahr 1941/42 stattgefunden hatte, war der ersten Gegenoffensive der westlichen Alliierten allererste Priorität eingeräumt. Das transatlantische Konvoisystem, das mit einer einzigen Aufgabe begonnen hatte, nämlich England den Rücken zu stärken, dann auf Rußland und auf den Transport amerikanischer Truppen und amerikanischen Kriegsmaterials ausgeweitet wurde, bekam daher noch eine Bürde aufgehalst: die Versorgung von ›Torch‹. In dem Augenblick, in dem der Angriff direkt bevorstand, würden die Geleitzüge ihrer Eskorten bis auf ein Minimum beraubt sein. Die Royal Navy mußte 125 Zerstörer, Kanonenboote, Fregatten und Korvetten und 52 Minenräumer für den Einsatz im Mittelmeer bereitstellen. Das hatte zur Folge, daß die Unterstützungsgruppen wieder aufgelöst wurden, ebenso die Rußland-Konvois (was Churchill Stalin Mitte August in Moskau zu erklären versuchte) und die Handelskonvois von und nach Gibraltar und Sierra Leone. Die Atlantikkonvois mußten überdies nur doch die direkte Route, den ›Great Circle‹, nehmen, weil das Treibstoff, Zeit und Eskorten sparte — eine Tatsache, welche die deutschen U-Boot-Fahrer zugleich überraschte und freute.

Stalin, immer schon der Bärbeißigste unter den Alliierten, forderte sofort eine Zweite Front in Europa, um den Druck auf die Rote Armee zu lockern, tat aber selbst so wenig wie möglich, um den Geleitzügen auf ihrem Weg nach Rußland zu Hilfe zu eilen, obwohl sie so lebenswichtig für ihn waren. Doch Churchill, der die Amerikaner für seine Strategie ›Zuerst das Mittelmeer‹ gewonnen hatte, war nicht dazu zu bewegen, sie Stalin zuliebe wieder aufzugeben. Die Auswirkungen auf die Schlacht im Atlantik waren drastisch, wie sich bald zeigen wird. Während England und Kanada, die fast die ganze Arbeit auf der Hauptroute zu machen hatten, unter enormen neuen Druck kamen, war die Schlagkraft der Deutschen dadurch nur wenig geschwächt, daß sie einige U-Boote ins Mittelmeer beordern mußten, wo sie dem Afrika-Korps und den Italienern helfen sollten. Und wenn die größtenteils amerikanischen Expeditionstruppen erst einmal gelandet waren und kämpften, wäre ihr Bedarf an Nachschub und Treibstoff unersättlich, zumal Englands 8. Armee auch noch versorgt werden mußte. Diese neuen Anforderungen an das Konvoisystem erstreckten sich auf etwa ein halbes Jahr. Schließlich muß noch angemerkt werden, daß zwei ›VLR Liberator‹-Staffeln — die einzigen Längststreckenmaschinen in US-Diensten, die nicht im Pazifik eingesetzt waren oder Deutschland bombardierten — in Marokko stationiert wurden und ›Torch‹ unterstützen sollten, statt über dem Atlantik präsent zu sein und die Konvois zu decken, die schließlich die Operation am Leben erhielten. Es war das zweitemal, daß der verstockte Admiral King fast einhändig den Krieg verlor.

Weltweit stiegen die Schiffsverluste der Alliierten im August 1942 leicht um 43 000 auf insgesamt 661 000 BRT. Aber diese Zahl lag um 173 000 BRT unter der des bislang schwärzesten Monats in diesem Jahr, und das war der Juni gewesen. Im September ging sie auf 567 000 BRT zurück, doch im Oktober kletterte sie wieder auf 638 000 und im November auf 808 000 BRT; das war der drittschlechteste Monate des ganzen Krieges. Der schlimmste Aspekt der Novemberrate war die Tatsache, daß die U-Boote daran mit 729 000 BRT beteiligt waren. Das war der vernichtende Höhepunkt ihrer zerstörerischen Aktivitäten im Zweiten Weltkrieg. Nicht weniger verhängnisvoll war der Umstand, daß in demselben trostlosen Monat trotz der über den ganzen Ozean verstreuten Konvois im Nordatlantik 509 000 BRT verloren gingen. Diese Zahl wurde im ganzen Krieg nur einmal überboten (und zwar im Mai des Vorjahres). Im Südatlantik brachte der Oktober einen neuen Rekord: 148 000 BRT wurden dort versenkt. Einziger Trost in dieser Phase war die Tatsache, daß die Verluste durch Luftangriffe, Minen und Überwasserangriffe unbedeutend waren, und das galt bemerkenswerterweise auch für die Verluste in britischen Gewässern. Es wurde überwältigend klar, daß die Hauptbedrohung für die Sache der Vereinten Nationen, wie sich die große Allianz gegen die Achsenmächte jetzt bezeichnete, von den U-Booten ausging und daß diese am tödlichsten in jenen Seegebieten zuschlugen, die von landgestützten Flugzeugen nicht erreicht werden konnten. Ein anderer gegenläufiger Effekt der ›Operation Torch‹ war, daß sie eine Verzögerung von sechs Monaten bei der Lieferung von neuen Geleitträgern für die transatlantischen Konvois verursachte, als man sie gerade am nötigsten brauchte.

Im August und September entdeckten die Deutschen einen von drei Geleitzügen auf der Hauptroute, und wiederum einen von drei entdeckten konnten sie dann auch angreifen. Insgesamt waren das sieben Geleitzüge, die 43 Schiffe verloren. Den Rest des Jahres kennzeichneten ein mühsames Gefecht nach dem anderen, in denen manchmal die U-Boote, manchmal die Eskorten und bisweilen keiner von beiden die Oberhand behielt. Nach dreijährigem Kampf, der sich zwischen den beiden Polargebieten und zwischen der Alten und der Neuen Welt abspielte, wußten beide Seiten ganz genau, daß die höchste Stufe erreicht war und daß beide noch nicht darauf bauen konnten, am Ende zu siegen. Wenn die schon geschilderte Schlacht um den SC 94 als unentschieden gewertet werden konnte, dann war die um den ON 127 ein klarer Sieg für die Deutschen. Der nach Westen laufende Geleitzug wurde Anfang September im Grönlandloch angegriffen und verlor sieben Handelsschiffe und den kanadischen Zerstörer *Ottawa.* Vier Schiffe wurden beschädigt. Der Angreifer blieb ohne Verluste. Doch als Dönitz versuchte, diesen Erfolg beim Angriff auf den nach Osten laufenden langsamen Konvoi SC 100 zu wiederholen, hatte er weniger Glück: Nur drei Schiffe wurden versenkt, bevor Flugzeuge über der Szene auftauchten und die Deutschen zum Abbruch der Aktion zwangen. Ein Massenangriff auf den nach Osten laufenden schnellen HX 208, der noch im selben Monat erfolgte, ging völlig daneben, und überdies wurden zwei U-Boote von Flugzeugen aus Island zerstört. Doch die Rettung des SC 100 hatte auch ihren Preis: Sie ging auf Kosten des QP 14 (siehe weiter unten).

Die 13 Boote, die gegen den HX 209 nichts hatten ausrichten können, bildeten in dem vergleichsweise sicheren Luftloch ein Rudel, um nun die 44 Schiffe des nach Osten laufenden SC 104 anzugreifen. Dessen Eskorten wurden von dem Zerstörer *Fame* (Commander S. Heathcote, RN) angeführt, unterstützt von einem weiteren britischen Zerstörer und vier norwegischen Korvetten. Als die Analyse des Funkverkehrs ergab, daß die Deutschen ihre Kräfte gegen den Geleitzug massierten, schickte Heathcote die Eskorten dem Gegner direkt entgegen, um ihn zum Tauchen zu zwingen. Doch dafür waren es zu wenig Eskorten, und das Wetter war auch zu schlecht für eine erfolgreiche U-Boot-Jagd. Ein Boot drang in den Konvoi ein und versenkte in der ersten Nacht drei Schiffe. Anfang Oktober ging die Schlacht hin und her, und die Eskorten bewiesen eine ungewöhnliche Energie beim Aufstöbern der Boote nach jedem Funkkontakt, und davon gab es viele. Zumindest vier Eskorten kamen aufgetauchten U-Booten nahe genug, um einen Rammversuch zu unternehmen. Als am 14. Oktober das Wetter ruhiger wurde, verzeichnete Lieutenant-Commander John Waterhouse auf dem Zerstörer *Viscount* den ersten Erfolg: Er rammte *U 619* so heftig, daß es fast sofort sank. Aber er selbst war dann ebenfalls gezwungen, sich langsam zurückzuziehen, weil sein Schiff Schaden genommem hatte. Damit waren die Eskorten auf fünf geschrumpft. Heathcote jagte weiterhin allen Kontakten nach und konnte jetzt unter ruhigeren Wetterbedingungen auch wieder Wasserbomben einsetzen, gelegentlich sogar Geschützfeuer. Fünf Tage lang konnten so die Verluste gegenüber einer starken Streitmacht des Feindes in Grenzen gehalten werden: Sieben Schiffe wurden versenkt, bis die ›Liberators‹ aus Island zur Verstärkung eintrafen.

Jetzt legten sich die Deutschen vor dem Konvoi getaucht in einen letzten Hinterhalt und warteten. HMS *Fame* entdeckte die drohende Gefahr mit ihrem Asdic, und Heathcote deckte den ersten Kontakt gleich mit Wasserbomben ein. *U 353* war zum Auftauchen gezwungen. Als die Handelsschiffe auf der Szene erschienen, konnten sie ihre aufgestauten Ängste und Sorgen dadurch abschütteln, daß sie das hilflos treibende

Oben: Der PQ 17 sammelt sich vor Island

Unten: Deutsches U-Boot auf Patrouille in der Arktis (Winter 1942/43)

Oben: »Liberty«-Schiff im Bau

Links: Amerikanische Schweißerin

Unten: »Liberty«-Schiff im Kampf mit einem Sturm

Rechts: Ein Augenblick der Entspannung an Bord der *Tirpitz* in einem norwegischen Fjord

Unten: Fraser (mit Zigarre) sorgt für Unterhaltung bei der russischen Flotte nach der Versenkung der *Scharnhorst*.

»Sunderland«-Flugboot

»Catalina«-Seeflugzeug

Oben: »Liberator«-Langstreckenbomber, *unten:* »Focke-Wulf 200 Kondor«

Boot mit ihren Geschützen wild beschossen. Die *Fame* vollendete das Werk, indem sie das Boot rammte, dabei aber selber sichtlich beschädigt wurde. Die Deutschen kamen aus dem Kommandoturm gequollen, und Heathcote hatte die Geistesgegenwart, ein Prisenkommando an Bord zu schikken. Doch die Männer mußten *U 353* nach fünf Minuten wieder verlassen, weil es zu sinken begann. Eine Handvoll Papiere fiel ihnen in die Hände (aber leider keine dieser begehrten Enigma-Maschinen, wie das bei *U 110* der Fall gewesen war). Auch die *Fame* mußte sich zurückziehen, und so blieben allein noch die vier norwegischen Korvetten für den Geleitzug verantwortlich. Eine von ihnen setzte mit ihrem 10-cm-Geschütz ein paar Treffer auf das letzte angreifende U-Boot, bevor die Deutschen von Fliegern, die ihre Arbeit wieder aufnahmen, vertrieben wurden. Gemessen an der Stärke der Streitkräfte auf beiden Seiten, kann man diese mühsame und kräfteraubende Schlacht als einen Sieg für die Verteidiger betrachten, wenn er auch teuer erkauft war. Das gilt vor allem dann, wenn man dazurechnet, daß kurz nach Beendigung der Gefechte eine RAF-›Liberator‹ ganz in der Nähe *U 661* versenkte. Es dürfte höchstwahrscheinlich zu dem Wolfsrudel gehört haben, dessen Erfolgsquote am Ende, nachdem man noch einen Nachzügler versenkt hatte, bei acht Schiffen lag.

Dieser grimmige Herbst war besonders hart für die kanadische Kriegsmarine und natürlich für die Schiffe, die unter ihrer Obhut fuhren. Der Rückschlag mit dem ONS 127, dessen fast rein kanadische Eskorte nicht über ein einziges Radar-Gerät verfügte, hing zusammen mit der Katastrophe des SC 107 Ende Oktober. Beide übel zugerichteten Geleitzüge hatten denselben Verband als Eskorte für den mittleren Bereich des Ozeans (den C 4). Der langsame SC 107 mit England als Ziel bestand aus 42 Schiffen. Den C4 führte sein einziger Zerstörer, HMCS *Restigouche* (Lieutenant-Commander D. W. Piers, RCN), an, unterstützt von sechs Korvetten und einem Rettungsschiff. Nur die *Restigouche* verfügte über ein funktionierendes Radar-Gerät, und nur sie und das Rettungsschiff hatten eine HF/DF-Anlage. Von den drei Eskortenschiffen waren lediglich drei reguläre Mitglieder des C4 und als solche an Zusammenarbeit gewöhnt. Am 29. Oktober wurde der Geleitzug von *U 522* gesichtet. Dönitz hatte es, auf die genauen Berichte des xB-Dienstes gestützt, vorgewarnt, und so suchte es an der richtigen Stelle. Weiter westlich lag das aus 17 Booten bestehende ›Veilchen‹-Rudel dem SC 107 direkt im Weg. Am 1. November wurde der Geleitzug gesichtet, nachdem ein U-Boot, *U 658,* der RAF-Patrouille zum Opfer gefallen war. Mit der beharrlichen und genauen Unterstützung durch Funkpeilung gelang es Piers, bis zum Einbruch der Nacht jeden ernsthaften Angriff zurückzuschlagen. Dann war er im Grönlandloch angekommen. In der Dunkelheit schlug jetzt das Pendel stark zugunsten der Deutschen aus. Vier U-Boote versenkten in dieser ersten Nacht zusammen acht Schiffe — also fast ein Fünftel des Konvois. Ein neuntes Schiff wurde am 2. November bei Tageslicht versenkt, als der britische Zerstörer *Vanessa* gerade von einem anderen, nicht bedrohten Geleitzug zu Hilfe eilte. Aufgrund der stürmischen See verloren die Deutschen die Fühlung zum SC 107, aber die Ruhe war trügerisch. Man unternahm währenddessen keinen Versuch, den Konvoi aus der Gefahrenzone zu lenken. Das machte es den U-Booten leicht, am 3. Oktober wieder Fühlung aufzunehmen — zu Dönitz' Überraschung, der schon angenommen hatte, der Kontakt sei endgültig verloren. Das zehnte Opfer sank in der Mittagszeit, obwohl die Eskorten mehrere Gegenangriffe unternommen und dabei vielleicht einigen Schadden angerichtet hatten. In der folgenden Nacht wurden weitere vier Schiffe von Torpedos getroffen, und das 15. und letzte Opfer wurde am Tag darauf von *U 89* versenkt, bevor drei amerikanische Eskorten und die überlasteten ›Liberators‹ von der Flugstaffel 120 auf Island die Rettung brachten.

In diesem Moment, als die Nerven der Alliierten angesichts der schweren eingegangenen Verpflichtungen aufs höchste angespannt waren — man hatte dabei die Atlantik-Eskorten um der ›Operation Torch‹ willen freiwillig geschwächt —, beschloß Churchill, die Pferde mitten im Galopp zu wechseln. Admiral Sir Percy Noble, Oberkommandierender der Western Approaches seit 1941, wurde am 19. November durch Admiral Sir Max Horton, seit 1940 Flaggoffizier der U-Boote, ersetzt. Noble mußte als Chef der Britischen Marinemission nach Washington gehen. Dabei handelte es sich um eine Schlüssel-Verbindungsstelle, dessen Besetzung man keineswegs mit einem ›Wegloben‹ oder gar einer Abschiebung gleichsetzen darf. Daß er von einer weit extravaganteren Figur ersetzt wurde — am ehesten kam er einem Montgomery gleich —, sollte nicht von dem Beitrag ablenken, den Noble zu der wichtigsten Schlacht des Krieges geleistet hatte. Er übergab die Western Approaches als ein gutgehendes Unternehmen, dessen einzige größere Schwäche der Mangel an Werkzeugen war, mit denen der Auftrag hätte vollendet werden können. Er war es, der die integrierten ›Escort Groups‹ aufstellte und die entsprechenden Ausbildungseinrichtungen schuf. Er führte die technischen Geräte ein, die den Verteidigern die Arbeit erleichterten, und er hätte auch die Unterstützungsgruppen und die Geleitträger eingeführt, wenn die ›Operation Torch‹ nicht andere Prioritäten gesetzt hätte. Er tat auch sein Bestes, um mehr Langstreckenflugzeuge für das Küstenkommando zu bekommen — eine Aufgabe, die bekanntlich über den Witz und den Einfluß jedes Admirals, der auf keine zusätzliche Hilfe bauen konnte, hinausging.

Horton war knapp 60 Jahre alt, sah aber viel jünger aus. Er war der britischen U-Boot-Waffe bei ihrer Gründung im Jahr 1904 beigetreten. Ein Jahr später kommandierte er als Lieutenant sein erstes eigenes Boot. Während des Ersten Weltkrieges tat er auf U-Booten Dienst und errang die Ehre, als erster britischer U-Boot-Kommandant ein deutsches Kriegsschiff versenkt zu haben (den Kreuzer *Hela* 1914 in der Bucht von Helgoland). Die Art, wie er diesen Sieg anzeigte, wurde dann allgemeine Übung in den britischen Streitkräften: Er setzte eine Flagge mit dem ›Jolly Roger‹, das ist der Totenschädel mit gekreuzten Gebeinen. (Dieses makabere Zeichen eines Triumphes wurde zuletzt auf HMS *Conqueror* 1982 beobachtet, nachdem man den argentinischen Kreuzer *Belgrano* versenkt hatte.) Bei Ausbruch des Zweiten Weltkrieges war er Vizeadmiral und Kommandant der Reserveflotte, und bis Anfang 1940 kommandierte er für ein paar Monate die Northern Patrol, bevor er als Chef zu seiner geliebten U-Boot-Waffe zurückkehrte. Nun wurde aus dem Wilderer der Wildhüter, und das war eine Beförderung, die sich als eine von Churchills glücklicheren Ideen herausstellen sollte: Denn jetzt hatten auf beiden Seiten des Atlantiks in den Schlüsselpositionen zwei Männer das Sagen, die mit den U-Booten groß geworden waren.

Horton wurde auf den Posten gehoben, weil man ihm entschiedene Führungsqualitäten nachsagte und weil er mehr über U-Boote und ihre Operationen wußte als sonst jemand auf alliierter Seite. Aber als U-Boots-Chef hatte er mehr administrative als operative Aufgaben zu bewältigen gehabt. Die relativ kleine britische U-Boot-Waffe war unter verschiedenen Kommandos verstreut, und Horton mußte sich um die Ausbildung, die Ausrüstung und den Nachschub kümmern, was ihm auch sehr gut gelang. Die Western Approaches waren zu dieser Zeit das wichtigste strategische Kommando in der Navy, und er beglückte es mit einem äußerst schroffen Führungsstil, für den ›Feuerschlucker‹ noch ein freundlicher Begriff war. Weiter unten auf der Rangleiter wurden die Beinamen noch um einiges grober. Sie reichten von ›Zuchtmeister‹ bis zum ›Bastard‹, wie er beim einfachen Matrosen hieß. Er übernahm jetzt die persönliche Verantwortung für einen Stab von mehr als 1000 Leuten, und die Wirkung war elektrisierend. Noble hatte sich den nötigen Respekt weniger durch melodramatische Methoden, als durch vernünftige Führung erworben — Überzeugen, Kombinieren, Verhandeln, Konzilianz. Er war regelmäßig mit den Eskorten draußen gewesen und hatte Flüge mit dem Küstenkommando übernommen, um ein Gefühl für U-Boot-Abwehr-Operationen zu bekommen. Horton bevorzugte da einen weit aggressiveren Stil, war skrupellos, arrogant und gegenüber Begriffsstutzigen ausgesprochen intolerant. Er war einer dieser Tyrannen, mit denen Untergebene nur auf zwei Arten umgehen konnten: Unterwerfung oder Widerspruch, weil man es besser wußte; letzteres brachte nur eine Handvoll beherzter Köpfe zustande. Einen frühen, wichtigen Zusammenstoß gab es mit Rodger Winn, dem Leiter des ›Submarine Tracking Room‹.

Horton war mit den unzulänglichen Nachrichten aus dem OIC nicht zufrieden, nachdem neuerlich ein Geleitzug von U-Booten unter Beschuß genommen worden war, ohne daß man ihn mit Erfolg umgeleitet hätte. So attackierte er deswegen Winn bei einer der vierzehntäglichen Sitzungen des Admiralitätskomitees für die U-Boot-Abwehr. Er warf Winn vor, aus seinem Material dic falschen Schlußfolgerungen gezogen zu haben. Winn hatte jahrelang mit der Selbstherrlichkeit und den Empfindlichkeiten der Richter am Obersten Gericht umgehen gelernt — für die war es schon ein Affront gewesen, daß ein gewöhnlicher Anwalt vor ihnen den Mund aufmachte —, und so blieb er ruhig und respektvoll und forderte Horton im höflichsten Ton, aber um so deutlicher heraus, als er sagte: »Admiral, wenn Sie mir eine halbe Stunde geben, stelle ich Ihnen alles Material zusammen, was zu dem Zeitpunkt für unseren Lagebericht verfügbar war. Dann können Sie sich Ihr eigenes Bild machen und entscheiden, ob Sie zu einem anderen Schluß gekommen wären.« Horton tappte in die fein aufgestellte Falle und erschien dreißig Minuten später im ›Tracking Room.‹ Als er anfing, sich durch den furchterregenden Stapel von entschlüsselten Texten, Berichten der Aufklärung, Meldungen aller Art und durch sonstige Papiere zu arbeiten und sie mit dem großen Atlantik-Komplex in Verbindung zu bringen, bemerkte Winn mit sanftem Sarkasmus: »Der Chef des Stabes bei den Western Approaches in Liverpool erwartet dringend den Lagebericht.« Verbissen bemühte Horton sich anderthalb Stunden lang, aus den Materialmassen vernünftige Schlüsse zu ziehen. Dann schob er die Papiere zur Seite und stand auf. Er lächelte, klopfte Winn auf die Schulter und gab zu: »Also, ich glaube, das ist nicht ganz mein Feld, sondern Ihres, Rodger.«

Patrick Beesley, Winns Stellvertreter, hat diese Anekdote weitererzählt, und nach seiner Aussage herrschte seitdem zwischen den beiden Männern absolutes Vertrauen bis zum Ende des Krieges. Andere, die den Umgang mit Horton schwierig fanden, bekamen auch heraus, daß sie am sichersten waren, wenn sie Kompetenz zeigen konnten. Es gab keine Gefahr, daß Horton Pounds Fehler wiederholen und dem OIC nicht traute, wie das beim PQ 17 der Fall gewesen war.

Die zunehmenden Verluste durch die deutschen U-Boote im Herbst 1942 hatten Churchill veranlaßt, das U-Boot-Abwehr-Komitee selber zu leiten. In ihm saßen die betroffenen Minister, die Stabschefs der Navy und der RAF und der Wissenschaftliche Berater der Regierung, Lord Cherwell. Man traf sich wöchentlich, zum erstenmal am 4. November 1942, und fast sofort wurde aus ihm ein weiteres Forum für das endlose Gerangel um den Einsatz von Flugzeugen gegen die U-Boote. Und noch einmal ging es zwischen der Navy und dem Küstenkommando hin und her um ein paar Dutzend-Längststrecken-›Liberators‹ extra (diese Qualität erhielten die Maschinen dadurch, daß in einem ihrer drei Bombenschächte ein zusätzlicher Tank eingebaut wurde).

Zu dieser Zeit gab es neben den Aktivitäten des Küstenkommandos an drei Hauptküsten Fliegereinsätze gegen die U-Boote. Bomber, die mit einem ›metrischen‹ ASVII-Radar ausgerüstet waren (er hatte eine Wellenlänge von 1,5 m) und dazu mit ›Leigh-Lights‹, patrouillierten über dem Golf von Biskaya und der nördlichen Transitroute von Norwegen und Deutschland zum Atlantik. Sie sahen sich dort nach Booten um, die auf der Fahrt ins Einsatzgebiet oder auf der Heimreise waren. In der ›Bay Offensive‹ über der Biskaya verzeichnete man einige Erfolge, aber im Norden trugen die Bemühungen selten Früchte. Zudem waren die amerikanische Luftwaffe und das Bomberkommando der RAF dazu übergegangen, die französischen U-Boot-Basen zu bombardieren. Nachdem diese sehr wirksam durch massive Betonbunker geschützt waren, war die Zerstörung der Hafenstädte das einzige Ergebnis. Die U-Boote waren absolut geschützt, und ihre

Mannschaften waren entweder ebenfalls in den Bunkern, oder sie hatten Landurlaub oder machten Ferien in Deutschland. Hätte man ernsthafter versucht, die Bunker zu bombardieren, wäre das sicher erfolgreicher gewesen. Schließlich achtete man im Rahmen der allgemeinen Bombardierung Deutschlands besonders auf die Werften, in denen die U-Boote gebaut, und auf die Städte, in denen die Motoren und andere Ausrüstungen hergestellt wurden. Ohne die Spur eines Beweises behauptete Air Chief Marshal Harris, dies hätte das deutsche Bauprogramm um sechs Monate zurückgeworfen. In Wirklichkeit kam dabei weniger heraus als bei den Flächenbombardements ganzer Bereiche, die nach Schätzungen am Ende des Krieges die deutsche Kriegsproduktion um höchstens vier Prozent zurückgeworfen haben dürfte. (Die Auswirkungen auf die deutsche Bevölkerung und ihre Moral waren sicher um vieles spürbarer, aber kaum zu quantifizieren.)

Inzwischen wurde das Küstenkommando bei seinem stetigen Feldzug um ein paar Dutzend weitere Langstreckenflugzeuge um einiges besser versorgt. Ungefähr ein Jahr lang hatte Professor P. M. S. Blackett, ein Nobelpreisträger, die Operative Forschungsabteilung der Admiralität geleitet. Er und seine wissenschaftlichen Kollegen entwickelten eine Reihe unschätzbarer Analysen von Konvoi-Operationen und Maßnahmen zur U-Boot-Abwehr. Zu ihren vielen Entdeckungen gehörte der Grundsatz: Je größer ein Konvoi ist, desto wirkungsvoller kann er verteidigt werden. Der Grund lag in der mathematischen Beziehung eines Kreises zu seiner Fläche. Vergrößerte man die Zahl der Eskorten, die die Fläche umgaben, um ein Drittel, so ließen sich die Konvois im Innern in ihrem Umfang verdoppeln (ein Kreis von sechs Eskorten, der sich in zwei Meilen Entfernung um 24 Schiffe schloß, war nicht besser als ein Kreis von acht Eskorten, die 48 Schiffe schützten). Außerdem leiteten sie rechnerisch ab, daß Wasserbomben, wenn man sie auf einer Tiefe von 7,50 m explodieren ließ, die Wirkung von Luftangriffen auf U-Boote vergrößern würden. Was sie auch taten. Im Laufe der zweiten

Hälfte des Jahres 1942 stieg der Anteil der Flieger an den ›Abschüssen‹ auf mehr als die Hälfte, und das war eine deutliche Steigerung.

Blacketts Team verbesserte auch die Wirksamkeit des Küstenkommandos, indem es ein stromlinienförmiges Wartungssystem für die Flugzeuge ausarbeitete. Dadurch nahm die Zahl der verfügbaren Maschinen um mehr als die Hälfte zu. Durch eine verfeinerte statistische Analyse und mit Hilfe des Wahrscheinlichkeitsgesetzes zeigten die Wissenschaftler, daß weniger, aber größere Geleitzüge die Zahl der Ziele reduzierten. Wenn ein großer, gut geschützter Geleitzug angegriffen wurde, würde er nicht mehr Schiffe verlieren als ein kleiner, der von derselben Streitmacht angegriffen würde, denn die Zahl der U-Boote und ihrer Torpedovorräte waren die Faktoren, die zum größeren Teil die Zahl der Versenkung bestimmten. Ende 1942 zog Blackett den Schluß, größere Konvois könnten die Schiffsverluste um 20 Prozent verringern: Für das einzelne Schiff sei ein großer Konvoi viel sicherer als ein kleiner. Aber nichts von alledem und auch nicht die bessere Nutzbarkeit der vorhandenen Flugzeuge sowie ihre verbesserten Angriffsmöglichkeiten konnten die Lücken im Atlantik schließen, wo die U-Boote so erfolgreich ihre Beute machten. Nur die ›Liberator‹ vom Typ Mark III mit ihren Extra-Tanks, die ihr eine Reichweite von mehr als 2000 Meilen verlieh, oder die Geleitträger konnten dieses Problem lösen.

Dönitz' ›Milchkühe‹ spielten jetzt bei der Unterstützung der Angriffe auf die alliierte Schiffahrt eine entscheidende Rolle. Im August waren fünf im Einsatz, im September sieben und im Oktober acht. Nur zwei wurden 1942 vernichtet, eine im August und eine, was allerdings unbestätigt geblieben ist, im Dezember, als die Zahl der einsatzfähigen Boote wieder auf sieben zurückging. Bis zum Mai 1943 erreichte die U-Boot-Tankerflotte ihre Höchstzahl von neun Booten. Sie trugen viel zur Angriffskraft ihrer konventionellen Gefährten bei, die jetzt nicht nur in nie gekannter Zahl in See standen, sondern auch in immer längeren Einsätzen.

Dönitz tat sein Bestes, um den Booten gegen die ›Bay Offensive‹ des Küstenkommandos zu helfen. Vernichtet wurden im Juli und August nur drei Boote, aber man mußte doch mit dem unangenehmen Umstand fertig werden, daß die Boote getaucht fahren mußten, ihre Einsatzzeiten damit kürzer und ihre An- und Rücklaufzeiten länger wurden (vom schlechteren Komfort gar nicht zu reden). Die Deutschen lagen noch ein gutes Stück bei der Entwicklung des Radars zurück und konnten ihre U-Boote mit einem primitiven Empfänger, dem Metox-Gerät, ausrüsten. Das Gerät entdeckte eine Maschine im Anflug, indem es deren metrischen Radarstrahl früh genug auffing, daß noch getaucht werden konnte, ehe die Maschine auf Schußweite heran war und das ›Leigh-Light‹ seinen Dienst tun konnte.

Die Grundausrüstung mit Radar-Geräten begann in den deutschen U-Booten erst Mitte 1942. Anfangs hatte es eine Reichweite von etwas mehr als vier Meilen und konnte nur den Bereich in einem Bogen von 60 Grad vor dem Boot bestreichen. Dennoch fanden es die ersten, die es benutzten, hilfreich. Dönitz mußte sich zu dieser Zeit wieder einmal über Göring ärgern, als er zufällig erfuhr, daß die Luftwaffe ein kleineres und besseres Gerät namens ›Lichtenstein‹ entwikkelt hatte, ohne es für notwendig zu erachten, die Kriegsmarine davon in Kenntnis zu setzen. Technisch war es eine Kopie der Geräte, die man aus abgeschossenen feindlichen Flugzeugen ausgebaut hatte. Obwohl das ›Lichtenstein‹-Gerät eine deutliche Verbesserung war, entpuppte es sich als bei weitem nicht so nützlich für die beutesuchenden U-Boote wie die hervorragenden Informationen, die weiterhin vom B-Dienst geliefert wurden. Wegen der ›Bay Offensive‹ hatte Dönitz seine Boote auch mit neuen und gefährlichen Flugzeugabwehrkanonen ausgerüstet, die hinter dem Kommandoturm festmontiert wurden.

Während die Deutschen weiter an ihren erprobten Typen VII und IX festhielten, verbesserten sie ihre Überlebensfähigkeit entscheidend durch Verstärkung des Bootsrumpfs. Mit ihm konnten sie jederzeit auf 200 Meter Tiefe tauchen, in Notfällen sogar bis auf 300 Meter. Das erhöhte die Wasserverdrängung der späteren Boote vom Typ VII um runde 50 Prozent gegenüber den ursprünglichen Booten, und zwar bis auf 750 BRT. Der neue Torpedo, wie wir ihn im vorigen Kapitel beschrieben haben, steigerte die Trefferzahl von 50 auf 75 Prozent. Aber um es mit den Zerstörern aufnehmen zu können, brauchte man wieder einen neuen und viel schnelleren Torpedo, denn mit ihren 30 Knoten konnten die Zerstörer den gebräuchlichen Torpedos davonfahren. Man arbeitete bereits an einem akustischen Torpedo, aber es gab noch viele technische Schwierigkeiten. Bei ihrer Suche nach einer wirksamen Waffe gegen die Eskorten wandte sich die deutsche Kriegsmarine sogar an das Raketenversuchszentrum in Peenemünde. Dönitz kam auf diese Idee, als er — wieder zufällig — entdeckte, daß die Seekriegsleitung mit einer Fernlenkrakete zum Einsatz auf Überwasserschiffen gegen Bomber experimentierte; und wieder einmal hatte man es nicht für nötig gehalten, ihn darüber zu informieren. (Dagegen wußte die Royal Navy zumindest von der nächsten Radar-Generation, auch wenn sie das Bomberkommando nicht daran hindern konnte, sich die ersten Geräte selber zu sichern.) Bald arbeitete man in Peenemünde an Raketen, die von getauchten U-Booten aus abgefeuert werden konnten. Anfangs waren sie für den Einsatz an den russischen Küsten in der Ostsee und im Schwarzen Meer gedacht und waren damit eine Art Vorläufer der Polaris-Rakete. Wenn dazu ein ausreichend genaues Leitsystem entwickelt werden konnte, hoffte Dönitz auf eine Einsatzmöglichkeit gegen die Zerstörer.

Aus der Idee wurde nichts, doch im September 1942 berief Großadmiral Raeder als oberster Chef der deutschen Flotte eine große Konferenz ein, die sich um Wünsche der Flotte nach Waffen der Zukunft drehte. Dönitz hatte seit Juni auf die Entwicklung eines neuen Bootstyps gedrungen, der auch unter Wasser mit hoher Geschwindigkeit fahren konnte. Ausgangspunkt war ein neues, von Professor Helmuth Walter erfundenes Aggregat: eine Turbine, die von einem Gemisch aus Dieselöl und Wasserstoffperoxid angetrieben wurde. Ein kleiner Prototyp, der 1940 fertig wurde, erreichte die fantastische Unterwassergeschwindigkeit von 23 Knoten in jeweils kurzen Stößen, die aber ausreichten, selbst den schnellsten Eskorten zu entkommen. Noch im selben Jahr begann man mit dem Bau eines 550-BRT-Bootes, doch jetzt legte Dönitz einen neuen Entwurf vor, der sich auf den zuverlässigen Typ VIIc und zugleich auf die Küstenversion mit 250 BRT stützte. Das Boot sollte dann in die Massenproduktion gehen. Nach dem Entwurf sollte die Geschwindigkeit über Wasser bei 30 Knoten liegen, unter Wasser bei 19. Hitlers sich steigerndes Interesse an ›Wunderwaffen‹ genügte, um bei einer Führerbesprechung am 28. September 1942 seine Zustimmung zu bekommen.

Weniger gut ging es Raeder und Dönitz bei der Bewältigung des plötzlich dringlich werdenden Problems, wie der feindlichen Bedrohung aus der Luft zu begegnen sei. Das galt für die Biskaya wie für die offene See. Im Sommer konnte man die Luftwaffe überreden, eine Staffel von 24 schweren Jagdmaschinen vom Typ ›Ju 88C VI‹ bereitzustellen, aber diese Flugzeuge hatten nicht die Reichweite, um außerhalb der Küstenregionen zu operieren. Als Ersatz für die ›Kondor‹ setzte die Kriegsmarine den neuen Langstreckenbomber ›He 177‹ von Heinkel durch, der einen Radius von 1375 Meilen hatte. Dönitz wollte überdies neue Taktiken ausprobieren, um die Schlagkraft der U-Boote im Bereich der ›Luftlöcher‹ zu erhöhen. Die ›Heinkel‹-Maschinen konnten alliierte Flugzeugpatrouillen abdrängen und mit ihren Bomben zugleich Konvois zersprengen. Das riß dann für die U-Boote Lücken auf, die sie nutzen konnten. Obwohl Göring sie versprochen hatte, wurden die Maschinen nicht gleich geliefert. Hitler beorderte sie an die Ostfront. Im Spätsommer versuchte es die Marine daher auf einem anderen Weg und wünschte sich von der Luftwaffe ein ganz neues Langstreckenflugzeug, das auf die Bedürfnisse der Marine zugeschnitten war. Doch im Oktober kam Görings kategorische Antwort, daß er dem Wunsch nicht entsprechen könne. Zweifellos wäre die Idee in der gegebenen Zeit auch nicht realisierbar gewesen. Aber ein paar Dutzend ›He 177‹ zur Unterstützung der U-Boote, wo sie doch schon ohne deren Hilfe soviel bewerkstelligten, hätten die Alliierten vor ein weiteres, höchst unwillkommenes Problem im Atlantik gestellt. Das Oberkommando der Wehrmacht zeigte noch größere Scheuklappen gegenüber dem Marineflugwesen als die Alliierten, und dies auch dann noch, als auf deutscher Seite sich die Beweise darüber häuften, wie gefährlich es wurde, wenn feindliche Flugzeuge einen Konvoi erreichen konnnten, den deutsche U-Boote gerade angriffen.

Als das Jahr 1942 zu Ende ging, schien sich nach den vernichtenden Verlusten des Novembers die ersehnte Niederlage der U-Boote für die Briten wieder verflüchtigt zu haben. Die Tatsache, daß im Dezember ›nur‹ 349000 BRT Schiffsraum verlorengingen, 262000 davon im Nordatlantik und 331000 durch U-Boote, bot niemandem Anlaß zum Jubel. Daß die deutschen Erfolge zurückgingen, hatte sehr viel mit den schweren Stürmen zu tun, wie es sie seit langem nicht gegeben hatte. Im Laufe des Jahres war der Bestand an alliierten Schiffen um 750000 BRT zurückgegangen. Angesichts der vielen Sonderanforderungen von Ladekapazität gab es keine Garantie, daß das letzte Viertel des Jahres 1942, das ihnen zum erstenmal in diesem Krieg deutlich mehr Neubauten als Verluste beschert hatte, einen Trend versprach, der anhielt. Die Ölreserven für nichtmilitärische Zwecke hatten in England einen Tiefpunkt von 300000 t erreicht — die selbst bei strengster Rationierung kaum für drei Monate reichten. Die Navy hatte noch eine Million Tonnen, brauchte aber jeden Tropfen selber. Die Gesamtheit aller Einfuhren sank unter 44 Millionen t; das waren nur zwei Drittel der Importe des Jahres 1939. U-Boote hatten 1160 Schiffe bzw. 6266000 BRT versenkt — gemessen an den insgesamt 7791000 versenkten BRT war das ein sehr hoher Anteil. Obwohl 87 deutsche U-Boote versenkt worden waren (und 22 italienische), hatte sich die Einsatzstärke der Deutschen zum Jahresende mehr als verdoppelt: 393 U-Boote waren es im Vergleich zu den 249 zwölf Monate zuvor.

Die Biskaya-Offensive war im Oktober versandet. Dic cin

zige Antwort auf das deutsche Such-Gerät war das neue 9,7-cm-Radar, ein technologischer Durchbruch der Engländer, der in Amerika in Serie produziert wurde. Die zielstrebigen Helfershelfer des Bomberkommandos standen in der britischen Schlange an erster Stelle, wenn es um die Verteilung des begrenzten Ausstoßes ging. Zu Recht sahen sie in der Version ›H2S‹ für die Landbomber eine äußerst vielversprechende Hilfe. Die Marineversion ›AS VIII‹ hatte zu warten.

Mit großer Beklommenheit wurden die Rußlandkonvois nach dem ›Torch‹-Zwischenspiel am 15. Dezember wiederaufgenommen. Die Serie begann unter neuer Bezeichnung mit dem JW 51, der in zwei Teile geteilt wurde. Der JW 51 A tauchte nach nur zehn Tagen zu Weihnachten in den russischen Gewässern auf, ohne irgendwo belästigt worden zu sein. JW 51 B verließ England am 22. Dezember, geriet aber nach sechs Tagen in einen Sturm, der den Geleitzug und auch seine Eskorten in zwei Hälften aufspaltete. Nachdem ihm ein vorbeifahrendes U-Boot den Konvoi gemeldet hatte, stach Vizeadmiral Kummetz von Altafjord aus mit der *Hipper* und der *Lützow* am 30. Dezember, begleitet von sechs Zerstörern, in See. Das Scharmützel, das nun folgte, zeichnete sich durch chaotische Dispositionen auf beiden Seiten aus, einige verursacht durch den Sturm, andere durch Fehlbeurteilungen. Die *Hipper* versenkte einen Minenräumer und beschädigte zwei Zerstörer schwer, von denen einer kurz danach sank. Die *Lützow* landete einen Treffer auf einem Handelsschiff, das aber überlebte. Als sich die britischen Kreuzer aus der Eskorte näherten, richteten sie einigen Schaden auf der *Hipper* an und versenkten einen deutschen Zerstörer. Wieder hatte Hitlers Anordnung, die großen Schiffe nicht zu riskieren, dafür gesorgt, daß die Deutschen ihre Schläge einstecken mußten, während die britischen Eskorten ihren zerstreuten Konvoi mit Geschick und Entschlossenheit verteidigten und dafür sorgten, daß nicht ein Frachter verloren ging. Diese ›Schlacht in der Barents-See‹ war der letzte Ausflug der *Hipper* in die offene See. Der entsprechende Geleitzug nach Süden, der RA 51, kam ebenfalls ohne Schaden durch. Die

›Operation Torch‹ hatte die Deutschen gezwungen, die Präsenz ihrer Luftwaffe in Norwegen deutlich zu verringern, und die Fesseln, die Hitler den Überwasserschiffen anlegte, hinderten sie daran, den alliierten Schiffsverkehr zu bedrohen. Als Diktator in einem totalitären Staat erlebte Hitler weder den Zwang noch die Neigung, sich für seine eigenen Handlungen verantwortlich zu fühlen, und so ließ er seine vor Ort durchaus überlegenen Seestreitkräfte eine bedauernswert wirkungslose Vorstellung geben. Die Folgen für die deutsche Kriegsmarine sollten unerwartet und von großer Tragweite sein.

Der große Trost kam für die britischen Strategen an diesem Krisenpunkt des Krieges am Sonntag, dem 13. Dezember 1942. Ein äußerst erleichterter Erster Seelord schickte an Admiral King einen Funkspruch: Der Vier-Walzen-Schlüssel der Enigma-Maschine — bei den Alliierten unter den Namen ›Shark‹ geführt, bei den Deutschen als ›Triton‹ — sei endlich gebrochen. Erinnern wir uns, daß die Deutschen im Februar ein neues Kurz-Signalbuch für Wetterberichte eingeführt hatten, das Bletchley Park seiner letzten Hintertür in den Funkverkehr der deutschen Kriegsmarine just in dem Augenblick beraubte, als die vierte Walze in Gebrauch kam. Am 30. Oktober konnten die Engländer im Mittelmeer vor Port Said an der ägyptischen Küste *U 559* stellen. Es gelang ihnen, sich lange genug an Bord aufzuhalten, um ein Exemplar des gerade gültigen Kurz-Signalbuchs in die Hände zu bekommen, das alsbald nach Bletchley Park gelangte. Am 22. November verlor das OIC die Geduld und drängte Bletchley Park, Shark ›ein wenig mehr Aufmerksamkeit‹ zu widmen. Der Kampf gegen die U-Boote sei der einzige, bei dem Bletchley Park keine wesentliche Hilfestellung leiste: »Es ist der einzige, durch den der Krieg verloren werden kann, es sei denn, BP kann helfen.« Der Grund dafür war, daß es drei Wochen dauerte, bis man alle möglichen Einstellungen für den Funkverkehr eines einzigen Tages auf den vorhandenen ›Bomben‹ durchgespielt hatte (während die Entschlüsselungsexperten gleichzeitig den Enigma-Funkverkehr aus anderen Quellen verfolgten und ihre erfolgreiche Arbeit nicht einschränken konnten.) Der Durchbruch gelang, als man entdeckte, daß die Deutschen ihre Wetterberichte über die vierte Walze ›neutralisierten‹, d. h., wenn man deren Einstellung gefunden hatte, mußte man nur noch drei Walzen bewegen wie in den angenehmeren Tagen des Jahres 1941. Hatte man die Einstellung der ersten drei Walzen heraus, war man in Bletchley Park gut genug präpariert, um auch die der vierten zu finden, sobald sie erst einmal in den ›Triton‹-Funksprüchen voll in Gebrauch waren. An Weihnachten war das OIC wieder einmal im glücklichen Besitz genauer Informationen über alle 84 U-Boote, die sich zu der Zeit im Nordatlantik befanden.

Vierzehn Jahre lang hatte Großadmiral Raeder an der Spitze der deutschen Kriegsmarine gestanden. Als er nun stürzte, war die verpfuschte Aktion der *Hipper* und der *Lützow* gegen die wiederaufgenommenen Rußland-Konvois der unmittelbare Grund. Am 6. Januar mußte er bei seinem Führer antreten und sich eine neunzigminütige demütigende Tirade Hitlers anhören. Göring hatte den hysterischen Wutanfall des Führers bestens vorbereitet. Zuerst setzte Hitler die Leistungen der Kriegsmarine herab, und dann beendete er das Gespräch mit dem herrischen Befehl an Raeder, einen Plan für die Verschrottung aller noch verbliebenen schweren Schiffe aufzustellen. Der Großadmiral hatte nie zu den totalen Speichelleckern gehört, und bewahrte sich seine Würde dadurch, daß er völlig ungerührt blieb (die Chance, eine vernünftige Antwort zu geben, erhielt er ohnehin nicht). Er ging und setzte ein Papier auf, in dem er die Erhaltung der Überwasserflotte rechtfertigte. Seine Argumente untermauerten die Rolle und den Wert einer Seemacht und liefen darauf hinaus, daß ein Abwracken der *Tirpitz* und der restlichen Flotte mit einem großen strategischen Sieg der Engländer und ihrer Alliierten zur See gleichzusetzen wäre, ohne daß diese selbst etwas dazu beigetragen hätten. Als Hitler diese Argumentation zurückwies, blieb Raeder nur noch der Rücktritt mit Wirkung vom 30. Januar 1943 übrig.

Raeder befand sich im 67. Lebensjahr und hatte einen Krieg führen müssen, der nach dem Stand der Planungen in der Kriegsmarine um gute fünf Jahre zu früh gekommen war. Er war 1936 gegen die Besetzung des Rheinlands und dann gegen den Zwei-Fronten-Krieg gewesen, in den sich Deutschland 1941 mit dem Einmarsch nach Rußland gestürzt hatte. Berücksichtigte man, was ihm 1939 zur Verfügung stand, so bildete für ihn der unbeschränkte U-Boot-Krieg Deutschlands einzige Hoffnung auf eine Niederlage Englands. Und er sah klarer als die meisten, daß diese Niederlage eine entscheidende Voraussetzung für einen erfolgreichen Ostfeldzug war. Andererseits legte er weder politische Unabhängigkeit noch empfindliche moralische Grundsätze an den Tag. Unter ihm stellte die Kriegsmarine eines der wenigen Organe im deutschen Staat dar, die Hitler nicht bestechen mußte. Sie ordnete sich einfach dem Hakenkreuz unter und tat weiter ihren Dienst, als sei 1933 nichts weiter geschehen. Nur wenige haben seit Ausbruch des Krieges nicht mit den allgemeinen Einschätzungen Raeders übereingestimmt, der tatsächlich durch und durch ein Stratege war und seinen schwierigen Posten verdient hatte. Nach seiner Verurteilung bei den Nürnberger Prozessen im Jahr 1946 wurde er 1955 aus dem Spandauer Gefängnis entlassen und starb 1960. Seine letzte wichtige offizielle Handlung war die Empfehlung an Hitler, Dönitz zu seinem Nachfolger zu machen. Selbst Hitler war nicht so verstockt, daß er nicht eingesehen hätte: Es gab keinen vergleichbaren Kandidaten. Dönitz befehligte die einzige Waffengattung in der Wehrmacht, die in diesem Stadium des Krieges noch nicht in der Defensive und weiterhin in der Lage war, einen strategischen Sieg zu erringen. Am 30. Januar wurde ihm das Kommando übergeben. Raeders Abschiedsgruß an Hitler lautete: »Bitte beschützen Sie die Marine und meinen Nachfolger vor Göring.« Die Antwort des Führers, wenn er denn eine gegeben hat, kennen wir nicht.

Als der ›Ultra‹-Nachrichtendienst wieder nach langer Pause an die Arbeit ging, verkehrten die ›Torch‹-Konvois zwischen der strategischen US-Zone und Nordafrika weiterhin praktisch ungestört. Am 28. Dezember 1942 ging von Trinidad ein Spezial-Konvoi mit der neuen Bezeichnung TM 1 nach Gibraltar in See. Er bestand ausnahmslos aus randvollen Tankern. Als Eskorte diente die britische B5-Gruppe, angeführt von dem Zerstörer *Havelock* unter Commander Boyle; der Rest bestand aus drei Korvetten. Obwohl der Konvoi nur neun Schiffe umfaßte, schien die Eskorte angesichts des Werts der Ladung eher leicht. Außerdem hatten die Radar-Anlagen auf den Korvetten und die HF/DF-Anlagen auf der *Havelock* Probleme.

In Bletchley Park ortete man jetzt aber einen Verband aus sechs U-Booten — ›Delphin‹ genannt —, der im Westen des Mittelatlantiks zwischen den Azoren und Madeira patrouillierte, wo er nur auf der Lauer gegen den ›Torch‹-Verkehr liegen konnte. Der B-Dienst konnte nicht in dem Umfang Informationen über diesen Verkehr anbieten, wie er sie sonst über die Handelskonvois und ihre Geleitschiffe lieferte. Diese Konvois mieden bekanntlich weitgehend jeglichen Funkverkehr. Es war daher reiner Zufall, daß *U 514* unter Kapitänleutnant Hans-Jürgen Auffermann auf dem Weg zu den Westindischen Inseln am 3. Januar den TM 1 entdeckte, der sich gerade auf halbem Weg zwischen Trinidad und den Kapverdischen Inseln befand. Das OIC befahl Boyle am selben Nachmittag nach Einbruch der Dunkelheit, wegen des ›Delphin‹-Verbandes einen scharfen Kurswechsel nach Süden vorzunehmen. Mehr konnte der britische Nachrichtendienst nicht beitragen. Bei ›Ultra‹ gab es nämlich wieder eine dieser periodisch wiederkehrenden Unterbrechungen, die typisch für den Umgang mit der Vier-Walzen-Enigma-Maschine war. Wenn die Deutschen die Anordnung der Walzen mittags änderten, verlor Bletchley Park für 48 Stunden den Kontakt. Diesmal waren sie erst am 9. Januar wieder auf der Höhe. Der Hinweis, den man dem TM 1 geben konnte, machte zwar Sinn, aber Boyle beschloß, auf dem alten Kurs zu bleiben, weil er glaubte, dort in ruhigeres Wetter zu kommen; und das brauchten die Eskorten für das bald fällige Nachbunkern von Treibstoff.

Auffermann erhielt von Dönitz Befehl, um jeden Preis Fühlung mit diesem einmaligen Angriffsziel zu halten, und er meldete sich regelmäßig über Funk, damit *U 125* ihn finden und zu Hilfe eilen konnte (was aber nicht geschah, weil das Funkgerät von *U 514* ausfiel). Inzwischen näherte sich Auffermann am späten Abend dem Konvoi auf Schußweite und versenkte die *British Vigilance.* Sein Boot wurde gesichtet und von anderen Tankern aus beschossen, die in drei Kolonnen zu je drei Schiffen fuhren, aber Auffermann konnte unbeschädigt entkommen und wurde auch von den Eskorten nicht wieder aufgetrieben. Doch im Laufe der Nacht verlor er die Fühlung, und die Befehlsstelle machte ihm die entsprechenden Vorhaltungen. Noch am Abend des 3. Januar sichtete *U 182* den GUF 3, einen Konvoi, der aus Gibraltar kam und Kurs in den Südatlantik nahm. Die Eskorte ortete das Boot etwa 400 Meilen westlich von Madeira und vertrieb es mit Wasserbomben. Jetzt versuchte Dönitz, die Gruppe gegen den GUF 3 umzudirigieren. Aber es war schon zu spät, ihn noch abzufangen. So legten die Boote einen Streifen vor den letzten bekannten Kurs des TM 1, auf dem er möglicherweise noch fuhr. Wäre das der Fall, müßte er am oder nach dem 7. Januar dort auftauchen.

Das geschah auch. Hätte der TM 1 die Anordnung des OIC befolgt, wäre er in mehr als hundert Meilen Entfernung am Feind vorbeigefahren. Am Nachmittag des 8. Januar erschien statt dessen *U 381* auf der Szene. Dönitz schickte weitere vier Boote zur Verstärkung auf die Reise. In der Nacht setzte *U 436* (Kapitänleutnant Günther Selbicke) bei der *Oltenia II* und der *Albert L. Ellsworth* mit einem einzigen Fächer je einen Treffer, wurde aber von der *Havelock* angegriffen und zog sich angeschlagen zurück. Kapitänleutnant Herbert Schneider setzte mit einem Fächer aus *U 522* die *Minister Wedel* und die *Norvik* außer Gefecht. Etwa 70 Minuten später torpedierte *U 442* unter Korvettenkapitän Hans-Joachim Hesse die *Empire Lytton*. Auch *U 571* versuchte einen Angriff, wurde aber von den Wasserbomben der *Havelock* vertrieben und beschädigt. Nicht alle getroffenen Tanker sanken sofort, aber die Deutschen konnten am Nachmittag des 9. Januar wieder zurückkehren und ihr Werk beschließen. Am 10. Januar herrschte Ruhe, obwohl *U 511* sich noch einen Extra-Bonus einhandeln und das allein fahrende britische Handelsschiff *William Wilberforce* versenken konnte, das unglücklicherweise in der Nähe vorbeikam. Auch nachdem zwei Boote abgedreht hatten, um sich die Wunden zu lecken, verfügte das ›Delphin‹-Rudel immer noch über acht Boote, und die hielten tagsüber auf äußerste Sichtweite Fühlung zum Geleitzug. Nachts machten sie sich dann wieder an die drei übriggebliebenen Tanker heran. Schneider (*U 522*) versenkte die *British Dominion* und erhöhte so, unterstützt von *U 620*, seine Trefferzahl auf drei, während Dönitz sein Wolfsrudel noch zu einer ganz besonderen Leistung drängte: der ersten Versenkung eines ganzen Geleitzugs. Aber dazu sollte es nicht kommen. Als es am 11. Januar Tag wurde, erschien von Osten aus Gibraltar ein ›Sunderland‹-Flugboot der RAF und zwang die Angreifer zum Tauchen. Sie konnten die Fühlung nicht wiederherstellen, und so erreichten die beiden letzten Tanker des TM 1 am 14. Januar unbeschädigt Gibraltar. Die schlimmen Verluste beliefen sich auf genau 77 Prozent des Konvois, und das war der höchste Anteil, den je ein Geleitzug in der Schlacht im Atlantik hinnehmen mußte: sieben Tanker, 55 000 BRT, über 100 000 t Öl. Kein Wunder, daß General von Arnim, der Nachfolger Rommels als Kommandeur des Afrika-Korps, Dönitz ein Danktelegramm schickte, als er davon erfuhr. Die beispiellose Katastrophe zwang die britische Regierung dazu, die Treibstoffrationen noch einmal um zehn Prozent zu kürzen.

Sie trug auch dazu bei, daß sich Winston S. Churchill und Franklin D. Roosevelt bei ihrem nächsten Treffen der Sache annahmen — und zwar genau an dem Tag, an dem der Rest des TM 1 Gibraltar erreichte. Als Konferenzort hatten sie die marokkanische Hauptstadt Casablanca gewählt, um so den Erfolg der ›Operation Torch‹ zu krönen. Aber das schlimme Schicksal des TM 1 suchte sie als eine rechtzeitige Mahnung heim, daß die Deutschen noch immer in der Lage waren, ihnen mit ihrem weiterhin ungehinderten U-Boot-Krieg alle schönen Hoffnungen zu rauben. Den Alliierten war klar, daß die ›Operation Torch‹ sie im Atlantik um einige Monate zurückgeworfen hatte; das war der Preis gewesen, den sie für den Erfolg der ersten größeren anglo-amerikanischen Offensive an Land zahlen mußten. Doch jetzt war es an der Zeit, die Balance wiederherzustellen. Die beiden westlichen Führer und ihre Chefs des gemeinsamen Stabes stimmten daher problemlos darin überein, daß ein Sieg über die U-Boote wieder absoluten Vorrang haben müsse. Nachdem sie aber Professor Blacketts Lektion von der Beziehung zwischen der Größe eines Geleitzugs und der optimalen Nutzung seiner Eskorten noch immer nur halb gelernt hatten, setzten die Marinestäbe in Casablanca fest, eine Eskorte müsse aus drei Schiffen plus einem für jedes zehnte Handelsschiff bestehen, wenn gleichzeitig Luftunterstützung vorhanden war, und aus doppelt so vielen, wenn sie fehlte. Man schätzte, daß die Anzahl von Eskorten, die zur Erreichung dieses etwas willkürlich aufgestellten Ideals notwendig war, gegen Ende des kommenden Sommers verfügbar sein würde.

Im Rückblick kann die Konferenz von Casablanca nicht nur als ein Wendepunkt im Zweiten Weltkrieg angesehen werden, sondern auch als einer in der langen Geschichte des Vereinigten Königreichs. Es war das drittemal, daß die Deutschen England an einen schicksalhaften Scheideweg geführt hatten. Zum erstenmal geschah es 1870, als Bismarck das ›Zweite‹ Reich gründete und Englands Herrschaft über die Weltwirtschaft ein Ende setzte, die es seit der Niederlage Napoleons und der Industriellen Revolution errichtet hatte. Das zweitemal war es 1904, als England seine ›splendid isolation‹ aufgab und die *Entente cordiale* mit Frankreich schloß, die vor allem gegen die überzogenen Ambitionen von Kaiser Wilhelm II. und dessen Schlachtflotte gerichtet war. Nun wurde

Casablanca zur letzten Gelegenheit, bei der die globalen Interessen Großbritanniens noch einmal Vorrang gegenüber den Vorstellungen der Vereinigten Staaten gewannen. Es war das letztemal, daß England genau soviel Gewicht in die Waagschale werfen konnte wie sein wichtigster Alliierter. Die Einigung darüber, daß der Krieg gegen die U-Boot-Waffe Vorrang hatte, führte natürlich dazu, daß die Invasion des europäischen Festlandes zurückgestellt werden mußte. Für die Amerikaner war diese Invasion angesichts ihres Zwei-Fronten-Krieges wichtigstes Strategieelement auf der östlichen Seite. Für Churchill war es ein Glück, daß dieses Ziel mit seinem eigenen — nämlich England gegen die Bedrohung von See her zu schützen — zusammenfiel. Es hätte ja auch keinen Sinn gemacht, von England aus eine Invasion zu inszenieren, ehe dort nicht genug Truppen und Kriegsmaterial zusammengezogen waren. Die entsprechende Sicherung der Atlantik-Route bedeutete aber auch, daß England weiterhin den notwendigen Nachschub an Versorgungsgütern und Rohstoffen bekam.

Casablanca war der Höhepunkt englisch-amerikanischer Zusammenarbeit auf der Basis gleichwertiger Partnerschaft. Churchill stritt nicht nur dafür, daß das Schwergewicht auf die ›Schlacht im Atlantik‹ zu legen sei, sondern er wollte auch von Nordafrika aus die Gegenangriffe auf Deutschland und Italien über das Mittelmeer verstärken. General Marshall, der Stabschef der US-Army, gab einem Einmarsch nach Frankreich den Vorzug. Admiral King wollte im Pazifik weiter vorstoßen, wo sich die US-Navy bisher so hervorragend geschlagen hatte. So einigte man sich darauf, daß die Invasion nach Europa ein Ziel sei, das sobald wie möglich in Angriff zu nehmen war. Die Bombardierung Deutschlands durch die US-Luftwaffe bei Tag und durch die RAF bei Nacht sollte fortgesetzt weren. Und erstmals wurde die bedingungslose Kapitulation als letztes Kriegsziel förmlich verkündet. Wenn es zwischen den beiden Partnern auch Differenzen gab, so geschah das doch, wenn überhaupt, mit wenig gegenseitigem Groll. Das galt auch, als die Engländer sich gegen die

Idee wandten, daß Amerika alles, was es hatte, in den Krieg im Pazifik werfen solle; und es galt genauso, als die Amerikaner argwöhnten, Englands konzentrierter Blick auf das Mittelmeer habe wohl eine Menge damit zu tun, daß hier eine Lebensader des britischen Empire verlief — und dessen Erhaltung stand auf der amerikanischen Prioritätenliste eher tief unten.

Wenn der Bestand an Frachtschiffen auch nicht mehr weiter zurückging, so reichte ihre Zahl doch nicht aus, beide Aufgaben zu erfüllen, die man sich gestellt hatte: Englands Versorgung zu sichern und gleichzeitig das Versprechen einzulösen, das man Stalin gemacht hatte, nämlich 1943 in Westeuropa eine Zweite Front zu errichten. Dafür erklärten sich die Amerikaner — zum Ärger Admiral Kings — bereit, im Atlantik für Verstärkung zu sorgen. Die Geleitzüge mit militärischen Gütern für die auf 1944 festgesetzte Invasion und spezielle Tankerkonvois aus der Karibik wurden von ihnen mit Eskorten ausgestattet. Die Engländer errechneten für die zu erwartende neue Schlacht mit den U-Booten einen Sonderbedarf von 65 Eskorten, einem Dutzend Geleitträgern und so vielen Langstrecken-›Liberators‹ wie möglich. Von letzteren sollten einige zunächst auf Neufundland stationiert werden, um so das Grönlandloch zu stopfen. Daß eine ununterbrochene Luftunterstützung nötig war, war damit eindeutig klargestellt. Entsprechendes galt für die nötige Versorgung der Flugzeuge.

Verstärkung war ein Weg, mit dem Problem Atlantik fertig zu werden, auch wenn dies nicht über Nacht geschehen konnte. Die andere, stets gegebene Möglichkeit war die Verbesserung der vorhandenen U-Boot-Abwehr. Nachdem ›Ultra‹ für die Navy wieder verfügbar war, konnten die Alliierten ihre Konvois im Nordatlantik wieder erfolgreich aus den Gefahrenzonen dirigieren. Hinzu kam ein schlechtes Wetter, das alle Rekorde brach. Und drittens gab man die selbstauferlegte Beschränkung wieder auf, nur die kürzeste, direkte Route zu nehmen. Dies alles half mit, die Verluste durch die U-Boote Anfang Januar 1943 in Grenzen zu halten. Ein kluges Ausweichen vor einem Feind, dessen Position man kannte, war eindeutig mehr wert als der Extra-Treibstoff, den das erforderte. Dagegen stand, daß die nie zuvor erlebte Zahl von deutschen U-Booten im Nordatlantik die deutschen Chancen auf zufällige Sichtungen jäh emporschnellen ließen. Das gleiche galt auch für ihre Möglichkeit, gegen solche Ziele dann schnell mehrere Boote zusammenzuziehen. Der Fluß des entschlüsselten ›Triton‹-Materials litt immer wieder unter Schwankungen, was seine sofortige Verwertung großenteils unmöglich machte. Vor dem Dezember-Durchbruch in Bletchley Park war das OIC sozusagen blind gewesen. Jetzt hatte man wieder ein Auge offen, aber den Blick in die Tiefe schaffte man nur mit zwei Augen. Professor Hinsley, der Historiker des britischen Geheimdienstes, rechnet, daß die große ›Ultra‹-Krise vom März 1943 dann eben schon im Februar oder gar im Januar stattgefunden hätte. Seit Dezember wußten die Alliierten, daß der ›große Schlag‹ der Deutschen im Atlantik bevorstand. Daher wurden nun zwei verschiedene Wellenlängen zur Kontrolle der Konvoi-Bewegungen eingeführt, so daß man vom Hauptquartier aus zwei größere Schlachten führen konnte, ohne daß man sich an den Funkgeräten in die Quere kam. Die große Zahl der U-Boote, die jetzt im Einsatz waren, reichte aus, den Rückgang an großen Einzelleistungen auszugleichen, wie wir sie aus der Zeit der ›Asse‹ kennen. Teilweise lag es auch an dem wachsenden Können der Eskorten und an den schmaler werdenden Erfahrungen der U-Boot-Fahrer, verursacht durch die schnelle Expansion. Admiral Morrison, der offizielle amerikanische Marinehistoriker, faßt die Ergebnisse der Krise in der Atlantikschlacht so zusammen:

> »Bis April 1943 hatte jedes U-Boot 2000 BRT versenkt. Das mochte als statistisch von Interesse sein, aber die Zahl der U-Boote im Einsatz hatte sich derart erhöht, daß es für die Lösung des Problems wenig bedeutete. Als Daniel Boone, der im Jahr seine 50 Bären schoß, von 50 Jägern abgelöst wurde, die im Durchschnitt nur einen schossen, hatten die Bären keinerlei Anlaß, deswegen den Niedergang der menschlichen Schießkunst zu feiern.«

Der ›neue Besen‹ in den Western Approaches, Admiral Horton, bemühte sich gemeinsam mit anderen Mitgliedern der Admiralität um die Verbesserungen der Schlagkraft gegen die U-Boote. Das war die einzige Maßnahme, die man sofort gegen die sich zuspitzende Krise im Atlantik ergreifen konnte. Sie packten die Gelegenheit beim Schopf und gingen an eine Umgruppierung der Hochsee-Eskorten. Dazu gehörte auch der Abzug britischer Verbände von der Gibraltar-Route, die jetzt als Geleit für die Öl-Konvois aus der Karibik eingesetzt werden sollten. Für sie sollten die vier kanadischen Verbände der ›Mid-Ocean Escort Force‹ einspringen. Dafür mußten sie in England stationiert werden, wo sich die Royal Navy selbst um sie kümmern konnte. Die Kanadier würden so weniger unter Druck stehen, denn das Wetter auf der Gibraltarroute war besser, sie erhielten Deckung aus der Luft, die Abstände zwischen den Konvois waren größer, und sie hatten an Land bessere Ausbildungsmöglichkeiten. All dies brachte Zeitgewinn, um das Niveau zu verbessern. Die Engländer legten Ottawa den Plan Mitte Dezember vor.

Es war verständlich (und auch korrekt), daß die Kanadier diese Einladung zum Rückzug von dem Feld, auf dem sie ihren Hauptbeitrag zum Krieg zur See zu leisten meinten, als einen Schlag ins Gesicht empfanden. Ihr Widerstand brach in der letzten Woche des Jahres 1942 zusammen, als der langsame Konvoi ONS 54, eskortiert vom C1-Verband der RCN, von den Deutschen schwer zerrieben wurde.

Obwohl Stalin ständig auf mehr Nachschub aus England drängte, was Churchill im Januar fast zur Verzweiflung trieb, kamen in dieser schwierigen Phase des Seekrieges bessere Nachrichten aus Rußland. Der JW 52 kam dort Ende Januar unbeschädigt an, und der folgende RA 52 in Gegenrichtung verlor nur ein beladenes Schiff durch einen U-Boot-Angriff. Die *Tirpitz,* die *Lützow,* der Leichte Kreuzer *Nürnberg* und einige Zerstörer hielten sich zwar weiter im Hohen Norden auf, unternahmen aber keine bedrohlichen Schritte. Im Februar kam der JW 53 ungeschoren durch, obwohl es feindliche Fliegerangriffe gab und ein Sturm den Geleitzug zerstreute, so daß sechs Handelsschiffe und zwei Eskorten wieder umkehren mußten. Auch der RA 53 wurde auf seinen Kurs nach Südwesten durch einen Sturm auseinandergerissen. Ein verlorenes Schiff ging auf das Konto des fürchterlichen Wetters, drei wurden von U-Booten versenkt.

Aus der Ostsee stieß die *Scharnhorst* Anfang März zum Altafjord vor. Damit drohte von Norwegen aus eine deutsche Überwasser-Streitmacht, wie es sie in dieser Stärke noch nie gegeben hatte. Aus diesem Grund beorderten die Amerikaner ihre ›Task Force 22‹ von der nordafrikanischen Konvoiroute in den Gulf of Maine vor ihrer eigenen Nordost-Küste zurück. Der Verband bestand aus einem Schlachtschiff und einem Flugzeugträger mit Kreuzern und Zerstörern und sollte dem Kommando der britischen Home Fleet für den Fall unterstellt werden, daß die Deutschen einen Ausbruch versuchten. Nachdem die Sowjets mit paranoiden Verdächtigungen auf die Anwesenheit der Engländer auf ihrem Boden reagierten — was zum Schutz der Konvois geschah — und weil die Krise im Nordatlantik sich zuspitzte, stellte England die Rußlandkonvois nach dem RA 53 erneut ein. Bis in den November hinein wurden die Geleitzüge nicht wiederaufgenommen, und so konnten 27 Zerstörer und Fregatten und ein Geleitträger von der Home Fleet an die Western Approaches abgegeben werden. Aus ihnen wurden die fünf britischen Unterstützungsgruppen gebildet, die auf der Hauptroute für eine Veränderung der Lage sorgen sollten. Und was den Krieg im ganzen anging, lieferte die beste Nachricht der schwierige und so wenig umgängliche Alliierte im Osten: Am 2. Februar 1943 kapitulierte die deutsche 6. Armee vor Stalingrad. Das war ein Wendepunkt für den Krieg zu Lande, der für den gesamten Ausgang ebenso wichtig werden sollte wie die Ereignisse in den folgenden Monaten auf See.

Das schlimme Wetter und die Ausweichmanöver der Geleitzüge trugen dazu bei, daß im Januar 1943 die Schiffsverluste weltweit auf 261000 BRT zurückgingen. Das war die niedrigste Monatsrate seit dem November 1941. Nur ein Nordatlantik-Konvoi, der HX 222, wurde angegriffen und verlor ein Schiff. Ungefähr 173 000 BRT gingen im Nordatlantik unter, darunter 19 allein fahrende Schiffe. Doch daß ein Großteil des TM 1 verloren ging, war ein besonders harter Schlag gewesen. Die U-Boote kamen insgesamt auf 203 000 BRT versenkten Schiffsraums. Die Ruhe täuschte aber niemanden in der alliierten Führung, denn die Deutschen erweiterten ihre Kampfstärke im Nordatlantik über die Hunderter-Grenze hinaus. Der Aufstieg Dönitz' zum obersten Chef der Kriegsmarine bewirkte keine Veränderung in der U-Boot-Kriegsführung. Er behielt den direkten Oberbefehl in der Hand, und die Führung der Boote war ja auch wichtiger als alles andere, was die Deutschen sonst zur See tun konnten. Die Operationsabteilung in Berlin funktionierte so gut wie immer. Sie bestand größtenteils aus dem gleichen Stab, der auch schon in Paris zusammengearbeitet hatte. An seiner Spitze stand wie bisher der zum Admiral beförderte Eberhardt Godt. Gleichzeitig wurde der jetzt 51 Jahre alte Dönitz zum Großadmiral befördert.

Der nur von wenigen Booten geführte Angriff auf den HX 224 war vergleichsweise ein Geplänkel, gemessen an den Maßstäben, die zu dieser Zeit sonst galten — mit einer verhängnisvollen Ausnahme. Zwei Schiffe wurden versenkt, ein U-Boot wurde aus der Luft zerstört. Aber *U 632* versenkte auch noch einen Nachzügler. Kapitänleutnant Hans Karpf ließ anhalten und zog den einzigen Überlebenden von dem britischen Tanker *Cordelia* an Bord, und dieses Individuum verriet ihm, daß nicht weit achteraus der langsame Konvoi SC 118 auf derselben Route folgte. Karpf gab das sofort per Funk an Dönitz durch, und dieser stellte ein riesiges Rudel aus 20 Booten gegen den Geleitzug zusammen. Das war das erste Unglück für den SC 118. Das zweite war, daß ›Ultra‹ gerade einen jener temporären Ausfälle erlebte, die für diese Phase des Ringens mit der Vier-Walzen-Enigma typisch waren. Das dritte Pech war, bevor das Gefecht begann, daß ein Seemann auf dem norwegischen Frachter *Vannik* versehentlich eine jener ›Snowflake‹-Leuchtraketen abschoß, die — mit gemischtem Erfolg — die Nacht rund um einen Konvoi zum Tag machen sollten. In der Morgendämmerung des 4. Februar 1943 konnte die Rakete auf 20 Meilen in allen Richtungen gesehen werden. So liefen an diesem Morgen die zuvor als ›Pfeil‹, ›Haudegen‹ und ›Jaguar‹ unterwegs gewesenenen Rudel auf den SC 118 zu.

Das erste Blut floß, als Lieutenant-Commander Richard Stannard von der Eskorte B2 (drei Zerstörer und sechs kleinere Schiffe) von seinem Zerstörer *Vimy* aus *U 187* versenkte, unterstützt von der *Beverly*. Als *U 187* Sichtkontakt meldete, wurde es vom HF/DF erfaßt. Aber am Nachmittag hatten wenigstens fünf U-Boote Fühlung gewonnen. Unter ihnen waren auch *U 609* unter dem Kommando von Kapitänleutnant Klaus Rudloff, der wenigstens drei Tage an dem Konvoi hängen blieb, und *U 402* unter Korvettenkapitän Siegfried Baron von Forstner. Im Verlauf der Nacht änderte der SC 118 seinen Kurs, um vor dem Angreifer auszuweichen, und ›verlor‹ dabei vorübergehend seine drei Backbordkolonnen, was sogar schlimmere Folgen für die 53 Schiffe des Geleitzugs hätte haben können als die Ereignisse, die noch bevorstanden. Aber bis zum Morgen des 6. Februar waren sie wieder an ihrem Platz, und der Konvoi brachte das Grönlandloch hinter sich. Die Flugzeuge, die jetzt am Himmel auftauchten, meldeten nicht weniger als elf U-Boote im Anmarsch. Vier konnten sie angreifen und eines so schwer beschädigen, daß es abziehen mußte. Bis dahin hatten die Deutschen am 5. Februar einen Nachzügler versenkt und einen weiteren am 6. Februar. Der B2-Verband war zu der Zeit eine ›zusammengewürfelte‹ Gruppe, die gemeinsames Operieren nicht gewohnt war. Aber am 6. Februar tröstete sie das Erscheinen von drei amerikanischen Kriegsschiffen als Verstärkung aus Island auf der Szene: zwei Zerstörer und ein Kutter der Küstenwache. Lieutenant-Commander Proudfoot auf dem Zerstörer HMS *Vanessa* blieb als ranghöchster Offizier Führer der Eskorte. Die Angreifer wollten trotz der tagsüber nicht aufhörenden Belästigungen aus der Luft nicht aufgeben, verloren durch sie aber den Kontakt zueinander. Die Jagd ging weiter, und in der Nacht vom 6. auf den 7. Februar schlugen die Deutschen hart zu. Baron von Forstner schoß sich durch die ungewöhnliche Leistung in die Gruppe der ›Asse‹ hinauf, daß er in nur zwei Angriffen sechs Schiffe versenkte, unter ihnen auch das Rettungsschiff *Toward* und den amerikanischen Truppentransporter *Henry R. Mallory.* Allein auf diesen beiden Schiffen verloren an die 400 Menschen ihr Leben. Insgesamt gingen in der Nacht acht Schiffe verloren. Kurz vor Morgengrauen entdeckte die französische Korvette *Lobelia,* die sich dem Verband freiwillig angeschlossen hatte, den hartnäckigsten Verfolger, *U 609,* und vernichtete ihn durch einen einzigen Wasserbomben-Angriff.

Doch die Schlacht ging weiter. Forstner war noch immer dabei, obwohl ihn die Fliegerpatrouillen siebenmal unter Wasser gedrückt hatten. Eine RAF-›Liberator‹ aus Londonderry griff *U 624* an, als es aufgetaucht war und einen Funkspruch absetzte: Der ausführliche Bericht über die Erfolge der vergangenen Nacht überlebte, das Boot nicht. Der unermüdliche Forstner, von Dönitz mit einem Extra-Lob bedacht, unternahm in der Nacht vom 7. auf den 8. Februar einen nächsten Angriff und meldete sein siebtes und letztes Opfer aus dem SC 118. Er wurde mit dem Ritterkreuz ausgezeichnet. Dönitz beschrieb die Schlacht als die »vielleicht härteste Geleitzugschlacht dieses Krieges«. Die Deutschen versenkten 13 Schiffe (darunter ein Panzerlandungsboot) und verloren selber drei U-Boote; zwei wurden schwer beschädigt. Bevor das Gefecht am 8. Februar nachließ, waren drei Viertel der U-Boote in einer vier Tage und Nächte anhaltenden Schlacht bei schwerem Wetter angegriffen worden. Alles in allem waren zwölf Kriegsschiffe am Schutz des SC 118 beteiligt gewesen, das waren mehr als doppelt so viele Eskorten wie gewöhnlich. Die hohen Verluste trotz der Luftunterstützung bei Tageslicht können zum Teil der Tatsache zugeschrieben werden, daß die Eskorten kein integrierter Verband waren, und zu einem anderen Teil der schieren Verbissenheit des deutschen Angriffs. Hinzu kam, daß die Langstreckenmaschinen nicht mit ›Leigh-Lights‹ ausgerüstet waren. Mit diesen hätten sie auch nachts mit gleichem Erfolg in die Kämpfe eingreifen können wie bei Tage. Nachdem einige Eskorten keine Wasserbomben mehr hatten, beschloß man, in Zukunft von dieser wichtigsten U-Boot-Abwehrwaffe auf den Handelsschiffen eine Reserve mitzuführen.

Die andere große Geleitzugschlacht in diesem Februar ging um den nach Westen laufenden ON 166, den die amerikanische Gruppe A3 als Eskorte begleitete. Angeführt wurde er von Captain Paul R. Heineman auf dem Küstenwachkutter *Spencer.* Zu der Gruppe gehörten noch ein Kutter, vier kanadische Korvetten und eine britische. Aber es war eine erfahrene Einheit, wenn sie auch Admiral Kings oft bekundeter Abneigung für derartige multinationale Streitkräfte gar nicht entsprach: Sie hatte sich selbst den Namen ›Heineman's Harriers‹ (= Plünderer) gegeben. Wieder bekam der B-Dienst Wind vom Zug der 63 Schiffe und ihrem Kurs, und Dönitz zog 17 U-Boote vor ihm zusammen. Und wieder gelang den Verteidigern der erste Schlag: Am 21. Februar versenkte die *Spencer* das angreifende *U 225.* Danach ging es aber fast nur noch andersherum: Die Deutschen versenkten im Grönlandloch in den nächsten fünf Tagen 14 Schiffe, trotz aller Anstrengungen der ›Harriers‹, die noch Verstärkung durch einen polnischen Zerstörer erhalten hatten. Nur noch ein weiteres U-Boot, *U 606,* wurde vernichtet, dessen langsam sich hinziehender Tod zu einem einmalig bizarren Ereignis wurde. Zwei Eskortenschiffe hatten *U 606* unter dem Kommando von Leutnant z. S. Hans Döhler in dem Augenblick mit Wasserbomben eingedeckt, als es tauchte. Das Boot sank wie ein Stein auf 225 Meter Tiefe. Durch das nicht ausreichend geschlossene Turmluk drang Wasser. Die 50 Mann an Bord, die gerade mitgeholfen hatten, drei Handelsschiffe zu versenken, sahen sich schon neben ihren Opfern am Grund des Meeres. Mit der ganzen an Bord vorhandenen Preßluft wurden die Wassertanks ausgeblasen. Das Boot stabilisierte sich wieder für eine Weile, und dann schoß es plötzlich wie ein Schnellaufzug an die Oberfläche, wo es gleich von dem Kutter USS

Campbell mit Granaten beschossen und schließlich gerammt wurde. Das Schiff mußte danach in Schlepptau genommen werden. *U 606* schwamm noch immer, und der Erste Offizier und der Ingenieur erschienen mit Champagner und deutschen Würstchen in der Hand an Deck. Dort aßen sie weiter, während ihnen zehn Besatzungsmitglieder folgten. Einer von ihnen ging auf den Ersten Offizier, einen tyrannischen Menschen, zu und gab einem lang unterdrückten Bedürfnis nach: Er schlug ihm ins Gesicht. In dem Augenblick kam eine der Eskorten heran, um sie zu retten. Dann sank das Boot mit 38 Mann an Bord, unter ihnen auch der Kommandant, einer der letzten populären Offiziere der Kriegsmarine. Der ON 166 schenkte den Deutschen einen größeren Sieg bei weniger eigenen Verlusten als beim SC 118. Die Schlacht hatte sich vom 21.—25. Februar in Schüben über nicht weniger als 1000 Meilen auf dem Kurs des Konvois hingezogen.

Die Verluste gingen deutlich über die des Januars hinaus, obwohl das schlechte Wetter anhielt und den Deutschen wie den Schiffen der Alliierten Probleme bereitete. Weltweit wurden 403 000 BRT versenkt, von denen die U-Boote 359 000 BRT auf ihr Konto schrieben (im Nordatlantik 289 000). Die Höchststärke der Deutschen stieg auf rund 120 Boote. Sie wurden von zwei ›Milchkühen‹ versorgt. Sie schienen entschlossen, gegen jeden Geleitzug loszuschlagen, ohne Rücksicht auf die Eskorten und sogar auf die Luftunterstützung. Im dreißigsten Monat des Krieges gingen die Versenkungsziffern wieder in die Höhe, und es gab allen Grund, eine Fortsetzung des neuen Trends fürchten zu müssen.

»Nie kamen die Deutschen dem Ziel einer Unterbrechung der Verbindungswege zwischen der Alten und der Neuen Welt näher, als in den ersten zwanzig Tagen des März 1943.« Zu dieser Einschätzung gelangte die Admiralität bei einem Rückblick auf das Jahr 1943, den sie am Ende des Jahres zu Papier brachte. »Es erschien möglich, daß wir den Konvoi nicht mehr weiter als wirkungsvolles Verteidigungssystem würden [betrachten] können.«

Die große Krise in der Schlacht im Atlantik konzentrierte sich auf vier hintereinander nach Osten laufende (und damit voll beladene) Geleitzüge: den SC 121, den HX 228, den SX 122 und den HX 229. Der erste verließ am 23. Februar mit 52 Schiffen New York. Die Hochsee-Eskorte stand unter dem Kommando von Captain Heineman auf der *Spencer.* Ihn unterstützten der amerikanische Zerstörer *Greer* und vier kanadische Korvetten. Dieser Verband mit der Nummer A3 gehörte der ›Mid-Ocean Escort Force‹ an. Er hatte sich von seiner schweren Zerreißprobe als Geleitschutz des ON 166, der erst vor ein paar Tagen eingelaufen war, noch gar nicht richtig erholt. Dem xB-Dienst gelang es wieder einmal, in den britischen Funkverkehr einzubrechen, und Dönitz legte ihm zwei Rudel in den Weg, die Gruppe *Westmark* mit 17 und die Gruppe *Ostmark* mit neun Booten. Bletchley Park fing die Einsatzbefehle ab, und das OIC befahl eine Kursänderung, die zunächst auch Erfolg brachte. Der *Ostmark*-Gruppe konnte man komplett ausweichen, aber die *Westmark* blieb dem Konvoi auf den Fersen, und am Morgen des 6. März empfing Heineman von einer Leitstelle die Meldung: »U-Boot, wahrscheinlich in eurer Nähe, hat Sichtung des Konvois gemeldet«, und am Nachmittag folgte der Hinweis: »Wolfsrudel bereitet sich wahrscheinlich auf Angriff vor.« Zwei amerikanische und zwei kanadische Eskorten wurden von dem nach Westen laufenden ON 171 zur Unterstützung des bedrohten Konvois abkommandiert, der sich wegen eines inzwischen aufgekommenen schweren Sturms jetzt in Auflösung befand. Erstes Opfer wurde der britische Dampfer *Egyptian.* Er wurde am späten Abend des 6. März von *U 230* versenkt. In den frühen Morgenstunden des 7. März signalisierte die *Spencer,* daß sie ein U-Boot gesichtet habe und angreifen werde. ›Heineman's Harriers‹ gelang es jedoch nicht, eines der U-Boote auch nur zu beschädigen, die den SC 121 fünf Tage lang belästigten und 13 Schiffe mit insgesamt 62000 BRT versenkten — ein Viertel des Bestandes. Viele von ihnen waren Nachzügler, die im Sturm die Fühlung verloren hatten. Wäre es dem schwerfälligen Konvoi gelungen, seine Formation zu halten, hätte es wahrscheinlich weit weniger Verluste gegeben, weil ab dem 9. März ›Liberators‹, ›Catalinas‹, ›Sunderlands‹ und ›Hudsons‹ der RAF und ›Fortresses‹ der US Air Force zugleich stundenlang Luftunterstützung flogen. Doch auch sie konnten nicht ein U-Boot beschädigen.

Zur gleichen Zeit, genauer: vom 10. bis 14. März, entwikkelte sich eine andere wilde Schlacht um den HX 228. Dieser Geleitzug aus 60 Handelsschiffen wurde von der erfahrenen britischen ›Escort Group‹ B3 begleitet, geführt von Korvettenkapitän A. A. Tait auf dem Zerstörer *Harvester,* mit drei weiteren Zerstörern und fünf Korvetten. Der britische Nachrichtendienst bekam heraus, daß ihnen die Gruppe ›Raubgraf‹ im Wege lag, und so wurde der Konvoi weiter nach Süden umgelenkt. Aber die Deutschen fingen den Befehl zur Kursänderung auf, und nun lagen statt dessen die 13 Boote der Gruppe ›Neuland‹ auf der Lauer. Sogar von diesem Streifen war es erst das am weitesten südlich postierte Boot, nämlich *U 536,* das den Konvoi am 10. März um die Mittagszeit sichtete. Die Eskorte fing den Funkspruch über die HF/DF ab, als das Boot seine Meldung weitergab, und vertrieb es, ohne zu treffen. Die neue mächtige 6. Unterstützungsgruppe der Amerikaner mit dem Geleitträger *Bogue* und zwei Zerstörern war Tait inzwischen zu Hilfe geeilt. Dennoch fand *U 221* (Kapitänleutnant Hans Trojer) am selben Abend noch die Schiffe wieder und versenkte zwei, beschädigte eines und rief die anderen U-Boote herbei. *U 757* torpedierte ein Munitionsschiff, das mit solcher Gewalt explodierte, daß schwere Wrackteile auf das Boot herabregneten und an den Aufbauten Schäden anrichteten. Das vierte und letzte Schiff des HX 228, das sinken sollte, wurde ein Opfer von *U 444,* und es war zugleich das erste in einer bemerkenswerten Kette. Als Leutnant z. S. Albert Langfeld sich von seinem Ziel abwandte, um zu tauchen, wurde sein Boot von der *Harvester* gesichtet und gerammt. Es sank im Tauchen. Taits Zerstörer wurde aber auch so schwer beschädigt, daß er hilflos einem tödlichen Angriff von *U 432* (Kapitänleutnant Hermann Eckardt) ausgesetzt war: Tait ging mit seinem Schiff unter. Nächster auf der Szene war die französische Korvette *Aconit* (Korvettenkapitän Levasseur), die *U 432* zuerst mit Wasserbomben bewarf und so zum Auftauchen zwang, dann mit ihrem 10-cm-Geschütz auf das Boot feuerte und es schließlich rammte und versenkte. Keine der darauf noch folgenden U-Boot-Attacken, bei denen erstmals die neuen FAT-Torpedos benutzt wurden, hatte Erfolg. Aber den hatte auch die USS *Bogue* nicht zu verzeichnen, weil sie wegen des schlechten Wetters ihre Maschinen nicht starten lassen konnte und sich mitten in den umkämpften Konvoi flüchten mußte. Am Ende standen zwei versenkte U-Boote gegen vier Schiffe und eine Eskorte (mit einem der besten Eskortenkommandanten) auf der Abrechnung.

Die Gefechte um den SC 121 und den HX 228 waren zwar schon jeder für sich heftig genug gewesen, doch im Vergleich zu der gigantischen Schlacht, die sich kaum eine Woche später um den SC 122 und den HX 229 entwickelte, waren es eher sanfte Geplänkel gewesen. Sie wurde zur größten Schlacht um einen Konvoi im Zweiten Weltkrieg und stellte nach dreieinhalb Jahren erbitterter Kämpfe den Höhepunkt in der zentralen Auseinandersetzung dieses Krieges dar, und das war die Schlacht im Atlantik.

Der langsame Konvoi SC 122 bestand aus 50 Schiffen und verließ New York am 5. März. Als Eskorte diente die Gruppe B5, angeführt von dem Zerstörer *Havelock* (Commander R. C. Boyle, RN), mit einem weiteren Zerstörer von der US Navy, einer Fregatte, fünf Korvetten und einem Trawler. Der schnelle Konvoi HX 229 umfaßte 50 Handelsschiffe und ging drei Tage später in See. Eskortiert wurde er von der Gruppe B4, die dadurch geschwächt war, daß ihr regulärer Anführer mit seinem Schiff fehlte: Das Asdic-Gerät war ausgefallen. Daher war nun vorübergehend Lieutenant-Commander C. J. Luther von der Freiwilligen Reserve der Royal Navy auf HMS *Volunteer* der Kommandant des Verbandes. Dieser Offizier hatte bis dahin erst einen Geleitzug begleitet und kannte den übrigen Verband auch noch nicht, zu dem noch drei Zerstörer und zwei Korvetten gehörten. Dönitz erfuhr über seine Nachrichtenleute von den Kursen der beiden Konvois und schickte die aus acht Booten bestehende Gruppe ›Raubgraf‹ dem SC 122 entgegen. Aus Mitgliedern der Gruppe ›Westmark‹ und anderen im Operationsgebiet ankommenden Booten wurde die Gruppe ›Stürmer‹ gebildet, zu der dann am Ende 18 Boote gehörten. Sie legten hinter der ›Raubgraf‹-Gruppe einen Streifen und warteten ebenfalls auf den SC 122. Elf Boote, von denen einige aus dem ›Neuland‹-Rudel stammten, bildeten die Gruppe ›Dränger‹, die dem HX 229 den Weg abschneiden sollte. Doch ein aufkommender Sturm trieb den SC 122 über die Position hinaus, den die ›Raubgraf‹-Gruppe eigentlich einnehmen sollte, und deswegen wurde sie gegen den HX 229 umdirigiert. Doch auch da sichtete sie nur für kurze Zeit eine Eskorte am Ende des Geleitzugs, der wegen des starken Sturms auch schon aus dem Gefahrenbereich der ›Raubgraf‹-Gruppe hätte gelangt sein können. Aber das allein fahrende *U 653* — es hatte technische Probleme und befand sich auf dem Heimweg — sichtete am Morgen des 16. März den HX 229 und meldete ihn der Befehlsstelle in Berlin. Am Nachmittag hatte die ›Raubgraf‹-Gruppe aufgeschlossen. Um die Verstopfung des New Yorker Hafens aufzulösen, wurde noch ein Sonder-Konvoi der HX 22A, zusammengestellt. Beim B-Dienst stiftete das aber Verwirrung, und so konnte er ungeschoren auf die Reise gehen.

Am selben Abend wurden drei Schiffe versenkt. Am Morgen darauf bohrten drei Boote noch einmal fünf Schiffe in den Grund, so daß binnen acht Stunden acht Schiffe des HX 229 verloren waren. Als zwei Eskorten ausfielen, weil sie nach Überlebenden suchten, konnte man Dönitz melden, daß der Geleitschutz nur schwach sei. Im Laufe des 17. März stieß auch die Gruppe ›Stürmer‹ dazu. Eines ihrer Boote wurde von einem Zerstörer stark beschädigt, aber nicht versenkt. Am anderen Ende der ›Stürmer‹-Linie sichtete *U 338* am frühen Morgen den SC 122 und meldete ihn. Dann griff Kapitänleutnant Manfred Kinzel an und versenkte in kurzer Folge vier Schiffe mit fünf Torpedos. Später fiel ihm noch ein fünftes zum Opfer. Verständlicherweise war Dönitz irritiert, denn er glaubte, seine Boote hätten es nur mit einem Geleitzug zu tun, dem SC 122. Tatsächlich war aber die ›Stürmer‹-Gruppe an jedem Ende ihrer Linie an einen anderen Geleitzug geraten, während die ›Raubgraf‹-Gruppe den HX 229 von Westen attackierte und die ›Dränger‹-Gruppe nach Südwesten schlich. Zwei ›Stürmer‹-Boote versenkten gegen Mittag zwei weitere Schiffe des HX 229, aber die Eskorten, die jetzt kurzfristig Unterstützung aus der Luft erhielten — die Flugzeuge kamen über die Rekorddistanz von fast 1000 Meilen herbeigeflogen —, schreckten an diesem Tag weitere Angreifer ab. Der Blick der Piloten fiel auf eine Szene noch nie erlebter Aktivitäten: Zwei große Konvois bewegten sich, nur wenige Flugminuten voneinander entfernt, im gleichen Zick-Zack-Kurs durch den Ozean. Auch dem SC 122 blieben bis spät in den Abend des 17. März weitere Verluste erspart.

Aber bis zum Einbruch der Nacht hatte Dönitz heraus, daß seine Boote Feindberührung mit beiden Konvois gleichzeitig hatten, und so teilte er seine Kräfte entsprechend auf. Die ›Stürmer‹-Gruppe wurde halbiert und die ›Dränger‹-Gruppe auf den HX 229 angesetzt. *U 338* versenkte den Zerstörer *Granville,* der für den SC 122 Geleitschutz fuhr, und überlebte selber drei Gegenangriffe von zwei Schiffen und einem Flugzeug. Am Nachmittag des 18. März versenkte *U 221* (Trojer) zwei HX 229-Schiffe. Der Konvoi wurde von gerade fünf Eskorten gedeckt, nachdem einige beschädigt hatten abdrehen müssen oder nicht mehr genug Treibstoff hatten. Ein Ausreißer und ein Nachzügler aus dem HX 229 wurden am 18. März versenkt, und das letzte Schiff direkt aus dem HX 229 wurde am Morgen des 19. März nach zwei U-Boot-Angriffen ins Jenseits geschickt. Kurz darauf wurde *U 384* von einer ›Sunderland‹ der RAF entdeckt und durch Wasserbomben vernichtet. Es war der einzige Verlust auf deutscher Seite in einer Doppel-Schlacht, an der 90 Handelsschiffe beteiligt waren (von denen 20 versenkt wurden) und 38 U-Boote (von denen nur eines verloren ging); insgesamt 16 Schiffe waren

Eskorte gefahren (wenn man Auslaufen und Ankunft mitrechnet), von denen eines versenkt wurde und ein einzeln fahrender Trawler im Sturm unterging. In dieser Schlacht versanken 146 000 BRT Schiffsraum, was für den Atlantik einen Rekord bedeutete, und in Deutschland brach darüber großer Jubel aus. Doch die U-Boote mußten schließlich dem dezimierten Konvoi wegen der zunehmenden Luftunterstützung den Rücken kehren.

Der Admiralität kann man nachsehen, daß sie zu diesem Zeitpunkt glaubte, ein Ausweichen auf andere Routen — entsprechend den Erkenntnissen von ›Ultra‹ (das ab dem 10. März für neun Tage ausfiel, als die Deutschen ein neues Kurzsignalbuch in Gebrauch nahmen) — sei bei der großen Anzahl in See stehender U-Boote nicht mehr hilfreich. Was den Engländern wirklich Sorge machte, war der Umstand, daß nicht weniger als zwei Drittel aller Schiffsverluste im schwarzen Monat März des Jahres 1943 innerhalb oder in der Nähe von Geleitzügen passiert waren (72 von 108, die auf das Konto der U-Boote gingen). Die Verluste im März 1943 waren außerdem mit großem Abstand die höchsten seit November 1942. Die Zahl der allein fahrenden Schiffe — der beliebtesten Ziele der U-Boote — war im März dagegen zwar auf 28 geschrumpft, doch 22 davon hatten die U-Boote erwischt (das waren 79 Prozent; im Vergleich dazu verloren Konvois nur vier Prozent ihrer Schiffe, wenn sie angegriffen wurden — und das passierte nur einer Minderheit von ihnen). Hätten die Admirale den gleichen Sinn für Statistik gehabt wie Professor Blackett, hätten sie sich nicht ganz so große Sorgen gemacht. Das OIC war zudem zuversichtlicher als der Rest der Admiralität, weil es einen neuen Ton von Unentschlossenheit aus Dönitz' Funksprüchen an seine Boote herauslas. Was die Engländer nicht wußten: Wenn die U-Boot-Kommandanten heimkehrten, klagten sie über die starke Luftunterstützung der Konvois — eine seltsame Ironie, wenn man bedenkt, wie schwer es die Admiralität den ganzen Krieg hindurch ausgerechnet damit hatte, eine angemessene Deckung aus der Luft sicherzustellen.

Dieses Problem sollte aber auch endlich gelöst werden. Die wichtigste Konvoi-Konferenz der Alliierten in diesem Krieg fand in Washington statt, als sich die Krise im Atlantik gerade entfaltete. Die Konferenz begann am 1. März mit einem Mißton, als Admiral King einer schockierten britischen Delegation unter der Leitung von Admiral Noble kurz und bündig erklärte, er plane, die wenigen Streitkräfte der US-Navy, die auf der Hauptroute durch den Atlantik operierten, zurückzuziehen. Offenbar schwärte die acht Monate alte Wunde des PQ 117-Desasters, an dem amerikanische Flotteneinheiten und Handelsschiffe beteiligt gewesen waren, noch immer in ihm und hatte seine bereits ausgeprägte Anglophobie und seine Abneigung gegen multinationale Eskorten-Verbände noch verstärkt. Amerikanische Schiffe würden nun nur noch auf den zentralen Atlantik-Routen und auf der Tanker-Route von Aruba nach Großbritannien Geleitschutz fahren. Als dikkes Trostpflaster bot er der Admiralität eine sechste Unterstützungsgruppe (die *Bogue* und fünf Zerstörer) an. Sie sollte die fünf Gruppen ergänzen, die England gerade als ›Feuerwehr‹ aufbaute, um bedrohten oder angegriffenen Konvois schnelle Hilfe zukommen zu lassen. Entsprechend sollte die Rolle der kanadischen Flotte beim Geleitschutz auf der nördlichen Route verstärkt werden.

In seiner bemerkenswerten Analyse des Wertes von Schiffen und Flugzeugen als Eskorten hatte Professor Blackett vorausgesagt: »Ganz grob gerechnet, könnte 1943 eine Streitmacht von 200 Längststreckenflugzeugen mindestens 400 Schiffe (zwei Millionen BRT) schützen.« Nur Längststreckenflugzeuge konnten die Lücke südlich von Grönland abdekken, wo die U-Boote den Großteil ihrer Opfer versenkten. Doch zu diesem Zeitpunkt war keine einzige ›Liberator‹ irgendwo westlich von Irland stationiert; das Küstenkommando verfügte nur über drei Staffeln mit einer Sollstärke von 52 Maschinen; die Kanadier hatten zwar Piloten, aber keine entsprechenden Flugzeuge; alle amerikanischen ›Liberators‹, die nicht im Pazifik eingesetzt waren, bombardierten entweder Deutschland oder Nordafrika; und selbst wenn man seine 66

Maschinen mit nicht ganz so großer Reichweite dazurechnete, brachte es das Küstenkommando nur auf etwas mehr als die Hälfte der von Blackett verlangten Stärke. Ersatz für die ›Liberators‹ war nur verzweifelt schwer zu bekommen, und so mußte das Küstenkommando vorsichtig Grenzen ziehen, wenn es um den Schutz für bedrohte Konvois ging. Das bedeutete, daß sie oft zu spät kamen. Nichts war aus dem Vorschlag der Konferenz von Casablanca geworden, daß 80 Längststreckenmaschinen zur Abdeckung der atlantischen Luftlücke abgestellt werden sollten — der Hauptgrund dafür war, daß King Casablanca effektiv zu untergraben versuchte und damit auch die Einigung der Alliierten auf den Grundsatz ›Germany first‹; statt dessen versorgte er vorrangig seine pazifische Front mit den wichtigsten Längststreckenflugzeugen. Seine Verstocktheit hatte zusammen mit der Gier des Bomberkommandos nach Maschinen zu einer ernsthaften strategischen Bedrohung der alliierten Lebensader geführt. Was drohte, war, daß die gewaltigen Kosten, die der Bau von Tausenden von Handelsschiffen und Hunderten von Kriegsschiffen zu deren Schutz verursachte, wegen ein paar Dutzend neuer Flugzeuge in den Wind geschrieben wurden — für ein paar Dutzend unter den Zehntausenden von Flugzeugen, die in den Krieg geworfen wurden. Die Konvoi-Konferenz vom März 1943 einigte sich nun darauf, daß 20 ›Liberators‹ an die Royal Canadian Air Force gingen. Doch es bedurfte erst einer direkten Intervention Roosevelts noch im selben Monat, ehe das letzte Schlupfloch im alliierten Verteidigungssystem gegen die deutschen U-Boote geschlossen war. Jetzt schickte die US Navy 60 ›Liberators‹ in den Nordatlantik, die US Army Air Force noch einmal 75 und die RAF 120. Die ersten 20 kamen in den letzten zehn Tagen des März zu ihrem ersten Einsatz.

In den ersten zwanzig Tagen dieses nervenaufreibenden Monats gingen mehr als eine halbe Million BRT Schiffsraum verloren (95 Schiffe, 41 von ihnen in den ersten zehn Tagen, 54 in den weiteren zehn). In den restlichen Tagen wurden weltweit noch einmal 25 Schiffe (ungefähr 175 000 BRT) versenkt — und das war ein auffälliger, um nicht zu sagen entscheidender Rückgang. 108 der 120 versenkten Schiffe gingen auf das Konto der U-Boote. 82 von ihnen gingen im Nordatlantik verloren. Die Tatsache, daß zwei Drittel der von U-Booten versenkten Schiffe sich innerhalb oder in der Nähe eines Konvois befanden, war Folge einer Umstellung: Es fuhren kaum mehr unabhängige Schiffe. Wenn ein U-Boot also ein Opfer suchte, mußte es einen Konvoi angreifen, und es gab mehr als genug Boote, um große Rudel aus ihnen zu bilden. Die einzig wirksame Abschreckung gegen sie war die ununterbrochene Luftunterstützung. Diese Lektion hatte man gelernt — gerade noch rechtzeitig. Admiral Horton konnte für die Western Approaches noch vor Ende des Monats drei neue Geleitträger in Empfang nehmen, denn sie waren das zweite Werkzeug zur Schließung des Grönlandlochs. Der erste Träger, HMS *Biter,* wurde der neuen 5. Unterstützungsgruppe zugeteilt. Diese Gruppen bestanden sonst aus Zerstörern.

Weltweit verloren die Alliierten im März 1943 an die 693 000 BRT. Das waren 72 Prozent mehr als im Februar. 627 000 BRT wurden durch U-Boote versenkt — das war nach dem November 1942 die zweithöchste Zahl. Allein im Nordatlantik gingen 476 000 BRT unter, größtenteils Konvoischiffe. In den fünf Monaten vom Ende des ›Paukenschlags‹ bis zum Jahresende 1942 wurden 51 U-Boote durch alliierte Schiffe und Flugzeuge auf den Grund des Meeres geschickt. Das waren durchschnittlich etwa zehn bzw. die Hälfte der deutschen Neuproduktion. Einige andere Boote gingen durch Unglücke verloren. Höhepunkt war der Oktober, als 15 Boote versenkt wurden, und den niedrigsten Stand brachte der Dezember mit nur fünf verlorenen Booten. Die gleiche Zahl wurde im Januar vernichtet, doch im Februar sprangen die Verluste wieder auf 18 Boote, was für den bisherigen Krieg einen Rekord bedeutete. Im März waren es zwölf.

Am 13. Februar unterbreitete Dönitz Hitler seine Vorschläge zur angeordneten Verschrottung der Dickschiffe. Größtenteils sollten sie tatsächlich ausgemustert werden, und der Neubau und die Aufrechterhaltung der U-Boot-Flotte sowie die Rekrutierung ihrer Besatzung sollten absoluten Vorrang genießen. Zusätzlich bat der neue Chef der deutschen Kriegsmarine um mehr Luftunterstützung. Er war von Anfang an entschlossen gewesen, sich von Göring nicht weiter schikanieren zu lassen, sondern dem ständig ränkeschmiedenden Chef der Luftwaffe Paroli zu bieten. Auch schien Dönitz geschickter im Umgang mit Hitler zu sein als die meisten anderen. Das zeigte sich nicht zuletzt am 26. Februar, als es ihm gelang, den Diktator zur Rücknahme seines Befehls auf Abschaffung der Großkampfschiffe zu bewegen. In seinen Memoiren glossierte Dönitz, wie es gerade zwei Wochen nach dem alten Befehl dazu kam:

> »Ich erklärte ihm mit kurzer, anschaulicher Begründung, daß ich seinen Befehl nicht billigen könne, und bat um seine Aufhebung. Er war peinlich überrascht, denn er hatte diese Einstellung von mir als früheren Befehlshaber der U-Boote ... nicht erwartet. Er war sehr ungehalten, aber er stimmte meiner Bitte schließlich grollend zu. Ich wurde ungnädig entlassen ...
>
> Er behandelte mich künftig mit auffallender Höflichkeit ... In meiner Gegenwart hat er weder jemals die Form verletzt noch die Haltung verloren ...
>
> Er enthielt sich künftig jedes Eingriffs in die Kriegsmarine. Er war anscheinend überzeugt, daß ich das Mögliche tun würde und daß er sich auf mich verlassen könne.«

Auf diese Weise setzte er doch noch Raeders Argument durch, man dürfe dem Feind keinen solchen großen und unblutigen Sieg in den Schoß legen. Auch bewahrte er die Docks vor dem ungeheuren Arbeitsaufwand und dem Verschenken wertvoller Werftkapazitäten, die das Abwracken gekostet hätte. Er konnte Hitler sogar überreden, 40000 ausgebildete Arbeitskräfte vom Dienst in der unersättlichen Wehrmacht freizustellen, so daß das Bauprogramm für die U-Boote eingehalten und sogar noch ausgeweitet werden konnte. Dies hatte Dönitz auch schon am 13. Februar vorgetragen, und

Hitler akzeptierte Dönitz' Wünsche ohne Murren. Das galt auch für den Ruf nach Luftunterstützung. Doch im Dritten Reich zahlte es sich aus, so viele Verbündete wie möglich zu haben. Göring rückte die Flugzeuge nie heraus, und das bewies, wieviel von den Versprechungen des Führers zu halten war. Doch Dönitz beschloß so etwas wie ein Privatbündnis mit Albert Speer, Hitlers Protégé und Rüstungsminister, das ihm genügend Nachschub an Stahl und Rohmaterial für das U-Boot-Bauprogramm sicherte.

Dönitz war sich so klar darüber wie seine Feinde, daß der plötzliche Leistungsabfall seiner U-Boote nach dem Höhepunkt des Novembers 1942 nicht allein dem schlechten Wetter im Nordatlantik zuzuschreiben war. Der B-Dienst bekam stets alle wichtigen Details über die meisten Geleitzüge heraus, aber trotz der beispiellosen Zahl von patrouillierenden Booten gelang es immer seltener, die Konvois zu orten. Beim Entschlüsseln des alliierten Funkverkehrs wurde deutlich, daß sie aus den Gefahrenzonen umgeleitet wurden. Wieder griff der Verdacht um sich, daß die deutsche Nachrichtenarbeit unsicher geworden sei. Hatten die Alliierten einen großen Sprung vorwärts bei der Funkpeilung gemacht, oder war es ihr Radar? Oder gab es einen Verräter im deutschen Lager? Viezeadmiral Erhard Maertens, der Chef des Nachrichtendienstes der Kriegsmarine, erhielt Befehl, dem nachzugehen. Nur Dönitz und sein Stabschef für den Einsatz der U-Boote, Admiral Godt, wurden von einschlägigen Befragungen und einer Überwachung ausgenommen. (Als die Untersuchung vorbei war, erlaubte sich Dönitz einen seiner seltenen Scherze und sagte zu Godt: »Jetzt können es nur noch Sie oder ich sein.«) In der Seekriegsleitung wurde die Sicherheit jetzt größer geschrieben, und die Zahl der Leute im Stab, die über Operationen ›Bescheid wußten‹, wurde um die Hälfte auf zwanzig reduziert. Die Erfolge der Alliierten wurden schließlich auf ein ausgeklügeltes Ortungsgerät zurückgeführt, wahrscheinlich Radar. Auf diesem Gebiet waren die Deutschen ja, wie sie auch selbst wußten, ein gutes Stück zurück. Im Februar 1943 kam ihnen dann einmal das Glück zuhilfe, als sie aus einem über Rotterdam abgeschossenen britischen Bomber ein komplettes H2S-10cm-Radargerät ausbauen konnten. Sofort und zu Recht nahmen die Deutschen an, daß auf See ein ähnliches Gerät in Gebrauch sei. Die Wellenlänge befand sich außerhalb des Bereichs des Metox-Radardetektors, und so bekam die Wissenschaft den Auftrag, ein klügeres Such-Gerät zu entwickeln. Das neue ›Naxos‹-Gerät kam im Oktober 1943 in Gebrauch. Kurz darauf folgte das ›Hagenuk‹, das selbst keine irreführenden Strahlen mehr aussandte.

Admiral Maertens scheint einer Antwort am nächsten gekommen zu sein, auf welche Weise die Engländer ihren Code geknackt haben mochten. Zu seinen Untersuchungen gehörte auch ein Blick in die Unterlagen über den abgefangenen feindlichen Funkverkehr. Vielleicht verbarg sich darin ein Hinweis, warum Enigma sich so zugänglich zeigte. Und so untersuchte der Nachrichtendienstchef, was die Briten über ihren deutschsprachigen *Atlantiksender* verbreiteten. Dieser Sender versuchte, mit seiner ›schwarzen Propaganda‹ die Moral der deutschen U-Boot-Fahrer zu unterminieren, und er zeigte sich außerordentlich gut informiert. Seine Sendungen enthüllten detaillierte Kenntnisse über alles, was mit den Operationen der U-Boot-Waffe und dem Leben der Mannschaften an Land zu tun hatte. Die Engländer verwendeten viel Mühe auf den Ausbau dieser psychologischen Kampfführung, und Maertens deckte diese Methoden feinfühlig auf. Der Sender, den Dönitz als ›atlantische Giftküche‹ bezeichnete, gab sich als deutsche Rundfunkstation für die Unterhaltung der U-Boot-Fahrer im Hafen und auf Landurlaub aus. Es war daher offiziell verboten, den Sender zu hören. Viele seiner Informationen besorgte er sich von Kriegsgefangenen, jenem kleinen Häuflein Glücklicher, die die Vernichtung ihres U-Boots überlebt hatten. Das Subversive an seiner Arbeit war, daß er über Themen wie Bewaffnung und Ausrüstung berichtete, die als streng geheim galten. Der Sender schien alles zu wissen, von Ordensverleihungen bis zu den Ergebnissen sportlicher Wettkämpfe zwischen den Besatzungen an Land.

Der große taktische Sieg der Deutschen in der Schlacht um die Konvois SC 122 und HX 229 verführte beide Seiten zu falschen Folgerungen. Daß man im größten derartigen Gefecht des Krieges nur ein U-Boot im Vergleich zu 21 Handelsschiffen verloren hatte, konnte kaum anders genannt werden als ein überragender Triumph für die Wolfsrudel. Für die Eskorten und jene Männer, die für ihren Einsatz verantwortlich waren, war es eine Katastrophe. Sie entnervte die Royal Navy so sehr, daß für kurze Zeit sogar wieder die größte Ketzerei zum Ausbruch kam, die es im 20. Jahrhundert für die Kriegsmarine geben konnte: Man meinte nämlich plötzlich wieder, Geleitzüge seien ein Anachronismus. Auf beiden Seiten lagen noch gar nicht alle Fakten auf dem Tisch, und schon schritt man zur Analyse. Erst die Abfolge der Ereignisse konnte dann belegen, daß der Ausgang der Schlacht trügerisch gewesen war. Der erste Geleitträger, der einen Nordatlantik-Konvoi begleitet hatte, die USS *Bogue,* war nämlich wegen der orkanartigen Stürme ein Ausfall gewesen. Das unbeabsichtigte Verschmelzen der beiden Geleitzüge zu einem einzigen Angriffsobjekt war ebenfalls wetterbedingt gewesen und hatte den Deutschen dabei geholfen, Unruhe zu stiften. Ihnen wurden Ziele wie aus dem Füllhorn geboten: Die Hälfte der Boote kam zu Treffern, während normalerweise in einer Rudel-Attacke nur ein oder zwei Boote den Hauptschaden anrichteten. Fast alle beteiligten Boote wurden mit Wasserbomben eingedeckt, mehr als die Hälfte wurden beschädigt, zwei sogar schwer. Selbst im Kriegstagebuch des Führers der U-Boote machte man schon im Moment des offenbaren Triumphs daher gewisse Einschränkungen. Die ständige Dekkung aus der Luft hätte beispielsweise dazu geführt, daß am 17. März nur fünf Boote zu einem Unterwasserangriff gekommen seien. Die immer weiter zunehmende Luftunterstützung hätte außerdem dazu geführt, daß in der Nacht zum 18. März die Fühlung zu den Geleitzügen verloren gegangen sei. Wetter und Sichtverhältnisse hätten das ihre dazu beigetragen, daß nur ein Boot Erfolg gehabt hätte. So hätte am Morgen des 20. März die Aktion schließlich abgebrochen werden müssen.

Gleichzeitig dachten die Deutschen, sie hätten noch zehn Schiffe mehr versenkt als die ohnehin ungeheure Menge, die ihnen tatsächlich zum Opfer gefallen war. Das war ein immer wiederkehrender Fehler, der aber nichts mit Propaganda zu tun hatte. Auch die Engländer schätzten die Zahl der versenkten U-Boote immer zu hoch ein, und das trotz der offiziellen Skepsis, die quasi schon in ihre Schätzungen eingebaut war. Die Deutschen wiederum setzten spektakuläre Treffer, ohne daß die Schiffe wirklich untergingen, oder sie trafen dasselbe Schiff mehrfach; manchmal kamen die Torpedos sogar von verschiedenen Booten. Diese unvermeidlichen und die Ziffern in die Höhe treibenden Irrtümer verführten sie zu der Annahme, sie seien dabei, den Tonnagekrieg zu gewinnen, während das in Wirklichkeit gar nicht mehr der Fall war. Nur die Alliierten selber wußten genau, welche Schiffe sie vermißten, was umgekehrt für die Deutschen und ihre Boote natürlich auch galt.

Ein baldiger, wenn nicht gar endgültiger Trost wurde den Alliierten durch das nächste Paar nach Osten laufender Geleitzüge Ende März zuteil. Zwischen dem SC 123 und dem HX 230 ging nur ein Nachzügler verloren, und der *Bogue*-Verband, Admiral Kings Zugeständnis an die Eskorten, konnte beiden nacheinander dort Schutz bieten, wo es bis vor kurzem noch ein Grönlandloch gegeben hatte. Zur selben Zeit konnte Admiral Horton 27 Eskorten von der Home Fleet abzweigen und in fünf neuen Unterstützungsgruppen in den Kampf schicken. Die fünfte Gruppe wurde um den ersten Geleitträger, HMS *Biter,* gruppiert, der für die Royal Navy in Amerika gebaut worden war. Sein Schwesterschiff *Dasher* wurde am 27. März auf tragische Weise durch eine Treibstoffexplosion vernichtet.

Im April hielten sich die Verluste bei vergleichsweise moderaten Ziffern auf beiden Seiten die Waage. Fünfzehn versenkten U-Booten standen im Nordatlantik 39 versenkte Handelsschiffe mit 235 000 BRT gegenüber (von weltweit 345 000 BRT mit einem Anteil von 328 000 BRT auf dem Konto der U-Boote). Noch einmal verbarg das Wetter vor den Augen beider Seiten, wohin das Pendel ausschlagen würde, und erst ganz am Ende dieses Monats kam es dann zu den beiden schwersten Zusammenstößen.

Dönitz entschloß sich im April, wieder einmal auf seine altbewährte Variante zurückzugreifen, was er immer tat, wenn er das Gefühl hatte, den Feind in einem Augenblick mangelnder Wachsamkeit zu erwischen. Er schickte seine Boote auf die zentrale Atlantikroute nach Sierra Leone und deren Ableger. Der Küstenkonvoi TS 37 von Takoradi an der Goldküste (jetzt Ghana) nach Freetown in Sierra Leone bestand aus 18 Schiffen mit einer Korvette und drei Trawlern als Eskorte. Er wurde von *U 515* (Kapitänleutnant Werner Henke, Träger des Ritterkreuzes mit Eichenlaub) gesichtet, aber seine Meldung wurde von den Eskorten abgefangen. Statt die Funkstille zu durchbrechen, gaben sie einer vorbeifliegenden RAF-Maschine auf Patrouille Lichtsignale und baten um Verstärkung. Als endlich drei Zerstörer aus Freetown eintrafen, hatte Henke in der Nacht vom 30. April zum 1. Mai ganz allein sieben Schiffe versenkt, fünf davon binnen fünf Minuten. Es war ein einsamer Erfolg in dieser Gegend, in die die Engländer daher auch schnell Verstärkung schickten, aber es blieb eine bemerkenswerte Tat.

Am 29. April wurde der nach Westen laufende langsame Konvoi ONS 5 (ein neuer Name für eine alte Route) 500 Meilen östlich von Kap Farvel an der Südspitze von Grönland gesichtet. Wieder störte ein extrem schlechtes Wetter die Vorbereitungen beider Seiten auf die bevorstehene Schlacht. Die Hochsee-Eskorte verlor ihren Anführer, als der Zerstörer *Duncan* nach St. John's abdrehen mußte, um nachzubunkern. An dem Tag, als die Deutschen den Geleitzug sichteten — was die Engländer wiederum abfingen und entschlüsselten —, ging die 3. Unterstützungsgruppe aus fünf Zerstörern vom selben Hafen aus zur Verstärkung in See. Er brauchte drei Tage, ehe er den parallel hin- und hergetriebenen Konvoi fand. Am 4. Mai mußten auch zwei Zerstörer der Unterstützungsgruppe abdrehen, weil ihnen der Treibstoff ausging. Als nächste verließ die 1. Unterstützungsgruppe St. John's — ein

Sloop, ein Kutter und drei Fregatten. Erst am 6. Mai fanden diese Schiffe Anschluß zum ONS 5. Inzwischen hatte Dönitz das größte Rudel zusammengestellt, das der Krieg je gesehen hatte: die Gruppe ›Fink‹, nicht weniger als 40 Boote in zwei parallel liegenden Streifen zwischen Grönland und Neufundland.

Der Geleitzug aus 43 Schiffen verlor seinen ersten Frachter am 29. April. Am 4. Mai versenkte eine ›Catalina‹ von der kanadischen Luftwaffe *U 630.* Das Boot lag vor einem durcheinandergewürfelten Konvoi auf der Lauer, der die größten Schwierigkeiten hatte, beisammen zu bleiben. Am Abend dieses Tages geriet der ONS 5 mitten in die ›Fink‹-Formation, und über Nacht hatte er sieben Schiffe weniger. Im Gegenzug konnten die Eskorten wenigstens sieben U-Boote beschädigen. Am Morgen wurde *U 192* versenkt. Alle Angriffe im Laufe des 5. Mai wurden zugerückgeschlagen, und nach Einbruch der Dunkelheit wurde *U 638* vernichtet. Gleiches geschah drei weiteren Handelsschiffen. In den frühen Morgenstunden des 6. Mai wurde *U 531* versenkt. Zwei Stunden später wurde *U 125* gerammt und sank in die Tiefe. Dann traf die 1. Unterstützungsgruppe ein und ließ prompt *U 438* von der Bildfläche verschwinden. Für die Beute von zwölf Handelsschiffen hatten die Deutschen den hohen Preis von sechs verlorenen Booten zu bezahlen. Ein weiteres, nämlich *U 710,* war kurz nach dem Auslaufen des Konvois vom Küstenkommando versenkt worden, und auch *U 439* und *U 659* gingen verloren, als sie während der massierten Attacken des 4., 5. und 6. Mai in der Nähe des Konvois kollidierten. Selbst ohne diesen nicht verdienten Bonus errangen die Eskorten des ONS 5 einen gewaltigen taktischen Sieg in einer der größten Geleitzugschlachten, die unter den schlimmsten Bedingungen ablief.

Die Deutschen gaben trotz der vielen beim ›Fink‹-Unternehmen beschädigten Boote nicht auf. Sie gingen vielmehr auf Südkurs, um ein nach Osten laufendes Konvoi-Paar, den HX 237 und den SC 129, anzugreifen. Sie versenkten drei Schiffe, verloren selber aber auch drei Boote. Das war ein höchst unproduktiver Tausch. Jetzt stieg den Engländern der Siegesgeruch in die Nase, und ihren Optimismus bestärkten zweifellos die Ereignisse rund um den ostwärts laufenden SC 130. Anführer seiner Eskorte, der höchst erfahrenen B7-Gruppe, war Commander Peter Gretton. Der ließ den Konvoi-Kommodore, Captain Forsythe, wissen, daß er einen wichtigen Termin in England habe — es handelte sich um seine Hochzeit — und deswegen keinerlei Aufenthalt dulden könne. Forsythes Antwort: Auch er habe eine kaum weniger wichtige Verabredung am selben Tag — zu einer Golfpartie. Die Fahrt der 45 Schiffe, ebenfalls unter dem Schutz der 1. Unterstützungsgruppe, nahm einen triumphalen Verlauf: Fünf U-Boote aus vier verschiedenen Rudeln wurden versenkt, drei durch Flugzeuge und zwei durch Kriegsschiffe. Nicht ein Handelsschiff bekam einen Kratzer ab. Der Commander und der Kommodore hatten am Ende reichlich Zeit, ihren Verpflichtungen nachzukommen. Unter den versenkten U-Booten war auch *U 954*, das mit allen Männern unterging: Einer von ihnen war der 20jährige Oberleutnant z. S. Peter Dönitz, der jüngere Sohn des Chefs der deutschen Kriegsmarine. Das Kriegsglück hatte sich in der Schlacht im Atlantik gewendet, und das wurde endgültig deutlich, als alle anderen vier Konvois, die Dönitz im Mai angreifen ließ — insgesamt 161 Schiffe —, ungeschoren durchkamen, während die Angreifer sechs Boote verloren.

58 Handelsschiffe (299 000 BRT) gingen im Mai durch feindliche Angriffe weltweit verloren. 50 Schiffe (265 000 BRT) wurden von U-Booten versenkt, und 164 000 BRT (34 Schiffe) gingen im Nordatlantik unter. Diese Rückkehr zu der relativ geringen Versenkungsrate des Januars machte den Mai zum zweiten Monat in Folge, den ein steiler Rückgang in den Verlusten auszeichnete, und das gerade zu dem Zeitpunkt, als die U-Boot-Flotte ihre operative Spitze erreichte (240 Boote am 1. April, 207 am 1. Juli). Es gibt noch eine Zahl, die den Wandel besser als alle anderen deutlich macht. Im Mai 1943 verlor Deutschland 43 U-Boote, davon 38 durch Feindeinwirkung — das waren mehr als doppelt so vie-

le wie in dem bis dahin schlimmsten Monat (18 im Februar 1943) und etwa um das Doppelte über der Neubaurate.

Einen spürbaren Anteil daran hatte eine neue Luftoffensive über der Biskaya. Das verbesserte Radar ermöglichte diese Initiative der RAF, und sie wurde dabei von der australischen Luftwaffe unterstützt. Im April wurden wieder intensive Patrouillen geflogen und ein U-Boot versenkt. Auf der weniger ertragreichen Transit-Route nördlich von England wurde ein Boot beschädigt. Im Mai wurden in der Biskaya sechs Boote versenkt, was die Neuorganisation der Patrouillenflüge durch Air Chief Marshal Sir John Slessor rechtfertigte, der im Februar als Nachfolger Jouberts die Führung des Küstenkommandos übernommen hatte. Dönitz erschütterten diese ständigen Schläge gegen seine Boote, die das ASVIII-Radar möglich machte, ohne daß er bislang eine Antwort darauf wußte. Ende April mußte eine ganze Reihe von Booten als beschädigt registriert werden, und alle waren in ihrer Bewegungsfreiheit eingeschränkt und kamen nur noch langsamer voran, weil sie stets über längere Perioden getaucht fahren mußten. Das ließ Dönitz, wie der britische Historiker Roskill sich ausdrückt, »wohl seinen schwersten Fehler in diesem Krieg« machen. Er gab allen Booten den Befehl, nachts getaucht zu bleiben und bei Tag nur solange aufzutauchen, wie das zum Nachladen der Batterien nötig war. Nachdem die Boote ein mit dem neuen Radar ausgerüstetes Flugzeug nicht mehr durch Einfangen seiner Radarstrahlen orten konnten (zugleich wurde damit das ›Leigh-Light‹ fast überflüssig), waren sie nämlich nachts völlig blind. Zumindest tagsüber konnte der Ausguck aber eine anfliegende Maschine noch entdekken. Diese Änderung alter Taktiken hatte zur Folge, daß die Flugzeuge nachts nicht mehr so viele Boote sichteten, um so mehr aber bei Tage.

Nachdem es *U 333* (Korvettenkapitän Peter Cremer) im März gelungen war, über der Biskaya eine ›Wellington‹ abzuschießen, ließ Dönitz auf allen Booten die Bordgeschütze verstärken, und ein paar von ihnen wurden mit noch schwereren Flak-Geschützen bestückt. Die Kommandanten wurden ermutigt, sich zu Gruppen von drei oder mehr Booten zusammenzuschließen und über Wasser den Kampf mit den Flugzeugen aufzunehmen. All diese verzweifelten Schritte wurden im April unternommen und leiteten damit ein, was dann im Mai in der Biskaya zu bis dahin nicht erlebten Verlusten führte. Außerdem wurden viele weitere Boote beschädigt. Für all den Schrecken, den die Deutschen mit ihrem uneingeschränkten U-Boot-Krieg verbreitet hatten, drohte ihnen nun die schreckliche Vergeltung. Die Luftwaffe, die in der Vergangenheit so erbärmlich wenig Beistand geleistet hatte, als es noch möglich gewesen wäre, mußte nun mit den alliierten Luftstreitkräften um die Kontrolle des Biskaya-Raumes kämpfen. Gegen ununterbrochene Flieger-Patrouillen waren die gegenwärtigen U-Boote ziemlich hilflos, weil sie, wenn sie selber Fahrt machen mußten, nur wenige Stunden getaucht bleiben konnten. Zugleich waren die Flugzeuge des Gegners jetzt besser bewaffnet und ausgerüstet, und auch die Ausbildung der Besatzungen war inzwischen auf der Höhe.

Es war eine Lehrstunde über den Wert des Flugzeugs als U-Boot-Abwehrwaffe. In den letzten Tagen des Ersten und zu Beginn des Zweiten Weltkrieges war es ein unangenehmer Störfaktor gewesen: Die U-Boote mußten tauchen, ihre Geschwindigkeit nahm rapide ab und damit die Chance, ein Schiff vor das Torpedorohr zu bekommen. Schon vor der großen Krise im Atlantik war es dann zu einem wirksamen U-Boot-Zerstörer geworden, und das hatten die Royal Navy und die deutsche Kriegsmarine eher heraus als ihre Brüder von den Luftstreitkräften. Aber die Führungen der beiden Waffengattungen rangelten in Deutschland wie in England und Amerika so lange um Kompetenzen, daß auf beiden Seiten unnötig hohe Verluste hingenommen werden mußten — nur wegen einer Handvoll Staffeln. Mit Blick auf England und Deutschland haben wir diesen Konflikt schon behandelt; aber er war nicht weniger auch für die Vereinigten Staaten ein Problem.

In dieser kritischen Phase des U-Boot-Kriegs fiel New York eine besondere Rolle zu. Es löste die Rolle von Halifax als westliches Zentrum für die Zusammenstellung der Konvois ab, die in den Nordatlantik entlassen wurden. Diese organisatorische Umstellung ging im September 1942 vor sich, als der Hafen von New York zum größten und verkehrsreichsten der Welt ausgebaut war.

Der Beitrag Amerikas zum U-Boot-Krieg erlebte nun seine große Veränderung durch das Auftauchen der 10. US-Flotte. Seit dem Herbst 1942 hatte es vereinzelt Diskussionen darüber gegeben, ob man ein alles umfassendes Oberkommando für die gesamte Atlantikschlacht bilden sollte, zuständig für die Bewegungen aller Streitkräfte — der amerikanischen, britischen und kanadischen — an Land, in der Luft und auf See. Doch Kanada hatte aber gerade mit Erfolg ein eigenes Oberkommando, das ›Canadian North-West Atlantic‹ mit Admiral Murray an der Spitze, durchgesetzt. Die Engländer sahen keinen Anlaß, ihre U-Boot-Abwehrkräfte, an denen ihr Überleben hing, unter ein fremdes Kommando zu stellen; wie wichtig ihnen gerade diese Streitkräfte waren, bewies allein schon, in welchem Ausmaße das britische Kabinett selbst in ihre Führung eingriff. Daß die Western Approaches, die Home Fleet, das Küstenkommando und andere Kommandos im operativen Bereich von der Admiralität kontrolliert wurden, hatte sich als notwendig erwiesen. Die Amerikaner wiederum mit ihrer wachsenden Verpflichtung, den Krieg gegen Deutschland zu gewinnen, hätten einen britischen Oberbefehlshaber nicht toleriert. Dafür hing die Aufrechterhaltung der transatlantischen Lebensader schon viel zu sehr von ihnen ab. Die Konferenz von Casablanca spiegelte das Gleichgewicht zwischen dem aufgehenden Stern der amerikanischen Weltmacht und der zeitweiligen anglo-kanadischen Partnerschaft als dem Rückgrat der Schlacht im Atlantik. Weltweit hatte sich die Praxis durchgesetzt, daß auf jedem Kriegsschauplatz das Land den Oberbefehl hatte, das jeweils den größten Beitrag leistete. Demgemäß hatte im Südwest-Pazifik der amerikanische General Douglas MacArthur das

Kommando und im übrigen Pazifischen Ozean Admiral Chester Nimitz von der US-Navy. Admiral Lord Louis Mountbatten hatte die Verantwortung in Südost-Asien, und General Eisenhower schließlich leitete den Angriff auf Westeuropa.

Auf Casablanca folgte die Konvoi-Konferenz von Washington, und die ließ es dabei, daß alle drei Alliierten den Krieg zur See eigenständig führten. Kooperiert wurde nach Aufteilung der Verantwortlichkeiten entsprechend den alten breit angelegten Regeln. Am 6. April ernannte Admiral King Konteradmiral Francis S. Low zu seinem stellvertretenden Chef des Stabes und Verantwortlichen für die U-Boot-Abwehr. Low empfahl, die gesamte amerikanische U-Boot-Abwehr unter das Atlantikkommando von Admiral Ryal E. Ingersoll zu stellen, aber am 1. Mai 1943 zog King die Sache einfach an sich, indem er den Chefs des gemeinsamen Stabes die Bildung der 10. Flotte verkündete. Abgesehen von der überfallartigen Art seines Schrittes zeigte King damit, über was für administrative Qualitäten er verfügte. Es war eine Flotte ohne Schiffe, ihr Chef glänzte durch Abwesenheit (King trug nur den Titel des Oberkommandierenden, während Low als Chef des Stabes die Arbeit machte), aber sie übte Kontrolle über alle ›Sea-Frontiers‹ am Atlantik aus, über alle Schiffe, Marineflugzeuge und Küsteneinrichtungen, die mit der U-Boot-Abwehr bis zum 40. Breitengrad zu tun hatten. Die 10. Flotte übernahm die strategische Verantwortung für die amerikanischen Kriegsanstrengungen im Atlantik, während Admiral Ingersolls Kommando die taktische und operative Kontrolle über die Eskorten und die Unterstützungsgruppen ausübte.

In seiner umfangreichen Geschichte der britischen Kriegsführung zur See sprach Captain Stephen Roskill auf seine gewohnt bedachtsame Art folgendes Verdikt: »Nach Ansicht des Autors sind wir im frühen Frühjahr des Jahres 1943 sehr knapp einer Niederlage im Atlantik entkommen; und hätten wir eine solche Niederlage erlitten, würde das Urteil der Geschichte lauten, daß es in der Hauptsache zwei zusätzliche

Staffeln Längststreckenflugzeuge waren, die zum Schutz der Geleitzüge gefehlt hätten.«

Aber die Flugzeuge kamen, und die Niederlage blieb aus. Die Schlacht ging nicht verloren, nur weil irgendwo ein einziger Nagel fehlte. Statt dessen wurde die geringfügige Verstärkung der Luftunterstützung genau im kritischen Moment zum letzten Nagel im Sarg der deutschen Hoffnungen auf einen Sieg im Westen und damit den Gesamtsieg im Krieg. Die Waage senkte sich endgültig von den U-Booten zu den Eskorten. Es war das schwer erkämpfte Ergebnis einer immensen Verteidigungsanstrengung, an der Kriegsschiffe, Flugzeuge, Schiffswerften, die Arbeit von Wissenschaftlern und der Nachrichtendienst ihren Anteil hatten — und all die Männer auf den Schiffen der Kriegs- und Handelsmarinen Englands, Amerikas, Kanadas und der freien europäischen Alliierten. Der Vormarsch der Deutschen war nun an allen Fronten zum Stehen gebracht, oder man befand sich bereits auf dem Rückzug. Die Kapitulation der Achse in Nordafrika Anfang Mai öffnete der alliierten Schiffahrt wieder das Mittelmeer, was wegen der Zeitersparnis, die die Benutzung des wiedereröffneten Suezkanals brachte, einen Bonus von zwei Millionen Tonnen Ladekapazität bedeutete.

Ende Mai funkte Admiral Sir Max Horton, der U-Boot-Fahrer im Amt des Kommandeurs der Western Approaches, eine Siegesmeldung an alle Einheiten:

»In den letzten beiden Monaten hat die Schlacht im Atlantik eine entscheidende Wendung zu unseren Gunsten genommen ... Alle Eskorten-Verbände, Hilfsverbände, Geleitträger und ihre Maschinen wie auch die Flugzeuge von den verschiedenen Luftkommandos haben zu diesem großen Erfolg beigetragen ... Der Höhepunkt der Schlacht liegt hinter uns.«

In den letzten Tagen des Mai wurde aus dem Dialog, den Großadmiral Dönitz und seine U-Boot-Kommandanten so unbeschwert durch den Äther über dem Atlantik geführt hatten, nur mehr ein Monolog. Verschlüsselte Funksprüche der

Seekriegsleitung fragten per Morse-Code einen Kommandanten nach dem anderen nach ihrer Position und der aktuellen Lage. Immer häufiger kam keine Antwort, allein am 22. Mai waren es 31 vergebliche Funksprüche. Denen, die sich meldeten, schickte Dönitz lange und düstere Analysen der Krise, in der sich das Schlachtenglück in so wenigen Wochen gewendet hatte. Am 24. Mai ließ er seine Kommandanten draußen wissen, wie ernst die Lage im Augenblick und für die Zukunft geworden sei. Der Ausgang des Krieges hänge von der Schlacht im Atlantik ab, und dort seien die U-Boote die schärfste und absolut entscheidende Waffe der Deutschen. Mit ihr müsse weiterhin offensiv angegriffen werden. Am selben Tag dirigierte Dönitz seine Boote aus dem Nordatlantik ins ›schwarze Loch‹ südwestlich der Azoren. In seinen Memoiren schrieb er später: »Wir waren in der Atlantikschlacht unterlegen.« Doch ein paar Boote blieben im Atlantik und erzeugten zum Schein einen Funkverkehr, um die starken Eskorten der Alliierten zu binden.

Auf den anderen Kriegsschauplätzen brach der Widerstand der Sowjets auf der Krim mit dem Fall von Sewastopol im Juli 1942 zusammen; die Wehrmacht rückte gegen Stalingrad vor. Im Pazifik begannen die US-Marines im August 1942 eine lange und blutige Schlacht um Guadalcanar und überrannten im Februar 1943 endlich die japanische Garnison. Montgomerys Sieg bei El Alamein am 3. November 1942 und die ›Operation Torch‹ brachten die Deutschen in Nordafrika in die Defensive, bis der Widerstand der Achse im Mai 1943 brach. Die Russen begannen am 19. November 1942 ihre Gegenoffensive bei Stalingrad, und am 2. Februar 1943 kapitulierte die deutsche 6. Armee. Die monatelange Revolte im Warschauer Ghetto wurde am 16. Mai 1943 von den Deutschen niedergeschlagen; am gleichen Tag tauchten die ›Dam-Busters‹ der RAF über dem Ruhrgebiet auf.

Jeder Gedanke daran, daß Deutschland nun das Genick gebrochen sei, wurde von solch ominösen Entwicklungen wie dem Jungfernflug des ersten Düsenjägers der Welt, der Me 262, im Juli 1943 zerstört (acht Monate vor dem Start seines britischen Rivalen). Es erfolgte der erste Start einer V2-Rakete im Oktober in Peenemünde und der ersten V1-Raketenbombe an Weihnachten. Im Hochsommer 1953 forderte Dönitz die totale Mobilisierung deutscher technischer Erfindungskraft, die seinen U-Booten wieder die Initiative im Atlantik zurückgewinnen sollte.

6.
Juni 1943 bis Mai 1945

Deutschland am Boden, aber noch nicht ausgeschaltet — Krieg gegen die ›Milchkühe‹ — Dönitz kämpft weiter — U-Boot-Revolution — Der ›Schnorchel‹ — Der Kampf gegen das Radar — Konkurrierende Technologien — Der Sieg der Schiffbauer — Die Azoren — Der ›Pferdehandel‹ der US-Luftwaffe — Krach um die Flugzeugträger — Der langsame Tod der ›Tirpitz‹ — Die ›Scharnhorst‹ versenkt — Pound ist tot — Akustische Torpedos — ›Johnnie‹ Walker außer Rand und Band — Das letzte Wolfsrudel — Nach dem ›D-day‹ — Rückzug nach Norwegen — Neue Boote in See — Kapitulation — Die letzte Rechnung

Der große Umschwung in der Atlantikschlacht war von Dauer. Mehrere Fäden waren bei den Verteidigungsanstrengungen der Alliierten zusammengelaufen und sicherten ihn: Das war zum einen die Schließung der Luftlöcher durch die Längststreckenmaschinen und die Geleitträger, und zum zweiten das gewaltige Neubauprogramm bei den Kriegs- und Handelsschiffen, und da war drittens der Triumph der Nachrichtendienste. Hinzu kam eine Reihe von Fortschritten in der Bewaffnung und Ausrüstung. Der Sieg des Frühjahrs 1943 wurde nicht in ein paar Wochen errungen, sondern nach ununterbrochenen, 45 Monate dauernden Kämpfen. In diesen 45 Monaten war die deutsche U-Boot-Waffe ihrem Ziel, dem Zusammenbruch des Vereinigten Königreichs, mehr als einmal ziemlich nahegekommen. Aber es sollte noch einmal ganze zwei Jahre dauern, bis Hitlers Reich sich unterwerfen mußte. Der hart errungene Sieg im Atlantik mußte ständig gegen einen gefährlichen Feind verteidigt werden, der voller Ideen war, um zu Lande, in der Luft und zu Wasser die Initiative zurückzugewinnen. Zwar waren die zahlenmäßig unterlegenen Deutschen nun gefangen zwischen der langsam, aber unerbittlich vorrückenden Roten Armee und den anglo-amerikanischen Blockadevorbereitungen für eine zweite Front, aber sie waren im Sommer 1943 doch noch weit von einer Niederlage entfernt. Sie erwiesen sich in der Gegenwehr so zäh, wie sie in den ersten Kriegsjahren überwältigend angegriffen hatten. Die Alliierten mochten nun zuversichtlich sein, aufgrund ihrer immensen Überlegenheit an Soldaten, Material und Geld den Sieg über die Achsenmächte davonzutragen, aber selbstverständlich war das nicht.

Der Wendepunkt im Atlantik kam Ende März 1943, als es nirgends mehr ein Schlupfloch gab, über dem kein Flugzeug auftauchen konnte. Genau zu dem Zeitpunkt machte auch das Flugzeug-Radar die gesamte deutsche U-Boot-Flotte mit einem Schlag zu einer überholten Waffe. Die Bootstypen VII und IX waren nun ständig in Gefahr, entdeckt zu werden, wenn sie aufgetaucht fuhren. Getaucht aber waren ihre Reichweite und ihre Leistung zu gering, um Handelsschiffe zu jagen oder sich mit den immer stärker werdenden Eskorten anzulegen. Diese Boote waren im strengsten Sinne ja keine Unterseeboote, sondern tauchfähige Torpedoboote, die sich auch aufgetaucht auf ihre relative ›Unsichtbarkeit‹ verlassen konnten, solange keine Patrouillen am Himmel erschienen. Denn auch aufgetaucht hoben sie sich nur wenig gegen den Horizont ab, und vor, während und nach einem Angriff konnten sie für kurze Perioden untertauchen. Obwohl die zur U-Boot-Abwehr eingesetzten Flugzeuge jetzt auch über Waffen verfügten, mit denen sie ein einmal entdecktes Boot endgültig vernichten konnten, lag ihr eigentlicher Wert, durch das Radar enorm erhöht, aber eben in der Fähigkeit, die sie auch im Ersten Weltkrieg schon bewiesen hatten: Sie hinderten die U-Boote am Angreifen, indem sie sie zum Tauchen zwangen. Denn das reduzierte drastisch ihre Geschwindigkeit. Die Flugzeuge brachten es auf eine respektable Anzahl von eigenen U-Boot-›Abschüssen‹, aber sie ersetzten nie die Überwasser-Eskorten als erste Waffe gegen die U-Boote (wenn sie sie auch oft wirksam unterstützten). Daher versuchte die deutsche Kriegsmarine für den Rest des

Krieges alles zu tun, daß ihre U-Boote tatsächlich unsichtbar wurden. Sie arbeiteten an Schutzmaßnahmen gegen Radar- und Sonar-Geräte, sie sorgten dafür, daß sie viel länger unter Wasser bleiben und sich dort schneller fortbewegen konnten, und sie bemühten sich, die Bewaffnung zu verbessern.

Es gab in dieser Phase zwar weiterhin Zusammenstöße auf See, sogar über den Augenblick der Kapitulation hinaus, aber die Geschichte der beiden letzten Jahre der Schlacht im Atlantik ist in der Hauptsache eine der Technik. Es war eine Schlacht, die die Deutschen spielend gewannen — aber sechs Monate zu spät. Sie nahmen die Herausforderung an und entwickelten aus dem Stand eine dritte Generation von U-Booten, die jetzt auch die ersten echten Unterseeboote waren, fähig, sich monatelang unter Wasser aufzuhalten. Es gelang, obwohl sie sich den totalitären Launen der Nazi-Führung ausgesetzt sahen; den Zerstörungen, die die ungehinderten Bombardements der Alliierten anrichteten; den gewaltigen technischen Problemen; und der fortwährenden Bedrohung der Moral, mit der die U-Boot-Besatzungen in den dunklen Tagen ständig steigender Verluste zu kämpfen hatten, zugefügt von einem überlegenen Feind, bis endlich die versprochene neue Ära das Blatt wieder wenden würde. Heraus kam ein Boot, auf das die Alliierten keine Antwort parat hatten. Es wurde zum Basismodell der U-Boot-Flotten aller Siegermächte nach dem Krieg, ehe es dann vom atomgetriebenen U-Boot wieder abgelöst wurde.

So, wie der Vernichtung der *Bismarck* im Sommer 1941 ein entschlossener und erfolgreicher Schlag gegen die deutschen Versorgungsschiffe gefolgt war, folgte jetzt dem Zurückdrängen der U-Boote von der anglo-amerikanischen Versorgungslinie der Angriff auf die ›Milchkühe‹, die die Ausdauer und Wirksamkeit der Boote bei ihren Einsätzen so enorm vergrößert hatten. In dem einen Jahr von Mai 1942 bis Mai 1943 hatten die Unterseetanker fast 400 Boote auf See mit Treibstoff versorgt, ohne dabei entdeckt zu werden. Drei Tanker wurden während des Transits gesichtet und versenkt.

Als Dönitz Ende Mai seine zerstreuten Flottillen von der Hauptroute durch den Nordatlantik, die neuerdings auch permanent aus der Luft gedeckt wurde, in die Umgebung der Azoren zurückzog, waren seine zehn Milchkühe alle im Einsatz. Am 11. Juni konnte ein Funkspruch an die Tanker *U 118* und *U 460* entschlüsselt werden, die dort *U 758* treffen sollten. Er war zwar schon zwei Tage alt, aber noch frisch genug, die Amerikaner einen Angriff planen zu lassen. Die drei Boote trafen sich am 10. Juni. Dann nahmen *U 758* und *U 460* Kurs nach Nordosten, während *U 118* auf Südkurs ging, um noch vier weitere Boote zu versorgen. Zu der Zeit befand sich die ›Task Force 21:12‹ — der Geleitträger USS *Bogue* und drei amerikanische Zerstörer — mit 17 Knoten Geschwindigkeit auf der Fahrt ostwärts zu dem geplanten neuen Rendezvous. Die *Bogue* ließ hinter der Horizontlinie Maschinen aufsteigen, die *U 118* am frühen Nachmittag des 12. Juni am vorgesehenen Ort aufgetaucht fanden. Aus neun Flugzeugen wurde das Boot fast eine halbe Stunde lang mit Wasserbomben eingedeckt, bis es mitsamt seiner Treibstoffladung in einem Feuerball explodierte.

Das nächste Tankeropfer war *U 119,* das eine Patrouille des Küstenkommandos beim Auslaufen im Golf von Biskaya entdeckte. Der Pilot alarmierte ›Johnnie‹ Walkers Unterstützungsgruppe, die sich in der Nähe aufhielt und zu der Stelle eilte, wo man das Boot tauchen gesehen hatte. Die vier Schiffe, angeführt von Walkers Sloop HMS *Starling,* orteten das Boot schon bald am 24. Juni mit ihrem Asdic-Gerät. Die Gruppe war inzwischen so erfahren, daß die Entdeckung eines U-Bootes durch eines ihrer Schiffe soviel wie dessen Untergang bedeutete. Und jedes Boot, das sich in Reichweite eines der Suchgeräte dieser Gruppe befand, wurde beinahe mit Sicherheit gefunden. Mit Wasserbomben zwangen sie *U 119* zum Auftauchen, und dann rammte die *Starling* das Boot. Es gab keine Überlebenden.

Walkers letzter Fang war das Ergebnis einer tadellosen Zusammenarbeit zwischen Luft- und Seestreitkräften, eingeleitet von einer aufmerksamen RAF-Besatzung. Der nächste

Schlag gegen die U-Tanker-Flotte, die jetzt noch acht Boote umfaßte, war ein großes Ereignis. Eingefädelt wurde es wieder einmal von ›Ultra‹, nachdem man einen Funkspruch aufgefangen hatte. Bletchley Park entdeckte Ende Juni 1953, daß Dönitz eine Zehner-Gruppe von Booten des Typs IX — ›Monsun‹ genannt — auf den Weg in den Indischen Ozean geschickt hatte, wo sie vom japanisch besetzten Stützpunkt Penang in Malaya aus operieren sollten. Die Gruppe übernahm südlich der Azoren, etwa 27° Nord, 37° West, Treibstoff von *U 487*. Die amerikanische 10. Flotte mobilisierte vier Unterstützungsgruppen, von denen jede aus einem Geleitträger und drei Zerstörern bestand. Die Träger waren die *Bogue*, die *Core* und die *Santee*. Von der *Core* gestartete Maschinen fanden den U-Tanker am frühen Abend des 13. Juli aufgetaucht bei ruhiger See. Er wurde umgehend versenkt. Jetzt waren es nur noch sieben.

Die nächste gefangene ›Milchkuh‹ war die älteste: *U 459* (Korvettenkapitän Georg von Wilamowitz-Möllendorf). Flying-Officer W. H. T. Jennings von der RAF-Staffel 172 sichtete sie am 24. Juli aus seiner ›Wellington‹, mit der er gerade die Biskaya überquerte. Als der schwerfällige Bomber zum Angriff ansetzte, empfingen ihn die Deutschen mit einem Flak-Hagel, der die Maschine stark beschädigte. Jennings hielt mit der Nase seiner angeschlagenen Maschine auf das Boot zu und traf es breitseitig und tauchte den Kommandoturm in brennendes Benzin. Zwei Wasserbomben blieben zwischen den Trümmern an Deck stecken. Die Deutschen warfen die Bomben über Bord, aber sie waren scharf und so eingestellt, daß sie knapp unter der Wasseroberfläche hochgingen. Das lädierte Boot konnte sich nicht mehr rechtzeitig aus der Gefahrenzone manövrieren, und so zerschlugen ihm die Bomben den Rumpf. Der Kommandant legte Sprengladungen und ging mit dem Boot unter. 41 Deutsche und ein RAF-Mann aus der ›Wellington‹ wurden von einem britischen Zerstörer gerettet.

Ende Juli gehörten die beiden U-Tanker *U 461* und *U 462*, eskortiert von dem Kampfboot *U 504*, zu einer Gruppe von elf Booten, die in kurzen Abständen hintereinander durch die Biskaya in den Atlantik geschickt wurden. Die Zusammenstellung der drei genannten Boote war abgestimmt auf die neue Fliegerabwehr-Taktik, die Dönitz seit Mitte Juni probierte. Die Boote sollten die gefährliche Biskaya in Gesellschaft durchqueren, einlaufend gewöhnlich paarweise, auslaufend zu Dritt, so daß ihre gemeinsame Feuerkraft angreifende Flieger abschreckte oder zumindest fernhielt. Die umgehende Antwort der Alliierten war, daß sie mit den Angriffen warteten, bis sie genügend Maschinen zusammen hatten, um aus verschiedenen Richtungen attackieren zu können. Dönitz versuchte zu dieser Zeit auch noch, eine U-Boot-Variante des diskreditierten Q-Schiffs zu beleben. *U 441* wurde mit so vielen Flak-Geschützen bestückt, wie sich montieren ließen: zwei 2-cm-Vierlings-Schnellfeuerflaks und ein halbautomatisches 3,7-cm-Geschütz. Sie machten das Boot zum schwerstbewaffneten U-Boot des Krieges. Kapitänleutnant Götz von Hartmann sollte mit ihm eine breite Spur durch den Golf ziehen und Flugzeuge zum Angriff einladen, um dann mit unerwartet heftigem Feuer zu antworten. Zu seinem Pech geriet er am 12. Juli nicht an ein, sondern gleich an drei Flugzeuge. Es waren britische ›Beaufighters‹ von der 248. Staffel, die das Boot mehrfach im Tiefflug angriffen. Bei den Geschützbedienungen vorn und achtern gab es viele Verletzte. Am Ende waren zehn Tote und 13 Schwerverletzte zu beklagen, unter ihnen auch der Kommandant. Nachdem über die Hälfte der Mannschaft nicht mehr einsatzfähig war, verließen die Überlebenden die Geschütze, kletterten ins Boot zurück und schlichen unter Wasser wieder zum Stützpunkt zurück, während jetzt deutsche ›Ju 88‹ auf der Szene erschienen und die sich sammelnden britischen Flugzeuge angriffen. Zwei von ihnen wurden abgeschossen. Dönitz kam zu dem Schluß, daß ein U-Boot nicht die richtige ›Plattform‹ für den Kampf mit Flugzeugen war, aber an seiner Idee von der Verteidigung in Gruppen hielt er vorläufig noch fest. Zehn Tage später wußte er, welchen Preis es kostete, dem Gegner die Stirn zu bieten und nicht zu tauchen.

Am 30. Juli sichtete ein Flugzeug zum erstenmal *U 504* und seine beiden Begleiter in der Bucht. Es kam nicht gleich zu einem Angriff, weil die Flugzeug-Besatzung eine falsche Position durchgab. Dann entdeckten zwei Flugboote die Gruppe wieder und kreisten außer Schußweite über ihr, bis insgesamt sieben Maschinen zusammen waren. Inzwischen war auch der furchterregende Captain Walker mit Höchstgeschwindigkeit auf dem Weg dorthin. Der erste Fliegerangriff verursachte an *U 462* einigen Schaden, doch es gelang dem Boot, den zweiten Bomber so abzuschlagen, daß er in Portugal notlanden mußte. Den dritten in einer Serie von nur mittelmäßig koordinierten Angriffen flog eine ›Sunderland‹, die *U 461* mit Wasserbomben vernichtete. Das Flugzeug gehörte passenderweise der Staffel 461 an. Währenddessen feuerte *U 462* mit seinen Flaks in alle Richtungen — bis 10-cm-Granaten aus Schiffsgeschützen ihre Wassersäulen rund um das Boot setzten. Walkers Gruppe hatte aus weiter Distanz das Feuer eröffnet. Darauf verließ die Besatzung von *U 462* das Boot, nachdem sie Sprengladungen gelegt hatte. *U 504*, das nicht angegriffen worden war (das Versenken der U-Tanker hatte bei den Alliierten Vorrang), tauchte und bot sich jetzt einer von Captain Walkers ›Kriechattacken‹ dar, die er selber erfunden hatte. Ein Schiff kroch langsam die Gegend ab, suchte das getauchte Boot mit seinem Asdic-Gerät und dirigierte die anderen in eine Position, aus der dann ein zweites Schiff dem Opfer mit tödlicher Präzision einen Wasserbombenteppich in den Weg werfen konnte. Die Jagd dauerte zwei Stunden, dann war *U 504* zertrümmert. Alle Mann fanden den Tod.

Rechnet man die Gefechte andernorts hinzu, dann verloren die Deutschen an diesem einen Tag sechs Boote. Vier von ihnen wurden von Flugzeugen versenkt. Die Zerstörung aller drei Boote in der Tankergruppe war ein vernichtender Schlag für die Deutschen. Jetzt hatten sie nur noch vier ›Milchkühe‹. In weniger als acht Wochen hatte ihre Herde um 60 Prozent abgenommen. Im Juni und Juli verloren die Deutschen insgesamt 54 U-Boote, 44 durch Fliegerangriffe. Es war der Höhepunkt der hin und wieder unterbrochenen Biskaya-Offensive, die besonders in der Phase gleich nach dem deutschen Rückzug aus dem Nordatlantik intensiviert worden war. Am 2. August gab Dönitz die verheerende Gruppentaktik wieder auf und hielt alle Boote eine Zeitlang in ihren französischen Basen zurück.

Der nächste U-Tanker, dem man auf die Spur kam, war ein brandneuer: *U 489*. Eine in England stationierte kanadische Patrouille sichtete ihn am 4. August westlich der Färöer. Er fuhr seinen ersten Einsatz und wurde gleich bombardiert. Das Flugzeug mußte nach Treffern auf dem Wasser notlanden. Fünf Mann von seiner Besatzung und die ganze deutsche Mannschaft wurden von einem Zerstörer gerettet. Jetzt gab es von den zehn U-Tankern vom Typ XIV, die die Deutschen im Krieg gebaut hatten, nur noch drei, und von denen lagen zwei zur Reparatur im Dock. So konnte sich Dönitz nur noch dadurch helfen, daß er die größeren Kampfboote vom Typ IX als Ersatz für die Tanker heranzog, um die verzweifelte Lage der Boote zu bessern, die zu weit von ihren Stützpunkten entfernt waren, um mit ihrem restlichen Treibstoff noch heimzukommen. Eines von den Typ-IX-Booten, dessen neue Rolle ›Ultra‹ herausbekommen hatte, wurde am 7. August von einem Flugzeug des Geleitträgers USS *Card* entdeckt und versenkt. Vier Tage später ereilte *U 525* dasselbe Schicksal von derselben Hand. Zum drittenmal schlug die *Card* am 27. August zu, als sie *U 847* versenkte, das auch als Ersatz-Tanker eingesetzt worden war. Außerdem versenkten die Amerikaner zwei U-Boote, die sich mit den Reserve-Tankern zur Treibstoffübernahme treffen wollten, und beschädigten ein drittes. Um die traurige Geschichte der Typ-XIV-Boote zu Ende zu erzählen, sei hinzugefügt, daß die *Card* am 4. Oktober *U 460* im Mittelatlantik versenkte. *U 488* wurde dort am 26. April 1944 vom Träger USS *Croatan* aus versenkt, und *U 490*, das letzte in einer verhängnisvollen Serie, wurde ebenfalls in diesem Gebiet und von demselben Schiff am 9. Juni 1944 versenkt. Von den 17 Booten, die die Deutschen als ›Milchkühe‹ gebaut oder adaptiert hatten und die zwischen dem Frühjahr 1942 und Mai 1944 vom Stapel gelassen wurden, überlebte nur eines den Krieg — *U 219,* das sich Ende 1943 in den Fernen Osten in die von Japan kontrollierten Gewässer begeben hatte und nie mehr in den Atlantik zurückkehrte.

Karl Dönitz war alles andere als ein von Skrupeln geplagter Oberkommandierender. In einer so herausgehobenen Stellung sah er es als seine Pflicht an, die Dinge weitblickend und strategisch zu beurteilen. Das ließ ihn auch noch in diesem Stadium des Krieges die Boote hinausschicken, obwohl er wußte, daß sie eindeutig überholt waren. Die Folgen waren immer größere Verluste unter den Besatzungen. Deren Durchschnittsalter lag inzwischen unter zwanzig. So sehr er sich auch bemühte, fand er doch keine taktische Antwort auf die absolute Luftüberlegenheit der Alliierte. Andererseits hatte die deutsche Kriegsmarine im Ersten Weltkrieg, in dem Dönitz mitgekämpft hatte, zwei fatale psychologische Fehler begangen, die man auch direkt bis in das Denken von Deutschlands ›oberstem Kriegsherrn‹, Kaiser Wilhelm II., zurückverfolgen konnte. Nach der Skagerrakschlacht — als der Krieg erst zur Hälfte vorbei war — durfte die Überwasserflotte effektiv im Hafen vor sich hin rosten. Das führte dazu, daß dort ein letztes Sich-Aufbäumen gegen die drohende Niederlage gar nicht mehr möglich gewesen wäre: Es gab keinerlei Kampfmoral mehr unter den Matrosen, und in den unteren Decks brach schließlich die Revolution aus. Zweitens hatte man der U-Boot-Flotte ihre strategische Bedeutung genommen, indem man sie erst losgelassen, dann gebremst hatte, dann wieder ungehindert Krieg führen ließ, während der Kaiser zwischen der feindseligen Meinung der Weltöffentlichkeit und den Forderungen seiner Kriegskommandeure hin und her schwankte. Wilhelms Wankelmut raubte seiner technisch hervorragend ausgerüsteten Flotte die Chance auf einen Sieg oder zumindest die Möglichkeit, eine Niederlage zu verhindern — in einem Krieg, der großenteils wegen des Baus eben dieser Flotte ausgebrochen war.

Dönitz war daher entschlossen, seine Boote so gut kämpfen zu lassen, wie nur möglich. Über 400 Boote waren in Auftrag gegeben, und darunter durfte ihre Zahl für den Rest des Krieges auch nicht fallen. Der Großadmiral vertraute auf die deutsche Technik. Er baute darauf, daß sie ihm die Antwort auf alle Probleme mit den neuen Typen liefern würde, mit dem Radar und mit den neuen Torpedos. Inzwischen mußten die vorhandenen Streitkräfte ihr Bestes geben. Zumindest konnten sie enorme Kräfte an feindlichen Schiffen und Flugzeugen binden. Hätte es das nicht gegeben oder wäre es nur zu einer spürbaren Unterbrechung des U-Boot-Krieges gekommen, dann wäre Deutschland an anderen Fronten um so mehr bedroht gewesen. In einem Punkt lag Dönitz richtig: Die deutsche U-Boot-Waffe erlebte nirgends einen Verfall der Moral, ein Umstand, der um so bemerkenswerter erscheint, wenn man die letzten Phasen des Krieges studiert. Auch in einem anderen Sinne hatte der Chef der deutschen Kriegsmarine recht: Deutsche Wissenschaftler und Ingenieure fanden Antworten auf seine Fragen, und sie arbeiteten hart daran, sie in die Wirklichkeit umzusetzen. Doch Dönitz verlor das Spicl, weil Hitler seine Ideen, die vor einem Jahr und mehr schon hätten realisiert werden können, fatalerweise verzögerte. Er glaubte nämlich an einen frühen und totalen Sieg in der Eröffnungsphase des Krieges, und er verstand nichts von Strategie zur See. Wenn Hitler auch viel skrupelloser war und weniger empfindlich auf die Weltmeinung reagierte als sein Vorgänger im Ersten Weltkrieg, schwankte auch er zwischen den Forderungen der rivalisierenden Waffengattungen in der Wehrmacht, versprach jedem alles und machte kurz darauf doch weiter, wie gehabt. Gegen Ende fiel es ihm immer schwerer, Deutschlands Notlage überhaupt noch zu begreifen. Munter genehmigte er auch dann immer noch Forderungen nach Material und Menschen, als Deutschland diese in den verlangten Mengen schon lange gar nicht mehr bereitstellen konnte.

Am 31. Juli suchte Dönitz Hitler auf, um über die neuen, sehr ernsten Rückschläge im U-Boot-Krieg Vortrag zu halten und zu erklären, wie er das Heft wieder in die Hand bekommen wollte — mit neuer Taktik und neuen Waffen. Man werde weiter an der Bewältigung der Probleme beim ›Walter-Boot‹ arbeiten. Hätte man Erfolg, dann würde Deutschland tatsächlich über eine ›Wunderwaffe‹ verfügen, nach der Hitler immer heftiger verlangte, um seiner wachsenden Schwierigkeiten an allen Fronten Herr zu werden. Inzwischen müsse man sich mit einer Zwischenlösung zufrieden geben. Bis die Antriebsprobleme des Walter-Boots nicht geklärt seien, könne die Flotte jedenfalls schon die verstärkten Bootskörper einsetzen und dazu eine Idee, an der der Professor ebenfalls gearbeitet habe.

Der Rumpf der Walter-Boote hatte merklich sanftere Linien als die früheren U-Boote, und wo vorher Ecken gewesen waren, war jetzt alles abgerundet. Man machte bei der Natur Anleihen, zum Beispiel bei Meeressäugetieren wie Walen und Delphinen, die über und unter Wasser schnelle Schwimmer sind. Diese Stromlinienform wurde nach dem Krieg von allen Flotten der Welt übernommen. Die Boote waren noch konventionell angetrieben, mit Dieselmotoren für die Überwasser- und Elektromotoren für die Tauchfahrt. Aber die Deutschen hatten viel für die Reduzierung des Gewichts der riesigen Akkumulatorbatterie getan, so daß die Batterieleistung spürbar verbessert werden konnte. Es wurden zwei Typen gebaut: der Typ XXI, ein hochseetüchtiges Boot, das über Wasser 1600 BRT verdrängte (getaucht 1820), und der Typ XXIII, ein Küstenboot mit 234 BRT (getaucht 258). Das größere Boot sollte 15,6 Knoten über Wasser leisten (etwas weniger als die gut 18 Knoten des Typs IX und die 17 Knoten des Typs VIIc), aber getaucht kam es auf 17,2 Knoten. Das war mehr als doppelt so viel wie bei den älteren Typen, die getaucht nur sieben bis acht Knoten schafften. Die Küstenversion schaffte 9,7 Knoten aufgetaucht und 12,5 Knoten unter Wasser. Beide neuen Boote hatten daher viel bessere Chancen als ihre Vorgänger, auf Tauchfahrt einem Überwasser-Schiff zu entkommen. Außerdem wuchs wegen der stärkeren Batterien die Reichweite des größeren Typs auf 285 und des kleineren Typs auf 175 Meilen. Das war drei- bis viermal soviel wie bei den älteren Booten, ehe die Batterien leer waren und wieder aufgeladen werden mußten.

Wie ihre Vorgänger mußten auch die neuen Typen, Elektro-U-Boote genannt, ihre Diesel benutzen, um die Batterien aufzuladen. Der Dieselmotor braucht aber Luft, und das heißt, daß ein Boot in häufigen Abständen immer wieder auftauchen mußte, damit die Batterien erneut geladen werden konnten — tatsächlich mußten sie so viel Zeit aufgetaucht verbringen, wie möglich, und das wurde ihr Unglück, als die feindliche Luftdeckung umfassend wurde. Diese Schwäche war verantwortlich für das Massaker vom Juli 1943 in der Biskaya und für den Erfolg der von ›Ultra‹ beflügelten Unterstützungsgruppen. Die Elektro-U-Boote waren so gesehen viel weniger verwundbar, aber sie wären weiterhin hohen Gefahren aus der Luft ausgesetzt gewesen, hätte Professor Walter nicht noch etwas anderes entwickelt (wenn es diesmal auch nicht seine eigene Idee war).

Wenn wir die Elektro-U-Boote als Zwischenlösung zwischen den älteren Typen und dem revolutionären Walter-Boot mit dem Einzelmotor ansehen, dann kann man den ›Schnorchel‹ einerseits als Zwischenlösung zwischen den alten und den Elektro-U-Booten betrachten, andererseits als eine Revolution für sich. Der ursprüngliche Name für diesen Apparat war ›Snuiver‹, und das besagt auf Holländisch genau das gleiche wie das deutsche Wort. ›Kaptein-luitenant‹ J.-J. Wichers von der Königlich-Niederländischen Kriegsmarine hatte ihn 1927 erfunden. Als die Deutschen die Niederlande 1940 überrollten und die Hauptflottenbasis der Holländer in Den Helder besetzten, entdeckten sie zwei fast fertige Unterseeboote, die mit einem Doppelschlauch etwa von der Länge des Sehrohrs ausgerüstet waren. Am oberen Ende hatte er ein Kopfventil, das sich automatisch schloß, wenn es unter die Wasseroberfläche geriet. Der Schnorchel war umklappbar, wenn er nicht gebraucht wurde. Wichers Idee war im Grunde herrlich einfach (wenn auch nicht leicht in verläßliche Praxis umsetzbar). Ein Boot konnte so auch ›atmen‹, wenn es getaucht war, und nach Beseitigung der Kinderkrankheiten war damit dann der Übergang vom tauchfähigen Schiff zum wirklichen Unterseeboot gelungen: Die Notwendigkeit, zum Nachladen der Batterien aufzutauchen, war entfallen. Der Doppelschlauch des Schnorchels erlaubte dem Boot, auch unter Wasser Luft einzusaugen und die Verbrennungsgase der Dieselmaschinen auszustoßen. Das Boot konnte aber nicht nur getaucht bleiben, wenn nachgeladen wurde. Es konnte auch die Dieselmotoren selber für den Antrieb benutzen, wenn auch nur für langsame Fahrt, weil sehr viel Luft gebraucht wurde und weil in dem Augenblick, wo Wasser den Schnorchel bedeckte, das Ventil sich plötzlich schloß. Das Tiefenruder mußte also nur geringfügig verstellt werden, oder an der Oberfläche mußte es zu einem kleinen Wirbel kommen, dann saugten die Diesel in wenigen Augenblicken den Sauerstoff aus dem Boot, wenn man sie nicht sofort ausschaltete.

Bedenkt man, was dieser Schnorchel für eine revolutionäre Erfindung war — er erlaubte einem U-Boot, Tage, Wochen und sogar Monate ununterbrochen getaucht zu fahren —, dann ist man selbst im Rückblick einigermaßen überrascht, daß die Deutschen bei ihrem seit langem bestehenden Vorsprung im U-Bootbau diese Idee im Mai 1940 nicht gleich aufgenommen haben. Vier mit Schnorcheln ausgerüstete holländische U-Boote konnten fliehen und kämpften seitdem an der Seite der Engländer. Aber auch diese erkannten nicht die Bedeutung des Apparats, der in der holländischen Marine zwar noch im Versuchsstadium gewesen sein mag, dessen Nachteile aber keineswegs unüberwindbar gewesen sein dürften. Das bewiesen dann ja die Deutschen, als die Verzweiflung sie dazu trieb, sich der noch vorhandenen Probleme anzunehmen.

Nicht nur die Elektro-U-Boote sollten mit dem Schnorchel ausgerüstet werden. Anfang 1944 bekamen ihn auch die alten Typen VII und IX, und denen verhalf er zu einem neuen Leben. In der herunterklappbaren Version war er relativ leicht zu installieren. Sein Nachfolger konnte schon wie ein Sehrohr ausgefahren werden. Der Ventilkopf war mit dem bloßen Auge fast so schwer zu erkennen wie die Spitze des Sehrohrs, es sei denn, das Boot fuhr so schnell, daß er eine Bugwelle verursachte. Auch das Zehn-Zentimeter-Radar konnte so ein kleines und knapp über der Wasseroberfläche befindliches Objekt nicht erfassen. Erst die nächste Generation, das Drei-Zentimeter-Radar, war dazu präzise genug, aber das war bis weit in das Jahr 1944 hinein noch nicht im allgemeinen Gebrauch. Als der Schnorchel bei den Alliierten bekannt wurde, brach unter den Matrosen eine ›Schnorchelitis‹ aus, ganz ähnlich der ›Periskopitis‹ in den ersten Tagen des Ersten Weltkriegs. Die Folge war eine gewaltige Verschwendung von Kraft und Munition. Man mußte nur eine winzige Gischt entdecken, schon wurden mit Begeisterung Wasserbomben geworfen — es konnte sich ja um die kleine Bugwelle eines ›Snort‹ oder ›Schnorkel‹ handeln, wie die Alliierten das Gerät schon bald nannten. Professor Walters Version der holländischen Erfindung war von größter Einfachheit: Zwei flexible Schläuche wurden mit Metallbändern zusammengebunden, an einem Ende waren die Ventile, am anderen war es am Bootskörper befestigt, von dem es nach innen führte. Versuche damit begannen bereits 1942, aber daß das Ganze flexibel war, stellte sich als Nachteil heraus, und daher entschied man sich zu dem starren, umklappbaren Gerät. Das funktionierte gut genug, daß man eine Reihe von Booten im Einsatz damit ausrüstete, bis man die dritte Version entwickelt hatte: das feste, ausfahrbare Modell.

Eine Spezialausbildung diente dazu, die beträchtlichen Gefahren bei der Anwendung des Schnorchels zu verringern. Der Krach, den die Dieselmaschinen machten, ließ das getauchte Boot taub und blind werden. Daher wurden die Motoren alle zwanzig Minuten ausgeschaltet, damit man mit dem Horchgerät nach Schiffen suchen konnte. Wenn man den einen Dieselmotor für den Antrieb des Bootes, den anderen für das Nachladen der Batterien benutzte, dann reichten am Ende drei Stunden Schnorchelfahrt bei vier Knoten, um den Elektromotoren genug Kraft für einen ganzen Tag bei langsamer Fahrt zu spenden. Bei geschickter Anwendung konnte mit dem Schnorchel auch die verfaulte Luft innerhalb des U-Boots häufiger erneuert werden: Ein kurzes Schließen des Ventils bei weiter laufenden Dieseln sorgte dafür, daß die Motoren die Luft im Boot ansogen und damit den Druck senkten. Wenn das überraschend passierte, waren die Folgen höchst unwillkommen. Die Mannschaften rangen nach Luft, und die Augen traten ihnen aus den Höhlen. Es heißt, zumindest zwei U-Boot-Fahrer seien auf diese Weise erstickt. Aber wenn man das Luftventil und die Maschinen so behandelte, daß der Luftdruck um 20 Prozent sank, ehe man das Ventil wieder öffnete, dann sog das Boot frische Luft herein, ohne auftauchen zu müssen. Bei Tageslicht mußte man äußerst vorsichtig sein, um zu verhindern, daß der Auspuffschlauch Rauchwolken ausstieß, denn die hätten die Gegenwart des Bootes verraten.

All diese Entwicklungen koordinierte eine Gruppe von Wissenschaftlern und Technikexperten, die Dönitz im Sommer 1943 zusammengestellt hatte. Es war eine verspätete Imitation der britischen und amerikanischen Bemühungen. In England und den USA hatte man gleich zu Beginn der Feindseligkeiten die wissenschaftlichen Talente mobilisiert. Das erlaubte der deutschen Kriegsmarine, sich nicht mehr auf den Such-Radar der Luftwaffe verlassen zu müssen, mit dem nach Schiffen und Flugzeugen gefahndet wurde. Aber die Deutschen waren dank Hitlers anfänglichen Vertrauens auf einen totalen Sieg und dank Görings Unfähigkeit hoffnungslos auf einem Feld zurückgefallen, das die Engländer eindeutig beherrschten.

Aber was die deutsche U-Boot-Waffe viel dringender brauchte, war ein wirksames Gerät, das vor Flugzeugen warnte und ihrem wachsenden Erfolg mit dem Radar entgegentrat. Wir haben gesehen, wie die Deutschen mehrfach und gründlich die Idee zurückgewiesen hatten, ihr Code könne geknackt worden sein; dafür entwickelten sie jetzt umgekehrt vor den Fähigkeiten der Alliierten, ihre Boote zu entdecken, einen Respekt, der an Aberglauben grenzte. Sie verschwendeten eine Menge Zeit und Kraft bei der Suche nach Wegen, wie sie einer Entdeckung bei Nacht durch Infrarot-Licht entgehen könnten. Die technische Möglichkeit war zu dieser Zeit schon bekannt, und heute wird das Infrarot-Licht allgemein eingesetzt; für die Deutschen war es leider etwas, womit sich die Alliierten nicht aufhielten, weil sie beim Radar wie beim HF/DF so weit in Führung lagen — dem nächsten Gebiet, auf dem die Deutschen nun nachhinkten.

Das deutsche Metox-Gerät konnte nur die feindlichen Radarstrahlen des frühen Langwellentyps registrieren. Sein Wert war damit begrenzt, und gegen das 10-cm-Radar der zweiten Generation richtete es nichts mehr aus. Als Ende 1943 die Verluste an U-Booten zunahmen, hegten die Deutschen den Verdacht, die Metox-Strahlen könnten die Boote verraten, so daß die Flugzeuge ihr Radar gar nicht mehr einsetzen mußten, um ein U-Boot zu orten. Zwar stimmte es, daß man das Metox einfangen konnte, wenn es für längere Zeit auf immer derselben Wellenlänge sendete, aber die Gefahr verringerte sich sehr, wenn das Gerät richtig benutzt und alle verfügbaren Wellenlängen abgefahren wurden. Den Mannschaften wurde daher gesagt, sie sollten das Gerät so wenig wie möglich nutzen.

Die deutsche Nervosität auf diesem Gebiet steigerte sich, als man einen RAF-Piloten nach dem Abschuß seiner Maschine gefangennahm. Während ihn der deutsche Geheimdienst ausfragte, schaltete der britische Offizier schnell und folgerte aus der Art und dem Verlauf der Befragung, daß der Feind ernste Sorgen hatte, die Alliierten könnten über ein Gerät verfügen, mit dem sie wiederum die deutschen Erfassungsgeräte erfaßten. Statt sich darauf zu beschränken, seinen Namen, den Rang und die Dienstnummer zu nennen — was nach der Genfer Konvention alles war, was man von einem Kriegsgefangenen verlangen konnte —, beschloß der Pilot, für ein wenig Desinformation zu sorgen. Die U-Boot-Verluste hatten jetzt, Mitte August 1943, ihren Höhepunkt erreicht, da mußten die Deutschen erfahren, daß die Engländer ihre Radaranlagen in den Flugzeugen angeblich kaum benutzten;

sie verließen sich lieber darauf, ein U-Boot durch die Strahlen seines eigenen Radar-Suchgeräts zu orten. Feierlich verkündete er ihnen, diese Strahlen könnten bis auf eine Entfernung von 90 Meilen aufgefangen werden. Im Kriegstagebuch der U-Boot-Führung wird der Aussage des Piloten große Bedeutung beigemessen. Man glaubte ihm zwar nicht die Entfernungsangabe, fühlte sich aber zu Reaktionen gezwungen: Am 14. August wurde das Metox-Gerät aus dem Verkehr gezogen.

Die arglistige ›Enthüllung‹ des Piloten kam nur wenige Wochen nach der Erkenntnis deutscher Wissenschaftler, daß das Metox-Gerät tatsächlich Strahlen aussandte. Das war eine Tatsache, die manchen Stabsoffizieren in der Seekriegsleitung die wirkliche Erklärung für die derzeit schweren U-Boot-Verluste zu bieten schien. Noch glaubten die Deutschen nicht, daß das Radargerät, das sie sich Anfang des Jahres aus dem bei Rotterdam abgestürzten RAF-Bomber geholt hatten, einen praktischen Wert besaß — ein weiterer Beweis, wie weit sie auf diesem Gebiet hinten lagen. Sie beauftragten daher die Hagenuk-Gesellschaft, ein neues Radar-Suchgerät zu bauen, das den Namen ›Wanze‹ erhielt (was zum einen jenes nette Tierchen sein kann, zum anderen aber auch ein Akronym für ›Wellenanzeiger‹ ist). Ab Mitte August 1943 wurden die U-Boote damit ausgerüstet. Im November wurde sie ersetzt durch die ›Wanze G2‹, die tatsächlich keinerlei Strahlen mehr aussandte. Zur gleichen Zeit wurde das ›Naxos‹-Suchgerät, das als erstes bei den Deutschen dazu geeignet war, zentimetrische Radarstrahlen einzufangen, ausgeliefert: Die Skepsis über die praktische Verwertbarkeit des 10-cm-Radars war doch nicht groß genug, als daß man es hätte völlig ignorieren können. Anfang 1944 folgten die ›Fliege‹, ein weit empfindlicheres Erfassungsgerät gleicher Reichweite, und schließlich die ›Mücke‹, die auch mit der dritten Generation des 3-cm-Radars fertig wurde.

Während die Deutschen fieberhaft an einem verbesserten Schutz für die vorhandenen Boote arbeiteten und neue Typen entwickelten, vernachlässigten sie keineswegs die Fähigkeiten zur Offensive. Mitte 1943 war man gut mit dem ›Zaunkönig‹-Torpedo vorangekommen, der auf die Schraubengeräusche von Schiffen reagierte: dem akustischen Torpedo. Die Alliierten hatten bereits geglaubt — glücklicherweise irrten sie sich —, daß der Torpedo schon früher zum Einsatz gekommen war. (Man hatte den ›FAT‹-Torpedo, von dem zuerst ›Ultra‹ Wind bekam, für einen akustischen gehalten, während er sich in Wirklichkeit nur drehen und wenden konnte, um so mit größerer Wahrscheinlichkeit ein Ziel zu treffen.) Er war grundsätzlich für den Einsatz gegen Eskorten gedacht. Im August 1943 wurden die ersten Stücke ausgeliefert. Seitdem waren die Boote mit einem Cocktail aus drei Torpedotypen bestückt: Dem ›Zaunkönig‹, dem ›FAT‹ und dem geradeaus laufenden, elektrisch angetriebenen Torpedo. Die beiden letzten sollten gegen die Handelsschiffe eingesetzt werden, sobald man mit dem ersten den Schirm der Eskorten durchbrochen hatte.

Der Fehler von ›Ultra‹, den ›FAT‹ für einen akustischen Torpedo zu halten, führte auf alliierter Seite zu zwei Entwicklungen. Dic eine war der anglo-amerikanische ›Fido‹, ebenfalls ein akustischer Torpedo, der vom Flugzeug aus abgeworfen wurde. Er kam fast genau zur gleichen Zeit zum Einsatz wie der deutsche ›Zaunkönig‹ (die Alliierten gaben ihm den Namen ›Gnat‹, Stechmücke). Die zweite Erfindung war rein amerikanisch und hieß ›Foxer‹. Es war eine ganz simple Verteidigungswaffe, ein Lärmerzeuger, der im Schlepptau einer Eskorte hing und die neuen deutschen Torpedos achteraus explodieren ließ, wo sie keinen Schaden anrichteten. Im wesentlichen handelte es sich dabei um eine Röhre, durch die entsprechend laut das Wasser rauschte.

Der wahrscheinlich größte Fehlgriff der Engländer im Abwehrkampf gegen die U-Boote war das ausgedehnte Minenlegen. Der zwischen England und Island gelegten ›Barriere‹ ist nachweislich nur ein U-Boot zum Opfer gefallen. Minen eigneten sich am besten für enge Gewässer, zum Beispiel für den Ärmelkanal (für die Deutschen umgekehrt die Buchten an der englischen Küste). Erst im letzten Kriegsjahr, als die alliierten Luftstreitkräfte die deutsche Luftwaffe endgültig ausschalten konnten, war es ihnen möglich, in der Nord- und Ostsee an allen gewünschten Stellen und in ausreichender Menge Minen abzuwerfen, um den U-Booten Schwierigkeiten zu machen.

Unseren Überblick über die technologischen Neuentwicklungen der späteren Kriegsjahre sollten wir mit dem Hinweis beschließen, daß das wichtigste Einzelstück, der Schnorchel, in großem Maße die Unsichtbarkeit der U-Boote wiederherstellte. Sie war indessen vom Radar lange genug aufgehoben worden, um das Umschlagen des Machtpendels in der ersten Hälfte des Jahres 1943 zu den Alliierten abzusichern. Der Schnorchel war nicht stark genug, die Entwicklung wieder umzukehren, aber er ermöglichte es den deutschen U-Booten, bis zum Ende mitzuhalten und enorme feindliche Kräfte bis zur bedingungslosen Kapitulation zu binden. Was sich sonst jedoch am Land und in der Luft tat, sorgte dafür, daß Deutschland zusammenbrach, ehe eine neue Generation von Booten gegen einen Feind geschickt werden konnte, der darauf kaum eine passende Antwort gefunden hätte.

Sogar diese gefährlichen neuen U-Boote hätten den Zermürbungskrieg allerdings nur etwas weniger einseitig gemacht, als er es in den letzten beiden Jahren dann tatsächlich war. Der wichtigste strategische Einzelposten war im Jahr 1943 der Umstand gewesen, daß der (größtenteils von den Amerikanern getragene) Schiffsbau auf alliierter Seite die Verluste durch den Feind mehr als wettmachte. So weit war man nach vier Jahren Kriegführung zur See gekommen. Im Oktober wurde das ›Liberty‹-Schiff *Joseph N. Teal* komplett in zehn Tagen zusammengebaut, und die Amerikaner ließen drei von ihnen täglich vom Stapel. Einen Monat später wurde die *Robert E. Peary* mit Hilfe vorgefertigter Teile und dank eines ausgeprägten Sinnes für Publicity seitens der Richmond-Werft binnen vier Tagen und fünfzehn Stunden fertiggestellt — das war und blieb Rekord. Abgesehen von dem Kunststück ist es praktisch nicht mehr vorstellbar, wie die Deutschen sich von da an noch Hoffnungen hätten machen können, gegen die jetzt voll aufgedrehte Industrie der Vereinigten Staaten anzukommen. Dort liefen Tausende von Schiffen vom Stapel, wie sonst nur Autos vom Fließband, und jedes konnte mehr als einmal Munition und Nahrungsmittel nach Europa schaffen.

Der Grundsatz, daß nicht ein isolierter Faktor für den Sieg in der Atlantikschlacht primär verantwortlich gemacht werden kann, läßt sich zwar weiterhin und in jedem Fall aufrechterhalten. Aber die Stärke des ›Arsenals der Demokratie‹ war sicher der alles andere überragende Faktor, der verhindern half, daß im Seekrieg das Pendel wieder zu den Deutschen zurückschlagen zu lassen, gleichgültig, welche neuen Waffen sie noch entwickelt hätten und ob mit ihnen der Krieg in Europa noch über den Mai 1945 hinausgedauert hätte. Wäre es dazu gekommen, dann hätten die Amerikaner noch ein letztes schreckliches Mittel in Händen gehabt: die Atombombe. Wäre es den Deutschen gelungen, ihre U-Boot-Waffe wieder zur größten Bedrohung der alliierten Kriegsanstrengungen in Europa zu machen, dann wäre vielleicht die erste Atombombe auf Hamburg gefallen, eine weit größere Stadt als Hiroshima und Nagasaki. Vor diesem — glücklicherweise hypothetischen — Hintergrund hat der Beitrag von ›Ultra‹ zur Abkürzung der Zeit, in der die Alliierten im europäischen Krieg die Oberhand gewannen, allergrößte Bedeutung und steht über den technischen und produktiven Entwicklungen, die zum Tragen gekommen sind oder noch wären. ›Ultra‹ machte es möglich, daß die Schiffe Ausweichkurse fahren konnten, und damit rettete es Menschenleben und Frachten und auch die Schiffe selbst. Gleichzeitig wuchs die direkte Überlegenheit gegenüber den U-Booten durch die Ausbreitung der Luftunterstützung über dem Atlantik und die ständige Erweiterung und Qualitätsverbesserung der Überwasser-Eskorten.

Landgestützte Flugzeuge konnten niemals jede Quadratmeile im Nordatlantik ganz abdecken. Die Schließung der Lücke südlich von Grönland und der gleichzeitige Einsatz von Geleitträgern waren der Grundstein für den Sieg der Alliierten auf den Konvoi-Routen. Denn das zwang Dönitz dazu, seine Boote nach Süden in die Gewässer südlich und westlich der Azoren zurückzuziehen. Die Lücke dort unten konnte nur von Geleitträgern aus geschlossen werden, wofür jetzt die Amerikaner sorgten.

Der Archipel der zu Portugal gehördenden, mitten im Atlantik gelegenen Azoren wurde von den deutschen U-Booten sehr für ihre Rendezvous mit den ›Milchkühen‹ bevorzugt, eben weil er außerhalb der Reichweite von Langstrecken-Patrouillen lag. Die Inseln selbst wurden aus diplomatischen Gründen noch nicht als Stützpunkte genutzt. Zwar hatten beide Seiten ein begehrliches Auge auf die Azoren geworfen und an eine mögliche Besetzung gedacht, aber beide kamen zu dem Schluß, daß der Aufwand, die Inseln dann gegen einen möglichen Gegenangriff zu schützen, die Sache nicht wert sein würde. Den Engländern, für die das portugiesische Mutterland ein sehr nützlicher Horchposten gegenüber dem faschistischen Spanien war, war bewußt, daß die Portugiesen historisch ihre ältesten Verbündeten gegen Spanien waren — das aber lag inzwischen ein halbes Jahrtausend zurück. Portugal mußte im Krieg gegenüber Deutschland und Italien neutral bleiben. Jede andere Haltung würde eine Intervention der spanischen Faschisten für die Achse provoziert haben, und sie waren militärisch weit stärker. Auch die Portugiesen lebten unter der rechtsgerichteten Diktatur des Dr. Antonio Salazar, aber sie achteten sehr auf ihre freundlichen Beziehungen zu England. Diese fingen im Herbst 1941 damit an, auf Lissabon langsam Druck auszuüben, damit sie die Azoren als Luftstützpunkt benutzen durften. Salazar widerstand allen Schmeicheleien, bis es keinen Zweifel mehr gab, daß die Alliierten überall in der Welt die Oberhand gewonnen hatten und am Ende auch siegen würden.

Am 18. August 1943 wurde schließlich ein anglo-portugiesisches Abkommen geschlossen, das den Engländern zwei Stützpunkte auf den Inseln Fayal und Terceira im Austausch für Waffen und versprochenen Schutz gegen deutsche Angriffe einbrachte. Am 8. Oktober trat es in Kraft. Als auch die Amerikaner die neuen Flugfelder als Zwischenstationen und für Patrouillenflüge nutzen wollten, mußten sie britische Hoheitszeichen tragen, um diplomatischen Empfindlichkeiten der Portugiesen Rechnung zu tragen. ›Swordfish‹-Maschinen vom Geleitträger HMS *Fencer* waren die ersten Flugzeuge, die auf den Azoren an Land stationiert wurden, bis das Wetter gut genug war, daß B-17-Bomber der RAF (›Fliegende Festungen‹) von Gibraltar übersetzen und eine ständige Garnison bilden konnten. Die Amerikaner durften 1944 dort landen. Damit war eine landgestützte Luftdeckung über dem Atlantik in der Vollständigkeit etabliert, wie sie die damaligen Reichweiten der Maschinen erlaubten.

Weil die Engländer aus Sicherheitsgründen etwas zögerlich beim Einsatz ihrer Geleitträger waren, gingen britische Erfolge gegen die U-Boote großenteils auf das Konto der ›Escort Groups‹. Doch in einem Bereich leisteten britische Geleitträger einen fraglos wichtigen und erfolgreichen Beitrag, und das war in der Arktis, wo die Konvois nach Rußland im Herbst 1943 wieder aufgenommen wurden. Daß es dazu kam, wurde durch eine ungewöhnliche Operation gegen das Schreckgespenst der britischen Home Fleet ermöglicht, die solche gefährlichen Einsätze herausforderte — sie richtete sich gegen die *Tirpitz*, den in scheuer Zurückgezogenheit lebenden Stolz der deutschen Überwasser-Flotte seit dem Ende der *Bismarck*. Das mächtigste Schiff, das jemals in Deutschland gebaut wurde, feuerte seine schweren Geschütze im Kampfeinsatz zum erstenmal am 6. September 1943 ab, als die *Tirpitz* sich mit der *Scharnhorst* und zehn Zerstörern zu einem kurzen Ausfall aus dem Altafjord nach Spitzbergen aufmachte, um dort die Küstenstationen der Alliierten zu beschießen. Dieser Einsatz eines Vorschlaghammers zum Knakken einer Nuß hatte keinen strategischen Wert und keinerlei strategische Konsequenz, aber dafür bestärkte es diejenigen in ihrer Haltung, die einen eigenständigen Schlag gegen das

Flaggschiff der geschrumpften deutschen Flotte planten. Seit Mai 1943 waren die Engländer dabei, ihr ›X-Boot‹ zu entwickeln, ein winziges Unterseeboot der Midget-Klasse von gerade 35 BRT und einer Länge von 15,30 m vom Bug bis zum Heck. Die Besatzung bestand aus vier Mann, und es schaffte über Wasser 6,5 und unter Wasser fünf Knoten. Seine einzige Waffe war ein Paar vom Rumpf ablösbarer Bomben mit Uhrwerkzündern, die man auf Grund sinken ließ, während das U-Boot das Weite suchte. Das X-Boot wurde von konventionellen Unterseebooten bis etwa 150 Seemeilen vor den Altafjord geschleppt, und von dort sollte es dann seinen Angriff starten.

In der Nacht vom 11. auf den 12. September waren sechs X-Boote im Schlepptau von sechs U-Booten von Loch Cairnbawn im Nordwesten von Schottland nach Norwegen unterwegs. *X 5, X 6* und *X 7* sollten die *Tirpitz* angreifen, *X 9* und *X 10* die *Scharnhorst,* die zu diesem Zeitpunkt im Kaafjord lag, und *X 8* war auf die *Lützow* im Langefjord in Nordnorwegen angesetzt. *X 9* verschwand spurlos, als es noch am Tau hängen sollte, während *X 8* sich selbst versenken mußte, nachdem die Ballasttanks undicht geworden waren. Der Besatzung passierte nichts. *X 10* mußte eine ganze Reihe von Mißgeschicken über sich ergehen lassen. Zwischen dem letzten britischen Aufklärungsflug, bei dem die *Scharnhorst* auch fotografiert worden war, und dem Beginn des waghalsigen Unternehmens hatte die *Scharnhorst* ihren Ankerplatz zu einer Übungsfahrt durch den Fjord verlassen. Lieutenant K. R. Hudspeth, der australische Kapitän von *X 10,* mußte seinen Angriff abbrechen, nachdem sein Boot mehrfach mit den deutschen Balkensperren und Netzen zusammengestoßen war. Sehrohr und Kompaß funktionierten nicht mehr. Am 22. September lag es den ganzen Tag auf Grund, während man versuchte, notdürftige Reparaturen vorzunehmen. Doch dann schlich sich Hudspeth wieder zurück in die freie See. Sechs Tage brauchte er noch, bis er eines der ›Mutter‹-Boote wiederfand und sich antäuen lassen konnte. 400 Meilen von den Shetland-Inseln entfernt ging *X 10* dann in einem Sturm unter.

X 5, *X 6* und *X 7* schlüpften mit Erfolg in der Nacht zum 21. September durch die deutschen Minenfelder. Dabei verlor *X 5* die Fühlung zu den beiden anderen Booten, und seitdem blieb es verschwunden. Den 21. September hindurch sollten die Boote auf Grund liegen, in den Morgenstunden des 22. September dann die *Tirpitz* angreifen. Am Morgen desselben Tages meldeten die Deutschen die Versenkung eines U-Boots, und nachdem kein anderes Boot in der Nähe war und dafür in Frage kam, muß angenommen werden, daß ihr Geschützfeuer *X 5* (Lieutenant H. Henty-Creer, RNVR) getroffen hatte. Es gab keine Überlebenden.

X 7 (Lieutenant B. C. G. Place, RN) leitete *X 6* unter dem Kommando von Lieutenant D. Cameron, RNR, zum schwer geschützten Ankerplatz der *Tirpitz*. Beide Boote brauchten fast sechs Stunden, um sich ihren Weg zu bahnen. Beide wurden dabei beschädigt. Kurz nach 7.00 Uhr prallte *X 6* auf Grund und schoß unfreiwillig an die Oberfläche, wo es von einem Kugelhagel aus den Gewehren der Matrosen begrüßt wurde, die sich auf dem Hauptdeck der *Tirpitz* aufhielten. Glücklicherweise konnte das große Schiff keines seiner Geschütze auf sein Ziel richten, das ihm so nah war und dabei so tief im Wasser lag. Cameron tauchte, schlich auf das drohend vor ihm aufragende Schiff zu, ohne sich des Sehrohrs bedienen zu können, ließ seine Bomben auf Grund sinken, tauchte auf, so daß er und seine drei Kameraden das Boot verlassen konnten, und versenkte dann *X 6*. Die vier Männer wurden gefangengenommen.

Zumindest fünfzehn Minuten lang regierte auf der *Tirpitz* das Chaos. Es brach erneut aus, als man um 7.40 Uhr *X 7* sichtete, das inzwischen seine Bomben unterhalb des Schlachtschiffs abgelegt hatte und dabei unter dem Kiel durchgetaucht war. Als Place mit seinem schwer beschädigten Boot den Rückzug antrat, verfing er sich in den deutschen Netzen. Dort hing es noch, als es von der gewaltigen Explosion zur Seite geschleudert wurde, die nach Augenzeugenberichten die *Tirpitz* um einige Fuß aus dem Wasser hob. Die Wucht des Schlages ließ *X 7* wieder freikommen, aber jetzt war das Boot nicht mehr kontrollierbar. Vom Schlachtschiff aus wurde es gleich mit Maschinen beschossen, aber als *X 7* schließlich mit einer im Wasser schwimmenden Artillerieschießscheibe kollidierte, gelang es Lieutenant Place, hinüberzuspringen, während *X 7* unter seinen Füßen wegsackte. Noch einer aus seiner Mannschaft konnte sich aus dem Luk retten, die anderen beiden gingen mit unter. Aufgrund des Durcheinanders, das der ganze Angriff ausgelöst hatte, weiß man nicht, ob alle vier Bomben unter der *Tirpitz* hochgegangen sind, aber zumindest eine explodierte so nah unter dem Kiel (sie stammte wahrscheinlich von *X 7*), daß alle drei Hauptturbinen ausfielen und eine Menge zusätzliche Schäden entstanden. Das große Schiff war noch nicht verloren, aber angeschlagen. Die Deutschen schätzten, daß es mehr als sechs Monate dauern würde, bis alle notwendigen Reparaturen ausgeführt seien. Hitler tobte. Die Leutnants Cameron und Place wurden mit dem Viktoria-Kreuz ausgezeichnet, das sie, aus der Gefangenschaft entlassen, nach dem Krieg in Empfang nehmen konnten.

Die Home Flett unter Admiral Fraser mußte sich jetzt nur noch um ein größeres Schiff im Norden Sorgen machen — die *Scharnhorst*. Daher hatten die Engländer jetzt einen weit größeren Spielraum, um die wieder aufgenommenen Rußland-Konvois zu decken und Ziele an der norwegischen Küste anzugreifen. Die ›Operation Source‹ war ein bemerkenswert tapferes Unternehmen, vergleichbar mit der großartigen Attacke der italienischen Froschmänner auf Alexandrien. Zwar wurde die *Tirpitz* dadurch nicht völlig ausgeschaltet, aber für mehr als ein halbes Jahr hatten Tausende von Seeleuten auf britischer Seite es wieder etwas leichter. Und bis die *Tirpitz* sich von ihren Wunden erholt hatte, gab es kein drittes größeres Kriegsschiff mehr, um das sich die Engländer sorgen mußten. Es gibt nur wenige Viktoria-Kreuze, die mit größerer Tapferkeit erworben wurden.

Obwohl die Männer in ihren fragilen X-Booten alles bei ihrem Einsatz gegen die *Tirpitz* wagten und alle sechs Boote mit zehn Mann verloren gingen, konnte sich das Panzerschiff

Lützow, eines ihrer anderen Ziele, wieder zurück auf den Weg nach Deutschland machen. Sie verließ den Altafjord am Tag nach dem Angriff auf die *Tirpitz* und lag drei Tage lang in Narvik. Am 26. September ging sie wieder in See und nahm Kurs nach Süden, und die Admiralität suchte nach einer Möglichkeit, sie unterwegs am 27. September anzugreifen. Der an die Home Fleet ausgeliehene amerikanische Flugzeugträger USS *Ranger* konnte nicht rechtzeitig so nahe beilaufen, daß seine Maschinen eingreifen konnten, und das Küstenkommando war durch jüngste Verluste, Wartungsprobleme, Engpässe und Verzögerungen bei der Nachrüstung so geschwächt, daß es keine ordentliche Streitmacht zustandebrachte. Die Aufgabe wurde daher der Marineluftwaffen-Staffel Nr. 832 übertragen. Es waren ›Tarpon‹-Torpedobomber vom wieder instandgesetzten Flugzeugträger HMS *Victorious*. Sie starteten im Bereich der Shetland-Inseln zu ihrem Flug. Nur drei ›Beaufighter‹-Jadmaschinen konnte das Küstenkommando zusammenkratzen, damit sie Eskorte flogen.

Zwischen der Navy und der RAF gab es weiterhin Szenen der Verwirrung, der Unentschlossenheit und der Pannen, die stark an die verpfuschte ›Operation Fuller‹ erinnerte. Durch sie sollte seinerzeit der Durchbruch des deutschen Brest-Geschwaders durch den Kanal im Februar 1942 verhindert werden. Admiral Fraser war am schärfsten auf einen Kampf; Air Vice-Marshal A. B. Ellwood, Chef des Geschwaders No. 18 beim Küstenkommando, hielt das Wetter für zu schlecht und die Eskorte für unzureichend. Fraser setzte sich gegen ihn durch, aber die aufgestiegenen Flugzeuge verpaßten die *Lützow* um etwa vierzig Meilen, weil sie nach Norden drehten, um die norwegische Küste abzusuchen, während die Deutschen friedlich an ihnen vorbei nach Süden fuhren. Am 28. September erreichte die *Lützow* ungestört die Ostsee, und am 1. Oktober lief sie in Gotenhafen ein. Die anschließende Untersuchung eines gemeinsamen Ausschusses aus Mitgliedern der Admiralität und des Luftfahrtministeriums machte nicht einmal den Versuch, die Schuld zu verteilen. Immerhin

Erbeutete U-Boote: HMS *Seal* nach Kaperung durch die Deutschen

U 570 als HMS *Graph* unter britischer Flagge
Unten: U 505 nach Kaperung durch Captain Daniel Gallery, US-Navy

Oben: Britischer Geleitträger beim Verstauen seiner »Swordfish«-Maschinen

Unten: USS *Bogue*

Oben links: Admiral Horton (1944)

Oben rechts: »Johnnie« Walker in Liverpool kurz vor seinem Tod im Jahr 1944

Unten: Ein kanadisches Prisenkommando geht an Bord eines sinkenden deutschen U-Boots (1944). HMCS *Chilliwalk* konnte es nicht bergen.

Die neue Bedrohung

Oben: Der atlantikfähige Typ XXI
Unten: Das Küsten-U-Boot vom Typ XXIII

wurde endlich als wichtigstes Ergebnis der Befragungen festgestellt, daß das Kommando zu schwach war, um an solchen Unternehmen wirkungsvoll teilnehmen zu können. Daher sollte es um drei Kampfgruppen von je 20 Torpedobombern und 20 Jägern als Eskorte aufgestockt werden. Wieder wurde den Engländern wie nach dem Kanaldurchbruch mit dem Rückzug eines ständigen Drohpotentials ein unverdientes Geschenk gemacht: Die *Lützow* war aus Norwegen verschwunden, und nur noch die *Scharnhorst* lag jetzt als einziges schweres Schiff der deutschen Kriegsflotte kampfbereit im hohen Norden. Die *Lützow* kehrte nicht mehr zurück und spielte keine besondere Rolle mehr im Krieg. (Im April 1945 wurde sie in Swinemünde an der Ostsee durch Bomben zerstört). Ihr Rückzug und die Lähmung der *Tirpitz* ermöglichten es wiederum den Amerikanern, ihre Fliegerstaffel im November von der Home Fleet zurückzuziehen.

Gleich zu Anfang dieses Monats lief der erste russische Geleitzug einer neuen Serie aus Archangelsk aus. Er hieß RA 54 A und bestand aus 13 unbeladenen Handelsschiffen, die mehr als ein halbes Jahr in Rußland festgelegen hatten. Sie erreichten allesamt sicher und ohne Zwischenfall ihren schottischen Hafen. Der nächste Geleitzug in umgekehrter Richtung, der JW 54 A, umfaßte 18 Schiffe und verließ Loch Ewe am 15. November. Ihm folgten noch einmal 14 Schiffe des JW 54 B am 22. November. Die übliche dreifache Dekkung — bestehend aus einer Nahunterstützungsgruppe, Kreuzern auf mittlerer Distanz und einem Schlachtschiff der Home Fleet zusammen mit einem weiteren Kreuzer im Hintergrund — war gewährleistet, und alle Schiffe kamen durch, ohne von den Deutschen angegriffen worden zu sein. Die nächste Runde von Doppelkonvois in beiden Richtungen, die Mitte Dezember eingeläutet wurde, wurde zum Katalysator für eine Kette von Ereignissen, die zum letzten großen Drama des Krieges zur See im Westen führte und zur letzten Schlacht ihrer Art: einem zähen Gefecht zwischen ›in Linie‹ aufgefahrenen Schiffen. Das war damals bereits ein längst überholtes strategisches Konzept.

Admiral Dönitz gelang es, Hitler noch einmal die Idee eines Ausbruchs seiner Dickschiffe gegen die britischen Konvois nach Rußland in der Woche vor Weihnachten 1943 mit Erfolg nahezulegen. Da die *Tirpitz* außer Gefecht war, waren der Schlachtkreuzer *Scharnhorst* und fünf Zerstörer der Z-Klasse die einzigen Schiffe, die für ein solches Unternehmen ›Ostfront‹ eingesetzt werden konnten. Angeführt wurde diese Spezialeinheit von Konteradmiral Erich Bey. Weil sein Nachname wie der türkische Ehrentitel klang, hatte man ihm den Spitznamen ›Achmed‹ verliehen. Er war von imposanter Gestalt, hatte ein finsteres Aussehen und war ein geborener Seemann, der seine Erfahrungen großenteils auf Zerstörern gesammelt hatte. (Er kommandierte die Zerstörereskorte beim Kanaldurchbruch, die der *Scharnhorst* und ihrer Begleitung die Rückkehr von Brest nach Deutschland ermöglicht hatte.) Er war vorübergehend an die Stelle des kranken Vizeadmiral Kummetz getreten, und seine oft zitierte Bemerkung: »Ich bin seit meiner Kadettenzeit nicht mehr auf einem großen Schiff gewesen«, war nicht dazu angetan, Vertrauen zu erwecken. Die operative Aufsicht lag wie üblich bei Admiral Otto Schniewind, dem Chef der Marinegruppe Nord in Kiel.

Admiral Sir Bruce Fraser, Oberkommandierender der Home Fleet seit Mai 1943, war so sehr von einem bevorstehenden Überfall der *Scharnhorst* überzeugt, daß er sein Flaggschiff, die *Duke of York,* bis vor die Einfahrt zum Hafen von Murmansk lenkte, als er die Fahrt des JW 55 A von Loch Ewe dorthin deckte. Der erste Besuch eines britischen Schlachtschiffs überraschte die Russen am 16. Dezember und ließ sie unvermeidlicherweise Verdacht schöpfen, vor allem als Fraser nach zwei Tagen ebenso plötzlich wieder verschwand, wie er aufgetaucht war. Fraser war ein bescheidener Mann (so bescheiden, daß er den Posten des Ersten Seelords zugunsten von Sir Andrew Cunningham ablehnte) und ein erstklassiger Stabsoffizier, dem es allein dadurch gelang, gute Beziehungen zu allen Rängen zu entwickeln, daß er die schlichte, aber so gern geringgeachtete Kunst des Zuhörens pflegte: Er lauschte dem, was seine Männer ihm zu sagen hatten, und er bestärkte sie in ihrem Selbstvertrauen, es auch auszusprechen. Keine Einzelheit in Fragen der Ausrüstung und der Lebensbedingungen in der Truppe war ihm zu gering, und zugleich konnte er hervorragend delegieren. Er verbrachte Stunden bei einer Tätigkeit, die sich nur wenige andere Admiral gestatteten: Er dachte nach, über Strategie und Taktik, über die Rolle seines Kommandos und wie er ein Gefecht mit der *Scharnhorst* führen würde. Über diese Dinge diskutierte er dann mit seinen handverlesenen Stabsoffizieren und den Kommandeuren, die an seiner für ihr Essen und ihren Wein berühmten Admiralstafel Platz nehmen durften. Er lief mit seinem Flaggschiff von Murmansk nach Island zurück, weil er dem Konvoi JW 55 B Fernunterstützung bieten wollte. Die 19 Schiffe sollten Loch Ewe am 20. Dezember verlassen. Fraser hoffte, dieser Konvoi würde ein genügend großer Köder sein, um die Deutschen aus ihrem Versteck zu locken. Er bekam eine Nahunterstützungsgruppe von zehn Zerstörern, und die bekam auch der RA 55 A, der am 23. Dezember von Murmansk aus in See stechen sollte. Die Deckung auf mittlere Distanz übernahm Vizeadmiral Robert Burnett auf HMS *Belfast* zusammen mit zwei weiteren Kreuzern (*Sheffield* und *Norfolk*). Die *Duke of York* wurde von dem Kreuzer *Jamaica* und vier Zerstörern begleitet. Es gab keine Luftunterstützung.

Nachdem die Luftwaffe auch andere Fronten mit Maschinen bedienen mußte, waren die deutschen Luftstreitkräfte geschrumpft, die früher ihre Massenangriffe gegen die russischen Konvois geflogen hatten. Dennoch fiel ›Ultra‹ eine sehr intensive Luftaufklärung auf. Schließlich fing man einen Befehl an den *Scharnhorst*-Verband ab, ab 18. Dezember binnen drei Stunden auslaufbereit zu sein, da man hoffe, einen nach Osten laufenden Konvoi abzufangen. Nur am 21. Dezember wurde die Frist auf sechs Stunden ausgedehnt. All dies überzeugte Fraser davon, daß ein Angriff auf den nächsten Geleitzug sehr wohl möglich sei und er dabei vielleicht die Chance erhielt, die *Scharnhorst* abzufangen.

Am 22. Dezember entdeckte die deutsche Luftaufklärung

den ostwärts laufenden Konvoi. Als die Schiffe am Weihnachtsabend nur noch ungefähr 400 Meilen vom Altafjord entfernt waren, ging die Luftwaffe zur ununterbrochenen Beschattung über. Die entsprechende Meldung kam von der Nahunterstützungsgruppe, und Fraser nahm das unübliche Wagnis auf sich, die Funkstille zu unterbrechen: Er wies den JW 55 B an, den Kurs zu wechseln und drei Stunden lang nach Westen zu laufen, also auf ihn zu, während er selbst mit hoher Geschwindigkeit nach Osten fuhr. Am selben Morgen erfuhr Fraser von der Admiralität, die *Scharnhorst*-Gruppe sei am 22. Dezember wieder auf die höhere Alarmbereitschaft umgestellt worden. Am Morgen des Weihnachtstages dechiffrierte ›Ultra‹ den Befehl an die deutsche Luftwaffe, nach schweren britischen Einheiten auf See Ausschau zu halten. Aus deren Funkverkehr hatten die Deutschen geschlossen, daß sie sich weit westlich des Konvois befanden. Zu diesem Zeitpunkt hatten die Deutschen den westwärts laufenden, leeren RA 55 A noch nicht entdeckt. Er befand sich damit tatsächlich außer Gefahr, und so griff Fraser nach einer anderen Chance und zog vier große Zerstörer von ihm ab. Sie sollten sich dem JW 55 B anschließen. Dabei brach er erneut die Funkstille. Außerdem ordnete er an, daß der ostwärts laufende Konvoi in die Nähe der Bäreninsel nach Norden ausweichen sollte. Damit entfernte der Geleitzug sich von der *Scharnhorst* im Altafjord und bot Fraser die Möglichkeit, weiter aufzuschließen. Am Nachmittag des Weihnachtstages wurde der deutsche Funkspruch ›Ostfront 1700/25/12‹ abgefangen, aber es dauerte bis zum frühen Morgen des 26. Dezember, ehe Bletchley Park ihn entziffert hatte, und auch da wußte man dann noch nicht, was ›Ostfront‹ bedeutete. Binnen einer Stunde erhielt Fraser aber vom OIC aufgrund weiterer Hinweise die Nachricht: »Dringend. *Scharnhorst* wahrscheinlich ausgelaufen.« Kurz darauf brach Fraser die Funkstille noch einmal, um dem JW 55 B und Burnetts Kreuzern, die für diese Operation vorübergehend ›Force 1‹ genannt wurden, seinen Standort zu melden und sie umgekehrt zur Meldung ihrer Positionen aufzufordern. Das OIC hatte Fraser darüber informiert, seine eigene ›Force 2‹ sei von den Deutschen bisher nicht gesichtet worden. Um 6.30 Uhr morgens befahl er dem Konvoi, Kurs nach Norden zu nehmen. ›Force 1‹ sollte östlich Parallelkurs zum Konvoi halten, während ›Force 2‹ südwestlich von ihnen blieb und auf Ostkurs ging. Er nahm an, daß die *Scharnhorst* mehr oder weniger genau nach Norden lief, um den Konvoi abzufangen. Es wurde jetzt wohl von U-Booten beschattet, nachdem die Luftwaffe wegen des schlechten Wetters ausfiel. Fraser wußte immer ungewöhnlich genau, wo sich alle seine Streitkräfte gerade befanden, und er hoffte, die Deutschen zwischen ›Force 1‹ im Nordosten und ›Force 2‹ im Südwesten in die Zange nehmen zu können. Trotzdem blieb die Sicherheit des Konvois für ihn absolut vorrangig, und damit verließ er die alte Richtschnur in der Kriegsmarine, daß die Vernichtung einer größeren feindlichen Streitmacht Priorität habe, wenn die Gelegenheit dazu da war.

Admiral Bey war nach Norden gelaufen und hatte nichts gefunden. Also nahm er gegen 7.30 Uhr Kurs nach Süden und ließ seine fünf Zerstörer nach Südwesten ausschwärmen. Ungenaue Befehle und schlechte Lichtsignale bei dem üblen Wetter sorgten dafür, daß er sie nie wieder traf. Die *Scharnhorst* war allein auf sich gestellt, und um 8.15 Uhr hatte die *Belfast* sie auf dem Radarschirm. Die beiden Schiffe waren nur etwas mehr als zwölf Meilen voneinander entfernt, und die *Scharnhorst* fuhr gerade westlichen Kurs. Nur 30 Meilen weiter befand sich der Konvoi. Nach etwas mehr als einer Stunde sichtete die *Belfast* den deutschen Schlachtkreuzer in ungefähr sechs Meilen Entfernung, und alle drei britischen Kreuzer nahmen die Jagd auf. Der *Norfolk* gelangen ein paar kleinere Treffer, aber die *Scharnhorst* zog ohne Schwierigkeiten mit 30 Knoten oder mehr nach Süden davon, bevor sie erneut nach Norden schwenkte, um wieder Kurs auf den Konvoi zu nehmen. Burnett verlor mit seinen um fünf Knoten langsameren Schiffen bald die Fühlung, und Fraser konnte kurz nach 10.00 Uhr nichts anderes mehr tun als unruhig raten. Burnett hielt nichts von Frasers Tip, die ›Force 1‹ aufzuspalten, die jetzt durch vier vom Konvoi dazustoßende Zerstörer verstärkt worden war, und so nach dem Feind zu suchen. Burnett hatte inzwischen auch Fühlung zum Konvoi und deckte ihn von vorn, wobei die Zerstörer wiederum seine Kreuzer deckten: Die *Scharnhorst* kam nicht an den Geleitzug heran, ohne diesen starken Schirm anzugreifen. Um die Mittagszeit erschien das deutsche Schiff noch einmal auf dem Radarschirm der *Belfast*, der zu den modernsten in der Flotte gehörte. Fraser befand sich mit seiner *Duke of York* jetzt nur etwa 150 Meilen bzw. sechs Stunden südwestlich von ihnen.

Bei dem folgenden Feuerwechsel verlor die *Norfolk* einen Geschützturm, und die *Sheffield* wurde leicht beschädigt. Alle drei Kreuzer verzeichneten Treffer auf dem deutschen Schiff, doch dort zeigte man keine Reaktion. Ein Torpedoangriff von den Zerstörern wurde abgeschüttelt, bevor er ausgeführt werden konnte. Die *Scharnhorst* lief nach Süden, und Burnett verfolgte sie, hielt sich aber hinter dem Horizont und verließ sich auf das Radar, um die Deutschen nicht von einem Zusammentreffen mit Admiral Fraser abzulenken, auf den sie praktisch zuhielten. Admiral Bey erhielt gegen Mittag Meldung von seinen abkommandierten Zerstörern, die den Geleitzug nicht gefunden hatten: Unkluger- wie unerklärlicherweise schickte er sie nach Norwegen zurück.

Die *Scharnhorst* (Kapitän z. S. Fritz Julius Hintze) blieb also allein und konnte auch nicht auf Verstärkung hoffen, als um 16.17 Uhr ihr breites Echosignal auf den Radarschirmen der *Duke of York* erschien. Die Entfernung lag bei 22 Meilen. Fraser hielt seine vier Zerstörer zurück, auch als zwei von ihnen für kurze Zeit eine gute Position für einen Torpedoangriff hatten: Er wollte das Gefecht mit seinen überlegenen 35-cm-Geschützen in einem Zweier- und zwei Vierer-Geschütztürmen eröffnen. Das britische Flaggschiff war an Feuerkraft eindeutig überlegen, in der Armierung etwa gleich (dickere Panzerung, aber schlechterer Stahl) und mit 29 Knoten um drei Knoten langsamer als ihre Gegnerin. Aber sie saß dafür in der Falle zwischen Frasers eigenen Geschützen und denen der Kreuzer im Norden, und als er um 16.50 Uhr aus sechs

Meilen das Feuer eröffnete, unterstützt von dem Kreuzer *Jamaica,* wurden die Deutschen völlig überrascht; das zeigt schon die Tatsache, daß die Geschütze der *Scharnhorst* wie zum Kreuzen nach vorn und achtern gerichtet waren. Nach einer ersten, achtbar genauen Breitseite von der *Duke of York* drehten die Deutschen nach Norden ab. Das brachte dem langsameren britischen Schlachtschiff den Vorteil, dem Feind auf einem kürzeren Radius folgen zu können, während die Deutschen auf die Geschütze von Burnetts Kreuzer zuliefen. (Nachdem die *Sheffield* Probleme mit der Maschine bekommen hatte, waren es jetzt noch zwei Kreuzer.)

Die *Duke of York* fing an, die *Scharnhorst* mit ihren Dreiviertel-Tonnen-Granaten einzudecken, aber die Deutschen hatten sich von ihrem Schreck erholt und antworteten mit allem, was sie konnten. Die hohlen Masten des britischen Flaggschiffs wurden von 27,5-cm-Granaten durchschlagen; sie explodierten aber nicht. Nachdem die Kreuzer außerhalb einer erfolgversprechenden Reichweite waren, wurde es eine schwere Schlacht zwischen den beiden Großkampfschiffen. Sie dauerte neunzig Minuten. Nachdem die *Scharnhorst* anfangs nicht ihre höhere Geschwindigkeit zur Flucht hatte nutzen können, weil Fraser ihr den Weg abgeschnitten hatte, erhielt sie nun solche Treffer, daß sie sichtlich Fahrt verlor. Bey machte es der *Bismarck* nach und funkte an Hitler: »Wir werden bis zur letzten Granate kämpfen.« Der Verlust an Fahrt erlaubte den Zerstörern, die mit der schweren See zu kämpfen hatten, paarweise von beiden Seiten auf Angriffsnähe heranzukommen, und eine unbestimmte Zahl von Torpedos fand ihr Ziel. Die *Scharnhorst* verlor noch einmal an Fahrt.

Wahrscheinlich besiegelte dies das Ende des Schlachtkreuzers, weil nun die *Duke of York,* die *Jamaica* und Burnetts Kreuzer das einsame deutsche Schiff einkreisen und mit ihren Granaten in Stücke schießen konnten. Die *Scharnhorst* kroch nun mit erbärmlichen fünf Knoten dahin, aber gegen alle Erwartung hielt ihre robuste Konstruktion sie über Wasser. Sie widerstand auch noch eigensinnig einem schnellen und spektakulären Ende durch die Explosion eines Munitionsmagazins — auf die Weise war so manches britische Großkampfschiff dahingegangen —, sondern brannte, bis ihr Körper den zuschauenden Engländern glühend-rot erschien. Aber sie flog noch immer nicht in die Luft. Zuerst wurden die britischen Kreuzer und dann die Zerstörer zu dem schwer angeschlagenen Schlachtkreuzer geschickt, um ihr gleichzeitig von beiden Seiten mit Torpedos den Todesstoß zu versetzen. Die *Scharnhorst* dürfte 13 Treffer aus den schweren Geschützen der *Duke of York* eingesteckt haben, etwa gleichviele aus den 15- und 20-cm-Geschützen der Kreuzer und ein Fünftel der 55 auf sie abgeschossenen Torpedos, aber sie sank erst kurz vor 20.00 Uhr. Von den fast 2000 Mann an Bord überlebten nur 36. Die jubelnden Engländer zogen sie aus dem eiskalten Wasser.

Weder Flugzeuge noch Unterseeboote hatten zur Versenkung der *Scharnhorst* direkt beigetragen, und man kann hier daher vom wirklich letzten Gefecht zweier Großkampfschiffe sprechen, in dem die schweren Geschütze die hauptsächliche Waffe darstellten. Die kurze Herrschaft des Dinosauriers der Schlachtflotten, die vor weniger als 37 Jahren mit dem Stapellauf der *Dreadnought* begonnen hatte, war zu Ende. Nur die *Tirpitz* blieb den Deutschen jetzt noch, und sie war nach dem Angriff der britischen Miniatur-U-Boote nicht mehr einsatzfähig. So drohte endlich nach fast drei Jahren im Norden zum erstenmal keine ernsthafte Gefahr mehr durch Überwasser-Einheiten.

In der zweiten Hälfte des Jahres 1943 landeten die Alliierten auf Sizilien (Juli), und die Rote Armee trat zum Gegenangriff auf die Krim an. Am 24. Juli griff die RAF Hamburg mit Brandbomben an. Am 27. Juli trat Mussolini zurück; am 17. August fiel Sizilien; am 3. September traten die Alliierten zum Angriff auf das italienische Festland an. Am 13. Oktober erklärte Italien Deutschland den Krieg. Die Rote Armee eroberte Kiew am 6. November zurück, und am 28. November hielten Churchill, Roosevelt und Stalin in Teheran ihren ersten Dreiergipfel ab.

Wenn wir damit nun den Ereignissen auch etwas vorauseilen, so gehört in diesen Zusammenhang doch das endgültige Schicksal der *Tirpitz*. Vom Herbst 1943 bis ins Frühjahr 1944 wurden die Rußlandkonvois nur wenig von den Deutschen gestört. Im Herbst 1944 wurden sie dann wieder aufgenommen und zogen bis zum Ende des Krieges ihre Bahn. 1944 ging kaum mehr ein Schiff verloren, und zur größten Bedrohung für die Geleitzüge wurde das schlechte Wetter. Nur Ende Februar wurden ein Handelsschiff, ein Kriegsschiff und fünf U-Boote in einer Verfolgungsschlacht um die Konvois JW 57 und RA 57 versenkt. Ende März bekam daher der JW 58 die stärkste Eskorte, die es bis dahin auf der Rußlandroute gegeben hatte: zwei Flugzeugträger, Johnnie Walkers fünf Sloops, 20 Zerstörer, vier Korvetten und einen Leichten Kreuzer. Die Deutschen flogen eine Serie von Luftangriffen, bei denen sie sechs Flugzeuge im Kampf mit den britischen Maschinen verloren (denen außerdem noch ein U-Boot zum Opfer fiel). Drei weitere Boote wurden von Kriegsschiffen versenkt. Kein Frachter ging verloren.

Gleichzeitig mit der triumphalen Fahrt des JW 58 unternahm die Home Fleet einen Luftangriff auf die *Tirpitz,* nachdem ›Ultra‹ sie für den 1. April auslaufbereit erwartete. Vizeadmiral Sir Henry Moore, der zweite Mann hinter Admiral Fraser, führte von seinem Flaggschiff *Anson* aus die beiden Flugzeugträger *Victorious* und *Furious* an. Mit von der Partie waren noch vier Kreuzer und 14 Zerstörer. Zusätzliche Jäger wurden von 14 Geleitträgern herangeschafft, die die Bombergruppen der Marineluftwaffe und die Kriegsschiffe selbst gegen Maschinen der deutschen Luftwaffe decken sollten. Die beiden Gruppen auf den Flugzeugträgern bestanden aus je 21 ›Barrakuda‹-Bombern. Auch Fraser selbst verließ mit seiner *Duke of York*, einem Kreuzer und fünf Zerstörern Scapa Flow, um die Angriffsstreitmacht und die Konvois aus der Distanz zu decken. Seit der Skagerrak-Schlacht im Jahr 1916 waren nicht mehr so viele britische Kriegsschiffe in den nördlichen Gewässern im Einsatz gewesen: Ein einziger Admiral (Fraser) befehligte diesmal im ganzen 64 Schiffe.

Der Angriff wurde sogar um einen Tag vorverlegt, um eine ungewöhnlich günstige Wetterlage auszunutzen. Der erste Schwarm startete am 3. April um 4.15 Uhr: 42 Bomber, begleitet von 80 Jägern. Zwei Bomber gingen beim Start verloren. Die Maschinen waren mit einer Mischung aus panzerbrechenden und konventionellen hochexplosiven Bomben bestückt. Die erste Welle — das war die Hälfte der anfliegenden Maschinen — konnte den Überraschungsvorteil nutzen und setzte in der einen Minute, die sie sich über dem Ziel befand, eine Reihe von Treffern. Die zweite Welle besaß diesen Vorteil nicht mehr, als sie eine halbe Stunde später angriff, aber auch ihr gelangen einige Treffer. Allerdings wurde auch ein Bomber von der Flak der Deutschen abgeschossen. Es war ein hervorragend ausgeführter Angriff mit äußerst geringen Verlusten: Neun oder zehn Treffer verzeichnete die erste Welle, ungefähr fünf die zweite. Weil die Piloten zu tief angeflogen waren, durchschlug keine der Bomben die schwer gepanzerten Decks, aber sonst wurde weiträumiger Schaden angerichtet. 122 Deutsche fielen, 216 wurden verwundet, und zwar genau an dem Tag, an dem die *Tirpitz* ihre letzten Übungen beginnen sollte, um sich seeklar zu machen. Wieder war sie nun außer Gefecht gesetzt, diesmal für drei Monate. Die Bomben der Marineflieger reichten nicht aus, ein so gut geschütztes Schiff zu zerstören, und Hoffnungen der Engländer, daß sie für ein halbes Jahr ausfallen würde, sollten enttäuscht werden. Der Erste Seelord, Admiral Cunningham, befahl eine Neuauflage des Angriffs so bald wie möglich, und er hoffte dabei auf noch höhere Schäden an dem Schiff, weil es jetzt geschwächt war. Fraser war nicht einverstanden, wurde aber überstimmt. Doch das Wetter machte den Angriff, der für den 21. April vorgesehen war, zunichte.

Die Geleitzüge der JW 58 und RA 58 hatten ihre Fahrten ohne Verluste hinter sich gebracht. Der letzte Konvoi der Saison, der RA 59, der aus den unbeladenen Schiffen des JW 58 bestand, ging am 28. April in See. Als Eskorte fuhren zwei Geleitträger, 16 Zerstörer und vier Fregatten mit. Ein Handelsschiff wurde von den zwölf U-Booten versenkt, die sich zum Angriff auf den Konvoi versammelt hatten, aber britische Flugzeuge versenkten dafür trotz des schlechten Wetters drei U-Boote — und zwar vor den Augen eines russischen Admirals, der sich an Bord eines der Träger befand. Die Royal Navy mag einige Zeit gezögert haben, ehe sie diese umgebauten und noch einmal wieder umgebauten Schiffe zum Einsatz brachte, aber es gibt keinen Zweifel: Seitdem sie das tat, geschah es mit gutem Erfolg. Sie machten die Rußlandkonvois sicher und verhalfen den Engländern zu einer absoluten Herrschaft über die Route.

Für den Mai waren zwei weitere Luftangriffe auf die *Tirpitz* geplant, wurden aber wegen des schlechten Wetters gestrichen. Keine britische Maschine schaffte es bis zum 24. August, zu dem Schiff vorzudringen. Doch an dem Tag drang eine 1600 Pfund schwere panzerbrechende Bombe ins Innere der *Tirpitz* ein — aber sie explodierte nicht. Als die Deutschen sie entschärften, entdeckten sie zu ihrer Verwunderung, daß sie nur die Hälfte des Sprengstoffs enthielt, der eigentlich vorgesehen war. Dies kann nur auf mangelhafte Fertigung in der verantwortlichen Munitionsfabrik zurückzuführen sein.

Die Erfindung der ›Tallboy‹-Bombe machte es dem RAF-Bomberkommando schließlich möglich, dem endlosen Kampf um die *Tirpitz* ein Ende zu setzen. Diese Bombe war 6,30 m lang und wog sechs Tonnen. Nur ein speziell dafür umgebauter ›Lancaster‹-Langstreckenbomber konnte sie transportieren. Nach mehreren erfolglosen Angriffen der Marineflieger bemühten sich die Engländer mit Erfolg darum, daß General Eisenhower als alliierter Oberbefehlshaber zwei ›Lancaster‹-Staffeln zu dem Zweck abkommandieren ließ. Die Engländer warteten zudem ungeduldig darauf, ein paar schwere Einheiten der Home Fleet in den Fernen Osten zu schicken. Air Chief-Marshal Sir Arthur Harris plante daher als Chef des Bomberkommandos, die schweren Maschinen von Schottland aus angreifen und nach der Bombardierung der *Tirpitz* in Archangelsk landen zu lassen, wo die Russen größte Kooperationsbereitschaft versprachen. Das schlechte Wetter zwang die RAF aber, direkt nach Nordrußland zu fliegen und von dort aus den Angriff zu starten. Die Maschinen verließen Schottland am 11. September. Sechs der 39 Flugzeuge mußten bei der Landung abgeschrieben werden: Das Wetter und der Zustand des Flugfelds waren zu schlecht. Am 15. September 1944 starteten schließlich 28 Bomber in Richtung Altafjord. Ein gewaltiger Direkttreffer mit einer der riesigen Bomben und zwei Einschläge in der Nähe rissen nicht weit vom Bug der *Tirpitz* ein Loch von zehn Metern Durchmesser. Sie nahm 1000 Tonnen Wasser, aber sie sank nicht. Nur konnte sie jetzt nicht mehr in Altafjord selber repariert werden. Trotzdem konnte auch das so angeschossene Schiff, von allen verfügbaren deutschen Zerstörern, kleineren Schiffen und Flugzeugen der Luftwaffe begleitet, sich noch vom 15. zum 16. Oktober 200 Meilen weit nach Süden durchschlagen und Tromsö anlaufen, 34 Monte, nachdem es zum erstenmal in norwegische Gewässer eingefahren war.

Das mächtigste Schiff der deutschen Kriegsmarine lag also nun im flachen Wasser eines Fjords im Schutz einer kleinen Insel vor Anker, drei Meilen vom norwegischen Hafen entfernt, zurückgestuft zum demütigen Dienst einer schwimmenden Küstenbefestigung und Flugzeugabwehrbatterie? ›Ultra‹ hatte herausbekommen, daß die Deutschen das Schiff praktisch abgeschrieben hatten: Auf See war es nicht mehr brauchbar, und noch eine neue langdauernde Reparatur war es nicht mehr wert. Die Deutschen hatten anderswo weit größere Probleme. Die Engländer hätten das Schiff daher in seiner neuen, schimpflich empfundenen Zuflucht vor sich hin rosten lassen können. Doch jetzt lag sie in Reichweite der in Schottland stationierten ›Lancaster‹-Maschinen, und so starteten 38 von ihnen am 29. Oktober 1944 von Lossiemoth in Richtung Norwegen. Ein knapp verfehlter Abwurf verursachte auf der *Tirpitz* achtern geringfügige Schäden. Tiefhängende Wolken und zähes Flakfeuer verhinderten zum letztenmal den Gnadenschuß.

Erst Mitte November klarte es so weit auf, daß das Bomberkommando einen neuen Versuch starten konnte. 32 ›Lancaster‹-Maschinen hoben sich in der Nacht vom 11. zum 12. November schwerfällig in den dunklen schottischen Himmel. Die Wetterbedingungen über der *Tirpitz* erwiesen sich als selten entgegenkommend. Der Wind blies den Nebel davon, den sie um sich gelegt hatte. Die Luftwaffe kam erklärlicher- (und unentschuldbarer-)weise zu spät, um wie üblich den Luftraum mit Jägern zu decken, und so blieb das lahmgelegte Schlachtschiff bei der Verteidigung gegen seine Peiniger sich selbst überlassen. Die Bomber durchflogen die schweren Breitseiten der *Tirpitz* und eine zweite dichte Barriere aus ihren Maschinenwaffen und landeten drei, vielleicht auch vier Treffer. Der erste schlug in die Backbordwand, und gleich neigte sich die *Tirpitz* in dieselbe Richtung. Kapitän Robert Weber befahl, an Steuerbord die Flutventile zu öffnen, um das Schiff wieder zu stabilisieren, aber bevor das noch passierte, schlug die nächste ›Tallboy‹-Bombe in die Hauptmunitionskammer für die 32,5-cm-Granaten ein und verursachte eine ungeheure Explosion, die den ›C‹-Turm 40 Meter weit in die See schleuderte. Der riesige Rumpf der *Tirpitz* krängte langsam weiter und kenterte schließlich. Wing-Commander (später Group Captain) Willie Tait und seine ›Lancaster‹-Maschinen von den Staffeln 9 und 617 des Bomberkommandos hatten im dritten Anlauf die Oberhand gewonnen. Die *Tirpitz* war endgültig erledigt, und das nach drei Jahren wenig ruhmreichen Müßiggangs in Norwegen. Sie hatte, wie Ludovic Kennedy in seinem Buch über das Schiff schrieb, »das Leben eines Invaliden geführt und den Tod eines Krüppels erlitten«.

Mit ihr starben ungefähr 900 Mann, und 600 konnten rund um das Wrack aus dem Wasser gezogen werden. Weitere 67 Männer barg man per Schneidbrenner aus den Abteilungen, in denen sich Luftkammern im Wrack gebildet hatten. Nach dem Krieg kursierten bei den Norwegern grausige (und wahrscheinlich zweifelhafte) Geschichten über ungewöhnlich große Makrelen, die man nach dem Untergang des Schiffes in der Gegend um Tromsö gefangen habe. Die Laufbahn der *Tirpitz* war durch einen außerordentlichen Gegensatz gekennzeichnet: Auf der einen Seite hatte ihre Kampfkraft fast keine Spuren hinterlassen (einmal abgesehen von einigen Granateneinschlägen im Eis und in den Felsen von Spitzbergen aus ihren großen 37,5-cm-Geschützen), auf der anderen war sie eine ständige unsichtbare Bedrohung gewesen, die eine ganze Flotte ersetzte und weitreichende Auswirkungen auf die Führung des Krieges in den nördlichsten Breiten des Atlantiks hatte. Die Engländer unternahmen in 35 Monaten insgesamt 17 Luftangriffe auf sie (zehn durch die Marineluftwaffe, sieben durch die RAF). Sie versuchten es nicht nur mit den Miniatur-›X-Booten‹, sondern hatten sogar an menschliche Zwei-Mann-Torpedos (›Chariots‹) gedacht, diese verzweifelte Idee aber wieder aufgegeben. Für die Royal Navy wurde sie zu einer großen Obsession, obwohl sie sie kaum zu Gesicht bekommen hatte. Ihre bloße Existenz verursachte im Juli 1942 die größte Geleitzugkatastrophe des Krieges, obwohl sie nichts weiter getan hatte, als ihren Hafen zu verlassen, ein paar Meilen hinauszufahren und wieder zurückzukehren, ohne daß sie einen Schuß abgegeben oder ein Schiff gesichtet hätte.

An der Hauptfront im Atlantik erging es Dönitz' Booten unter den plötzlich gewandelten Verhältnissen schlecht. Ihren absoluten Tiefpunkt erlebten sie im August 1943, als sie im Atlantik nur vier Schiffe mit zusammen weniger als 26 000 BRT versenkten, zwei im Norden, zwei im Süden; dazu kam an der britischen Küste ein Schiff mit gerade 19 BRT. Weltweit kamen die Deutschen in die Nähe von 120 000 BRT, denn im Indischen Ozean und im Mittelmeer hatten sie mehr Glück. Ende des Monats verließen 22 Boote ihre Stützpunkte an der Biskaya in Richtung Nordatlantik. Sechs weitere Boote stießen aus Deutschland und Norwegen dazu, und auch eine ›Milchkuh‹ schloß sich ihnen an. Alle waren mit Flakgeschützen verstärkt und mit der ›Wanze‹ ausgerüstet. Diese ›Leuthen‹ genannte Gruppe war wohl die bestausgestattete, die je zusammengestellt wurde, und ihre Aufgabe war es, die Angriffe gegen die Geleitzüge auf der Atlantikhauptroute wieder aufzunehmen. Seit dem Mai des Jahres hatte man sie nämlich vernachlässigt: Nur ein paar Boote hatten seitdem noch im Atlantik gestanden und in der Hauptsache einen künstlichen Funkverkehr aufrechterhalten, um die Alliierten in steter Alarmbereitschaft zu halten. Jetzt aber wollte man die Uhr bis in die triumphalen Tage des März 1943 zurückdrehen. Und diesmal hatten die U-Boote den ›Zaunkönig‹-Torpedo dabei, der sich nach den Schraubengeräuschen der Eskorten richtete. Am 18. September hatte das ›Leuthen‹-Rudel vor zwei westwärts laufenden Konvois querab einen Streifen gelegt, dem langsamen ONS 18 und dem schnellen ON 202.

Als am 19. September eine kanadische ›Liberator‹ in Neufundland startete und auf ihrem Flug *U 341* sichtete und versenkte, war man sich in der Führung der Western Approaches klar, daß die beiden Konvois von den Deutschen entdeckt und als Angriffsziele ausersehen waren. Sie erhielten daher Anweisung, sich zu einer einzigen Formation aus 66 Schiffen zusammenzuschließen. Die Eskorte bestand aus insgesamt 15 Kriegsschiffen. In den Morgenstunden des 20. September gab es den ersten Treffer mit einem ›Zaunkönig‹: *U 270* (Kapitänleutnant Paul-Friedrich Otto) traf die Fregatte HMS *Lagan* am Heck. Sie flog in die Luft. Etwas später gelang auch einem RAF-Bomber der erste Erfolg mit dem ›Fido‹, dem akustischen Torpedo der Alliierten. Er versenkte Kapitänleutnant Manfred Kinzels *U 338*, eines der herausragenden Boote der Märzschlacht um die Geleitzüge SC 122 und HX 229. Die Versenkung der *Lagan* riß, wie vorgesehen, ein Loch in den Schutzschirm der Eskorten und ermöglichte es den Deutschen, zwei Handelsschiffe zu versenken. Am Abend des 20. September ließen sie den kanadischen Zerstörer *St. Croix* und die britische Korvette *Polyanthus* folgen. Am 21. September entdeckte der Zerstörer *Keppel* das Unterseeboot *U 229* und vernichtete es. Der Höhepunkt der Schlacht näherte sich am 23. September, als die Deutschen ein neues Loch in den Schutzschirm rissen und die Fregatte HMS *Itchen* mit einem ›Zaunkönig‹ versenkten. Dann strömten sie durch diese Lükke und versenkten kurz hintereinander vier Handelsschiffe. Schließlich schlug das Wetter um, und der Konvoi bekam starke Luftunterstützung. Sie machte der Schlacht ein Ende. Die Bilanz lautete: Drei Eskorten und sechs Handelsschiffe versenkt und eine Eskorte stark angeschlagen gegen drei verlorene U-Boote.

Die Erfolge der deutschen U-Boote — die übrigens nach dem Abfeuern eines ›Zaunkönigs‹ tauchen mußten, damit der Torpedo sich nicht nach ihren eigenen Schrauben richtete — verleitete die Führung der U-Boot-Waffe, an einen großen Sieg zu glauben, statt an einen eher bescheidenen oder gar zweifelhaften. Verglichen mit der geringen Ernte zwischen Juni und August hatte Dönitz jetzt den Eindruck, daß noch nicht alles verloren war. Der Verlust von drei U-Booten war schlimm, schien aber gerade noch erträglich, nachdem so viele Boote verfügbar waren. Auch hatten die Boote nach dem Angriff auf den Doppel-Konvoi nicht sechs, sondern zwölf versenkte Handelsschiffe gemeldet, dazu noch drei ›vielleicht‹ versenkte Frachter. Das war teils auf ein Wunschdenken nach den schrecklichen Rückschlägen in den Sommermonaten zurückzuführen und teils auf die Tatsache, daß die Boote nicht stoppen und das Werk ihrer ›Zaunkönige‹ begutachten konnten. So wurden sie nicht gewahr, daß praktisch jeder zweite Torpedo überhaupt nicht explodierte oder so früh, daß er im Kielwasser seines Ziels keinen Schaden anrichtete. Andererseits funktionierte der von den Alliierten schnell als Köder eingeführte ›Foxer‹ nur bei Geschwindigkeiten bis zu 15 Knoten, und das war zu wenig für die U-Boot-Jagd. Außerdem wurde dadurch das Asdic gestört. Es mußte erst eine ausgefeiltere Version entwickelt werden, die 20 Knoten erlaubte und das Asdic-Gerät nicht außer Funktion setzte.

Der Schein-›Erfolg‹, mit dem man die Rückkehr der U-Boote auf die Hauptroute im Nordatlantik nach mehr als drei Monaten Abwesenheit feierte, nährte bei den Deutschen die falsche Hoffnung, mit dem ›Zaunkönig‹ und all den anderen neuen Dingen würden sie bald wieder auf dem alten

Stand sein. So behaupteten sie, in den ersten zehn Oktobertagen sechs Zerstörer versenkt zu haben. In Wirklichkeit war es nur einer gewesen. Weil die neue Waffe blind aus bis zu 30 Metern Tiefe abgeschossen werden konnte, sobald man oben nur das leichte Mahlen einer Schraube hörte, und weil die Deutschen so verzweifelt an die Wirkung dieser Waffe glauben wollten, registrierten sie fast jede Detonation ohne viel Federlesens als Treffer, in vielen Fällen selbst dann, wenn sie es hätten nachprüfen können. Die Engländer waren die Übertreibungen der feindlichen Propaganda gewohnt, die stets noch wilder waren als ihre eigenen, aber jetzt mußten sie mit wachsendem Ärger Sendungen abhören, in denen es auf hysterische Art übertrieben zuging: Eine neue Dimension des Wirklichkeitsverlustes war eröffnet. Im Nachrichtendienst dachte man darüber nach, wie man den Mythos vom unbezwingbaren ›Zaunkönig‹ durchlöchern könne. Doch dann fiel ihnen ein: Wenn die Deutschen noch gar nicht wußten, daß ihre Wunderwaffe bereits geschlagen war, warum sollten sie ihnen dabei helfen, es herauszubekommen?

Die erste Desillusionierung erlebten die Deutschen bei ihrem neuen Vormarsch in den Nordatlantik, als die ›Wanze‹ ständig ausfiel. Das machte die Boote für Überraschungsangriffe aus der Luft fast so verwundbar wie früher. So verlor das ›Rossbach‹-Rudel schnell drei Boote hintereinander. Dönitz hatte die Gruppe Anfang Oktober 1943 südwestlich von Island zusammengestellt. In den sechs Wochen von Ende September bis Anfang November wurden 23 U-Boote von Flugzeugen versenkt. Am 6. November gestand Dönitz seinem Stab, es laufe in der Tat auf eine Erzwingung des Unmöglichen hinaus, U-Boote unter den gegenwärtigen, äußerst schlechten Bedingungen hinauszuschicken. Aber er hatte keine Wahl: Er ließ seine Kapitäne wissen, daß selbst erfolglose Unternehmen dem Vaterland helfen würden, feindliche Kräfte zu binden und ihren Einsatz an anderer Stelle zu verhindern. Am 16. November befahl er dennoch binnen weniger als sechs Monaten den zweiten Rückzug der deutschen U-Boote aus dem Atlantik. Es war die formelle Anerkennung der Tatsache, daß die Niederlage im Frühjahr nicht bloß ein Rückschlag gewesen war, der sich mit taktischen Varianten und neuen Ideen wieder abfangen ließ, sondern daß die strategische Initiative nun auf Dauer beim überlegen gewordenen Feind lag. Basteleien an den robusten, aber überholten Typen VII und IX konnten das Problem nicht lösen: Nur eine technologische Revolution würde das leisten. Schon im Sommer 1942, als die Boote noch in Rudeln Tod und Zerstörung verbreiteten, war Dönitz zu der Einsicht gelangt, daß sie sich dem Ende ihrer Nützlichkeit näherten. Ab Frühjahr 1943 wurden keine neuen Boote dieser Typen mehr in Auftrag gegeben. Einige noch vorhandene Bestellungen wurden gestrichen, und nur Boote, die sich schon im Bau befanden, wurden vollendet. Alle künftigen Anstrengungen sollten dem neuen, absoluten Unterwasserboot gelten. Die derzeit im Einsatz befindlichen U-Boote sollten inzwischen halt ihr Bestes tun.

Um die Dinge noch schlimmer zu machen, konnte der xB-Dienst nicht mehr die Menge an Material liefern, die er aus dem britischen Marine-Code No. 3, dem Konvoi-Code, geschöpft hatte. Der Verdacht auf britischer Seite, daß die Deutschen ihn geknackt hatten, bestätigte sich verspätet und endgültig Anfang 1943 dank von ›Ultra‹ abgefangener Funksprüche. Die Amerikaner machten den Engländern wegen dieses gefährlichen und lange offenen Lecks Vorwürfe: Die Royal Navy hätte besser einen maschinellen Code benutzen sollen. Es stimmte auch, daß die Engländer den Schutz ihrer eigenen Chiffren im Vergleich zu den enormen Anstrengungen beim Dechiffrieren der feindlichen Funksprüche vernachlässigt hatten, und es stimmte auch, daß ›Cipher No. 3‹ der einzige Code war, der für die Kommunikation der Alliierten auf dem Atlantik zur Verfügung stand. Gleichzeitig beschlossen die Amerikaner aber, die Engländer nicht an ihrem eigenen Maschinen-Code zu beteiligen, wie er in der US-Navy gebräuchlich war. Doch im Juni wurde ›naval Cipher No. 5‹ eingeführt, und seitdem konnten die Deutschen sie nicht mehr belauschen.

Die in Frankreich stationierten Boote begannen im Herbst 1943, den permanenten Fliegerpatrouillen über der Biskaya durch Tauchfahrten entlang der französischen Küste bis in die neutralen spanischen Gewässer zu entgehen. Nach ihrem zweiten Rückzug aus dem Mittelatlantik im November beschlossen sie, westlich von Spanien gegen die Mittelmeer- und Gibraltar-Konvois und gegen die Geleitzüge in den Western Approaches zu operieren. Dort hatten sie ja ihre ersten Erfolge gegen die britische Schiffahrt nach Hause gefahren. Doch das Rad hatte sich fast völlig gedreht. Eine Gruppe von Booten verbrachte die ersten 17 Dezembertage in diesen Gewässern und suchte nach Konvois, aber ohne jeden Erfolg. Dabei passierten in dieser Zeit sieben Konvois mit insgesamt fast 400 Schiffen das Seegebiet. Die Deutschen sichteten davon nur zwei, waren aber nicht schnell genug, um einen Angriff gegen sie zu organisieren. Außerdem setzte der ›Submarine Tracking Room‹ routinemäßig ›Ultra‹ und HF/DF ein, um die Schiffe in lange geübter Praxis aus den Gefahrenzonen zu dirigieren.

Die Deutschen setzten jetzt endlich auch Langstreckenflugzeuge ein, vor allem die Heinkel ›He 177‹, um das letzte Operationsgebiet der U-Boote zu überfliegen und sie zu den Angriffszielen zu führen, die der B-Dienst nicht mehr liefern konnte. Dönitz hatte im Dauerzweikampf mit Göring den Sieg davon getragen und Hitlers Genehmigung dazu erhalten. Doch es war schon reichlich spät. Die beiden Waffengattungen waren die Zusammenarbeit nicht gewöhnt, die Alliierten waren in diesem Gebiet in der Luft überlegen, und die deutschen Maschinen, unter ihnen auch die neuen Langstreckenflugzeuge ›Ju 290‹ und ›BV 222‹, verloren oft die Fühlung mit den gesichteten Geleitzügen. Diese wiederum wurden jedesmal sofort umgeleitet, so daß die von der Luftwaffe alarmierten Boote sie kreuz und quer und ohne Erfolg über den Ozean jagen mußten. Ein Versuch, den vielseitigen schweren Kampfflieger ›Ju 88‹ gegen die Bomber der Alliierten einzusetzen, die ununterbrochen über der Biskaya Jagd auf U-Boote machten, führte nur zu einer weiteren Eskalation: Die RAF schickte nun ihrerseits Jäger als Eskorten. Das Problem im Golf konnte nur dadurch gelöst werden, daß man getaucht in die spanischen Gewässer und wieder herausschlich.

Als Dönitz Ende Januar 1944 22 Boote westlich von Irland zu einem neuen verzweifelten Angriffsversuch auf insgesamt acht ein- und auslaufende Geleitzüge sammelte, bekamen die Engländer schnell Wind von ihrer Anwesenheit und stellten eine überwältigende Streitmacht gegen sie zusammen. Die vier Wochen vom 27. Januar, als ein deutsches Flugzeug zwei Konvois meldete, bis zum 24. Februar entwickelten sich zu einem riesigen, sich langsam hinziehenden Handgemenge, das zeigte, wie grundlegend sich die Lage zur See in den vergangenen sieben Monaten verändert hatte. Eine Staffel ›Beaufighters‹ wurde vom Küstenkommando gegen die deutschen Fliegerpatrouillen und zur Verstärkung der beiden hier operierenden Geleitträger nach Nordirland geschickt. Die beiden Träger wurden von Captain Walkers 2. ›Escort Group‹ aus fünf Sloops gedeckt. Drei ähnliche Verbände und ein dritter Träger wurden schließlich noch den englischen, kanadischen und amerikanischen Nahunterstützungsgruppen zugeteilt. Hunderte von Quadratmeilen des Ozeans waren übersät mit Schiffen, von denen die Deutschen am Ende einen Nachzügler und ein Schiff aus Walkers Gruppe versenkten. HMS *Woodpecker* wurde Opfer eines Torpedos: Der ›Specht‹ fiel — welch boshaftes Ende einer Schlacht! — einem ›Zaunkönigı‹ zum Opfer.

Am 28. Januar wurden zwei U-Boote von einem Langstreckenbomber versenkt. Unvorsichtigerweise waren sie an der Oberfläche geblieben, um Anschluß an einen Geleitzug zu finden. Am 31. Januar entdeckte Walkers Gruppe, die weiterhin Eskorte für die Geleitträger fuhr, ein drittes und vernichtete es. Am 7. Februar wurde Walker zum Schutz eines Doppel-Konvois abkommandiert. Den nächsten großen Erfolg meldeten die *Wild Goose* und Walkers *Starling* am 9. Februar. Zusammen mit der *Kite* und der *Magpie* gelang ihnen nach achtstündiger Jagd die Vernichtung von *U 238*. 266

Wasserbomben und eine ganze Menge ›Hedgehog‹-Ladungen hatte das gekostet. In den Morgenstunden des 11. Februar war *U 424* an der Reihe. Acht Tage später führte Walkers perfektes Teamwork zum sechsten und letzten Erfolg eines Rekord-Einsatzes, als man *U 264* unter dem Kommando des erfahrenen Kapitänleutnants Hartwick Looks nach siebenstündiger Jagd zum Auftauchen zwingen konnte. Mit seiner Besatzung mußte er das sinkende Boot verlassen.

Dieser letzte Triumph der Unterstützungsgruppen war ein ganz besonderer, selbst gemessen am Standard des erfolgreichsten U-Boot-Abwehrverbandes des ganzen Krieges. Bei *U 264* handelte es sich nämlich um das erste Boot, das mit einem Schnorchel ausgerüstet war. Looks sollte wohl einen Erfahrungsbericht über ihn geben. Statt dessen wanderten er und seine Mannschaft in die Gefangenschaft, wo man sie eifrig nach den neuesten technischen Entwicklungen aushorchte. ›Ultra‹ hatte bereits Hinweise auf den Schnorchel gesammelt. Am 21. Februar lag auf dem Schreibtisch von Rodger Winn, der jetzt im Range eines Captains war, ein Bericht darüber. Weitere wertvolle Informationen wurden bei den Überlebenden von *U 406* gesammelt, das einen Tag zuvor von der 10. ›Escort Group‹ versenkt worden war: Unter ihnen waren mehrere Experten aus Wissenschaft und Technik, die die Leistungen des neuesten Radar-Ortungsgeräts überprüfen sollten. Auf diese Weise wußten die Engländer Ende Februar wahrscheinlich genauso viel über diese Neuheiten wie die deutsche U-Boot-Führung, die vergeblich auf die erforderlichen Berichte wartete.

Am Nachmittag des 19. Februar, wenige Stunden nach der Vernichtung von *U 264*, versenkte die 10. Gruppe *U 386*. So waren bis zu diesem Zeitpunkt elf Boote — 50 Prozent der westlich von Irland eingesetzten Streitmacht — vernichtet, und sechs von ihnen gingen auf Walkers Konto. *U 764* wurde noch am Abend des Tages versenkt, an dem es das Heck der *Woodpecker* in die Luft gejagt hatte. Das Sloop selbst sank schließlich acht Tage später in Sichtweite der Scilly-Inseln, zu denen es geschleppt worden war. Es gab keine Todesopfer.

Den Deutschen gelang als Antwort auf die beispiellosen Verluste bei ihrer jämmerlichen Rückkehr in den Atlantik gerade der Abschuß von zwei Maschinen des Küstenkommandos. Letztendlich war es diese Dauerschlacht, die den Punkt markierte, an dem die Überwasser-Eskorten sich nach viereinhalb Jahren erbitterten Ringens endgültig gegen ihren ungemein hartnäckigen Feind durchgesetzt hatten. Als Walker mit drei seiner vier Schiffe am 25. Februar Liverpool erreichte, begrüßte ihn der ganze Hafen mit einem Konzert aus Nebelhörnern und Sirenen. Es war eine gebührende Siegesfeier in einem der entscheidendsten Konflikte der Geschichte — wobei nicht nur Walkers Triumph zu bejubeln war, sondern der Triumph in der Schlacht im Atlantik insgesamt. Denn diese Schlacht war die wirkliche Schlacht um England gewesen.

Doch noch gaben die Deutschen nicht auf. Zähneknirschend stellten sie nach den schrecklichen Schlägen der letzten Wochen ihr im wahrsten Sinne des Wortes letztes Wolfsrudel aus den verbliebenen und einigen neuen Booten zusammen. Auch diese Gruppe bekam ihren eigenen Namen, und unter den gegebenen Umständen fiel die Wahl überaus treffend aus: ›Preußen‹ sollte sie heißen. Gegen Ende des Monats sammelten sich westlich von Irland noch einmal sechzehn Boote.

In diesem Seegebiet patrouillierte die 1. ›Escort Group‹, die am 26. Februar ein Boot versenkte. Drei Tage später — es war ein Schalttag — bekam das Sloop *Garlies* Asdic-Kontakt mit einem U-Boot. Zusammen mit den Schwesterschiffen *Affleck* und *Gore* begann es eine lange Jagd auf einen äußerst geschickten Feind, Kapitänleutnant Rolf Manke in *U 358*. Angriff um Angriff verliefen ergebnislos, denn Manke wich aus und tauchte bis auf Tiefen von fast 300 Metern vor ihnen weg. Ein viertes Sloop, die *Gould,* schloß sich der Suche nach dem U-Boot an, bei der 104 Wasserbomben geworfen wurden, aber alle vergebens. Die Engländer waren sicher, daß das Boot auftauchen würde, wenn der Mond am 1. März um 2.00 Uhr morgens unterging. Aber das tat es nicht, obwohl im Boot wegen des Mangels an Frischluft unbeschreibliche Zustände herrschen mußten. Die Jagd ging den ganzen Tag lang weiter. Das Wetter wurde schlechter, und die Männer am Asdic-Gerät waren am Ende ihrer Möglichkeiten angelangt. Um 16.00 Uhr drehten die *Garlies* und die *Gore* nach 34 Stunden fruchtlosen Bemühens ab, weil sie Befehl erhielten, Gibraltar anzusteuern. Um 19.20 Uhr traf ein akustischer Torpedo die *Gould* am Heck, und sie fing an zu sinken. Kurz danach mußte *U 358* endlich auftauchen, weil die Luft zu knapp geworden war. Von der *Affleck* aus wurde es in 1500 Metern Entfernung gesichtet und unter Feuer genommen, ehe Wasserbomben das Werk vollendeten. Die Jagd hatte 38 Stunden gedauert. Sie wurde zur längsten des gesamten Krieges. Die *Affleck* konnte die Mannschaft der *Gould* retten — und einen einzigen deutschen Matrosen.

An den folgenden Tagen setzten alliierte Eskorten und Flugzeuge den Zermürbungskrieg gegen das Rudel fort. Manche Jagd dauerte bis zu 30 Stunden. Am 22. März waren sieben Boote der ›Preußen‹-Gruppe vernichtet, auf der anderen Seite die *Gould* und eine Korvette. Eines der versenkten Boote war *U 625* unter dem Kommando des äußerst erfahrenen Kapitänleutnants Hans Benker, der Ende 1942 und Anfang 1943 große Erfolge gegen Geleitzüge verbucht hatte. Am 10. März wurde sein Boot von einer ›Sunderland‹ der kanadischen Luftwaffe gesichtet. Benker blieb oben und kämpfte, aber die Kanadier drückten ihn schließlich unter Wasser und warfen dann Wasserbomben. So einmalig wie fantastisch war, was Benker dann tat: Er kam noch einmal nach oben und signalisierte auf englisch ›Fine bombing‹, bevor er zum letztenmal tauchte. Ein paar Männer wurden dabei beobachtet, wie sie das angeschlagene Boot noch verlassen konnten, aber man hat sie nie mehr gefunden. Am 14. März konnte Walker sein 14. Opfer verbuchen, das er mit Hilfe eines Trägerflugzeugs zur Strecke brachte.

Am 22. März befahl Dönitz verbittert den nächsten größeren Rückzug. Er verließ den östlichen Atlantik und gab damit den Versuch auf, die großen Angriffe auf die Konvois wiederaufleben zu lassen. In den ersten drei Monaten des Jahres 1944 waren in dem Seegebiet 36 U-Boote versenkt worden. Dagegen standen drei versenkte Handelsschiffe — drei von 3360 Frachtern, die im Konvoi den Ozean überquert hatten. Jetzt blieb nur noch eine Handvoll Boote in dem weiten Ozean übrig. Die Konvois zogen gelassen ihre Bahn und schafften endlose Mengen von Truppen, Nahrungsmitteln, Treibstoff und Munition für die Invasion nach Europa, die die Deutschen jetzt täglich erwarteten. Die U-Boot-Verluste gingen proportional ebenfalls zurück. Im Mai standen im Atlantik nur noch zwei Boote, die die deutschen Wetterfrösche mit Informationen versorgen sollten — auch sie gehörten zur Vorbereitung auf den bevorstehenden Angriff der Alliierten auf die Festung Europa. Was die wichtigste Lebensader im Verkehr zwischen England und Amerika anging, so war der Sieg nun, nachdem Dönitz seine Boote zurückgezogen hatte, total und absolut. Sogar die einst hart unter Druck gewesenen Kanadier nannten die Route über den Atlantik jetzt eine ›gemütliche Sache‹.

Weiter südlich setzten die amerikanischen Unterstützungsgruppen mit ihren Geleitträgern und Zerstörern ihre weiträumigen Suchfahrten im Atlantik fort. Am 26. April versenkten sie eine der letzten ›Milchkühe‹, *U 488,* westlich der Kapverdischen Inseln vor dem Horn von Afrika. Das Kampfboot *U 66,* das eigentlich Treibstoff von ihr hatte übernehmen wollen, ließ sich viel weniger leicht ins Jenseits befördern. Leutnant z. S. Gerhard Seehausen tauchte, als der U-Tanker von den Geleitzerstörern der USS *Croatan* gestellt wurde, und er konnte zunächst auch fliehen. Trotzdem mußte er schließlich aufgeben, weil er keinen Treibstoff mehr hatte. Er erhielt den Funkspruch, auf die Hilfe von *U 188* zu warten, doch die Nachricht fingen auch die Amerikaner ab. Schließlich fand der Zerstörer USS *Buckley* (Commander Abel, USN) das aufgetauchte Boot am 6. Mai und beschoß es über den Bug. Dann folgte eine der seltsamsten Szenen in der Geschichte des U-Boot-Krieges, als Amerikaner und Deutsche in ein

Handgemenge gerieten, wie man es noch aus alten Segelschiffzeiten kannte. Als die Deutschen nämlich versuchten, an Bord der *Buckley* zu klettern, ließ Kapitän Abel sie zurückschlagen, als wären sie Enterer. Dabei wollten die Männer sich nur selber retten, weil ihr Boot sank. Aber das begriffen die Amerikaner nicht, und so bewarfen sie sie mit allem, was ihnen in die Hände kam, von leeren Geschoßhülsen, die an Deck lagen, bis zu ganzen Kaffeemaschinen. Ein Mann zog seine Pistole, ein anderer seine Maschinenpistole gegen die Deutschen. Die Szene wurde unterbrochen, als sich das brennende U-Boot mit einem metallischen Knirschen von dem Zerstörer löste und davonglitt. Die Maschinen liefen noch, und so fuhr es noch ein paar hundert Meter weiter, ehe es sank. 36 Deutsche wurden gerettet.

Acht Tage danach erlitt Großadmiral Karl Dönitz noch eine persönliche Tragödie, als sein älterer Sohn, Oberleutnant z. S. Klaus Dönitz, an Bord von *S 141* den Tod fand. Das Boot gehörte zu einer Flottille von leichten Schnellbooten, die Angriffe auf die Landungskräfte an der Küste der Isle of Wight führten, wo die Alliierten Vorbereitungen für eine Invasion trafen. Fünf Tage später jährte sich der Tod von Peter Dönitz an Bord von *U 984*.

Doch die aussichtslose Schlacht nahm weiter ihren unbarmherzigen Verlauf. Am 28. Mai befand sich der amerikanische Geleitträger *Block Island* mit seinen vier Zerstörern auf nördlichem Kurs in Richtung Azoren. Die vier Zerstörer hatten sich vorher kurz an der Jagd auf *U 66* beteiligt. Eines der Trägerflugzeuge sichtete *U 549* (Kapitänleutnant Detlev Krankenhagen) auf westlichem Kurs Richtung Brasilien. Die ganze Nacht über hatte sie das amerikanische Sonar-Gerät mit seinen hellen Schlägen verfolgt, und so beschloß Krankenhagen, sich zum Kampf zu stellen, auch wenn das ein hoffnungsloses Unterfangen war. Am Morgen des 29. Mai schoß er drei normale und zwei akustische Torpedos ab. Alle drei aus dem ersten Fächer trafen die *Block Island* (8600 BRT) seitlich. Sie sank kurz darauf. Ein ›Zaunkönig‹ beschädigte den Zerstörer USS *Barr* schwer; der zweite verfehlte sein Ziel. Die übrigen Zerstörer übten Vergeltung und versenkten *U 549*. Kein Deutscher überlebte. Es war das letztemal, daß ein deutsches U-Boot ein größeres feindliches Kriegsschiff versenken konnte. Wäre Krankenhagen am Leben geblieben, hätte er sicher das Ritterkreuz verdient gehabt.

Die erste Hälfte des Jahres 1944 brachte die Befreiung Leningrads. Im Januar landeten die Alliierten im italienischen Anzio. US-Streitkräfte bahnten sich ihren Weg von Insel zu Insel durch den Pazifik, während die Deutschen von Februar bis Mai in zähem Abwehrkampf Monte Cassino in Süditalien hielten. Die Japaner marschierten im März über Burma nach Indien vor und konnten erst Ende Juni in der Schlacht von Imphal zum Stehen gebracht werden. Am 4. Juni marschierten die Amerikaner in Rom ein, zwei Tage vor dem ›D-day‹ in der Normandie. Doch eine Woche später fiel die erste fliegende Bombe und Vorläuferin der ›Cruise missiles‹, die V 1, auf England.

Erst nach dem ›D-day‹, gegen den die U-Boote nur sehr wenig ausrichten konnten, kam der Schnorchel allgemein in Gebrauch. Das zweite Boot, das ihn nach *U 264* benutzte, war Leutnant z. S. Wolfgang Boehmers *U 575*, das die Korvette *Asphodel* versenkte, als es zum ›Preußen‹-Rudel gehörte. Auch er kehrte nicht mehr nach Hause zurück, aber er konnte wenigstens einen langen Funkspruch an seine Befehlsstelle schicken. Auch der britische Nachrichtendienst las ihn mit großem Interesse mit. Boehmer zeigte sich nicht übermäßig begeistert vom Schnorchel und empfahl, ihn besser nicht zu benutzen, wenn man gejagt wurde (und das waren ja seine gerade gemachten Erfahrungen). Der Blick hinaus sei durch das enge Sichtfeld des Periskops sehr eingeschränkt. Wenn die Motoren bei der Unterwasserfahrt liefen, sei das Boot praktisch taub. Außerdem fürchtete Boehmer, daß das Boot durch die Auspuffdämpfe und durch den Lärm der Dieselmaschinen entdeckt werden könnte (Elektromotoren liefen dagegen absolut leise). Kapitänleutnant Heinrich Schroeteler unternahm im Mai 1944 in *U 667* eine Probefahrt mit dem Schnorchel. Er konnte zurückkehren und persönlich von seinen Erfahrungen berichten. Er zeigte sich sehr beeindruckt. Neun Tage habe man sich auf Tauchfahrt befunden, hätte nicht einmal auftauchen müssen und sei auch nicht entdeckt worden.

Wenn man den Schnorchel mit einiger Übung und Vorsicht einsetzte, war er der beste Schutz, den es damals für ein U-Boot gab. Aber das galt nur dann, wenn es nachts drei bis höchstens fünf Stunden lang in der Nacht mit dem Schnorchel arbeiten konnte, um die Batterien nachzuladen und Frischluft in das Boot zu saugen. Danach konnte es wieder 24 Stunden lang unter Wasser operieren. Damit kamen die Deutschen ihrem Ziel, das Radar zu unterlaufen, sehr viel näher, und als Dönitz die Einsätze seiner Boote auf die Gewässer um England beschränkte, besaßen die Schnorchel-Boote eine weit größere Chance, der Entdeckung durch Asdic zu entgehen. Rund um die Küste war das Wasser seichter, und überall lagen unzählige Wracks und andere irreführende Objekte am Meeresboden. Wenn ein Boot stundenlang dort unten auf Grund lag, konnte es in vielen Fällen passieren, daß es der Aufmerksamkeit einer ganzen Flut von Eskorten entging.

Einen weiteren Vorteil brachte den Deutschen ein verbreiteter Einsatz des Schnorchels dadurch, daß ihr angeregter Funkverkehr, der den Alliierten so lange nützliche Informationen geliefert hatte, mit einem Schlag versiegte. Die Boote konnten Funksprüche nun über Langwelle empfangen. Dazu wurde die Antenne am Sehrohr oder am Schnorchel befestigt. Dafür konnten sie nun nicht mehr senden. Wenn sie allein Einsätze fuhren, erhielten die Kommandanten ihre Befehle daher im Hafen. Und außer in Notfällen und beim Empfang von Funksprüchen zu genau fixierten Zeiten gab es weder für die Befehlsstelle noch für das Boot selbst einen Grund, die Funkstille zu brechen. U-Boote waren jetzt wochenlang unterwegs, ohne einmal zu senden, was auch den Wert der HF/DF-Anlagen bei den Alliierten verringerte. Während der

Schnorchel noch in der Erprobung war, funkten die Kommandanten einen Strom von Klagen über die Probleme und sogar Gefahren bei seiner ungewohnten Anwendung nach Hause. Diese Funksprüche wurden von den Alliierten natürlich abgefangen, während sie die ausgefeilteren Berichte der Kapitäne nach ihrer Rückkehr natürlich nicht zu Gesicht bekamen. Je länger aber der Schnorchel in Gebrauch war, desto besser kamen die Mannschaften damit zurecht und desto nützlicher wurde er. Es war zwar ein stets heikles Gerät und manchmal richtiggehend tückisch, als es noch in den Kinderschuhen steckte. Aber dieses eine Mal machte ›Ultra‹ einen Fehler und ließ die Alliierten in dem Glauben, der Schnorchel werde nicht in großem Umfang benutzt.

Doch neun Tage nach dem ›D-day‹ schlüpften drei Schnorchel-Boote in den Kanal und versenkten zwei britische Fregatten und ein amerikanisches Landungsschiff. Keines der Boote konnte abgefangen werden, und das trotz der enormen Präsenz der Alliierten, die die Nachschub-Routen der Invasionstruppen deckten. Am 21. Juni liefen noch einmal drei U-Boote von ihren französischen Basen den Kanal hinauf nach Guernsey. Diese Kanalinsel war das einzige britische Territorium, das von den Nazis besetzt war. Als ›Ultra‹ von der Fahrt der drei Boote erfuhr, ließ Captain Rodger Winn seiner Bewunderung für diesen erfolgreich überstandenen Spießrutenlauf des Gegners freien Lauf. Am 29. Juni traf Leutnant z. S. Heinz Sieder in *U 984*, nachdem er vier Tage zuvor eine Fregatte beschädigt hatte, vor Selsey Bill innerhalb von acht Minuten vier amerikanische Versorgungsschiffe — und das war nicht weit von Portsmouth, dem Allerheiligsten der Royal Navy, entfernt. Keines der Schiffe sank zwar, aber nur eines war wieder verwendungsfähig. Sieder konnte sich mit seinem Schnorchel trotz einer langen und ausgedehnten Suchaktion der alliierten Flotten wieder aus dem Gefahrenbereich zurückziehen. Seine beiden Angriffe hatten ihm hellen Licht des frühen Sommernachmittags stattgefunden. Den Alliierten ging langsam auf, mit welchen Verlusten sie während der Invasion hätten rechnen müssen, wenn die U-Boote sich nur an der richtigen Stelle gesammelt hätten. (Hitler hatte zwar an die Normandie gedacht, aber die meisten seiner Generäle und Admirale setzten auf Calais; die U-Boote waren, wie üblich, in großer Zahl bis nach Norwegen hinauf verstreut gewesen.)

Die seltsamste Fahrt in dieser Phase des vorsichtigen Rückzugs unternahm *U 763* (Kapitänleutnant Ernst Cordes), und dies in die allergefährlichsten Gewässer. Das Boot selbst stand am Abend des 5. Juli vor Selsey Bill, wo der Verkehr über den Kanal besonders stark war. Cordes hatte bereits am späten Nachmittag einen Frachter versenkt, ohne selbst aufgespürt zu werden. Jetzt entdeckte er durch das Sehrohr einen Militärkonvoi, auf den er einen Fächer von fünf Torpedos abschoß. Anschließend tauchte er und legte sein Boot auf Grund. Kein Torpedo traf, obwohl drei explodierten, und die Eskorten bekamen keinen Kontakt zum Boot, so daß sie die Gegend vergeblich mit Wasserbomben zupflasterten. Die Deutschen registrierten die Explosionen, während sie am Boden entlangkrochen. Dabei wechselten sie so oft den Kurs, daß Cordes am Ende die Richtung verlor und sich bei der Bestimmung seiner Position gewaltig verrechnete.

Als er am Morgen des 7. Juli auf Sehrohrtiefe auftauchte, hatte er mehrere Stunden lang keine Wasserbomben mehr gehört. Vorsichtig benutzte er seinen Schnorchel, um die dringend benötigte Frischluft anzusaugen. Als er Land sichtete, glaubte Cordes, sich bei Alderney zu befinden, einer Kanalinsel, die nur sieben Meilen von der Küste der Normandie entfernt lag. Doch als er auf nördlichem Kurs seine Fahrt fortsetzte, lief er plötzlich an einer Stelle auf Grund, wo gar keiner sein durfte. Cordes ging wieder auf Sehrohrtiefe und entdeckte, daß er nach vorn, nach Steuerbord und nach Backbord von Land eingeschlossen war, und in diesem Bereich lagen viele Schiffe vor Anker. Er legte sein Boot wieder auf Grund, nachdem er sich alle Merkpunkte eingeprägt hatte, und ging dann alle seine Navigationsunterlagen und -handbücher durch, um herauszubekommen, wo in aller Welt er sich befand.

Er kam schließlich zu dem Schluß, daß es sich um die Bucht von Spithead handeln mußte. Sie lag nicht weit von Portsmouth, und hier hielt die Royal Navy stets ihre traditionellen Flottenparaden vor königlichen Gästen ab. Das war für Cordes keine geringe Überraschung, und er verbrachte den Rest des Tages auf Grund, bis sich eine Gelegenheit zur Flucht ergab. Als am Abend ein Versorgungskonvoi auslief, schlich *U 763* in seinem Kielwasser mit hinaus. Cordes hatte sogar noch den Mut, auf dieser quälenden Schleichfahrt zurück zu seinem Stützpunkt am 11. Juli einen Torpedo auf einen vorbeifahrenden Zerstörer abzuschießen (er verfehlte sein Ziel), bevor er am 14. Juli Brest erreichte. Erst nach dem Krieg haben die Engländer von dieser haarsträubenden Geschichte erfahren.

Die Organisation, die die Deutschen an Land für den bereits stark reduzierten U-Boot-Krieg aufgebaut hatten, fing an, unter der Belastung zusammenzubrechen, die die Kämpfe in Frankreich und die ungehinderten Bombardements der Alliierten mit sich brachten. ›Ultra‹ bekam heraus, daß die Führung Probleme mit der Reparatur ihrer Boote und mit der Schnorchelausrüstung hatte. Die Bomben hatten die Telefon- und Fernschreibleitungen so weitgehend zerstört, daß die deutschen Befehlsstellen sich über Funk verständigen mußten. Die Qualität des Wartungsdienstes in den französischen Stützpunkten ließ derart nach, daß Dönitz sich Anfang August gezwungen sah, für eine spezielle Weisung des Führers zu sorgen, die die deutschen Techniker ausdrücklich auf ihre Aufgabe verpflichtete, die Schnorchel an den Booten anzubringen, gleichgültig, wie nah schon das schwere Artilleriefeuer von der Front zu hören war. Diese Aufgabe hatte absoluten Vorrang, weil Dönitz einen weiteren strategischen Rückzug vorbereitete – nach über vier Jahren sollten die Boote aus Frankreich abgezogen und in Norwegen stationiert werden. Es war eine 2000-Meilen-Reise rund um die Britischen Inseln, die sie nur überstehen würden, wenn sie fast die ganze Zeit getaucht fuhren.

Seit dem ›D-day‹ hatten die Deutschen jetzt fünf Kriegsschiffe, zwölf Handelsschiffe und vier Landungsboote versenkt und weitere sieben Schiffe beschädigt. Der eigene Preis waren 20 verlorene U-Boote. Sie wurden zum größten Teil Opfer der gegen sie eingesetzten Überwasser-Schiffe, während die Hunderte von Fliegerpatrouillen durch den Gebrauch des Schnorchels fast völlig leer ausgingen. Die Unterstützungsgruppen grasten unablässig den Kanal und die Biskaya ab. Unter ihnen befand sich auch die 2. ›Escort Group‹, die aber seit Ende Juli nicht mehr ihren alten respekteinflößenden Kommandanten, Captain F. J. ›Johnnie‹ Walker hatte. Auf seinen Namen war der Rekord von 20 U-Boot-›Abschüssen‹ eingetragen. Er starb in den letzten Tagen des Juli 1944 an Land an den Folgen eines Schlaganfalls, den ihm wohl die ständige Überlastung eingebracht hatte. Er war 48 Jahre alt geworden.

Kaum waren die Boote aufgetankt, da liefen sie auch schon wieder mit dem Ziel Norwegen aus und sammelten sich in den britischen Küstengewässern. Das Rad des U-Boot-Krieges hatte sich jetzt seit den ersten Kriegstagen fast ganz gedreht. Kapitänleutnant Hartmut Graf von Matuschka schockte in *U 482* die Engländer, indem er auf der Route nach Liverpool nördlich von Irland eine Korvette und vier Schiffe versenkte. Bei diesem Einsatz, der ihn über 2729 Meilen führte, verbrachte er 2500 Meilen oder 90 Prozent unter Wasser. Er kam nach diesem seltenen Erfolg gegen einen Konvoi unversehrt in Norwegen an. Im September versenkten die Alliierten nur zwei U-Boote, zwei weitere beschädigten sie. Die Erfolge auf See wurden für beide Seiten immer seltener.

Währenddessen hatten die Alliierten die verlassenen Stützpunkte in Frankreich überrannt. Sie staunten über die Stärke der U-Boot-Bunker, die sie so viele Jahre lang erfolglos bombardiert hatten. Selbst die schwersten Bomben hatten kaum Spuren in den Betondächern hinterlassen, und die französische Nachkriegsflotte bedient sich jetzt des größten Bunkers in Brest für die Unterbringung ihrer Atom-U-Boote. Eine ähnliche Anlage war in der letzten Phase der Atlantikschlacht im norwegischen Drontheim gebaut worden. Von dort aus ging Leutnant z. S. R. Stollmann auf eine besondere Rekordfahrt — er verbrachte 50 Tage ununterbrochen unter Wasser. Begeistert funkte er noch von unterwegs nach Hause, wie überlegen solch ein Schnorchel-Boot sei. Entsprechend sei der Geist der Mannschaft. Man sei überzeugt, jetzt dem Feind wieder Paroli bieten zu können. Tapfere Worte.

Und es folgten auch noch tapfere Taten. Kapitänleutnant Günther Pulst gewann in *U 978* gleich das Ritterkreuz, als er im Ärmelkanal drei Schiffe traf, die in einem Geleitzug fuhren. Als zusätzliche Auszeichnung wurde er von der Verleihung auch noch per Funk unterrichtet. Im folgenden Monat verlangte Dönitz von seinen Männern eine besondere Anstrengung: Mit ihr sollten sie die letzte große Offensive der deutschen Armee in den Ardennen unterstützen, wo ihr fast der Durchbruch durch die amerikanischen Linien gelungen wäre. Im selben Monat waren die Schiffsverluste mit 135 000 BRT weltweit die höchsten seit dem März; 86 000 BRT gingen in den britischen Gewässern unter, 59 000 davon durch U-Boote. Diese Zahl wurde bis zum Ende des Krieges nicht noch einmal erreicht. Aber immerhin wurden auch noch im letzten vollen Kriegsmonat, dem April 1945, 73 000 BRT versenkt. Der Beitrag der U-Boote beschränkte sich in diesen letzten bitteren Monaten auf vereinzelte Taten, wie zum Beispiel die Vernichtung des amerikanischen Truppentransporters *Leopoldville* am Heiligabend durch *U 486*. Mit ihm ertranken 819 Soldaten im Kanal. In den letzten vier Monaten des Jahres 1944 versenkten deutsche U-Boote 14 Schiffe in den britischen Gewässern und zwei im Atlantik — aber mehr als 12 000 Schiffe passierten diese Seegebiete unverletzt. Dafür vernichteten die Alliierten auch nur sechs U-Boote im Dezember.

Die letzten sechs Monate des Jahres 1944 waren gekennzeichnet von der Verwundung Rommels und seinem Rückzug aus Frankreich am 17. Juli, vom Rücktritt des Generals Tojo als Japans Premierminister am 18. Juli und dem mißglückten

Attentat auf Hitler am 20. Juli. Am Tag darauf landeten die US Marines auf Guam, und am 1. August begann der Aufstand in Warschau. Zwei Wochen später landeten die Alliierten in Südfrankreich, und am 25. August war Paris befreit. Am 9. September fiel die erste V 2, Vorgängerin der modernen Trägerraketen, auf England, und am 17. September landeten anglo-amerikanische Fallschirmjäger im niederländischen Arnheim zu dem tragisch mißglückten Versuch, die dortige Rheinbrücke zu nehmen: Die Folge war eine schreckliche Hungersnot für das nördliche Holland in diesem letzten Kriegswinter. Ende Oktober gewann die US-Navy die Schlacht im Leyte-Golf (Philippinen), und am 7. November gewann Roosevelt seine vierte Präsidentschaft durch eine Rekordwahl. Am 16. Dezember begannen die Deutschen ihre überraschende Ardennen-Offensive in Belgien, die nur unter größten Schwierigkeiten zurückgedrängt werden konnte. Das brachte den Zweiten Weltkrieg an Land im Westen auf genau den gleichen Punkt, der im Ersten Weltkrieg im März 1918 erreicht gewesen war. Es war der letzte große Angriff der deutschen Armee.

A. V. Alexander, als Erster Lord der Admiralität der politische Chef der Royal Navy, sah mit selten düsterem Blick ins Neue Jahr 1945. Die neuerdings wieder nicht mehr faßbaren deutschen U-Boote machten ihm Sorgen: »Der Schnorchel hat ihnen einen größeren Vorteil gebracht, als wir eigentlich erwartet hatten.« Und er ging sogar so weit, vor einer neuen Offensive durch neue Typen zu warnen, die zu Verlusten führen könnten, »wie wir sie im März 1943 erlitten haben«.

Dieser Pessimismus hebt sich von dem allgemeinen Optimismus auf dem europäischen Kriegsschauplatz deutlich ab. Denn an Land hatte man schließlich die Ardennen-Offensive stoppen können, und der Sieg zu Lande schien nur noch eine Sache von Monaten, wenn nicht Wochen zu sein. Eine riesige Zange schloß sich von Westen und Osten um Deutschland, und die alliierten Luftstreitkräfte ließen die Städte in Flammen aufgehen. Doch Alexander war äußerst genau über die deutschen U-Boote informiert, die in wachsender Zahl aus den Werften kamen und in der Ostsee bemannt wurden. Die Amerikaner hatten dazu genaue Informationen aus einer ungewöhnlichen Quelle geschöpft: Sie hatten den diplomatischen Funkverkehr der Japaner von Berlin nach Tokio abgefangen. Seit die Amerikaner im Herbst 1940 auf breiter Linie in den japanischen Code eingebrochen waren — ein Meisterstück, das dem britischen Eindringen in den deutschen Funkverkehr vergleichbar ist —, lasen die Alliierten die technischen Berichte der japanischen Attachés mit. Ein Funkspruch vom 6. März 1944 warnte die Alliierten vor dem, was sie erwartete. Sie machten sich auf, das Bauprogramm durch Bomben lahmzulegen. Aber sie wußten auch, daß die Deutschen das Zusammenbauen dadurch beschleunigten, daß sie die neuen Boote in acht Teilen in verschiedenen Gegenden von Deutschland vorfabrizierten und sie dann durch Flüsse und Kanäle zu den drei einschlägigen Häfen an der Küste brachten. Die Zerstörung der Ufer des Dortmunder-Ems-Kanals, der aus dem Ruhrgebiet in die Nordsee führte, sollte sich als ein besonders schwerer Rückschlag für das Programm herausstellen. Man hatte vorgehabt, bis Ende 1944 131 Elektro-Boote des größeren Typs XXI zu liefern. Die Fabriken und Werften, die die verschiedenen Teile produzierten, waren ebenso heftigen Bombardements ausgesetzt wie die Häfen. Die Ausbildungsgebiete in der Ostsee wurden mit großen Mengen Luftminen verseucht. Nachdem nun die Bomber-Offensive gegen Deutschland so große Proportionen angenommen hatte, konnte endlich geschehen, was ›Bomber‹ Harris schon verfrüht in den ersten Tagen des Krieges versprochen hatte. Und jetzt, da sich zeigte, wie schwer trotz der Rekordzahlen an Geleit- und Fliegerpatrouillen die U-Boote draußen zu fangen waren, waren die Bomber endlich das Hauptwerkzeug bei der Vernichtung der Boote geworden — ehe sie auslaufen konnten.

So etwas wie Geschichte wurde am 25. Februar 1945 gemacht, als Leutnant z. S. Fridtjof Heckel in *U 2322* den britischen Frachter SS *Egholm* mit gerade 1317 BRT vor der schottischen Ostküste versenkte. Es war die erste Versenkung gewesen, die einem kleinen Küsten-Elektro-Boot vom Typ XXIII gelang. Britische Kriegsschiffe waren überall unterwegs und jagten den kleinen Eindringling, aber sie staunten, wie schnell er sich unter Wasser fortbewegen konnte. Ihre Wasserbomben fielen hoffnungslos weit vom anvisierten Ziel entfernt. Heckel hatte keine Schwierigkeit, ihnen zu entwischen. »Ideales Boot für kurzfristige Unternehmungen in Küstennähe, schnell, wendig, einfache Tiefensteuerung, geringe Ortungs- und Angriffsfläche. Der Gegner ahnt mehr, daß ein Boot da ist, als daß er den klaren Beweis und die Position erhält«, hieß das Urteil der Kommandanten über den Typ XXIII.

Am 28. Februar trug Dönitz die Neuigkeit Hitler persönlich vor. Mit dem kompletten Unterwasserfahrzeug habe der Krieg zur See jetzt eine neue Qualität erreicht, und man habe eine tödliche Waffe zur Hand. Nun setzte Dönitz seine Hoffnung darauf, so viele Boote zu bekommen, daß der alliierte Nachschub über den Kanal unterbrochen und der Vormarsch im Westen gestoppt werden konnte. Danach wollte man wieder hinaus in den Atlantik gehen und erneut die Hauptroute der Geleitzüge angreifen. Aber die Bombardements der Alliierten gingen weiter und nahmen noch zu.

Dennoch war Dönitz entschlossen, einen letzten Vorstoß in den weiten Atlantik zu unternehmen. Ende März gingen sechs Boote vom Typ IXc mit Schnorcheln der Reihe nach in See, und am 9. April befahl er ihnen, sich zu einem kleinen Rudel zusammenzutun. Er gab ihnen den Namen ›Seewolf‹. Der ›Ultra‹-Geheimdienst fing den entsprechenden Funkspruch ab. Als die Boote unbeirrt auf die Küste der Vereinigten Staaten zuhielten, gerieten die Amerikaner tatsächlich in Panik. Deutschen Agenten gelang es, mit Desinformationen für Unruhe zu sorgen: Die Boote seien mit einer Flottenversion der V 2-Rakete bestückt, hieß es, wie sie schon über London herabgeregnet seien. Das ›V‹ bei Hitlers letzter ›Wunderwaffe‹ stand für ›Vergeltung‹. Tatsächlich haben die Deutschen die Idee solch einer U-Boot-Rakete kurz geprüft, dann aber wieder als nicht praktikabel verworfen. Die US-Navy jedenfalls stellte vier Geleitträger-Gruppen mit insgesamt 20 Zerstörern gegen die sechs Boote zusammen. Das erste wurde am 16. April versenkt, das zweite eine Stunde später. Nach fünf Tagen zerstörten die Amerikaner das dritte. Am 24. April legte *U 546* einen Zerstörer mit einem ›Zaunkönig‹ lahm. Er sank zehn Stunden später, während acht amerikanische Zerstörer das Boot an die Oberfläche zwangen und in Stücke schossen. Die beiden anderen wurden nicht mehr vor der deutschen Kapitulation gefunden. Sie ergaben sich dann selbst. Ihr einziger Erfolg, den sie verbuchen konnten, war die Versenkung des Zerstörers *Frederick T. Davis.*

Das Dritte Reich brach schließlich im April 1945 zusammen. Boote, die aus der Ostsee in die Nordsee schlüpften, wurden abgefangen. Sie versuchten, trotz der ununterbrochenen Fliegerpatrouillen der Alliierten nach Norwegen zu gelangen. Jetzt richteten sie ein letztes Massaker bei einem Feind an, der so lange der gefährlichste von allen gewesen war. Dönitz, dem Hitler den Oberbefehl im Norden übertragen hatte, konzentrierte inzwischen seine Kräfte auf die Rettung von zwei Millionen Deutschen vor dem Zugriff der vorrückenden Russen. Es war eine der größten Evakuierungsmaßnahmen der Geschichte. Am 30. April nahm Hitler Gift und erschoß sich in seinem Bunker in Berlin, nachdem er Dönitz, den militärischen Führer, dem er traute und am meisten bewunderte, zu seinem Nachfolger ernannt hatte. Dönitz hatte die U-Boote zu Deutschlands tödlichster Waffe gemacht und war dann zum Chef der gesamten Kriegsmarine geworden. Jetzt wurde der ›Führer der Unterseeboote‹ für kurze Zeit zum Führer des ganzen Reiches erhöht. Ihm blieb noch die Aufgabe, nach den Bedingungen für eine Kapitulation im Westen zu suchen, die ihm erlaubte, noch so viele Deutsche wie möglich vor den anmarschierenden Russen zu retten.

Am gleichen Tag, als Dönitz die letzte Stufe seiner Karriere erkletterte, ging Korvettenkapitän Albert Schnee in *U 2511* mit einer Elite-Mannschaft vom norwegischen Bergen aus in

See. Es handelte sich um das erste große Elektro-Boot des Typs XXI und sollte (was ihm bei seiner Reichweite von 16 000 Meilen nicht schwerfiel) die Karibik ansteuern — eine letzte Geste des Aufbäumens gegen die Niederlage auf See. Am 2. Mai entdeckte eine britische Patrouille das Boot nördlich von Schottland. Es machte 16 Knoten unter Wasser und konnte noch mehreren Schiffen ausweichen. Die Mannschaft registrierte nur eine explodierende Wasserbombe, und das Meilen entfernt. Das zweite und letzte Boot vom Typ XXI war *U 3008* unter Kapitänleutnant Helmut Manseck. Am 3. Mai verließ das Boot Wilhelmshaven, und die Mannschaft konnte dabei die schwere Artillerie der britischen Armee in nicht einmal 20 Meilen Entfernung hören. Ohne genaues Ziel steuerten sie den Atlantik an. Am folgenden Tag traf Generaladmiral Hans-Georg von Friedeburg als Bevollmächtigter der Regierung Dönitz in der Lüneburger Heide mit General Bernhard Montgomery zusammen und unterzeichnete die Kapitulation aller deutschen Kräfte im Nordwesten einschließlich der Friesischen Inseln, der Niederlande und Dänemarks. Am Abend ging an alle Boote wiederholt der Befehl hinaus, keine Angriffe mehr zu fahren und in die Stützpunkte zurückzukehren.

U 2511 erhielt gerade diesen Funkspruch, als es einen britischen Kreuzer der *Suffolk*-Klasse auf Kernschußweite vor sich hatte — 600 Meter entfernt. Schnee ließ alles klar zum Angriff machen, nur den Feuerbefehl gab er nicht mehr. Statt dessen tauchte er unentdeckt unter dem Schiff durch und hielt auf seinen Stützpunkt zu. *U 3008* traf kurz nach Empfang des Befehls auf einen Geleitzug, überholte ihn, feuerte aber keinen Torpedo ab und entkam ebenfalls unentdeckt.

In der Führung der U-Boote herrschte jetzt Konfusion. Am 5. Mai um 1.34 Uhr wurde das Codewort ›Regenbogen‹ ausgegeben. Es bedeutete, daß die U-Boote eher selbst versenkt als ausgeliefert werden sollten. Aber um 1.42 Uhr kam eine neue Meldung aus dem Hauptquartier, das sich jetzt in Flensburg befand. Mit ihr wurde der Befehl wieder zurückgenommen.

Am Nachmittag des 5. Mai nahm Dönitz mit einem langen Funkspruch Abschied von seinen U-Booten:

»Meine U-Boot-Männer! Sechs Jahre U-Boot-Krieg liegen hinter uns. Ihr habt gekämpft wie die Löwen. Eine erdrückende Materialübermacht hat uns auf engstem Raum zusammengedrängt. Von der verbleibenden Basis aus ist eine Fortsetzung des Kampfes nicht mehr möglich.
U-Boot-Männer! Ungebrochen und makellos legt ihr nach einem Heldenkampf ohnegleichen die Waffen nieder. Wir gedenken in Ehrfurcht unserer gefallenen Kameraden, die ihre Treue zu Führer und Vaterland mit dem Tod besiegelten.
Kameraden! Bewahrt euren U-Boot-Geist, mit dem ihr lange Jahre hindurch tapfer und unbeirrt gekämpft habt, auch in Zukunft zum Besten unseres Vaterlandes. Es lebe Deutschland. Euer Großadmiral!«

Wer diesen gespreizten Text liest, weiß jedenfalls eines: Dönitz mag alles mögliche gewesen sein, ein zweiter Goethe war er nicht.

Im hellen Tageslicht des 7. Mai 1945 sichtete eine ›Catalina‹ der Staffel 210 des RAF-Küstenkommandos *U 320* unter dem Kommando von Reserveleutnant Emmrich zwischen den Shetland-Inseln und Norwegen und versenkte es. Es war der letzte ›Abschuß‹ des Krieges.

Die letzten Monate des Zweiten Weltkriegs waren von immer schnelleren Landgewinnen der Alliierten auf allen Kriegsschauplätzen gekennzeichnet. Die Amerikaner unter General MacArthur beeilten sich, sein Versprechen einzuhalten: Im Oktober 1944 begann die Wiedereroberung der Philippinen, am Neujahrstag landete man auf Luzón, einen Monat später auf Manila. Am 4. Februar trafen sich Churchill, Roosevelt und Stalin ein letztesmal in Jalta, um die Nachkriegswelt aufzuteilen. (Roosevelt starb am 12. April, Churchill verlor am 26. Juli die Wahlen.) Am 13. Februar löschten die RAF, am 14. Februar die US-Air Force Dresden in einer letzten Zerstörungsorgie, einem Flächenbombardement mit konventionellen Bomben, aus. Am 7. März überquerte die US-Army den Rhein bei Remagen. Den ganzen Monat hindurch unternahmen die Amerikaner Brandbombenangriffe auf japanische Städte. Vizepräsident Harry S. Truman wurde Nachfolger Roosevelts. Am 25. April gaben sich die amerikanische und die russische Armee (buchstäblich) die Hand und teilten Deutschland in zwei Teile. Am 8. Mai wurde der ›VE-day‹ (= ›Victory in Europe‹) begeistert gefeiert, vor allem in England. (Japan kämpfte noch weiter, aber am 6. August fiel die erste Atombombe auf Hiroshima. Zwei Tage später erklärte die Sowjetunion Japan den Krieg, und am 9. August setzte die zweite Atombombe Nagasaki in Brand. Mit der Kapitulation der Japaner am 14. August waren die Feindseligkeiten des Zweiten Weltkrieges beendet.)

Das letzte Wort in dieser Darstellung gehört den deutschen U-Booten — einige ihrer letzten Aktionen lassen sich nicht genau einordnen, weil die Torpedoangriffe nicht datiert sind. Leutnant z. S. Emil Klusmeier versenkte in *U 2336*, einem Boot vom Typ XXIII, den norwegischen Dampfer *Sneland I* (1791 BRT) und den britischen Frachter *Avondale Park* (2878 BRT) vor dem Firth of Forth an der ostschottischen Küste. Etwa zur selben Zeit sichtete *U 1023*, ein mit Schnorchel ausgerüstetes Boot vom Typ VIIc, den norwegischen Minenräumer *NYMS 382* (335 BRT) vor der Lyme Bay an der südenglischen Küste. Wie Emmrich war auch Kapitänleutnant Heinrich Schroeteler tagelang getaucht gefahren und hatte deswegen den Kapitulationsbefehl nicht empfangen. Er feuerte den wahrscheinlich letzten Torpedo der Schlacht im Atlantik ab und versenkte mit ihm ein winziges Kriegsschiff. Es geschah am 7. Mai um 19.52 Uhr Greenwich-Zeit — fünf Jahre, acht Monate und vier Tage, nachdem Leutnant z. S. Lemp der ersten Torpedo auf die *Athenia* abgeschossen hatte.

Das Dritte Reich hat 1162 U-Boote gebaut. Von ihnen nahmen 830 an Einsätzen teil. 784 gingen verloren (696 durch feindliche Angriffe). 220 wurden von ihren Besatzungen versenkt, um nicht übergeben zu werden. 156 folgten Dönitz' Befehl und wurden ausgeliefert. Zwei flohen nach Argentinien. Der Rest wurde in Deutschland und Norwegen gefunden. Von den 40900 Männern, die auf den U-Booten Dienst taten, sind 25870 gefallen, und mehr als 5000 wurden gefangengenommen — entsetzliche Raten, sowohl bei den Verlusten an Menschenleben (63%) wie an Booten (76%).

Im Verlauf des Zweiten Weltkrieges verloren die Alliierten 2828 eigene und neutrale Schiffe (14687231 BRT) durch U-Boote. Weltweit belief sich die Zahl der versenkten Handelsschiffe auf 5150 (21570720 BRT). Von ihnen gingen 2452 (12,8 Millionen BRT) im Atlantik unter. Wie viele Menschen im Seekrieg ihr Leben verloren, läßt sich nicht genau bestimmen. Die britische Handelsmarine verlor 30248, die Royal Navy 73642 Männer; die meisten von ihnen starben im Atlantik, wo die U-Boote 175 größtenteils britische Kriegsschiffe versenkten. Das Küstenkommando der RAF verlor 5866 Männer und 1777 Flugzeuge. Die Royal Canadian Navy verlor 1965 Männer, mehr als die US-Navy, die ihre hauptsächlichen Verluste im Pazifik zu verzeichnen hatte.

Die Schlacht im Atlantik kann man nicht in Zahlen fassen. Es ist die Geschichte einer Vernichtung von betäubendem Ausmaß, an Menschen, an Schiffen, an Unterseebooten, hastig gebaut und oft in wenigen Augenblicken wieder zerstört, an Nahrungsmitteln und wertvoller Ladung, die mit auf den Meeresboden sanken, oder auch an riesigen Summen Geld. Einige wenige Bilder bleiben im Gedächtnis haften: von Seeleuten, die im brennenden Öl in Flammen aufgehen, von Seeleuten, die sich im eiskalten Wasser der Arktis zu Tode frieren, von explodierenden Munitionskammern, die ganze Kriegsschiffe in Stücke zerreißen, von den unaussprechlich grausigen Überresten, die aus den U-Boot-Wracks emporstiegen, von Flugzeugen, die brennend abstürzten, vom quälenden Todeskampf getroffener Schiffe und von endlosen Hilfeschreien aus dem Wasser. Und hier und da ein Aufblitzen von Ritterlichkeit in einem totalen Krieg.

Großadmiral Dönitz, einst Autor des Buchs ›Die U-Bootswaffe‹ und zehn Jahre lang Befehlshaber und Führer der deutschen U-Boot-Flotte, wurde von der Alliierten Kontrollkommission am 23. Mai 1945 in Flensburg, dem letzten Sitz einer deutschen Reichsregierung, festgenommen. Als man ihm sagte, daß er sich nun als Kriegsgefangener zu betrachten habe, sagte der zweite und letzte Führer des Deutschen Reiches: »Es erübrigt sich jedes Wort.«

Anhang

ZU DEN QUELLEN

Meine Frau und ich möchten folgenden Personen für die uneingeschränkte Hilfe, die sie uns gegeben haben, den wärmsten Dank aussprechen: Dr. Nicholas A. M. Rodger vom britischen Public Record Office; Robert H. Coppock von der Naval Library im britischen Marineministerium; Commander W. A. B. Douglas und Dr. Marc Milner vom Directorate of History, National Defence Headquarters in Ottawa; Richard A. von Doenhoff und Barry Zerby von den National Archives in Washington; Dr. Dean C. Allard, Bernard Cavalcante und Martha Crawley vom Naval Historical Center in Washington und ihren Kollegen und Helfern. All diese Personen haben uns unschätzbare Dienste beim Durchforsten der Berge vorhandener Quellen geleistet.

Die umfangreiche Dokumentation des Seekriegs hat ihrerseits wieder eine große Anzahl Sekundärliteratur hervorgebracht. Über 100 Titel, die wir benutzt haben, sind aufgelistet. Ein ganzes Leben würde nicht ausreichen, alle Bücher und Aufsätze zu verarbeiten, die die Geschichte der Schlacht im Atlantik berühren.

UNVERÖFFENTLICHTE QUELLEN

Allied Communication Intelligence and the Battle of the Atlantic, undated MS at US Naval Historical Center, Washington DC

Anti-Submarine Warfare in World War II, by Charles M. Sternhell and Alan M. Thorndike; Operations Evaluation Group, Office of the Chief of Naval Operations, US Navy Department, Washington, 1946

The Defeat of the Enemy Attack on Shipping 1939—1945, Admiralty Historical Section, London, 1957

Kriegstagebuch des Führers der Unterseeboote, 1939—1945, British Ministry of Defence Naval Library microfilm record

The U-Boat War in the Atlantic, by Fregattenkapitän Günter Hessler; postwar account written at Allied behest and held in file ADM 186/802, ADM 234/67 and 68, British Public Record Office

US-British Naval Cooperation 1940—1945, by Tracy B. Kittredge; undated historical monograph at US Naval Historical Center, Washington

Britische Quellen

(a) Public Record Office, Kew, Richmond, Surrey

ADM 1 and ADM 116 series of general files and cases on the Royal Navy in the Second World War

ADM 186 series on naval control of merchant shipping

ADM 199 series compiled for the Official History

ADM 217: residual material on Western Approaches Command

ADM 219 series on Admiralty Operations Research Branch including Professor P. M. S. Blackett's reports (No. 19)

ADM 223 series on naval intelligence including reports based on Ultra

AIR 15 series on RAF Coastal Command

AIR 24 series of command operational records

AIR 40 on air intelligence

AIR 50 on air combat reports

BT 131, 161 and 188: Board of Trade records on shipping, import allocations, oil and related matters

CAB 65—115: British Cabinet minutes and records of various Cabinet Committees Convoy packs on various convoys

DEFE 3: series of decrypted Enigma messages (ZGTPU for submarine traffic) Individual ship records
MT 50 and 59: records of Ministry of War Transport
PREM 1: Churchill's official correspondence

(b) Ministry of Defence Naval Library, London
Tambach Collection of records of the *Seekriegsleitung*, parts A-D; of Navy Groups North and West; and of files related to the War Diary of the Commander, Submarines.

Canadian Records at the Directorate of History, National Defence Headquarters, Ottawa
77/55 Canadian coastal convoys
77/553 ocean convoy records
77/554 Western Atlantic coastal convoy statistics
80/365 Canadian role in shipping-control
81/14 Naval Service Headquarters material on anti-submarine warfarce
81/145 Papers of Captain Eric Brand on Canadian Naval Intelligence and shipping-control
81/520 series on the Battle of the Atlantic
84/123 basic narratives

Amerikanische Quellen

(a) National Archives, Washington DC
Navy Secretary's Confidential Correspondence:
A8/3—5 (American—British Conversations), A6/3, A9/3, A13/2 to A16, A14/1, A14/5 (diplomatic), A14/7 (international agreements), A16/1, A16/3 (naval intelligence), A16/4 (Lend—Lease), A17/15, A21/5
EF13, Ef16, EF17 and EF73 series on Great Britain
Microfilm M975 (three rolls) of reports from the US Naval Attaché, London
SRS 548 series of captured *B-Dienst*

(b) Naval Historical Center, Washington Navy Yard
Eastern Sea Frontier War Diary
History of Task Force 24
Reports by Captain Paul R. Heineman, USN
SRH 006—348 selected files from Special Research Histories series on intelligence (copies of National Archives records)

VERÖFFENTLICHTE WERKE

Andrew, Christopher: *Secret Service,* London 1985

Bagnasco, Erminio: *Submarines of World War Two,* London 1977

Beesly, Patrick: *Very Special Intelligence,* London 1977 (dt. *Very Special Intelligence,* Berlin 1978)

–: *Room 40: British Naval Intelligence 1914—18,* London 1982

Bennett, Geoffrey: *Naval Battles of the First World War,* London 1983

Böddeker, Günter: *Die Boote im Netz,* Bergisch-Gladbach 1983

Botting, Douglas: *The U-boats,* Amsterdam 1979 (dt. *Die Unterseeboote,* Amsterdam 1981)

Breyer, Siegfried: *Battleships of the World 1905—1970,* London 1980 (dt. *Schlachtschiffe und Schlachtkreuzer 1905—1970,* München 1977)

Brown, Anthony Cave: *Bodyguard of Lies,* London 1976 (dt. *Die unsichtbare Front. Entschieden Geheimdienste den 2. Weltkrieg?* München 1976)

Buchheim, Lothar-Günther: *Das Boot,* München 1973

Buell, Thomas: *Master of Sea Power,* Boston/Mass. 1979

Bullock, Alan: *Hitler: A Study in Tyranny,* London (rev. Aufl.) 1962 (dt. *Hitler. Eine Studie über Tyrannei,* Düsseldorf 1964; überarb. Neuauflage 1969)

Calvocoressi, Peter/Wint, Guy: *Total War,* London 1974

Campbell, Christy: *World War II Fact Book,* London 1985

Campbell, John: *Naval Weapons of World War Two,* London 1985

Churchill, Winston S.: *Great War Speeches,* London 1957

–: *The History of the Second World War,* London 1948—1954 (dt. *Der Zweite Weltkrieg,* Stuttgart/München/Zürich 1960)

Coles, Alan/Briggs, Ted: *Flagship »Hood«,* London 1985

Cremer, Peter/Brustat-Naval, Fritz: *»U 333«: The Story of an U-boat Ace,* London 1984

Deist, Wilhelm: *The German Military Age of Total War,* Leamington Spa 1985

Dönitz, Karl: *10 Jahre und 20 Tage,* Bonn (1.—3. Aufl.) 1958—1964, (4. u. folg. Aufl.) 1967 ff.

–: *Die U-Bootswaffe,* Berlin 1939

Douglas, W. A. B.: »Alliance Warfare 1939—1945: Canada's Maritime Forces«, in: *International Review of Military History,* Canadian Edition, Ottawa, No. 51

Fest, Joachim C.: *Hitler*, London 1974 (dt. *Hitler*, Berlin 1974)
Fitzsimons, Bernard (Hg.): *Warships and Sea Battles of World War I*, London 1973 (dt. *Kriegsschiffe des Ersten Weltkrieges*, Heyne München 1977)
Forester, C. S.: *Hunting the »Bismarck«*, 1963 (dt. *Die letzte Fahrt der Bismarck*, Hamburg 1960)
Frank, Wolfgang: *Die Wölfe und der Admiral*, Bergisch-Gladbach 1983
Goodspeed, D. J. (Hg.): *The Armed Forces of Canada 1867—1967*, Ottawa 1967
Graham, Otis L./Robinson, Meghan (Hg.): *FDR: His Life and Times*, Boston/Mass. 1985
Gröner, Erich: *Die Schiffe der deutschen Kriegsmarine und Luftwaffe 1939—45 und ihr Verbleib*, 8. überarb. Aufl., München 1976
Hennessy, Peter/Sir Hague, Douglas: »How Adolf Hitler Reformed Whitehall«, in: *Strathclyde University Papers on Government and Politics*, No. 41, Glasgow 1985
Herlin, Hans: *Verdammter Atlantik*, Heyne München 1983
Hinsley, F. H.: *British Intelligence in the Second World War*, 3 Bde., London 1979—1983
Hodges, Andrew: *Alan Turing: The Enigma*, London 1983
Hough, Richard: *Former Naval Person*, London 1985
–: *The Longest Battle: the War at Sea 1939—45*, London 1985
–: *The Great War at Sea*, New York 1983
Hughes, Terry/Costello, John: *The Battle of the Atlantic*, London 1977 (dt. *Atlantikschlacht. Der Krieg zur See 1939—1945*, Bergisch-Gladbach 1978)
Humble, Richard: *Aircraft Carriers*, London 1982
–: *The Rise and Fall of the British Navy*, London 1986
–: *Undersea Warfare*, Secaucus/N. J. 1981
King, Ernest J./Whitehill, M.: *Fleet Admiral King: A Naval Record*, London 1953
Jones, Geoffrey: *Autumn of the U-boats*, London 1984
Jones, Tristan: *Heart of Oak*, London 1986
Kahn, David: *Hitler's Spies*, London 1980
Kemp, Peter: *The Oxford Companion to Ships and the Sea*, Oxford 1976
Kennedy, Ludovic: *The Life and Death of the »Tirpitz«*, London 1979

Kerr, J. Lennox (Hg.): *Touching the Adventures of Merchantmen in the Second World War,* London 1953
Kieser, Egbert: *Unternehmen »Seelöwe«,* München 1987
Lenton, H. T./Colledge, J. J.: *Warships of World War II,* London 1973 (2. Aufl.)
Lewin, Ronald: *Ultra Goes to War,* London 1978 (dt. *Entschied Ultra den Krieg? Alliierte Funkaufklärung im 2. Weltkrieg,* Koblenz 1981)
Liddell Hart, B. H.: *History of the Second World War,* London 1970 (dt. *Geschichte des Zweiten Weltkrieges,* Düsseldorf 1972)
–: *History of the First World, War,* London 1970
Macintyre, Donald: *The Battle of the Atlantic,* London 1983
–: *U-boat Killer,* London 1956
Mann, Golo: *The History of Germany since 1789,* London 1974 (dt. *Deutsche Geschichte des 19. und 20. Jahrhunderts,* Frankfurt 1958)
Mason, David: *U-boat: The Secret Menace,* New York 1968 (dt. *Deutsche U-Boote,* München 1980)
–: *Who's Who in World War II,* London 1978
Middlebrook, Martin: *Convoy: The Battle for Convoys SC 122 and HX 229,* London 1978 (dt. *Konvoi: U-Boot-Jagd auf die Geleitzüge SC 122 und HX 229,* Berlin 1977)
Middlebrook, Martin/Everitt, Chris: *The Bomber Command War Diaries,* London 1985
Milner, Marc: *North Atlantic Run,* Toronto 1985
–: RCN Participation in the Crisis of 1943, paper to »The RCN in Retrospect« conference, Victoria/BC 1980
–: RCN-USN 1939—1943: Some Reflections on the Origins of an New Allicance, paper to the 7th Naval History Symposium, Annapolis/Md. 1985
Monsarrat, Nicholas: *The Cruel Sea,* London 1956
–: *Three Corvettes,* London 1945
Moore, John E. (Hg.): *Jane's Pocket Book of Submarine Development,* London 1976
Morgan, Ted: *FDR: a Biography,* London 1986
Morison: Samuel Eliot: *History of the US Naval Operations in World War II,* Boston/Mass., Bd. I 1947, Bd. X 1956
Muggenthaler, Karl August: *German Raiders of World War II,* London 1980
Müllenheim-Rechberg, Baron Burkard: *Battleship »Bismarck«:*

a Survivor's Story, London 1982 (dt. *Schlachtschiff Bismarck 1940/41. Der Bericht eines Überlebenden*, Berlin 1980)
Padfield, Peter: *Dönitz: The Last Führer*, London 1983 (dt. *Dönitz: des Teufels Admiral*, Berlin 1984)
Peillard, Léonce: *Sink the »Tirpitz«*, London 1975 (dt. *Versenkt die Tirpitz*, Wien 1965)
Philpott, Brian: *History of the German Air Force*, London 1986
Poolman, Kenneth: *Escort Carrier*, London 1983
Potter, John Deane: *Fiasco: The Breakout of the German Battleships*, London 1970
Price, Alfred: *Luftwaffe Handbook 1939—1945*, London 1977 (dt. *Handbuch deutsche Luftwaffe, 1939—1945*, Stuttgart 1979)
Prien, Günther: *Mein Weg nach Scapa Flow*, Berlin 1940
Rayner, D. A.: *Escort: The Battle of the Atlantic*, London 1955
Robertson, Terence: *Night Raider of the Atlantic*, London 1981
Rössler, Eberhard: *The U-boats*, London 1981 (dt. *Geschichte des deutschen U-Bootbaus*, München 1975)
Rohwer, Jürgen: *Axis Submarine Successes 1939—1945*, Cambridge 1983 (dt. U-Boot-Erfolge der Achsenmächte, 1939—45, München 1968)
–: *The Critical Convoy Battles of March 1943*, London 1977 (dt. *Geleitzugschlachten im März 1943*, Stuttgart 1975)
Rohwer, Jürgen/Jäckel, Eberhard (Hg.): *Die Funkaufklärung und ihre Rolle im Zweiten Weltkrieg*, Stuttgart 1979
Roskill, S.W.: *The War at Sea 1939—1945*, 3 Bde., London 1954—1961
–: *Naval Policy between the Wars*, 2 Bde., London 1968
–: *The Secret Capture*, London 1959
Ryder, A.J.: *Twentieth Century Germany: From Bismarck to Brandt*, London 1973
Schaeffer, Heinz: *U-boat 977*, London 1963 (dt. *Geheimfahrt nach Südamerika, Heyne* München 1979)
Schofield, B.B.: *The Russian Convoys*, London 1984 (dt. *Geleitzugschlachten in der Hölle des Nordmeers*, Herford 1980)
Schull, Joseph: *The Far Distant Ships*, Ottawa 1950
Shirer, William L.: *The Rise and Fall of the Third Reich*, London 1960 (dt. *Aufstieg und Fall des Dritten Reiches*, Köln 1961)
Showell, Jakob/Mallmann, P.: *The German Navy in World War II*, London 1979

Speer, Albert: *Inside the Third Reich*, London 1970 (dt. *Erinnerungen*, Frankfurt/Berlin/Wien 1969)
Taylor, A.J.P.: *The Origins of the Second World War*, London 1964 (dt. *Die Ursprünge des Zweiten Weltkriegs*, Heyne München 1980)
Terraine, John: *The Right of the Line: The RAF in the European War*, London 1985
Trevor-Roper, H.R. (Hg.): *Hitler's War Directives 1939—1945*, London 1976
Van der Vat, Dan: *The Grand Schuttle*, London 1982
–: *The Ship that Changed the World*, London 1985
Walton, Francis: *Miracle of World War II: How American Industry Mad Victory Possible*, New York 1956
Waters, John M., Jr.: *Bloodfy Winter*, überarb. Ausgabe, Annapolis/Md. 1984
Werner, Herbert A.: *Die eisernen Särge*, Heyne München 1984
Williams, Mark: *Captain Gilbert Roberts, RN, and the Anti-U-Boat School*, London 1970
Wilson, David: *Rutherford*, London 1983
Winton, John: *Convoy*, London 1983
–: *The Death of the »Scharnhorst«*, London 1984
–: *Ultra at Sea*, London 1988
Wistrich, Robert: *Wer war wer im Dritten Reich*, München 1983

BILDNACHWEIS

Zwischen den S. 80 und 81

Lusitania (1) / Küsten- und Hochseeboote, 1917 (1) / Gekapertes deutsches Unterseeboot (1) / Hitler inspiziert die *Deutschland* (2) / Überlebende von der *Athenia* (3) / Graf Spee (4) / Prien an Bord von *U 47* (5) / U-Boot-Kommandant (5)

Zwischen den S. 160 und 161

Konvoi nach Süden (3) / Konvoi-Konferenz (4) / Großadmiral Raeder (1) / Konteradmiral Dönitz (4) / Altmark im Jossingfjord (2) / Von der Altmark entlassene britische Seeleute (3) / *Atlantis* (4) / Pound und Noble (4) / Tovey und Dowding (4)

Zwischen den S. 240 und 241

Hood (2) / Duke of York (4) / *Tirpitz* in Norwegen (4) / *Scharnhorst* (4) / *Bismarck* (4) / Enigma-Maschine (6) / Alan Turing (7) / Roosevelt und Churchill (4) / Admiral King (2)

Zwischen den S. 368 und 369

Bluebell (5) / *Lauderdale* (2) / U-Boot-Bunker, Brest (4) / Typ VII und Milchkuh (5) / Kanadische Korvetten (8) / Vorstoß durch den Kanal (5) / Panzer für Rußland (4) / Karikatur, 6. 3. 1942 (9)

Zwischen den S. 448 und 449

PQ 17 (4) / Deutsches U-Boot auf Patrouille in der Arktis (4) / Schweißerin (10) / Liberty ship im Bau (10) / Liberty ship kämpft mit dem Sturm (4) / *Tirpitz*, Norwegen (5) / Fraser lädt Sowjetflotte ein (4) / Sunderland (4) / Catalina (11) / Liberator (11) / Focke-Wulf 200 (11)

Zwischen den S. 528 und 529

HMS *Seal* (4) / *U 570* (4) / *U 505* (4) / Britischer Geleitflugzeugträger mit Swordfish (4) / USS *Boque* (12) / Horton (4) / Walker (4) / Entern eines sinkenden U-Boots (4) / Typ XXI (4) / Typ XXIII (4)

Schlüssel:

1. BBC Hulton Picture Library / 2. Popperfoto / 3. The Keystone Collection / 4. The Imperial War Museum / 5. Robert Hunt Library / 6. Dan van der Vat / The Imperial War Museum / 7. King's College, Cambridge / 8. Bruce Robertson / 9. Syndication Internationale / 10. UPI/Bettmann Newsphotos / 11. Chaz Bowyer / 12. US Naval Institute Photo Collection

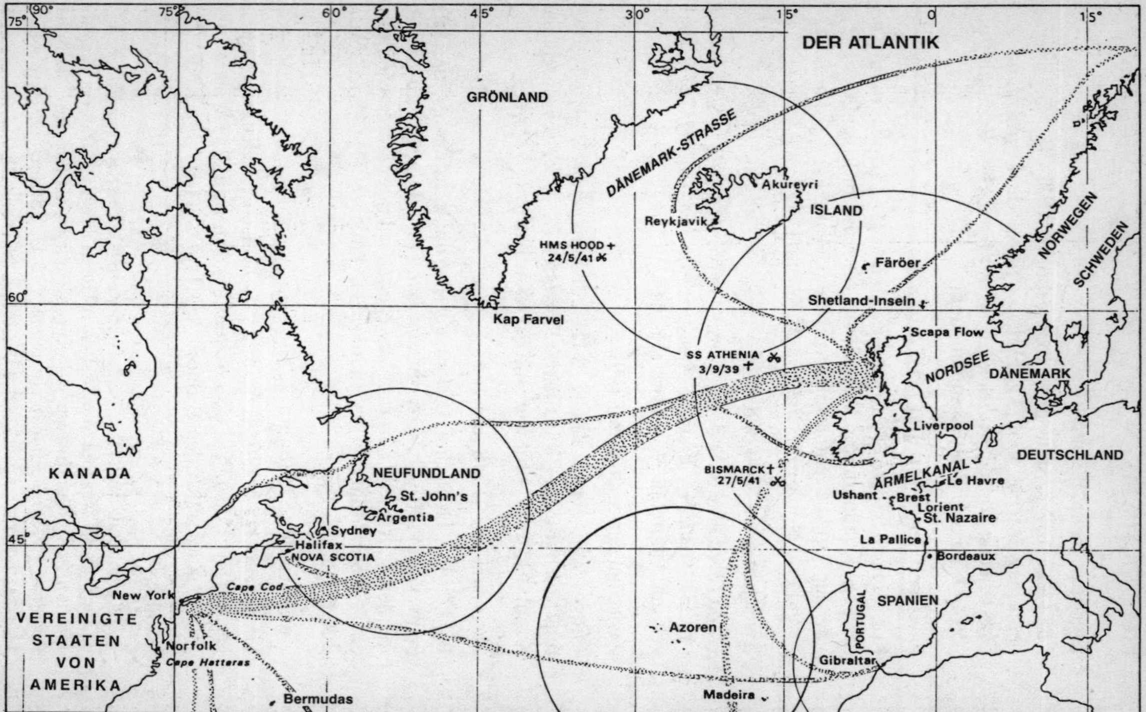
DER ATLANTIK
90°
75°
60°
45°
30°
15°
0
15°
75°
60°
45°
GRÖNLAND
DÄNEMARK-STRASSE
Akureyri
Reykjavik
ISLAND
HMS HOOD +
24/5/41
Färöer
Shetland-Inseln
Kap Farvel
Scapa Flow
SS ATHENIA
3/9/39
NORDSEE
DÄNEMARK
NORWEGEN
SCHWEDEN
Liverpool
DEUTSCHLAND
KANADA
NEUFUNDLAND
St. John's
Argentia
Sydney
Halifax
NOVA SCOTIA
BISMARCK
27/5/41
ÄRMELKANAL
Le Havre
Ushant
Brest
Lorient
St. Nazaire
La Pallice
Bordeaux
Cape Cod
New York
VEREINIGTE
STAATEN
VON
AMERIKA
Norfolk
Cape Hatteras
Bermudas
Azoren
Madeira
PORTUGAL
SPANIEN
Gibraltar

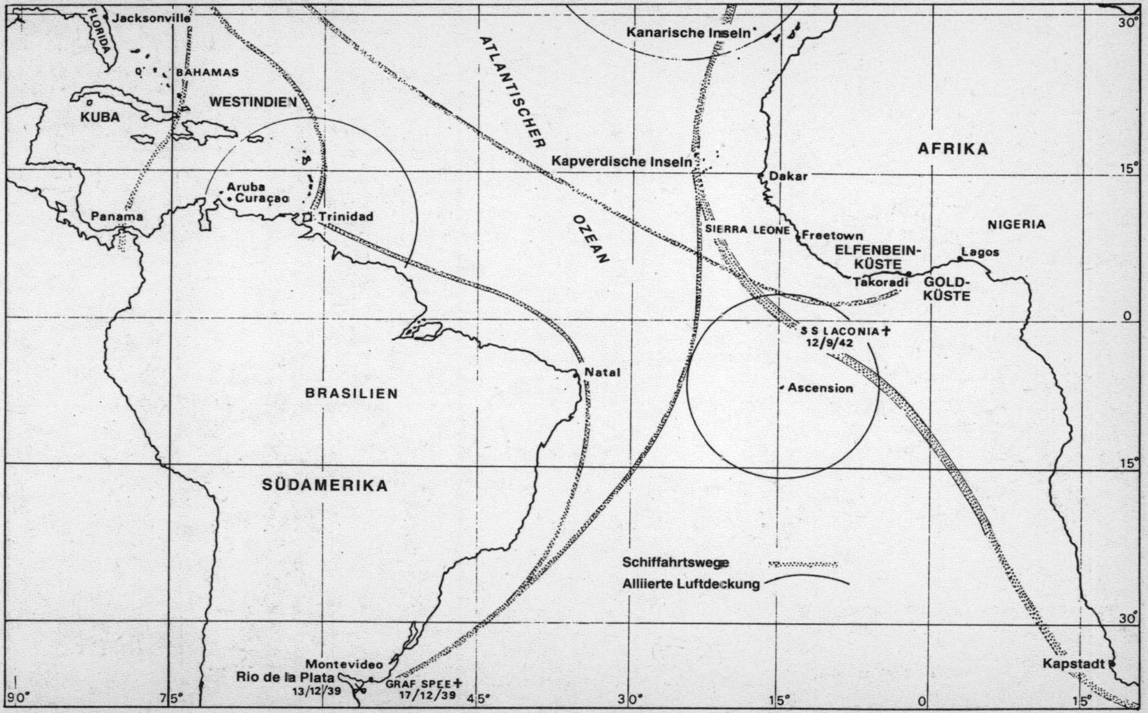

FLORIDA
Jacksonville
BAHAMAS
KUBA
WESTINDIEN
Aruba
Curaçao
Panama
Trinidad
ATLANTISCHER
OZEAN
Kanarische Inseln
Kapverdische Inseln
AFRIKA
Dakar
SIERRA LEONE
Freetown
NIGERIA
Lagos
ELFENBEIN-
KÜSTE
Takoradi
GOLD-
KÜSTE
S S LACONIA †
12/9/42
Ascension
Natal
BRASILIEN
SÜDAMERIKA
Montevideo
Rio de la Plata
13/12/39
GRAF SPEE †
17/12/39
Kapstadt
Schiffahrtswege
Alliierte Luftdeckung
90°
75°
45°
30°
15°
0
15°
30°
15°
0
15°
30°

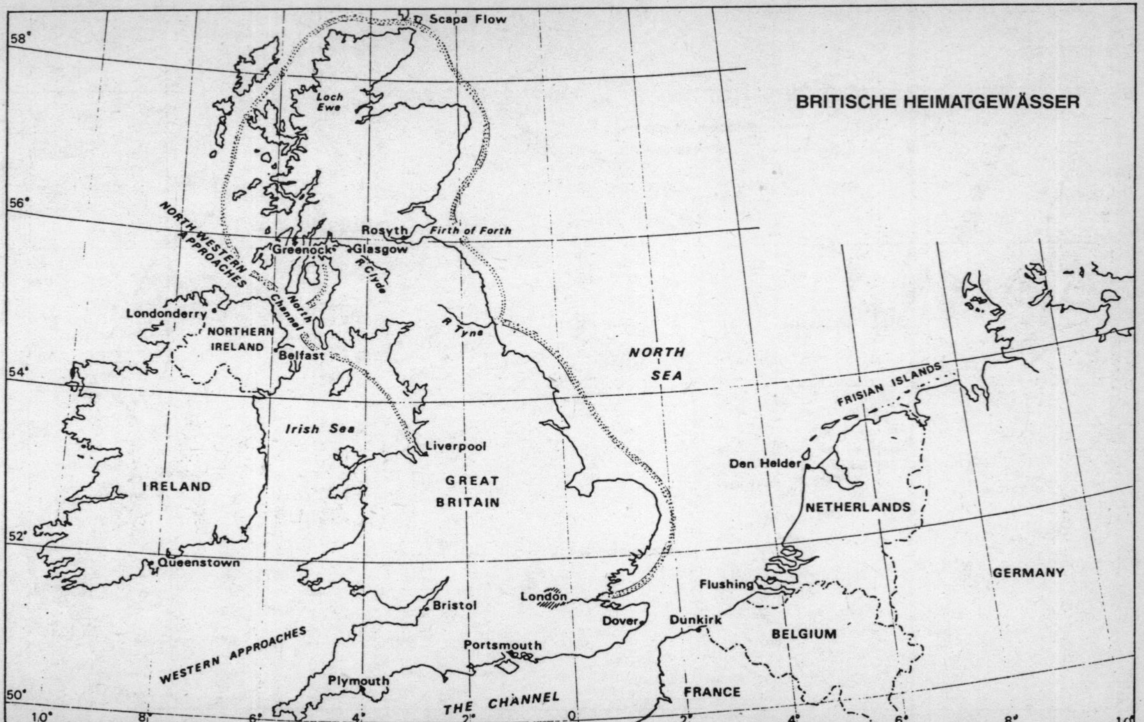
BRITISCHE HEIMATGEWÄSSER
Scapa Flow
Loch Ewe
Rosyth
Firth of Forth
Greenock
Glasgow
R Clyde
NORTH WESTERN APPROACHES
North Channel
Londonderry
NORTHERN IRELAND
Belfast
R Tyne
NORTH SEA
Irish Sea
Liverpool
IRELAND
GREAT BRITAIN
Queenstown
Bristol
London
Dover
WESTERN APPROACHES
Portsmouth
Plymouth
THE CHANNEL
FRISIAN ISLANDS
Den Helder
NETHERLANDS
Flushing
Dunkirk
BELGIUM
FRANCE
GERMANY
58°
56°
54°
52°
50°
10°
8°
6°
4°
2°
0
2°
4°
6°
8°
10

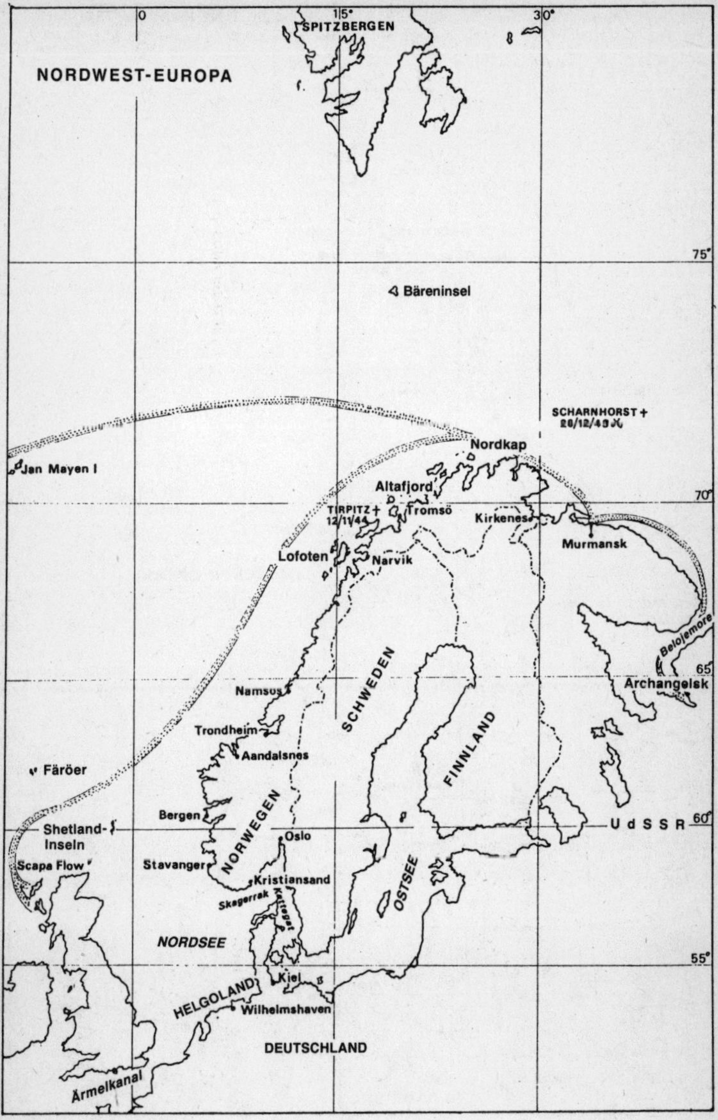
NORDWEST-EUROPA
0
15°
30°
SPITZBERGEN
75°
Bäreninsel
SCHARNHORST †
26/12/43
Nordkap
Jan Mayen I
Altafjord
70°
TIRPITZ †
12/11/44
Tromsö
Kirkenes
Murmansk
Lofoten
Narvik
Belojemore
65°
Archangelsk
Namsos
SCHWEDEN
Trondheim
Aandalsnes
FINNLAND
Färöer
NORWEGEN
Bergen
Shetland-
Inseln
UdSSR
60°
Oslo
Scapa Flow
Stavanger
Kristiansand
Skagerrak
Kattegat
OSTSEE
NORDSEE
55°
Kiel
HELGOLAND
Wilhelmshaven
DEUTSCHLAND
Ärmelkanal

90°
85°
80°
75°
70°
65°
60°
NEUFUNDLAND
St. John's
45°
Gaspé Bay
St. Lorenz-Golf
KANADA
Sydney
Cape Breton
St. Lorenz-Strom
Ottawa
Halifax
Ogdensburg
Golf von Maine
40°
Boston
RHODE ISLAND
Cape Cod
Newport
New York
Hampton Roads
Long Island
ÖSTLICHES NORDAMERIKA
Atlantic City
Washington
VEREINIGTE STAATEN VON AMERIKA
35°
Norfolk
Cape Hatteras
Bermudas
30°
Jacksonville
ATLANTISCHER OZEAN
Golf von Mexiko
25°
Miami
Key West
BAHAMAS
20°
KUBA
WESTINDIEN
Guantanamo
15°
KARIBISCHE SEE
Aruba
Curaçao
Trinidad
10°
Panama
SÜDAMERIKA
BRASILIEN

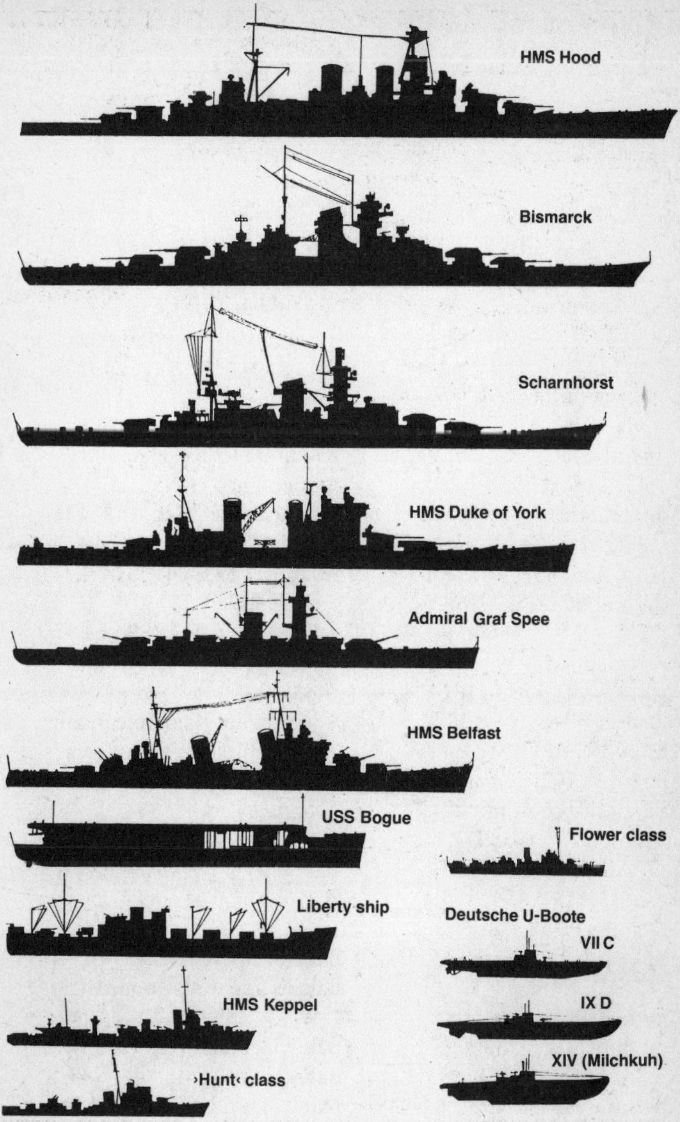
HMS Hood
Bismarck
Scharnhorst
HMS Duke of York
Admiral Graf Spee
HMS Belfast
USS Bogue
Flower class
Liberty ship
Deutsche U-Boote
VII C
IX D
XIV (Milchkuh)
HMS Keppel
›Hunt‹ class

Register

C

D

E

L

M

N

O

P

Q

R

S

T

U

V

W

Z